U1012771

温少峰文史札記

温少峰 著

辛丑冬
宏亮敬署

巴蜀書社

圖書在版編目（CIP）數據

温少峰文史札記/温少峰著. —成都：巴蜀書社，2021. 12
ISBN 978—7—5531—1357—9

Ⅰ. ①温…　Ⅱ. ①温…　Ⅲ. ①文史—中國—文集　Ⅳ. ①C52

中國版本圖書館 CIP 數據核字（2020）第 172208 號

温 少 峰 文 史 札 記
WENSHAOFENG WENSHI ZHAJI

温少峰　著

責任編輯	馬　蘭　周昱岐
出版發行	巴蜀書社 成都市槐樹街 2 號　郵編 610031 總編室電話：(028)86259397 發行科電話：(028)86259422　86259423
網　　址	www. bsbook. com
經　　銷	新華書店
印　　刷	四川五洲彩印有限責任公司
照　　排	四川勝翔数碼印務設計有限公司
版　　次	2021 年 12 月第 1 版
印　　次	2021 年 12 月第 1 次印刷
成品尺寸	260mm×185mm
字　　數	720 千
印　　張	39. 75
書　　號	ISBN 978—7—5531—1357—9
定　　價	198. 00 元

如有印裝質量問題，請與本社發行科聯繫調換

温少峰（1930－2018），成都人。1947 年考入四川大學物理系，1948 年加入民協（成都民主青年協會），同年加入中國共産黨，曾任四川大學民協領導成員、民協總幹事及黨支部負責人。中華人民共和國成立後，在成都市委宣傳部、工交部等單位工作。曾任成都市委黨校副校長、研究員，四川大學客座教授。長期從事國學尤其是先秦史研究，著有《殷墟卜辭研究——科學技術篇》《周易八卦釋象》等書。離休後在市老年大學、青羊區老年大學等校任課，講授古代詩詞、中國通史、古代文字等。

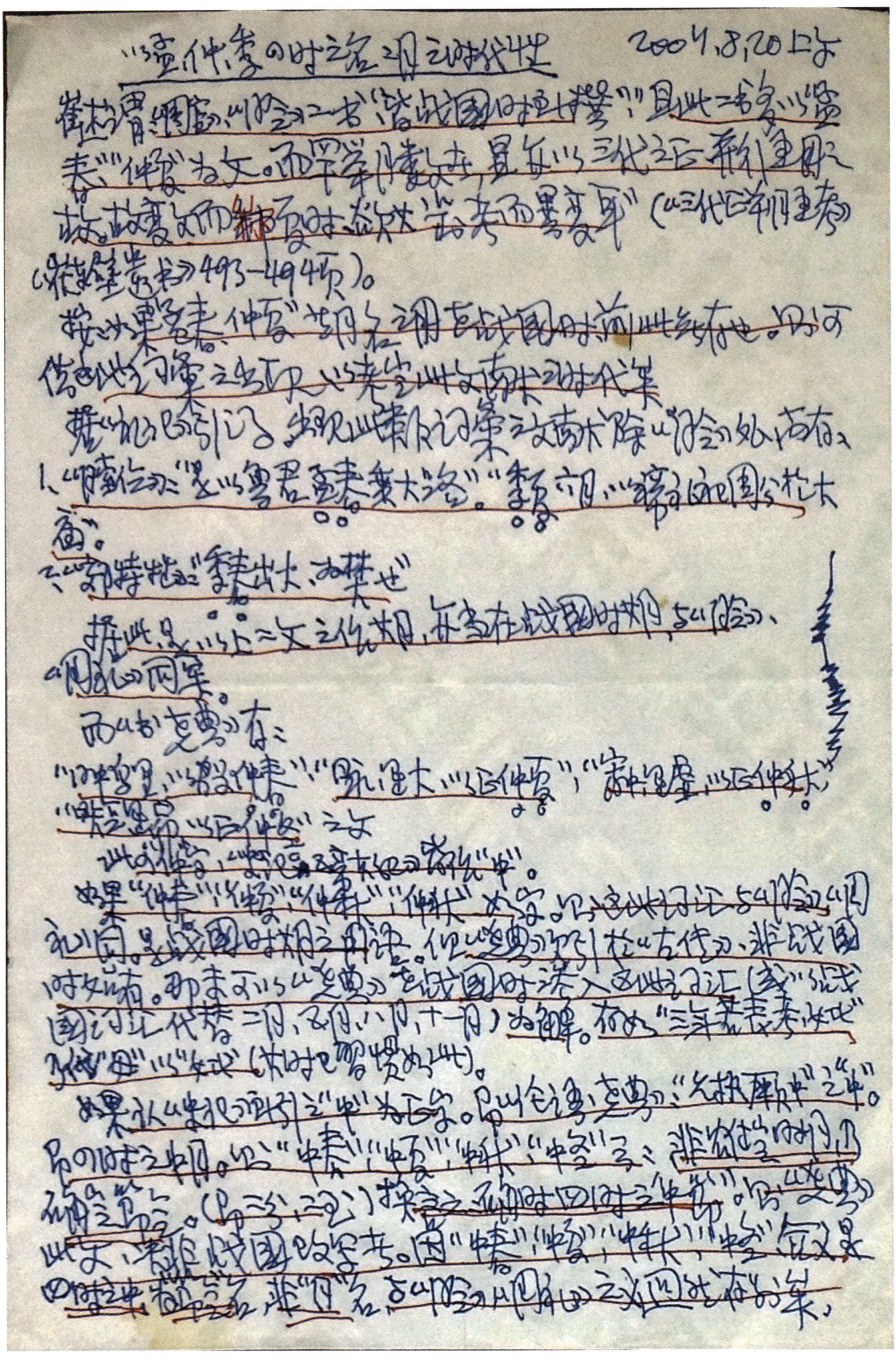

作者手稿

前　言

《温少峰文史札記》是温少峰先生晚年重要學術研究成果的結集。温先生研究眼界開闊，研究領域廣泛，本著由20篇《周易》研究筆記、20篇《尚書》研究筆記、3篇《詩經》研究筆記、28篇先秦史研究筆記及18篇《山海經》研究筆記五部分組成，共40萬字左右。按照先生原意，24篇古文字研究筆記準備與大量在書上批注的筆記經專業人員整理後專册出版，不包括在本書内。但由于先生遺留圖書的批注，在他去世後我們難以再找他原定的80多歲的老專家來整理研究，在與出版社交流討論後，古文字研究筆記作爲一類，納入本書一并出版。

作爲温先生的女婿，我退休後，温先生要求我每天到他的病床前，把他在各種紙上寫成文的研究成果整理成的電子文檔書稿讀給他聽（因爲後期他的眼睛也基本上看不清楚打印出來的4號大字），形成最後終稿。由于病痛，温先生每天只能工作很少的時間，有時甚至不能校稿。他用超人的毅力完成校訂工作，但已無力寫序言了。于是要求我用4號字再打印出來一本，以便交他指定的老專家審閲後作序，然後再出版。但作序言這件事尚未開展，他便離開了這個世界。這本書是寫給誰的？他爲什麽在生命的最後階段一定要堅持整理這些研究手稿，并吩咐我們把它出版？這應該是本書出版時必須交代的問題。因此，作爲晚年陪伴他完成校稿但毫無歷史專業背景的我，只能代爲寫一篇前言，以作説明。

這本文史札記，讀者對象不是普通公衆，而是本書研究性文章所涉及的相關專業的研究人員。在校訂時，有多篇花費了大量時間整理出來的電子文稿，經過温先生在病床上反復聽我讀稿後審定（一般要讀三遍），都以創新性較少、學術價值較低的理由，决定不予收入。就是這些已經收入文史札記的研究文章，他也説是“食之無味，弃之可惜”，因此，本書温先生自己取的書名是“鷄肋集——先秦文史研究筆記”。既然是鷄肋，爲什麽一定要整理出版呢？温先生告訴我：中華文化、華夏文明的歷史研究與傳承，是一代又一代研究者不斷根據新的證據、新的理論、新的其他學科研究成果修正、研究、創新的過程。質疑、批判、否定、肯定、傳承都是正確的研究態度。正是基于這一認識，温先生帶病把自己晚年的研究成果依靠聽讀的方法整理、校定，并希望把它發表出來，供後來的歷史學研究者批判、借鑒，少走彎路。所以，文史札記的整理、校審與出版，我理解爲這是他在自己生命的最後，踐行一個學者對中華文化傳播、華夏文明傳承的責任。這也合理解釋了當他的定稿任務完成後，爲什麼就迅速離我們而去。

温先生曾經告訴我，我在他的研究領域鑽研三五年，也能成爲歷史學領域的專家。他本人就不是這個專業的學生，學生時代就從事地下革命工作，憑借自學與鑽研，最終成了這個領域的研究員。由于陪伴他校稿，他手寫的文字我十有八九能認出，所以至今每天我還在整理他留下的“學術價值不高”的手稿。現在三五年已經過去了，我仍然没有成爲這個研究領域的專家。爲什麼呢？我想了又想，大概是因爲我既没有深厚的國學基礎知識，又缺乏這方面的素質天份，還對自己的專業過于愛好，或者是因爲我的專業排他性太强，或者是與他校稿更多的是陪伴老人的緣故，等等。總之，除了能把他手寫的稿子整理爲電子稿[①]，至今没有入他所涉及的歷史研究領域的門：仍然常常句逗不能斷，個别古文字仍不認識，更没有對某個歷史研究問題形成自己的觀點。但在下面兩個方面，却對我有很大影響：

一是温先生的終生學習態度。即使是在“文化大革命”時期被打成成都市走資本主義當權派典型，下放在“五七幹校”勞動改造的環境下，他仍然堅持學習。很可能他的許多有價值的研究成果就産生于那個特殊時期。恢復領導工作後，爲了進一步研究學問，他向成都市政府主要領導請創作假，放弃實職，專心于歷史問題研究。從此，這個世界上少了一個官員，却多了一位歷史學科的研究學者，當然，也産生了《殷墟卜辭研究——科學技術篇》這本著作。老年期間，温先生仍然專注于學習，把療養院房間建成了用書架圍成的書屋。我們每次去看他與母親時，他都會給我們講他近期所得的研究成果。他在撰寫研究文章時，有時會署明寫作時間和地點，校稿時我也留下了相應的時間綫。他

---

① 在校審本文史札記時，作爲歷史專業的門外漢，温先生手稿中的個别字我既寫不出來，又不知道讀音，還不知道對錯。由于先生後期眼睛已經基本上看不見了，最後只有采用摳圖的辦法完成處理，希望出版時由專家來寫出這些字。這給出版社出版工作帶來了巨大的困難，如果一些我寫的文字錯誤没有發現，也會給讀者帶來閱讀上的困難。在此，只能給大家説一句：對不起。“隔行如隔山”，我已經盡了我最大的努力。

曾對我們講，他真正做到了“活到老，學到老”。他活在自己的精神世界裏，整天與歷史上的國學大師們研討、争論、學習、交流，并提出自己獨特的觀點。這種超級的“幸福”感，在物質財富日益豐富的今天，在中華民族復興追趕現代化的時代，也應該成爲我們人生的追求目標之一。

二是温先生學術研究的態度。這一點，讀者能從這本文史札記中讀到。這個世界上太多“自以爲是”的人了，如果這個人還成了專家，“不知道的也得知道”，什麽事都得説得頭頭是道。缺乏認真深入研究的意識、行動與學術自覺，經常在非專業場合隨便引用他人的觀點作爲自己的觀點，我在發表論文或講課時也常這樣做。但温先生認爲“專家言偏，通家言淺”，專家的非專業觀點就是一般普通人的觀點，没有什麽專業學術價值；就是在自己的專業領域，也只是“一家之言”。因此，他治學嚴謹，不盲從權威，一切以事實、證據爲立論依據。據説是據説，他説是他説，我説是我説。如果有了新的證據，補充説明他説的正確性，對于一些不正確的他説，即使是國學大師前輩，也毫不客氣地指出錯誤之處，并提出自己的見解與觀點，如《山海經》研究筆記中戰國中後期燕地有印度人之記録——《〈山海經·大荒内經〉關于“天毒”之記載》。另對一些自己提出的觀點，由于目前缺乏有力的證據支撑，也提出這一基于主觀判斷建立的觀點僅供後人研究參考，如《山海經》研究筆記《“岷三江”指岷江上游南源、中源和北源説》“雜谷腦（阿谷河，雜谷淖河），是岷江上游右岸大支流。古代又稱沱水（?）、沱江（?）、湔水（?），宋代又名平浪河”中的三個問號，表示先生的存疑。再如《山海經》研究筆記《“都廣之野”在珠江三角洲説》中的第六《爲“都廣之野”“素女所出也”之“素女”進一解》，是作者認爲比較合乎事理的，所以提出來，供方家指正。

温先生1947年考入四川大學物理專業，由理入文，故不拘泥于狹窄歷史專業來解釋、闡述先秦文史，大量引用農業、天文、地理等其他專業的研究成果，形成了自己獨特的研究方法，提出了與本領域專家不同的觀點。如古代土地“輪作”和“連作”的有關材料和關于“來”“麥”“粦”的研究，涉及農業學科知識；《虞夏書》所記堯時洪水及鯀禹治水的新證涉及地理學科知識，等等。這也應該是温先生對先秦文史研究的一大貢獻。

温少峰女婿：王　吾

2021年3月23日于成都

目 录

周易讀書札記

卦爻辭中“户”的問題……（3）
卦爻辭中之“酒食”與禮制新解……（5）
“大人”問題 ……（7）
《乾》卦之“龍”乃“東宫蒼龍”之分析 ……（9）
周原甲骨卜辭中有關“龍”宿出現的記録……（11）
“大人虎變”“君子豹變”辨析……（13）
卦爻辭中“邑人”之身份問題……（16）
《益·上九》“莫益之，或擊之，立心勿恒”解……（18）
《晉·六二》“受兹介福，于其王母”解……（20）
《蒙·六三》“勿用取女，見金夫，不有躬，无攸利”解……（23）
《井·彖》“井，改邑不改井，无喪无得”解……（25）
“倝”字初義爲“乾燥”字説 ……（28）
卦爻辭中“年”與“歲”同爲“年歲”（12個月）之名 ……（31）
“巳”訓“停止”之《易》例 ……（38）
“枚卜”“枚筮”即“枚占”，謂以“枚（籌策）”成卦占卜吉凶説……（40）
“不習，无不利”是何意 ……（42）
“坤”何以出“厚德載物”義 ……（44）
卦爻辭中狩獵之禮有關問題……（46）
《蠱·上九》“不事王侯，高尚其德”解……（57）
卦爻辭“孚”字諸解……（60）

尚書讀書札記

《堯典》舜“受終于文祖”即“受中”“于文祖”……………………（75）
《堯典》嵎夷、暘谷在遼西證 ……………………………………（78）
以孟、仲、季四時之名名月之時代性……………………………（88）
《爾雅·釋天》“載，歲也”“唐虞曰載”説 ……………………（90）
《堯典》之“四岳”即“方伯”，“十二州”乃“監察區”，“十二牧”乃“監察官”説……………………………………………………（92）
《禹貢》九州問題的一些分析 ……………………………………（109）
先秦時代金器出土情況與《禹貢》有關問題……………………（130）
《禹貢》之“渠搜” ………………………………………………（133）
《禹貢》“錫土姓”乃分封諸侯之事和“立爲本族之宗子”亦即“授土，授民” ………………………………………………………（138）
《禹貢》荆州“九江納錫大龜”證 ………………………………（140）
《禹貢》“岷山導江，東别爲沱，又東至于澧”解………………（142）
《禹貢》“昆侖”“析支”“渠搜”解………………………………（144）
《禹貢》“彭蠡澤”解………………………………………………（148）
《禹貢》揚、荆二州“貢金三品”證 ……………………………（152）
《洪範》“五行”何意………………………………………………（155）
“考”不僅爲父稱，“自父以上皆稱考”例證
——《尚書》《大誥》《康誥》《酒誥》以“考”稱文王解 ……………（157）
《洛誥》“朕復子明辟”解…………………………………………（159）
《多方》“今爾奔走臣我監五祀，越惟有胥伯小大多正，爾罔不克臬”解 …………………………………………………………………（165）
《牧誓》《立政》用“矣”爲語助詞之時代性判斷…………………（169）
《虞夏書》所記堯時洪水及鯀禹治水的新證 ……………………（172）

詩經讀書札記

“將”有“獻祭”之義的詩證 ………………………………………（181）
《豳風》諸詩爲何與“周公”關係密切 ……………………………（183）
《魏風·伐檀》詩旨爲何 …………………………………………（198）

先秦史讀書札記

成湯伐桀及桀逃亡路綫研究
——“桀奔南巢”爲“南陽鄛名鄉”説 ……………………………… (205)
武丁卜辭已見“周方”“周侯”所表達的歷史信息 ………………… (221)
文王受命爲“西伯”七年所爲大事考説……………………………… (228)
《牆盤》武王“□伐尸（夷）童”解 ………………………………… (251)
西周金文的“責”（積）爲租税之名説 ……………………………… (254)
西周金文中“甸臣”（田臣）之身份問題
——《季姬方尊》銘所見之“甸臣” ……………………………… (259)
《五年琱生𣪘》之“多諫”與《六年琱生𣪘》之“獄諫”解 ………… (265)
《宜侯夨𣪘》銘的一些問題 ………………………………………… (271)
《楚辭·天問》“吴獲迄古”之“吴”爲“北虞”説………………… (276)
關于“百姓”原爲“百官族姓”，戰國時期始變爲“民衆”“平民”之證據
——從卜辭、金文、《詩》、《書》等材料來看“百姓“一詞意義之變化
…………………………………………………………………… (279)
“大人”初義嫡系長子，“小人”初義庶出庶子説………………… (298)
“大夏”地望所在及其得名由來 …………………………………… (303)
防風氏“守封隅之山”爲“封丘”説………………………………… (311)
金文中的“淮夷”與“南淮夷” ……………………………………… (313)
“楊越”爲楊人與越人説 …………………………………………… (316)
《爾雅·釋地》“四荒”之“日下”指“北極”説…………………… (321)
金文“伐楚在炎”之“炎”地望解…………………………………… (323)
金文記月之不同方式與“三正”問題……………………………… (325)
金文“唯□X月”之“□”表示“閏月”説申劉意 ………………… (336)
“既生霸”與“既死霸”之“既”當讀“暨” ………………………… (338)
《左傳》“日有十時”諸説…………………………………………… (339)
古代土地“輪作”和“連作”的有關材料…………………………… (341)
關于“來”“麥”“麰”的若干問題…………………………………… (346)
清華簡《系年》所載“少鄂”地望淺説……………………………… (364)
《牧誓》“友邦”指“兄弟之邦”（同姓與國，與婚媾與國） ……… (366)

"雒縣""章山"與"苗民" …… (367)
卜辭"虎（）豹（）"同音説 …… (369)
兖州的開發與中國進入五帝時期形成國家聯盟有直接關係 …… (371)

山海經讀書札記

《山海經·海内東經》"會稽山在大楚南"解 …… (379)
《山海經·大荒内經》關于"天毒"之記載 …… (381)
《海外四經》記四方之神 …… (386)
《山海經》的黄河重源説 …… (388)
"岷三江"指岷江上游南源、中源和北源説 …… (390)
《大荒四經》中之"四方神名和風名"有關經文校勘 …… (396)
《西次三經》"不周之山"在吐魯番盆地西端説 …… (399)
箕子朝鮮初地的綫索
——《海内北經》"東海之内，北海之隅，有國曰朝鮮"解 …… (402)
《海内西經》《北經》所叙東北各族史料問題 …… (406)
《海内北經》"朝鮮在列陽東，海北山南。列陽屬燕"的史料價值 …… (410)
《海内北經》"蓋國"説 …… (414)
《山海經》中"幽都之山""大幽之國"試解 …… (418)
新疆先秦居民多以"歐洲人類型"爲主説
——《海内西經》"白民國"新解 …… (421)
《西次三經》之"帝江"（帝鴻）其原形爲匏樂"竽、笙"説 …… (424)
"鳳"爲孔雀説的認證和《山海經》的鳳凰（鳳鳥）問題 …… (428)
"昆侖"在南疆説 …… (437)
"都廣之野"在珠江三角洲説 …… (441)
《山海經》中關于長壽地區和人民的記載 …… (450)

古文字研究札記

姜姓以"折獄神羊"爲圖騰説 …… (457)
商人姓"子"乃"玄鳥子"即由"燕卵"曰"子"而得名説 …… (465)
臣字爲跙（踑）字初文説 …… (468)
釋"" …… (478)

卜辭“”字從西、彡聲，爲“酙”字初文說 ……………………（483）
卜辭中有關樂舞材料考釋………………………………………………………（488）
甲文“”當釋“囚”的理由 ………………………………………（514）
甲骨文“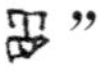”字當釋“盾”字，申金、李說 ……………………………（521）
“”爲巫字，其含義爲“布策爲筮”，申饒、張義 …………………（527）
“”“”爲“需”之初文，補正徐中舒義 ……………………………（532）
“也”字爲“女陰”象形字說證 ………………………………………………（538）
每、美一字申王獻唐說……………………………………………………………（547）
甲金文“”（盤之初文）、“”（棚、帆之初文，凡字）、“”
（用之省文）有別說 ……………………………………………………………（551）
“且”（）爲“組”（）之省文，假爲“祖宗”之義說 …………（557）
說“單” …………………………………………………………………………（565）
“告”字爲“牿”之初形及其對“告”之字義系統和轉注字系的解釋 …（579）
“”爲“憂”即“優”之初文說 ……………………………………………（582）
《說文》“”爲“”之變形說 ……………………………………………（585）
關于《夏商周時期戈戟之柲研究》及“必”字初義………………………………（590）
說“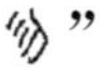”（） …………………………………………………………（594）
“”字說
——“”爲“弱”之初文，在卜辭通假爲“莫”，用爲否定副詞
……………………………………………………………………………………（604）
《釋由》新說 ……………………………………………………………………（608）
“余”（、）爲“畬刀”（即木杆鋭首之點種棒）申聞說……………（620）
“”爲“鈦”之初文，假讀爲“蔡”爲國、氏之名說 ……………………（623）

周易讀書札記

卦爻辭中“户”的問題

《易·訟·九二》：“其邑人三百户，无眚。”《豐·上六》：“豐其屋，蔀其家。窺其户。”《節·初九》：“不出户庭（帛書作牖，當從），无咎。”

《豐·上六》“窺其户”與《節·初九》“不出户牖”之“户”，是“半門曰户”（《説文》）的“户”字。這種單扇扉的“户”，往往是“室”的出口。“户，室户也。”①

玄應《一切經音義》卷十四“户扇”注引《字書》：“一扇曰户。兩扉曰門。又：在于堂室曰户，在于宅區域曰門。”桂馥《説文義證》引《六書精藴》：“户，室之口也。由室之口曰户，堂之口曰門。内曰户，外曰門。一扉曰户，兩扉曰門。”

正因“户”爲“室”之口，所以“窺其户，闃其無人”（《豐·上六》）。因爲“人居室内”，所以“窺户”可知“室内是否有人”。同理，“户牖”連文。《説文》：“牖，穿壁以木爲交窗也。”段注：“交窗者，以木横直爲之。即今之窗也。在墻曰牖，在屋曰窗。”

西周金文，記君上賞賜臣下以“臣民”，有如下單位量詞：

《宜侯夨毁》記周王所賜予宜侯之“臣民”：①“在宜王人”若干“生（姓）”，以姓爲單位。②“奠七白（伯）”，以“伯”爲單位。③其下屬，以“夫”爲單位。又“宜庶人六百又□六夫”，亦以“夫”爲單位。

《大盂鼎》記所賜臣民“邦嗣四白（伯）”，以伯爲單位。“人鬲”則以“夫”爲單位（夷嗣王臣及人鬲與邦嗣同）。

① 《詩·唐風·綢繆》“三星在户”朱熹《集傳》，《公羊傳·宣公六年》“俯而窺其户”何休注，《儀禮·聘禮》“設于户西西陳”鄭玄注。

《𣄰䖒㲃》記所賜者“尸臣十家”，以家爲單位。《師訇㲃》記“尸䶜（訊）三百人”，以人爲單位。皆未見以“户”爲“臣民”單位之稱[①]，亦不見于《詩》《書》。以“户”爲居民一家單位名稱，首見于《左傳》。楊伯峻、徐提《春秋左傳詞典》：“民居一家曰户。”《左·襄廿九年》傳（141 頁）：“户一鐘。”漢代《白虎通義·考黜》：“户，所以記民數也。”《周禮·天官·宫伯》：“凡在版者。”鄭玄注引鄭司農云：“版，名籍也。以版爲之，今時鄉户籍謂之户版。”

《訟·九二》“邑人三百户”，以“户”爲“居家一家”之單位名稱。同于記春秋時事之《左傳》，是《周易》卦爻辭，出于西周末期的一個證據。

按：《國語·周語》：“宣王既喪南國之師，乃料民于太原。仲山父諫曰：‘民不可料也，夫古者不料民而知少多……’王卒料之。”由中央政府直接登記民户，爲“料民”。則以“户”爲單位，其“料民”之所致耶？

《説文》：“房，室在旁也。從户，方聲。”王筠《句讀》：“古之房室，皆用户。廟門、大門始用門。”是“户”與“室”相聯。“一户”則“一室”矣。《詩》計勞動單位曰“百室”。《左傳》計諸侯、大夫之財産亦曰“室”。是《易》之“三百户”，即金文之“三百家”。曰“户”者，以其爲人身附屬者之“家”。故以“户”計，即一個大門之内之室矣。

沈文倬《周代宫室考述》謂：《釋名·釋宫名》：“室，實也。人物實滿其中也。”是説室是人們常居之所。《詩·豳風·七月》：“穹窒熏鼠，塞向墐户。嗟我婦子，曰爲改歲，入此室處。”毛傳：“向，北出牖也。墐，塗也。庶人草户。”貧苦人民住宅只有一間房室——室自然是他們常居之處。所以計算户數也以室名。《論語·公冶長》的“十室之邑”“千室之邑”，《穀梁傳·莊公九年》的“百室之邑”都是以室記户，一室即一家。士以上貴族，室也是他們常居之處。婚禮的卧室，即是室（喪禮中人死在室内，可證）。不過他們除室之外，還有“室”東面的“房”，是主人在堂上行禮時陳放有關器具的地方，也是主婦活動的場所。室房的前面有“堂”，是主人會客行禮之處[②]。

按：以“户”爲單位，猶以“室”爲單位。

2017 年 11 月 23 日終審于幹部療養院

① 出土文物中以“户”統計一家單位有之，且“夫”“户”并用，十分清楚。見于《清華簡九·禱辭》一篇，簡十六、十七：“此邑之三千夫、二千户。”

② 沈文倬：《周代宫室考述》，《浙江大學學報（人文社會科學版）》2006 年第 3 期。

卦爻辭中之“酒食”與禮制新解

《易・需・九五》：“需于酒食，貞吉。”《坎・六四》：“樽酒殷貳用缶，納約自牖，終无咎。”《困・九二》：“困于酒食，朱紱方來。利用亨祀。征凶，无咎。”《未濟・上九》：“有孚于飲酒，无咎。”

周代燕饗賓客之禮有三種：饗、食、燕。《周禮・春官・大宗伯》“以飲食之禮親宗族兄弟”，又“以饗燕之禮親四方賓客”，賈公彦疏云：“此經饗、燕并言，殊食于上者，食無獻酢之法，故别言于上。與私飲同科。……饗者，亨大牢以飲賓，獻依命數。在廟行之。燕者其牲狗，行一獻四舉旅，降脱屨升坐，無筭爵，以醉爲度，行之在寢。”

《儀禮・燕禮》胡培翬《正義》引褚寅亮言此三者之别曰：“待賓之禮有三：饗也，食也，燕也。饗重于食，食重于燕。饗主于敬，燕主于歡，而食以明善賢之禮。饗則體薦而不食，爵盈而不飲，設几而不倚，致肅静也。食以飯爲主，雖設酒漿，以漱，不以飲，故無獻儀。燕以飲爲主，有折俎而無飯，行一獻之禮，脱屨升坐以盡歡。此三者之别也。饗食于廟，燕則于寢，其處亦不同矣。”

禮家所言，饗、食、燕三種待賓之禮可用以説上列之《易》辭。

一、《需・九五》“需于酒食”之“需”當讀爲“孺”，訓“養育”[①]。“于猶以也”（《古書虚字集釋》），是“需于酒食”，即“孺于飲食”，爲取象之辭，其義爲“養以酒食”。此何禮也？此蓋養老之禮也。《中文大辭典》：“古禮于國中年老而賢者，及時孝以酒食曰養老。”《周禮・地官・司徒》：“以保息六養萬民：一曰慈幼，二曰養老。”《禮記・王制》：“凡養老，有虞氏以燕禮，夏后氏以饗禮，殷人以食

① 《山海經・大荒東經》：“東海之外大壑，少昊之國。少昊孺帝顓頊于此。”郝懿行云：“《説文》十四：‘孺，乳子也。’《莊子・天運篇》：‘鳥鵲孺。’蓋養育之義也。”其解甚是，可從。

禮，周人兼用之。五十養于鄉，六十養于國，七十養于學，達于諸侯。”

“養以酒食”老人得養之象，故引出“貞吉”之占，讀卦名“需”爲“孺”，故有此取象。

二、《坎·六四》“樽酒毁貳用缶，納約自牖”爲取象之辭，此“以飲食之禮，親宗族兄弟”之“食禮”也。此辭有酒（樽酒）、有飯（毁貳），進食之地方爲“納約（取）自牖”，正是“食以飯爲主，雖設酒漿，以漱，不以飲”（饗、燕皆無飯，與此異），食于廟與“納約自牖”合。器，皆用缶（陶器），樸質之象也。

“樽酒毁貳，用缶，納約自牖”爲于廟行食禮，以親宗族兄弟之象，故出“終无咎”之占。（此讀卦名之《坎》爲“贛”（帛書本作贛），贛，賜也。《説文》此食禮正君王所賜，故有此象。）

三、《困·九二》“困于酒食”爲取象之辭。此“困”即《論語·子罕》“不爲酒困”之“困”。“困，極也。”（《廣雅·釋詁》）“困于酒食”謂飲酒過量而致醉也，此“燕禮”也。因爲“燕以飲爲主”，“脱屨升坐，無筭爵，以醉爲度”，才可能“困于酒食”。

“困于酒食”，宴飲歡樂之象，引出“朱紱方來”之占，謂將有升官之喜也。（朱紱爲西周官服。）又引出“利用享祀”之占及“无咎”之占，此三占皆吉占。爲何又出“征凶”之占？因爲“困于酒食”酒醉之象，不利于行，故出“征凶”一占矣。（此由卦名“困”之一義，引出此象。）

四、《未濟·上九》“有孚（俘）于飲酒”爲取象之辭。此“孚”讀“俘”，訓“軍所獲”（《説文》）。“于猶乃也”（《古書虚字集釋》），“有俘獲，然後飲酒”是何禮？此蓋古“飲至”之禮也。

《中華大辭典》：“古時征伐凱旋歸來飲于廟，謂之飲至。”《左氏·隱五年》“三年而治兵，入而振旅，歸而飲至，以數軍實”，杜注：“飲于廟以數車徒器械及所獲也。”此“有孚（俘）于（乃）飲酒”正與之合。

“有孚（俘）于（乃）飲酒”，戰勝慶功之象，故出“无咎”之吉占。（此讀卦名“未濟”爲“未懠懠”，懠訓“憂”。未懠即没有憂患，正戰勝慶功之象所由出矣。）

2009年2月15日下午，于幹部療養院

開春暖和，氣温超常年5—7度

2017年11月23日終審于幹部療養院

"大人"問題

"利見大人"(《乾·九二》《乾·九五》《訟·彖》、《蹇·彖》《蹇上六》《萃·彖》《巽·彖》),"小人吉,大人否"(《否·六二》),"大人吉"(《否·九五》),"用見大人"(《升·彖》),"貞,大人吉"(《困·彖》),"大人虎變"(《革·九五》),"君子豹變,小人革面"(《革·上六》)。

一、"大人"的身份。由《巽·彖》,知大人與小人爲對。由《革·九五》《上六》,知大人在君子之上,而君子在小人之上。"大人"一詞,有"在位者"(杜注《左·昭十八》傳),即"謂天子、諸侯爲政者"(鄭康成),"當合天子、諸侯、卿大夫,凡德位尊者言之"(吴氏《疑義》)。但在《周易》卦爻辭中,大人、君子、小人三個等級,大人在君子之上。"君子"指"在位者"之通稱,又指"卿、大夫、士"。《易》辭之"大人",不是"卿大夫、士"的君子,而是其上的"君王"。《釋文》引王肅"大人,聖人在位之目",即"大人,謂人君也"(《禮記·緇衣》"大人溺于民"孔疏)。即"大人,天子也"(《逸周書·小開》"德枳維大人"朱右曾《集訓校釋》)。"大人,諸侯也"(《墨子·尚賢上》"今者王公大人"孫詒讓《閒詁》引鄭注)。

二、"利見大人",是"利于進見大人",還是"利于大人出現"?

按:"見"有"上級"接見下屬之義。如卜辭"貞,乎(呼)見自般"(《林》一,二五,六),"蕫見爿侯"(《珠》六),又有"下屬"拜見"上級"之義。如卜辭"乙未卜,㱿貞,缶其來見王。一月"(《合》301),"乙未卜,㱿貞,缶不其來見王"(《合》301),此即後世之"覲"。金文《墻盤》:"㪅(微)史剌(烈)且(祖)來見武王。""來見武王"即"來覲武王",與"利見大人"同一語例。

《周頌·載見》"載見辟王,曰求厥章",鄭箋:"諸侯見君王,謂見成王也。”其語例亦與“利見大人”相同。因此“利見大人”其意義是“利于覲見(謁見)君長”。

三、《易》卦爻辭“大人”(君子之上，小人之對)之名，不見于甲骨卜辭(甲文無大人、小人、君子三詞)，亦不見于金文銘辭(金文無大人、小人，但“君子”之詞則數見)。

《尚書》不見“大人”[①] 一詞。《詩經》“大人”一詞見于《小雅》之《斯干》與《無羊》二篇中，“君子”一詞見于《風》者 2 次、見于《雅》者 131 次、見于《頌》者 1 次(《魯頌・有駜》)。“小人”一詞見于《雅》者 3 次(《小雅・采薇》《大東》《節南山》)。

《小雅・斯干》:“大人占之。”又《無羊》:“大人占之。”朱熹《集傳》“大人之屬，占夢之官也”是誤釋。因爲《斯干》(毛序：宣王考室也)、《無羊》(毛序：宣王考牧也)被認爲是宣王(西周末)之詩。依“序”意，則此詩之“大人”非宣王莫屬。如此則“大人”乃“人君”之稱，與《易》之“利見大人”之“大人”合。所以《斯干》《無羊》之“大人”正指“人君”“天子”。

其後《左傳》《論語》，皆有“大人”一詞。

因此可以推論：“大人”作爲“人君”之稱，在《詩經》見于《小雅》之《斯干》《無羊》，乃宣王時詩。而《易》卦爻辭多見“大人”之名，可爲《易》卦爻辭出于西周末期之又一證據。

2005 年 11 月 7 日上午

2017 年 11 月 24 日終審于幹部療養院

---

① “小人”一詞見于《盤庚上》《康誥》《無逸》。“君子”一詞見于《酒誥》《召誥》《無逸》《泰誓》。

《乾》卦之“龍”乃“東宫蒼龍”之分析

二十八宿之龍宿星度表：

角	12度	（漢太初測定）	12度10分	（元至元測定）
亢	9度	（漢太初測定）	9度20分	（元至元測定）
氐	15度	（漢太初測定）	16度30分	（元至元測定）
房	5度	（漢太初測定）	5度60分	（元至元測定）
心	5度	（漢太初測定）	6度60分	（元至元測定）
尾	18度	（漢太初測定）	19度40分	（元至元測定）
箕	11度	（漢太初測定）	10度40分	（元至元測定）
總計：	75度（《漢書·律曆志》）其中由角至心之度數爲12+9+15+5+5=46度		79度20分（《元史》卷五十二周天列宿度）其中由角至心之度數爲12度10分+9度20分+16度30分+5度60分+6度60分=48度180分	

二者相差不大，姑且以《漢志》度數爲據。

《易·乾·初九》“潛龍”，表示龍星潛伏地下。

《九二》“見龍在田”，龍角昏見于東方地平。（“龍抬頭”，春分。）

《九三》“終日乾乾”，乃人事春耕大忙之象。

《九四》“或（又）躍于淵”（河漢之“析木之津”爲淵），昏時，龍身全現于東方地平綫上，其尾下即“析木之津”，故爲“龍躍淵”之象。

《九五》“飛龍在天”，昏時蒼龍正挂南天正中。（其時房宿在正中，心宿偏西5度。夏至。）

《上九》"亢[1]龍"，其時每日昏時龍宿由正南上空向西下移，有"飛而下"之象，故名"頏龍"也。此爻表六月天象。

《書·堯典》："日永，星火，以殷仲夏。"竺可楨證爲"殷末周初"天象。則"飛龍在天"即五月夏至之時，爲西周時代之天象矣。

夏曆五月夏至"飛龍在天"，二月春分"見龍在田"，此際"火出"爲何月乎？

前已計算出：心星初度距角宿初度爲 41 度。如星行一日一度，那麽二月初一日角度皆現東方地平綫。則必宿昏時初見東方地平綫在 41 日之後。如以一月爲 30 日計算，則距二月初一日爲 41 日之時正爲三月十一日矣。是此時"火"（心宿）出現在昏時之東方地平綫，正爲三月十一日以後之事。

因此，"火出，于夏爲三月"爲西周之天象矣。

西周初"五月初昏，大火中"（《夏小正》），"日永，星火，以仲夏"。

而《易·乾·九五》"飛龍在天"，則房宿中，大火西移二度以上。此何意乎？此歲差之表現也。七十餘年差一度。此差二度以上則 150－200 年。是《易·乾·九五》"飛龍在天"乃西周末年之天象矣。

2017 年 11 月 27 日終審于幹部療養院

---

① 亢，讀頏。《詩·邶風·燕》："燕燕于飛，頡之頏之。"毛傳："飛而上曰頡，飛而下曰頏。"

周原甲骨卜辭中有關“龍”宿出現的記録

周原甲骨有“”（H11：138+160）（圖96），“”（H11：89）（圖97），“”（H11：29正面）（圖98）①。

此爲何字？

陝西周原考古隊、岐山周原文管所謂：詳察此字之形，乃如二龍飛騰之狀，其頭相并，其身相從，當爲“龖”字②。《説文·龍部》：“龖，飛龍也。”

陳全方則謂：“‘’字從鳥從朋，當釋爲鵬。”③

今按：字上部之“”不是“朋”字（甲骨文朋字作、，金文同）。其下部之“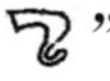”亦與鳥形不合。古文釋此字爲“鵬”，與字形不合。不能成立。

又此字有二角（）、一身（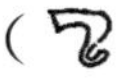），與“二龍飛騰，兩頭相并”之狀不合。故釋此字爲“龖”，亦難成立。

竊以爲此乃（龍）之異體字，當釋爲“龍”。考龍字在甲骨文作（《前》四，五三，四）、（《燕》五九〇）等形（見《甲骨文編》）。其上部之“”“”，乃龍角之形。其下部之“”“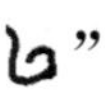”，乃龍身屈曲之體。其中間之“”“”，乃龍張口之狀。

“龍”本雙角。甲骨文只作一角“”，乃側寫其象之故也。

今“”字上部之“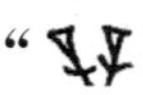”乃龍首雙角之形。其一下部之“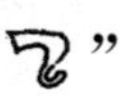”則爲龍身

① 王宇信：《周原甲骨探論》第七章《周原甲骨摹聚》，中國社會科學出版社，1984年，第307－308頁。

② 陝西周原考古隊、岐山周原文管所：《岐山鳳雛村兩次發現周初甲骨文》，《考古與文物》1982年第3期。

③ 陳全方：《陝西岐山鳳雛村西周甲骨文概論》，《四川大學學報叢刊》第十輯。

屈曲之形。“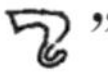”正爲字異體。爲何作雙角？此爲“龍”之正寫象形之故。

在甲骨文中同一動物象形字，或側寫作一角，或正寫作雙角，有他例乎？曰有，甲骨文之鹿字，即有此例。

鹿字在甲骨文，多正寫作雙角形，如（《合》19956）、（《合》10260）。但也有側寫作單角者，如（《合》10950）。

徐中舒主編的《甲骨文字典》謂：“字象鹿形，以多歧之兩角爲其特徵。或有作一角者，當爲側視之省形，仍爲鹿字。”①

準此，說“”字即“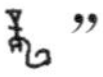”字，是可以成立的。

如果此字是“龍”字，周原甲骨卜辭與之有關詞句能否通釋？

此字在周原甲骨文三見。

（1）H11：89。只一字。

（2）H11：28+160。有二字爲“ ”。周原考古隊、岐山文管所認爲當是巳（祀）字。如其説，則此辭爲“龍巳（祀）”二字。“龍祀”，即“祀龍”。此“龍”如釋爲“東宮蒼龍”之“龍宿”，則此辭乃因龍宿中天或龍宿初現爲之進行祭祀之辭。全辭可通。

（3）H11：29。此版下面爲（龍），背面爲（見出）。

如連讀之，則爲“龍，見出”。此“龍”爲“東宮蒼龍”之“龍宿”。“見出”之“見”，即《易·乾·九二》“見龍在田”之“見”，讀“現”，即“顯現”。見出，即“出現”。

“龍”之“出現”，即春天來臨，每天黄昏時，東方地平綫上“龍”宿出現之記録。蒼龍昏現而春天來臨，故古人以之記時，作爲記事之標準星。

據統計：岐山鳳雛村有字甲骨計爲209（H11）+8（H31）共2117片，其中“龍”字三見。龍出爲大事則記之，祀龍爲典禮又記之。是周人以“龍”爲記時標準星之一，得一堅證矣。

《易》卦爻辭，出于西周後期。而《乾》卦以“龍宿”之“潛”“見”“躍”“飛”“亢”的變化，以爲時序標志，正與周原甲骨卜辭所見合。

2007年1月17日得此解，甚快也

2017年11月24日終審于幹部療養院

① 徐中舒：《甲骨文字典》，四川辭书出版社，1989年。

"大人虎變""君子豹變"辨析

《易・革・九五》："大人虎變。"《革・上六》："君子豹變。"

聞一多《周易義證類纂・車駕》謂"變、䜌古今字"，"䜌𤔔古字通"，"𤔔與虢同義"。是"虎變、豹變即虎鞹、豹鞹"。"變通辮"，可讀爲"斑"（即"虎文"），所以"虎變、豹變"猶言"虎文、豹文"。《毛公鼎》《番生殷》并有"桒䋎較"，䋎與幦同，車覆笭也。疑桒䋎即以虎豹之皮飾幦。《玉藻》曰："君羔幦虎植，大夫齊車，鹿幦豹植，朝車，士齊車，鹿幦豹犆。"虎植豹植即虎飾豹飾。注云"植謂緣"，緣變飾也。"大人虎變"，即《玉藻》之君車以虎皮爲飾①。"君子豹變"，即大夫、士車以豹皮爲飾。而二者金文則總謂之"桒䋎"也。

按：聞先生之説，游移不定。如果"虎變、豹變"即"虎鞹、豹鞹"（即去毛之皮），那麽就與"虎變、豹變猶言虎文、豹文"不同（帶毛之皮，始有斑紋）。其後又謂"虎變""豹變"即《玉藻》之"虎植""豹植"（即緣飾覆笭之幦，以虎、豹之皮）。但其困難在于：變與幦（元（乙類）錫（甲類）不能通），韵不能通；變與犆（植）（元（乙類）職（甲類）），不能通；幫（唇）照（舌），亦不能通。故聞先生以"車駕"類事物説"虎變""豹變"，是一貢獻。但定二者爲飾幦之"虎植""豹植"，即臆想多而實證少。

金文記周王賞賜臣下之物，包括車駕飾物。據陳夢家統計與"虎"有關之車具爲"虎冟熏裏"（《吴方彝》《牧殷》《番生殷》《毛公鼎》等）、"虎幃冟""衰裏幽"（《伯晨鼎》）、"虎冟窚裏"（《彔白㦰殷》，《斷代》426頁）。

① 虎皮飾車，漢世謂之上軒。《漢書・司馬相如傳上》"前皮軒"，注引文穎曰："皮軒，以虎皮飾車。"

金文“虎冟”爲何物？楊樹達謂：“阮氏跋《吴彝》讀爲虎韔。王静安釋《毛公鼎》疑爲文茵，并非也。”“余謂冟當讀爲幦。”（即“覆笭”。）“幦又作複”“幦字又通作幭”。《詩·大雅·韓奕》云“鞹鞃淺幭”，毛傳：“淺，虎皮淺毛也。幭，覆式也。”然則此文之“虎冟”，即《詩》文之“淺幭”（《積微居金文説》卷一，3頁）。唐復年承其説，謂“冟字假爲複通幭”，“就是以淺色虎皮覆于車前横木（車軾）之上稱爲幭”（《金文鑒賞》216頁）。

釋“虎冟”爲“虎複”“虎幭”的最大困難是：無解于“虎冟熏裏”“虎冟宷裏”。在金文這個“虎冟”有“熏”（纁，淺絳也）、“宷”（即朱，朱紅色）等不同的“裏”（表示不同等級）。如果是色覆車軾的“淺”色虎皮，何以區分其“裏”的不同顔色？（因爲此時覆軾之虎皮的裏子是從外面看不到的。）既然“虎冟”其表面虎皮斑紋可見，而其“裏”的顔色（熏（纁）、幽、宷）也就顯現，則當是懸挂之物，始兩面可見，這是明顯的。故楊説不可從。

陳漢平則認爲：西周金文册命賜物中之䩪，即幃、匩、帷。冟即幎、冪、幭、幔。作爲車上覆蓋之巾幕。在旁曰幃、匩、帷；在上曰幎、冪、幭、幔。“䩪冟”（《白晨鼎》“虎䩪冟”）、幃幎，後世以“帷幔”二字代之（《西周册命制度研究》243—244頁）。

按：陳漢平釋金文“虎䩪冟”爲“虎幃（帷）”和“虎幎（幔）”，有理有據。其外表爲“虎皮”，其裏色爲“纁、幽、宷”。表、裏皆可顯現。較楊説爲長。且與聞一多引司馬相如文“破軒以虎皮飾車”之説相合。當從。

今按：《易·革》經文之“虎變”，即金文之“虎冟”。《説文·冟部》：“冟，飯剛柔不調相箸。從皀，冖聲。”而“冖”與“幕”通。（《易·井·上六》“井收勿幕”，《漢上易傳》云：“幕，于氏本作冂。”）而“幕”與“漫”通。（《漢書·西域傳》“幕爲人面”，顔注：“幕即漫耳，無勞借音。”故從皀冖聲，可讀爲幕，亦可讀爲幔。）

而“變”與“幔”通。變從䜌聲，䜌聲通曼。《左·昭十六年》經“戎蠻子”，《公羊傳》作“戎曼子”。《史記·宋微子世家》“鬬曼”，《春秋經》作“頭欒”。皆可證。變與幔，元部叠韵，幫照旁紐一聲之轉。“虎變”即“虎幔”，亦即金文之“虎冟”。

觀周王賜以“虎冟”之人，或爲大臣（如毛公），或爲諸侯（如彔白㦰及白晨）。正是“大人”身份。

推之：“君子豹變”者，即大夫、士之車，以豹皮之幔爲車飾也。

《文選·司馬相如·上林賦》“前皮軒，後道游”，郭璞注引文穎曰：“皮軒，以虎皮飾車。天子出道車五乘，游車九乘。”宋高承《事物紀原·輿駕羽衛·皮軒》：“《通典》曰：漢制，前驅車也，取《曲禮》‘前有士師，則載虎皮’之義。”

楊樹達謂：“近日郭沫若釋《彔白䧹毁》説亘爲車上蓋幂。（《考釋（上）》陸肆葉）其説甚確。惟釋虎爲幂上畫以虎文。以此銘（《白晨鼎》）勘之，則殊不合。蓋幂正無妨以獸皮爲之也。”（《積微居金文説·伯晨鼎跋》卷一，5頁）

2017年11月25日終審于幹部療養院

卦爻辭中“邑人”之身份問題

《易·比·九五》：“邑人不誡。”《无妄·六三》：“邑人之灾。”《訟·九二》：“不克訟，歸而逋。其邑人三百户，无眚。”

按：“邑人”之名，見于卜辭。楊升南《商代經濟史》謂：甲骨文中之“邑人”，應爲商代平民階層的稱呼。其證爲：

(1)“貞，乎（呼）邑人出羊、牛。”（《甲骨文合集》9741反）邑人能出羊和牛，是他們有自己財産。《禮記·曲禮下》：“問庶人之富，數畜以對。”

(2)“癸酉卜，王貞：自癸酉至于乙酉。邑人其見（獻）方俘？不其見（獻）方執？一月。”（《合集》799）邑人參加獻俘的典禮，是邑人有作爲戰士的資格。

(3)“戊辰卜，争貞：帝疾兹邑？貞：帝弗疾兹邑。”（《合集》14211正）“有來孽，邑人震。”（《合集》14211反）

是邑人之休咎，商王甚爲關注。（《商代經濟史》67—68頁）

卜辭中之“邑人”，有的可能指“居于邑中之人”，如(1)(3)。也有可能爲“官職名”（即管理邑人之官）。

西周金文中之“邑人”或爲“官職名”，或爲居于邑之民衆之稱。如：

(4)《師酉𣪘銘》：“王乎（呼）史墻册命師酉：嗣乃祖啻官邑人，虎臣，西門尸（夷）……”

(5)《訇𣪘銘》：“今余令女（汝）啻官邑人，先虎臣，後庸，西門尸（夷）……”

(6)《師𤸫𣪘銘》：“女（汝）官司邑人，師氏。”

以上之例之“邑人”，在“虎臣”或“師氏”之前。“虎臣”“師氏”皆“官職名”。（《毛公鼎銘》：“命女（汝）𤕌（攝）嗣公族，雩（輿）參（三）有嗣（司）：小子，師氏，虎臣，雩（輿）褻事。”可知：虎臣、師氏皆在三有司之類。）所以此“邑人”當爲“官職名”（楊説）。郭老以爲是“從事生産的奴隸”，誤，不可從。

（7）《裘衛盉銘》：“乃令參（三）有嗣（司）：嗣土（徒）敚（微）邑，嗣（司）馬單旟（旟），嗣工（空）邑人服。”

又《裘衛鼎銘》：“乃令參（三）有嗣（司）：嗣土（徒）邑人趙，嗣馬頌人邦，嗣工（空）隧矩。”

以上二例之“邑人”所指爲何？張亞初、劉雨《西周金文官制研究》（52—53頁）謂：裘衛器上的“嗣土（徒）邑人趙”“嗣工（空）邑人服”之“邑人”，因前面已冠以司土、司工之職官名，邑人可能是城邑之人而言，不宜釋爲職官名。

按：張、劉之説是。《裘衛鼎銘》中“嗣土”是“邑人趙”，而嗣馬是“頌人邦”。“邑人”與“頌人”當是表示居地不同之人。“邑”爲城邑，“頌”爲地名。當可如此解釋。

據《左傳》材料春秋時期“邑人”亦有“官職名”與“城邑居人”二義。

（8）《左傳・定公九年》：“（陽虎）盡借邑人之車，鍥其軸，麻約而歸之。”

此“邑人”爲有車者，所以陽虎可以借其車。在先秦西周春秋時代，貴族才有車。所以楊伯峻、徐提認爲此“邑人”爲“某邑之官吏與其乘車者”，基本可從（《春秋左傳詞典》342頁）。

（9）《左傳・哀公十六年》載楚太子子建（字子木）闢亂處鄭，“子木暴虐于其私邑，邑人訴之”。

此“邑人”乃子木“私邑”之人，當非“官職名”，而爲“居于城邑之人”。子木爲其“私邑”之領主，故可“暴虐于其私邑”。但此“私邑”之“邑人”可以“訴之”。即向鄭國政府，控告其領主之不法行爲。則此“邑人”爲有“政治權利”之“平民”可知也。

《易》卦爻辭中之“邑人”，正是“居于城邑中之平民”。此種“邑人”，有牛，即有私有財産。（《无妄・六三》：“或槃（繫）之（其）牛。行人之得，邑人之灾。”知被繫之牛，即邑人所有。）《訟・九二》：“不克訟，歸而逋。其邑人三百户，无眚。”高亨以邑人訟其領主，領主敗訴，歸而逋逃，其邑人三百户勝訴，故“无眚”爲義。并認爲與《左傳・哀公十六年》“子木暴虐于其私邑，邑人訴之”相合，知高解可通。至于高先生以爲此爲“古代故事”，則治絲益棼，未必然也。

2017年11月27日終審于幹部療養院

《益・上九》“莫益之，或擊之，立心勿恒”解

《易・益・上九》：“莫益之，或擊之，立心勿恒。凶。”此辭所云“莫益之，或擊之，立心勿恒”是取象之辭，而“凶”則爲占斷之辭。

“莫益之，或擊之，立心勿恒”是一個整句。其中“莫益之，或擊之”是“立心勿恒”的表現，而“立心勿恒”是“莫益之，或擊之”的結果。

過去的學者離開“立心勿恒”去孤立解釋“莫益之，或擊之”，結果他們解釋的“莫益之，或擊之”都與“立心勿恒”不相吻合，從而作出誤釋。如：

1. 虞翻曰：“莫，無也。”“艮爲手，故或擊之。”此釋“莫”爲無，釋“或”爲“有”。可譯爲“無人助益之，有人打擊之”。但這與“立心勿恒”，拉不上關係。

2. 王弼注謂：“求益無已，心無恒者也。無厭之求，人弗與人。”“人道惡盈，怨者非一，故曰或擊之也。”此釋“莫”爲“弗”，“或”爲“有”。認爲“立心勿恒”導致“莫益之，或擊之”。而解“立心勿恒”爲“求益無已”，“立心勿恒”是“没有定見”。“求益無已”，目標明確，是“立心有恒”之一種表現。王弼説“立心勿恒”是“求益無已”，在訓詁上没有根據，不可從。

此解《程傳》從之，故謂：“九以剛而求益之極，衆人所共惡。故無益之者，則或攻擊之矣。”

3. 朱熹《本義》謂：“以陽居益之極，求益不已，故莫益而或擊之。立心勿恒，戒之也。”亦從王説。但把“求益不已”説成是《上九》“以陽居益之極”的屬性，而以“立心勿恒”爲戒辭。南懷瑾《周易今譯今注》承其説，譯爲：“‘上九’在益卦之極，象徵没有人助益他，或有人攻擊他。在此時如果立心无恒，就會遭遇到凶事。”

朱熹把“立心勿恒”，定爲“戒辭”，這是很大的錯誤。《易》卦爻辭是

“筮占”之書，只有“取象之辭”和“占斷之辭”二類文句。朱熹（包括王弼、《程傳》）把易卦爻辭當成哲理、倫理論説文體，而定某些易卦爻辭爲“戒辭”，是不合經文本意的，故其説不可從。

高亨亦從朱説，解爲：“此言人之處事，既無人襄助輔益之，且有人攻擊破壞之，若立人無恒……則事敗功虧，身隕名裂，是凶矣。”（《周易古經今注》）此解“增字解經”，亦不可取。

4. 周振甫則譯爲：“没有人幫他，有人攻擊他，用心不能持久不變，凶。”

其釋“莫”爲“無人”，“或”爲“有人”，乃以“或”爲無定代詞的指定代詞，而“莫”爲無定代詞之否定代詞。但這樣一來“没有人幫他，有人攻擊他”是一義，而“用心不能持久不變”又是一義，二者迥不相關。于是此辭意義何在？就説不清楚了。

那麽此辭當作何解？竊以爲“莫益之，或擊之”之“莫”與“或”皆爲“疑辭”，是“副詞”。

《漢字大字典》：“或，副詞。或許，也許。”《廣韵·德韵》：“或，不定也，疑也。”《左傳·宣公三年》：“天或啓之，必將爲君。”

又，《漢字大字典》：“莫：有所懷疑。”《莊子·人間世》“凡溢之類妄，妄則其信之也莫，莫則傳言者殃”，郭象注：“莫然疑之也。”成玄英疏：“莫，致疑貌也。”又《論語·述而》“文，莫吾猶人也”，《集注》：“莫，疑辭。”

《古書虚字集釋》“莫，猶或也”，“爲疑辭”，舉例有《莊子·則陽》：“莫爲盗？莫爲殺人”，猶言：“或爲盗乎？或爲殺人乎？”無二“乎”字者，古人語急省去也。又《論語·述而》“文，莫吾猶人也”，“文”即“文不在兹乎”之“文”。朱注云“莫，疑辭”，兹襲其意，訓“莫”爲“或”。“或”亦疑辭也。《周易·乾文言》所謂“或言者，疑之也”，是也。

所以“莫益之，或擊之”，當讀作“莫益之？或擊之？”即“莫非要去輔益他？或者要去打擊他？”此遲疑不决，二心不定，即“立心勿（不）恒”之表現也。而這種“立心不恒”，其結果只能引出“凶”之占斷矣。

2017年11月27日終審于幹部療養院

《晉·六二》“受兹介福，于其王母”解

《易·晉·六二》：“受兹介福，于其王母。”此占斷之辭。《釋文》：“介，音戒，大也。馬同。”王注、程傳皆用其説，釋“介福”即“大福”。是也。

“王母”，舊注皆從《爾雅·釋親》“父之考爲王父，父之妣爲王母”。而《爾雅·釋親》所言乃戰國之説，不可從。《小過·六二》：“過其祖，遇其妣。”是祖母稱“妣”，不稱“母”。則“母”乃“母親”之稱，爲“父之配”。是西周、春秋時期通例。如：

（1）《叔尸（夷）鐘銘》：“尸用作鑄其寶鐘，用享于其皇祖，皇妣，皇母，皇考。”（《殷周金文集成》1.272.2）《叔尸（夷）鎛銘》（《集成》1.285），亦同此文。

（2）《師趛尊𣪘銘》：“師趛乍文考聖公文母聖姬尊𣪘。”（《集成》2.2713）

（3）《諶鼎銘》：“諶肈乍（作）其皇考皇母告比君𩰫貞（鼎）。”（《集成》5.2680）

（4）《伯康毁銘》：“伯康作寶毁，用鄉（饗）倗友，用饎（饋）王父王母。”（《集成》8.4160）

以上祖、妣相對，考、母相對。是妣爲祖之配，母爲父之配。

“皇母”一作“王母”[①]。金文中，皇考與王母相對，正是以“王”讀作“皇”之證。

（5）《仲虘父毁銘》：“仲虘父乍（作）朕皇考遟伯王母遟姬尊毁。”（《集成》3.4102）

① 皇、王互通。《書·洪範》“建用皇極”，《尚書大傳》作“建用王極”，鄭注：“王極，或皆爲皇極。”《詩·豳風·破斧》“四國是皇”，《法言·先知》引作“四國是王”。《儀禮·聘禮》“賓入門皇”，鄭注：“古文皇皆作王。”

《説文》："皇，大也。"《廣雅·釋詁》："王，大也。"皇、王皆訓大，故用爲尊長（祖、妣、父、母）之尊稱。

古人受賞，往往爲尊長鑄器（包括王母）。如：

（6）《䰍伯毛鬲銘》："䰍（召）伯毛乍（作）王母 尊鬲。"（《集成》3.587）

（7）《頌鼎銘》記周王册命頌"官嗣成周貯（賈）廿家，監（司）新（造），貯（賈）用宮御"，并賜以"玄衣黹屯（純），赤芾，朱黄（衡），（鑾）旂，攸（鋚）勒"，于是"頌敢對揚天子不（丕）顯魯休，用乍（作）朕皇考龏叔，皇母龏始（姒）寶（尊）鼎"。

（8）《毳毁銘》："毳乍（作）王母媿氏饙（饋）毁。媿氏其眉壽萬年用。"（《集成》3931.1）

（9）《材支季毁銘》："隹王四年，八月初吉丁亥。材支季肇乍（作）朕王母叔弔寶毁，材支季萬年，子子孫孫永寶。"（《集成》4126.1）

"受兹介福，于其王母"，有兩種解釋：

一種解爲"受福于王母"，即得王母之恩賜或庇蔭而受大福。《程傳》："加之寵禄，受介福于王母也。"《本義》謂："受福于王母"，"蓋享先妣之吉占"。此種解釋乃訓"于"爲"在"，爲"以"。所以解"受兹介福，于其王母"爲"受兹介福，以（因、用）其王母"，而出"受福于王母"之解。高亨解爲"將于其祖母處得到大福"（《左傳今注》）。張立文釋爲"將于其祖母處受到嘉賞"（《帛書周易注釋》）。

二種則訓"于，及也"（《古書虚詞集釋》），"受兹介（大）福，于（及）其王母"，謂受得大福（加官，晉爵，受賞），從而推恩"王母"爲之鑄器，以供享用（有如後世兒子做大官，母親推恩被封誥命夫人）。上述例（7）之金文，正可證此説。

《叔多父盤銘》[①]："用易（錫）屯録（純禄），受害福，用及孝婦嬣氏。"

楊樹達謂："《叔多父盤》：'用易（錫）屯録（純禄）。受害福。'孫詒讓讀'害'爲介，介大也。《説文》作夵。《易·晉·六二》'受兹介福，于其王母'與銘文文義正同。"（《金文説》卷三，65 頁）

李學勤謂："孝婦嬣氏，是多父之妻。'孝婦'詞見《爾雅·釋親》。在銘

---

① 見吴大澄《愙齋集古録》、鄒安《周金文存》、劉體智《小校經閣金文拓本》等書。

文中與下稱多父爲‘孝子’相對。”（《中國古代文明研究·叔多父盤與洪範》，104頁）

此云叔多父“受害福，用及孝婦㛗氏”，與此《晉·六二》“受茲介福，于（及）其王母”同一語例。

因此，何新釋此文爲“受此大福，惠及祖母”。雖然把“王母”訓作“祖母”是沿襲舊訓而生的誤説，但把“于（及）其王母”解爲“惠及王母”，是正確的。

又按：“受茲介福，于其王母”，高亨譯爲“將于祖母處得到大福”。當然所説内容有誤，但把此二句話作爲“占斷之辭”來理解，則是正確的。

所以此二句當譯爲：“將要受到這個大福，并且惠及他的母親。”

此處之“茲”，爲指代之詞。所指對象，即本爻之象辭“晉如，愁如”。《晉·六二》全辭爲：“晉如，愁如。貞吉，受茲介福，于其王母。”

此“晉如，愁如”爲取象之辭。

舊注皆于“愁”字讀訓“憂愁”，又訓“晉”爲“進”，解爲“進而憂愁”，或“前進，憂愁”。試問如何引出“貞吉”之占？

高亨《周易古經今注》知“愁”不當如字讀，謂“晉，進而有所侵伐也”“愁疑借遒”。《廣雅·釋詁》：“遒，迫也。”“愁如即遒如，謂以兵脅迫敵國使之屈服也。”但“遒如”即“迫如”，而“迫如”即“謂以兵脅迫敵國使之屈服”，則有增字解經之誤矣。

竊以爲此“晉”訓“進”（《易傳》：“晉，進也。”）、“行”（《廣雅·釋詁》），而“愁”當讀爲“秋”。（《漢書·禮樂志》“飛龍秋游上天”，顔注引蘇林曰：“秋，飛貌也。”）

因此“晉如，愁如”即“進如，秋如”，其義爲“進行，飛翔”，乃全速行進之象。故引出二吉占：一爲“貞吉”，二爲“受茲介福，于其王母”（將受到這樣的大福，并惠及其母親）。

2006年12月5日，冬暖日出可喜也

2017年11月28日終審于幹部療養院

《蒙·六三》“勿用取女，見金夫，不有躬，无攸利”解

《易·蒙·六三》：“勿用取女，見金夫，不有躬，无攸利。”

“勿用取女”爲一占斷之辭。由卦名“蒙”之“蒙覆不明”義引出。

“見金夫，不有躬”爲另一取象之辭，引出“无攸利”之占斷。

“見金夫，不有躬”舊解皆迂回牽强，難通。聞一多改“夫”爲“矢”，以獄事説之。但漢帛書《易》作“夫”字，不作“矢”字。則聞説失據矣。

今按此辭之“見”當訓“獻”（甲金文中以“見”訓“獻”之例多有）。

此辭之“夫”，當讀“大”。《漢語大字典》：“夫，同大。”《字彙補·大部》：“夫，又度奈切，言大。”宋景文曰：“古者大夫字用重書寫之，以夫有大音故也。李斯《嶧山碑》如此。”《莊子·田子方》：“于是旦而屬之夫夫。”陸德明《釋文》：“司馬云：‘夫夫，大夫也。一云：夫夫，古讀爲大夫。’”《荀子·王霸》：“楊朱哭衢塗曰：‘此夫過舉蹞步，而覺跌千里者。夫哀哭之。’”于省吾《新證》：“夫、大古通。《大鼎》‘善夫’亦作‘善大’。‘夫哀哭之’，即‘大哀哭之’。”《山海經·中山經》：“又東一百五十里，曰夫夫之山。”吴任臣《廣注》：“《釋義》本作‘大夫之山’。《續通考》引此亦作‘大夫之山’。又案：秦《嶧山碑》及漢印篆文，‘大夫’都作‘夫夫’，則二字古相通也。”

此“夫”讀“大”。《中文大辭典》：“大，多也。”《老子·三十八》“大巧若拙”，注“大巧謂多才術”，又“大，重也”。《禮記·王制》“必察小大之比以成之”，注：“小、大猶輕重。”

因此“見金夫”即“獻金多”。

爲何“獻金多”？古代“金作贖刑”，獻金多以求宥刑也。

此“不有躬”之“有”當讀“宥”。《廣雅·釋言》：“宥，赦也。”《易·大

象·解》："君子以赦過宥罪。"《左傳·莊公二十二年》"幸若獲宥"，杜預注："宥，赦也。"

而此辭之"躬"當如字讀訓"身"。(《説文》："躬，身也。") 引出"自己，自我"之義。《詩·大雅·文王》："命之不易，無遏爾躬。"《禮記·樂記》"不能反躬"，鄭玄注："躬，猶己也。"

所以"不有躬"即"不宥躬"，亦即"不赦己"。

"見(獻)金大(多)，不有(宥)躬(己)"，是獻多金贖罪，竟然不能得到"宥罪""赦免"。勞而無功之象，故引出"无攸利"之占斷。

2006年5月27日寫此

2017年11月28日終審于幹部療養院

《井·象》“井，改邑不改井，无喪无得”解

《易·井·象》：“井，改邑不改井，无喪无得。”此辭之“井，改邑不改井”乃取象之辭，而“无喪无得”乃由之引出的占斷之辭。

“井，改邑不改井”是何意義，歷來大致有以下幾説：

1. “邑雖遷移，而井體無改，故云改邑不改井也。”（《正義》）“邑可改而之它，井不可遷也，故曰改邑不改井。”（《程傳》）此以“邑”爲“城邑”，“井”爲水井。

“邑雖遷移，井體不改”怎麽能引出“无喪无得”之占斷呢？故“改邑不改井”孤立地説，可解爲“遷移邑，不改水井”，但和其所引之占斷之辭“无喪无得”聯繫起來看，知此解難以成立。

2. 《司馬法》曰：“四井爲邑。”王夫之《周易稗疏》謂：“三代封建，沿革不一，人民登耗不恒。故分此邑之餘，以補彼邑，互相推移而改邑。”“若井，以分田制税”，“溝洫隧路塍埒。視以爲經界之準，而永無所改。經界既正，無餘無欠。此井無可喪，彼井無可混得。”

《易》稱“改邑不改井”者，《周禮·小司徒》曰：“四井爲邑。”徐中舒《井田制度探源》謂：此邑内之井，改隸彼邑；彼邑内之井，改隸此邑；而四井之邑不改（當爲井的編制不改。古八家或九家爲井）。此正指井田之井，所以説“无喪无得”。

此説“邑”爲行政編制單位，“井”爲“井田”。“改邑”爲“井”由此邑改隸彼邑，“不改井”爲不改井田編制。此説之問題在于：從“井”説“不改井”，是“无喪无得”；但從“邑”説，此邑之井，改隸彼邑，能是“无喪无得”乎？所以“改邑”爲何事，當求新解。

3. “改邑不改井者，謂改建其邑而不改造其井也。無喪無得者，謂無造新井之勞費，亦不得新井之利益也。”（高亨《古經今解》）此解“改邑”爲“改

建其邑”，“改井”爲“改造其井”，有增字解經之嫌。“不改造其井”，當然“無喪無得”，但“改建其邑”得謂之“無喪無得”邪？故此説不可從。

按：“井，改邑不改井”之“井”，鄭玄訓：“井，法也。”（《廣雅·釋詁》同）什麽是“法”？《管子·七法》：“尺寸也，繩墨也，規矩也，衡石也，斗斛也，角量也謂之法。”《禮記·少儀》“工依于法”，注：“法，規矩，尺度之數也。”所以《中華大辭典》説“法”是“度、量、衡、規矩、準繩等物所依據之器”。也即“法”是量度的標準器，或基本單位。

“井”是“法”，也是一種量度的基本單位。那麽它是哪一種量度的基本單位呢？它是量度土地平面面積的基本單位，即“方里而井，井九百畝”（《孟子·滕文公上》）。

《國語·魯語下》記孔子論古時徵軍賦，説“其歲收，田一井，出稯禾、秉芻、缶米，不是過也”，是古時以“井”爲“田”的計算單位之證。

《左傳·襄公二十五年》以“井沃衍”與“度山林，鳩藪澤，辨京陵，表淳鹵，數疆潦，規偃豬，町原防，牧隰皋”并列，即以“井”爲基本單位，量度沃衍之地，從而這種量度工作，亦曰“井”矣。

《漢書·刑法志》：“一同百里，提封萬井。”此“萬井”，即一萬個“方里”。此以“井”爲量度土地基本單位又一證也。

此“邑”，當爲“封邑”，即殷、周貴族之“食邑”。如，甲骨卜辭云：“乎（呼）從臣沚又册三十邑。”（《合集》704。大意是商王呼召王臣沚將三十邑書于典册，將封賞某個貴族。）《尚書·多方》曰：“爾乃尚有爾土”，“宅爾邑，繼爾居”。《齊侯鎛》：“侯氏易（賜）之邑二百又九十九邑。”《左傳·襄公二十七年》：“公與之邑六十。”皆以“邑”爲“封邑”“食邑”之義。此“改邑”之“邑”與之同義。

“改邑”，乃貴族領主之“封邑”“食邑”有所“更易”之事。原“食邑”“封邑”于此，現在改封于彼，此即“改邑”之意義。

“改邑”有可能增加封地，即“得”；也可能減少封地，即“失”。如何能“无喪无得”？曰：其故在“不改井”。此“井”即土地（或田地），以“井”爲單位之面積數（如十井、百井之類）。“不改井”，即不改變其土地（田地）面積之“井”數。

“改易封邑，但不改變其田土之井數”是“食邑”之地雖然改易，但所食之“田土”面積，無所變動。故出“无喪无得”之占斷。

在辭“井，改邑不改井”之第一個“井”作何解？此“井”與下“改邑不改井”合爲一辭，故知不是“水井”。但如解爲“井田”“井法”，于義也難通。

竊以爲此“井”爲動詞，即“井沃衍”之“井”①。謂以“井”（方里）爲基本單位，對平地進行面積測量之事也。故可釋此“井”爲“量度平地面積”。

所以，此辭“井，改邑不改井”，可釋爲“按井測量田地面積。雖然改易了封邑的所在，但其田地（或土地）的井數不變”。即在新易之封邑，按舊邑井數，量度出同樣的田地（或土地）面積，以供領主采食。因此，對領主而言，其所食田地（或土地）“无喪无得”也。

爲何“邑”與“井”連言？楊升南《商代經濟史》（60 頁）謂：古時邑和田是緊相關聯的，言田即包括邑，言邑即包含田在內。邑是居民聚居之地，田在邑外，爲邑中居民賴以生存的條件。

楊樹達《積微居金文説》（增訂本，247 頁）謂：邑與田相關。舉證云：《鬲攸從鼎》云：“我弗（具）付尉從其且射分田邑，則殺。”文以田、邑連言。又《䣄比盨》云：“章厥□夫□䣄比□，丝，□，復友䣄比其田，其邑復□，言二邑，卑䣄比復厥小宮□䣄比田，其邑彶眔句，商，兒，眔讎，戋，復限余䣄比田，其邑競，楙，甲三邑，州，瀘二邑，凡復友，復付䣄比田十又三邑。”此文初言田，次即言其田所在之邑，而復總言之曰“田十又三邑”。皆邑、田相關之證。

楊升南《商代經濟史》（6 頁）謂：甲骨文中，田、邑也有通用之例。如：“沚戛告曰：土方征于我東鄙，戋二邑。工防亦侵我西鄙田。”（《合集》6057）東鄙稱“邑”，西鄙稱“田”，實邑、田相對同義。是田和邑相關連的事實，甲骨、金文皆是相同的。

據此，“改邑不改井”中與“邑”相關之“井”，是“田”的計量單位，而不是“水井”。此正與甲骨、金文所示合矣。

2007 年 1 月 13 日，冬晴，暖日也

2017 年 11 月 29 日終審于幹部療養院

---

① 《周禮・地官・小司徒》：“乃經土地，而井牧其田野。”鄭玄注引鄭司農：“井牧者，《春秋傳》所謂‘井沃衍，牧隰皋’者也。”换言之，沃衍之地，以“井”爲準，量度其地，計其面積若干“井”，以區劃田地。而隰皋之地，即草場，以“牧”爲標準（即以載畜量爲標準）計其面積，或載畜若干“牧”以區劃牧場。此“井”“牧”皆動詞。

“倝”字初義爲“乾燥”字説

1. 倝。《説文》：“　，日始出，光倝倝也。從旦，㫃聲。”“　，闕且，從三日在㫃中。”段注：“按此蓋倝籀文也。汗簡朝作　，翰作　，亦可證矣。闕且二字當作籀文二字。从三日在㫃中，則篆體　下不當有一也。”徐鍇曰：“李陽冰曰：從三日在㫃中蓋籀文。許慎闕義。且字後人加，同上。”

（1）吴穎芳曰：“古鼎文日字，有作　者，或是從　從　。”馬叙倫謂：“如吴穎芳説，則從昜，㫃聲。其所舉鼎文　字，曾伯　鼎昜字如此作”，“然非日字也”。

（2）王國維謂：“　、　皆㫃之異文。”（王謂㫃或加車作　。車訛單，單訛　，其説迂曲。且如倝僅爲㫃字，則乾從乙，倝聲，爲乾濕字，不能得到解釋。只有乾之倝與日有關係，乾字始可能有水乾之義。只有倝與日有關，翰才能有“赤羽”。）

（3）林義光曰：“王孫鐘偏旁作　，沇兒鐘偏旁作　，從早，㫃聲。”馬叙倫：“林説可從，倝爲早之轉注字，早音見紐，故倝從㫃得聲，轉注爲倝。”

（4）饒炯曰：“倝倝，日光貌。謂其閃灼如旌旗游也之㫃蹇。因以㫃名之。而後注旦爲專字。其意蓋取旦明日出光常倝倝也。”張舜徽謂：“倝倝乃狀日始出時大赤之色。不必以火閃灼如旌旗游之㫃蹇爲解也。本書羽部：‘翰，天鷄也。赤羽，從羽，倝聲。’然則赤日爲倝，亦猶赤羽之爲翰，語原同耳。”

（按：《周禮・春官・司常》：“通帛爲　。”）

2. 乾。　説文。　籀文。

《説文》：“乾，上出也。從乙，乙，物之達也。倝聲。”段注：“此乾字之本義也。自有文字以後乃用爲卦名。而孔子釋之曰‘健’也。健之義生于上出，上出爲乾，下注則爲濕，故乾與濕相對。”（乾訓“冒出”，爲乾卦名。爲健，爲男，爲君，爲天，爲西北方等義，皆爲由卦名乾之取象而引來。皆文獻所用，在《説卦》《繫辭》之後。）

而乾訓“燥也”。（《集韵·寒韵》則出《詩·王風·中谷有蓷》“暵其乾矣”，孔疏“暵然其乾燥矣”，訓“乾，竭也”。《玉篇》則見《左傳·僖十五年》“外强中乾”，杜注：“外雖有彊形内實乾竭。”）

因此可知，借“乾濕”之乾爲“乾坤”之乾，乃春秋戰國時事也。

王筠謂：“從乙，乙，物之達也。此但取出意，不取難意。”“乾上從倝，下從乙，乙謂草木萌甲，抽乙而生。”

馬叙倫謂：“按此水涸爲乾，即乾濕字，故從乙（水流）。”

徐灝曰：“乾之本義，謂草木出土乾乾然强健也，故從乙。古義燥與濕對，由濕而燥謂之乾者，古無其字，假乾健爲之，後又加水旁作漧。”張舜徽從之，謂：“此篆自以上出爲本義。凡言乾濕，音古寒切，當以‘旱’爲本字。”“古人用字，亦常以干爲乾也。”

3. 乾從乙，倝聲。“乙”之本義爲何？這與乾初義是“上出”抑或“乾燥”極有關係。

(1)《説文》：“乙，象春草木冤曲而出，陰氣尚强，其出乙乙也。（段注：“乙乙，難出之貌。”）與丨同意。（段注：“謂與自下通上之丨同意也。”）乙承甲，象人頸。”

《繫傳》曰：“丨音徹。”王筠曰：“是知丨爲屮之譌。屮，草之初也，故有出意。”

張舜徽謂：“草本萌芽初出土時，恒屈曲不能自申。”“古金、甲文乙字作乁、作ʃ，其形尤肖。今本説解：‘與丨同意，丨訓上下通，與乙義不諧。疑丨爲屯之缺爛字。’小徐《繫傳》云‘丨音徹’，知鍇所見本，已譌屯爲中，今本又譌‘中’爲‘丨’耳。”

(2) 吴其昌《金文名象疏證》據《釋名》“乙，軋也”及《史記·匈奴傳》注“匈奴之刑典，其法：小罪軋，大罪死”，顔注引服虔曰“軋謂刀刻其面也”，故謂“刀刻其面爲軋，而軋又當爲乙，乙之爲刀至明”。

(3)《甲骨文字典》謂：“所象形不明。郭沫若謂乙象魚腸（《甲骨文字研究·釋干支》）。吴其昌謂‘乙象刀形’，故‘乙義爲刀’，訓爲‘軋’。唐蘭謂甲骨文乙有作⺄者，乃玄鳥之乞所自出（《天壤閣甲骨文存考釋》）。（朱駿聲謂：乙與燕乙字音義皆别。）李孝定謂甲乙字與許書訓流之乁（《説文》卷十二）實爲一字，以乙假爲干名，遂歧爲二字（《甲骨文字集釋》卷十四）。按以上諸説皆無確據。至《説文》所云……尤不可據。”

（4）馬叙倫謂：“匈奴之軋，即中國之黥。以刀刺面爲文。今北平呼針刺爲軋針，則軋者方言。《釋名》：‘乙，軋也。’亦以聲訓。乙義爲刀，既無他證，而形又不似黥刑之具。且不可通于本部諸文。”（馬老對乙爲刀説之批評，正確。）

馬叙倫又謂：“乙即十二篇部首之乁，象形。”“甲文有作㇌者，亦明象水流之形。”“金文乙多作乁，正象今畫山水中之瀑流。”（李孝定説與馬老同。按《説文》“乁，流也，從反厂，讀若移”，乙（甲乙）與乁（流也）以韵部言，質、宵不同類，不能通；以聲紐言，影（喉）與喻（舌面），亦不能通。則馬、李之説不能成立。）

按：乙（乁）當即《説文·𡿨部》之𡿨。《説文》：“乁，水小流也。畎，篆文。”《玉篇·𡿨部》：“𡿨，水小流皃。深尺廣尺曰𡿨。故作甽，篆文作畎。”《正字通》：“𡿨，畎本字。”

甲乙之乙，其形爲乁、乁，與畎之初文乁其形相似。從聲韵説乙與𡿨（畎）質，元穿對轉，影見鄰紐，爲一聲之轉。故乙與𡿨同爲小水流。

乙爲“小水流”，所以從乙倝聲之乾爲乾燥字。乙爲“小水流”，所以從户乙聲之戹，訓“隘也”（《説文》）；從車乙聲之軋訓“輾也”（《説文》）。因車輾路成轍，其轍爲小水溝，故從乙聲也。

2004年6月15日上午

2018年1月6日終審于幹部療養院

卦爻辭中“年”與“歲”同爲“年歲”（12 個月）之名

一、卦爻辭中“年”“歲”記時之使用情況

卦爻辭中，“年”字見于卦爻辭者爲：

（1）《屯·六二》：“女子貞不字，十年乃字。”

（2）《復·上六》：“以其國君凶，至于十年不克征。”

（3）《頤·六三》：“貞凶，十年勿用。”

（4）《既濟·九三》：“高宗伐鬼方，三年克之。”

（5）《未濟·九四》：“震用伐鬼方，三年，有賞于大國。”

以上五例中，（1）（2）（3）之三個“十年”皆出現在“占斷”（即“判斷”）之辭中。（4）（5）之兩個“三年”皆出現在“取象”（即“叙述、描繪”）之辭中。

卦爻辭中，“歲”字見于以下諸辭中：

（6）《同人·九三》：“伏戎于莽，升其高陵。三歲不興。”（此“三歲不興”爲“占斷”之辭。）

（7）《坎·上六》：“繫用徽纆，寘于叢棘，三歲不得，凶。”

以（6）與（7）比較，（7）之“三歲不得”，與上句“寘于叢棘”，得棘皆職部字，互韵。且占斷之辭爲三句之後的“凶”，可知“繫用徽纆，寘于叢棘，三歲不得”乃“取象之辭”，乃取有韵的謡諺式口語爲“象”，其占斷爲“凶”。因之（6）亦當爲“取象之辭”，取有韵的謡諺爲之（陵與興，蒸部叠韵）。全爲“取象之辭”，而占之吉凶，不待言矣。

（8）《困·初六》：“臀困于株木，入于幽谷，三歲不覿。”

此辭爲韵語（木、穀、覿皆屋韵），亦爲謡諺或韵語。用爲“取象之辭”，其吉凶，不待占而知之矣。

（9）《豐·上六》：“豐其屋，蔀其家，窺其户，闃其无人，三歲不覿，凶。”

此辭屋（屋部）、家（魚部）、户（魚部）、覿（屋部），屋、魚皆甲類，旁對轉，是爲謡諺韵語。故用爲“取象之辭”，而其占爲“凶”。

（10）《漸·九五》：“鴻漸于陵，婦三歲不孕，終莫之勝，吉。”

此辭，陵、孕、勝皆蒸部字，故爲謡諺式韵語，用爲“取象之辭”，而其占爲“吉”。

以上五辭，皆爲謡諺式韵語，用爲“取象之辭”。有韵之謡諺，與口語最接近。故知作《易》時，取這些有韵謡諺爲“取象之辭”，正反映了這時以“歲”爲“年歲”之名，在民間是比較流行的了。

從以上材料，可知：在卦爻辭用“年”來名“年歲”與用“歲”來名“年歲”，旗鼓相當，皆爲五例。其時“年”“歲”紀年并行，這反映了製作卦爻辭時，語言運用的時代特徵。

二、甲骨、金文中“年”“歲”記時的使用情況

常玉芝《殷商曆法研究》（364－365頁）對殷商和西周紀年法的變化進行了研究。其結論是：殷商早期多用“歲”紀年，偶用“年”紀年；到晚期仍有少量“歲”含有“年”義，但多數已用“祀”紀年了；西周早期，雖多用“祀”紀年，但已有用“年”紀年了；中、晚期雖多用“年”紀年，但仍有少量用“祀”紀年的。

按：常説是。需要補充的是：西周中期以後，以“歲”爲“年”的例子開始出現。（《曶鼎》“昔饉歲（此歲爲“年成”義），匡衆厥臣廿夫寇曶禾十秭”，又“［若］來歲（此歲爲“年歲”義）弗賞（償），則付卌（四十）秭”。“來歲”即“來年”，即其證。）而春秋時期，以“歲”爲“年”之金文例就更多了（如《國差缶瞻》“國差（佐）立（莅）事歲”等）。

金文中以“歲”爲“年歲”者：

（1）“自乍（作）永（咏）命（鈴），其胥壽無疆……以樂君子，江漢之陰陽，百歲之外，以之大行。”（《集成》1.73－4，76－7，78－9）

（此春秋時楚器，乃《敬事天王鐘》之銘文。）

（2）“余（徐）子汆之鼎，百歲用之。”（《集成》4.2390）

（此蓋春秋時器。）

（3）“昔饉歲（此歲爲“年成”之義），匡衆厥廿夫冠曶禾十秭。”“［若］來歲（此“來歲”即“來年”）弗賞（償），則付卌（四十）秭。”（《集成》5.2838）（《曶鼎》懿王）

（4）“□□爲甫（夫）人行盨，用征用行，邁（萬）歲用尚（常）。”（《集成》9.4406）（春秋，《盅人行盨》）

（5）“永保用之，千歲無疆。”（《集成》11.6010）（春秋，《蔡医尊》）

（6）“陳喜再立（莅）事歲，[illegible]月己酉。”（《集成》15.9700）（《陳喜壺》）

（7）“國差（佐）立（莅）事歲。”（《集成》16.10361）（春秋，公元前587年左右，《國差缶詹》）

三、《詩經》《尚書》中紀年用名的情况

1.《詩經》中紀年用名情况爲：

（1）《詩經》無以“祀”爲“年”之例。有以“載”爲年一例。《大雅·大明》：“文王初載天作之合。”（《集疏匯訓》）

（2）《詩經》中“年”字用爲“年歲”[①] 義者共十五例。（《曹風·鳲鳩》：“正是國人，胡不萬年。”《豳風·東山》：“自我不見，于今三年。”《小雅·信南山》：“畀我尸賓，壽考萬年。”“君子萬年。”《小雅·瞻彼洛矣》二見，《小雅·鴛鴦》四見，《大雅·既醉》四見。《大雅·下武》：“于萬斯年，受天之祐。”《大雅·江漢》：“虎拜稽首，天子萬年。”引十五例中《風》二、《雅》十三。）

（3）《詩經》以“歲”爲“年歲”義者共二十一例。（《衛風·氓》：“三歲食貧。”“三歲爲婦。”《王風·采葛》：“一日不見，如三歲兮。”《魏風·碩鼠》：“三歲貫女（汝）。”（三見）《唐風·蟋蟀》：“歲聿其暮。”“歲聿其逝。”《秦風·葛生》：“百歲之後。”（二見）《豳風·七月》：“何以卒歲。”“曰爲改歲。”

---

① 《周頌》中三“年”字，皆作“年成”解，不用爲“年歲”。即《臣工》“明昭上帝，迄用康年”、《豐年》“豐年多黍多稌”和《桓》“綏萬邦，屢豐年”。

《小雅·采薇》："歲亦莫止。""歲亦陽止。"《小雅·小明》："歲聿雲莫。"（二見）《小雅·甫田》："歲取十千。"《大雅·生民》："以興嗣歲。"《大雅·召旻》："如彼歲早。"《商頌·殷武》："歲事來闢。"《魯頌》："萬有千歲。"）

此二十例中《風》十二、《雅》七、《商頌》一，《周頌》中未見"歲"字。

從《詩經》以上材料可知："年"與"歲"用爲紀年之名，既見于《風》，也見于《雅》和《商頌》。《大雅》《小雅》和《風詩》，其時代爲西周末期到春秋時期，《商頌》亦春秋時寫定之作品。是故《詩經》"年""歲"并用以紀年，是在西周後期作品和春秋初期作品中出現的。

《周頌》之内容，不涉及紀年。故紀年的"年""歲""祀"三名，在《周頌》中皆未出現。

2.《尚書》中紀年用名情況爲：

（1）《尚書》以"祀"爲"年歲"名者二例。（《洪範》："惟十有三祀。"《多方》："臣我監五祀。"）

（2）《尚書》以"年"爲"年歲"名者共二十六例。（《高宗肜日》一、《金縢》二、《梓材》一、《召誥》五、《洛誥》四、《多士》一、《無逸》九、《君奭》一、《多方》一、《吕刑》一。）

（3）《尚書》以"歲"爲"歲年"名者七例。（《堯典》二、《洪範》三、《金縢》一。）

（4）《尚書》以"載"爲"年歲"名者九例。（《堯典》八、《禹貢》一。）

從《尚書》以上材料可知：

①《尚書》以"祀"爲"年"的二例（《洪範》與《多方》），與西周初期銅器銘文以"祀"紀年合，證明此二篇文獻爲西周初期文獻。

②《尚書》以"年"爲"年歲"名，大量見于西周初、中期文獻，這與銅器銘文用例同。這證明以"年"爲"年歲"是西周紀年主流。

③《尚書》以"歲"爲"年歲"名，只見于三篇文獻。從甲骨、金文材料可知卜辭早期多用"歲"紀年，晚期只有個别以"歲"表"年"之例。而在西周中期以後，始有以"歲"表"年"個例。在《詩經》中以"歲"表"年"首選大量出現于《雅》詩中，與金文時代合。換言之：早期卜辭時代和西周末期時代，"以歲爲年"才得以流行。

據此，可以對以"歲"爲"年"三篇《尚書》文獻的寫定作一判斷：

甲、《洪範》三例[1]，在今“八、庶徵”之傳文中，乃由“四、五紀”章傳文，錯簡而來。

《洪範》經文“惟有三祀”，乃晚殷與西周初期紀年法。而傳文則以“歲”爲“年”不以“祀”。這表明經文爲西周初期，而傳文在其後爲西周中、後期之作品。以其時始流行“以歲爲年”也。

乙、《金滕》。按《金滕》全文當分爲兩個不同部分。從“既克商二年”起至“公歸，乃納册于金滕之匱中，王翼曰乃瘳”爲本文。記“武王有疾，周公爲請命之書，藏之于匱，緘之以金”之事。其後“武王既喪”至“則罪人斯得”爲一事；“于後，公乃爲詩”至“王未敢誚公”爲一事；“秋大熟”至“歲則大熟”又爲一事。此三事，皆爲後人在《金滕》本文之後，收所聞有關傳聞，附記于本文之後而成。其時代不同作爲史料，其可信度當然大不相同。

在周公作《金滕》時期，爲西周初期，爲何不以“祀”或“年”表“年歲”而以“歲”表“年歲”? 答案是：此以“歲”表“年歲”之文，“歲則大熟”是後人附加部分，其年代當在西周中期以後。此正是《金滕》後半部分爲後人附加之證據。

以此後加部分有“天大雷電以風”“天乃雨”之文，皆以“天”爲“天宇”“天空”而不是“天神”“天意”。此乃西周後期以來之用法。此亦爲這些部分乃後世附加之又一證據。

又《書·金滕序》：“武王有疾，周公作金滕。”這種《序》的文例，與《甘誓》“啓與有扈，戰于甘之野，作甘誓”、《湯誓》“伊尹相湯伐桀，升自陑，遂與桀戰于鳴條之野，作湯誓”、《盤庚三篇》“盤庚五遷，將治亳殷，民諮胥怨，作盤庚三篇”、《牧誓》“武王戎車三百輛，虎賁三百人，與商戰于牧野，作牧誓”等篇，都是記録有關訓話、誓詞，并無一例記此後發生的結果。而今本《金滕》在周公爲武王請命、之命討及將誓詞藏之金匱之後，還有三段事後發生的事情。這爲《尚書》所有篇文中所僅見。換句話説：《金滕》在正文已完之後，所記三事，乃本文所無，爲後世附加。從《書·序》所指，即可知之。正又一證矣。

丙、《堯典》“以閏月定四時成歲”“歲二月，東巡狩”，以“歲”爲“年

---

① “一曰歲”“曰王者唯歲”“歲月日無易”“日月歲時既易”。按：“五紀：一曰歲，二曰月，三曰日，四曰星辰，五曰歷數”之“歲”，指歲星（與日、月、星、辰并列，又在歷數之外，可知也），不指“年歲”。舊釋年歲誤。所以指“歲”爲“年歲”者，在《洪範》爲三例矣。

歲”之名。但同時又大量以“載”爲“年歲”之名。是何故？表示什麽問題？按：甲骨、金文無以“載”爲“年歲”之名者。西周文獻，只《大雅·大明》“文王初載”。有的學者以爲“初載當訓初年”從朱《集傳》（王先謙《集疏》），又有學者以爲“載通栽，訓生。初載即初生”（《通釋》）。今之學者多從王説。其實文王即位以後才知“訂親”（天作之合），于古代初制不合。當以後説爲是。即“文王初生，天作之合”謂文王初生爲嬰（時已經訂親了，此在古代貴族中，常事耳）。是以“載”爲“年歲”之名，除《尚書》《堯典》及《禹貢》外，别無他例。

竊以爲《堯典》以“載”爲“年歲”之名，皆在叙述堯、舜經歷事件，以之“記年”。此當是《堯典》整理者所據史料，即“以載爲年”。這些史料當是比較早期傳下來的，故在“年”“歲”“祀”之外，以“載”記年。這是以物候“草木滋生”爲一年（載讀兹，訓草木滋生）時代的産物，年代當較早。故《爾雅·釋天》以爲“載，歲也”“唐虞曰載”也。

至于《堯典》中“閏月定四時成歲”，講曆法制定之事，當時整理《堯典》時之另一材料來源。這個曆法的歲實是太陽曆，而且有閏月調節四季，則是陰陽合曆，而且四季齊備（卜辭和西周金文只有春秋之别，尚無四季）。這表明此一材料所代表的曆法較爲進步，可能是西周末期，或者春秋初期之事實。所以“歲爲年”矣。

至于（舜）“歲二月，東巡狩”一文，所據材料亦當較爲後出，故亦以歲爲年也。

四、卦爻辭以“年”“歲”并用爲“年歲”之名，表示的時代性

卦爻辭中，以“年”“歲”并用爲紀年法。表示其爲西周中、後期的著作。總結以上分析，可知：

①西周金文，早期紀年“祀”“年”并用，以祀爲主。中、後期，“年”“歲”并用，以“年”爲主。

②《詩經》《周頌》無紀年之辭。“年”“歲”并用紀年，首見于《大雅》《小雅》。而《大雅》《小雅》是西周中、後期，特别是後期之作。

③《尚書》中，以“年”紀年之文獻貫徹西周初期及中期，而以“歲”紀

年的文獻，或爲《洪範》之傳文，或爲《金滕》之後益部分，或爲春秋（或戰國初）寫定之《堯典》。這表明“年”“歲”并用紀年不早于西周中後期了。

用卦爻辭之“年、歲并用紀年”與上述歷史材料比較，可以知道，卦爻辭的製作年代，不早于西周中、後期也。

2007年7月6日早晨寫完此文，天陰凉

2018年1月6日終審于幹部療養院

“巳”訓“停止”之《易》例

《易・大畜・初九》：“有厲，利巳。”（帛書正作巳）有謂此“巳”當讀“祀”者（如高亨）。但帛書《用・九二》“利用芳（享）祀”、《困・九五》“利用芳（享）祀”，祭祀字皆作“祀”，不作“巳”。故此“利巳”當如字讀，訓“止息”之義。

王弼《周易注》：“進則有厲，巳則利也。”《周易集解》引作：“進則故灾危，有厲則止，故能利巳。”《周易本義》則謂：“巳，夷止反。初九爲六四所止，故其占往則有危，而利于止也。”此釋得之。

因此，可知“利巳”即“利于止而不行”，正與“利用”相對。

又，《損・初九》：“巳事遄，往無咎。”“巳”虞翻作“祀”，後之學者有從之者。然帛書享祀字皆作“祀”不作“巳”。故知“巳”當如字讀。“巳事遄”爲取象之辭，即“止事迅速”，（如息争、息訟、救火、治病。《損・初六》“損其疾，事遄。有喜，無咎”即其例）乃“損”之象，引出“往，無咎”之占。

西周甲骨卜辭“巳”字例有：

（1）陕西周原鳳雛出土西周甲骨（HII：5）刻辭：“召卜曰：巳。”

（2）洛陽新出西周卜骨文字：“召卜曰：其巳。”[①]

（3）河北邢臺南小汪 H75 出土西周卜辭：“邵曰：巳。四白馬也，騹陟，其事。”此辭之“巳”，則可訓“巳，成也”（《廣雅・釋詁三》），表示“肯定”之意。所成何事？即下文之“四白馬也，騹陟，其事”也。如此辭讀爲：“召

① 蔡運章：《洛陽新獲西周卜骨文字略論》，《文物》2008 年 11 期。

卜曰：巳。四白馬也，騩陟？其事。”則爲一事對貞。“巳”與“事”爲對，則此“巳”訓“止”更合。

2009年2月1日上午

2018年1月7日終審于幹部療養院

“枚卜”“枚筮”即“枚占”，謂以“枚（籌策）”成卦占卜吉凶説

文獻上“枚卜”“枚筮”，有如下解釋：

1.《中文大辭典》：“枚卜，謂歷卜，言一一卜之也。”《書·大禹謨》：“枚卜功臣，惟吉之從。”《傳》：“枚，謂歷卜之而從其吉。”《漢語大辭典》：“枚卜，一一占卜。”

又，《中文大辭典》：“枚卜，猶枚筮也。謂不措其事，泛卜吉凶也。”《左氏·哀公十七年》“王與葉公枚卜子良，以爲令尹”，杜注：“枚卜，不斥言所卜以令龜。”

2.《中文大辭典》：“枚筮，謂不指其事而泛卜也。”又謂：“匿其事而使之卜也。”《左氏·昭十二年》“南蒯枚筮之”，杜注：“不指其事，泛卜凶吉。”孔穎達疏：“枚是籌之名也……此則不告筮者以所筮之事，空下一籌而使爲筮。”

“枚卜”“枚筮”爲使用占卜工具，貞問吉凶之事。此“枚卜”之“卜”與“枚筮”之“筮”，竊以爲皆用爲動詞，表示“占問”，即“預測吉凶”。則“枚卜”“枚筮”與“枚占”一詞相同。

湖北江陵王家臺所出秦簡《歸藏》[①]，有“枚卜”之詞。如：

194 號簡：“䷻ 節曰：昔者武王卜伐殷，而枚占老考。老考占曰：吉。節□。”

又 213 號簡：“䷲ 夌（卷）曰：昔者殷王貞卜，其邦尚毋有咎，而枚占巫咸。巫咸占之，曰：不吉。夌（卷）其席，投之谿（溪），夌（卷）在北，爲

① 見王明欽：《試論〈歸藏〉的幾個問題》，古方、徐良高、唐際根編《一劍集》，中國婦女出版社，1996 年，第 102—104 頁。

牝▨。"

又333號簡："▨□曰：昔者禹卜食散實而枚占大明。占之，曰：不吉。散其▨。"

以上三例之"枚占"，當與上述文獻之"枚卜""枚筮"同爲一事。而此"枚占"，皆有明確的占問問題，不是"不指其事"之"泛卜"。此三例之"枚卜"，皆占一事（"卜伐殷""卜其邦尚無有咎""卜食散實"等），而不是"歷卜諸事，一一卜之"。

這表示過去學者對"枚卜""枚筮"的解釋有問題。故對"枚卜""枚筮""枚占"當求别的解釋。

按："枚"《説文·木部》訓"枚，榦也"。《廣雅·釋林》訓"枚，條也"。即植物之幹、枝，皆可訓"枚"。

"枚"爲"枝"，故可用爲"籌策"。《玉篇》："枚，箇也。"《方言》："箇，枚也。"注："謂枚數也。"《左傳·昭公十二年》"枚筮之"，孔疏："今人數物曰一枚兩枚。枚是籌之名也。"

知"枚"爲"籌策"之名，則可用爲"布策爲筮，取數立卦"之工具。故"枚筮"即"以枚爲筮（卦）"，"枚卜"即"以枚爲卦以占吉凶"。

秦簡三例之"枚占"所得結果皆爲"筮卦"，然後據以占斷吉凶。以"枚"爲占，而得筮卦，正爲"枚"在此爲"籌策"之堅證矣。

"枚"爲"籌策"，可用以"運枚爲筮"，預占吉凶，故又有"占卦也"之義。《晉書·郭璞傳》："洞曉龜枚。"此指郭璞洞曉卜筮也。故以"龜"表"龜卜"，以"枚"表"枚筮"。正猶"龜策"并言之義也。《中文大辭典》據此釋云"枚，占卦也"，得之。

2010年1月24日，天陰于幹療院

2018年1月7日終審于幹部療養院

“不習，无不利”是何意

(1)《坤·六二》：“不習，无不利。”

(2)《屯·六四》：“往吉，无不利。”(《晉·六五》)

(3)《謙·六五》：“利用侵伐，无不利。”

(4)《臨·九二》：“吉，无不利。”

(5)《剥·六五》：“宫人寵，无不利。”

(6)《大過·九二》：“老夫得其女妻，无不利。”

(7)《鼎·上九》：“卜吉，无不利。”

(8)《巽·九五》：“貞吉，悔亡，无不利。”

(9)《大有·上九》：“吉，无不利。”

(10)《謙·六四》：“无不利，撝謙。”

(11)《解·上六》：“獲之。无不利。”

以上材料可知：“无不利”爲吉占之辭；其前面之辭，絶大多數爲“占辭”，且爲“吉占”。

從而《坤·六二》“不習，无不利”亦當是兩個“占辭”。在“无不利”之前的“不習”是占斷之辭，且爲“吉占”。然則“不習”作爲“吉占”之辭，是何意乎？

《坤·六二》：“直方，大。不習，无不利。”“直方大”是取象之辭，當讀爲“徝（陟）方达”。“徝方”即“陟方”，乃“巡狩”之事。“达”爲“達”之初文（卜辭即有⿰彳大字）。“徝方”而順利“到達”，是吉利之象。故卜占辭爲“不習，无不利”。

“无不利”爲吉占，衆所知也。“不習”所指何事？

在甲骨卜辭，在對一事進行占卜之後，因信心不足，又對此事，連續進行重複占卜，名爲“習卜”。如果“習卜”結果與前卜相同，就增加卜者的信心了。

如：《佚》220：“癸未卜：習一卜？習二卜，王其鄉在家？弜鄉？”

《合集》31674：“己□□，習一卜，習二卜，習三卜，習四卜。”

此《坤·六二》因“徝方達”爲吉利之象，出“不習”之占，其意爲：此象大吉大利，不需要進行“習卜”，以求“貞吉”。即這是極有把握之吉利之象，不需要再就此事繼承貞問吉凶了。爲了强調此點，故後面又加“无不利”之占，以足成此意。

2011年4月28日下午

2018年1月13日終審于幹部療養院

“坤”何以出“厚德載物”義

《易·坤·大象》：“地勢坤，君子以厚德載物。”帛書本“坤”作“巛”。“坤”字原作“巛”（川），何以出“厚德載物”義？

王弼注：“地形不順，其勢順。”（此可見王弼所見本，不作“坤”字，而作“順”字。）“順”從何解爲“地勢”？很費解。所以王弼加一轉語：“地形不順，其勢順。”《正義》解釋其意曰：“地體方直，是不順也。其勢承天，是其順也。”顯然，這有些牽强了。

《集解》引宋衷曰：“地有上下九等之差，故以形勢言其性也。”

以形勢言“地有上下九等之差”，如何又爲“順”呢？

《程傳》則説爲：“地厚而其勢順傾，故取其順厚之象而云‘地勢坤’也。”朱子《本義》：“地坤之象”，“言其勢之順，則見其高下相因之無窮，至順極厚而無所不載也”。

説“坤”“其勢順于天”，如何又引出“厚德載物”之屬性呢？

《尚氏學》在此困難所在加以探討，結論是：“《坤》本作巛，乃借巛爲順也。”“巛”何以又有“地”義？尚氏謂：“《易》以巛爲大川，焦氏《易林》以巛爲水，爲江、淮、河、濟。九家注《蠱》亦以坤地爲水。”“蓋巛即川字，即水（?）字。故《易林》復以《坎》爲土。”“疑古以水土爲一物，能合而不能分。《比》曰‘地上有水’，《師》曰‘地中有水’，證以古文，稽之卦象而益信矣。”（《尚氏學》34頁）

按：“巛”即“川”字初文。字象“有畔岸而水在中”（羅振玉《書契考釋》），即象河川之形。故《説文》謂“川，貫穿通流水也”。

但“川”在古代語言中，亦指“陸地”。張相《詩詞典語辭彙釋》：“川，陸地也。”《樂府詩集·雜歌謡辭·敕勒歌》：“敕勒川，陰山下，天似穹廬，籠蓋四野。”《中文大辭典》“川”下云：“平衍田野謂之川。”《左傳注》：“平川廣澤可井者則井之，原阜堤坊不可井者則町之。”是“平坦陸地”，古亦謂之“川”矣。

《易·坤·大象》之“地勢川”，可釋爲“地勢平廣”。即從宏觀視角觀察，大地之勢是廣袤平坦的①。因此引出“君子以厚德載物”之説。

“川”何以有“平坦陸地”之義？蓋讀“川”爲“衍”也。“川”與“衍”，穿喻親紐，文之旁轉，正一聲之轉，故可互相通假。

《漢語大字典》“衍”下云：“低而平坦之地。”《周禮·地官·大司徒》“辨其山林、川澤、丘陵、墳衍、原隰之名物”，鄭玄注：“水涯曰墳，下平曰衍，高平曰原。”《國語·周語上》“民之有口……猶其有原隰沃衍也，衣食于是乎生”，韋昭注：“廣平曰原，下濕曰隰，下平曰衍，有溉曰沃。”

王鳳陽《古辭辨》謂：“衍，最初是大水浸流的意思。後來引申爲延展、擴散、盛多的意思。在表示地形上，‘衍’指低而平坦、開闊的土地，就是一馬平川的衝積平原，或淤平的沼澤。”《釋名·釋地》：“下平曰衍，言漫衍也。”張衡《西京賦》（33頁）裏描寫關中平原時説“爾乃廣衍沃野，厥田上上”，“廣衍”就是廣大的平川地。現在稱關中平原爲“八百里秦川”，正以“川”爲“衍”，表平坦開闊之衝積平原也。

2012年7月12日下午，天氣悶熱，于幹部療養院

2018年1月7日終審于幹部療養院

---

① 《易》是華夏文化的産物，核心地區是黄河中下游，即黄河之衝積平原，一馬平川，故有“地勢川（衍）之認識也”。“川”與“衍”通，説見後。

卦爻辭中狩獵之禮有關問題

《易·比·九五》:“顯比,王用三驅,失前禽,邑人不誡,吉。”

《明夷·六二》:“明夷,夷于左股。”

《明夷·六四》:“入于左腹,獲明夷之心,于出門庭。”

1. 聞一多《周易義證類纂》釋《比·九五》曰:“《周禮·大司馬》‘乃設驅逆之車’,注曰:‘驅,驅出禽獸使趨田者也。逆,逆要不得令走。’案《詩·騶虞》傳曰:‘虞人翼五豝以待公之發。’《吉日》傳:‘驅禽之左右,以安待天子。’是自後曰驅,自前曰逆,自左、右曰翼。然析言,驅與逆、翼異,混言之,三者皆可曰驅。此曰‘三驅失前禽’,自是獸在前而自後驅之。《詩·車攻》曰:‘不失其馳,舍矢如(而)破。’《穀梁傳·昭八年》曰:‘車軌塵,(軌,猶循也,王念孫説)馬候蹄,揜禽旅,御者不失其馳,然後射者能中。’馳,猶驅也。不失其馳,即驅不失禽之謂。輾紕,則不良于御,故三驅禽而射皆不中。俞樾讀誡爲駭,是也。射不中而禽逸傷人,必令邑人驚駭。今邑人不駭,是禽雖逸而未至傷人,故爲吉卜。”

按:聞先生釋“顯比”爲“輾紕”,牽强。對“三驅”初認爲前、後、左、右驅之,繼又認爲“獸在前而後驅之”;讀“失”如字,“失前禽”爲“射皆不中,而禽逸”。皆可商(見後)。釋“不失其馳”,即“驅不失禽”,則可從。(馳訓追逐,“不失其馳”即“不失其追逐對象”,俗曰“追上,咬住”是也。)

又釋《明夷·六二》《六四》曰:“案:《詩·車攻》毛傳曰:‘一曰乾豆,二曰賓客,三曰充君之庖。故自左膘而射之,達于右腢爲上殺;射右耳本,次之；射左髀，達于右髂爲下殺。'[①]《正義》曰：'凡射獸皆逐從左厢而射之。'《公羊傳·恒四年》何注：'一者，第一之殺也，自左腹射之，達于右腢中心，死疾，鮮潔，故乾而豆之，以薦于宗廟；二者，第二之殺也，自左髀射之，達于右脾，遠心，死難，故以爲賓客；三者，第三之殺也，自左脾射之，達于右髂。中腸胃污泡，死遲，故以充君之庖厨。'……《六二》'夷于左股'，即《毛傳》所謂'射于左髀，達于右髂，爲下殺'者……矢傷謂之痍，是'夷于左股'即射于左股明甚。因知王肅股作般，姚信左作右，其謬俱不待煩言而解……《六四》'入于左腹獲明夷之心'，即《毛傳》所謂'自左腹而射之，達于右腢爲上殺'者。獲，猶中也。《鄉射禮》'獲者坐而獲'，注曰：'射者中，則大言"獲"。'是射中謂之獲。然則'獲明夷之心'，又即何注所謂'中心死疾'者矣。（《漢書·司馬相如傳》'洞胸達掖，絶乎心繫'，注引張揖曰：'自左射之，貫胸通右髃，中心絶系也。'與何説略同。）'于出門庭'，于讀爲呼，（《孟子·萬章上篇》'號泣于旻天，于父母'，《列女傳·有虞二妃傳》于作呼。）此言入腹獲心，射得上殺，獲者呼獲，聲達于門庭之外也。《車攻》傳又曰：'禽雖多，擇取三十焉，其餘以與士大夫，以習射于澤宫。'《穀梁傳·昭八年》曰：'禽雖多，天子取三十焉，其餘與士衆，以習射于射宫。'《尚書大傳·周傳》曰'已祭，取余獲陳于澤，然後卿大夫相與射'，注曰：'澤，射宫也。'此兩爻蓋言射宫習射。門庭即射宫之門庭也。"

按：首先，上殺、下殺云云，乃用獵時射禽之結果，聞先生謂"此兩爻言射宫習射"，失之。因爲"射宫"即榭，或序，是"土臺上廳堂式的建築"[②]，"無室曰榭"（《爾雅·釋宫》），不是"以餘禽供習射的澤宫"，此其一。在射宫[③]習射，射侯爲射的，不是田獵生擒的活禽，此其二。聞先生將田獵射禽與射宫習射相混，大概是受《穀梁傳》和《尚書大傳》注的影響，失之。

第二，"入腹獲心，射得上殺"是田獵之事；統計禽獲數目爲山虞與澤虞，《山虞》："乃弊田，植虞旗于中，致禽而珥焉。"《澤虞》："及弊田，植旗以屬禽。"而射宫習射的"執旌以負侯"的才是"獲者"。（所以，射者中的獲者

---

① 《説文》："膘，牛膏後髀前合革肉也。"段注："合革肉者，他處革與肉可分剥，獨此處不可分剥也。"《七發》所謂"犓牛之腴"。《三蒼》云："膘，小腹兩邊肉也。"又："腢，肩頭也。"（《既夕禮》"即床而奠，當腢，用吉器"鄭玄注）又，《説文》："髀，股也。"段校："股外曰髀。"即大腿，或股骨。又："髂，水膁也。"（《集韵》）"即腰部左右虚肉處。"（《大字典》）

② 楊寬説。

③ 周金銘文稱"射廬"。

“揚旌唱獲”，不是在田獵時“入腹射心”，有獲者呼獲的[①]。）

第三，射宫有門庭，獵場有圍、無門庭，不可能射得上殺，“獲者呼獲，聲達于門庭之外”。所以，此二是言田獵射禽之事。

那麽，“入于左腹，獲明夷之心”是田獵之上殺，其後“于出門庭”何義？此“于”，當訓“于猶乃也”（《古書虚字集釋》），相當于“于是”“然後”。“出”訓“經過”。（《山海經·海内北經》：“陽污之山，河出其中。凌門之山，河出其中。”郝懿行謂二山“皆當在秦”，可證“出”有“經過”之義。）“于（乃）出（經過）門庭”是由外入内“進門入庭”。所爲何事？乃以上殺之“明夷（羊夷）”，以薦于宗廟也。

2. 姚配中《周易姚氏學》注《比·九五》“王用三驅，失前禽[②]”曰：“鄭康成曰：‘王者習兵于蒐狩，驅禽而射之。三則已，法軍禮也。失前禽者，在前者不逆而射之，旁去又不射，唯背走者，順而射之，不中則已。是皆所以失之。用兵之法，亦如之。降者不殺，奔者不禦，皆爲敵不敵，已加以仁恩養威之道。’（見《士師》疏及恒四年《左傳》疏。）案：《大司馬》：‘中冬教大閱，鼓戒三闋，車三發，徒三刺。’鄭注云：‘鼓戒，戒攻敵。鼓闋，車一轉，徒一刺，三而止，象敵服。’此所謂‘三則已也’。張衡《東京賦》云：‘馬足未極，輿徒不勞，成禮三驅，解罘放麟。’其意亦以三驅爲三度驅禽，與鄭同。昭八年《穀梁傳》云：‘秋，蒐于紅，正也。因蒐狩以習武事，禮之大者也。艾蘭以爲防，置旃以爲轅門，以葛覆質以爲槷流。旁握[③]御轚者，不得入。車軌塵[④]，馬候蹄[⑤]，揜禽旅[⑥]。御者不失其馳[⑦]。然後射者能中。過防弗逐，不從奔之道也[⑧]。面傷不獻（嫌誅降），不成禽不獻（惡虐幼小），禽雖多，天子取三十焉（取三十以供乾豆、賓客、君之庖）。其餘與士衆，以習射于射宫（射宫、澤宫），射而中，田不得禽則得禽；田得禽而射不中，則不得禽。是以知古之貴仁義而賤勇力也。’‘不從奔’，即鄭所謂‘奔者不禦也’。馬以爲乾

---

① 見《儀禮·鄉射禮》《大射禮》。

② 《象》曰：“舍逆取順，失前禽也。”

③ 謂車兩轊頭各去門邊空握。握，四寸也。

④ 塵不出車軌。

⑤ 發足相應，遲疾相投。

⑥ 揜取衆禽。

⑦ 不失馳騁之節。

⑧ “戰不逐奔”疏：“舊解以爲射宫之内，還射死禽，中則取之，故以重傷爲難。”《論語》稱‘射不主皮’，則射皮不射禽也。

豆、賓客、君庖，蓋謂因是三者而驅禽，與‘邑人不誡’之義不合。乾豆者乃三品，非三驅也。”

3. 王弼《比·九五》“王用三驅，失前禽”注：“夫三驅之禮，禽逆來趣己，則舍之。背己而走，則射之。愛于來而惡于去也。故其所施，常失前禽也。”《音義》：“馬云：三驅者，一曰乾豆，二曰賓客，三曰君庖。”孔疏：“禽逆來向己者則舍之而不害，禽順去背己而走者則射而取之，是失前禽也。”“夫三驅之禮者，先儒皆云三度驅禽而射之也，三度則已。”“褚氏諸儒皆以爲三面着人驅禽。知必有三面者，禽唯有背己、向己、趣己。故左、右及于後，皆有驅之。”“來則舍之，是愛于來也；去則射之，是惡于去也。”

丁壽昌《讀易會通》：“案：古有三驅之禮。鄭康成《易》注云：……王注三驅，亦與鄭合。《程傳》謂三驅之禮乃《禮》所謂天子不合圍，成湯祝網之義。天子之畋，圍合其三面，前開一路，使之可去，只取其不用命，不出反入者，禽獸前去者皆免，故曰失前禽。《本義》從之，以爲來者不拒，去者不追，正與鄭、王之注相反。考《象傳》‘舍逆’謂逆來者，‘取順’謂順去者。若謂取其不用命者，禽獸前去者皆免，則是舍順、取逆，而非舍逆取順矣，當從舊說。”

惠士奇謂：“余謂三驅，驅之言阹也，所以遮禽獸。”“三驅者三面遮禽，獨開前面，故失前禽矣。”“或謂三驅者，一爲乾豆云云，此殺也，非驅也。”

張惠言《虞氏易禮》謂：“鄭言禽在前來者，不逆而射之，旁去又不射傷。去者，謂從前向兩旁而去，非左右兩面。若左右去者不射，是失者三面，于經文爲乖。《王制》曰‘天子不合圍’，蓋缺其前一面。褚氏三面之義，不可以解‘三驅’，當以解‘失前禽’也。”

4.《詩·車攻》“不失其馳，舍矢如破”，毛傳：“不失二句，言習于射御法也。”鄭箋：“御者之良，得舒疾之中。射者之工，矢發則中，如椎破物也。”《孟子·滕文公》引“不失其馳”二句，趙岐《章句》云：“言御者不失其馳驅之法，則射者必中之，順毛而入，順毛而出，一發貫臧，應矢而死者，如破矣。”

又《詩·秦風·駟驖》“公曰左之，舍拔（括）則獲”，鄭箋：“左之者，從禽之左射之也。拔，括也。舍拔則獲，言公善射。”孔疏：“公命御者從禽之左逐之。”胡承珙云：“《公羊》何注解第一殺，第二、三殺，皆自左膘射之達于右。雖以死之遲速爲言，但考《儀禮·特牲》《少牢》，凡牲升鼎者，皆用右。胖載俎者，亦皆右體。《鄉飲》《鄉射》用右體，與祭同。是射心中左，自以尚右之故。至驅禽待射，孔疏云‘公命御者從禽之左逐之’，此誤會《箋》語。《箋》云‘從禽之左射之’，謂當禽之左射之。若逐禽而出于左，轉不便于射矣。（《車攻》正義亦云：“凡射獸大皆逐後，從左厢而射之。”亦誤[①]。）但獸之來，不定在車左，設出于車右，而旋車向左則相背。公曰‘左之’者，蓋獸自遠奔突而來，公命御者旋當其左，以便于射耳。”

又《小雅·車攻》“徒御不警，大庖不盈”，毛傳：“不警，警也。不盈，盈也。一曰乾豆，二曰賓客，三曰充君之庖。故自左膘而射之達于右腢，爲上殺；射右耳本，次之；射左髀，達于右髃，爲下殺。面傷不獻，踐毛不獻，不成禽不獻。禽雖多，擇取三十焉。其餘以與大夫、士，以習射于澤宫。田雖得禽，射不中，不得取禽；田雖不得禽，射中，則得取禽。古者以辭讓爲取，不以勇力取。”箋：“不警，警也。不盈，盈也。反其言美之也。射右耳本，射當爲達。三十者每禽三十也。”孔疏：“又因經‘大庖不盈’，廣言殺獸充庖之事。一曰乾豆，謂第一上殺者，乾足以爲豆實，供宗廟也。二曰賓客，謂第二殺者，别之以待賓客也。三曰充君之庖，謂第三下殺者，取之以充實君之庖厨也。君尊宗廟，敬賓客，故先人而後已，取其下也。又分别殺之三等。故自左膘而射之，達過于右肩腢爲上殺，以其貫心死疾，肉最絜美。故以爲乾豆也。射右耳本，箋云‘射當爲達’，亦自左射之。達右耳本而死者爲次殺，以其遠心死稍遲，肉已微惡，故以爲賓客也。蒙上文可知。射左股髀而達過于右脅髃爲下殺，以其中脅，死最遲，肉又益惡，充君之庖也。凡射獸皆逐後，從左厢而射之。達于右髃言射左髀，則上殺達于右腢，當自左脅也。次殺右耳本，當自左肩腢也。不言自左，舉下殺之射左髀，可推而知也。面傷不獻者，謂當面射之。剪（校勘記：踐、剪古今字）毛不獻，謂在傍而逆射之。二者皆爲逆射不獻者，嫌誅降之義。不成禽不獻者，惡其害幼少，此不能使獵者無之，自君所不取，以示教法耳。‘禽雖多，擇取三十焉’，鄭云：‘三十者，每禽三十。以君之獵不宜諸種，止取三十。故以每禽焉。’則宗廟、賓客、宗廟（君庖）

---

① 胡之所以認爲“若逐禽而出其左，轉不便于射矣”，是他以爲田車如兵車，一車三人，御者在前，右者執戈、盾在右，主弓矢以射在車左，這樣“若逐禽而出其左”，車左向右射，車右在前阻之，“轉不便于射”。但田車與戎車不同。車上只有二人。御者在前，射者在後，故田車之射者，逐獸出其左，從左厢射之是十分方便的。蘭永尉《春秋時期的步兵》（中華書局版）圖片 2“駕車狩獵圖”（《戰國車馬獵紋鑒》）、圖片 3“駕車狩獵圖”（《戰國車馬獵紋鈁》）所繪田車，皆一車乘二人。御者在前，射者在後。可證。

各十也。其餘每禽三十之外，以與卿、大夫、士習射澤宮。所以班餘獲。”“以大獸公之，非復已物，君賜使射，故非中不取。言向者田獵所取用勇力。今射者，禮樂所取，用辭讓也。”

又《孟子·滕文公下》“（王良曰）吾爲之範我馳驅，終日不獲一。爲之詭遇，一朝而獲十”，趙岐注：“範，法也。王良曰：我爲之法度之御、應禮之射，正殺之禽，不能得一。横而射之曰詭遇、非禮之射，則能獲十。言嬖奚小人，不習于禮。”按：昭公八年《穀梁傳》所云“車軌塵，馬候蹄者”，法度之御也。此上殺、次殺、中殺，皆爲應禮之射、正殺之禽。王氏念孫《廣雅疏證》：“《釋天》：王者以四時畋，以奉宗廟，因簡戎事。刈草爲防，敺而射之。不題禽，不詭遇，不捷草越防，不追題禽。題，迎禽而射之。詭遇，謂旁射也。《説苑·修文》：‘不抵禽，不詭遇。’《班固·東都賦》云：‘弦不睼禽，轡不詭遇。’抵、睼并與題通。按此題禽、詭遇皆爲非禮之射。”

5. 胡玉縉《周禮五馭義徵》云：

（五馭之五）逐禽左。賈疏：“謂御驅逆之車，逆驅禽獸使左當人君以射之。人君自左射，故《毛傳》云：‘故自左膘而射之，達于右腢爲上殺。’又《禮記》云‘佐車止則百姓田獵’是也。”

案：《車攻》傳：“故自左膘而射之。……不成禽不獻。”賈蓋舉上殺以晐次、下。射右耳本，“射”字當依鄭箋作“達”。自左膘而射之句逗，爲上、次殺之通辭。下殺不自左膘，故别之曰“射左髀”。桓四年《公羊傳》何注皆“自左膘”，非也。《易·比》“王用三驅，失前禽”，鄭曰：“失前禽者，謂禽在前來者，不逆而殺之，旁去又不射，惟背去者順而射之，不中亦已。是皆所以失之。”（《士師疏》桓四年左傳疏引）詳鄭義，失即佚之假字。佚前禽爲“舍逆”，故傳以爲舍逆取順，禽之自前來者，不逆而殺之，故無面傷。傍去者亦不射，故無踐毛。惟背我而去者，我順而射之。故殺皆自左膘或左髀。《易》注實與《詩》傳相貫通。古之逐禽，射于車上，與今騎射不同，必驅獸大逆來，然後可射其左。（如獸逆來，而迎射其左，則不能有“自左膘達右髃”“自左膘達右耳本”“射左髀達于右髃”，即不可能射由左後達右前，而是由左前達右後了。可見“必驅獸逆來，然後可射其左”是錯誤的，其所以致誤，蓋先生誤認田車與戎車一樣是射者在左，不知田車只乘二人。射者在後，可左、右射，故“逐獸及之而出其左射之”，是合適的。這樣始有“自左後達右前”的射殺結果。）逐禽左，即是驅禽左，故《吉日》傳云“驅禽而致天子之所”。又云“驅禽獸于王之左右”（《文選·東京賦》李注引如此，今本脱“獸于王”三字）。屢見驅禽之文。《駟鐵》“公曰左之”，箋云：“左之者，‘從禽之左射之也’，亦謂當禽之左射之。”（從禽之左當禽之左不同，先生誤矣。）疏云：“公命御者從禽之左逐之。”此誤會箋語。逐禽而出其左，雖在禽左，不能射其左也。（這是産生誤解的原因。）昭八年《穀梁傳》：“御者不失其馳，然後射者能中，過防弗逐，不從奔之道也。面傷不獻，不成禽不禽。”姚氏補注曰：“不失其馳者，五馭之逐禽左也。古者取禽，必引車右，旋逐其後，自左射之。蓋御者詭遇，則所獲禽必多面傷、踐毛，謂之不能中。是射者能中，在乎御者之不失。面傷兩句申‘能中’之義，射法也。‘過防’兩句，申‘不失’之義，御法也。此傳上下皆爲御者立文，故曰不失然後能中，五馭之所以有逐禽左也。”《田僕》“掌佐車之政”，又云“設驅逆之車”。《馭夫》“掌馭貳車，從車，使車”，鄭曰：“從車，戎路、田路之副也。使車，驅逆之車。”據此，佐車與驅逆之車有别。賈疏《田僕》引《王制》云云，以爲彼佐車即此驅逆之車。與此疏厥失維均。亦不可不辨。

甲、“田車”是否有“右”?《周禮·戎右》“會同，充革車”，鄭玄注：“充之者謂居左也。”《曲禮》曰“乘君之乘車不敢曠左”，孫詒讓《正義》：“凡乘車，尊者居左，御居中，與右而三。若王自在軍乘革路，則王居中，戎右居右，御居左。今既不乘革路，則止有御、右二人，故以戎右充王之虛位。居左者，從王平時乘車法也。其馭則依常位居中，其右則虛之，不參乘。”

按：《周禮》所記王車之馭有：“大馭，掌馭王路以祀。”“戎僕，掌馭戎車。”（鄭注：“戎車，革路也。”）“齊僕，掌馭金路以賓。”“道僕，掌馭象路以朝事。”“田僕，掌馭田路，以田、以鄙。”

是王有五路，即有五馭之官掌其馭。

但所記王路之“車右”，只有三種。即：“戎右，掌戎車之兵革使（事）。”（賈疏：“戎右者與君同車，在車之右，執戈盾，備制非常，并充兵革使役謂著田之使也。”）“齊左，掌祭祀，會同，賓客前齊車。”“道右，掌前道車。”（鄭注：道車，象路也。）

馭者五官，右者三官，不能配套。于是鄭玄在注中提出“戎右兼田獵之右，齊右兼王路之右”的解决方案。《夏官·叙官》“戎右”鄭注：“此充戎路之右，田獵亦爲之右焉。”賈疏：“以其王路有五，其右惟有齊右、道右、戎右三者，不見祀右及田右。祭祀時亦名齊，田與戰伐俱用兵，可以相通，故知齊右兼玉路右，戎右兼田右也。”又《齊右》“掌祭祀會同，賓客前齊車”，鄭玄注：“齊右與齊僕同車，而有祭祀之事，則兼玉路之右，然則戎右兼治田右歟?”

《周禮·齊右》記其“掌祭祀、會同、賓客”，是鄭此説于經文有據，可信從。但推論“戎右兼田右歟”，口氣疑而未定。因爲經無明文，而戰國駕車狩獵圖皆爲一田車，乘二人。即馭者在前，獵者（執弓箭或戈戟）在後。没有右者，正與《周禮》有田僕而無田右之經文相合①。

正因爲田車是二人乘之。獵者在車上，可以左右射，才有逐獸及自左厢而射之，其箭及禽之左後達于右前之事。清儒否定鄭、賈“逐禽左”之説，正是由于認爲田車與戎車同爲參乘。射者（即王）在左，車右在右，逐禽之左，無從射禽之左體，遂以當逆來之禽獸，自其左射之爲解，以至失誤也。

乙、“禽雖多，擇取三十焉，其餘以與士、大夫習射于澤宫。”“田雖得禽，射不中，不得取禽。田雖不得禽，射中則取禽，古者以辭讓爲取，不以勇力取。”（《車攻》毛傳）

這個“習射于澤宫”是射禽獸，還是射靶的？是把已經三殺的獲禽拿來作爲射的，還是别立靶的，而以射靶的成績作爲“取禽”的標準？

《周禮·諸子》“秋合諸射，以考其藝而進退之”，鄭玄注：“射，射宫也。”孫詒讓《正義》：“凡禮射所在之宫，即謂之射宫。射宫非宫之定名。”《穀梁傳·昭八年》説搜狩禮“以習射于射宫”，范注“射宫，澤宫”，是以澤宫爲射宫也。又《鄉射禮》是以州庠爲射宫也。《大射儀》即以大學爲射宫。又《樂記》是東學、西學皆可以爲射宫也。以此推知，則賓射在朝，即以治朝爲射宫。燕射在寢，即以路寢爲射宫，舉可知矣。

又謂：辟雍爲大學之中學與靈囿，靈沼同在郊。澤即靈沼，于上爲宫，謂之澤宫，《射義》説：將祭擇士云“已射于澤而後射于射宫”者，謂先習射則以靈沼上之澤宫爲射宫，及正行大射，則以大學、中學之辟雍爲射宫。澤宫，

① 黄金貴《古代文化詞義集類辨考》（1273－1274頁）謂：“今考古所見商周馬車，知有兩類。一類是大者，可容三人，容積與文獻基本相合，如安陽秦民村一號商車、西安老年坡商車。但還有一類，車厢更小，只能容二人，如安陽大司空村175號商車、長安張家坡1號車馬坑西周車。”

《司弓矢》亦謂之“澤”，乃武射之所，止可習射。

又《司弓矢》“澤，共射椹質之弓矢”，鄭注：“鄭司農云：‘澤，澤宫也。所以習射選士之處也。’《射義》曰：‘天子將祭，必先習射于澤。澤者，所以擇士也。已射于澤，而後射于射宫。射中者得與祭。’”①

孫詒讓謂：“澤宫之射無侯，而可以擇士者，《鄉射記》注引《書傳》：‘凡祭取餘獲陳于澤，然後卿大夫相與射也。’鄭又自釋之云：‘澤，習禮之處，非所以處禮。’蓋時田校獲事輕，即就澤而行射禮。射澤之後，不復射于射宫。擇士禮重，必先習射于澤，而後行正射于射宫。”

總之：射于澤，或澤宫，是校射。是射“椹質”，或“獸皮”，不是射禽獸（死的，或活的）。故知聞一多先生之説乃誤解，不可從。

《大司馬》“大獸公之，小禽私之”，鄭司農云：“大獸公之，輸之于公；小禽私之，以自畀也。”《獸人》先鄭注云：“公之謂輸之虞中。”孫詒讓《正義》：“即所謂輸之公也。蓋王取三十，其餘則射于澤宫而頒之，獲者不得提取也。”

2018 年 1 月 9 日終審于幹部療養院

附一：《巽・六四》：“田獲三品。”《象傳》：“田獲三品，有功也。”王弼注：“獲而有益，莫善三品，故曰悔亡。田獲三品：一曰乾豆，二曰賓客，三曰充君之庖。”

丁壽昌謂：案三品之説，諸家不同。虞仲翔以《艮》爲狼，《坎》爲豕，《離》爲雉，爲三品。翟子元以《巽》爲鷄，《兑》爲羊，《離》爲雉爲三品。《程傳》以一爲乾豆，一供賓客與充庖，一頒徒御爲三品②。案：虞、翟二家，説近牽合。《程傳》合賓客充庖爲一事，亦與禮經不合。惟王注原本《王制》，確有依據，故《本義》從之。《王制》：“天子無事則歲三田。一爲乾豆，二爲

---

① 鄭《射義》注云：“澤，宫名也。士謂諸侯朝者，諸臣及貢士也。皆先令習射于澤，已乃射于射宫，課中否也。”《射義》孔疏：“澤是宫名，于此宫中射而擇士，故謂此宫爲澤。澤所在無文，蓋于寬閑之處，近水澤而爲之也。非唯祭而擇士，餘射亦在其中。故《書傳》論主皮射云：‘向之取也于囿中，勇力之取也。今之取也于澤宫，揖讓之取也。’是主皮之射，亦近于澤也。選士于澤，不射侯也。但試武而已。故《司弓矢》云‘澤，共射椹質之弓矢’。鄭司農引此《射義》之文以釋之，是知于澤中射椹質而已。又鄭注《司弓矢》云：‘樹椹以爲射正，射甲與椹，試弓習武也。’其主皮之射則張皮，亦揖讓也。後鄭《鄉射記》注：‘主皮者無侯，張獸皮而射之，主于獲也。’”

② 鄒漢勛謂：“主者，卿執羔、大夫執雁、士執雉。則三品謂羔、雁、雉也。”

賓客，三爲充君之庖。"《公羊·桓四年》："春正月，公狩于郎。"《傳》及何注，《穀梁傳》及范注所説相同，此三品相傳之故。

總之：《巽·六四》之"田獲三品"，即乾豆、賓客、充君之庖，亦即上殺、次殺、下殺之獵物，當從王弼注。

《明夷·六二》"明（鳴）夷（羊夷）、夷（傷）于左股"及《明夷·六四》"入于左腹，獲明夷之心"，當從聞先生之説。"夷于左股"爲下殺，"入于左腹，獲明夷之心"爲上殺。

《比·九五》："王用三驅，失前禽。"當從姚配中之説，依鄭玄注、孔疏，以"軍禮三發"釋"三驅"，以"舍逆取順"釋"失（佚）前禽"。

2005年12月13日上午

附二：《周禮·大司馬》"中冬教大閱，鼓戒三闋，車三發，徒三刺"，與《左傳·昭十年》曹劌論戰之"一鼓作氣，再而衰，三而竭"，可互相發明。"三鼓"即三次"進攻"的進軍號令，亦以三爲節也。

《詩·召南·騶虞》"壹發五豝"，毛傳："虞人翼五豝，以待公之發。"孔疏："由虞人翼驅五豝，以待公之發矢。《多士》云'敢翼[1]殷命'，注云：'翼，驅也。'則此翼亦爲驅也。知有驅之者，《吉日》曰：'漆沮之從，天子之所。'傳曰：'驅禽而至天子之所。'又曰：'悉率左右，以燕天子。'傳曰：'驅禽之左右，以安待天子之射。'又《易》曰：'王用三驅，失前禽也。'故知田獵有使人驅禽之義。……《田僕》云'設驅逆之車'，則僕人設車，虞人乘之以驅禽也。言驅逆，則驅之逆之皆爲驅也。"

《大司馬》"徒乃弊，致禽饁獸于郊，入，獻禽以享烝"，鄭注："徒乃弊，徒止也。冬田主用衆，物多，衆得取也。致禽饁獸于郊，聚所獲禽，因以祭四方神于郊。……入又以禽祭宗廟。"孫詒讓《正義》："凡冬祭宗廟通謂之烝。此亦因田獵而獻禽，非正祭也。"

又《大司馬》"遂以苗田……車弊，獻禽以享礿"，孫詒讓《正義》引金鶚云："天子諸侯無事則歲三田，一爲乾豆。……鄭注：'乾豆謂臘之以爲祭祀豆實也。'……（然則）豆實非一時可辦，故必先時而田。春田以供夏。夏田以

① 今本"翼"作"弋"。朱駿聲謂："翼"借爲"弋"。

供秋，秋田以供冬，冬田以供春，自田至祭，約有七八十日，豆實乃具也。夫豆而曰乾，則非方田之時即獻禽以享宗廟也明甚。而‘獻禽以享’之非正祭亦明矣。其約：享礿享烝者，凡夏祭皆得謂之礿，冬祭皆得謂之烝，不必正祭也。且四時之田皆爲祭祀，此獻禽若是正祭，何以四祭僅舉其二而與祊、社并列耶？况祭祀必先齋戒十日，不得出外馳逐，而此經云‘入獻禽以享烝’，明是田獵之月即入獻禽以享，若是正祭，何以不齋戒乎？豈齋戒不防田獵乎？案：金説是也。……又此獻禽之祭，當田爲新之禮。無尸，但饋食而已與時祭禮異。”

此可證“入于左腹，獲明夷之心，于出門庭”是得上殺之禽，即“入獻禽以享烝”，亦即“入宗廟以此禽祭社”也。

《蠱·上九》"不事王侯，高尚其德"解

《易·蠱·上九》："不事王侯，高尚其德。"

舊解以此爲"致仕退休"之人，或"隱逸不仕之人"（詳見附録）。現在則可以"城邦自由民"即"庶人"，不爲王侯之"臣"者解之。

日知《古代城邦史研究》（26頁）謂：古代城邦，絶大多數人是庶人，即自由民或公民。《孟子·滕文公下》云：（公孫丑問曰："不見諸侯，何義?"）孟子曰："古者不爲臣不見。"（楊伯峻譯爲："在古代人，（一個人）如果還不是諸侯的臣屬，便不去謁見。"）又《萬章下》："庶人不傳質爲臣"，則不見諸侯。趙岐注云："庶人，非臣也。"魏文侯欲見段干木，段干木不見，逾垣而避；魯穆公欲見泄柳，泄柳閉門不納。因爲他們是自由民，不爲臣就不負義務，可以不見諸侯，即城邦的邦君。

此"不事王侯，高尚其德"之人，誰乎？據《孟子》，則正是"不傳質"爲臣于"諸侯"的"庶人"，即"自由民"或"公民"也。

通行本作"高尚其事"，帛書本作"高尚其德"，當以"德"爲合。此"德"非"道德"之義，而爲"政治、經濟"地位之義。"高尚其德"即"高尚其自由民的地位"，而不向"王侯""傳質爲臣"，即"不事王侯"也。

此"不事王侯"本爲"庶人"之"自由民"之"權利"（即"庶人"之"德"）。但爲何"不事王侯，高尚其德"而出"凶"占耶？（通行本無，帛書本有"凶"字。）此西周末年，"庶人"地位下降，貴族、王侯專權加重之表現也。

按：《孟子·萬章下》"庶人不傳質爲臣，不敢見于諸侯，禮也"，趙岐注："庶，衆也。庶衆之人，未得爲臣。傳，執也。見君之質，執雉之屬也。未爲臣，則不敢見之，禮也。"焦循《正義》："然則自卿大夫以至庶人在官，皆得

執摯見君而爲臣。孟子所謂庶人，未在官者也。庶人之執用鶩，趙氏概舉見君之摯，故云執雉之屬，括執羔、執雁、執鶩而言也。”是“庶人”未得“爲臣”，即“未得在官”，也即“不事王侯”矣。

2018年1月14日終審于幹部療養院

附録：《易·蠱·上九》“不事王侯，高尚其德”舊解

1.《禮記·表記》：“故君使其臣，得志則慎慮而從之。否則孰慮而從之。終事而退，臣之厚也。《易》曰：‘不事王侯，高尚其事。’”《集解》引吕大臨云：“唯不事王侯，乃可以高尚其事。若委質而仕，反欲高尚而不事事，則曠官尸利，無所逃罪矣。”以“不事王侯”爲“非委質爲臣”，有見也。

2. 鄭康成謂：“是臣之致事也，故不事王侯。是不得事君，君猶高尚其所爲之事。”又《白虎通·考黜》：“《易》曰‘不事王侯’，此據言王之致仕臣也。”此釋“不事王侯”者爲“致仕之臣”。

3. 王弼注云：“居處上而不累于位。不事王侯，高尚其事也。”程傳：“是賢人君子，不偶于時，而高潔自守，不累于世務也。”此以“隱逸君子”釋“不事王侯”者。高亨《古經今注》釋爲“此隱居不仕”之意。

4. 李鏡池《周易通義》：“以不做官爲高尚。意思是只想幹家事，繼承父業。”此與“不事王侯”爲“非委質爲臣”之義相通，同時提出了“不事王侯，高尚其德”原因的探求。有見。

“庶人”之所以産生“不事王侯，高尚其德”的願望，是其時除了“做官”（出事王侯）之外，農牧工商之業的經營，亦可以“發家致富”矣。西周中後期之金文（見《殷周金文集成》19.9456），記“庶人”身份的矩伯向裘衛取瑾、璋、赤琥等貴重器而以十三田償其值，是其時“庶人”有“不事王侯”而“發財致富”者之證也。

在先（西周初、中期）貴、富一體。貴者即富者，賤者即窮者。而西周中後期，財産私有的發展，工商市場的發展，使貴、富開始分離。其時有貴族而借債，或以財物抵債者矣。有庶人發財致富，以田購高級祭器禮器者矣。即“賤”者開始可以“求富”了，故有“不事王侯，高尚其德”之事。而賤者不

做官，而另闢發財致富之路（農牧、墾闢、工商貿易）風險極大，故出"凶"占。

2012 年 6 月 17 日下午，于幹部療養院

卦爻辭“孚”字諸解

經文中“孚”字見于下列各辭：

一、《需·彖》：“需。有孚，光亨，貞吉，利涉大川。”

此“有孚”爲占斷之辭。舊釋“誠信，有誠信”，作爲占斷之辭。此解不詞。高亨、李鏡池讀爲“有俘”。“古人認爲光榮之事”（高亨），“多指捉到俘虜，或商人得朋，狩獵獲獸”，即“獲利”（李鏡池）。此説意思是對的，但解釋狹窄。何新謂：“孚可訓福，又可訓成而有美滿之義。”但未提出論證。

按：“有孚”爲吉占之辭。《易》辭“凶、咎、厲、悔、吝”爲凶占之辭。雖程度不等，但其爲“不利”之占辭，皆有概括性，不專指某一行動。因此“有孚”作爲吉占之辭，亦當有概括性，不專指某一行動（如抓到俘虜）。此“孚”當讀“保”，訓“保佑”。“有孚”作爲吉占之辭，義爲“有佑”，正與凶占之辭“有咎”相對。

此“需”當取象之辭，讀“孺”訓“養”。象辭爲“孺養”，故出“有孚（佑）”“光（大）亨”“利貞”“利涉大川”等占。

二、《訟·彖》：“訟。有孚；窒惕；中吉，終凶。利用見大人，不利涉大川。”①

此辭“訟”爲取象之辭，謂“獄訟”也。其占斷之辭包括了“獄訟”的三種可能結果。

(1)“有孚”，此“孚”讀“浮”，訓“罰”。可能敗訴，故占“有孚（罰）”。

① 帛書本“有孚”作“有復”，此辭當作“有孚”。“窒惕”作“洫（恤）寧”，二者意同，即“憂去得安寧”。“中吉”作“克吉”，當作“中吉”，因“中吉，終凶”爲一占斷辭。

(2)“窒惕”(即杜塞憂惕)或“洫(恤)寧”(即憂恤得到寧止),可能勝訴。故出“憂去”之占(即“窒惕”或“洫(恤)寧”)。

(3)“中吉,終凶”,即中途吉利(如初審得勝)而最終險(如後審或上訴被判有罪)。

三、《比・初六》:“有孚比之,无咎。有孚盈缶,終來有它,吉。”①

此辭“有孚比之”爲取象之辭。此“孚”當訓“信”,“有孚”即誠信之人。“有孚比之”即“比之有孚”。謂君王、在上者親比有誠信之人(與《比・六三》“比之匪人(仁)”、《比・上六》“比之无首”相反)。

又,此辭“有孚盈缶”爲取象之辭。“缶”即盛水之盎盆,“有孚”何以能“盈缶”?

此“孚”當讀爲“雱”②(孚與雱,滂紐雙聲,幽陽旁對轉,皆甲類)。《詩・邶風・北風》“北風其涼,雨雪其雱”,毛傳:“雱,盛貌。”即“雱,雨雪盛貌”(《廣韵・唐韵》)。形容詞轉爲名詞,亦即“雨雪”之義。《後漢書・魯恭王傳》:“《易》曰:‘有孚盈缶,終來有它吉。’言甘雨滿我之缶,誠來有它而吉已。”可證此解。

“甘雨滿缶”,有得之象,故出“終來”與“有它,吉”二吉占。

四、《小畜・六四》:“有孚,惕出,无咎。”

此辭“有孚”爲取象之辭。讀爲“有俘”,即有所“俘獲”。與卦名之“小畜”相應。“有俘”爲增加財富之象,故出“血(恤)去”(即“憂去”)、“惕(逷)出,无咎”(即“憂(遠)出,无咎”)二吉占。

五、《小畜・九五》:“有孚攣如。富以其鄰。”《中孚・九五》:“有孚攣如,无咎。”

此二辭之“有孚攣如”,皆取象之辭。當讀“孚”爲“俘”,訓“俘獲”;再讀“攣”爲“巒”。“巒”本係“山”,有俘獲積如山丘(山巒),是收入豐富之象。故出“富以(于)其鄰”(《小畜・六四》))與“无咎”(《中孚・九五》)之占。

六、《泰・九六》:“无平不陂,无往不復。艱貞无咎;勿恤其孚,于食有福。”

---

① 此辭之“孚”,帛書皆作“復”。當從今本作“孚”字。

② 有學者讀“有孚盈缶”之“孚”爲“乳”。“有乳盈缶”,其意順適。但孚與乳雖然幽侯旁轉,但滂紐(唇)與日紐(舌)不能相通。即從聲韵論,孚、乳不能相通。此説不可從。

此辭“无平不陂，无往不復”爲取象之辭，“物極必反”之象也。故出“艱（旱，暵）貞无咎”“勿恤其孚”與“于食有福”三占。

此“勿恤其孚”之“孚”，當讀爲“復”（帛書本即以“孚”作“復”），訓“來歸”。“勿恤（憂）其孚（復）”爲占斷之辭，謂：“還要憂慮，（出門人）將其來歸。”正與象辭“无平不陂，无往不復”相應。

七、《泰·六四》：“翩翩，不富以其鄰，不戒以孚。”

此辭“翩翩”爲取象之辭，讀爲“褊褊”，訓“狹貌”，故出“不富以（于）其鄰”之占。又如字讀訓“往來貌”（《詩·小雅·巷伯》“緝緝，翩翩”《毛傳》），故出“不戒以孚”之占。此“戒”訓“駭”。此“孚”讀“復”。“以，猶其也”（《虚字集釋》），有“將然”之意。“不駭收復”之占，正與“翩翩”往來貌之象相應。

八、《大有·六五》：“厥孚交如，威如，終吉。”

此辭“厥孚交如，威如”爲取象之辭。“孚”讀“俘”訓“俘獲”。“交”訓“合也”（《廣雅·釋詁》），即“堆在一起”。“威”讀“巍”，訓“高”①。其俘獲之物堆合一起高大一堆，正“大有”之象，故引出“終吉”之占。

九、《隨·九四》：“隨有獲，貞凶。有孚在道以明，何咎？”

此“隨有獲”爲取象之辭，何以出“貞凶”之占？乃讀爲“墮有（于）擭”。“擭”爲“柞鄂”（《周禮·雍氏》鄭注），即“捕獸機檻”（《書·費誓》孔傳）。墮入其中，故“貞凶”矣。

“有孚在道以明”爲又一取象之辭。“孚”讀爲“俘”訓“俘虜”。“以”通“已”（帛書本正作“已”）。“明”讀“盟”，訓“盟誓”。有俘虜在道已經盟誓（表示歸順），正爲“隨順”之象，與卦名“隨”字協。俘虜已盟誓歸順，且就道矣，故出“何咎”之占，“何咎之有”即“无咎”之意也。

十、《隨·九五》：“孚于嘉，吉。”《兑·九五》：“孚于剥，有厲。”

此“孚于嘉”爲取象之辭。與《兑·九五》“孚于剥，有厲”之辭相對爲義。此“孚”當讀爲“捊”，訓“取”。此“于”，“猶爲也”（讀去聲，見《經傳釋詞》）。此“嘉”與“剥”對，當訓“美也”（《説文》）、“善也”（《爾雅·釋詁》），與“剥”之“亂”“傷害”義相對。

“孚（捊）于（爲）嘉（善）”，即爲善事而捊取，故出“吉”占。

---

① 帛書本“威”作“委”，訓“委積”，亦通。

“孚（捊）于（爲）剥（亂）”，即爲亂事而捊取，故出“有厲”之占①。

十一、《觀·彖》：“觀，盥而不薦，有孚顒若。”

此（彖）辭全爲取象之辭。此辭之“觀”讀“灌”，即“祼禮”之“祼”。此“盥”，《釋文》引馬融曰：“盥者，進爵灌地以降神也。”是訓“盥”爲“澆灌”之義。此“不”，“猶未也”（《古書虛字集釋》）。“薦”訓“進、獻”。“孚”訓“誠信”。“顒”訓“敬也”（《周易集解》引馬融）。“若”爲語辭（孔疏）。

“觀（灌），盥（澆灌）而不（未）薦（進、獻），有孚（誠信）顒若（嚴敬之貌）”，謂：舉行“灌”禮，當其澆灌鬱鬯以降神而尚未進獻牲體時（此指灌（祼）的開始時段），祭者已誠信虔敬，容貌儼然矣②。

十二、《坎·彖》：“習坎。有孚，維心亨，行有尚。”

此辭之“習坎”爲取象之辭。“習”有“重複”之義。“坎”爲“陷”，爲“險”。“習坎”之象爲何出“有孚”“維心亨”“行有尚”三吉占？因此辭之“坎”通“贛”。（帛書本即作“習贛”，坎與贛，溪貝旁紐，談侵旁轉，乃一聲之轉，故可通假。）而“贛，賜也”（《説文》《爾雅·釋詁》）。然則“習坎”，讀爲“習贛”，乃“重複賞賜”之象，故引出三吉占。

一爲“有孚”。此“孚”讀“保”，訓“佑助”。是“有孚”即“有佑”之占。

二爲“維心亨”。此“維”爲語辭。“心，纖也”（《釋名》），即“細小”。“亨”訓“通也”。是“維心亨”即“維小亨”。與《旅·彖》“旅，小亨”之“小亨”同義。“小亨者，亨之小也”（《周易集注》）。

三爲“行有尚”。此“尚”，王注訓“配”。《經義述聞》據《爾雅·釋詁》“尚，佑也”釋爲“佑助”。高亨則讀“尚”爲“賞”。高説最合，可從。

十三、《大壯·初九》：“壯于趾，征凶，有孚。”

此“壯于趾”爲取象之辭。“壯”讀爲“戕”。“戕傷于趾”，不良于行之象，故出“征凶”之占。“壯”如字讀，訓“强壯”。“强壯于趾”，良于行之象，故出“有孚”之占。此“孚”讀“復”（帛書本作“復”）。“有復”，謂行人定能歸家也。

---

① “捊”訓“取”，“于”訓“以”（《集釋》），“嘉”訓“善”，“剥”訓“剥奪”。則“孚以嘉”爲取以“善”道，“孚以剥”爲取以“剥奪”之道。此解更勝。

② 盥爲以水沃手，將奉鬯以獻而尚未獻鬯。但顒若（敬慎之狀）有孚（表示出誠信之情）即灌禮起始，主祭者即進入角色，其神色誠敬嚴肅。此解最合。2009 年 2 月 14 日下午，補記此意。

十四、《晉·初六》："晉如摧如，貞吉；罔（悔亡）①；孚裕；无咎。"

此"晉如摧如"爲取象之辭。"摧"字帛書作"浚"。《釋文》："鄭讀爲南山崔崔之崔。"其説正確。故帛書本之"浚"，當讀爲"峻"，正與"崔"協。"晉"訓"進"，有登升之義，登升而達高峻，步步高升之象也。故出以下四吉占。即："貞吉"一也；"悔亡"二也；"孚裕"三也；"无咎"四也。

"孚"讀爲"俘"，訓"俘獲"。"裕"爲"衣物饒"（《説文》），引申有"豐裕"之義。"俘獲豐裕"，乃"大有得"之占。是爲吉占。

十五、《家人·上九》："有孚威如，終吉。"

此辭之"有孚威如"爲取象之辭。對"孚"字訓釋不同，從而有不同解釋：

1. 劉大鈞從舊訓，釋"孚"爲"信"，解此句爲"有誠信而又威嚴"。（《白話解》）

2. 高亨訓"孚"爲"罰"，解爲"罰行而民畏服，自終吉矣"。（《古經今注》）

3. 此辭"孚"可讀"俘"，訓"俘獲"。"威"可讀"巍"，訓"高貌"。"威"帛書本作"委"，訓"委積"，與"巍"義近似。"有俘威（巍）如"，謂俘獲堆積如山，富家之象也。故出"終吉"之占。

4. 李鏡池《通義》讀"孚"爲"俘"訓"俘虜"。又訓"威如"爲"發怒反抗的樣子"。并解釋説：抓到俘虜，開始還是反抗，不肯順服，但最後歸服了，故吉。俘虜變成奴隸之後，也是家庭成員之一。恩格斯説："在羅馬，家庭一詞，當初完全不是用于夫妻及其子女，只是用于奴隸罷了。"（《馬恩選集》第四卷，53頁）

按：李説大意正確。但對"威如"的解釋錯了。古"威""畏"常相通借。"畏，懼也"（《廣雅·釋詁》）。又"心服曰懼"（《禮·曲禮上》"畏而爱之"注）。是"有俘威如"，即"有俘畏如"，亦即"有俘虜因懼而心服"。故出"終吉"之占。

以上四解，爲何選擇第四種解釋？因爲"卦名"是"家人"。前三解，與"家人"關係甚遠，而第四解與"家人"之意緊密相應（歸順之俘虜，即奴隸，

---

① 今本"罔"，帛書本作"悔亡"二字，訛寫爲"網亡"，再訛爲"罔"也。當從帛書本，改"罔"爲"悔亡"二字。

成爲家人之一員)。故當以第四解爲正解。

十六、《睽・九四》:“睽孤遇元夫,交孚,厲,无咎。”

此“睽孤遇元夫,交孚”爲取象之辭。“睽”當訓“目少精”,即視力微弱,失明之象也。“睽孤”即失去視力之孤兒。“元”當從聞一多説,讀爲“兀”,跀足曰兀。“兀夫”即斷足之成年人。“交孚”之“孚”讀“復”(帛書本正作“復”),訓“行也”。“交復”即“皆行”。失明孤兒,遇到斷足成年人,二人相扶以行,此“遇難成祥”之象。故出“厲,无咎”之占,即“雖有危險,但(結果)無灾患”。

十七、《解・九四》:“解而拇。朋至,斯孚。”

此“解而拇”爲取象之辭。此“解”訓“解脱”。“而”,帛書本作“其”,爲代詞,可讀“爾”,訓“你的”。“拇”,《釋文》“陸云,足大趾”,即讀爲“踇”。“解脱你的足大指”,蓋指脱鞋(古作屨或履)之事也。

古人脱鞋入室。《禮・曲禮上》:“屨不上堂,解屨不敢當階。”是“解屨”即此辭之“解而(爾)拇”矣。《曲禮上》又云:“户外有二屨。言同則入,言不同則不入。”可證此事。

“解而(爾)拇(踇)”爲脱屨入室之象,引出“朋至”(即朋友[①]將至)與“斯孚”二占。此“斯”帛書本作“此”[②]。《古書虚字集釋》:“斯,猶有也。”此“孚”讀“復”(帛書本作“復”),訓“來歸”。是“斯孚(復)”之占,即“有復”之占矣。

十八、《解・六五》:“君子維有解,吉,有孚于小人。”

此“君子維有解”爲取象之辭。《廣雅・釋詁》:“維,繫也。”“君子”爲“治人者”之貴族。雖然被拴繫起來,但“有解”,即最後得以解脱。被繫君子,終得解脱,乃“終得寬大處理”之象。故出二占:

一爲“吉”,即逢凶化吉之占。

二爲“有孚于小人”。此“孚”讀“復”,“復者,除其賦役也”(《漢書・高帝紀》“蜀漢民給軍事勞苦,復勿租税二年”注)。亦即“復,除也”(《洪武

---

① “朋”訓“友朋”,即“倗”字義。《詩・大雅・假樂》“燕及朋友”,傳:“朋友,君臣也。”《詩・魯頌・閟宫》“三壽作朋”,箋:“作朋,三卿也。”《詩・小雅・常棣》:“每有良朋,況也永嘆。”古以僚、友爲朋。其後始以“同門爲朋”。(《公羊傳・定四年》注)

② 斯與此,心清旁紐,支部叠韵,乃一聲之轉,故在古籍中常相通假。《書・君陳》“斯謀斯猷”,《禮・坊記》引《君陳》、《春秋繁露・竹林》引《書》皆作“此謀此猷”,即其證。

正韵·屋韵》)，即“除免”之義。《吕氏春秋·當賞》“故復右主然之罪”，即“寬宥”“優待”(《漢字大字典》)。“小人”爲“被治”之勞動者。“有復于小人”，即“小人”階級將得到寬大待遇。此占，正由“君子維有解”之象引出。

十九、《損·彖》:“損，有孚，元吉，无咎，可貞，利有攸往。”

此辭之“損”爲取象之辭。“損”有“損失”“損害”之義，爲何出以下諸吉占？因此“損”訓“貶省、謙退”(《大字典》)。《字彙》:“損，貶也。”《史記·管晏列傳》:“御者乃自抑損。”《三國志·魏書·管輅傳》:“未有損己而不光大，行非而不傷敗。”可證此訓。

“貶省、自謙”，持盈保泰之道也。故出“有孚(佑)[①]”“元(大)吉”“无咎”“可貞(所貞問三事，可行)”“利有攸往”等五個吉占。

二十、《益·六三》:“有孚，中行告。公用圭。”

按此辭爲取象之辭。“孚”讀“俘”，訓“軍有所獲”。“中行”即“左、中、右三行”[②]之“中行”，謂行軍作戰之中軍也。“告”如字讀，訓“報告”。“公用圭”謂“公”執圭朝王報告“有俘、中行”之捷報也。(《詩·大雅·韓奕》:“韓侯入覲，以其介珪。”《考工記·玉人》鄭玄注:“命圭者，王所命之圭也。朝覲執焉，居則守之。”《書·禹貢》:“禹錫玄珪，告厥成功。”金景芳、吕紹綱謂:“蔡沈謂是‘禹以玄珪爲贄而告成功于舜’，此説最近事理。上文荆州‘九江納錫大龜’句，是下對上納貢也用錫字。況且據《周易·益·六三》爻辭‘有孚中行，告公用圭’，知古代下對上告成功，確實用圭。”(《〈尚書·虞夏書〉新解》434頁)其説是。

二十一、《益·九五》:“有孚惠心，勿問，元吉。有孚惠我德。”

此爻“有孚惠心”爲取象之辭。此“孚”讀“俘”，訓“俘虜”。“惠，順也”(《詩·邶風·燕燕》“終温且惠”毛傳，又《爾雅·釋言》同)。“有孚順心”，即俘虜降服歸順其心。此爲卦名“益”之一象，故出“勿問[③]，元吉”之占。即“其至善大吉，不問可知”(《程氏易傳》)。

又:“有孚惠我德”爲另一取象之辭。此“孚”讀“俘”，訓“俘獲”。此

---

① 此“孚”讀“保”，訓“佑”。“有孚”即“有佑”，吉利之占也。

② 卜辭已分軍隊爲左、中、右三行，郭老以爲春秋晉國始有“三行”，誤。

③ 問爲訊問，有所不知，有所疑惑，始“問也”。故問有“問、審然否也”之義(《史記·魯周公世家》“二公及王乃問史百執事”《集解》引鄭玄注)。又問有“占問”之義(《易·繫辭上》“問焉而以其言”孔疏“往占問其吉凶而以言命之也”)。此“勿問”，釋爲“勿須占問，大吉”爲最合。與《革·九五》“未占，有孚”同一辭例。

“惠”讀“惟”，用爲語辭。“德”讀“得”，訓“獲得”。有俘獲乃我之所得，乃戰勝得俘獲之象。爲《益》之一象，與卦名協合。

二十二、《夬·彖》：“孚號：有厲，告自邑。不利，即戎，利有攸往。”

此辭之“孚號：有厲，告自邑”乃取象之辭。此“孚”讀“復”（帛書本正作“復”），訓“返也”（《爾雅·釋言》），即“回歸”。此“號”訓“號令”。“孚號”讀爲“復號”，亦即“號令回歸”。與《夬·九二》“惕號，莫夜有戎”之“惕號”即“號令警惕”語例相同。

“有厲，告自邑”，爲“孚（復）號”命令之内容。“厲”訓“危害”。“告”讀“造”訓“適也、進也”（《小爾雅·廣詁》），即“進入”。“有厲，造于邑”即“有危險，進入城邑”。古人有兵警，則入城堡以避禍。《莊子·盗跖》：“盗跖從卒九千人，横行天下……所過之邑，大國守城，小國入堡。”（《釋文》釋《儀禮》鄭注：“小城曰堡。”）可爲此“孚（復）號：有厲，告（造）自（于）邑”之注脚。敵强，要入邑以守，故出“不利，既戎”之占。敵雖强，而我已入城以守，有備無患之象也，故又出“利有攸往”之占。

二十三、《姤·初六》：“羸豕孚蹢躅。”

此爲取象之辭。“羸，瘦也。”（《説文》）孚讀爲“復”（帛書本正作“復”），訓“行”①。“蹢躅，雙聲連語，住足不行之貌。”（高亨）卦名爲“姤”，“姤”與“後”通，故可讀“姤”爲“後”。瘦豕者行走，欲行又止，正爲“後”之一象。

二十四、《萃·初六》：“有孚，不終。”

此爲占斷之辭。以卦名《萃》爲取象之辭而引出此占。此“孚”讀“保”，訓“佑”。“不終”之“終”，當訓“成就、完成”（《大字典》）之“成”。《國語·周語下》“純明則終”，注：“終，成也。”《左傳·昭十三年》“百事不終”，杜預注：“百事不成。”皆其例證。此讀卦名《萃》爲“碎”，義爲“壞、散”（《廣雅·釋詁》）。此占“有孚（佑），不終（成）”，正“碎”象所出之占也。

又，《坤·六三》：“无成，有終。”《謙·彖》：“君子有終。”《謙·九三》：“有終，吉。”《睽·六三》《巽·九五》：“无初有終。”《困·九四》：“吝，有終。”諸占辭之“終”，亦當訓“成”（成就），與此辭“有孚，不終”之“終”

---

① 俞樾《群經平議》讀“孚”爲“乳”，從王弼訓“羸豕”爲“牝豕”。然“孚”與“乳”聲紐不能相通（唇、舌不能通），且母豕者喂奶，必然側卧，亮出乳房以就小豕者，怎能“蹢躅”即“欲行不得”呢？故俞説不可從。

同訓。

二十五、《萃·六二》："孚乃利用禴。"《升·九二》："孚乃利用禴。"

此爲占斷之辭。"孚"讀"俘"或"捊"，即"俘獲"或"取得"。今曰"獲取"。"禴"爲"瀹者新菜以祭"（《漢書·郊記志》引《易·既濟·九五》"不如西鄰之瀹祭"注）。新菜生而瀹之以祭，當以"春祭"爲是。（《王制》以"礿"爲春祭。《爾雅·釋天》《説文》《周禮·大宗伯》《公羊傳·桓九年》皆以"礿"爲"夏祭"[①]。）

"孚（捊）乃利用（以）禴"，謂"有所捊取（新菜），然後利以禴祭"，此爲祭祀之占。乃讀卦名"萃"爲"倅"，訓"倅，祭也"（《廣雅·釋天》）。此"孚（捊）乃利用禴"正倅祭所出之占。

而《升·九二》"孚乃利用禴"則訓卦名《升》爲"登獻"。故引出此占。

按："孚"有"萌發"之訓。《太玄·戾》"陽氣孚微"，司馬光注："草之萌甲亦曰孚。"此辭之"孚"，正當訓"草之萌甲"，即"抽苔，發芽"。此正春菜鮮嫩之象，故"乃利用"于禴祭也。此解最合。

二十六、《萃·九五》："萃有位。无咎；匪孚；元永貞，悔亡。"

此"萃有位"乃取象之辭。"萃有位"，猶云"瘁于位"，謂爲"職事而勞病"也。《詩·四月》："盡瘁以仕。"《北山》："或盡瘁事國。"即"萃有位"之意（高亨《古經新注》）。盡瘁國事，在職位上努力工作。是"勤勞爲國"之象，故出"无咎""元永貞，悔亡"二吉占[②]。爲國事在職位積勞成疾，是"因勞成病"之象，故又出"匪孚"之占，此"孚"訓"佑"，"匪孚"即"不得保佑"，是爲凶占矣。

二十七、《井·上六》："井收勿幕，有孚，元吉。"

此"井收勿幕"乃取象之辭。《釋文》："陸云，收井幹也。"即井口四周之圍欄。"幕"訓"蓋也，覆也"（《集解》引虞翻、干寶）。"勿，毋也，禁止之辭也"（《虚字集釋》）。"有圍欄之井口，不要覆蓋"，所爲何事？曰：此乃公共設施，故開井口，服務衆人。"公器公用"之象，故出"有孚"（即"有佑"）與"元吉"（即"大吉"）二吉占。

二十八、《革·彖》："革，巳日乃孚。元亨，利貞，悔亡。"

---

① 《爾雅·釋天》："夏祭曰礿。"孫炎、郭注，皆曰："新菜可汋。"

② "元永貞，悔亡"即"元貞與永貞"皆"悔亡"。貞問大事曰"元貞"；貞問久遠之事曰"永貞"，二種貞問皆爲"悔亡"之占，是爲吉占之一種矣。

此“革，巳日乃孚”乃取象之辭。此“革”乃指八音之一的“鼓”。《漢書·律曆志》八音“皮曰鼓”，顔注：“鼓者，廓也。言郭張皮而爲之。”《周禮·春官·大師》鄭注：“革，鼓鞀也。”“巳日”之“巳”讀“祀”。“乃孚”之“孚”讀“桴”。“桴，鼓槌”（《禮記·禮運》“蕢桴而土鼓”陸德明《釋文》）。此處用爲動詞，謂“以槌擊之”也。“革，巳日乃孚”即“革鼓，祭祀之日乃以槌擊之”。乃祭祀之時，擊鼓降神之象。《白虎通·禮樂》謂“鼓，震音煩氣也”，“奮五德之聲，感和平之氣”，“神明報應，天地佑之”。可見祀日鼓樂降神之偉大作用，故出“元亨”“利貞”“悔亡”三吉占。

二十九、《革·九三》：“革言三就，有孚。”

此“革言三就”乃取象之辭。此“革言”與《九四》之“改命”爲對。故“革”訓“變革，更改”，“言”訓“教令”。“就，成也”（《爾雅·釋注下》）。“革言”謂起草、修改政府文件。“三就”謂多次乃成，即經多次討論、修改，始定稿也。《論語·憲問》：“子曰：爲命，裨諶草創之，世叔討論之，行人子羽修飾之，東里子産潤色之。”此“革言三就”之一例。立言而革更至三乃就，“慎重將事，集思廣益”之象，故出“有孚”，即“有佑”之占。

三十、《革·九四》：“悔亡，有孚。”

此“悔亡，有孚”爲占斷之辭。爲何有此占斷之辭？乃以卦名“革”爲取象之辭而引出之占也。“革”有“更也，改也”之義，乃“除舊布新”之象，故引出“悔亡”與“有孚”（有佑）二吉占。

三十一、《革·九五》：“大人虎變，未占有孚。”

此辭“大人虎變”爲取象之辭。“變”，高亨、聞一多讀爲“辬”訓“駁文”（《説文》），可從。“大人虎辬”，謂“大人”（卿、相、大臣）以有斑之虎皮飾其車也。西周金文所記王賜大臣以“虎幃”（虎帷）、“虎冟”（虎幎、虎幔）蓋即此辭之“虎變（辬）”。“大人以虎辬飾車”，“權大位高”之象。故出“未占有孚”之占，即“不必占問，已有保佑”，乃吉占也。

三十二、《豐·六二》：“豐其蔀，日中見斗。往得疑疾，有孚。發若。吉。”

此爻有取象二。“豐其蔀，日中見斗”爲第一個取象之辭。此“豐”訓“大也”（《玉篇》），即“增大，擴大”。“其”爲代詞，即上文《豐·象》之“豐”，即“寷”也。“寷”爲“大屋”，“屋”爲“幄”，即“帳幕”（蒙古包）；亦爲“車蓋”（《史記·項羽本紀》“廣屋車”《正義》引李巡注）。而車蓋蓋頭有“蓋斗”，各條蓋弓皆輻湊于此。此“蓋斗”又名“部”（《考工記・輪人》）。“信其桯圍，以爲部廣”，鄭衆注曰：“部，蓋斗也。”故聞一多以爲此“豐其蔀”之“蔀”，即當讀爲“部”，訓“蓋斗”①。其説可從。“日中”爲“正午”之名。“日中見斗”，正爲日全食之象。此時日被全食，星光滿天，北斗顯現，何以“日中見斗”？因爲“天蓋廣大其蓋斗”（亦即擴大傘蓋之面積），以至此蓋遮蔽了整個天穹，從下上視，只見天蓋之部（蓋斗），亦即只見北斗矣。此卦名“豐”之一象。

“豐其蔀，日中見斗”乃“正爲日全食”之象。古人以“日食”爲上天告警，預兆將有天禍發生。故引出“往得疑疾”（往得痴疾）與“有孚”（即“有浮”，亦即“有罰”）二凶占。

“發若”爲此爻辭之又一取象之辭。此“發若”訓“盛貌”。《詩・衛風・碩人》“鱣鮪發發”，毛傳：“發發，盛貌。”“發若”，“發發”也。“發若”，帛書本作“泏若”。古“泏”與“溢”通。《周頌・唯有天命》“假以溢我”，《左傳・襄公二十七年》引“溢”作“泏”可證。而“溢，盛也”（《廣雅・釋詁》），是“泏若”即“溢若”，亦即“盛若”，與今本“發若”同義。“發若”爲“盛大之貌”，正爲卦名《豐》之又一象也。

“發若”爲“盛貌”“盛大興旺”之象，故出“吉”占。

三十三、《兑・九二》：“孚兑，吉，悔亡。”

此“孚兑”爲取象之辭。“孚”訓“誠信”。“兑”讀“説”，即“談説”。“孚説”即“誠信地説話”。正卦名《兑》之一象。

“説話誠信”，爲人正直之象。故出“吉”“悔亡”二吉占。

三十四、《中孚・彖》：“中孚豚魚。吉，利涉大川，利貞。”

此“中孚豚魚”爲取象之辭。“中”訓“得也”（《史記・封禪書・索隱》引《三蒼》）。“孚”讀爲“俘”訓“獲也”。“豚魚”，即“體如魚，形似豕者”之江豚。“得俘豚魚”，“江行有獲”之象，故出“吉”“利涉大川”“利貞”三吉占。

三十五、《未濟・六五》：“貞吉，无悔，君子之光，有孚，吉。”

此爻皆爲占斷之辭。以卦名《未濟》爲取象之辭所引出者。此“未濟”讀

---

① 《御覽》引桓譚《新論》：“北斗極，天樞。樞，天軸也。猶蓋有保斗矣。”《論衡・説日》：“極星在北之北，若蓋之葆矣。”此之“保斗”“葆”，即“蓋斗”，亦即此爻辭之“蔀（部）”。

爲"未懠"(《廣雅·釋詁四》：懠，愁也)，即"不愁"。象爲"不愁"，故出"貞吉""无悔""君子之光""有孚""吉"等五吉占。

此"君子之光"爲斷占之辭。"之猶則也"(《經傳·釋詞》)。"光，寵也"(《廣雅·釋言》)。"君子則寵"，謂占者如爲君子，得此爻，則將有寵(小人則否之，意已在其中)。

此"有孚"之"孚"，讀"保"訓"佑"。即"有佑"乃吉占之一。

三十六、《未濟·上九》："有孚于飲酒。无咎。濡其首。有孚，失是。"

此爻有取象之辭二。

其一，"有孚于飲酒"爲取象之辭。"孚"讀"俘"訓"軍所獲"(《説文》)。"于猶乃也"(《古書虚字集釋》)。"有俘乃飲酒"，與讀卦名爲"未懠"之意合。"戰勝慶功"之象，故出"无咎"之占。

其二，"濡其首"爲又一取象之辭。《初六》"濡其尾"而《上九》"濡其首"正與之對。二者之"其"皆爲《象》"小狐汔涉濡其尾"之"小狐"之代詞。"小狐汔涉""濡其首"，正《未濟》之一象。故出"有孚，失是"之凶占。此"孚"讀"俘"訓"罰"，"是，直也"(《説文》)，"有罰，失直"即"將受不公正之處罰"，是凶占矣。

總計卦爻辭中"孚"字凡四十一見。其中：

1. 在取象之辭中共二十一見。其義訓分爲：

(1)"孚"讀"俘"，訓"俘虜"或"俘獲"者十一見(《小畜·六四》《小畜·九五》《中孚·九五》《大有·六五》《隨·九四》《家人·上九》《益·六三》《益·九五》《中孚·象》《未濟·上九》)。

(2)"孚"讀"符"訓"信"者三見(《比·初六》《觀·象》《兑·九二》)。

(3)"孚"讀"復"訓"回歸"或"復行"者三見(《睽·九四》《夬·象》《姤·初六》)。

(4)"孚"讀"捊"訓"引取、收取"者二見(《隨·九五》《兑·九五》)。

(5)"孚"讀"桴"[①] 訓"鼓槌"或"以槌鼓之"者一見(《革·象》)。

(6)"孚"讀"雩"訓"雨雪"者一見(《比·初六》)。

2. 在占斷之辭中共二十見。其義訓分爲：

---

① 《者減鐘》"協于我霝龠(籥)卑(俾)龢卑孚(桴)"，即"孚"讀爲"桴"之證。

（1）“孚”讀“抱”，“保”訓“佑”者九見（《需・彖》《坎・彖》《損・彖》《萃・九五》《井・上六》《革・九三》《革・九四》《革・九五》《未濟・上五》）。

（2）“孚”讀“復”，訓“回歸”或“復行”者五見（《泰・九三》《泰・六四》《大肚・初九》《解・九四》《解・六五》）。

（3）“孚”讀“浮”，訓“罰”者三見（《訟・彖》《豐・六二》《未濟・上九》）。

（4）“孚”訓“草之萌甲”者二見（《萃・六二》《升・九二》）。

（5）“孚”讀“俘”，訓“俘獲”者一見（《晉・初六》）。

從以上結果來看，從來舊傳注皆訓“孚”爲“信”，固然大失經意；李鏡池凡“孚”皆讀爲“俘”，亦失之簡單。高亨所訓雖較舊注疏有進步，但亦多未合經意。帛書本周易中以“孚”爲“復”，表明“孚”“復”互通，于一些卦爻辭有關“孚”字得到正解。2006年七八月，我始得“孚”字之初義、正解，從而證明“孚”有“佑助”之義。于是卦爻辭“有孚”之義（只《比・初六》“有孚盈缶”俞樾讀“孚”爲“乳”聲韵難通外）得以全告解决。但《比・初六》“有孚盈缶”之“孚”必爲缶所盛之液體，故以“雩”爲“孚”之通借字以説之。能否成立，尚待進一步考究之也。

2006年8月7日上午，是日立秋，草此文費時十餘日，每日上午工作二至三小時

2018年1月19日終審于幹部療養院

尚書讀書札記

《堯典》舜“受終于文祖”即“受中”“于文祖”

舜“受終于文祖”是何意義？王肅注：“堯天禄永終，舜受之。”（《群書治要》本《舜典》注引）通行本姚方興詭傳及蔡傳都釋爲“堯終帝位之事”。林之奇《全解》云：“舜受堯之禪，終于文祖之廟。”蒲氏《書古文訓》：“受終，受禪也。”黄式三《尚書啓蒙》謂：“終，成事。”以“終”爲“帝堯爲帝之終”，有增字解經之嫌。

楊筠如《覈詁》讀“終”爲“中”，係貯册之器，“受終”爲受傳國寶册。

按：楊先生讀“終”爲“中”，是也。終與中，端照准雙聲，冬部叠韵，正一聲之轉。《禹貢》“終南惇物”，《左傳·昭四年》“終南”作“中南”，《國語·晉語九》“勝左人中人”，《淮南子·道應》“中人”作“終人”等，皆“終”“中”互相通借之文證。“中”何以有“典册”之義？古人盛算之器名“中”。《周禮·春官·大史》“飾中”注：“中，所以盛算也。”《禮·投壺》“司射奉中”，疏：“中之形，刻木爲之，狀如兕鹿而伏，背上立圜圈以盛筭。”

盛算之器，何以名“中”？蓋大射或投壺時，矢中的，則投一算于此器内，記“射中的”之數，故此器亦從而以“中”爲名矣。

古代以竹策爲算籌，盛算之器名“中”，從而盛簡策之器亦名“中”。于是“中”還有“官府簿書”之義。

《中文大辭典》“中”：“簿書，案件。”《周禮·秋官·小司寇》：“以三刺斷庶民獄訟之中。”孫詒讓《正義》：“孔廣森云：《國語》‘左執鬼中’韋昭曰：‘執，謂把其録籍。’然則獄訟之中，亦其録籍，若今秋審招册也。”

《漢語大辭典》“中”：“指官府簿書。《周禮·春官·天府》：‘凡官府鄉州及都鄙之治中，受而藏之。’鄭玄注引鄭司農云：‘治中，謂其治職簿書之要。’清江永《周禮疑義舉要·秋官》：‘凡官府簿書謂之中，故諸官言治中、受中。’

《小司寇》：‘斷庶民獄訟之中。’皆謂簿書，猶今案卷也。”

楊先生以“中”有“官府簿書”之義，通釋“舜受終（中）”，即接受傳國定册，較舊釋爲長。

但是“中”字在甲骨文作□、□形，再簡化爲□。唐蘭《釋□□》《殷墟文字記》謂：中字作□者，象九斿；作□者，象六斿；作□者，象四斿。中以四斿爲夙，故其字以□爲最古。凡垂直之綫，中間所在加一點，雙鈎爲之，因爲□、罘□形，而□形盛行，由以省變爲□形矣。《考工記·輈人》：“龍旂九斿，以象大火也。鳥旟七斿，以象鶉火也。熊旗六斿，以象伐也。龜旐（原誤作蛇，依王引之説正）四斿，以象營室也。”龍旂、熊旗、龜旐，殆由□、□、□蜕化而來本皆中也。《春官·司常》：“王建大常，諸侯建旂，孤卿建旜，大夫、士建物，師都建旗，州里建旟，縣鄙建旐。”

中爲旂旗旐之屬，何由得爲中間之義乎？唐謂中者最初爲氏族社會中之徽幟。《周禮·司常》所謂：“皆畫其象焉。官府各象其事，州里各象其名，家各象其號。”顯爲是古圖騰制度之孑遺。（《周禮》九旗以日月、交龍、熊虎、鳥隼、龜蛇等畫之，亦皆由圖騰蜕變而來。）此其徽幟，古時用以集衆。《周禮·大司馬》教大閲，建旗以致民，民至，仆之，誅後至者，亦古之遺制也。蓋古有大事，聚衆于曠地。先建中焉，群衆望見中而趨附，群衆來自四方，則建中之地爲中央矣。列衆爲陣，建中之酋長或貴族恒居中央，而群衆左之右之，望見中之所在即知爲中央矣。（若爲三軍，則中軍也。）然則中本徽幟，而其所立之地，恒爲中央，引申爲中央之義，因更引申爲一切之中。後人既習用中央等引申之義，而中之本義晦，徽幟之稱，乃假常以稱之。（《周禮》記常有十二斿、九斿、七斿、五斿，明即中。）中常聲相轉也（中與常，端禪旁紐，冬陽旁轉，正一聲之轉）。

馬叙倫《説文解字六書疏證》卷一亦謂：“本書（《説文》）‘旗，熊旗六游以象伐星，士卒以爲期’，蓋□從□而○之，即爲什伍集中之義。什伍環旗而旗在其中，故有中央之義。（馬以“□從□而○之”説中，以“○”爲“環圍”之符號，較唐蘭説○爲●之論又表┃之端直爲長。）

按：唐、馬説“中”爲“集衆之旗”，其説與字形合，又與文獻材料合。如其説，則“中”爲“號令”之旗是矣，乃表君主權威之物也。然《堯典》“舜受終（中）”之事可釋爲“舜接受象徵君權之號令旗幟”也。此説較楊説“中”爲傳國典册爲長。

新出清華楚簡《保訓》述文王謂:“昔微假中于河,以復(覆)有易。有易服厥罪。微無害,乃歸中于河。”

此事見《山海經・大荒東經》及郭璞注所引《竹書紀年》。《大荒東經》云:“王亥托于有易,河伯僕牛(當校爲:王亥托河伯僕牛于有易)。有易殺王亥,取僕牛。”郭璞注:“《竹書》曰:‘殷王子亥,賓于有易而淫焉。有易之君綿臣,殺而放(當爲取,即“取僕牛”)之。是故殷主(袁珂云:宋本作上,是也)甲微假師于河伯以伐有易,滅之。遂殺其君綿臣也。’”

《保訓》之上甲微“假中于河”,即郭注引《竹書》上甲微“假師于河伯”。爲何“假中”即“假師”?如釋“中”爲“聚衆號令之旗”,則“假中”正是“假師”之事矣。正是唐、馬説“中”爲“聚衆號令旗幟”之佳證。

《保訓》又述文王所言,舜“求中”“得中”之事云:“昔舜舊作小人親耕于厲丘,恐求中,自稽厥志,不違于庶萬姓之多欲。厥有施于上下遠邇。乃易位邇稽,測陰陽之物,咸順不擾。舜既得中,言不易實變名,身兹備惟允,翼翼不懈,用作三降之德。帝堯嘉之,用受厥緒。”

此云舜在野,志在高遠,是为“求中”;而當舜“得中”,即“用受”帝堯之“緒”,則“中”爲在朝掌權之信物可知也。這與釋“中”爲“集衆號令”之“旗幟”,爲王權之象徵,正合。

因此,《堯典》舜“受終于文祖”之“終”,當從楊筠如先生之説讀爲“中”。此“受中”之“中”當從唐蘭、馬叙倫先生之説釋爲“集衆號令”之“旗幟”①,即王權之信物。

2009年12月16日上午天陰小雨,寒意加重,在幹部療養院

2017年8月31日終審于幹療院

① 中與令,端來旁紐,冬耕旁轉,正一聲之轉。所以“中旗”,亦即“令旗”矣。

《堯典》嵎夷、暘谷在遼西證

《書·堯典》："分命羲仲，宅嵎夷，曰暘谷。寅賓出日，平秩東作。日中星鳥，以殷仲春。"此"嵎夷"或作"鬱夷"（《史記·五帝本紀》）、"禺銕"（《釋文》引《尚書考靈曜》）、"嵎鐵"（《虞書》正義引夏侯等書及小徐《説文》"暘"）、"嵎鐵"（大徐《説文》）、"嵎夷"（《説文·土部》），《廣韵》作"嵎峓"。

此"暘谷"，《説文》日部同，而《説文》山部作"崵谷"。唐寫《釋文》："暘，古陽字。"或作"湯谷"（《楚辭·天問》《山海經》《淮南子·天文訓》《史記》舊本及《説文·叒部》）。

一、嵎夷、暘谷地望舊釋評議

嵎夷、暘谷何在？從古到今，學者約有以下數説：

1. 嵎夷之地在遼西。《史記·夏本紀》"嵎夷既略"，《索隱》云："案：今文《尚書》及《帝命驗》并作'禺鐵'，在遼西。"《路史·陶唐紀》注引《帝命驗》曰："禺鐵在遼西，即青之嵎夷，近日出處，故敬賓出之。"

許慎《説文·山部》："崵，［首］崵山也。從山，昜聲。一曰：嵎鐵崵谷也。"又《説文·土部》："堣，堣夷在冀州陽谷。立春日，日值之而出。從土，禺聲。《虞書》曰：宅堣夷。"而《説文·日部》："暘，日出也。從日，昜聲。《虞書》曰：暘谷。"段玉裁注謂："一曰禺銕崵谷，一曰猶一名，非有二物。遼西正在冀州。"

《説文》説堣夷、暘谷在冀州，且暘谷即首暘山之一谷，其地在伯夷、叔齊故國即"孤竹國"之附近①，是對今文《尚書》遼西説的具體補充。

此説最早，西漢時已經出現。

2.《堯典》"宅嵎夷曰暘谷"下《經典釋文》引馬融説："嵎，海隅也。夷，萊夷也。暘谷，海嵎夷之地名。"

訛孔傳承其意曰："東表之地稱嵎夷。暘，明也。日出于谷而天下明。故稱暘谷。暘谷、嵎夷一也。"《尚書》蔡傳同從此説，謂："嵎夷，即《禹貢》'嵎夷既略'者也。曰暘谷者，取日出之義。""蓋官在國都而測候之所則在于嵎夷東表之地也。"李光地《尚書七篇解義》："嵎夷，九州之最東處。"陳夢家從此説，謂：海隅在極東海角，傳説爲日出之地，是在成山。《史記·封禪書》述齊之八神："七曰日主，祠成山。成山斗入海，最居齊東北隅。"《集解》引韋昭曰："成山，在東萊不夜，斗入海。"今之成山頭，自成山而西至黄縣，是古萊國所在，今黄縣東南二十里有萊子城（《西周銅器斷代》21頁）。金景芳、吕紹綱亦從此説，謂：嵎夷應當説是地名。它在山東半島一帶，靠海之邊，是萊夷居住的地方。暘谷是嵎夷這塊地方裏面一個具體地點（《〈尚書·虞夏書〉新解》35頁）。

3.《後漢書·東夷傳》："夷有九種，曰畎夷、于夷、方夷、黄夷、白夷、赤夷、玄夷、風夷、陽夷。故孔子欲居九夷也。昔堯命羲仲宅嵎夷，曰暘谷，蓋日之所出也。""贊曰：宅是嵎夷，曰乃暘谷。巢山潛海，厥區九族。"把居于遼海以東的九種"東夷"，均稱爲"嵎夷"。胡渭《禹貢錐指》云："范史以東夷九種爲嵎夷，必有根據。"以爲即後之朝鮮（遼東、樂浪、三韓之地），盛百二《尚書釋天》、蔣廷錫《尚書地理今釋》説同。

皮錫瑞謂：近人或據《詩·小雅》"周道倭遲"《漢書·地理志》引作"鬱夷"，謂"鬱夷"即"倭夷"。鬱音近倭。即今日本之地。《後漢書·東夷傳》説夷有九種，云："昔堯命羲仲宅嵎夷，曰暘谷，蓋日之所出也。"或説似近之（《今文尚書考證》19頁）。

對嵎夷在遼西冀州和嵎夷在遼東、樂浪、朝鮮之説，清代許多學者，都排斥甚力。如：

王鳴盛《尚書後案》謂：《堯典》："宅嵎夷曰暘谷。"馬季長曰：嵎，海嵎

① 《歷史地名大辭典》："首陽山，即今河北盧龍縣東南二十五里陽山。《史記·伯夷傳》正義：'首陽山，《説文》云：首陽山在遼西。'《方輿記要》卷十七盧龍縣、陽山'峰巒高聳，下多溪谷'，一作嵎山。《説文》以爲首陽山也。"

也；夷，萊夷也。據《説文》山部、土部，嵎夷乃在冀州，遼西。《後漢書》則以爲遼東、樂浪、三韓之地。二説大同小異，但“寅賓出日”，自當于正東之青州，不必就冀州之遼水東、西。兹處大約北極出地已三十六度。恐當以馬説爲是。

朱駿聲《説文通訓定聲·補遺》則謂：“或曰：（《説文》）冀州，當作青州，即《禹貢》之‘堣夷既略’也。”

可是，對馬融以《禹貢》之“嵎夷”釋《堯典》之“嵎夷”，也有學者提出反對意見，主張以《説文》冀州、遼西説爲是。如：

《説文·土部》“堣，堣夷，在冀州暘谷”下段玉裁注云：“許土部（指堣字）所稱爲古文，山部（指嵎字）爲今文。”“堣夷暘谷，許明云‘在冀州’。山部曰：‘首陽在遼西，一曰禺鉄嵎谷。’一曰猶一名，非有二物。遼西正在冀州。然則《堯典》之‘堣夷’，非《禹貢》青州之嵎夷。司馬貞注《禹貢》云：‘今文《尚書》及《帝命驗》并作禺鐵，在遼西。’此謂《堯典》也。陸氏引馬云：‘嵎，海隅也；夷，萊夷也。’馬釋《堯典》始以《禹貢》釋之，而訛孔傳大意從之。”

按：段氏謂《堯典》之“堣夷”，非《禹貢》青州之“堣夷”，馬融始以《禹貢》青州堣夷釋《堯典》。而其前之今文《尚書》、古文《尚書》皆以爲堣夷在冀州遼西。即堣夷遼西説是西漢舊説，這是十分值得注意的。

馬融以《禹貢》青州之嵎夷和萊夷釋《堯典》之嵎夷，在事理上有何難通之處呢？席世昌《席氏讀〈説文〉記》“嵎，嵎夷，在冀州嵎谷”下云：按：《釋文》引馬氏云：“嵎，海嵎；夷，萊夷。”馬以青州地解嵎夷者，以羲仲治東方故也。不知“寅賓出日”，自應就當時國都之東方。堯都冀州，遼東西值冀州之東，則春分朝日，自當在此，似不必舍其國都之東，而别就千里之外正東之青州也。且以夷屬萊夷，文亦當當言“隅萊”，不應渾言夷。馬不過因《禹貢》“堣夷既略”之下有萊夷之文而强實之耳。觀下文宅南交、宅朔方，并未兼兩地，可見。

按：席説有理。堯都冀平陽（冀州），則于冀州之東之遼西，“寅賓日出”，順理成章。《堯典》之“宅嵎夷”與“宅南交”“宅西”“宅朔方”同皆是一地之名，并未兼有兩地。馬析“嵎夷”爲“海隅，萊夷”，實在是没有道理的“强實之耳”。王鳴盛辯解説：“蓋青州，上言‘嵎夷’，下言‘萊夷’。上言‘既略’者，總指海隅之地及萊夷而言。（何所據而云然?）下言‘作牧’者，就中抽出萊夷而言。”（《尚書後案》）這種辯解，十分無力。

《堯典》與《禹貢》非一人之作，亦非一時之作。所以《堯典》之“嵎夷”與《禹貢》之“嵎夷”，各有所指，不必强同。如果認爲二者相同，則必須充分論證，拿出證據。否則强不同以爲同，就必然犯錯誤，鬧笑話了。

比如：古代長江流域之“九江”，在不同典籍，所指不同。如《禹貢》：“荆及衡陽惟荆州。江漢朝宗于海。九江孔殷。”此江、漢合流後，水勢大盛之荆州“九江”也。《山海經·中次十二經》：“洞庭之山……帝之二女居之。是常游于江淵，澧沅之（風）交，瀟湘之淵，是在九江之間，出入必以飄風暴雨。”此時洞庭尚爲資水入沅所成之平波淺瀨之小湖，故郭璞注稱爲“洞庭陂”。而瀟水合湘，湘水獨立入江，澧水亦獨立入江。故其時“洞庭之野”，是一個水網地區。《山海經》稱爲“九江”。所以《水經注》卷四十説：“九江地在長沙下雋縣西北。”《路史·餘論·九江詳説》引張勃《吴録》説：“岳之洞庭，荆之九江也。”而《漢書·地理志》則説：“尋陽，《禹貢》九江在南。”《史記·河渠書》：“余南登廬山，觀禹所疏九江。”皆以“九江”在揚州之廬江郡。是以上文獻之“九江”，各有所指。如果不加分辨，以《漢志》釋《山海經》（如郭璞），以《水經》釋《禹貢》（如蔡沈、魏源），都會犯錯誤，造成混亂。馬融以《禹貢》青州之嵎夷、萊夷來釋《堯典》之“宅嵎夷，暘谷”，其誤與此例相同。

總之：《堯典》“宅嵎夷，暘谷”，其地在冀州遼西，暘谷在遼西之首崵山某處，首崵山在孤竹國附近。這是漢代學者所傳述的舊説，比後起馬融以《禹貢》青州之隅夷、萊夷釋“嵎夷”，于事理爲合。

二、《山海經》中“湯谷”地望，與“嵎夷、崵谷”在遼西説合

“嵎夷”之“崵谷”，《山海經》作“湯谷”。見于下文：

1.《海外東經》：“下有湯谷。湯谷上有扶桑，十日所浴。在黑齒北。居水中，有大木，九日居下枝，一日居上枝。”

按：《海外東經》所記各國族、地區，是“自東南陬至東北陬”相次的。由其位次，可推知“湯谷”所在之相對地望。其位次原文爲：

“海外自東南陬至東北陬者”。

可推：䃂丘“在堯葬東”→大人國“在䃂丘北”→奢比之尸（肝榆之尸）“在大人北”→君子國“在肝榆之尸北”→䖝䖝“在君子國北”→朝陽之國，神曰天吴“在䖝䖝北，兩水間”→青丘國“在朝陽北”→竪亥右手把算“指青丘北”→黑齒國“在竪亥北”→下有湯谷“在黑齒北”。

2.《大荒東經》：“大荒之中，有山名孽摇頵羝。上有扶木。柱三百里。其葉如芥。有谷曰温源（湯）谷，湯谷上有扶木。”

按：《大荒東經》所述各國族或地區，其位次雖然没有“XX在XX北”之文，但就其所述可考知之國族、地區論，也和《海外東經》相同，是“自東南隅至東北隅”的次序。儘管其中有些條文如與《海外東經》相同者相校，錯簡失次，但大體不誤，亦可據以推知“湯谷”之相對地望。此經所記“由東南陬至東北隅”之有關國族、地區位次爲：

東海之外大壑，少昊之國→（其北）大荒東南隅有山，名皮母地丘→有山名曰大言→（其北）有波谷山者，有大人之國，大人之市名曰大人之堂→（其北）有小人之國，名靖人→（其北）有蒍國→（其北）有山名合虚→（其北）有東口之山，君子之國→（其北）有司幽之國→（其北）有大阿之山→（其北）有山名明星→（其北）有白民之國→（其北）有青丘之國→（其北）有柔僕民，是維嬴土之國→（其北）有黑齒之國→（其北）有夏州之國→（其北）有蓋余之國。有神人名曰天吴→（其北）有山名曰鞠陵于天東極離瞀→（其北）東海之渚中，有神，名曰禺虢→（其北）有招摇山，融水出焉，有國曰玄股→（其北）有困民國，勾姓而食，有人曰王亥，王亥托于有易→（其北）海内有兩人，名曰女丑。女丑有大蟹→（其北）有山名曰孽摇頵羝。上有扶木，有谷曰温源（湯）谷。湯谷上有扶木→（其北）有神，人面、大耳。名曰奢比夷→（其北）有五采之鳥→（其北）有山名猗天蘇門。有壎民之國。有綦山，又有摇山，又有門户山，又有盛山，又有待山，有五采之鳥→（其北）東荒之中有山名壑明俊疾。有中容之國→（其北）東北海外，又有三青馬、三騅、甘華。（按：《大荒東經》如以《海外東經》校之，其國族、地區位置失次者，相當部分，可以改定。見另文。）

以上二經所記國族、地區之名，其可以考定，并據以推出“湯谷”地望者，先考定如下：

1.《大荒東經》：“東海之外大壑。少昊之國。”按：《左傳·定公四年》謂封周公之子于魯，“因商奄之民，命以伯禽，而封于少昊之墟”。杜注：“少昊墟，曲阜也，在魯城内。”《帝王世紀》：少昊“邑于窮桑，以登帝位，都曲阜”。是此“少昊之國”在今山東南部之魯地矣。

2.《海外東經》：“嗟丘。……在堯葬東。”按：《海外南經》：“狄山，帝堯葬于陽。”畢沅云：“《墨子》（節葬篇下）云：‘堯北教八狄，道死。葬蛩山之陰。’則此云狄山者，狄中之山也。郭璞注：‘《吕氏春秋》（安死篇）曰：堯葬谷林。今陽城縣西，東阿縣城次鄉中，赭陽縣湘亭南，皆有堯冢。’”袁珂案：“郭注‘陽城’當作‘城陽’。城陽，舊縣名，本作成陽，故城在今山東省濮縣東南。《吕氏春秋》（安死篇）高誘注云：‘傳曰：堯葬成陽。此云穀林，成陽山下有穀林也。’”《史記·五帝本紀》集解云：“《皇覽》：‘堯冢在濟陰[①]城陽。’”《正義》：“《括地志》云：‘堯陵在濮州雷澤縣西三里。’”

堯葬在山東濮縣、曹州一帶，此魯西之地區也。嗟丘在其東，則大致在魯中一帶矣。

3.《海外東經》：“大人國，在其北。爲人大，坐而削船。一曰在嗟丘北。”此即《大荒東經》云“東海之外，大荒之中，有山名曰大言。日月所出。有波谷山者，有大人之國。有大人之市，名曰大人之堂。有一大人踆其上，張其兩耳（當作臂，王、畢、郝校）”之“大人之國”[②]。

按：此“大人之國”即“長狄”。《國語·魯語》記孔子之言曰：防風氏之守是“汪芒氏之君也。守封堣之山者也。爲漆姓。在虞、夏、商爲汪芒氏，于周爲長狄，今爲大人”。

《左傳·文十一年》“鄋瞞侵齊”，杜預注：“鄋瞞，狄國名。防風氏之後，漆姓。”

這個“于周爲長狄，今爲大人”的“大人之國”，即“鄋瞞”，居地何在?

清顧祖禹《讀史方輿紀要·曆伐州域形勢一·春秋》謂：“鄋瞞，在山東濟南北境，亦曰長狄。《文十一年》‘叔孫得臣獲長狄僑如’，或曰：今青州府高苑縣[③]（在博興西南，有廢臨濟城，古狄邑，即長狄“所居”）。”

蒙文通《古族甄微》（117－119頁）謂：“考長狄所侵之國，曰魯、曰宋、

---

① 《中國歷史地名大辭典》：“濟陰縣。隋開皇六年（586）置，爲曹州治。治所在今山東曹縣西北六十里。”

② 《海内北經》：“大人之市，在海中。”《大荒北經》：“有人，名曰大人。有大人之國，釐姓，黍食。”

③ 《中國歷史地名大辭典》：“高苑縣：1948年與青城縣合并爲高青縣。”

曰齊、曰衛。于斯亦足知長狄居土之所在也。”又謂：“（《左僖二年》經：“公會戎于潛。”）杜預云：陳留濟陽縣東南有戎城[①]，爲後曹州府曹縣楚丘城，即長狄之居也。《齊策》言：‘田單攻狄，五月而不克。’徐廣注：‘今樂安臨濟城。’《地理志》：‘千乘郡有狄縣。’《續漢書·郡國志》：‘樂安國臨濟縣，本狄，安帝更名。’于後爲青州府高苑縣臨濟城。此路氏既滅，狄之餘衆，去商魯，徙于齊北濱海之區以自存，而田單又攻之。”

江應樑《中國民族史》（80 頁）則謂：“長狄有鄋瞞，分布在今山西、河北中部毗鄰地帶。”

總之：長狄（即大人之國）在强盛時，活動于山西、河北中部毗鄰地帶，東至濟南北境，南至荷澤西南地區。而衰落時則東徙于齊北濱海之區，即高苑縣之臨濟舊城。

而《海外東經》《海内北經》和《大荒東經》所記之“大人國”，皆在東北隅近海處，正與長狄最後在齊北濱海之區建國（即狄縣）之地相合。因此，此經之“大人國”（或“大人之國”）其地望當即“田單所攻之狄”的所在。程恩澤《國策地名考》：“今山東青州府高苑縣西北二里，有臨濟城，故狄邑也。或曰：春秋時長狄所居，此在齊北境。”[②]

4. 王亥

《海外東經》：“帝命竪亥步，自東極至于西極，五億十選九千八百步。竪亥右手把算，左手指青丘北。一曰禹命竪亥。一曰五億十萬九千八百步。”

此“竪亥”一作“孺亥”（《吴越春秋》《玉海》作“孺”），即“王子夜（亥）”（《海内北經》），亦即“王亥”（《大荒東經》，見下）。《古本竹書紀年》稱“王亥”爲“殷侯子亥”。“子”爲姓，亥爲名。傳者以爲“子”是“狄詞”，表示“亥”是“孩子”，遂改稱“子亥”爲“孺亥”或“竪亥”矣。“子亥”爲殷之先公。所以名“王亥”者，乃成湯王天下之後追贈之詞，有如“季歷”被追封爲“王季”。竪，未冠者之官名（《周禮内竪》鄭注），故通儒。

郭注：“竪亥，健行人。”指其“把算”計行程之事而言。

劉昭注《郡國志》引《山海經》：“禹使大章步自東極至于西垂，二億三萬

---

① 此《水經·濟水注》所引，此“戎城”在今荷澤市西南（《中國歷史地名大辭典》）。

② 《大戴禮·五帝德》記：舜“南撫交趾……東長鳥夷羽民”。王聘珍曰：“長、鳥夷，謂長夷、鳥夷也。”《史記》云：“東長，鳥夷。”《索隱》云：“長下少一夷字。長夷，鳥夷也，長是夷號。”按：此“長夷”，即《山海經》之“大人國”。

三千三百七十一步。又使竪亥步南極北極于北垂，二億三萬三千五百里七十五步。”《淮南子·地形訓》則云：“禹乃使大章步自東極至于西極，二億三萬三千五百里七十五步。使竪亥步自北極至于南極，二億三萬三千五百里七十五步。”高誘注：“太章、竪亥，健行人。”

爲何竪亥、大章能爲“健行人”？竊以爲“竪亥”即殷之先公“王亥”，而“大章”即“大商”（《易·兑·九四》“商兑未寧”，漢帛書本“商”作“章”，即章、商互相通借之證），當即殷之先公“相土”。相土居商丘，爲商公，故或名爲“大商”也。《左傳·襄九年》：“陶唐氏之火正閼伯居商丘。祀大火，而火紀時焉。相土因之，故商主大火。”相土居商丘而名爲“大商”，與契封商丘而以“商”爲名同。《商頌·玄鳥》“帝立子生商”，即以“商”指契。

爲何殷之先公相土、王亥被認爲是“健行人”，成爲記述“里程”的代表人物？這是因爲“相土乘馬，王亥服牛”之故。相土乘馬，見《世本·作篇》《荀子·解蔽》《吕氏春秋·勿躬》。王亥服牛，見《吕氏春秋·勿躬》《世本·作篇》。王國維謂：“蓋夏初奚仲作車，或尚以人挽之。至相土作乘馬，王亥作服牛，而車之用益廣。”《管子·輕重》云：“殷人之王，立帛牢，服牛馬以爲民利而天下化之。”服牛、乘馬乃“引重致遠”的大發明，極大地推動了交通事業和商業貿易的發展。于是“乘馬服牛”之相土、王亥，遂成爲“健行人”的標志，成爲記述“道里里程”的代表人物了。

此“竪亥”之事，亦見于《大荒東經》。其文曰：“有困民國，勾姓而食。有人曰王亥，兩手操鳥，方食其頭。王亥托于有易，河伯僕牛。有易殺王亥，取僕牛。河念有易，有易潛出，爲國于獸方，食之。名曰揺民。帝舜生戲，戲生揺民。”

此經文有脱落，而郭注詳之。郭璞注曰：“《竹書》曰：‘殷王子亥，賓于有易而淫焉。有易之君綿臣殺而放之。是故殷主（一作上，當從）甲微，假師于河伯以伐有易。滅之，遂殺其君綿臣也。”

此經所記“王亥”之事，其地爲“有易”，果爲何地邪？王國維謂：“其國當在大河之北，或在易水左右（孫氏之騄説）。蓋商之先祖，自冥治河，王亥遷殷，今本《竹書紀年》：帝芒三十三年，商侯遷于殷。其時商侯即王亥也。《山海經》所引真本《竹書》，亦稱王亥爲殷王子亥，稱殷不稱商，則今本《紀年》此條古本想亦有之。殷在河北，非亳殷。見余撰《三代地理小記》。）已由商丘越大河而北，故游牧于有易高爽之地。服牛之利，即發現于此。”（《觀堂

集林》卷九《殷卜辭中所見先公先王考》)

《中國歷史地名大辭典》"易水"下云："有三。一曰中易水，源出河北易縣西，東流至定興縣西南合拒馬河，即古'武水'。《周禮·職方》：'并州，其浸淶、易。'《戰國策·燕一》蘇秦北説燕文侯曰：燕'南有呼沱、易水'，即此。一曰北易水，源出易縣北，東南流入定興縣界，與中易水合，即古濡水，又名沙河。一曰南易水，源出易縣西南，東流入徐水、安新縣爲雹河（今瀑河）。"

又"易"下云："春秋爲燕桓侯北都，戰國爲趙地，後又屬燕。在今河北雄縣西北十五里古賢村。《史記·趙世家》惠文王五年（前294）'與燕、鄚、易'，即此。"

總之：《山海經》所記"豎亥""王亥"之事的地望，在今河北易水左右。

5. 女丑。《大荒東經》"有人曰王亥"條之後爲："海内有兩人，名曰女丑。女丑有大蟹。"此經次序由東南至東北，是"女丑"之地，在"有人曰王亥"之北矣。

此云："女丑有大蟹"，則其地之人爲"女丑"，其地之特産爲"大蟹"矣。

按：《逸周書·王會解》東方"海陽大蟹"，孔晁注："海水之陽，一蟹盈車。"王應麟引《玄中記》云："北海之蟹，舉螯能加于山，身故在水中。"陳逢衡云："《王會篇》所云'海陽'，當是《漢志》遼西郡之海陽。《吕氏春秋·持君覽》：'夷穢之鄉，大蟹陵魚。'大解，即大蟹也。穢，即穢貊。合之《玄中記》北海之説，則此國蓋在東北，故《山海經》'女丑有大蟹'列之《大荒東經》。而《海内北經》類叙'大蟹在海中'于朝鮮，列姑射之次也。"(《逸周書補注》)陳説是也。

《中國歷史地名大辭典》"海陽縣"下云："西漢置，屬遼西郡。在今河北灤縣西南。"其地近海，與《玄中記》北海之説合。其地在"易水"之東北，與《大荒東經》之次序合。可證陳逢衡之説可信也。

6. 湯谷

《海外東經》："下有湯谷，湯谷上有扶桑，十日所浴，在黑齒北。居水中，有大木，九日居下枝，一日居上枝。"

《大荒東經》則謂："大荒之中，有山名曰孽摇頵羝。上有扶木，柱三百里。其葉如芥。有谷曰温源（湯）谷，湯谷上有扶木。一日方至，一日方出，皆載于烏。"

按：湯谷，或作暘谷。(《書·堯典》"宅嵎夷曰暘谷"，《説文》作暘谷，亦作崵谷。《史記》舊本、《淮南子》舊本作“湯谷”，與此經同。）

此“湯谷”或“暘谷”“崵谷”之地望何在？

竊以爲此即在遼西之“崵谷”也。《説文·山部》：“崵，[首]崵山也，一曰：嵎鐵崵谷也。”又《説文·土部》：“堣，堣夷在冀州陽谷。立春日，日值之而出。從土，禺聲。”

《中國歷史地名大字典》“首陽山”下云：“又名陽山。即今河北盧龍縣東南二十五里陽山。”《史記·伯夷列傳》正義：“首陽山。《説文》云：‘首陽山在遼西。’”《方輿紀要》卷十七盧龍縣：陽山，“峰巒高聳，下多溪谷。一作崵山”。

考定《山海經·海外東經》及《大荒東經》之“湯谷”即《説文》所述在遼西之“崵谷”，其方位次序，正與二經所述次序合。

湯谷（今河北盧龍縣）正在女丑（今河北灤縣）之北。

而女丑（今河北灤縣）正在竪亥（王亥），（今河北易水左右）之北。

而竪亥（王亥）（今河北易水左右）正在“大人國”（大人之國）（今山東高苑縣）之北。

“大人國”（大人之國）（今山東高苑縣）正在“ 髮丘”（今山東中部地區）之北。

而“髮丘”（今山東中部地區）正在“少昊之國”（今山東曲阜及魯南地區）之北。

由以上考定的“地望”，其方位次序皆與經文合。可以肯定：這些考定，應當是正確的。

這證明了《山海經》中保存有真實的、可貴的歷史、地理材料。又證明《説文》之“嵎鐵崵谷”之“冀州”説，是古説，在《山海經·海外東經》和《大荒東經》即有此一記載。

本文起草到寫畢，前後耗時數月

今日悶熱，寫完此稿。2008 年 7 月 18 日上午

2017 年 9 月 1 日終審于幹部療養院

以孟、仲、季四時之名名月之時代性

崔述謂："《周官》《月令》二書皆戰國時所撰，且此二書多以'孟春''仲夏'爲文，而罕舉月數者，顯亦以三代之正，并行通用之故。故變文而稱夏時，欲其對考而異變耳。"（《三代正朔通考·東壁遺書》，493－494 頁）

按：如果"孟春""仲夏"等月名之用在戰國時，前此無有也。則可借這些詞彙之出現，以考定此文獻之時代矣。

據《禮記》引得。出現此類詞彙之文獻除《月令》外，尚有：

(1)《明堂位》："是以魯君孟春乘大路。""季夏六月，以禘禮祀周公于大廟。"

(2)《郊特牲》："季春出火，爲焚也。"

據此，是以上二文之作期，亦當在戰國時期，與《月令》《周禮》同矣。

而《書·堯典》有："日中，星鳥，以殷仲春。""日永，星火，以正仲夏。""宵中，星虚，以正仲秋。""日短，星昴，以正仲冬。"

此四仲字，《史記·五帝本紀》皆作"中"。

如果"仲春""仲夏""仲秋""仲冬"如字，則這些詞彙與《月令》《周禮》同，是戰國時期之用語。但《堯典》見引于《左傳》，非戰國時始有。那麽可以《堯典》在戰國時滲入這些詞彙（或以戰國詞彙代替二月、五月、八月、十一月）爲解。有如"三年若喪考、妣"乃代"母"以"妣"（其時已習慣如此）。

如果以《史記》所引之"中"爲正字，即《論語·堯曰》"允執厥中"之"中"，即四時之中月。則"中春""中夏""中秋""中冬"云：非確定時月，乃確定節氣（即二分、二至）。換言之：確時四時之"中節"。則《堯典》此文，绝非戰國改寫者。因"中春""中夏""中秋""中冬"含義是四時之中，爲即定名，非“月”名，與《月令》《周禮》之義迥然有别矣。

2007 年 8 月 20 日上午

2017 年 9 月 2 日終審于幹部療養院

《爾雅·釋天》"載，歲也""唐虞曰載"説

《爾雅·釋天》："載，歲也。夏曰歲（取歲星行一次），商曰祀（取四時一終），周曰年（取禾一熟），唐虞曰載（取物象更始）。"

郝疏《左氏·昭七年》正義引李巡曰："載，一歲莫不覆載也。""載者，《釋名》云：'載，生物也。'《白虎通義》云：'載之言成也。載成萬物，終始言之也。'邢疏引孫炎曰：'載，始也。取物終更始。'郭注俱本孫炎。唐虞曰載者，以更始爲義。《書》云：'九載績用弗成''三載考績'是也。"

按："載"何以有"年歲"之義？竊以爲"載"讀爲"茲"（即艸木滋生之滋。古以物候爲曆法，以草木滋生爲一年之始。即名"一年"爲"一茲"。猶匈奴之以"草青爲歲"矣）。

載與茲，精紐雙聲，文部疊韵古實一音。

從文獻材料看：

載與哉通。《書·伊訓》："朕哉自亳。"《唐石經》哉作載。《孟子·萬章上》引《伊訓》曰："朕載自亳。"《書·康誥》："哉生魄。"《漢書·王莽傳》引作："載生魄。"《詩·大雅·文王》："陳錫哉周。"《釋文》："哉本又作載。"《左傳·宣公十五年》《昭公十五年》《國語·周語上》引哉作載。

而哉與茲通。《詩·大雅·下武》："昭茲來許。"《後漢書·祭祀志》引謝沈書茲作哉。

是載與茲可通之證。

《説文·草部》："茲，艸木多益。從草，茲省聲。"徐鍇《繫傳》："此草木之茲盛也"。《素問·五臟生成論》："五臟之氣，故色見青如草茲者死。"注："茲，滋也。言如草初生之青色也。"是"茲"有"草初生"之義。

古人之物候曆法，有以草青爲一年之始者[1]，故"玆"有"一年"之義。《孟子・滕文公下》："今玆未能，請輕之，以待來年。"（"今玆"與"來年"爲對文。是"今玆"猶"今年"矣。）《吕氏春秋・任地》："今玆美禾，來玆美麥。"高誘注："玆，年也。"

以"載"爲"年"，始見《虞書》。其時"年""歲""祀"爲一年之名已普遍，而《堯典》等猶以"載"（玆）爲"歲"，是其所據史料，相當古老之故矣。

2017年9月2日終審于幹部療養院

① 如《北周書・闗厥傳》："其書字類胡而不知年曆。唯以草青爲記。"岑仲勉云："謂以草青爲歲首也。"《魏書》卷一百：宕昌羌"俗無文字，但候草木榮枯以記歲時"。（宋）孟珙《蒙韃備録》：説韃靼和女真人"其俗每以草一青爲一歲。有人問其歲，則曰：幾草矣"。

《堯典》之“四岳”即“方伯”，“十二州”乃“監察區”，“十二牧”乃“監察官”説

一、“四岳”是什麽官？是主管四方諸侯的“四個”“方伯”

《堯典》有關“四岳”經文如下：

（1）帝曰：“咨，四岳。湯湯洪水方割，蕩蕩懷山襄陵，浩浩滔天。下民其咨，有能俾乂？僉曰：于，鯀哉。”帝曰：“吁，咈哉，方命圮族。”岳曰：“異哉，試可乃已。”

（2）帝曰：“咨，四岳。朕在位七十載，汝能庸命，巽朕位？”……曰：“明明揚側陋。”師錫帝曰：“有鰥在下，曰虞舜。”帝曰：“俞，予聞，如何？”岳曰：“瞽子，父頑，母嚚，象傲，克諧，以孝烝烝，乂不格奸。”

（3）既月乃日，覲四岳群牧。

（4）舜格于文祖，詢于四岳，闢四門，明四目，達四聰。

（5）舜曰：“咨，四岳。有能奮庸熙帝之載，使宅百揆亮采，惠疇？”僉曰：“伯禹作司空。”

（6）帝曰：“疇若予工”？僉曰：“垂哉。”

帝曰：“疇若予上下草木鳥獸？”僉曰：“益哉。”

帝曰：“咨，四岳。有能典朕三禮？”僉曰：“伯夷。”

“四岳”，各注疏家都以爲是官名。今文以爲即“四方諸侯”（《漢書·百官表》），或主管四方諸侯的“方伯”（《國語》韋注）。古文以爲是“四時之官，主四岳之事”（《史記集解》引鄭注古文訛《孔傳》則説：“即上羲和之四子，分掌四岳諸侯。”宋學《蔡傳》則説是“一人而總四岳諸侯之事”。顧頡剛、劉

起釪認爲“四岳”在一些古籍中有寫爲“太岳”，顯見“太岳”可能是原稱，因大字和亖字籀文形近而訛“四”。是顧、劉二氏認爲“四岳”是一人，與蔡傳同。

“四岳”不是“羲和之四子”，而是“共工”之從孫分爲四方諸侯之伯。“四岳”是“四人”而非“一人”。

牟庭《同文尚書》這樣説的：“《周語》大子晉曰：‘共之從孫四岳。’又曰：‘此一王四伯，豈緊多寵，皆亡王之後。’案：一王謂禹，四伯謂四岳。禹，鯀之子，鯀爲顓頊之後而亡。四岳共工之從孫，共工爲炎帝之後而亦亡，是禹與四岳皆亡王之後也。”訛《孔傳》云：“四岳即上羲和之四子，分掌四岳之諸侯。”鄭注曰：“四岳四時官，主方岳之事。”鄭意亦謂四岳是羲和也。皆非矣。

據《國語·周語》：四岳爲共工之後孫四人，分爲四方諸侯之伯。朱子云：四岳是一人，并非也。此經“諮四岳”下云“僉曰：于，鯀哉”，是爲四人同對，故曰僉也。僉，皆也。下經“諮，四岳”下云“師錫帝曰”，亦爲四人同對，故曰師也。師，衆也。又下經“諮，四岳”下云“僉曰：伯禹作司空”“僉曰：伯夷”，皆四人同對。故皆僉也。若四岳是一人，則一人何以曰“僉”曰“師”乎？以經文自證，知四岳非一人，明矣。（《山海經·海内經》：“伯夷父生西岳，西岳生先龍，先龍是始生氐羌。”《大荒西經》：“南岳娶州山女，名曰女虔。女虔生季格，季格生壽麻。”《北山經》：“北岳之山”，“諸懷之水出焉”。可證先秦已有四岳。劉起釪謂“西岳”爲“四”之訛字，“四岳”又爲“太岳”訛，不合事實。）

劉師培《左盦外集·方伯考》亦謂：“《國語·周語》下：關于伯禹治水，共之從孫四岳佐之。”“此一王四伯”云云“乃四伯即四岳之明證”。又據《漢書·王莽傳》王莽封四輔，位上公。而以四輔分典東、西、南、北四岳。之事謂：“據莽傳説，則四岳即四傅，亦即上公、方各一人。與羲和四子靡涉。”

什麽是“方伯”？《禮記·王制》：“天子百里之内以共官，千里之内以爲禦。千里之外設方伯。”《史記·周本紀》集解引鄭司農曰：“長諸侯爲方伯。”

這種“方伯”制度，是歷史存在，并非虚擬。《史記·周本紀》記“文王爲西伯”。而周原甲骨卜辭記商王册命文王爲周方伯之事。“貞，王其桒又（佑）太甲，𣪘周方白（伯）。”（H11：84）“王其邵（昭）帝（禘）……天……典𣪘周方白（伯）。”可見在殷商早已實行“方伯”制度。

爲什麼“四伯”（即東、南、西、北四“方伯”）在《堯典》又名“四岳”呢？這要從“岳”字含義來看。

《説文》：“嶽，東岱、南霍、西華、北恒、中泰室。王者之所以巡狩所致。從山，獄聲。古文，象高形。”甲文岳字作，即《説文》古文之原形，乃“象山嶺重叠”之象形字，即“高峻之山”。其形聲字爲岳，從山，岳聲。則爲聲符兼義之轉注字。“岳”爲“岳訟”，又爲“决岳”（即審判）。岳爲獄山，即“處理獄訟，進行審判之山”。《白虎通》：“岳者何？岳之爲言桷也。桷功德也。”應邵《風俗通》云：“岳，桷也。桷考功德黜陟也。然則四方，方有一山，天子巡狩至其下，桷考諸侯功德而黜陟之，故謂之岳也。”所以《説文》説“岳”是“王者巡狩所致之山”。

王巡狩，爲何只到“四岳”？《公羊傳·隱八年》解詁謂：“巡，猶循也，狩，猶守也。循行守視之辭。亦不可國至人見爲煩擾人，故至四岳，足以知四方之政而已。”桂馥《義證》謂：“《尚書》言四岳而不及中岳，以非巡狩所致也。”

“方伯”而曰“四岳”，是因爲方伯主其方“方岳巡守之事”，故“四伯”即“四岳”矣。《詩·大雅·嵩高》“嵩高維岳”，箋：“四岳，卿士之官，掌四時者也。因主方嶽巡守之事。在堯時，薑姓爲之。”

二、十二州是監察區，十二牧是監察官

“州”的初義是“水中可居者曰州，水周繞其旁”（《説文》）。即“水所周繞之陸地”，即“島”之初文。

其後用爲地理區劃之稱。《左傳·襄四年》：“茫茫禹迹，畫爲九州。”其後《禹貢》將“九州”具體劃分爲：冀、兖、青、徐、揚、荆、豫、梁、雍州。即將當時的中國劃分爲九大地區。爲什麼這個地區單位名“州”？王鳳陽説：“九州的劃分，主要以大的河流爲界限，有時加上山脉。”即“九州劃分主要以水文爲主要標志，‘州’在各大河流（或海）包圍之下，有似四面被水圍繞的‘沙州’。”（《古辭辨》38頁）

作爲“地理區劃”的“州”，在歷史上主要有兩種性質：

一種爲“行政區”之名。如《禹貢》“九州”。許多學者認爲是“自然人文地理區劃”，這種認識不切合《禹貢》的內容。《禹貢》分九州，是對每一州

“任土作貢”“則壤成賦”的。换句話説：《禹貢》的“九州”不僅是自然、人文地理區劃，而是在此基礎上“貢賦區”或“財税區”。而收斂賦税、繳納貢品，是政府的職責。所以應當説《禹貢》的“九州”，是一種行政區劃。

在漢代，“州”初爲監察區之名（見後）。東漢末年，漢靈帝設州牧，掌州軍政大權。“州”于是成爲“郡”之上級的行政區。其後作爲“行政區”級别日益下降。《日知録·府》卷八謂：“漢曰郡，唐曰州，州即郡也。”而明清之州，則介于“府”“縣”之間，成了一個小的行政區名稱。

另一種則爲“監察區”之名。《漢書·百官公卿表》：“武帝元封五年，初置部刺史。掌奉詔條察州，秩六百石，員十三人。”武帝分全國爲十三州：冀、兖、青、徐、揚、荆、豫、益、雍、交、并、幽、朔方，即十三個監察區。每州設刺史（監察官）一員，對州内郡國就近巡視監察。這些監察區，又稱“州部”。監察官，初名刺史，成帝時改稱“州牧”，哀帝時復稱“刺史”。唐代的監察區改名爲“道”。開元年間，在貞觀年間劃分的十道基礎上增設五道爲“監察區”。《通典》：“開元二十一年，分爲十五道，置采訪使，以檢察非法。”到清代省下的“道”一級，也是“監察區”。

那麼《堯典》記舜“肇十有二州”的“州”是哪一種性質的“州”？

1. 多數學者認爲“十二州”性質與《禹貢》“九州”相同。如：《漢書·地理志》云：“堯遭洪水，懷山襄陵，天下分絶，爲十二州。使禹治之，水土既平，更制九州。”《史記》集解引馬融曰：“禹平水土，置九州。舜以冀州之北廣大，分置并州，燕、齊遼遠。分燕置幽州，分齊爲營州。于是爲十二州也。”《爾雅·釋文》引鄭玄云：“舜以青州越海，而分齊爲營州。冀州南北太遠，分衛爲并州。燕以北爲幽州。新置三州，并舊爲十二州也。”訛《孔傳》云：“肇，始也。禹治水之後，舜乃分冀州爲幽州，分青州爲營州，始置十二州。”儘管他們的説法，在某些局部上不同，但認爲“十二州”在性質上與《禹貢》“九州”是相同的。它只是《禹貢》九州分增而成。《禹貢》九州是“賦貢區”，也即一種形式的“行政區”，所以“十二州”也是一種形式的“行政區”。

所以這些學者把“十二州”之“十二牧”也解釋爲“行政官”。如《禮記·王制》“州有伯”，鄭玄注：“殷之州長曰伯。虞夏及周皆曰牧。”蔡沈《書集傳》：“牧，養民之官，十二牧，十二州之長也。”此即《周禮·天官·太宰》："一曰：牧[①]以地得民。"

爲什麽這種"行政區"的"州"設"十二個"呢?《漢書・地理志》説是：洪水使"天下分絶爲十二州"。馬融、鄭玄等説是《禹貢》九州加并、幽、營三州，後之學者認爲這是"附會"。郭沫若《金文叢考・金文所無・九州》以爲"十二州之説，可能係據十二宫以配十二國土之説"。(此與鄭玄注《尚書大傳》"兆十有二州"云"兆，域也。爲營域以祭十二州之分星也"類似。)顧頡剛初以爲《堯典》"十二州"襲漢武之制，後則認爲"非襲漢武之制而是按'天之大數'"十二所寫。這些解釋，臆想成分多，難以服人。

2.《堯典》之"十二州"是"監察區"。此十二州之"牧"是"監察官"。這是西漢學者的解釋，劉師培《方伯考》評論之。摘其要如下：

①據《漢書・王莽傳》莽設四輔，典主四岳，方各一人，亦即上公，證《堯典》之"四岳"，即四輔，亦即上公、方伯（此説見前引）。

②《禮記・王制》："千里之外設方伯。""二百一十國以爲州，州有伯。""八州八伯。"

劉案：此文上云方伯，下云州伯，則方伯非州伯較然甚明。

《尚書大傳》云："維元祀，巡守四岳、八伯，壇四奥，沈四海。封十有二山，兆十有二州。"(據《儀禮經傳通解》續卷二十六所引)

劉案：據《大傳》此文。所云"八伯"與《王制》合，乃九州之制。蓋中央州，不置伯，故云八伯。其曰"巡守四岳八伯"者，四岳之官，在八伯外。其曰"兆十有二州"者，據經文"十二牧""十二州"之文言也。十二牧即監大夫、方各三人。就其所在分言之，則爲十二州，非九州，十二州制有沿革也。要之，虞書所謂"群牧""十二牧"均謂監大夫，在州伯外。據實州言之，則八州八伯，合居中之州而九。就群牧分治言之，則爲十二州。與《周禮》"八命作牧"牧即州伯者名同實異，伏生之誼，當亦然也。(按：劉説之"實州"即"行政區"。與"實州"相對之"十二州"乃"監察區"不是"行政區"，亦即"非實州"也。)

《禮制・王制》又云："天子使其大夫爲三監，監于方伯之國，國三人。"

《韓詩外傳》曰："王者必立牧，方三人，使窺遠牧衆也。遠方之民，有饑寒而不得衣食，有獄訟而不平其冤，失賢而不舉者，入告乎天子。天子于其君

---

① 孫詒讓《正義》："凡世守其國邑者通謂之牧。"

之朝也，揖而進之，曰：噫，朕之政教有不得爾者邪？如何乃有饑寒而不得衣食，有獄訟而不平其寃，失賢而不舉？然後其君退而與卿大夫謀之。遠方之民聞之，皆曰：誠天子也！夫我居之僻，見我之近也；我居之幽，見我之明也。可欺乎哉？故牧者所以開四門，明四目通四聰。”

劉案：《外傳》此文，即《虞書》“十二牧”之釋詞。其曰“方各三人”者，明與州伯不同。牧即監大夫。監大夫之制、方各三人。監于方伯之國知伯即四伯，方各一人。故監大夫之制既明，則方伯即四伯，其證然矣。

（按：《漢語大字典》牧：監察，監臨。《方言》卷十二：“牧，察也。”《小爾雅·廣言》：“牧，臨也。”葛其仁《疏證》：“牧者，《周禮》‘建其牧’，牧有臨民之義，故釋爲臨。《方言》‘監、牧，察也’，牧與監同義。《説文》‘監，臨下也’。”《鬼谷子·反應》“見其情，隨而牧之”，俞樾注：“此牧字當訓察。故下文曰：‘其變當也，而牧之審也。牧之不審，得情不明。’”牧爲監臨、監察，故作爲官名，即“監察官”矣。）

《説苑·君道》云：“周公踐天子之位，布德施惠，遠而逾明，十二牧，方三人，出舉遠方之民，有饑寒而不得衣食者，有獄訟而失職者，有賢才而不舉者，以入告乎天子，天子于其君之朝也，攝而進之曰：‘意朕之政教有不得者與？何其所臨之民，有饑寒不得衣食者，有獄訟而失職者，有賢才而不舉者？’其君歸也。乃召其國大夫告用天子之言。百姓聞之皆喜曰：‘此誠天子也！何居之深遠而見我之明也，豈可欺哉？’故牧者所以闢四門，明四目，達四聰也。是以近者親之，遠者安之。”

劉案：《説苑》之説與《外傳》同。亦牧即監大夫之證。

《白虎通義·封公侯》云：“州伯者，何謂也？伯，長也。選擇賢良使長一州，故謂之伯也。《王制》曰：‘千里之外設方伯。五國以爲屬，屬有長。十國以爲連，連有率。三十國以爲卒，卒有正。二百一十國以爲州，州有伯。’唐虞謂之牧何？尚質，使大夫往來牧諸侯。故謂之牧。旁（方）立三人，凡十二人。《尚書》曰：‘咨十有二牧。’何知堯時［非］十有二州也。以《禹貢》言九州也。”

劉案：據《通義》説，知八伯之伯，爲一州諸侯之長。十二牧之牧，則爲天子大夫。以《王制》大夫爲三監證之，人數官制，罔弗符合。“何知”二語，誼弗克通。“堯時十有二州”當作“堯時非十有二州”。蓋既爲方各三人，則十二州之名，乃援十二牧所治區分，非即實州。今文博士説于四代地制弗云有沿革，故以《禹貢》九州之文，證明堯時實州之數，亦非十二。特文挩譌，致説者鮮明其誼。今據其説以證監大夫，知“方伯”之方，亦由四方之方得名，其非州伯，確無疑義。

（按：劉説“十二牧”所治之“十二州”，“非即實州”。《禹貢》九州“爲實州”。其意乃是：《禹貢》九州是行政區（賦税區）而“十二牧”之“十二州”乃“監察區”。“行政區”是“實州”，“監察區”是“非即實州”。）

劉又按：三監之制，以武庚、管、蔡爲詳。今以《周書》及《漢書·地理志》證之，知管、蔡分治庸、衛。霍叔相武庚治邶。蓋武庚爲方伯，監大夫三人，其一處中與方伯同治。其二則分居于外，亦猶三公之兼二伯也。

《禮記·王制》又云：“大國三卿，皆命于天子。”“次國三卿、二卿命于天子，一卿命于其君。”“小國二卿，皆命于其君。”又《禮·王度記》：“子男三卿，卿命于天子。”

今按：《王制》所謂天子使大夫爲三監，監于方伯之國。鄭玄注曰：“使佐方伯領諸侯。”又謂：“大國三卿，皆命于天子。”“次國三卿，二卿命于天子。”鄭玄注曰：“命于天子者，天子選用之，如今詔書除吏矣。”此制于史有證。《左傳·僖十二年》：“王以上卿之禮饗管仲，管仲辭曰：臣，賤有司也。有天子之二守國、高在，若節春秋來承王命，何以禮焉？陪臣敢辭。”杜注：“國子、高子、天子所命爲齊守臣，皆上卿也。”楊伯峻謂：“《禮記·王制》：‘次國三卿，二卿命于天子，一卿命于其君。’齊侯爵爲次國，二卿爲天子所命，則國氏、高氏世爲上卿。管仲爲桓公所命，爲下卿。”

三、對先秦“天子使大夫”爲“監”的質疑和先秦“天子”使大夫爲監的證據

有些學者，懷疑先秦時代，有“天子”使“大夫”爲“監”、“監于方伯之國”的事實。但史籍記“三監”之事。《多方》有“臣我監”之言，作何解釋？遂以“監”即爲“治民”之“諸侯”，來解釋古籍，批判《王制》。如：

姚鼐《管叔監殷説》謂：周謂諸侯君其民曰監，故曰“監殷”，非監制武庚之謂也。《梓材》曰“王啓監”，言天下之諸侯也。《多方》曰“今爾奔走臣我監五祀”，言畿内諸侯也。周制親、賢并建。武庚爲諸侯，存商祀也，管、蔡爲侯，富貴之也，是謂“三監”。夫豈疑其爲亂哉！故《大誥》曰“亦唯在

王宫、邦君室”。明管、蔡之爲邦君也。……周之侯專制，秦法乃令御史監郡，衰世法也。漢儒作《王制》者，習聞秦制，又附天子賜命諸侯上卿之説及武庚監殷之事（乃指《王制》“天子命其大夫爲三監，監于方伯之國，國三人”之語）……此真漢儒之誤説也。

孫希旦（《禮記集解》322頁）也有類似看法，謂：“愚謂方伯之國設三監，經傳皆無其事。而惟見于此篇。豈其聞周初有三監監殷之事，故欲放而設之與？三監之説，見于《書序》及《漢書·地理志》，蓋武王既滅殷。殷之畿内千里，分其地以封武庚、管、蔡等。班固及《尚書孔傳》以武庚、管、蔡爲三監。鄭康成以管、蔡、霍三叔爲三監。監即諸侯也。《書》云：‘王啓監，厥亂爲民。’《周禮·太宰職》‘立其監’是也。殷之監不止于三，曰‘三監’者，據其爲亂者三人也。仁山金氏云：‘凡封于殷者，皆監殷者也。其後獨管、蔡、霍三人叛。故曰三監。其實，武庚也，監也。’此言是也。後世失其説。謂三監乃監于武庚之國者，而漢人遂欲于方伯之國皆設三監。亦異于先王之制矣。既使爲方伯，而又立爲三監以窺伺其動静，牽制其手足，此乃末世猜防之習，曾謂先王之世而有足乎？”

而郭嵩燾（《禮記質疑》142—143頁）却認爲《王制》“天子使其大夫爲三監，監于方伯之國，國三人”是實有其事的“西周遺聞”，不是漢儒虚造。其言曰：“孔疏引崔氏云：‘此謂殷之方伯，皆有三人以輔之。’下文‘其禄視諸侯之卿’，謂公之孤也。”嵩燾案：《周禮·大宰》：“施典于邦國，建其牧，立春監。施則于都鄙，建其長，立其兩。施法于府，而建其正，立其貳。”兩以副長，貳以副正。則監者，所以副牧也。《書·梓材》言“王啓監”則命監之辭……《周禮·典命》王之大夫四命，公之孤亦四命。疏以大夫爲監者，當公之孤，實不誤。公孤之名，見于《禮經》，而傳記無可徵。惟《周書》有命監之文。《酒誥》：“矧惟若疇圻父，薄違農父，若保宏父，定闢。”王氏炎亦據以爲三監。孔傳：“圻父，司馬；農父，司徒；宏父，司空。”實三卿之命于王者。《左傳》亦云：“天子之二守，國、高在。”蓋齊初立國，而國、高爲命卿。曰“天子之守”，即此使爲監之意。大國三卿，皆命于天子，因謂之三監……三卿之命于天子者，三傳猶能言之。記禮者摭拾西周遺聞，約略爲之辭，證之《周禮》猶有可推見者，孔疏爲殷制，失之遠矣。

按：郭氏“天子命卿”之制，亦即“天子使大夫爲監”之制。這些“監”，是所監之國國君的副手，而且此制是“西周遺聞”，見于三傳。這些見解，都是正確的。

下面，我們爲“牧”“監”爲“監察官”，不是“諸侯”“國君”，舉兩種證據：

（一）《尚書》本文中之證據，即“以經證經”得來的證據。

1.“牧”是天子所派“監察官”，與“諸侯”“邦君”有别之證。

（1）在《堯典》中，天子爲“闢四門，明四目，達四聰”所設之“十二牧”（或“群牧”）。其任務是“食（欽）[1] 哉，惟時（是）柔遠能（如）邇，敦（厚）德，允（粇）元（善），而難（遠，阻）任（佞）人，蠻夷率服”。（即了解民情，使僻遠、幽隱之民的疾苦，了如指掌。發現和信任德道的官員。彈劾官員中佞人，從而達到“蠻夷率服”，四海一家的目的。）（（舜）詢于四岳，闢四門，明四目，達四聰。諮（命）十有二牧，曰：“食（欽）哉，惟時柔遠能邇，惇德允元，而難士人，蠻夷率服。”）是“十二牧”之職任爲“了解下情，激濁揚清”[2] 的監察工作。

《堯典》又云：“既月乃日，覲四岳群牧，班瑞于群後。”“群後”即“諸侯”“邦君”（經文“五載一巡守，群後四朝”，可證“群後”即四方“諸侯”）。而“群牧”與之并列，是“群牧”不是“群後”。亦即“牧”爲監察官，後（諸侯）爲“有土、有民”之“行政官”，在《堯典》是明確區分開了的。

（2）在《立政》中，以“牧”爲官職之名。如：

“宅乃事，宅乃牧，宅乃準。”

“立政：任人、準夫、牧，作三事。”

“乃克立兹常事、司、牧人”（即立“常事”“常司”（上文之准）、“常牧”）。

“自古商人，亦越我周文王立政：立事、牧夫、準人。”

據説《立政》是周公對成王的誥詞。周公在誥詞中説：從夏、商到文王，

---

① 牟庭謂：食當讀爲“欽”。《五帝紀》作“命十二牧，論常德。”無“食哉惟時，柔遠能邇”八字，而《後漢書・周舉傳》注引《史記》：“堯典曰：諮十二牧欽哉。”李賢所據史記本與今本不同矣。宋祁引浙本《漢書・朱博傳》曰：“書曰：‘諮十有二牧，配哉。’”今本復無“配哉”二字，“配”字既不可曉，或當爲欽之訛與李賢所據《史記》符也。據下經云“欽哉唯時亮天工”，略與此經同辭，可證此亦當爲欽哉。孔從今文作“食哉”，非也。（《同文尚書》108頁）

② 按：“惇德允元（善）”之“惇”當訓“勉也”（《文選・西京賦》“惇誨故老”李善注引《爾雅》）。今本《爾雅・釋詁》作“敦”。“允”當讀“粇”，訓“進也”（《説文》）。《易・升》：“允升，大吉。”《漢上・易傳》引施讎易“粇，進也”。“勉德，進善”，即勉勵和薦舉好官，乃“揚清”之事也。又“難”訓“責難”（《大字典》），又訓“抵擋，拒斥”（《大字典》），是“難壬（佞）人”正“激濁”之事矣。

國家機關有三大系統，即“事、牧、準”三大系統。國家的興衰，在于這三大系統任用官員是否得當。

這“事、牧、準”是什麽官？

訛《孔傳》解爲：“事，六卿，掌事者。牧，牧民九州之伯，居内外之官，及平法者。”

孔疏：“六卿，各掌其事者也。”“牧，九州之伯主養民。”“準，主理刑法。”

後之學者，多從之。如周秉鈞謂：“事，治事之官。牧，牧民之官。準，平法之官。”蘇東坡據經文上文“王左右常伯，常任，準人”指出：“‘事’即向所謂‘常任’也。‘牧’則上所謂常伯也。‘準’則向所謂‘準人’也。”

以上解釋説“事”即“六卿掌事者”，亦即在王庭的“行政官”，這是對的。因爲“六卿”不但掌事，而且在王庭，在“王左右”。又説“準”即平“法之官”即“士”，也是對的。因爲“士”不僅“平法理刑”，而且在王庭，在“王左右”。但他們説“牧”是“九州之伯”主“牧民”“養民”，就不合經意了。因爲“九州之伯”，當亦可名“牧”，但爲畿外諸侯、方伯，治地在外，“不在王之左右”。

因此，這個“宅乃牧”的“牧”不是在“畿外牧民”之“九州之伯”，而是天子“左右”的監察官，相當于《堯典》中的“十二牧”“群牧”，是天子派出巡視、檢察各地諸侯、邦君的“監察”大員。職司：監察、檢舉、彈劾（刻）之事。“九州之伯”不能“在王左右”，而總監察官（後世如秦之御史大夫）必然“在王左右”。此《立政》之“牧”應訓釋爲“監察官”之一個理由。

其次，《立政》之“牧”爲“監察官”，還有經文的内證。

經文云：“文王罔攸兼于庶言。庶獄庶慎，惟有司之牧夫是訓用違。”此文之“慎”，于省吾謂：“慎應讀訊”，“庶獄庶慎”者“庶獄庶訊也”（《尚書新証》）。其説是。

“獄，確也”（《説文》），今曰“審判”。“訊，問也”（《説文》），今曰“偵訊”。“偵訊”是檢查罪行材料，提出“彈劾、控告”，是“監察官”之工作。“審判”是“依法定罪”，是司法官的工作。《立政》：“庶獄、庶慎（訊），惟有司之（及）牧夫是訓（順）用違。”是“牧夫”之職與“庶獄、庶訊”有關。斷獄是法官的事，即此文之“有司”，那麽“庶訊”即對違法官員進行“偵訊”，就是“牧夫”的事了。此“牧夫”爲“監察官”之内證矣。

值得注意的是，其他《周誥》中，對天子所派之監察官員皆稱名爲“監”。而在《立政》中，則稱“監察官員”爲“牧”，與《堯典》合。同爲“周詔”，何以有此差異？最大可能是《立政》一文，周公從夏、商到文王官制説起，即“牧”爲“監察官”是夏、殷古制。而其他《周誥》則稱“監察官”爲“監”，則是周公當政時所行的時制[①]。

《立政》説夏代“監察官”爲“牧”，與《堯典》合。此《堯典》雖晚出（寫定時代），但所記古事多爲有據之古史之一證矣。

2.《尚書》中的“監”是“監察官”，不是“諸侯”“邦君”的分析：

(1)《梓材》：“王啓監，厥亂爲民。曰：‘無胥戕，無胥虐，至于敬寡至于屬婦，合由以容。’王其効邦君越御事，厥命曷以？‘引養引恬。’自古王若兹監，罔攸辟。”

此段經文中“王啓監”之“監”是名詞，乃官名。多數學者以鄭玄《周禮·太宰》注“監，謂公侯伯子男，各監一國”和鄭玄《周禮·大司馬》注“監，監一國謂君也”把此經“王啓監”之“監”釋爲“諸侯”。

而訛《孔傳》此經之傳則云：“王啓監”，“言王者開置監官”。

按：訛《孔傳》是也。經文上云“王啓監”，下云“王其效（效，教）邦君越御事”。是此經“監”與“邦君”（即諸侯）是分開、并列的。“監”與“邦君”（諸侯）有别，是“監”爲監察官而非諸侯、邦君之内證，一也。

其次，此經曰：“無胥戕，無胥虐，至于敬（鰥）寡，至于屬婦，合由以容。”“曰者，啓監之命也。”（曾運乾《尚書正讀》）“即曰”以下是君王命監以職責、任務詞。此詞云：“無（毋）胥（助）[②]戕，無（毋）胥（助）虐，至于敬（鰥）寡，至于屬婦[③]，合由以容。”其意爲：不得幫助戕害民衆之官吏，不得幫助暴虐民衆之豪强（亦即懲治酷吏，打擊豪强）。而對于“鰥寡”“屬婦”等弱小人衆則予以保護、幫助（“合由以容”）。此正是後世監察御史一類

---

① 在《周語》中，“牧”爲“大夫之官”，不是“監察官”之名。《魯語下》：“是故天子，大采朝日，與三公、九卿祖識地德。日中考政，與百官之政（正）事，師尹維旅、牧、相宣序民事。”王引之謂：“上文之‘三公，九卿’，下文之‘太史，司載’與此‘百官之政（正）事，師尹、維旅、牧、相’，皆都内之公卿大夫士。”又云：“《齊語》：‘正之政聽屬，牧政聽縣。下政聽鄉。’韋彼注云：‘牧，五屬大夫也。’是大夫有稱牧者。”

② 《方言》卷六：“胥，輔也。”《廣雅·釋詁二》：“胥，助也。”

③ 此“至”，當訓“善也”（《玉篇》）。《管子·法法》“夫至用民者”，尹知章注：“至，善也。”“至于鰥寡，至于屬婦。”即善于鰥寡、屬婦等民衆。此“善”可訓“善待”。

官員之職責。此經文“監”爲“監察官”之又一内證也。

經文又云：“王其效（效，即教）邦君越御事，厥命曷以？‘引養引恬’。自古王若兹監，罔攸辟。”此天子對邦君（諸侯）、御事之教命爲：“引（長）養，引（長）恬（安）。自古王若兹監（此監訓‘臨治也’（《説文》），罔攸辟（僻邪也）”。可見邦君之職責任務是“長養、長安民”（因爲他們是有土有民的侯王、封君、領主）。可見“邦君”與“監”之王命不同，職責有别，此“監”不爲“邦君”“諸侯”之又一内證矣。

（2）《多方》：“王曰：嗚呼，猷告爾有（友）方多士暨殷多士，今爾奔走臣我監五祀，越惟有胥伯小大多正，爾罔不克臬。”

經文云“多士奔走臣我監五祀”，是此經之“監”是一位大員，所以“有（友）方”和“殷”的“多士”，都臣服于他。

此經之“越惟有胥伯小大多正，爾罔不克臬”，古今學者有兩種不同的解釋：

一種認爲“胥伯小大多正”指各種徭役税賦。此説《尚書大傳》發之。經文“胥伯小大多正”，《尚書大傳》引作“胥賦小大多正”，并解釋爲：“古者十税一，多于十税一，謂之大桀、小桀，少于十税一，謂之大貊、小貊。王者十一而税，而頌聲作矣。故曰：‘越維有胥賦小大多政。’”

江聲承其説謂：“胥謂繇役，繇役亦賦也，故曰胥賦克任臬準也。”（《集注音疏》）孫詒讓、王國維、于省吾皆以金文《毛公鉻》之“埶（藝）大小楚賦”與此經“越惟有胥伯（賦）小大多正”相比，謂：“大小賦税”，“各種協調”。今之學者多從之。

另一種是少數學者以認“越惟有胥伯小大多正”是此經“監”之下的各級大小官員。訛《孔傳》釋此云：“于惟有相長事小大衆正官之人。”（此釋“胥伯”爲“相長事”，望文生義，不確。但釋“小大多正”爲“小大衆正官之人”，則是很準確的，不應受到“不知所云”的嘲笑。）

《蔡傳》承《孔傳》之意謂：“《周官》多以‘胥’爲‘伯’，以‘正’爲名。胥、伯大小衆多之正，蓋殷多士授職于洛，其長治遷民者也。”此謂“胥伯大小衆多之”是官員之名，是正確的。但經文“胥伯”所指何官，未能解决。至于謂此“蓋爲殷多士授職于洛”云云，則爲臆想。因爲經文下云：“爾乃自時洛邑尚永力畋爾田，天惟畀矜爾。我有周惟其大介賚爾，迪簡在王庭，尚爾事，有服在大僚。”可見講話時，宣布了只要你們在洛邑努力從事農業生産，我們將獎賞你們，任用你們做王庭官員。則此經講話時尚不是“殷多士”已“迪簡在王庭”了。

對此問題，牟庭在《同文尚書》中給了一個較好的解釋。牟謂：《莊子應帝王》司馬注：“胥，疏也。”庭案：“伯”應爲“附”，古聲之誤也。《書》大傳引作“維有胥賦小大多正爾”。“賦”亦“附”聲之誤。[①]《詩·綿》傳曰：“率下親上曰疏附。”《尚書大傳》作“胥賦”。《釋詁》曰：“正，長也。”案：“胥附小大從正長，皆三監之屬也。”（牟庭釋“胥伯”即《大傳》之“胥賦”，亦即《詩·大雅·綿》之“疏附”。乃“率下親上”之官，即“親近主官，團結下官僚”之官（相當于今首長之助理）。）這是對經文“胥伯大小多正”都是“三監的屬官”。其中説這些官是“監”的屬官，十分正確。但説他們是“三監”的屬官，則誤。因爲此經之“監”必非“三監”。因爲滅紂，立武庚所建的“三監”，在叛周之後，已爲周公東征所破。此經之時，洛邑已建，殷多士已馴服（所以宣布可以“迪簡在王庭”之政策）。此時“有邦多士”和“殷多士”所臣之“監”，當然不是“輔相紂子武庚”已爲周公所誅除的“三監”了。

黄懷信《尚書注訓》亦謂：“臣，臣服。監，猶三監的監，監督。五年：成王四年平息叛亂。至成王九年（親政二年）。越：于。惟有：猶言所有。胥、伯：皆官名，胥爲宰官之屬，伯爲州伯，一方之長。正，長。”（黄認爲“多方”這一段經文是在平定三監叛亂，建洛邑，成王親政以後某年之誥辭。有真知灼見。釋“胥伯多正”爲官員是對的，但將“胥”“伯”分釋，且釋“伯”爲州長，則大有可商。訓“惟有”爲“所有”，確詁，當從。）

總之“越維有胥伯小大多正”是“監”的下屬官員（而不是“各種徭役、徵調”）。因此，本段經文，竊以爲當如下句讀：“今爾奔走臣我監五祀，越惟有胥伯小大多正”當作一句讀。“五祀”二字是倒裝在句中，如依今語讀之，則爲：“今爾奔走臣我監，越（與）惟有（又）胥伯（疏），小大多正，五祀。”其意爲：現在你們臣服于我派的監官和他下屬各級大、小官員，已經五年了。

下句是“爾罔不克臬”。“臬，法也。”（《廣雅·釋詁》）意爲“（五年來）你們没有不守法的”，即表現馴服，接受周“監”的統治和領導。

“越惟有胥伯小大多正”是此經“監”的下屬、官員之義既明。那麽此經

---

① 伯與賦，幫紐雙聲，鐸魚對轉。可以通假。伯與附，幫并旁紐，鐸侯對轉。賦與附，幫并旁紐，魚侯旁轉。二者皆可互相通假。

之“監”是哪一級監察官呢？

從經文可知：這個“監”，周王稱爲“我監”，即周天子直接任命的“監”。這個“監”管理的範圍很大，即“多方”臣子于這個“監”。臣子于此“監”的“多方”，包括“四國多方”與“殷侯尹民（氏）”。臣子于此監的“多士”是“有（友）方多士，暨殷多士”。也就是説“四國多方”（有（友）方）和“殷侯尹氏”，是這個“監”的監管範圍。

在西周初年，成王時期，具有這樣兼管“殷侯尹氏”及其附近“四國多方”的大官，只有“周公”足以當之。周公即是經文的“監”。

《洛誥》記周公歸政成王，成王命周公留守洛陽“監我士、師、工”，即坐鎮洛邑，監撫東方。正與《多方》之“我監”合。《洛誥》云：“王曰：‘公！予小子其退，即辟于周。命，公後。四方迪亂未定于宗禮，亦未克敉。公功，迪將其後，監我士、師、工[①]，誕保文武受民，亂爲四輔。’”

此經之“命，公後”蔡傳云：“後者，猶後世留宋，留後之義。先儒謂禽以爲魯後者，非是。考之《費誓》，東郊不開，乃在周公東征之時，則伯禽就國蓋已久矣。下文‘惟告周公其後’，其字之義，益可見其爲周公，不爲伯禽也。”史浩亦云：“成王既歸，周公在後，看‘公定，予往矣’一言，便見得周公且在後之意。”這是説：周公歸政，成王命其爲駐洛邑之“留後”，監我士、師、工，即“監臨我治事之衆官”（王先謙）。

周秉鈞則謂：“後，猶言繼續。繼續謂繼續治洛也。漢儒訓爲後人，宋儒訓爲留後。王國維云：‘後者，王先歸宗周，周公留雒，則爲後矣。’皆未允當。”（《尚書易解》）其訓“命，公後”之“後”爲“繼續”可從。周公雖然歸政成王，但成王命周公繼續留洛，鎮撫東方，是以何名義呢？其名義是“監我士、師、工”之“監”，其爵秩是“亂（率）爲四輔”之“輔”。

周公以成王命居洛“監我士、師、工”，鎮撫東方，亦即史籍所載“周，召分陝而治”事迹的一部分。

《史記·燕召公世家》：“其在成王時，召王爲三公；自陝[②]以東，周公主之。”此説亦見于《公羊傳·隱公五年》，并見于《禮記·樂記》“五成而分，周公左，召公右”。又《尚書·顧命》：“太保率西方諸侯，入應門左，畢公率

---

① 于省吾《雙劍誃尚書新證》謂：“‘士’謂卿士，‘師’謂師尹，亦曰師師，亦曰師長。‘工’謂百工，亦曰百執事。”

② 此“陝”舊説皆以爲今河南三門峽舊陝縣。

東方諸侯，入應門右。”王肅説“比公代周公爲東伯”（《顧命》疏）。這表明在周初確實存在這種制度。

周、召分陝而治。周治東方諸侯，召治西方諸侯。這在《禮記·王制》稱爲“二伯”。所以《顧命·疏》引王肅説“畢公代周公爲東伯”。

《禮記·王制》：“千里之外設方伯”（此四方之伯），“二百一十國以爲州，州有伯，八州八伯”（此以“九州”之州爲單位之諸侯長）。“八伯各以其屬，屬于天子之老二人。分天下以爲左、右，曰二伯。”鄭玄注：“老，謂上公。”《春秋傳》曰：“自陝以東，周公主之。自陝以西，召公主之。”

而這個分主天下左、右的“二伯”，在《尚書·多方》和《洛詔》却稱爲“監”。這表明周、召分陝治天下，一在東方，一在西方，其範圍大體是以成周（洛陽）爲中心的東、西兩大區域。那麽“二公”所主的東、西二區是“行政區”呢？抑或“監察區”？看來最可能的是“監察區”。因爲在《多方》中，經文把控制東方諸侯（四國多方）和“殷侯尹氏”的主官，稱爲“我監”。《洛誥》把歸政後，周公居洛繼續鎮撫東方稱爲“監我士、師、工”。可見周公分主陝以東地區之職務名爲“監”，召公亦應與之相同。

那麽，《王制》“分天下以爲左、右”而治之的“二伯”，也就應是“監察官”了，不過他們二人是在天子左右的“最高監察官”罷了。這種解釋正與《尚書·立政》合。

《尚書·立政》云：“王左右常伯、常任、凖人。”下又云：“宅乃事，宅乃牧，宅乃凖。”宋人林之奇《全解》謂：“下文所謂‘宅乃事’即此‘常任’也。‘宅乃牧’即此‘常伯’也。‘宅乃凖’即此‘凖人’也。”此言是當從。上文已經證明“立政”之“事”爲“行政官”，“牧”爲“監察官”，“凖”爲司法官。而“常伯”爲“牧”，即“監察官”，又在“王左右”，是即《王制》之“分主天下左、右”之“二伯”矣。

因此，可知《尚書》中之“監”作爲官職名，是“監察官”而非“封君”“諸侯”。在西周初期最大的“監察官”是“分陝而治”的周、召公。他們監察區各占周朝國土一半。在《尚書》名“監”與“常伯”，在《王制》則稱爲“分治天下”之“二伯”。

（二）金文中“監”是“監察官”而非“邦君”“諸侯”之證據。

關于金文銘辭所記周王朝設“監”的材料，劉雨同志有一個總結性的叙述。他説：“1964 年 10 月，山東龍口市（黄縣）蘆頭鎮出土一件西周早期鼎。

上有‘句監作寶尊彝’六字。‘句監’應指爲句地之監國者，猶應地之監國者稱‘應監’[①]（應監甗，《集成》883），滎地之監國者稱‘滎監’（叔趙父爯，《考古與文物》1982 年第 4 期）。闌地的監國者稱‘闌監’（闌監父已鼎，《集成》2367）等。蓋西周初年，在各諸侯國都設了監國者。仲幾父毁（《集成》3754）云：‘仲幾父使幾使于諸侯、諸監。’可見，凡封諸侯之地，同時也設監國者。西周初年，周王分封諸侯，用以藩屏宗周。這種政治統治制度，很容易造成諸侯割據的局面，爲保證中央政令在諸侯國得以貫徹執行，周初在實行分封制度的同時，也普遍建立了嚴格的監國制度。山東句地，可能就在荷澤北面的‘句瀆’一帶。《左傳·桓公十二年》‘公及宋公盟于句瀆之丘’，杜注：‘即谷丘也。’句國其地，連這樣規模的小國都要設監，可見周初監國制度之嚴。”[②]

伍仕謙[③]在舉證金文“監國”材料時，除指“應監”、仲幾父毁之“諸侯、諸監”外，還舉出“善鼎銘文亦云：隹（唯）十又二月初吉，辰在丁亥，王在宗周。王格大師宫。王曰：善，昔先王既令汝左疋䲨侯。今余肇𩐁先王令，令汝左疋䲨侯，監豳師戍”（《集成》5. 2820）。以上二器，就文字風格看，應爲穆王以前器。䲨侯爲豳之諸侯，而善則爲領兵戍守豳地，左疋䲨侯之監國。總觀以上二銘，可知監的制度與分封諸侯，共同存在。而周初之監，不只于三監，也得到了充分的證明。

從以上金文有關“監”之材料，可得以下結論：

①“監”是監察官。與“侯”是行政官，二者并列不同。金文“諸侯、諸監”并列。與《尚書·梓材》“監”與“邦君”并列，《堯典》“牧”與“後”并列相合。

②在金文，“監”是“左右”“侯”的。可證《禮記·王制》所述天子所派之監，即爲諸侯的“命卿”的制度，是有歷史根據的。换言之，“監”是“侯”之“副貳”，同時又直屬天子，進行監查工作。

③行政、監察、司法的分工，在西周已經實行（在先秦刑、兵不分，司法官即領兵官）。在《周誥》和西周金文中，“監察官”名“監”。在《尚書·立政》周

---

① 1958 年，江西余幹縣黄金埠中學發現一件西周早期銅器，銘文云“應監作寶尊彝”。郭沫若考釋説：“應即應國之應，乃周武王子孫所封城。”“作器者自稱應監。監，可能是應侯或應公之名，也可能是中央派往應國的監國者。周代有監國之制，我覺得以後者爲確。”可見自稱“X 監”之數，屢有發現。可證郭沫若説正確。即“X 監”之“監”，是“監國者”的官名。

② 劉雨：《近出殷周金文綜述》，《故宫博物院院刊》2002 年第 3 期，第 7—13 頁。

③ 伍仕謙：《論西周初年的監國制度》，《西周史研究》，《人文雜志（叢刊）》第 2 輯，第 120—130 頁。

公所述夏、殷政典中，監察官名“牧”。（據《尚書》殷人“有典有册”，記有夏、殷歷史、典制。周公所述，是有根據的。）而《堯典》所述舜執政時之“牧”即“監察官”。可見《堯典》以“牧”爲“監察官”之名，與夏之官制合。這表明，儘管《堯典》成書晚在東周，但所述史實，許多都是有據的古史材料。

四、《堯典》記舜“肇十有二州”和“諮十有二牧”的歷史意義

舜所肇之十有二州，之劃分全國（或國家聯盟）爲十二個“監察區”。舜“諮（命）十有二牧”以“柔遠能（如）邇，敦（厚）德，允（粃，訓進）元而難（責難，斥）壬（佞人）”爲其監察工作的職責、使命。這是中國監察制度的創始，應當大書一筆。

方孝岳謂：“堯時但云四岳，蓋無十二牧。此時云十有二牧，自是舜新增命。”（《尚書今語》）

這表明，在堯執政時，中央國家機關的權力加强了。這是治理洪水，必須統籌兼顧，加强中央協調、指揮能力的歷史需要。

而加强國家權力的首先措施就是“肇十有二州”，“命十有二牧”。即分設“監察區”，任命“監察官”，因爲領導權的核心是監察權。

然後才是設官分職（設虞廷九官），三歲一考功，三考絀陟，進一步加强國家機器①。

在帝舜時期爲了治理洪水，把比較鬆散的“國家聯盟”中央機關的權力大大加强了，把國家機器的建設進一步完善了。即虞庭九官的分職而治，每一官之職責、任務和進行工作的原則，都有了比較詳明的規定（見《堯典》）。

治水成功，安定的政治環境，合適的地理自然條件，社會生産力進一步大發展，這就爲中國歷史從“五帝時期”發展到“三王時期”準備了條件。

2006年7月初至中旬

在天迴山幹療院，揮汗寫此

---

① 《史記·五帝本紀》云：“天下歸舜。而禹、皋陶、契、后稷、伯夷、夔、龍、倕、益、彭祖。自堯時而（已）皆舉用，未有分職。”然後記舜任命虞廷九官，使之各有分職。其意謂：舜執政，大大改善和加强了中央國家機關。

《禹貢》九州問題的一些分析

一、古籍"九州"異同表

《禹貢》	冀州	兖州	青州	徐州	揚州	荆州	豫州	梁州	雍州	—	—
《職方》	冀州	兖州	青州	—	揚州	荆州	豫州	—	雍州	幽州	并州
《有始覽》	冀州	兖州	青州	徐州	揚州	荆州	豫州	—	雍州	幽州	—
《釋地》	冀州	兖州	營州	徐州	揚州	荆州	豫州	—	雍州	幽州	—

二、各州得名之最合理的説法

1. 冀州。《釋名·釋州國》:"冀州,取地以爲名也。"李長傅謂:"冀州之名,出春秋時之冀國。在今山西省河津縣之冀亭。後爲晉所滅,故以冀稱晉。"(《有始覽》:兩河之間爲冀州,晉也。)《左傳·僖二年》晉荀息曰:"冀之既病。則亦唯君故。"杜注:"冀,國名,平陽皮氏縣有冀亭。"

"冀州"一詞,見《國語·晉語》:"令尹子玉曰:請殺晉公子……王曰:'楚不可祚,冀州之土其無令君乎。'"①

2. 兖州。《釋名·釋州國》:"兖州,取兖水以爲名也。"《藝文類聚·州部》引《春秋元命苞》云:"兖之言端也,信也。蓋取兖水以爲名焉。"錢大昕《史記考異》云:"沇州東以沇水得名。《尚書》作兖州。由隸變立水氵爲横水 ,以誤  爲'六'耳。"劉起釪謂:按《禹貢》下"導水章"叙

① 詧岳謂:冀州之冀,初本一國邑之名,相傳唐堯所居。《左傳》引《夏書》所謂:"惟彼陶唐,有此冀方。"述《禹貢》者遂以"冀"爲中心。篇末"成賦中邦",即以"中邦",指目冀州也。

述“導沇水”全過程，字固作沇，不當一篇同一名而用二字，則原文固當作沇州。錢説可信。《説文》：“沇，水。出河東東垣王屋山，東爲泲。”所以李長傅説：“兖即沇之隸書。沇水即濟水。兖州由濟水而得名。”卜辭有沇（、），從水允聲，即沇字之初文。卜辭用作地名，“商王有時到兊地田獵。如‘翌曰戊，王維兊田，亡戋，𡆥’”（《前》八，九，四）。

3. 青州。李長傅謂：“青州位于《禹貢》九州之最東部。東方色青，故名。這是五行説興起後之規定。”蔣善國因《墨子·貴義》：“帝以甲乙殺青龍于東方。”此篇出于墨子死後（公元前390－前383年之後）。但辛樹幟質疑此説，謂：“若認定這一州名‘青’，是‘東方之色’，則應是五行學説興起後才有的。那麽，其他各州何以又全無‘五行’的痕迹。”所以當求别解。

按：《爾雅·釋地》有“營州”無“青州”。其言曰“齊曰營州”，注：“自岱東至海，此蓋殷制。”《公羊疏》引孫、郭并云：“自岱東至海本《禹貢》青州界而言也。”《釋文》：“營者，蓋取營丘以爲號。引《博物志》云：‘營與青同。海東有青丘，齊有營丘，豈是名乎。”郝懿行《義疏》案：《説苑·辯物》本《爾雅》作“齊曰青州是營即青矣”。劉起釪謂：“有轉稱營州者，由于此地以營丘擅名（即齊都臨淄）。而青營一聲之轉（古韵皆耕部，古聲紐皆齒音）所致。”

因此，“青州”之“青”乃“營”之同音異寫，即通借字。此州以“營丘”得名以其爲齊國之都城也。《史記·齊大公世家》：“武王已平商而王天下，封師尚父于齊營丘。”張守節《正義》引《括地志》：“營丘在青州臨淄北百步外城中。”今在山東淄博市，臨淄北，以營丘山而得名。（《漢語大辭典》）

4. 徐州。劉起釪謂古時“徐州”地名有三處。一爲田常殺齊簡公之徐州，亦作徐（見《春秋·哀十一年》經、《史記·齊世家》）。二爲齊人加强守備以備燕、趙之徐州（見《田敬仲世家》）。此二者都不在《禹貢》徐州境内，與“徐州”得名無直接關聯。三爲魯國境的徐州。《竹書紀年》載梁惠成王三十一年（前339）薛改名徐州[①]。據《戰國策·齊策》《史記·楚世家》楚成王七年（前333）伐齊徐州，則已屬齊。《吕氏春秋·首時》載魯取徐州[②]。《魯世家》載頃公十九年（前261）楚取魯徐州。此“徐州”在《禹貢》徐州境内，當即

① 《竹書紀年》：“梁惠成王三十一年，邳遷于薛，改名徐州。”

② 《吕氏春秋·首時》：“齊以東帝困于天下，而魯取徐州。”（時湣王十三年（前288））。

爲九州中徐州一名之所本。三國時將徐州的治所遷彭城，即今銅山，這爲現徐州所在。

又謂："徐爲淮夷中最强一族。在魯國之東常與周人爲敵，戰敗後南移至淮泗濟城立國。周穆王時，徐爲東方諸侯三十六國之長（見《後漢書·東夷傳》），至春秋魯昭公三十年（前 512）始爲吴所滅。可知徐人長期是這一地區的主人。故能用爲地名，終于成爲九州之一的州名。"

按：劉説基本正確。但徐州之作爲州名，與勾踐稱霸，令諸侯于徐州有關。因此事使"徐州"聲名遠揚，遂作爲九州之名矣。

《史記·越王勾踐世家》："勾踐已平吴，乃以兵北渡淮，與齊、晉諸侯會于徐州。"《中國歷史地名大辭典》謂：徐州戰國時，魯地，在今山東滕州市南，即《竹書紀年》"邳遷于薛，改名徐州"之"徐州"。

5. 揚州。孫詒讓謂："至九州名義，大抵就州中所屬，山川國邑爲稱，諸家望文生義，似皆未確。竊謂此州（揚州）地苞百越。揚、越聲轉，義亦同。揚州當因揚越得名。猶荆州之與荆楚義亦相因矣。"（《周禮正義·夏官職方氏》下）顧頡剛亦從此説（《尚書研究講義》丁種，《九州之説是怎樣來的》）。蔣善國承顧之説（《尚書綜述》178 頁），謂："《禹貢》把徐州以南叫作揚州。這個地區大部分是吴地。其所以不把這個地區叫作吴州，而叫揚州的，大約是因爲《禹貢》的著成是在越滅吴稱霸以後。"《有始覽》説："東南爲揚州，越也。"公元前 473 年（周元王三年）越滅吴，據有江淮流域。《史記·越世家説》："勾踐已平吴，乃以兵渡淮，與齊、魯諸侯會于徐州……當是時越兵横行于江、淮東，諸侯畢賀，號稱霸王。""揚""越"雙聲同借[①]。"越"也叫作"于越"。"于"是"越"的發聲詞，因爲一字緩念起來，即可成了二音[②]。"于""越""揚"都同紐，因而"越"可稱"揚"，"于越"也可稱"揚越"。《禹貢》的揚州，無異説是越州。而越國稱霸，是公元前 478 年至公元前 447 年三十二年間事。

6. 荆州。《釋名·釋州國》："荆州取名于荆山也。"辛樹幟謂："荆州或因荆山得名。荆州荆山的名，當由雍州荆山移去。"（《禹貢新解》36 頁）《漢書·地理志》南郡臨沮縣下云："《禹貢》南條荆山在東北，漳水所出。"以其

① 《詩·大雅·江漢》"對揚王休"和《周頌·親廟》"對越在天"，同是尊上的意思。

② 《春秋經》定五年"于越入吴"，杜預注："于，發聲也"。定十四年"于越敗吴于檇李"，杜預注："越，國也。"

與雍州之荆山相校，稱爲“南條荆山”。劉起釪亦謂：“人類有將舊居地名，移稱新居地的習慣。此南條荆山之名，有可能是華夏族向南發展後將北條荆山之名移來[①]。”（《尚書校釋譯論》641 頁）

李長傅（《禹貢釋地》64 頁）謂：“《吕氏春秋》：‘南方爲荆州，楚也。’《詩・商頌》‘奮伐荆楚’，毛傳：‘荆楚，荆州之楚國也。’是知荆州之名，由楚而來。”蔣善國承郭沫若之説（《尚書綜述》178 頁），謂：荆州原是楚地。“荆楚”，“蠻荆”見于《詩經》。稱楚爲荆，見于春秋。“荆”本周人呼楚之惡名，用“荆”名州，當在楚已入通中原，是荆的惡名遺失它的惡意後。所以，荆州名稱的成立，不得在春秋以前。

按：荆州得名于荆山，與荆州之名由楚而來，二説并不矛盾。因爲荆山是楚國的發祥地，所以楚國强大，而荆山遂得以名州。《左傳・昭公十二年》記楚右尹子革告楚王曰：“昔我先王熊繹（杜注：楚始封君），闢在荆山。蓽路藍縷以處草莽。跋涉山林，以事天子。”可見荆山，正是楚國發祥地。從而以荆名其國，又以荆以名其國所在之州。其根據在此。

7. 豫州。其得名有幾説：

（1）《釋名・釋州國》：“豫州地在九州之中，京師東都所在，常安豫也。”

（2）徐中舒（《殷人服象及象之南遷》，《論文選輯》53—54 頁）謂：殷墟卜辭有“獲象”“來象”之文，“今夕，其雨，隻（獲）象”（《前》卷三 31 頁），“□□其來象三”（《後編》下 5 頁））。與《吕氏春秋・古樂》“商人服象”之説合。故殷代河南實爲産象之區。《禹貢》豫州之豫，爲象邑二字合文。《説文》：“豫，從象，予聲。”從予乃從邑之訛。（此説牽强。豫之從予乃從邑之訛，無任何證據，難以成立。而從象予聲之豫，《説文》訓“象之大者”，乃因聲符“予”乃“余”之借字。“余”通“餘”，訓“饒”訓“豐”也（《玉篇》）。豐碩之象是“大象”矣。）

（3）丁山《九州通考》謂：豫州以謝地得名。《詩・崧高》載周宣王爲申伯營謝，當時謝西之九州爲有名之地。《鄭語》載桓公曾考慮過遷往，自可據以爲名。辛樹幟、顧頡剛皆從丁説。

---

① 河南靈寶縣之“荆山”與黄帝傳説有關。雍州、荆州之“荆山”皆可能是由河南黄帝之族的西向南移帶去的。《史記・封禪書》：“黄帝采首山銅，鑄鼎于荆山下。”《元和志》卷六湖城縣：“荆山在縣南，即黄帝鑄鼎之處。”在今河南靈寶市西。

（4）李長傅則謂：《吕氏春秋》："河、漢之間爲豫州，周也。"豫爲周之音轉[①]。

就以上諸説考察，以"謝"地名州，謝地或謝國影響小，以爲"州"名，難以服人。以豫爲多象之地名州，有象，不等于多象，且南方犀、象衆多，何以不以名其州？故以"豫"名州，絶非用其"象之大者"的本義。"豫"爲"周"之音轉，此地爲"成周"所在何不直以"周"名，而通借一不相關之"豫"名？此説亦有難通之處。豫地爲"京師東都所居"，何以名"豫"？《釋名》以"常安豫"爲説，尚差一間。按：豫有"天子巡行"之義。（《孟子·梁惠王下》："夏諺曰：吾王不游，吾何以休？吾王不豫，吾何以助？一游一豫，爲諸侯度。"趙岐注："豫亦游也，游亦豫也。"即天子出巡之義。）西周實行二都制，宗周爲西都，成周爲東都，即行都。成周所在，天子常巡豫之地也，故即以"豫"名州。

8. 梁州。其得名有以下數説：

（1）《注疏》引賈逵曰："梁米出于蜀漢，香美逾于諸梁，號曰'竹根黄'。梁州得名因此。"（此乃川西平原得都江堰灌溉，成爲天府之國，從而梁香美。而《禹貢》梁州貢品，無一言及于稻梁，可知此説難以成立。）

（2）劉起釪謂："此州全境地勢高，多山梁而得名。"（《校釋譯論》）顧頡剛師在其《玉淵譚憶往》中説，梁州初不解其取梁之意。後則重慶住大梁子，附近又有小梁子，以地在重慶高處，夜望其電燈行列高高凌空，始悟梁爲山頭稱呼。自西安坐飛機抵成都，途中望下面，只見接連不斷的山頭，就是梁州之名是由峰巒攢聚而來。（顧《浪口村隨筆》：蓋梁有兀然高出之義，故山顛亦曰梁，今言嶺古言梁也。九州之中，以梁州爲最多山，有山即有顛，山多則群峰亂目，言梁州者猶之言山州耳。）辛樹幟先生《禹貢新解》贊揚顧先生高山爲梁之説，進而以爲梁州之名是周人以其發祥地之梁山引申之以名，此多高山之地爲梁州的。

（3）梁州因梁山而此"梁山"地望，又有兩説。

①李長傅謂："梁州因梁山得名。梁山一名梁州山[②]在今漢中，《爾雅·釋

---

① 豫與周，喻照旁紐，魚幽旁對轉，從音理説，可以通轉。

② 《輿地紀勝》卷一八三興元府梁州山："在南鄭東南百八十里，與孤雲兩角相接。大山四圍，其中三十里甚平。或云古梁州治也。"是此山與"梁州治"有關而得名。而"梁州"作爲行政區是三國魏景元四年（263）分益州置。此山名後出，不足爲《禹貢》梁州之名。

地》：‘南方之美者，有梁山之犀象焉。’①”

②蔣善國謂：“《禹貢》的梁州，正當蜀境。《爾雅》：‘南方之美者，有梁山之犀象焉。’此‘梁山’是劍閣的别名。《太平寰宇記》説‘亦曰梁山’。與《山海經》岷山東部連接的高梁山相當②。劍閣的高梁山，在地勢上非常險要，控制成都沃野是秦人的目標，用它名州，實在可能。”（《尚書綜述》178頁）

③蔣善國又謂：“古時把橋叫作梁，史稱秦人圖蜀，鑿金牛路。所説的鑿金牛路，就是架設棧道。‘棧道’與昔人所説的‘飛橋’意義略同。《禹貢》梁州名稱的由來，如不源于梁山，就因秦鑿棧道而得名。”（《尚書綜述》178頁）（按：蜀之棧道，乃蜀人自鑿，所説“五丁開山”是也。此其一。棧道，或稱棧閣，或稱閣道，未有以“梁”者名，豈能以此名州耶?）

按：以上諸説，當以梁州得名于梁山之説勝。此梁山乃劍閣之高梁山，見于《山經》，銘于張載。

9. 雍州。其得名之故，較合理者有兩説。辛樹幟謂：“雍州由雍水得名。”朱右曾説：“雝，水也。水出鳳翔府西北三十里雍山……今謂之漳水，這一條水我們又稱他作後河。”（《禹貢新解》，35頁）李長傅則謂：“《吕氏春秋》：‘西方爲雍州，秦也。’雍槁秦國所都③，故稱雍州。”（《禹貢釋地》81頁）

一説雍州之得名由“雍水”，一説雍州之得名由雍城，二説其實是一致的。因爲“雍”城附近有“雍山”，“雍山”所出爲“雍水”。是“雍”城之名，原于其地之山水名也，而秦都雍二百餘年，于是“雍”得以爲州名也。

《中國歷史地名大辭典》：“雍水，即今陝西支流漳水，源出鳳翔縣（古雍城即在其縣西南七里南古城）西北雍山下，東南流經岐山縣西爲漳水。又東經扶風、武功、會武水入渭。《水經·渭水注》：‘渭水又東徑雍縣南，雍水注之，

---

① 此句出《淮南·地形訓》與《爾雅·釋地》同。高誘注：“梁山在（會稽）長沙湘南。”郝懿行據之以爲“梁山”即衡山，“會稽”二字衍也。其説是。爲何此“梁山”不在漢中，或西蜀。因《爾雅·釋地·九府》之文與《淮南·地形訓》同。是“中有岱岳，與其五穀、魚、鹽生焉”即以泰山爲中心。所以有“西方之美者，有霍山之多珠玉焉”“西南一美者，有華山之金石焉”。此文“西南”爲華山，那麽其南山當然不可能指漢中或川西了。《禹貢·荆州》：“厥貢、羽毛、齒革。”齒即象齒，革爲犀革，亦與“梁山即衡山”在“長沙湘南”之説合。

② 《中國歷史地名大辭典》：“梁山，一名高梁山。即今四川劍閣縣北之劍門山。《山海經·中山經》：崌山之‘東三百里，曰高梁山’。西晉《劍閣銘》：‘岩岩梁山，積石峨峨，遠屬荆衡，近綴岷嶓。’《舊唐書·地理志》：‘劍閣縣大劍山有劍間道。三十里至劍處，張載刻銘之所。’《寰宇記》卷八十四劍門縣：‘大劍山，亦曰梁山。’”

③ 《史記·秦國紀》：德公元年（前677），“初居雍城大鄭宫”。至靈公（前424—前425）已入戰國，時遷都涇陽。

水出雍山。東南流……經美陽縣之中亭川合武水……又南流注于渭。’可見‘雍縣’‘雍城’之得名于其附近之‘雍山’‘雍水’也。”

因之，雍州得名于秦都之雍城，可從。

10. 幽州。《禹貢》所無。而《周禮·職方》《吕氏春秋·有始》《爾雅·釋地》有之。《吕氏春秋·有始》：“北方爲幽州，燕也。”《爾雅·釋地》：“燕曰幽州。”蔣善國謂：東北方面，燕國方盛，闢地千里，乃一新興大國（《海内東經》稱爲“鉅燕”）。（“幽”跟“燕”雙聲通借。正與“揚”跟“越”雙聲通借一樣。）在九州内有獨立一州的資格，所以多一幽州。《史記·匈奴傳》說：“其後燕[①]有賢將秦開，爲質于胡，胡甚信之。歸而襲破走東胡，東胡却千餘里……燕亦築長城，自造陽（獨石山）至襄平（今遼寧遼陽）。置上谷、漁陽、右北平、遼西、遼東郡以拒胡。”事在趙武靈王破林胡、樓煩以後，李牧守邊以前，約當燕昭王[②]或惠王時（公元前311—前272年）。（《尚書綜述》181頁）

按：蔣説是也。當從。

11. 并州。《周禮·職方》：“正北曰并州。其山鎮曰恒山。其澤藪曰昭余祁。其川滹池、嘔夷；其浸淶、易。”

《春秋元命苞》：“并之言并也。”與《禹貢》冀州比較，是并州乃冀州向北拓地所形成之新地區，故《職方》謂“正北曰并州”也。冀爲晉地，晉地向北拓展而成一個新地區。唯趙武靈王胡服騎射，破林胡、樓煩之事（趙武靈王滅中山，攻略林胡、樓煩，建立雲中郡、雁門郡，迫使林胡、樓煩向北遷移），足以當之。在公元前300年起至前290年左右。（楊寬《戰國史》）然則“并州”之名，起于兼并，謂依據山西晉陽之地，北并新拓至胡人之地，而成爲一新區矣。

按：《史記·匈奴列傳》記趙武靈王“北破林胡、樓煩”後築長城，自代并陰山下，至高闕爲塞，“置雲中，雁門，代郡”。而《史記·趙世家》又載趙武靈王二十年（公元前306年）“西略胡地，至榆中，林胡王獻馬”。二十六年攘地北至燕、代，西至雲中、九原[③]。嚴賓謂：“所説皆胡服騎射以後（之

---

① 趙武靈王二十六年爲公元前300年。

② 《史記·匈奴傳》説：“與荆軻刺秦王秦舞陽者，開之孫也。”吕祖謙《大事記》卷四《解題》曰：“秦開不知當燕何君之世，然秦舞陽乃開之孫，計其年或在昭王時。”其説是燕之最强正在昭王之世，拓地千里，置遼東五郡之事，置于昭王最合。

③ 韓兆琦謂：“在今内蒙包頭市西北的大毒山與烏拉山之間，已經發現趙武靈王當年所修的長城遺址。現有遺址東西長二百六十多華里，最高者尚有五米多，低者一米左右，夯土築成，層次清晰。”（《史記箋證》2972—2973頁）

事)，征伐對象均爲胡人，開拓的方位都在北邊。所以這兩處記載實爲同一戰役。"(《趙武靈王長城考》,《中國歷史地理論叢》第二輯，151 頁)

三、從州名看《禹貢》的著作時代

1. 雍州爲岐周和宗周所在。《禹貢》以秦朝之"雍"爲其州名，而不以周名。豫州爲成周所在，而以"周"名，即以"豫"爲"周"之同音異寫字以名此州。由此可知:《禹貢》非西周作品，而是在周已東遷洛陽，秦已都雍以後之作品。換言之,《禹貢》是東周(春秋及春秋以後的戰國)時期的作品。

2. 揚州是"淮海唯揚州"。公元前 512 年吴滅徐，吴之北境始達淮水。

公元前 473 年，越滅吴。越占有淮水以南之地。《禹貢》于此州不以"吴"名州，而以"越"名州。"揚"即"越"之同音異寫字。是《禹貢》著作之時代，當在越滅吴之後，進一步北上稱霸以後，即公元前 473 年以後。《史記·越王勾踐世家》:"勾踐已平吴，乃以兵北渡淮，與齊、晉諸侯會于徐州。致貢于周。周元王使人賜勾踐胙，命爲伯。""當是時，越兵横行于江淮東，諸侯畢賀，號稱霸王。"

3.《禹貢》有"雍州"，又有"梁州"。而《職方》和《有始覽》只有"雍州"，没有"梁州"。二者相較，有何變化?《太康地記》説"雍州兼得梁州之地"(《爾雅·釋文》引)。《吕氏春秋·有始覽》:"西方爲雍州，秦也。"蒙文通謂:"《吕氏春秋》爲秦時書，秦已并巴蜀，而《吕氏春秋》九州無梁州，正以梁并于雍耳。"(《古地甄微》5 頁)蔣善國亦謂《有始覽》《職方氏》及《爾雅》比《禹貢》少"梁州"，這是因爲秦滅蜀後，西南已化爲秦郡，有雍州，已足包括梁州。(《尚書綜述》181 頁)

總之:《禹貢》既有雍州，又有梁州，表明其時秦尚未滅蜀。而當秦人滅蜀以後，雍州已兼并了梁州。所以《有始覽》《職方》就只記雍州，取消了梁州。

因此,《禹貢》著作時代的下限是不晚于"秦人滅蜀"之前。

《華陽國志·蜀志》:"周慎王五年秋，秦大夫張儀、司馬錯、都尉墨等從石牛道伐蜀。……冬十月，蜀平。"劉琳謂:"周慎王五年，當秦惠文王后九年，亦即公元前 316 年。"(《華陽國志校注》)也就是説,《禹貢》著作時代的下限，不晚于公元前 316 年。

有的學者認爲:“古蜀國與中原隔絶,到秦惠文王滅蜀,那裏情况才會爲外面所知。《禹貢》裏的梁州,正是蜀境,顯然是秦滅後的地理知識。”(顧頡剛《禹貢注釋》前言,《中國古代地理名著選讀》第4輯)蔣善國亦認爲:“《禹貢》既以蜀爲梁州,很顯然,它是張儀滅蜀的作品。”(《尚書綜述》179頁)

這種意見有兩個問題:一是方法論不對。認爲秦不滅蜀,蜀地情况中原就無所知,這是“以政治統治”等于“經濟、文化交流”,是錯誤的。(正如有的學者認爲在秦統治嶺南以前《山海經》南經部分不能記述嶺南地區的山川民俗等等。)二是與事實不符。武王伐紂,牧野誓師,在梁州的蜀、庸都參加了。周原甲骨卜辭有“伐蜀”(H11.68)、“克蜀”(H11.97)之文。古本《竹書紀年》載夷王“二年,蜀人、吕人來獻瓊玉,賓于河,用介珪”,是殷末周初至西周後期,蜀與西周中央政府往來不絶也。古本《竹書紀年》又載:梁惠成王十年“瑕陽人自秦道岷山青衣水來歸”。朱右曾云:“瑕陽人浮青衣水至蜀,自蜀至秦,又自秦來梁也。”是年爲公元前360年,是戰國時期,蜀與秦、晉之交通往來未斷也。因此説秦未滅蜀,中原即不能知曉蜀地地理知識,顯然不合事實。

因此,《禹貢》爲秦滅蜀後的作品,其立論根據錯誤,不能成立。而《有始覽》《職方》有“雍州”,無“梁州”,才是秦滅蜀後,梁并于雍的時代反映。

4.《禹貢》只有“冀州”,而《周禮·職方》《吕氏春秋·有始》增其東北爲“幽州”,《職方》又增“并州”(冀州之北)。

爲何“九州”增“幽州”?此燕國强大,秦開擊胡,拓地千里,置上谷、漁陽、右北平、遼西、遼東五郡之反映也。燕之强大,最盛于昭王。公元前284年,燕派樂毅伐齊,六個月之間下齊七十餘城。其後秦開拓地,當是破齊之後事,約當公元前284—前279年之間(昭王卒于公元前279年)。

《禹貢》無“幽州”。是其時燕尚未拓地東北,即在公元前284—前279年之前。這是一條間接證據。

5.《禹貢》無“并州”,而《職方》有“并州”。此趙武靈王胡服騎射,破林胡、樓煩,置雲中、雁門、代郡之時代反映。《史記·趙世家》記此事于武靈王二十年至二十六年,即公元前306—前300年。

《禹貢》無“并州”,是其時在趙武靈王拓地開邊之前,也就是説《禹貢》成于此事之前。《禹貢》下限不得遲于公元前306—前300年之後。這是又一條間接證據。

總之，從“九州”州名的分析，可以斷定《禹貢》的著作時期在東周時期，其上限在“越滅吴”之後，即公元前512年以後，其下限在“秦滅蜀”之前，即公元前316年以前。

《禹貢》不見“幽州”“并州”，也證明其著作年代在燕昭王大拓東土和趙武靈王西北攘地之前。即當在公元前306－前300年，或公元前295－前284年之前。此下限與《禹貢》下限當在“秦滅蜀”前，是相容的。

四、《禹貢》經文中若干表示其著作年代的材料

顧頡剛舉出以下證據，説明《禹貢》作于戰國：

(1)《導山章》既有“内方”，又有“外方”，是楚以河南葉縣方城作爲北方屏蔽，從而以嵩山爲“外方”，以章山（湖北鐘祥）爲“内方”。(楚境北至方城，乃春秋時代之事[①]。)

(2)《禹貢·徐州章》：“浮于淮泗，達于菏。”即由泗轉菏，由菏轉濟，再轉到河。這條泗菏運河，是公元前483年吴王夫差爲了北上與晉國稱霸而開出的。(《國語·吴語》：吴王夫差“起師北征，闕爲深溝，通于商、魯之間，北屬之沂，西屬之濟，以會晉公午于黄池”。此沂水是泗水支流，同見《水經注·泗水》。)

(3)“揚州”不名“吴”，而以“越”名，是越滅吴後之反映。

(4) 秦滅蜀（前316），而後《禹貢》才得以蜀爲梁州。

(5)《禹貢·梁州》貢物有鐵與鏤（鋼）。這説明已開始使用鐵器，但尚不普遍。故貢金以“金（銅）三品”爲主（荆、揚二州），且鐵只見貢于梁州，這是春秋末期或戰國初期現象。(《孟子》書已以“以鐵耕”爲農夫常事，其時鐵之使用已相當普及了。)

史念海除了同意顧説以吴王夫差泗菏運河爲《禹貢》出其後之證，并認爲：

(1)《禹貢》還應在公元前403年（三家分晉之年）之後，因《禹貢》反映的是戰國時期的形勢。

---

① 《左·僖四年》傳：“楚國方城以爲城。”此在公元前656年，乃齊桓公伐楚時事。

（2）《禹貢》成于魏國人士之手。成書年代可能在公元前 369 年至公元前 361 年之間（梁惠王元年至九年）。是時魏都安邑，以繼承晉國霸業自命（“九州貢道，皆匯于冀州”，即此意圖的表現）。到梁惠王后之年，魏齊“徐州相王”，相互承認霸業，標志魏霸業的衰落。

《禹貢》中没有可考定其年代的記述，亦表明其晚出，即爲東周時期作品。計有：

1.《導水章》：“岷山導江，東别爲沱。”《漢書·地理志》郫縣下云：“《禹貢》江沱在西。”此“沱”即今之毗河（在灌縣導江鋪，自金馬河分水東北經郫縣、彭縣、新都到金堂趙鎮會中江（清白江、湔水），北江（石亭江會洛水爲北江）東南入金堂峽稱爲沱江至瀘縣入長江）。而《水經注·江水》却説：“江水又東别爲沱，開明之所鑿也。”即《華陽國志·蜀志》：“會有水灾，其（杜宇）相開明决玉壘山以除水害。”（《御覽》卷八八八引《蜀王本紀》：“望帝以鱉靈爲相時玉（壘）山出水，若堯之洪水，望帝不能治，使鱉靈决玉山，民得陸處。”）即《華志》《水經注》之所本。是“岷山導江，東别爲沱”乃蜀之杜宇王朝末年，開明王朝建立前夕之事。《華陽國志·蜀志》周慎王五年，秦伐蜀，“開明氏遂亡，凡王蜀十二世”。任乃强據此謂：“周慎王五年，爲公元前 316 年，蜀亡。以平均三十年爲一世逆推，則十二世當有三百五十年左右。是開明氏奪國在公元前 666 年左右，即周惠王與齊桓公、楚成王之世。前蜀王杜宇，則春秋初年人也。”是“東别爲沱”、開鑿人工河流沱江在公元前 666 年前後之時，爲春秋初期之事。

2.《禹貢·荆州》：“沱潜既道”“浮于江、沱、潜、漢”。此州之“沱潜”，即《史記·河渠書》所謂“自是之後”“于楚，西方則通渠漢水、雲夢之野”。即楚在江、漢之間所開人工運河。據有的學者研究，鄭玄謂此“首出于江”之“沱”是“夏水”。可信。而“潜”即“通渠漢水雲夢”的揚水和子胥瀆。此運河創始楚靈王（公元前 540—前 529 年），本名揚水。以後吴師入郢，伍子胥曾疏鑿其部分河段，又名子胥瀆。而《史記·循吏傳》集解引《皇覽》則言：“孫叔敖激沮水，作雲夢大澤之池。”全祖望曰：“沮非沮漳之沮，即漢水也。漢一名沮，見《地理志》。”全氏之意以此沮水即自沔通江、揚水一道，亦叔敖作之。孫叔敖乃楚莊之世人，曾爲令尹，然則揚水之“潜”作于公元前 615—前 591 年時段矣。

3.《禹貢·揚州》：“沿于江、海，達于淮、泗。”此文訛《孔傳》解爲：

"順流而下曰沿。沿江入海，自海入淮，自淮入泗。"後人多從之。故林之奇《全解》據此指出："禹時江、淮未通故揚州入貢必由江以入海，然後達于淮、泗。"劉起釪亦稱："由此可知，《禹貢》之寫成不能晚于春秋中世。"（《校釋譯論》64 頁）

但是此經"沿"（沿）字，《史記·夏本紀》《漢書·地理志》皆作"均"不作"沿"（沿）。（鄭玄改讀均爲沿。）"順流而下曰沿"，海行何得稱"順流而下"，由江、海入淮，又豈能"順流而下"，故不當改字。此"均"讀爲"袀"，即"徇"，訓"循也"（《書·泰誓中》傳）或"巡也"。

按："沿（均）于江、海，達于淮、泗"，其文例與兗州之"浮于濟、漯，達于河"相同。彼處牟庭（《同文尚書》）解爲：兗州西南區者，浮濟入河，東北區者，浮漯入河。一州而貢道有二，皆入于河，以達帝京。同例，此州貢道，亦當爲：近江之區，則"沿（均）江""達淮、泗"爲道；近海者，則"沿（均）海""達淮、泗"，再入河以達帝京也。所以方孝岳（《尚書今語》）謂："沿江、海，以達淮、泗"，顯見江水有通淮、泗之道。與《孟子》言"排淮泗而注之江"、《墨子》言"淮、汝注五湖"均不相違。此爲《禹貢》有江淮通道之證。如指此通道爲吴王夫差城邗通江淮之事，則爲《禹貢》出于戰國之證矣。

五、劉起釪《禹貢》寫定于春秋説的論證

（一）劉氏認同邵望平之"龍山時期已形成九州的人文地理區系"。

邵望平認爲："不管《禹貢》最終成書于哪朝哪代，'九州'部分是有三代史實爲依據的。""而《禹貢》所載九州貢品和風土人情，亦可從考古學、民族學上得到印證，證明其可能爲三代的記録。""《禹貢》成書的年代，作者以'冀州'爲首，使人不能斷然否定九州概念源自夏代的可能性。""商王朝勢力已達于《禹貢》之九州，故不能排除《禹貢》九州藍本出自商朝史官之手，或是商朝史官對夏史口碑追記的可能。另一種可能則是周初史官，對夏商史迹的追記。""九州所記自然條件及特産屬一個較今日温暖的氣候。""《禹貢》中之九州部分的藍本當出于公元前 1000 年以前，其後必經多次加工、修訂方成爲現今所讀到的這個樣子。""九州内容之古老、真實，却絶不是後人單憑想象可以杜撰出來的。"

劉起釪完全贊同此説，認爲“可以贊成其前一種可能，《禹貢》藍本出于商朝史官之年，則《禹貢》定本是由周初史官追記了”。

按：《禹貢》包含自然地理、人文地理内容有關“賦貢”的政典。其所記述的有關自然地理和人文地理的内容，當然是根據所掌握的歷史或現實的客觀材料。這些材料既包括很古老時代的傳述，也包括著作者所處時代的内容。

因此，《禹貢》内容有很古老時代的事物的記述（名山、大川、生物群落、萬物特産，都可以是存在很長時間的事物），是必然的。但所記内容是何時代是一回事，記述這些内容的著作、寫作于何時代又是一回事，不可混爲一談。

所以以《禹貢》九州某些内容在其前某個時代已經出現，只能表明《禹貢》之作在這個時代之後，而不能證明《禹貢》即是此時代的著作。後世著作記述前代事物絶不等于此著作即是“所記事物時代”的作品，“不管《禹貢》最終成書于哪朝哪代，九州部分是有三代史實爲依據的”，正好證明“有三代史實依據”的《禹貢》的寫作年代與其内容有“三代事實依據”，是兩回事，不可混爲一談。此其一。至于“可能爲三代記録”，“不能斷然否定九州概念源自夏代的可能”，“不排除《禹貢》九州藍本出自商史之手的可能”（以上邵説）。或“可能《禹貢》藍本出于商朝史官”，“《禹貢》定本可能是‘周初史官追記’”（以上劉説）。這些各種“可能”，又拿不出證據，怎麽能够服人呢？

卜辭有“五方”記述，無“九州”記述。金文“九州”一詞，見于《叔尸鐘》：“咸有九州，處堣之堵。”乃春秋時器。《詩・商頌》有“九圍”（《長髮》“帝命式于九圍”）、“九有”（《長髮》“九有有截”，《玄鳥》“奄有九有”），爲春秋時作品。《左傳・襄四年》引《虞人之箴》“芒芒禹迹，盡爲九州”，是年爲公元前 569 年。是“九州”一詞，未見于西周。

《禹貢》商有藍本，西周有定本，得不到一點證據。且劉氏《尚書學史》計《禹貢》見引于先秦者七次，其中有三例不是引用《禹貢》：

（1）《國語・周語下》“伯禹念前之非度”至“宅居九隩，合通四海”，是叙述禹治水之功，不是説“禹任土作貢”。劉説“與《禹貢》基本相合”是牽强的。

（2）《墨子・兼愛中》“古者禹治天下……”，有諸語與《禹貢》内容同。按：此文述禹治水之事，有許多地方，與《禹貢》所述歧異。有的學者，以此文與《禹貢》不合，證其時尚未有《禹貢》。可見把此文作爲引用《禹貢》之例，是牽强的。

(3)《孟子・滕文公》上“禹疏九河”一段，凡九河濟、漯、漢、淮、泗，皆同《禹貢》，唯叙述不同，説明轉引有歧異。其實：水名同而“叙述不同”，則是與《禹貢》不同之另一書，何得稱爲“轉引有歧異”耶？亦有學者以《孟子》此處所述與《禹貢》異，證孟子未見《禹貢》，難道此種説法毫無道理嗎？

由上所述可見，《孟子》以前皆未引用《禹貢》之文，這是事實。那麽，《禹貢》商代已有藍本，西周已有定本，能不是無據的臆斷嗎？

（二）劉氏認爲《禹貢》作于戰國以前，即“最遲”亦作于春秋時期之證據：

積極的證據：

1.《周譜》記周定王五年河徙，《禹貢》所記大河是在此以前的自大伾北折的古大河，根本不知河徙之事。這是《禹貢》不晚于《春秋》的鐵證。

按：定王五年河徙，是否導致改道，有争論。譚其驤考證：在春秋時期（即定王五年前）已有“漢志河”（即所謂定王五年改道的新河），但同時“禹貢河”和“山經河”二河道亦存在。最可能是“漢志河”是主流，“禹貢河”“山經河”有時通流。（《西漢以前黄河下游河道》，《長水集下》）譚説可信。“漢志河”“禹貢河”“山經河”，可能迭爲幹流，而以“漢志河”爲常。譚氏又謂：“漢志河”見于記載最早（公元前7世紀中葉），“禹貢河”“山經河”見于歷史記載較晚（公元前6世紀中葉），也比較不常見。有可能先有“漢志河”，某年從宿胥口北决而形成“禹貢河”“山經河”。按：譚説的歷史考證部分是事實，但其推論“漢志河”早于“禹貢河”“山經河”則是錯誤的。春秋、戰國文獻所記，表示“漢志河”是正在行水的新河，而“禹貢河”“山經河”是已經廢弃的舊河，《禹貢》的作者正是“漢志河”常爲幹流時期的人。所以把已經廢弃、偶爾行水的北流舊河，認爲是“禹迹”“禹河”，這與劉起釪的《禹貢》“根本不知有河徙之事”正相反對。把北流舊河作爲“禹迹”，正是支流大河（“漢志河”即所謂定王河徙後的大河）已成爲常用幹流時的認識。劉説失據。

2.《左傳・哀公九年》吴王夫差“城邗，溝通江淮”。而《禹貢・揚州》“沿于江海，達于淮泗”孔傳釋爲：“沿江入海，自海入淮，自淮入泗。”可知《禹貢》中江、淮不通，其時在夫差開邗溝以前。

按：“沿于江海，達于淮泗”當解爲“沿于江”以“達于淮泗”，和“沿于海”以“達于淮泗”（説已見前）。《孟子》説“排淮泗而注之江”。如果説孟子已見《禹貢》，則《禹貢》這部分的解釋孔傳就不對，而今解就合理了。

3. “冀州”一詞，在春秋資料如《左傳》等書中，皆指山西省境，北及内蒙古南部。到戰國資料如《山海經》《逸周書·嘗麥解》《晏子春秋》《楚辭·雲中君》等文獻中，皆擴展冀州含義爲中土、中國、天下。《禹貢》冀州一名，仍只是朔義。這是不晚于春秋之一要證。

按：《山海經·大荒北經》（戰國時期作品）：黄帝乃令應龍攻之冀州之野，遂殺蚩尤。此“冀州”在北方，郭璞注“冀州，中土也”，是誤解。作者從郭注，亦誤。在戰國作品用“冀州”朔義之證。《逸周書·嘗麥解》研究者多以之爲春秋時作品。其“執蚩尤殺之于中冀”，其地望注者釋爲“今蚩化州、保安州東南有涿水”（朱幼曾）。《晏子春秋》《楚辭·雲中君》以“冀州”爲中國，是戰國中、後期作品。可證當時冀州有狹義，亦有廣義。以爲用其狹義（朔義）就是“不晚于春秋”，難以成立。

4.《戰國策·魏策》蘇秦説魏王“大王之地，南有鴻溝”，而《禹貢》于其地只稱滎，不稱鴻溝，亦知其寫于戰國以前。

按：《水經·渠水注》引《竹書紀年》：“梁惠成王十年，入河水于圃田。又爲大溝而引圃水。”“梁惠成王三十一年三月，爲大溝于北郛，以行圃田之水。”大溝，即鴻溝。此工程完成于梁惠王十年（前360）至三十一年（前339）間。其時已入戰國時期（前475年起）已一百多年了。所以《禹貢》稱滎不稱鴻溝，可知其寫作于公元前360—前339年前。那麽，戰國前期，即梁惠王十年前之作品皆有此條件，不能必其爲“戰國以前”也。

5.《禹貢》各州之土壤，其顔色未按五色分記，于徐州又獨貢五色土，此皆戰國五行説盛行以前。這是“早于戰國的史實”。

按：戰國時五行説盛行，是以鄒衍爲代表的陰陽五行學派流行作爲標志。錢穆《先秦諸子系年》考定：鄒衍生當于齊宣之晚年，晚仕燕王喜，是其活動時期約在公元前270—前240年，即戰國後期。所以《禹貢》土壤“顔色未按五色分布”，也可以是戰國初期的作品，其時“五行説尚未盛行”。

消極的質疑、反駁：

1.《左傳·僖四年》已載“楚國方城”，“漢水”之固。則方城，内方、外方春秋前期早已有之。顧頡剛以内方、外方山名見《禹貢》爲戰國作品説，不足爲據。（此條駁得對。）

2. 以《水經·泗水注》載酈道元親目驗證，知“泗、菏運河”夫差只是把“菏水”浚廣，非新鑿。即夫差鑿此河，只用半年時間。如全爲新鑿，根本辦不到。《禹貢》記此“菏水”作爲自然河道叙述。所以很難説夫差開鑿此河，因而也不能説《禹貢》寫成在夫差之後。

按：《禹貢·徐州章》“浮于淮、泗，達于菏”是説的“貢道”，即“水運通道”。即使泗、菏之間早有水道相通，但夫差要用功半年“浚廣”之，以通航。是未“浚廣”之前，不是可以通船的“航道”。那麼，泗、菏之間通船航道，出于夫差之“浚廣”從而使此成爲“運河”，得以成爲“徐州”之貢道。所以顧頡剛、史念海的論斷：《禹貢》寫成于夫差鑿通泗、菏運河之後，仍然可以成立。

3. 認爲顧師的（3）至（5）三證，確爲戰國地理資料寫入了《禹貢》，這只是“（書）由前後的不同人追增而成，或主稿前代，在流傳中某些小節目中增入了後代一些有關材料”。

按：顧頡剛三個《禹貢》作于戰國的證據爲：（3）揚州即越州，乃越滅吴（前473）後事。（4）秦滅蜀（前316），而後《禹貢》才得以蜀爲梁州。（5）鐵器使用始于春秋，盛于戰國，而梁州貢物有鐵與鏤。以上三證中有的結論有問題，如梁、雍分州，正是蜀尚獨立于秦之事；九州中只梁州貢鐵與鏤，足見其時用鐵尚不普遍，并非“盛”也。而揚州以越得名，確爲證據。這是“州名”，恐非“小節目”。試問不稱“揚州”另有名稱之“九州”，是叫什麼“州”呢？

六、《容成氏》九州

《上博藏戰國楚竹書（二）》之《容成氏》一篇中，“簡文述禹分九州”，其九州之名異乎《尚書·禹貢》等書。禹分九州見于第24號至27號簡，釋文用通行字，其文如下：

禹親執枌（畚）耜。以波（陂）明者（都）之澤，决九河之阻。于是乎夾州、徐州始可處。禹通淮與忻（沂），東注之海，于是乎競州、莒州始可處也。禹乃通蔞與易，東注之海，于是乎藕州始可處也。禹乃通三江、五湖，東注之海，于是乎荆州、陽州始可處也。禹乃通伊、洛、并里（瀍）幹（澗）東注之河，于是于（乎）叙州始可處也。禹乃通經（涇）與渭，北注之河，于是乎虘州始可處也。

以下對《容成氏》九州之名試加考釋：

1. 夾州和徐州

在簡文中應對“明都”和“九河”。

“明都”即“孟諸”。《爾雅·釋地》《淮南子·地形訓》《吕氏春秋·有始》都將“孟諸”列爲天下九藪或十藪之一。《左傳》文十年、十一年，昭二十一年，均有“田孟諸”的記載。其地在今河南商丘東北，接虞城界，唐時還周圍五十里。宋以後，正當黄河冲決漫流所在，所以很快消失了。

“九河”，見《禹貢·導河》“至于大陸，又北播爲九河，同爲逆河，入于海”，《爾雅·釋水》列舉九河之名。據今人研究，古九河當不出今河北巨鹿、束鹿以東，衡水、静海以南，山東陵縣、慶雲以北的平原地帶。

“明都”即“孟諸”，在《禹貢》屬豫州。在《周禮·職方》屬青州[①]。而“九河”，在《禹貢》屬兖州。

晏昌貴謂：“以地理度之，簡文‘明都’當屬‘塗州’，‘九河’則屬‘夾州’。”[②] 其説有理，可從。

但是晏氏以爲此“塗州”即“徐州”，此“夾州”即“冀州”，則非是，不可從矣。

今按：“九河”在《禹貢》爲兖州。此《容成氏》九河所在之“夾州”之“夾”字，疑當釋“夾”字。此“夾”字即“兖”字之音近通假字。（夾與兖，喻審旁紐，定談通轉，正一聲之轉。）是“夾州”即“兖州”之同音異寫矣。

在《禹貢》“徐州”與“淮”“海”關係密切。在《容成氏》“禹通淮與忻（沂）東注之海，于是乎競州、（莒）州始可處也”是“淮”域爲“競州”之地，不得以“徐”名矣，故以“孟諸”在《周禮·職方》屬“青州”推之。此“塗州”之“塗”當爲“青州”之“青”之通借字矣。（塗與青，定清鄰紐，魚耕旁對轉，正爲一音之轉。）

結論：“夾州”當爲“夾州”，乃“兖州”之同音異寫。“塗州”[③] 乃“青州”之同音通假。

2. 競州與莒州

對應“淮水”與“忻（沂）水”。其他文獻對于淮、沂二水的歸屬，不出

---

① “孟諸”由屬豫州，冀爲屬“冀州”。疑與戰國後期齊國滅宋，從而“孟諸”澤遂屬青州。

② 《〈上博藏楚竹書二〉中〈容成氏〉九州柬釋》，《武漢大學學報》2004年第4期。

③ 塗與營，定喻准旁紐，魚耕旁對轉。“塗州”亦可釋“營州”，音較青爲近，《爾雅·釋地》：“濟曰營州。”

徐州和淮州二説，而《容成氏》九州的劃分則不同于任何一種傳世文獻。

簡文“筥”字，從竹、從膚，與春秋莒國銅器自稱相同。莒州得名當與莒國、莒人有關。杜預《春秋釋例》：“莒國嬴姓，少昊之後，周武王封兹輿期于莒。初都計，後徙莒。”“計”即“計斤”，位于今山東膠縣南。“莒”在今山東莒縣，正當沂水流域。據何浩研究，春秋前期其疆土北抵濰水上游，東北及于計斤，西越沂水，南至今江蘇贛榆縣。春秋中期以後，在齊、魯等國的侵蝕下，莒境日益縮小，終于公元前431年滅于楚。莒州得名，或以春秋前期莒國疆土爲背景，在沂水流域①。

而“競州”何意？竊以爲此“競”當爲“奄”之假借字。（競與奄，群影鄰紐，陽談通轉，正一聲之轉，可以相互通假。）《地名大辭典》：“奄，古國名，嬴姓。今有奄里，在今山東曲阜城中。”《書序》：“成王東伐淮夷，遂踐奄……遷其君于蒲姑。”《後漢書・郡國志》“魯有古奄國”，注：“《皇覽》曰：‘奄里伯公冢，在城内祥舍中。民傳言魯五德奄里伯公葬其宅。’則以‘競’爲州乃取古奄國爲背景，實即以‘魯’② 爲之也。”

結論：“莒州”，以莒國爲名，在山東沂水流域。“競州”即“奄州”，以奄國爲名，實爲魯國，且其疆域南及淮水矣。

3. 藕州

簡文“藕州”，在蔞水、易水流域。《山海經・北次三經》：“又北三百里曰泰戲之山……虖沱之水出焉，而東流注于溇水。”郭璞注：“（溇）音樓。”郝懿行作《箋疏》：“案《地理志》云：代郡鹵城，呼池河東至参合（按：當是户之誤）入呼池别。疑虖池别流即溇水矣。”《水經注・易水》：“易水徑（安次）縣南，鄚縣故城北，東至文安縣與滹池合。”《史記》蘇秦曰：“燕長城以北（南），易水以南（北），正謂此水也。是以班固、闞駰之徒，咸以斯水謂之‘南易’。”《史記・蘇秦列傳》：“燕南有滹沱，易水。”《正義》：“易水出易州易縣，東流過幽州歸義縣。東與滹沱河合也。”晏氏謂：“簡文‘通蔞與易’，正指此二水。”其説是，當從。

---

① 何浩：《楚滅國研究》，武漢出版社，1989年。

② 戰國後期楚滅魯（前256年）是時魯尚占有徐州（前261年楚取魯之徐州）。可知：魯國盛時南有徐州，淮域入其國之疆域矣。故此文以“淮”當“競州”即“奄州”也。《地名辭典》：“魯，周國名。”“今山東滋陽縣東南及江蘇沛縣、安徽泗縣等皆其地。”《吕氏春秋・首時》：“齊以東帝困于天下，而魯取徐州。”（時齊湣王十三年，即前288年）

但晏氏又謂："《職方》：'并州，其川滹池，嘔夷；其浸淶、易。'《容成氏》藕州，正當《職方》并州。"則尚可商榷。

竊以爲并與藕，雖然耕侯旁對轉，但幫（唇）疑（牙）遠隔不能通。而藕與幽，幽影鄰紐，侯幽旁轉，正一聲之轉，可以互相通假。所以"藕州"當即"幽州"是矣。《周禮·職方》："東北曰幽州。"《爾雅·釋地》："燕曰幽州。"正與"漊水""易水"之地域相應矣。

結論："藕州"即"幽州"之同音異寫，以燕國爲其背景。

4. 荆州、陽州

陽字從邑從昜，作"䣐"，《鄂君啓節》"大司馬邵䣐"寫法與此同。隸寫可作"鄸"，今以"陽"代之，《禹貢》《爾雅》等作"揚"。鄸、陽、揚俱從昜得聲，例得通假。"荆州"之名，與《禹貢》《爾雅》同。

簡文之"三江五湖"，對應荆、揚二州。"其範圍可能還包括長江中游一帶"（李零説）。其説是。按"五湖"即"具區"，亦名震澤，即今之太湖（見《周禮·職方》鄭注黄疏及《國語》韋昭注）。而"三江"，即貫通荆、揚二州之長江。《初學記》卷六引鄭玄説，以爲長江合漢水爲北江。會彭蠡爲南江，岷江居其中，即爲中江。蘇軾《書傳》卷五承其説，謂："自豫章而下，入于彭蠡而東至海，爲南江；自蜀岷山至于九江彭蠡以入于海爲中江；自嶓冢導漾東流爲漢，過三澨、大别以入于江，東匯澤爲彭蠡以入于海，爲北江。"這種釋"三江"爲"長江"之别名，貫通荆、揚二州之説，與簡文合。

結論：荆州、鄸州（陽州），與《禹貢》《爾雅》之名同。其地域亦相當。

5. 叙州

晏氏謂："《説文》：'叙，次第也。'古字通'序'。《爾雅·釋言》：'豫，叙也。'《春秋元命苞》：'豫之爲言也，叙也。'是簡文叙州即豫州。"其説是，當從[①]。

《禹貢》："導洛自熊耳，東北會于澗、瀍，又東會于伊，又東北入于河。"晏謂："簡文説'東注于河'大的方向雖然不錯，但也可能與下文涇渭水'北注之河'互倒。"

結論："叙州"即"豫州"之同音異寫。

---

① 叙與豫，邪喻鄰紐，魚部叠韵，乃一聲之轉，可以通假。叙，從餘得聲，而餘與豫通之文證（見《古字通假會典》835頁）。

6. 虘州

晏氏謂：對應涇、渭二水，在傳世文獻中屬雍州。《禹貢》導水："導渭自鳥鼠同穴，東會于灃，又東會于涇，又東過漆、沮，入于河。"虘州或得名于"沮水"。古文獻所記皆以渭水東入于河，簡文"通涇與渭，北注之河"，"北"當涉上文"東注之河"而誤。

按："虘州"之"虘"，當爲"周"之通借字。虘與周，從照鄰紐，魚幽旁轉，正一聲之轉，故得互相通假。《説文》："虘，從虍，且聲。"而《説文解字字通》謂："且，通焦。"《爾雅》"六月爲且"作焦。《漢書・司馬相如傳》"巴且"即"巴蕉"。且與焦，清精旁紐，魚宵旁轉，故得通假。而"焦"與"周"通。（《山海經・海外南經》："周饒國……一曰焦僥國。"是焦與周通之證。）此"虘"得讀若"周"之文證。

結論："虘州"當乃"周州"之同音異寫。

綜上所述，《容成氏》九州，有如下特點：

①無"冀州"。此當是三家分晉之後，韓、趙、魏先後遷都，由晉地到今河南、河北。（韓：周威列王二十三年，三家分晉列爲諸侯，韓都平陽（今山西臨汾縣治），景侯（公元前 408—前 400 年）徙陽翟（今河南禹縣），哀侯（公元前 376—前 375 年）徙新鄭（即今河南新鄭縣）。趙：三家分晉後，列爲諸侯，都晉陽（故城在今山西太原縣北），獻侯（公元前 423—前 409 年）徙中牟（故城在今河南湯陰縣西五十里），肅侯（公元前 349—前 326 年）徙邯鄲（故城在今河北邯鄲縣西南十里）。魏：三家分晉後，列爲諸侯，都安邑（故城在今山西夏縣北），惠王（公元前 369—前 320 年）徙大梁（今河南開封縣，因稱梁）。此時冀州（晉）無大國都城（魏惠王徙"大梁"爲冀州（晉地）無大國國都之始，其時在公元前 369 年之後），故簡文"九州"不列"冀州"也。

②有"幽州"。此當是燕昭王（公元前 311—前 279 年）興燕破齊，開拓東北邊境之後[①]，幽州遂得以成爲九州之一。

③以"明都"（孟諸）澤屬"塗州"即"青州"（或營州），與《職方》同，而在《禹貢》則屬豫州。何以本屬豫州之"孟諸"澤，變爲屬"虘州"（"青

---

① 燕將秦開（大約在昭王時）"襲破走東胡，東胡却千餘里"。燕得擴地于遼東，并建築長城，設置上谷、漁陽，右北平、遼西、遼東五個郡（《史記・匈奴傳》）。燕昭王破齊，在公元前 284 年。秦開拓地，當在破齊之後。

州”或“營州”)?“青州”或“營州”齊也。本屬豫州之“孟諸”澤，改屬“青州”。當是戰國時期，齊滅宋（公元前286年，齊湣王滅宋）以後的反映。

④不曰“雍州”而名曰“虘州”，即“周州”。秦德公（公元前677－前676年）居雍（《禹貢》以雍名州，當是據秦都之名）。《容成氏》以虘（周）爲州名，當是秦國衰弱時期的反映。公元前361年秦獻公去世，孝公即位，下《求賢令》。在令文中，説明秦國從秦厲共公到秦出子時期（公元前476－前385年）“國家内憂未遑外事”致被魏國奪去河西地云云。這表明在戰國初期的近百年時間内，泰國的衰弱是很明顯的。《容成氏》以“虘”（周）代“雍”爲州名，其由于此一因由乎?

⑤以齊、魯之地，而被以“塗州”（青州）、“莒州”和“競州”（奄州）等三州之名，這可能是作者乃齊、魯儒生的緣故。

2013年7月8日上午

寫此于幹療院

先秦時代金器出土情況與《禹貢》有關問題

《書·禹貢》揚州："厥貢惟金三品。"荊州："（厥貢）惟金三品。"又梁州："厥貢鏐鐵銀鏤。"

何爲"金三品"？顧頡剛、劉起釪《尚書校釋譯論》注云："《史記》《漢志》皆作貢金三品。"《集解》："鄭玄曰：'金三色也。'《孔疏》引云：'鄭玄以爲金三品者，銅三色也。'這與古代以銅爲金，相符。"《詩·泮水》孔疏引《禹貢》"揚州、荊州皆言金三品"，後云："彼注云：'三品者，銅三色也。'"王肅以爲"三品：金、銀、銅"。鄭不然者，以梁州云"厥貢鏐、鐵、銀、鏤"。《爾雅·釋器》云："黃金之美者謂之鏐。白金謂之銀。"貢金銀者，既以鏐銀爲名，則知"金三品"者，其中不得有金銀也。又檢《禹貢》之文，厥貢鏐、鐵、銀、鏤而無銅，故知金即銅也。僖十八年《左傳》曰："鄭伯始朝于楚，楚子賜之金……曰無以鑄兵。故以鑄三鐘。"《考工記》云："六分其金而錫居一，謂之鐘鼎之齊。""是謂爲金也。三色者，蓋青、白、赤也。"此釋述古代以銅爲金，甚明晰，金三品即青銅、白銅、赤銅。訛《孔傳》承王肅説釋"金三品"爲"金、銀、銅"也，實誤。《孔疏》從而解説之，亦誤。《蔡傳》承之，更誤。

《禹貢》梁州厥貢"鏐、鐵、銀、鏤"。《史記》集解引鄭玄曰："黃金之美者，謂之鏐。"鏤、鋼、鐵，可以刻"鏤也"。段玉裁《撰異》云："美玉之字，從玉作璆。紫磨金之字從金作鏐，不能混一。"今從鄭作"鏐"。顧、劉謂："段説極是，此句'鐵、銀、鏤'三字皆爲金旁。則第一字亦當爲金旁之鏐，而後四者皆金屬。"

《爾雅·釋器》："黃金謂之璗，其美者謂之鏐。"郭璞注："鏐即紫磨金。"《錐指》指出"古不聞此州出美玉，而于闐又遠"，"則釋玉自不合格于此州"。

“由左思《蜀都賦》稱蜀境‘金砂銀礫，符采彪炳輝麗灼爍’，知梁州之地，故產金銀。”

以上解釋是否正確，可以地下出土先秦的金器情況來驗核之。

陳振中《先秦時代的金器及其特點》(《中國經濟史研究》65—73頁)謂：“從考古發掘的資料來看，我國黄金的發現和使用，略晚于銅和青銅。商代以前，只有零星出土物（僅有四處，爲含金沙陶片、金耳環、金銀製作的鼻飲等）。商代和西周，金質出土物數量漸多，種類也較多，但皆爲小型的裝飾製品，或是人身上的佩飾，或爲其他器物上飾件。至東周，小件金飾品等有進一步的增長，同時還出現較大金質器皿。”

其中值得注意的情況是：

1. 在商代，在其統治中心地區的黄金製品，多爲金箔、金葉和金片，主要貼飾于其他器物的表面起裝飾作品。而“最令人矚目的是四川廣漢三星堆遺址出土的一批金器，不僅數量多，而且别具一格，在已發掘的一號祭祀坑和二號祭祀坑中，出土了金杖、金面罩、金葉、虎形金飾、魚形金飾及圓形金飾等”。

换言之，在殷商和西周遺址出土金器，以四川廣漢三星堆遺址所出金器數量大且集中。這表明《禹貢》獨于梁州以“鏐”(黄金)爲貢之“鏐”，當從鄭玄説，訓爲“黄金之美者”。又證明《禹貢》所據材料必在東周以前，因爲東周之後地下出土器之金器和金幣，則以荆州地區數量多見大器皿矣。

2. 陳振中又謂：“東周金器出土地域大大擴展（共16個省區（市），66個縣，186處地點出土金質器物），其數量、種類較前增加較多，較大形金器出現。紫金器物漸多，鑄金器具有長足進步。黄金作貨幣職能發展。”

其中荆州之域，爲黄金器物、貨幣出土最多之地。隨縣曾侯乙墓出土的一批金器，包括金盞、金杯、金器蓋、金漏勺、金帶鈎、金彌黄和金箔。總共黄金用器達8430克。其中一金盞，通高11厘米、口徑15.1厘米，重2150克，爲先秦金器最大亦是最重的一件金質器皿。

而所出楚國金幣甚多。“從楚國金幣印文的分析，可知進入東周的楚國，其前期、中期、後期始終都鑄造金幣，鑄造地域相當廣闊，這反映該地區已有相當規模、長期發展的黄金淘采冶煉鑄造工業。”

《禹貢》荆州只記“貢金（銅）三品”而不及黄金，可證《禹貢》所據材料在春秋以前。即使《禹貢》寫定于春秋，而所據所述之材料史實爲春秋以前之事。

何以《禹貢》記揚州、荆州皆“貢金（銅）三品”？地下出土資料表明：商從南方取得之銅礦原料，有許多來自江西瑞昌銅礦[①]和湖北大冶銅綠山[②]而湖北黄陂盤龍城遺址和江西吴城城址這兩個地區中心，很可能就是商王國爲控制當地銅礦等資源而在長江中游（荆、揚二州）地區設立的兩個據點。

這表明《禹貢》記荆、揚二州“貢金三品”，所據史料早在商周時期矣。

2017年10月21日終審于幹部療養院

---

① 劉詩中、盧本珊：《江西銅嶺礦遺址的發掘與研究》，《考古學報》1998年第4期。

② 夏鼐、殷瑋璋：《湖北銅綠山古銅礦》，《考古學報》1982年第1期。

《禹貢》之“渠搜”

《書·禹貢》:“織皮:昆侖,析支,渠搜。西戎即叙。”渠搜地望,有二説:

1.“在金城河關之西”。《漢書·揚雄傳下》載雄《解嘲賦》有云:“今大漢左東海,右渠搜,前番禺,後陶塗。”以“渠搜”在大漢之西《漢書·武帝紀》師古注引應邵曰:“《禹貢》析支、渠搜屬雍州。在金城河關之西。”

2.“在朔方”。同上顔注引晉灼曰:“《禮》大傳:‘北發、月支,可得而臣,似國名也。’”《地理志》:“朔方郡有渠搜縣。”又引臣瓚曰:“《孔子三朝記》云:北發渠搜,南撫交趾,此舉北以南爲對也。《禹貢》渠搜在雍州西北。渠搜在朔方。”《水經注·河水三》:“河水自朔方東轉,徑渠搜縣故城北。《地理志》,朔方有渠搜縣,中部都尉治,王莽之溝搜亭也。《禮三朝記》曰:北發渠搜,南撫交趾,此舉北對南。《禹貢》之所云析支、渠搜矣。”

對于“渠搜”在“朔方”之説,持反對意見者,有兩方面理由:

1.“渠搜”如在“河套”(朔方郡)地區,不得目爲“西戎”。如金景芳、吕紹岡《〈尚書·虞夏書〉新解》謂:“此渠搜爲西戎一支無疑,或在今青海,或在今新疆。”《漢書·地理志》載“朔方郡有渠搜縣”(在今内蒙古自治區河套以内鄂托克旗附近),與西戎之渠搜種落相去甚遠。傅寅《禹貢説斷》謂:漢代朔方郡之渠搜縣,亦當是金城以西之戎,後來種落遷移,遷到河套地帶。至漢代置縣禹時之渠搜種落,必不在此。按:傅説是。

2.《漢書·地理志》朔方郡下有渠搜縣,這并不足以證明古渠搜國即在此處。西漢時期在西北邊郡有一些縣、道以西域國名爲名,如張掖郡有驪軒縣、安定郡有月氏道、上郡有龜兹縣,渠搜縣名亦同此例。這些縣、道取名的原因未詳,顔師古解釋以爲漢朝遷其一部分移民于此,故名。這個説法不能成立,如驪軒即指當時的羅馬共和國，漢朝豈能遷一支羅馬人于張掖郡？渠搜在西漢時已不存在，漢朝又何從得遷其居民？據馬雍推測，這些地名都是漢武帝通西域以後爲了誇揚而取名的，并無任何沿革關係[①]。

按：以上懷疑《禹貢》“渠搜”在河套地區的理由，都是站不住足的。因爲：(1) 河套地區是《禹貢·雍州》之域，從而《禹貢》雍州西戎之一的“渠搜”，位于河套地區，不是違背而是符合《傳》意的。何以知“河套”地區是《禹貢》雍州之域?《禹貢·雍州》章云：“浮于積石，至于龍門、西河，會于渭汭。”此雍州貢道也。“浮于積石，至于龍門、西河”，當然包括了“河套地區”一段的黃河河道。這是“河套”地區是雍州之域的內證。金景芳等人[②]無視此點，遂以爲雍州渠搜不是在河套地區，是錯誤的。(2) 西漢西北邊郡有一些縣、道以西域國名爲名。這個解釋并不錯誤，只是把這些移民都作爲“漢朝遷來”之“移民”，這就簡單化了。當時西域與中原交往頻繁，商業移民衆多，分駐于“絲綢之路”各地。漢朝時，其移民集中區，以移民之主要種族之名爲其地縣、道之名，有何不可？秦漢時期以居民種族爲名之縣、道，大率皆如此命名，以何疑于“渠搜縣”“驪軒縣”“月氏縣”耶？

更重要的是，“渠搜”之國，在歷史上確實存在于“河套”地區，其記録見于以下文獻：

(1)《穆天子傳》卷四：“天子（穆王）乃遂東南翔行，馳驅千里，至于巨蒐氏。”“甲戌，巨蒐之［人］𡚁奴觴天子于焚留之山。”“乙亥，天子南征陽紆之東尾。”

趙儷生謂：“巨蒐”，即渠搜。方位一説在費爾幹，一説在河套。此離陽紆僅一天之程，則後者爲是。《漢志》載“朔方郡就有渠搜縣”。王貽梁《穆天子傳匯校集釋》(215—216 頁) 謂：諸説巨搜爲古渠搜，可信。其地距陽紆之東尾僅一日程，可知其必在今陰山東麓之北，至多百里左右處。其他諸説皆不合。

(2)《逸周書·王會解》：“渠搜以鼩犬。鼩犬者，露犬也，能飛，食虎豹。樓煩以星施。星施者，珥旌。”

按：《王會解》以“渠搜”與“樓煩”相次。孔晁注：“樓煩，北狄也。”

---

① 馬雍：《新疆佉盧文書中 Kośava 即“氍毹”考——兼論“渠搜”古地名》，《中國民族古文字研究》，中國社會科學出版社，1984 年，第 50—55 頁。

② 陽紆之藪，爲雍州之藪。而《穆傳》記其地在“河套”東部。此“河套”爲雍州之域的一證也。

《史記·匈奴傳》:“正北有樓煩之戎。”《趙世家》:“主父行新地,遂出代,西遇樓煩王于西河。”《漢書·地理志》“雁門郡樓煩縣”,應劭注:“故樓煩胡也。故城在代州崞縣東。”“渠搜”既然與樓煩地相鄰,則其地在河套地區,正與《王會解》之位次合矣。

《王會解》列渠搜于“西方”,乃謂其在西方之北,即“西北”是矣。《禹貢》雍州在西,渠搜在其北,其方位與《王會解》所列合。

《禹貢》《穆天子傳》和《逸周書·王會解》皆先秦文獻至遲亦爲戰國中期以前作品,此時之“渠搜”在河套地區。後世文獻又記有“渠搜”在中亞地區之文,如:

《太平御覽》卷一百六十五引《凉土異物志》:“古渠搜國,當大宛北界。”《隋書·西域傳》:“钹汗國,都葱嶺之西五百餘里,古渠搜國也。”余太山謂:這説明在鈸汗即費爾幹納地區也有渠搜人。而這些渠搜人在《隋書·西域傳》描述的年代,取代原來的吐火羅人,成爲費爾幹納地區的宗主,其名始得顯彰。中國史籍將‘大宛’改稱‘破洛那’(《魏書·西域傳》)或‘鏺汗’,也許與這一變動有關。吐火羅人至遲在公元之前一百四十年進入費爾幹納。渠搜人進入該地當早于此。

中亞地區費爾幹納之“渠搜”人從哪裏來的,據《隋書·西域傳》記載,他們是從甘肅河西走廊地區西遷而來的。《隋書·西域傳》下云:“鏺汗國,都葱嶺之西五百餘里,古渠搜國也。王姓昭武字阿利柒,都城方四里,勝兵數千人。”

“鏺汗”國王姓“昭武”,正表明這“古渠搜”國的今主,來自甘肅河西走廊地區。因爲《隋書·西域傳》“康國”下云:“其王本姓温,月氏人也。舊居祁連山北昭武城,因被匈奴所破,西逾葱嶺,遂有其國。支庶各分王,故康國左右諸國并以昭武爲姓,示不忘本也。”

余太山《要注》(557頁)謂“舊居祁連山北昭武城”云云,近人多斥爲無稽之談。(如白鳥庫吉《粟特國考》:月氏舊居據《漢書·西域傳》在敦煌、祁連間。)而據《漢書·地理志》昭武縣屬張掖郡,位于今祁連山北。按之《晉書·地理志》昭武縣在西晉時避文帝諱已易名“臨澤”,由此可見隋人不可能也毫無必要把這個久已湮滅的古縣名硬加到索格底亞那諸王頭上。换言之,傳文稱康國等國國王爲月氏人,均姓昭武,并溯源于“昭武城,必有依據,很可能得諸當時來華的昭武諸姓國人”。

康國國王是來自昭武的“月氏”人，而鏺汗國國王也“姓昭武”，則當亦是來自“昭武”的“月氏”人，可是鏺汗國又是“古渠搜國”，這如何解釋?

這個問題可解釋爲“月氏”是一個大族群，而“渠搜”是“月氏”這個大族群中一個分支、一個部分。即“渠搜”是“月氏”人中被稱爲“渠搜”的獨立部分。這個解釋的依據是：鏺汗國王是昭武姓的月氏人，又是渠搜國國王。

昭武的月氏人在祁連時包含有“渠搜”人，西遷中亞。昭武月氏人又包含有“渠搜”人。這表明：“月氏”人中包含了“渠搜”這部分人。

在《穆天子傳》中，記録了在河套東邊，有“焉居禺氏之居”，“禺氏”即“月氏”。而在河套東邊又有“巨搜之國”，即其時河套東部地區，月氏（禺氏）與“渠搜”（巨搜）相鄰同見。

在《逸周書・王會解》中，北邊西部有“禺氏”。西邊北部有“渠搜”。換言之：月氏（禺氏）與“渠搜”均位于西北，亦相鄰出現。

這與隋時中亞地區昭武姓月氏諸國中，包含有“渠搜古國”的“鏺汗國”的情況相同。

總之，“渠搜”是“月支”人中的一支。從大類説是“月支”人，從小類説是“月支”中的“渠搜”人。

據《穆天子傳》《逸周書・王會解》，最早的“月支”（禺氏）、“渠搜”（巨搜）都在晉北、河套地區。

後來爲什麽出現在“敦煌、祁連間”呢?這當與戰國趙武靈王“胡服騎射”，攻略胡地破林胡、樓煩，建立雲中郡、雁門郡的歷史事件有關（《史記・趙世家》趙武靈王“西略胡地，至榆中，林胡王獻馬”及“攘地北至燕代，西至雲中、九原”，即指此事）。其時趙武靈王所拓地至河套地區，從而迫使原在河套地區之“禺氏”（月氏）、“巨搜”（渠搜）西遷敦煌、祁連間①。

至于“月氏”“渠搜”從“敦煌、祁連間”西逾葱嶺，立國中亞，則是由于秦漢初年“匈奴破月支”而導致的結果。

---

①　岑仲勉謂：“《史記・秦始皇本紀》云：‘西北斥逐匈奴，自榆中并河以東屬之陰山，以爲三（四）十四縣，城河上爲塞。又使蒙恬渡河，取高闕、陶山、北假中，築亭障，以逐戎人。’余數年前已經提出（參《真理雜志》28頁），謂《本紀》之文應分兩段讀：‘西北’至‘爲塞’爲一段，係説逐匈奴立縣；‘又使蒙恬’至‘逐戎人’一段，係説渡河略地逐戎人。其對手方不同。試取本篇比觀，即知秦始皇所逐之戎，即渠搜等之戎人。彼時其占地擴及套北，故須渡河以驅之。”（《西周文史論叢・上古東遷之伊蘭——渠搜與北發》，49—50頁）按：如岑説則渠搜居于河套地區，其後西遷乃由于秦始皇“渡河略地”所致。

白鳥庫吉説渠搜即戰國時河西地區之“月支”(《西域史研究》),有一定道理,但不準確。戰國中期以前,月支、渠搜在河套東部地區,趙武靈王西略胡地,月支、渠搜才西遷敦煌、祁連間,這當是戰國後期之事了。此其一。“渠搜”爲“月支”之一部,其族、國常隨“月支”人而共存,但他們不是“月支”的全部,所以在古代文獻上“渠搜”“月氏”并行出現。此其二。

《禹貢》雍州西戎之“渠搜”在河套地區。這證明其時月支、渠搜尚未西遷敦煌、祁連間,是《禹貢》的寫定早于趙武靈王“西略胡地”之時也。

《禹貢》雍州之“昆侖”即指祁連山地區(見另説),故知“渠搜”此時不在祁連也。

2009年10月22日上午

于天迴山幹部療養院

2017年10月22日終審于幹部療養院

《禹貢》“錫土姓”乃分封諸侯之事和“立爲本族之宗子”亦即“授土，授民”

楊希枚在《姓氏古義析證》《論先秦姓族和氏族》等文中對“姓”“氏”二字古義，進行辨析。提出：先秦的“姓”包含了“子”“族”“民”三層含義。“氏”包含了“個人”“族屬”和“邦國”（王朝）三層意思。在《左傳》“因生以錫姓”中，認爲：“先秦分封制度下的‘賜姓’的‘姓’應指‘民姓’。賜姓與胙土（裂土）、命氏（封國）爲分封制度三要素。”其説可從。

《禹貢》之“錫土姓”，即“授土，授民”。正是分封諸侯之事。至于“命氏”（賜氏）則是給以諸侯之名義（國名和爵位）。

按：楊先生之説，未得真解。錫土，給受封者賞以領土。或受一國之地，是爲諸侯，或受世禄之領地，是爲卿。大夫即“開國成家”之事也。西周土地附庸，農民是强制附着于土地的。故授土之事，包括授民在内，錫土而附庸土田之民在其中矣。金文散氏盤記劃撥領地事，而附庸其地之民衆人，即包括在内。可爲一例也。

“錫姓”之“姓”，即“姓氏”之姓。受封者，皆已有姓，爲何又“錫”之？此所錫者，非另加别之“姓”號。而封其爲原有姓氏之宗子、族長，從而享有祭祀此姓始祖之專利權也。“伯夷”乃姜姓，帝又賜之“姜姓”者，謂使其爲姜姓宗子、族長，得祀炎帝也。其他“錫姓”之有關記載，皆可以此例説之矣。所以周封同姓子弟爲諸侯，無“錫姓”之事，何也？周天子爲姬姓之宗主。故姬姓諸侯得錫土、錫民而不“錫姓”矣。

又：春秋列國常采取更立宗主的辦法來處置失敗的卿大夫。如魯國殺叔牙，而立叔孫氏；齊國鮑牽被刖，“齊人來召鮑國而立之”；晉討趙同、趙括，乃立趙武（《左傳·成八年》）。此錫姓乃立爲“宗主”之又一些事證。

2009 年 2 月 1 日下午補記

2017 年 10 月 22 日終審于幹部療養院

《禹貢》荆州“九江納錫大龜”證

《書・禹貢》荆州“九江納錫大龜”，孔安國傳：“尺二寸曰大龜。出于九江水中，龜不常用，賜命而納之。”孔疏：“《正義》曰：《史記・龜策列傳》云：‘龜千歲滿尺二寸。’[①]《漢書・食貨志》云：‘元龜距髯，長尺二寸。’故以‘尺二寸爲大龜’。冠以‘九江’，知‘出九江水中’也。文在‘篚下’而言‘納錫’，是言‘龜不常用，故錫命乃納之’，言此大龜錫命乃貢之也。”

蔡沈傳：“大龜，尺有二寸，所謂國之守龜。非可常得。故不爲常貢。若偶得之，則使之納錫于上。謂之納錫者，下與上之辭。重其事也。”（按：蔡釋“納錫”爲“下與上之辭”，正確。孔傳以“錫命乃納之‘釋’納錫”之誤，得蔡傳始得糾正。）

《詩・魯頌・泮水》：“憬彼淮夷，來獻其琛。元龜象齒，大賂南金。”毛傳：“琛，寶也。元龜，尺二寸。”淮夷獻“元龜”。亦以“元龜”出于南方，爲淮夷所得之“寶物”。孔疏：“《禹貢》徐州‘淮夷蠙珠暨魚’。則淮夷居在徐州，貨唯珠、魚而已。其土不出龜、象，其國不屬荆揚。而得其龜、象、南金獻于魯者。《禹貢》所陳，謂常貢天子土地所出。此則僖公伐而克之，塈以賂魯。其國先得此寶，以其國寶爲獻，非是淮夷之地出此物也。”是淮夷之國，在歷史上一度强盛，故荆揚之元龜、象齒、大賂、南金得擅而有之矣。

殷墟卜辭記“入龜”之事，可與《禹貢》荆州“九江納錫大龜”互證。

殷之貴族、諸侯有向王室貢納龜甲以供占卜之事，一般是將貢納者和貢龜數字刻在龜板反面之橋上，甲骨學家稱之爲“甲橋刻辭”。一般用語爲“致”

① 《龜策列傳》：“廬江郡常歲時生龜，長尺二寸者，二十枚輸太卜官。”《通典・州郡十一》：“蘄州廣濟蔡山出大龜。”《尚書》云：“九江納錫大龜。”即此。

“入”“來”等。最多的一次貢入一千只龜：“我以千。”（《合集》116反、2530反）其次是八百只龜：“□□卜，永鼎（貞）：我以龜……其八百。”（《合集》9018）再次是一次貢龜五百只：“雀入（龜）五百。”（《合集》9774反）“……龜五百。”（《合集》9182、9183）

以下是貢龜四百只、三百只（《合集》2260反，《懷特》五三），二百五十、二百、一百五十、一百皆有，其中以二百五十和一百多見。“雀”往：入數爲二百五十。

貢龜之地，多在南方。如卜辭云：“㞢（有）來自南，以龜。”（《合集》7076）“貞：龜不其南致[1]。”（《東京》311）

“以龜”而來“自南”，其地望與《禹貢》“九江納錫大龜”正合。

而“貢龜”最多之“我”與“雀”，其領地皆在南方。如卜辭記“我”與“雀”都在“南方”活動。如：“乙未[卜]，……鼎（貞）：立史（事）于南，又（右）从（從）[我]，中从（從），𠂇（左）从（從）曾。”（《合集》5504）“乙未卜，□（貞）：立史[于南]，又從我，[中]從輿，左從[曾]。十一月。”（《合集》5512）此武丁在南方從事一場戰争，當地方國“我”“輿”（舉）、“曾”軍隊分别随王室右、中、左三軍行動，“曾”地望在今湖北京山、随縣、棗陽一帶，“舉”在今漢東舉水流域，“我”之地望當亦在這一帶地區。

“雀”的活動也在“南土”。“辛酉卜，鼎（貞）：雀亡囚（憂），南土肩告史。”（《合集》20576）

由此可知：殷人勢力所達之“南土”，已屬《禹貢》之荆州。在此活動之屬國“我”“雀”大量貢龜，被稱爲“南龜”，正與《禹貢》荆州“九江納錫大龜”之事合。

2017年10月22日終審于幹部療養院

---

① 于省吾釋氏，讀氏，訓致。

《禹貢》“岷山導江，東别爲沱，又東至于澧”解

《禹貢》：“岷山導江，東别爲沱，又東至于澧。”《史記》集解：“孔安國及馬融、王肅皆以醴爲水名，鄭玄曰‘醴，陵名也’。”醴陵在長江以南數百里，鄭説不能成立。舊學者以爲澧入洞庭，何能單獨與江會？故知澧爲水名，而不能定其處。

按：先秦至漢晉，洞庭湖尚是洞庭之野的“小湖”，其時湘水、澧水獨自入江。資水入沅合于洞庭，然後以沅水之名入江。張修桂《洞庭湖演變的歷史過程》（《歷史地理》創刊號）對此有很好的論證。其要云：

《莊子·天運》：“帝張咸池之樂于洞庭之野。”又《至樂》：“咸池九韶之樂，張之洞庭之野。”是戰國時代，洞庭爲平野景色。又《山海經·中次十二經》：“洞庭之山……帝之二女居之，是常游于江淵。澧、沅之（風），交瀟、湘之淵。”説明湘、沅、澧在洞庭山（君山）附近與長江相會。《漢書·地理志》記載更明確：“湘水北至酃（縣治在今湖北通城縣西北）入江。”“沅水東南至益陽（縣治在今縣東北八十里）入江。”“資水東北至益陽入沅。”“澧水東至下雋入江。”只見湘、沅（資入沅）、澧分别流入長江，不見浩渺洞庭湖。

1957年出于安徽壽縣的楚懷王六年（前323）之“鄂君啓節”，其舟節西南水路銘文爲“自鄂（今湖北鄂城）往：上江、入湘、入資、沅、澧、油”，不見“入湖”之文。與《漢志》所載一致。

東漢三國時之《水經》記：湘水又北過下雋西，又北至巴丘山入江；澧水又東過作唐縣（治所在今安鄉縣北安全附近）北，又東至下雋縣西北東入江；沅水又東至下雋縣西北入江，資水又東與沅水合于湖中，東北入江。所載與《漢志》大體相同，正和“鄂君啓節”銘文一致，也和《禹貢》“岷江導江，東别爲沱，又東至于澧”相符。東晉初年郭璞注《山海經》明確指出：“江、湘、

沅水皆共會巴陵頭，故號爲三江之口，澧又去之七八十里而入江焉。”

但《水經》與《漢志》不同處在于，《漢志》“明確記載存在于君山西南的資、沅水交匯處”，《水經》可能因湖泊太小，不著其名。而在《楚辭·九歌》中已有“裊裊兮秋風，洞庭波兮木葉下”的描述。顧棟高《梵辭地理考》中指出這湖“微波淺瀨，可供愛玩，無今日之浩渺大觀”。《海内東經》（之漢初人作品部分）謂：“沅水出象郡鐔城西。入下雋西，合洞庭中。”“湘水出，舜葬東南，陬西環之，入洞庭下，一曰東南西澤。”而郭璞稱這個“洞庭”爲“洞庭陂”。

按：張説精當。足證《禹貢》之“又東于澧”，是江與獨自入江之澧會合，于時洞庭只是君山西南資、沅二水合成的小湖。《九歌·湘君》記湘君“架飛龍兮北征，邅吾道兮洞庭”，“望涔陽兮極浦，横大江兮揚靈”，“朝騁騖兮江皋，夕弭節兮北渚”。其行程爲：沿湘水北上入江，再轉道沅水入洞庭，到洞庭之北渚（即君山）。亦可證明湘水不入洞庭湖。湖在君山西南，甚小，故君山不在湖中，而爲其北諸。

2017 年 10 月 22 日終審于幹部療養院

《禹貢》“昆侖”“析支”“渠搜”解

《禹貢·雍州》：“織皮：昆侖、析支、渠搜，西戎即叙。”蘇軾《書傳》：“以罽者曰織，以裘者曰皮。”是兩種貢品。而“昆侖”“析支”“渠搜”則是三個地名。與《梁州章》“織皮，西傾。因桓是來”同例。披文“織皮”是貢品，“西傾”是地名，也即居于西傾山區之人的代稱。此“昆侖”“析支”“渠搜”是三地，也指居此三地之少數民族。

1. “昆侖”所在，主要有七説。即：①祁連山説；②瑪沁雪山説；③巴顔喀拉山説；④岡底斯山説；⑤喜馬拉雅山説；⑥于闐昆侖山脉説；⑦葱嶺説。李長傅謂：“就《禹貢》昆侖而論，漢以前佛教未傳入中國，當然無阿耨達山、須彌山之説，故四説、五説不能成立。張騫出使西域以前，尚無黄河源出葱嶺和于闐南山之説，六説、七説也不能成立。唐以前未探河源，不知阿木尼馬禪山，更不知巴顔喀拉山，故二説、三説應否定。祁連山近中國，但非河源所在，不符合古人關于昆侖之觀念，第一説也應否定。”（《禹貢釋地》，92頁）

按：李説否定二至六説，皆有理，得之。但否定第一説（即祁連昆侖説）則無理。因爲據“河出昆侖”來否定祁連昆侖説，離開了《禹貢》的體例。《禹貢》只説“導河自積石”，無一字涉及“河出昆侖”之傳説，怎麽能據祁連山非河源，來否定其爲《禹貢》之昆侖？

《禹貢》以“弱水”（張掖至酒泉）西傾山爲雍州西界，而其所述之“昆侖”“析支”“渠搜”三地，必須是在雍州之内，至少緊接雍州的邊境。上述②至⑦種昆侖説之所以不能成立，主要是與《禹貢》雍州相隔很遠，與雍州不沾邊。而祁連説則符合與雍州相鄰的條件。因爲雍州弱水即發源于祁連山，以祁連即“昆侖”，此昆侖正在雍州境内（祁連東段）或與雍州緊鄰（祁連西段），所以此説可以成立。

《漢書·地理志》：“金城郡……臨羌（今西寧附近）。西北至塞外，有西王母石室……西有須抵池，有弱水、昆侖、山祠。”此“昆侖山祠”，在弱水源頭附近之祁連山上，其地望正與《禹貢》雍州之昆侖相應。孔疏：“王肅云：‘昆侖在臨羌西。’”《太平御覽》引崔鴻《十六國春秋》：“張駿時酒泉太守馬岌上言：酒泉南山即昆侖之體。周穆王見西王母樂而忘歸。”《漢志》又載于敦煌郡廣至縣置昆侖障。此亦祁連山西段也爲“昆侖”一部分之證。

“昆侖”即“祁連山”。那麼居于此地區是什麼族人？《史記·大宛傳》：“始月氏居敦煌、祁連間。”此秦漢之際時事。其時，烏孫“本與大月氏俱在祁連敦煌間”（《漢書·張騫傳》）。但在戰國時之文獻記載則謂“月氏”居于北方不在敦煌、祁連的河西走廊地帶。《逸周書·王會解》北方偏一列“禺氏騊駼”與“匈奴狡犬”相鄰。（何秋濤以此“禺氏”即“月氏”，可從。）《管子·揆度》：“北用禺氏之玉，南貴江漢之珠。”亦以“禺氏”在北，不在西。是《禹貢》時期（戰國前期）祁連（昆侖）地區，非月氏、烏孫所居之地。那麼在月氏、烏孫居留祁連地區之前，此地最可能的區居民是何族呢？《廣弘明集》卷十七載梁荀濟上武帝之論佛教表中有云：“《漢書·西域傳》：塞種本允姓之戎，世居敦煌，爲月氏迫逐，遂往葱嶺南奔。”據此，在月氏來敦煌、祁連地區前，“世居敦煌”爲“塞種”。此族最可能即《禹貢》“昆侖”地區之居民。江應梁謂：“近代國内外不少學者結合自19世紀以來，在塔里木盆地周圍和吐魯番盆地陸續發現的古代語言文字與壁畫雕塑等，認爲塞人爲雅利安人，屬印歐語系，或是操東部伊朗語的民族。也有學者認爲塞人應該主要是操某種突厥語的民族。”（《中國民族史（上）》171頁）

李長傅謂：“阿爾泰語系發音K與Ch通。故Kuehlun（昆侖）可能轉爲chilien（祁連）。”《漢書》顏師古注説：“匈奴鮮卑語，‘天’作‘祁連’。”

2. “析支”所在，古來所説比較一致。《釋文》引馬融云：“析支在河關（今青海同仁）西。”《水經注》引司馬彪語：“西羌者，自析支以西，濱于河首左右居也。河水屈而東北流，徑于析支之地，是爲河曲矣。”又引應邵曰：“《禹貢》析支，屬雍州。在河關之西，東去河關千餘里羌人所居，謂之河曲羌也。”《後漢書·西羌傳》：“河關之西南羌地是也……濱于賜支，至乎河首，綿地千里。賜支者，《禹貢》所謂析支者也。”

馬長壽（《氐與羌》11—12頁）謂：“河關在蘭州西南。以西千餘里爲河曲。黄河自西來，至大積石山脉東南端，曲而西北行，經小積石山的東北麓，又曲而東北行；至曲溝，又曲而東行，凡千餘里。皆稱河曲，羌語稱之爲‘賜支’。二十多年前，我曾往四川汶川、茂縣等地調查羌語。今日羌人仍稱河曲爲‘賜支’(Slitsi)。并言其遠祖自賜支遷來。”《西羌傳》謂：西羌始祖無弋爰劍，畏秦之威，“亡入三河間”，諸羌共畏事之。此三河，李賢注以爲“即黄河、賜（析）支河、湟河”。黄河上游在析支之西，湟河在析支的北面。故得出結論：“古代羌族分布在青海東部的河曲，及其以西以北等地。”

按：“析支”即青海東部的河曲，與《禹貢》以“析支”爲雍州西境地區合。“析支”之地，居者爲“西羌”。《後漢書・西羌傳》記“無弋爰劍”居三河間爲秦厲公時事，時乃戰國初期（公元前 476－前 443 年），亦與《禹貢》爲戰國初期作品的時代合。

3. “渠搜”所在。《漢書・地理志》：“朔方郡有渠搜縣。”《水經注》：“河水自朔方東轉，徑渠搜縣故城北……《禹貢》之所云析支渠搜矣。”舊説渠搜在今内蒙古托克旗南故厥方城。李長傅（《禹貢釋地》，93 頁）認爲渠搜故地在漢朔方郡，即今河套地區。其説與《禹貢》合，故《水經注》之説可信。何以此説可信，有二證。

渠搜在河套之朔方郡地區，則在“黑水西河惟雍州”的雍州境内或其邊境。因爲從積石導河起東至龍門西河皆爲雍州之境。那麼河套爲黄河所經，當然爲雍州之地。而渠搜所在河套地區，正是雍州之境，與《禹貢》之説合。此其一。

《逸周書・王會解》“渠搜以鼩犬”列于“樓煩以星施”之前。《史記・匈奴傳》：“晋北有樓煩之胡。”《漢書・地理志》雁門郡、樓煩縣，應劭注：“故樓煩胡也。”故城在代州崞縣東。樓煩在晉西北，與渠搜鄰。正與《漢書・地理志》記渠搜在朔方郡河套地區之説相合，此其二。

“渠搜”是地名，又是居于此地人之族名，蓋以居民之族稱，即以名其地。此族人是中亞西胡。先秦時已居留雍州河套地區（《禹貢》與《王會解》可證)。故《凉州異物志》“古有渠搜國，在大苑北界”，《隋書・西域傳》“鏺汗國，都葱嶺之西五百里，故渠搜國也”。李長傅謂：“鏺汗，即《魏書》之洛那（破洛那)。《大唐西域記》之鏺汗那。《舊唐書》之拔汗那。今地圖作費爾幹。皆爲 fengana 之對音。古大宛國所在地，今蘇聯烏兹别克共和國。《禹貢》之渠搜，恐無如此之遥遠。”（《禹貢釋地》93 頁）按：渠搜是中亞費爾幹地區之西胡人，其出現在《禹貢》《王會解》和《穆天子傳》中，表明在先秦，中亞商人已經來到中國，且聚族而居，故朔方地區，留下“渠搜”之地名也。

《穆天子傳》卷四：“天子乃遂東南翔行，馳驅千里，至于巨搜氏。”此“巨搜”當即《禹貢》之“渠搜”。有的學者據《釋傳》所載穆王行程推出，或以爲在陰山一帶。王貽梁、陳建美以爲：按之傳文，巨搜居地距陽紆之東尾，僅一日程，故必在陰山東麓之北，至多百里左右處。（《穆天子傳匯校集釋》）鄭杰文以爲：按穆王行程考察，巨搜居地當在陰山北艾不蓋河、錫拉木倫河一帶。（《穆天子傳通解》）或以爲在朔方。（陳逢衡《穆天子傳注補正》、小川琢治《周穆王的西征》）或以爲在肅州以至鄯善一帶。（岑仲勉《〈穆天子傳〉西征地理概測》）或以爲在費爾幹納。（高夷兵《讀〈穆天子傳〉隨筆》）其中陰山説，與《穆傳》最合，與漢之“朔方”説亦不矛盾。西周至秦漢居地有所移異，但不出河套大地區。亦與《禹貢》之渠搜合，因其在雍州之境也。

應邵以爲《禹貢》“渠搜”應在金城之西。傅寅同之，謂：“以余考之，漢朔方之渠搜，非此所謂渠搜。此亦當是金城以西之戎也。後世種落遷徙，故漢有居朔方者，若禹時渠搜居朔方，則不應浮積石。陸氏之説（《尚書正義》）非也。”（《禹貢説斷》）胡謂《錐指》卷十説略同。他們不知《穆傳》之巨搜即在河套陰山，所以不能認識秦、漢朔方渠搜其來已久也。

余太山《渠搜考》以爲《山海經·海内東經》“國在流沙外者，大夏、竪沙、居繇、月支之國”，認爲“大夏”爲“吐火羅”；“竪沙”即渠搜，爲“貴霜”；“居繇”爲“粟特”和月氏。此爲一種推測，尚少證據也。

2017年10月23日終審于幹部療養院

《禹貢》“彭蠡澤”解

《揚州章》：“彭蠡既猪，陽鳥攸居。”

《導水章》：“（漢）東匯澤爲彭蠡，東爲北江，入于海。”“（江）過九江至于東陵，東迆北會于匯。東爲中江，入于海。”

1.《禹貢》之“彭蠡”，舊注多以爲即江南之鄱陽湖，但鄱陽湖在長江之南。如漢水東入江南之鄱陽湖“東匯澤爲彭蠡”，又怎麽能“東爲北江，入于海”呢？此其一。如大江“過九江”東入鄱陽湖，是向東南行進。與“東迆北會于匯”的方向矛盾。如果入此江南之鄱陽湖，又怎麽能“東爲中江，入于海”呢？此其二。這表明舊注以鄱陽湖當《禹貢》之彭蠡澤，于經文不合，難通。

于是有學者創爲新説。譚其驤《鄂君啓節銘文釋地》（《長水集（下）》193—198頁）：“逾江，庚彭弶（澤）下云：‘以今之鄱陽湖爲古彭蠡澤。説本于《漢書・地理志》，志于豫章郡彭澤下云：《禹貢》彭蠡澤在西。’彭蠡縣故城在今江西湖口縣東。這個澤當然指的是鄱陽湖，但班固以此爲《禹貢》的彭蠡澤是有問題，澤旁的彭澤縣也不見得就是銘文中的彭弶。”[①]《禹貢》導水説漢水“東匯澤爲彭蠡”。漢水上游既在江水之北，下游“北江”也在下流“中

---

① 譚先生可能誤解了《漢書・地理志》彭澤下云“《禹貢》彭蠡澤在西”，是説漢時江南已存在鄱陽湖。因爲在《漢書・地理志》中記贛江在所合諸支流後，是“入江”，而無“入湖”之記載。此最可注意。其次，《中國歷史地名大辭典》“彭澤縣”下云：“西漢置，屬豫章郡。治所在今江西湖口縣東南三十里柳德昭屯附近。《元和志》卷二十八：‘置彭城（蠡）湖南，因以爲名。’是在唐時《漢志》當是‘彭澤縣，《禹貢》彭蠡澤在北’（而不是西），《元和志》才會説彭澤縣‘置彭蠡湖南’，是《漢志》之‘西’字，當據《元和志》改爲‘北’字。”這樣，《漢書・地理志》關于贛江諸水的記述，與其時彭蠡澤在江北，都協調一致了。

江”之北。《史記·封禪書》載元封五年武帝南巡“自尋陽，出樅陽，過彭蠡”①。“尋陽”在今湖北黄梅縣境，“樅陽”即今安徽樅陽縣治②，都在長江北岸。單就這兩條記載看來，漢武帝以前的“彭蠡”就該在長江北岸才説得通。這條銘文更證實了這一點。鄂在長江南岸，《逾江》然後“庚彭弥”。可見彭弥這個邑和這個邑得名的澤應在江北而不在江南。依地望與地形推測：古彭蠡約相當于今湖北廣濟、黄梅及安徽宿松、望江、懷寧、安慶一帶濱江諸湖。其時湖面，可能比今天來得寬闊，且相互通連，與江水相吐納，舟行多取道于此。彭弥故址無考，疑即六朝朝代之大雷戍，今安徽望江縣。(此説李長傅《禹貢釋地》，金景芳、吕紹綱《虞夏書新解》，顧頡剛、劉起釪《尚書校釋譯論》皆從之。)

蒙文通《古地甄微》第三章“古分江”下云：“《史記·封禪書》載：漢武帝‘浮江至尋陽，出樅陽，過彭蠡。’倪文蔚言：‘漢尋陽在江北，樅陽在安慶東境，北去離巢湖僅百里。自尋陽出樅陽，則北岸必有分江。如今武穴之内河，可至安慶，豈既出樅陽、復上溯五六百里而過彭蠡耶。則彭蠡爲巢湖而非鄱湖。’”蒙從倪説，以彭蠡爲巢湖，可商。但以彭蠡在江北，非鄱湖則十分正確的，爲解决《禹貢》彭蠡地望做了貢獻。

中國科學院出版社《中國自然地理》之《歷史自然地理》分册説：彭蠡，在今長江北不是今在長江南之鄱陽湖。該書（127頁）説：“從當時九江分汊水系的主泓自衝積扇南緣流至今九江市後，以‘東迤北’的方向，匯注彭蠡澤。”又説彭蠡澤的“具體範圍包有今宿松、望江間的長江河段及其以北的龍感湖、大官湖、泊湖等湖沼地區”。此説與譚先生説，大體一致，可從也。

從以上引證可知：《禹貢》“彭蠡澤”在長江之北，不是江南之鄱陽湖。應該説是能够成立的。前輩學者已解决此一問題。

2. 要補充的是：在先秦至西漢，江南之“鄱陽湖”尚不見于《漢書·地理志》，是其時此鄱陽湖尚未成形。而在《水經注》(即南北朝時期）已有此湖之記録，且以此鄱陽湖爲“彭蠡澤”了。

胡謂《禹貢錐指》于揚州述湖漢九水云：“《漢志》豫章郡贛縣下云：‘豫章水出西南，北入大江。’雩都縣下云：‘湖漢水（贛江幹流、貢水）東至彭澤

① 《孝武本紀》亦記此。

② 劉起釪謂：尋陽在湖北廣濟東境，樅陽即安慶市東北之樅陽。

(縣名）入江，行千八百九十里。'”又鄱陽縣有“鄱水”，余汗縣有余水，艾縣有修水，南城縣有盱水，建城縣有蜀水，宜春縣有南水，南壄縣有彭水，又長沙國安成縣有廬水。皆入湖漢水。湖漢水（黄水）與豫章水（章水）源異而流同。故《志》并云入江。”胡謂對《漢志》所記湖漢九水的叙述是準確的。可知，在西漢時期，今江西境内，長江以南以贛水爲主的九水流域，并無任何有關“鄱陽湖”的記録。其他水都入湖漢水。而湖漢水、豫章水都“入江”。此九水無一水有“入湖”“入彭蠡澤”之記載，這是極可注意的。

江南有“彭蠡”，始見于《水經·贛水注》“其水總納十川，同臻一瀆。俱注于彭蠡，北入于江”這一記述，表達了以下情況：①贛水是在總納十川之後，才“俱注于彭蠡”。這表示此“彭蠡”面積不大。因十川中最北入贛水的是修水。是贛水注“彭蠡”在納修水之後，再北上入“彭蠡”，表明此時江南之“彭蠡”北不過江，南不過修水入贛處，是比較小的一個“湖澤”。②表示此“彭蠡”是江南“彭蠡”，因爲贛水總納十水，俱注“彭蠡”之後，以“北入于江”。是此“彭蠡”在江南，且湖區未達于江。因贛江注“彭蠡”之後，又北過此澤“北入于江”也。

江南的“彭蠡”逐漸擴大，而至北宋初期已經成爲江南一大湖了，這可于《寰宇記》記述中得知。《太平寰宇記》卷一〇七饒州府鄱陽縣下云：“鄱江水自浮梁、樂平、餘干等三縣水合爲鄱江，經郡城南，東過都昌縣，入彭蠡湖。”《漢書·地理志》和《水經注·贛水注》都記鄱水入“湖漢水”（即贛江）。而北宋初期鄱水已經“入彭蠡湖”（即江南彭蠡，今鄱陽湖），是此時江南彭蠡（即鄱陽湖）已成爲大湖了。其餘在漢、魏時入贛之水，亦或“入湖”，或入“贛”，再經“贛”入“湖”了。

李長傅謂：“今鄱陽湖，因鄱陽山得名。會江西諸水至湖口入江。洪水期湖區面積達五千一百公里。爲我國第一大淡水湖。湖水位高于長江，故不像洞庭湖那樣，對長江起調節作用。”（《禹貢釋地》，54 頁）

《中國歷史地名大辭典》謂：鄱陽湖：“在今江西北部。跨南昌、進賢、餘干、波陽、都昌、星子、德安、永修諸縣。爲贛江、修水、鄱江、信江等河的總匯。是我國最大的淡水湖。”《輿地紀勝》卷二十三饒州鄱陽湖：“湖中有鄱陽山，故名鄱陽湖。其湖綿亘數百里，亦名彭蠡湖。”“自西漢以後，江北彭蠡澤逐漸向南擴展，形成今日之鄱陽湖。”又云：“鄱陽山，初名名士山。亦名石印山。在今江西波陽縣西北鄱陽湖中。唐改今名，《方輿記要》卷八十五饒州府鄱陽縣：鄱陽山，'俗相傳謂之石印山，即鄱陽山是也'。"

按：《海内東經》所載東漢《水經》之類材料謂："贛水出聶都東山。東北注江，入彭澤西。"可見在東漢之時尚無江南之鄱陽湖，所以贛水是獨自"東北入江"。此其一。又可知贛水入江之處"在彭澤西"，是此時彭蠡澤在贛水入江處之東，且在江之北也。

2017年10月23日終審于幹部療養院

《禹貢》揚、荆二州“貢金三品”證

《書·禹貢》揚州章“厥貢惟金三品”，孔傳：“金、銀、銅也。”金既總名，而云“三品”。黄金以下惟有白銀與銅耳，故爲金銀銅也。《爾雅·釋器》云：“黄金謂之璗，其美者謂之鏐。白金謂之銀，其美者謂之鐐。”郭璞曰：“此皆道金銀之别名，及精者也。鏐即紫磨金也。鄭玄以爲金三品者，銅三色也。”

又《書·禹貢》荆州章“厥貢：羽、毛、齒、革，惟金三品”，孔傳：“土所出與揚州同。”蔡傳承孔傳。

又《詩·魯頌·泮水》：“憬彼淮夷，來獻其琛。元龜象齒，大賂南金。”毛傳：“南謂荆揚也。”鄭箋：“荆揚之州，貢金三品。”孔疏：“（箋）又申《傳》‘南，荆揚’之義，故云：荆揚之州，貢金三品。”《禹貢》揚州“厥貢惟金三品”，《荆州》云：“厥貢：羽、毛、齒、革，惟金三品。”彼注云：“三品者，銅三色也。”王肅以爲三品金、銀、銅。鄭不然者，以《梁州》云：“厥貢鏐、鐵、銀、鏤。”《爾雅·釋器》云：“黄金之美者，謂之鏐。白金謂之銀。貢金銀者，既以鏐銀爲名，則知金三品者，其中不得有金銀也。又檢《禹貢》之文，厥貢鏐、鐵、錫、鉛而獨無銅。故知金即銅也。”僖十八年《左傳》曰：“鄭伯始朝于楚，楚子賜之金。既而悔之。與之盟曰：無以鑄兵。故以鑄三鐘。”《考工記》云：“六分其金，而錫居一，謂之鐘鼎之齊。”是謂銅爲金也。三色者，蓋青、白、赤也。

孫星衍《尚書今古文注疏》承鄭、孔之説，謂：“檢《禹貢》之文，厥貢鏐、鐵、鉛、銀，獨無銅。故知金即銅也。”

李長傅《禹貢釋地》引《漢書·地理志》：“吴東有海鹽（今浙江平湖縣）章山（今浙江省安吉縣北）之銅。”《元和郡縣志》：“當塗縣北十里有赤金山，出好銅。”又云：“銅井山在南陵縣西南八十五里，出銅。”今銅陵縣的銅官山，爲我國著名銅礦。以證《揚州》“厥貢惟金三品”。

又引《新唐書·地理志》：“鄂州永興有銅。武昌有銅。”《通志》：“大冶，白雉山，舊有銅場。”今湖北大冶、鶴峰、竹山、恩施諸縣及湖南常寧諸縣皆産銅。以證《荆州》有厥貢“惟金三品”。

20 世紀七十年代以來，在荆、揚二州域内，發現若干古代冶銅遺址。主要有：

（1）湖北省大冶銅緑山礦冶遺址①。位于大冶縣西約三公里處。遺址面積南北長一公里，東西寬一公里。在此範圍内已發現不少古代礦井和采礦工具、用具。古礦井附近還有冶煉遺址，地表覆蓋大量爐渣，有十二米。估計有四十萬噸左右。從煉渣數量估計，此地可提煉四萬噸左右純銅。礦井内遺物經碳十四測定，此礦從商代後期就開始開采，一直延續到春秋戰國，最晚可到西漢。

銅緑山的采礦場②，有露天開采和地下礦井開采兩種。地下礦井距地表深四十至五十米。有竪井、平巷、斜巷等形式，縱横交錯，層層叠壓。礦井巷以方形框架作爲巷道支護。排水用提升法和排水巷道。提升工具是轆轤，同時發現竹筐、竹簍、繩索等提升工具。通風爲利用井口高低不同産生的氣壓差，同時關閉已廢弃的巷道來控制氣流，促使空氣流向深井部的采掘面。還發現進行重力選礦的兩隻船形木斗。借此以測定礦石中銅品位的高低，以决定井下采掘的方向。井下還發現很短的竹簽，一端有火燒的痕迹，爲當時井下作業時，用以照明的遺存。

古礦井附近發現有八座煉銅爐，爐型爲一種竪爐。爐基爲地面挖圓坑，以石塊加粘土填滿、夯實，高出地面，直徑約一米六。爐缸架在風溝上，有長方形、橢圓形兩種。如六號橢圓形爐，長軸爲七十厘米，短軸有四十厘米。缸深三十厘米，缸上部于長軸端點設風口，直徑五厘米，向下斜角三十度，距缸底三十厘米，用以鼓風。缸底有一拱形門，爲出銅液的“金門”，設在短軸一側。爐坊因坍塌，不知其形狀，有可能是一種正切錐形。爐基周圍用土築成工作臺，以便加料、鼓風等③。

---

① 銅緑山考古發掘隊：《湖北銅緑山春秋戰國古礦井遺址發掘簡報》，《文物》1978 年第 2 期。

② 中國社會科學研究院考古研究所銅緑山工作隊：《湖北銅緑山東周銅礦遺址發掘》，《考古》1981 年第 1 期。

③ 盧本珊、華覺明：《銅緑山春秋煉銅竪爐的復原研究》，《文物》1981 年第 8 期。

（2）江西省瑞昌縣銅嶺古銅礦遺址[①]。遺址面積約一平方公里。有露天開采，其遺跡有采坑、槽坑、選礦槽、泥沙池（選餘之礦料）、工棚等。地下開采之礦井，在1988－1991四年中，揭露采礦面積一千八百平方米，發掘出古礦井一百零二口，巷道十八條。又揭露冶煉區面積六百平方米，冶煉爐二座。礦井内出土有典型商代二里崗期的陶鬲和陶斝，碳十四測定年代爲距今三千三百三十加減六十年代。

此礦開采用方形木框支護巷道，通風用自然通風法。所發現工具、用具大體與銅緑山礦址同。

（3）近年來，在南方各省，不斷有古代采銅遺址的發現。如1979年在湖南省麻陽發現古代銅礦的開采遺址，遺址的巷道采掘情況與湖北銅緑山相似。（馬承源主編《中國青銅器》，498－499頁）

在安徽省的繁易、南陵、銅陵、貴池、青陽等縣市都發現有古代采銅的遺址。分布範圍達二千平方公里，采礦和冶煉遺址六十餘處。皖南發現的先秦十五處冶煉遺址中的煉渣，估計有一兩百萬噸，要煉出數十萬噸銅才能有這樣多的煉渣[②]。

湖北、湖南、江西、安徽等省已發現的古代礦冶遺址，説明南方在古代，就是我國銅的重要産地。中原王朝所需大量銅，有相當部分當來自這些地方。《詩經・魯頌・泮水》："憬彼淮夷，來獻其琛。元龜象齒，大賂南金。"所謂"南金"，即指淮夷向魯獻納的銅。淮夷之地，處江、淮之間（黄盛璋《淮夷新考》），與贛、皖境内古遺址相符。

楊升南（《商代經濟史》282－287頁）謂：古時南方向北方中原貢納銅錫有專門交通道路，稱爲"金道錫行"。《曾伯霖簠》銘云："克狄淮夷，印燮繁湯，金道錫行。"郭沫若謂"金道錫行"爲"金錫入貢或交易之路"[③]。

2017年11月5日終審于幹部療養院

① 《瑞昌銅嶺三番五次臺遺址發掘獲重大成果》，《中國文物報》1992年1月19日。
② 楊立新：《皖南古代銅礦初步考察與研究》，《文物研究》第3輯，黄山書社，1988年。
③ 郭沫若：《西周金文辭大系考釋》，科學出版社，1957年，第186頁。

《洪範》"五行"何意

《書·洪範》:"一、五行。一曰水,二曰火,三曰木,四曰金,五曰土。"(以上爲經文。)"水曰潤下,火曰炎上,木曰曲直,金曰從革,土爰稼穡。"(以上爲傳文第一段,論述此五種物質,在生産中之屬性作用。)"潤下作鹹,炎上作苦,曲直作酸,從革作辛,稼穡作甘。"(以上爲傳文第二段,以五行之物配五味。)

洪範九疇以"五行"爲第一要務,這是把物質生産經濟活動作爲治國第一要政。

此"五行",即"土與金、木、水、火"相合以成"百物"之"五行"①,亦指主持這方面工作的"五行之官"。有關文證如下:

《國語·魯語》云:"及天之三辰,民所以瞻仰也。及地之五行,所以生殖也。"韋注:"殖,長也。五行,五祀,金、木、水、火、土也。"

《左傳·昭二十九年》:"有五行之官,是謂五官。實列受氏姓。封爲上公,祀爲貴神。社稷五祀,是尊是奉。"杜注:"五官之君長,能修其業者,死皆配食于五行之神。"

《周禮·春官·大宗伯》:"以血祭祭社稷,五祀,五岳。"鄭注:"此五祀者,五官之神在四郊,四時迎五行之氣于四郊,而祭五德之帝,亦食此神焉。少昊氏之子曰重,爲勾芒,食于木;該爲蓐收,食于金;修及熙爲玄冥,食于水。顓頊氏之子曰黎,爲祝融、後土,食于火、土。"金鶚申之曰:"《大宗伯》:天曰神,地曰示,人曰鬼。而血祭祭社稷,與五祀、五岳并列于地祇。

① 《國語·鄭語》:"故先王以土與金、木、水、火雜以成百物。"又《左傳·昭公二十五年》子産説:"則天之明,因地之性,生其六氣,用其五行。"

社稷爲地神甚明。又《左昭二十九年傳》亦以社稷與五祀并列。考五祀是五行之神。五行質具于地，故爲地示。”

知“五行”可指“五行之官”，則《書・甘誓》“有扈氏，威侮五行，怠弃三正”可得正解。夫“五行”而爲“威侮”之對象。只能是一種人，而非“物”與“倫理”。故此被“威侮”之“五行”①，正指治“五行”之事的官員，即“五行之官”②。而被“怠弃”之“三正”，絶非同時怠弃三種曆法，而是三方面的“長官”。“正”訓“長”也，“三正”即三方面“長官”。有如後世之“三師”（大師、大傅、太保）之類卿相大員也。

2007 年 8 月 24 日上午

2017 年 11 月 5 日終審于幹部療養院

---

① 金、木、水、火、土，有時稱爲“五材”。如“天生五材，民并用之，廢一不可，誰能去兵。”（《左傳・襄公二十七年》）“譬之如天，其有五材而將用之。”（《左傳・昭十一年》）何以稱爲“五行”。按：“行”訓“用”。（《周禮・夏官・司爟》“掌行火之政令”，鄭注：“行猶用也。”）“五行”即五種有用之物材。

② “五行之官”，又稱“五工正”。《左傳・昭公十七年》：“少昊氏以鳥名官……五雉爲五工正。”《正義》引賈逵注云：“西方曰鷷雉。攻木之工也。東方曰鶅雉，搏埴之工也。南方曰翬雉，攻金之工也。北方曰鵗雉，攻皮之工也。伊洛而南曰翬雉，設五色之工也。”此出于《考工記》：“國有六職。百工與居一焉。……凡攻木之工七，攻金之工六。攻皮之工五，設色之工五，刮摩之工五，搏埴之工二。”

儘管賈逵據《考工記》以解“五工正”，缺水、火二正。這是以後世分工説前代工種之故。而“五行之官”即是“五工正”，即五種手工製造行業之官長，則是十分明顯的事。

"考"不僅爲父稱，"自父以上皆稱考"例證
——《尚書》《大誥》《康誥》《酒誥》以"考"稱文王解

《爾雅·釋親》："父爲考。"《釋名·釋喪制》："父死曰考。"《易·蠱》"幹父之蠱，意承考也"，孔疏："對文父没稱考，若散而言之，生亦稱考。"

若"考"只爲"父"稱，則《尚書·大誥》和《康誥》是"周公"代宣"成王之命"就有了問題。

《大誥》："洪惟我幼冲人，嗣無疆大歷服。""予惟小子若涉淵水。""肆予冲人永思艱。""越予冲人，不卬自恤。"都是用"成王"口氣宣誥王命。但後文："義爾邦君，越爾多士、尹氏、御事，綏予曰：'無毖于恤，不可不成乃寧（文）考圖功。'"則又稱"文王"爲"寧（文）考"。何也？

《康誥》《酒誥》説是周公代宣成王之命的誥詞。但《康誥》"惟乃丕顯考文王""今民將祗遹乃文考"。《酒誥》"乃穆考文王"。直稱"祖父"爲"考"，何也？

這個問題，有一個解決辦法，即"考"不僅指"父"，"父以上皆稱考"。

《漢語大詞典》"考"字下云："一説，自父以上皆稱考。"見清朱彬《經傳考證·毛詩下》。

同此説法，向熹《詩經詞典》"考"字下云："指祖父或男姓祖先。"《周頌·雍》"假哉皇考，綏予孝子"，鄭箋："皇考，斥文王也。"《正義》："考者，成德之名，可以通其父祖。"鄭箋以此詩"皇考"之"考"批文王。有道理。因爲下文云"既右烈考，亦右文母"，毛傳："烈考，武王也。文母，太姒也。"是此詩當作于"成王"。王先謙《三家詩義集疏》即謂"此禘祭當在成王之世"，故稱武王爲"烈考"也。又因"自父以上皆稱考"，故又稱其祖文王爲"皇考"矣。此爲朱彬、向熹之説之一堅證。

唐蘭《西周青銅器銘文分代史徵》謂：“商代稱祖、父，或兄。周人對這些人（即祖、父、兄）的死後，都可稱爲考。但一般指父爲多。”

按：《何尊》記：隹（唯）王初遷宅于成周……王誥宗小子于京室，曰：昔在爾考公氏，克逨文王……此銘“爾考公氏”之“考”，學者多以“父”釋之。以實情考之，可能指“自父以上”之“祖”。因爲此銘記年爲“隹（唯）王五祀”，乃成王五年之事。其時成王已經成立，所誥之“宗小子”當與其年紀相若。則這些“宗小子”的“爾考公氏”“克逨文王”，很可能是其“祖”矣。此爲唐説之一證。亦爲朱、向説之金文銘辭之證。

據此：《尚書》《大誥》《康誥》《酒誥》爲周公代成王宣示誥命，其中以文王爲“考”（而非祖），如以“自父以上皆稱考”例之，不失爲成王口氣也。因此，也可以説此三誥之“考”俱指文王。正“自父以上皆稱考”之堅證矣。

2009年5月31日下午

2017年11月8日終審于幹部療養院

《洛誥》“朕復子明辟”解

《書·洛誥》：“周公拜手稽首曰：‘朕復子明辟，王如弗敢及天基命定命，予乃胤保大相東土，其基作民明辟。’”

“朕復子明辟”何解，歷代學者異説紛紜。大致有三解。

1. 歸政説。《尚書孔傳》：“周公……言我復還明君之政于子。子，成王，年二十成人，故必歸政。”後之學者承其説。如曾運乾《尚書正讀》：“復，歸也。子，指成王。辟，君也。復子明辟者，猶言歸政于爾也。”

2. 復命説。此説王安石發之。其言曰：“以《書》考之，位冢宰正百官而已，未嘗代王爲辟。則何君臣易位復辟之有哉？……復如‘復逆’之復，成王命周公經營成周，周公得卜覆命于成王。謂成王爲‘子’者，親之也。謂成王爲‘明辟’者，尊之也。”（見宋林之奇《全解》，宋儒程子、葉蘿得、吕祖謙和《蔡傳》皆從其説）

復命説又有解“明辟”爲“明法”之説。周秉鈞《尚書易解》：“復，白也。子，指成王。明辟，黄式三曰：‘明法也。謂洛邑之經營也。’曰‘復明辟’，曰‘作明辟’，皆言作洛之法也。王船山曰‘辟，法也’。……復子明辟，謂營洛以爲四方明法，而卜吉位成。因以復于王也。”

3.“侄子”説。于省吾《新證》：“金文通例，‘朕’字皆訓‘我之’。‘復子’字乃名詞，‘朕復子’謂我之復子。”“復子”猶言“又子”。復子、若子、猶子，其義一也。明辟者，明君也。“朕復子明辟”者，如言“我之猶子明君也”。

三説得失，評之如下：

于省吾“復子”猶言“又子”，即“侄子”説，最牽强，不可從。其根據是“金文通例‘朕’字皆訓‘我之’”，但金文字例與《詩》《尚》文獻本有不相應處。（這可以金文爲“碑銘”文體，《詩》爲歌詩體，《書》之“誥”爲口語記録體。與“碑銘體”相較，更接近口語解之。）如“朕”字，在《周頌·訪落》“于乎悠哉，朕未有艾”正訓“我”，而不訓“我之”。《書·大誥》“若昔朕其逝”“肆朕誕以爾東征”，《洛誥》“朕不暇聽”，《多士》“昔朕來自奄”“今朕作大邑于兹洛”等亦皆訓“朕”爲“我”，而不是“我之”。《周頌·訪落》以及《書·大誥》《洛誥》《多士》皆西周文獻，皆以“朕”爲“我”。可見“金文通例”與《詩》《書》文獻在詞語使用上不相應，是正常的事，不當以“金文通例”强求《詩》《書》文獻與之一致也。（即如《周易》卦爻辭，爲西周後期文獻是没有問題的。但“凶”字，在《周易》卦爻辭常見。而卜辭不見“凶”字，西周金文甚至春秋、東周金文亦不見“凶”字。其故正是龜甲卜辭、金文銘刻，與《詩》《書》《易》文獻，儘管時代相同，但語詞不相應也。）“朕復子明辟”之“朕”，正當訓“我”（即施身自謂）。

復命説在于否認周公攝政之後，有“成王親政”之事。從歷史事實看，周公攝政是有其事，而周公攝政稱王則無其事。成王踐位，周公攝政。其後營洛，成王親政（周公歸政），祀天改元，有其事。（在《尚書》有内證，見附録。）

因此如釋“朕復子明辟”爲“我復曰（報命）于王”，即“復營洛”之命，則與下句“王如弗敢及天基命定命”之義不相應。而下文“其基作民明辟”一語，突如其來，義不相接矣。很明顯“朕復子明辟”之究極之義，當與下文“其基作民明辟”緊密相關。因此“復命説”的解釋與本段文意難于密合，且意在否認周公攝政，其後還政而成王“親政”之事實，故不可取。

“歸政説”或“還政説”的不足之處何在？戴鈞衡《補商》謂：“明辟爲明君，别無他解。”謂“還子明君”，非攝位僭王，何還明君之有？謂“還明君之政于子”，則必增“之政”二字成義。

戴氏的責難，在于指出如果訓“復”爲“歸還”，訓“明辟”爲“明君”，則“復子明君”即“還子明君”，只能是周公攝位僭王，才有可能。但歷史上周公是攝政輔成王，没有“攝位僭王”之事，故此解難以成立。這個責難是有道理的。

那麼“朕復子明辟”當作何解？竊以爲當作新解如下：

“朕”，當與《洛誥》“朕不暇聽”之“朕”，同謂“我”，即“施身自謂”之周公之自稱。

“復”，當讀“備”。（復與備，并紐雙聲，職覺旁轉，可以互相通借。《儀禮·特牲饋食禮》“屍備答拜焉”，鄭注：“古文備爲復。”《老子》六十四章：“復衆人之所過。”敦煌唐寫本、遂州龍興觀碑“復”作“備”，即二字通借之文證。）訓“預備”“準備”。《玉篇·人部》：“備，預也。”《華嚴經音義·下》：“備謂早爲之也。”《字彙·人部》：“備，預力也。”

“子”，當從孔傳“子，成王”。爲何謂“成王”爲“子”？王安石謂“成王爲子者，親之也”得之。

“明辟”之“辟”訓“君”。但“明辟”之“明”，舊多以“賢明”爲解，在此于文義不協。此文之“明”當訓“勉也”，即“勤勉”。（《漢語大詞典》“明”下云：通“勉”，努力，盡力。《書·盤庚》：“明聽朕言，無荒失朕命。”王引之《經義述聞·尚書上》：“《爾雅》：‘孟，勉也。’孟與明古同聲而通用。故勉謂之孟，亦謂之明。”《碩命》謂“爾尚明時朕言”，言當勉承朕言也。《洛誥》曰：“明作有功，言勉作事也。”）

所以此“明辟”即“明君”，亦即“勤勉的君主”。

此“明辟”即“明君”，與《詩》之“明明天子”同義。《大雅·江漢》：“明明天子，令聞不已。”《魯頌·有駜》：“夙夜在公，在公明明。”《經義述聞》卷七：“明勉一聲之轉。故古多謂‘勉’爲‘明’。重言之，則曰明明。”《通釋》：“明明即勉勉之假借。謂其在公盡力也。”“明明天子”即“勤勉的天子”，故“明辟”爲“勤勉之君”。

“朕復子明辟”之“明辟”，即下文“其基作民明辟”。成王嗣位，即爲周王。爲什麽要在《洛誥》中才提出“其基（始）作民明辟”的任務呢？這是由于成王嗣位，周公攝政，即成王并未“親政”的原故。其時政務，由周公“代折代行”，“成王雖欲勤政”而無由。所以不是“明（勉）辟（君）”。現在作大邑于洛，要于其地舉行“成王親政”的大典，使成王成爲“明辟”，即“勤勉，盡力于公”的“君主”，所以才有“其基作民明辟”之説。

“朕復子明辟”即“朕準備使孺子（你）其基作民明辟”，即爲孺子成王親政作準備。這個準備工作的内容即下句“予乃胤（繼）保（大保召公）大相東土”即在洛邑建成時先由大保召公去洛“相宅”，再由周公去洛最後審定“相宅”方案，并實施之，以供成王來邑親政舉行典禮。

“王如弗敢及”之“如”，當訓“如猶雖也”（裴學海《古書虛字集釋》），其意爲：王雖然謙遜地不敢認爲自己已經够條件了。（于省吾以“王如弗敢及”

句，義爲謙詞。而“弗敢及”與《毛公鼎》“司餘小子弗及”語例同，是也。）

“天基命定命”之“基”，通借爲“其”，乃指事之詞。“天基命”即“天其命”，亦即“上天其賜予”。“定命”即“正命”。全句意爲：上帝它已經賜予了“定命”，即“成王親政之事，已由上天定命了，必需接受”。

所以“予乃胤保大相東土”，以準備“王”“其基作民明辟”。

曾運乾《尚書正讀》謂：“周公攝政，七年而反。見于周、秦、漢人記載。如《逸周書》《禮·明堂位》《尸子》《荀子》《韓非子》，及《尚書大傳》《韓詩外傳》《史記》《説苑》等不一而足。即依本經論。如云‘其基作民明辟’，基者，始也，謀也。如成王夙已親政，何言始謀作民明辟乎？又云‘乃爲孺子頒，朕不暇聽’，頒者，賦事也，若成王夙已親政，何言惟孺子頒，朕不暇聽乎？又云‘予小子其退，即辟于周’，若本爲明辟，何至是始言即辟于周乎？又云‘亂爲四方新辟’，若成王夙已即位，則當云‘亂爲四方舊辟矣’，何言新辟乎？以此決‘復子明辟’爲周公歸政成王也。”其以本經證成王有在洛親政之事。至確。

附一：金文“周公”不稱“王”之證

1.《小臣單觶》：“王后坙（黜）克商。才成自。周公易（錫）小臣單貝十朋，用乍（作）寶彝。”

此記“周成王后黜克商”，周公參與此役。故又記周公賞小臣單貝之事。此銘可證：王與周公同見一銘。周公“不稱王”也。

2.《禽毁》：“王伐禁（蓋奄）疾。周公某，禽祝。禽又啟。王易（錫）金百寽。禽用乍（作）寶彝。”

此記周成王伐奄（禁），周公參與此役，爲“某”（謀）主，而其子“伯禽”受賞作器之事。

王與周公同見一銘。是周公不稱“王”也。

3.《康疾毁》：“王來伐商邑。征令康啚（鄙）于衛。”

《岡刧尊》：“王征禁（蓋奄），易岡刧貝朋。”

《𡢁方鼎》：“隹周公于征伐東夷，豐白，尃古，咸𢦏。公歸[illegible]（澧）于周廟。戊辰，畬（飲）秦（臻）畬（飲）。公賞𡢁貝百朋，用乍（作）隮鼎。”

此三器銘證明，“王”（成王）指揮之軍事行動，則記爲“王”“來伐”，而周公指揮之軍事行動，則記爲"周公""于征伐"。"王"與"周公"，各爲一人。周公"不稱王"，明矣。

4.《宜厌夨毁》："隹四月，辰厌丁未。［王］省珷王、成王伐商圖，遂省東或（國）圖。"

此證，在周王室史册所記爲"珷王、成王伐商"，不是説"周公稱王伐商"，是周公生前不稱"王"死後亦不以"王"稱也。

5.《令毁》："隹王于伐楚白，在炎。隹九月，既死霸丁丑。乍册夨令隮宜于王姜。姜商令貝十朋。"

（此可證"王"即"王姜"之夫，絶非周公。）

6. 西周中晚期金文中，凡歷數周王世系者，如扶風莊白出土之墻盤，與眉縣楊家村新近出土之逨盤銘文，皆未有將周公計入王系。亦爲周王相成王（攝政）而非"稱王"之堅證。

周公居攝稱王，戰國末年至王莽時有此説。楊樹達（《沬司徒逘毁跋》）、徐中舒（《班毁銘》）在金文研究中持此説。顧頡剛、劉起釪在《尚書》康浩中均從此説。但此説于戰國以前文獻無證，于金文中又無證。是不可從也的。

2009年5月31日下午

附二：周公稱"公"不稱王之金文證據

張光裕《㺇毁銘文與西周史事新證》[1] 謂：㺇毁銘文："隹八月公陝殷年，公益（賜）㺇貝十朋，乃令㺇嗣（嗣）三族，爲㺇室。用兹毁褺公休，用乍且先隮彝。""陝殷"與《利毁》之"隹王武征商"。同爲以事記年而"陝殷"與"征商"，稍有差别。疑"陝殷"當指當日"三監之亂"而言。即武王殁後，三監謀叛，周公遣兵平亂之事也。

《逸周書·度邑》："王曰：嗚呼！旦，我圖夷兹殷，其惟依天……"陳逢衡曰："圖，謀也。夷，平也。"朱右曾曰："圖，度；夷，平。""夷兹殷"與"陝殷"更是詞意相當，所述事件，亦彼此吻合。

故本銘"公陝殷年"之"公"，更可推斷爲非周公"莫屬"。

---

① 張光裕：《㺇毁銘文與西周史事新證》，《文物》2009年第2期。

“三監之亂”乃周公攝政時發生之大事，周公當時是否稱王，史家聚訟多年。今得見“公陝殷年”之記年方式，足證時人仍尊稱周公爲“公”。

《柞伯鼎》銘云：“在乃聖祖周公繇又共于周邦。”柞伯爲周公後人，亦口言“聖祖周公”不以王稱。李學勤[①]亦謂：柞伯講到周公，完全是大臣的身份，没有曾經稱王的迹象。史墻盤、佐盤叙述周朝世系，也不及周公。可見周公稱王，實出後世的想象。）今由𡨦㲃之發現，當可進一步支持這種看法。

附三：《召誥》中之“成王親政”的證據

1. “惟王受命，無疆惟休，亦無疆惟恤。”

注意：此言“惟王受命”，有喜，有憂。

2. “今衝子嗣，則無（毋）遺壽耇，……”

注意：“衝子”指成王，“嗣”指即王位，而其時間副詞爲“今”（即《召誥》之時）。

3. “有王雖小，元子哉!”

4. “今王嗣受厥命。”

成王“嗣受厥命”，其時間爲“今”，故此“王嗣受命”不是“王就位”。此事在此《召誥》之前爲昔，而是“王親政”（在今，即《召誥》之年）。

5. “王乃初服”即成王初處理政事。而“今我初服，宅新邑”是“宅新邑”與“我王初服”同時，其時間副詞爲“今”。則《召誥》之年，適都成周（宅初邑）與成王親政（周公還政）即“王初服”同時同地發生。

按：周公相成王攝政有其事，而謂周公稱王者，無據。周公攝政七年，還政成王，即成王親政在成王“就王位”之後。有其事，《召誥》之文即其證。

2017年11月18日終審于幹部療養院

---

① 李學勤：《從柞伯鼎銘談〈世俘〉文例》，《江海學刊》2007年第5期。

《多方》“今爾奔走臣我監五祀，越惟有胥伯小大多正，爾罔不克臬”解

牟庭《同文尚書》謂：《莊子·應帝王》司馬注曰：“胥，疏也。”庭案：“‘伯’當爲附古聲之誤也。”《書·大傳》引作“維有胥賦小大多政”，賦亦附聲之誤。《詩·綿》傳曰：“率下親上曰疏附。”《尚書·大傳》作“胥賦”。《釋詁》曰：“正，長也。”庭案：“胥附小大衆正長皆三監之屬官也。”

按：牟讀“胥伯”“胥賦”爲“疏附”，正確。“疏附”是“我監”（非三監）之屬官，得之。“小大多正”當連讀，“正”訓“長”，“小大多正”即“從小到大各級官長”。此以“職官各等”解此文。

王世舜《尚書譯注》釋此文云：“胥，力役。伯同賦，即賦稅。”曾運乾說：“伯當爲賦。聲之誤也。”小大就力稅與賦稅數量言。“正”，正常的標準。此以“賦稅各項”解此文。

按：“小大”連言，表示人或官員的不同等級，不是表示賦稅的不同數量。此可于《詩》《書》證之：

《小雅·楚茨》六章“既醉既飽，小大稽首”，鄭箋：“小大，猶長幼也。”

《大雅·蕩》六章“小大近喪。人尚乎由行”，鄭箋：“君臣失道如此，且喪亡矣。”《集傳》：“小者大者幾于喪亡矣。尚且由此而行，不知變也。”

《魯頌·泮水》一章“無小無大，從公于邁”，鄭箋：“臣無尊卑，皆從君行而來。”

以上各《詩》之“小”指幼者，爲臣者、卑者。而“大”指長者，爲君者、尊者。所以“小大”表從小到大不同地位、等級的人，與《詩》之“小大”義合。

又，《書·微子》：“殷罔不小大，好草竊奸宄，卿士師師非度。”

王世舜謂："此句倒裝，應作'大小罔不'。大小指群臣。"

《書・酒誥》："越小大邦用喪，亦罔非酒惟辜。"

王世舜譯爲："有些諸侯國滅亡了，那也是衆民飲酒過度帶來的灾禍。"此"小大邦"，即大小不等的各諸侯國。

《書・酒誥》："聰聽祖考之遺訓。越小大德，小子惟一妹土。"

王世舜譯爲："一定要很好的聽取我們前輩所留下的這些教訓。無論德行大小（此"德"當訓生下來的身份、地位），或者是年輕人，都應同樣戒酒。"

《書・多士》："凡四方小大邦喪。罔非有辭于罰。"

王世舜譯爲："凡是四方小國或大國的喪亡，没有不是因爲有罪而招致懲罰的。"

《書・無逸》："至于小大，無時或怨。"

王世舜譯爲："從小民到大臣，無人發怨言。"

《書・無逸》："乃變亂先王之正刑，至于小大。"

王世舜譯："大小群臣，就會變亂先王的法制。"

《書・顧命》："安勸小大庶邦。"

王世舜譯："教育那衆多的大小諸侯。"

《書・文侯之命》："亦惟先正克左右昭事厥辟，越小大謀猷罔不率從。"

王世舜譯文："也因爲過去各位公卿大夫在文王的左右，能够努力地爲文王服務。對于大小謀略，無不聽從。"（"小大謀猷"當譯爲小官至大官的謀略，不是"大、小謀略"，因爲在文王左右的先正，官職有小有大也。）

以上各《書》之"小大"或稱官職小、大；或指諸侯邦國小、大；或指"德"（身份、地位）小、大；或指小民、大官之小、大。總之，"小大"指從下到上各等人，與《詩》之"小大"義同。

因之："今爾奔走臣我監五祀，越惟有胥伯小大多正，爾罔不克臬"中，"臣"字貫穿"我監"至"胥伯"及"小大多正"，表現如何呢？"爾罔不克臬"予以肯定。

所以當譯爲：現在你們五年來臣服于我委派的'監'，以及其[①]（友臣僚）胥疏（助手幕僚）和其下屬的大、小各級官員。你們無不遵守法規。

① 此"有"讀"友"，訓"臣僚"。大鼎："王乎（呼）善夫[illegible]召大厶（與）厥（厥）友入攼。"孫詒讓引阮元説："友謂臣僚也。《詩・既醉》鄭箋：'朋友謂群臣同志好者也。'《書・酒誥》云'大史友''内史友'，是臣僚得稱友也。"

有了這些了解，我們對毛公鼎銘文中一段話，應如何解釋，就能較爲正確的予以判斷了。

《毛公鼎》銘云："王曰：父厝，雩之庶出入事于外，尃（敷）命尃（敷）政。埶（埶）小大楚賦。"

對銘文"埶（埶）小大楚賦"，主要有兩種解釋：

一爲王輝《商周金文》所釋。埶即藝。《廣雅·釋詁》："治也。"楚與胥通。孫詒讓曰："'楚'疑與'胥'通。楚、胥并從疋得聲。"《困學記聞》引《尚書大傳》云："古者十税一，多于十税一，謂之大桀、小桀；小于十税一，謂之大貉、小貉。王者十一而税，而頌聲作矣。故《書》曰'越惟有胥賦小大多正'。今《書·多方》胥賦爲胥伯，文義并異。依《伏傳》則胥賦之賦爲賦税。胥當爲糈。……執小大楚賦。謂大、小賦税。當以常法制之也。"

王輝又云："'雩'通'越'。'之'通'兹'。'庶'用如庶士之類，指百官僚屬。《尚書·大誥》'越尹氏，庶士，御事''出入事于外'與下文'出入敷命于外'大意相同。謂出入使于外施行政令。"

又云："尃，典籍作'敷''賦'或'布'。《詩·商頌·長髮》：'敷政優優。'《大雅·蒸民》：'明命使賦……賦政于外。'毛傳：'賦，布也。'"

（按：此銘文當讀成爲："王曰：父厝，雩（越）之（兹）庶出入事。于外尃（敷）命尃（敷）政。埶小大楚賦。"《詩·大雅·蒸民》："出納王命，王之喉舌，賦政于外，四方爰發。""出納王命"一事，見鼎銘下文。則此處之"尃命賦政"，即"蒸民"之"賦政于外"。故銘之"于外"當與"尃命尃政"連讀。）

此銘"出入（納）事"與"出入（納王命）"并列。是"事"指例行政務，"命"指王之新命邪①！

依王輝所釋，此段銘文可譯爲：王説：父厝，你與百官僚屬出入使于外，施行政令。治理大、小賦税，當以常法制之。（按："當以常法治之"原文所無，孫詒讓以意足之。）

二爲唐複年《金文鑒賞》則釋爲：

"雩"，借作"越"。"之"與"兹"古通，"庶"乃泛指衆庶，即其他執政

① 許偉建《上古漢語辭典》謂：毛公鼎"雩之庶出入事于外"，雩之，以往；庶出入事于外，即于外出入庶事（對外往來諸事）。《禮記·孔子閑居》"庶物露出"，孔穎達注："庶，從也。"《小雅·小明》"我事孔庶"，鄭箋："庶，衆也。"

大臣。“出入外”即“出納”。“史”，此處應依孫詒讓説，作使。“尃”字《説文》訓“布”也，與賦字同意。“埶”即藝的本字。《廣雅·釋詁》云：“藝，治也。”

“楚”字假爲“胥”。《書·多方》：“越惟有胥伯小大多正。”《尚書大傳》引作“越惟有胥賦小大多政”。《傳》：“于惟有相長事即小大衆正官之人也。”孔穎達《疏》引《正義》曰：“胥，相也。伯，長也。顧氏以相長事即小大衆正官之人也。”《周禮·地官·司徒·序官》下鄭注：“正、師、胥，皆長也……胥有才知之稱。”

《儀禮·大射禮》“宰胥薦脯醢”，鄭玄注：“宰胥，宰官之吏也。”則此“小大胥賦”即泛指諸中下級官吏而言。

這一段的意思是：王對父厝説：“你與諸執政大臣一同將王命布政于畿外諸侯并管理大、小各級官員。

按：孔傳以“相長子”之官釋“胥伯”，優于《伏傳》以賦稅釋“胥賦”。此段銘文大意唐釋已得之，但有一部分地方不合。

當釋此段銘文爲：王説：“父厝，你出納庶事（即衆事，亦即日常行政事務），在畿處敷命敷政，治理從小到大的楚（胥）賦（附）（即各級幕僚、助理）官員。”

又按：此處“埶小大楚賦”是在“雩之庶出入事，于外尃命尃政”之後，講管理各級由小到大的“疏附”（幕僚、助理，今曰中層幹部），不是説財稅問題。

銘文下文有“母（毋）敢龏橐，龏橐廼（乃）敄（侮）鰥寡”，才是説管理財稅的原則。

“龏橐”當讀爲“洪裒”，洪訓“大也”，裒訓“取也”。“大取”即“厚斂”，必傷其民，而鰥寡更不堪矣。（侮訓“傷害”，“侮鰥寡”即侮害鰥寡之人。）吴大澂謂：“毋敢共囊，自竭民之財，以充其囊。此言上之取下，不可貪也。”文字雖然釋得不準確，其意得之。

2017 年 11 月 23 是終審于幹部療養院

《牧誓》《立政》用“矣”爲語助詞之時代性判斷

西周及春秋金文皆不見“矣”字。用“矣”爲語氣詞，只有戰國金文一例，即《殷周金文集成》5.2840：“閈于天下之勿（物）矣。”（《中山王譽鼎》）

而《尚書·牧誓》有“逖矣西土之人”，以“矣”爲句中語氣詞。《尚書·立政》則有“告嗣侯子王矣”“拜手稽首後矣”“兹惟後矣”“孺子王矣”“咸告孺子王矣”，皆以“矣”爲句末語氣詞。于是有的學者（如夏含夷）據此以爲《牧誓》《立政》晚出，“爲東周作品”（《古史異觀》325 頁）。

按：金文爲銘刻之文，離口語遠。《尚書》的誥誓記録作者的説話，《詩經》的樂歌接近當時的口語，與金文銘辭是兩個系統。（有如宋、元、明、清官方文言文和民間戲曲小説之白話文是兩個系統。）所以直接以“金文”銘辭的有無，來判斷《詩》《書》《易》等接近當時口語的文獻時代，是不妥當的。

《易》卦爻辭中，無“矣”字（這可能與其卦爻辭體例有關）[①]。

而《詩經》中“矣”字多見，其年代可定之作品用“矣”爲證據助詞者，例如：

《小雅·出車》：“昔我往矣”“于彼牧矣”“謂之載矣”“謂我來矣”“維其棘矣”“于彼郊矣”“建彼旐矣”“設此旟矣”。（宣王時作品）

《小雅·六月》：“侯誰在矣？張仲孝友。”（宣王時詩）

《小雅·斯干》：“如竹苞矣，如松茂矣。兄及弟矣，式相好矣，無相猶矣。”（宣王時詩）

---

① 《易》卦爻辭中，作語氣詞之“之”“乎”“也”“者”“矣”“焉”“哉”皆未見。有“已”，不作語氣詞，而當讀爲“祀”或“己”（人己記）。是因卦爻辭分二類：一爲“取象之辭”，皆爲叙述事物現象，非抒情文字，故未用語氣助詞。二爲“占斷之辭”，即由“取象之辭”引出的有關吉凶之判斷，亦非抒情文字，故亦未用語氣助詞也。

《大雅・抑》："無曰苟矣""言不可逝矣"。（厲王時詩）

《周頌・天作》："彼作矣，文王康之。彼徂矣，岐有夷之行。"（陳子展謂"當是成王祭岐山之樂歌"）

《周頌・訪落》："休矣皇考，以保明其身。"（"成王謀政于廟之所歌也"，蔡邕《獨斷》）

《周頌・酌》："時純熙矣，是用大介。"（"《酌》，告成《大武》也"，《詩序》）

是在《詩經》中，自西周初期作品之《周頌》至西周末期宣王時代之《小雅》中，皆有用"矣"爲語氣助詞之例。因之，《牧誓》《立政》二篇用"矣"爲語氣助詞，無害其爲西周初期或中後期之作品也。

2009年9月21日上午

附：《牧誓》《立正》"矣"字來源之推測

"矣"作爲語氣詞，已見于西周初期的文獻。如：

（1）《周頌・天作》："彼作矣，文王康之。彼徂矣，岐有夷之行。"

（2）《周頌・訪落》："休矣皇考，以保明其身。"

（3）《周頌・酌》："時純熙矣。"

（4）《書・立政》："告嗣天子矣""拜手稽首後矣""兹惟後矣""孺子王矣""咸告孺子王矣""孺子王矣"。

（5）《書・洛誥》："迯矣，西土之人。"

（6）《書・洛誥》："予往已。"（《尚書詞典》認爲此爲"語氣詞"。可從。）此"已"，爲喻之。而從"ƅ"得聲之"皁"爲匣之，蓋一字之分化[①]，而音隨義轉。此"已"作爲語氣詞，當爲"矣"之同音異寫。《之利鐘》銘："往已，餘之客，畬畬孔協。"（《集成》1.171）"往已"即"往矣"，可證此解。

而西周金文不見"矣"字。戰國中期之《中山王鼎》銘（"閈于天下之勿（物）矣"），始見"矣"字。

---

① 趙誠謂："ƅ"，甲骨文用作語氣詞，如"大風自北ƅ"（《京》二九一五）。這種用法的"ƅ"（以），相當于典籍中常見的"矣"（《甲骨文簡明詞典》）。按馬叙倫認爲ƅ即ᘐ之自倒文，同字異體，是已、目、矣同音異寫矣。

由以上材料可知：西周金文銘辭不見“矣”字，而西周文獻材料中《周頌》《周誥》皆有“矣”字，是金石刻辭離口語遠，文獻材料離口語近之一證。

而《易》卦爻辭中不見“矣”字。《易》傳中習于用“矣”字，凡六十八見（《周易辭海》）。以《尚書·立政》《牧誓》與《周易》卦爻辭相較，有一種可能：即《立政》《牧誓》曾經後世（如春秋時期）整理，從而增加了語氣詞“矣”。

2017年11月18日終審于幹部療養院

《虞夏書》所記堯時洪水及鯀禹治水的新證

周述椿在《四千年前黄河北流改道與鯀禹治水考》① 一文中，根據黄河三角洲的地理特點，結合古史傳説，從自然科技規律着手，對洪水原因、治水方法、治水業績進行探討。

一、黄河三角洲地理特點

黄河出孟津後，泥沙沉積成廣泛的三角洲平原。河道主流在整個三角洲上呈周期擺動。由于中部受山東丘陵的阻擋而表現爲南北改道特徵：南部淤高後改道北流；北部淤高後改道南流。與今黄河口三角洲一樣，改道後新道與故道要并流一段時間，因而每次改道後一段時間内，都會造成南、北都淹的局面。銅瓦厢黄河决口後，情况便是如此。

二、四千年前洪水爲黄河由南流改爲北流所致

《山海經》所載黄河，是北流至天津入海。《禹貢》所載黄河北流，在天津南入海。春秋、戰國時期是主流的“漢志河”也是北流，在“禹貢河”入海處之南入海。

有資料表明：四千年前黄河是南流入海的。

1.《中國自然地理·古地理》謂：在全新世中期，淮河北還有一個淺渫形盆地。黄河三角洲在下游與長江三角洲相連。河流帶下泥沙，黄河三角洲遂漸

① 周述椿：《四千年前黄河北流改道與鯀禹治水考》，《中國歷史地理論叢》1994 年第 1 輯。

向下游發展，并形成沙埧。大西洋期以後，海水逐漸退去，形成射陽河一帶瀉湖與沼澤。全新世後期，近代黄河衝積亞粘亞砂土層，分布在黄河自然堤兩側。亞沙分布于泗陽、八集一帶及黄河河床内。最後黄河改道向北，可能是受淮河影響，其頂層有四十厘米左右黄色粘土。

2. 根據河北地下古河道材料，在地下距今七千五百年至四千五百年間，地層中爲富含淤泥、草炭及植物根系的亞粘亞砂土層，顯示出非黄河主流河道以細沙及粘質土的沉積特徵[1]。

3. 在海州灣以東五十公里至一百公里水深五十米範圍内，有一萬年來黄河泥沙沉積物。

4. 古濟水被北流黄河分爲東西兩段，東段濟水大致與今黄河道流向相近。濟水原是發源于濟源縣後單獨入海河流。（古稱濟爲四瀆之一，即因其爲單獨入海之河流[2]。後來被北流黄河所切斷，以致東、西兩段都叫濟水。）

（按：濟水獨立入海之時頗久，故古人以爲四瀆之一。在黄河改北流切斷濟水後，仍稱東、西二段爲濟水，且以“過河”“溢爲營”“潛流再現”解釋此一現象。）

5. 仰韶文化與大汶口文化均不見于河南省東南部的黄淮平原，而距今四千年的龍山文化，却在黄淮平原有廣泛分布。也就是説，在仰韶文化時代黄淮平原很少有人居住，其原因可推測爲：黄河南流時，由于洪水漫流形成大片沼澤，使該區不宜居住。

由以上材料推測，黄河南流改北流時間應在距今四千五百年前左右。這個推測可與以下文獻材料印證：

①共工與顓頊争帝，怒觸不周山（頗似一次大地震記録）。共工是居住在輝縣及山西省南部地區的炎帝部落，黄河改道北流勢必淹及該部居地，所以古籍中記其“遂潛于淵，宗族殘滅，繼嗣絶祀”及“墮高堙卑”的治水活動。按：共工氏堵北流新道，迫使黄河南流故道：“舜之時，共工振滔洪水，以薄空桑（山東西部平原）……江淮通流，四海冥涬。”（《淮南子·本經訓》）

②傳説中炎帝都曲阜，黄帝都新鄭，顓頊都濮陽，都在黄河三角洲中偏北區。而這次黄河改道北流也許正像1855年在銅瓦厢北流改道，在山東、江蘇

---

① 吴忱：《河北平原淺埋古河道》，《地理學報》第41卷第4期。

② 《爾雅·釋水》：“江、河、淮、濟爲四瀆。四瀆者，發源注海者也。”《釋名》云：“瀆，獨也。各獨出其水而入海也。”

有一個廣達二十余縣的洪泛區，在今鄭州南北有一個更爲廣泛的洪泛區，把黄炎兩族在三角洲北部居地都淹没了。《尚書・堯典》所記“湯湯洪水方割，濛濛懷山襄陵”正是此次洪水在大平原上漫流的寫實。此後，帝嚳都偃師，堯都臨汾，舜都蒲州，政治中心都不在三角洲，當與此次河水北徙有關。

三、鯀、禹治水主要是堙塞黄河南流故道

禹用“疏導”治水成功經不起推敲，黄河洪水流量達二萬立方米/秒方以上，以當時人力、物力掘河行水實不可能，且幾千年來治河實踐皆以“修堤障水”爲要策，所以“湮水”說有其合理性。

“湮水説”見于下列文獻：

(1)《山海經・海内西經》：“洪水滔天，鯀竊帝之息壤以堙洪水，不侍帝命。帝令祝融殺鯀于羽郊。鯀腹生禹，帝乃命禹卒布土以定九州。”

(2)《詩・商頌》：“洪水芒芒，禹敷下土方卒。”（此當校爲“禹敷土下方”。）

(3)《禹貢》：“禹敷土，隨山刊木，奠高山大川。”[1]

(4)《楚辭・天問》：“伯禹愎鯀，夫何以變化？纂就前緒，遂成考功，何續初繼業而厥謀不同？洪泉極深，何以填之？地方九則，何以墳之？鯀何所營？禹何所成？”

(5)《國語・魯語》：“鯀障洪水而殛死，禹能以德修鯀之功。”

(6)《孟子・滕文公下》：“昔者禹抑洪水而天下平。”

(7)《莊子・天下》：“昔者禹之湮洪水，决江河而通四夷、九州也。”

(8)《淮南子・墜形》：“禹乃以息土填洪水，以爲名山。”

(9)《漢書・溝洫志》：“禹湮洪水十三年。”

(10)《水經注・河水》：“大禹塞滎澤，開之以通淮、泗，即《經》所謂蒗蕩渠也。”

(11)《水經注・河水》：“濟自大伾入河，與河水鬥，南泆爲滎澤。……昔大禹塞其淫水而于滎陽下引河東南，以通淮、泗，濟水分河東南流。”

所謂敷土、湮、填、障、抑、塞，主要工程有二：

---

① 《豳公盨》（西周晚期）：“天命禹敷土，隨山浚川。”

1. 湮塞黄河南流故道。黄河長期南流，泥沙淤積，致使三角洲南部地勢高于北部，造成黄河改道北流。河水改道後，由于新道地勢低，坡降大，入海流程短，大部分洪水北流。原故道會逐漸淺，甚至斷流。廣闊黄淮平原故道區上的沼澤、湖泊將逐漸變幹成爲宜墾土地，但故道口處無阻水設施，大洪水仍會沿故道南泛。爲免除這塊土地上的洪水威脅，就像 1855 年銅瓦廂黄河改道北流後一樣，去堵住黄河南流故道成爲居住在黄淮平原上各族人民的共同要求。

可以推測，在黄河南流時，滎澤、圃田澤、萑符澤、逢陂澤是黄河南流故道。濟水是發源于王屋山緊靠南流故道北岸自然堤旁一條獨立入海河流。黄河北流後，截斷濟水成爲東西兩段。禹堙塞滎澤黄河故道，使黄河洪水不再沿故道南泛，從而使黄淮平原免于洪水之灾，得以墾植。所以禹治水時得到東夷的大力支持（益爲禹助手、禹娶于塗山氏等）。治水成功後又大會諸侯于淮河北岸的塗山（安徽淮遠縣）。

禹堙塞滎澤黄河故道，對東段濟水口没有堙塞，而是使它起着分河水、通淮泗的作用。由于濟水分河處在北流黄河的凹岸，使泥沙不易淤塞。這條水道，一直維持兩千多年。

三角洲上游淤積之粗質沙，如用爲阻水材料，遇水浸泡，極易陷塌。故障水之"息壤"不是此種砂土，而是"一種遇水膨脹的粘土"（顧頡剛《息壤考》）。這種"息壤"工程叫膨脹土，土中含蒙脱石等礦物，具有吸水膨脹的性能。該土在京廣鐵路西側山區與平原交接地帶有廣泛的分布（廖世文《膨脹土與鐵路工程》）。因此鯀、禹取這種粘性土作爲湮塞材料是完全可能的和必要的①。

2. 築堤以障河水，使不翻過北流黄河的天然堤。把河水導過三角洲的頂部，此堤蓋即後世之"鯀堤"。朱熹《楚辭集注》謂："程子曰：今河北有鯀堤。"《大名府志》："浚縣北有鯀堤。"與浚縣相鄰的内黄縣趙高固村，又名"鯀城"。傳説鯀修古堰與夏台②。結合《水經注》禹在滎澤塞水的記載，可推測鯀堤從廣武山起，經滎澤，跨濟水，沿黄河東岸，直到浚縣大伾山，再往下

---

① 黄河在鄭州附近北彎，南岸鯀堤勢必受到衝刷。如果在堤的迎水面，堆放卵石堆，便可抵抗衝刷。《水經注》述東漢王景："又自汴口（即濟九口）以東，緣河積石，爲堰通渠"，"于石門東積石八所，皆如小山，以捍衝波"。此蓋禹"導河積石"的實際了。

② 《世本》"鯀作城郭"，當是鯀作堤防之又一記述。

經内黄縣境。這段堤防長約一百五十公里，若修三米高，所需要土方約四百五十萬立方米。傳説中鯀、禹治水共二十二年。若每年冬季枯水斷流時動員萬人修堤，每人平均完成二十立方米土方，這應適合當時的生産力水平（淮陽平糧城址，距今四千三百五十五年，夯土坡底寬十三米、殘高三米。可見當時已具備築高大堤防的技術能力。）黄河從鯀、禹治水後，直到公元1128年，改道部位均在浚縣以下，説明了在此三千年間鯀堤的巨大功用。北宋以後由于人爲决堤黄河在此段多股南泛，鯀堤才不復存在。

四、鯀、禹治水所反映的氏族、地緣鬥争及其後果

共工氏爲炎帝之後，居地在太行山南段。黄河改道北流，共工氏居地首當其衝。爲保衛其居地，最好辦法是“堙塞北道，令河南流”。《竹書紀年》：“堯十九年，令共工治河。”結果是“壅防百川，墮高堙庳，以害天下”。得“静言庸違，象恭滔天”的惡名。共工治水不成而得罪：一則北流改道是地勢南高北低所决定的。共工欲障水南流，違背自然規律；二則障河南流，必然危害已在黄淮平原定居的部族的利益。舜出生在山東，導水北流是其利益所在。所以“流共工于幽州”。

《竹書紀年》：堯“六十一年，命崇伯鯀治河”。《堯典》亦記此事。這表明了堯治水方針的改變，即轉變爲確保黄淮平原（障南流北）。鯀是居于登封禹縣地區的夏人領袖，與居于輝縣的共工氏南北相對，是堵塞南流故道的合適人選。鯀之工作，很有成效，但後因反對堯禪位于舜[1]而遭流放到羽山。其後舜繼續令鯀子禹繼承父業治水。禹是“障南流北”，與共工氏“障北流南”相反。所以《山海經·大荒西經》有“禹攻共工之山”的傳説。

五、鯀、禹治水的政治後果

大洪水的治理，要求各方國要按照中央聯盟的集中規劃和統一安排，要求

---

① “鯀婞直以忘身兮，終然夭乎羽之野。”（《離騷》）“行婞直而不豫兮，鯀功用而不就。”（《九章·惜誦》）《吕氏春秋·行論》：“堯以天下讓舜，鯀爲諸侯，怒于堯曰；‘得天之道者爲帝，得地之道者爲三公，今我得地之道而不以我爲三公。’以堯爲失論。”《韓非子·外儲説右上》：“堯欲傳天下于舜。鯀諫曰：‘不祥哉！孰以天下而傳，之于匹夫乎？’堯不聽，舉兵而誅殺鯀于羽山之郊。”

加强國家聯盟中央機關的管理權限。這就是説，黄帝開始的方國聯盟，在堯舜治水的實踐中，加强了中央權力，完善了國家機器。這反映在《堯典》所記舜廷設官建制，使國家機器完善。這表現爲在治水鬥争中，堯舜朝廷中東夷、華夏各主要方國的首腦都參加了中央政府，成爲不同方面負責大臣。

總之，鯀禹治水的過程，是中國國家機器進一步完善的過程，是中國各方國進一步接受聯盟中央政府領導的過程，是華夏部族、多元一體加强聯合、加强團結的過程。

孔子、孟子言必稱堯舜，是有其歷史理由的。

2006年7月1日寫完

附：其他材料反映的此時洪水事件

王潤濤謂："考古學材料和文獻資料都顯示，在距今四千多年前的中原地區，發生過大洪水灾害。邯鄲、洛陽、武功等地均曾發現過龍山時代晚期發生洪水侵襲的遺迹。我國東部地區同時發生過大範圍的洪水灾害。"[①]

魏繼印謂："對于這一洪水事件，在考古學材料上也有相關的遺存能够提供佐證。登封王城崗、輝縣孟莊等龍山文化城址，都有被洪水衝毁的痕迹，對此多數學者認爲可能是由于降雨量過大引起的山洪暴發所致[②]。另外，在長江流域良渚文化的典型遺址江蘇錢山漾、馬橋遺址，屬良渚文化晚期至馬橋文化時期，發現了較普遍的淤土層。吴江梅堰遺址，在良渚文化地層之上，堆積厚達四十厘米至九十厘米的河流淤土層。環境學者據此認爲：'我國東部地區距今四千年前後，曾發生過空前的大洪水。洪水雖以黄河中游地區爲最大，但淮河和長江中下游地區同樣受到了這次大洪水的影響。'"[③] 俞偉超先生根據良渚文化和山東龍山文化衰落的現象，也認爲"四千多年前我國曾發生一次延續了

① 王潤濤：《洪水傳説與中國古代國家的形成》，《湖北大學學報》1990年第2期。

② 段萬周：《我國第四紀氣候變遷的初步研究》，《全國氣候變化學術討論文集》，科學出版社，1978年。

③ 王富寶、要民昌：《太湖流域良渚文化的自然環境》，《東方文明之光》，海南國際新聞出版中心，1996年。

若干年的特大洪水灾難，應該是歷史實”[①]。

按：是乾旱期易發洪水，還是濕潤期易發洪水？張渭蓮謂：“大旱往往與洪水連携而行。一般而言，冷乾時期，由于降水集中，多數時間没有降雨，年降水率變化大，因而河流流量變率也大，所以易發洪水；而暖濕期由于年降水變率小，河流流量變率小，因而不易暴發洪水。”[②]

吴文祥、葛全勝[③]則認爲：發生在距今四千年前，前後的一次降温事件，被稱爲“全新世事件 3”，是歷史時期以來最具影響力的小冰期，標志着許多地區氣候最適宜期的結束和後全新世的開始。

在中國，這次氣候事件導致了南澇北旱的環境格局，直接導致了江浙一帶良渚文化、兩湖地區石家河文化、山東海岱地區龍山文化、内蒙古岱海地區老虎山文化、甘青地區齊家文化等新石器文化的衰落和終結。以夏朝爲標志的中國古文明也大致同期建立。

又按：據此説，則發生于堯、舜時期之“洪水”在“全新世事件 3”之前，當爲黄河流域氣候暖濕時期的末段。則黄河“改道説”與“大雨洪水説”爲合理。

---

① 俞偉超：《龍山文化與良渚文化衰變的奥秘》，《紀念城子崖遺址發掘 60 周年國際學術討論會論文集》，齊魯書社，1993 年。

② 張渭蓮：《氣候變遷與商人南下》，《中原文物》2006 年第 1 期。

③ 吴文祥、葛全勝：《全新世氣候事件及其對古文化發展的影響》，《華夏考古》2005 年第 3 期。

詩經讀書札記

"將"有"獻祭"之義的詩證

將字作將(詛楚文)、將(説文篆文)。字象以手（又，寸）執肉置于床上之形，爿（床）亦聲。故有奉獻、獻祭之義。

《漢語大詞典》"將"字下云："奉獻。《詩·小雅·楚茨》'或剥或亨，或肆或將'，鄭箋：'有肆其骨體于俎者，或奉持而進之者。'又《周頌·我將》'我將我享，維羊維牛，維天其右之'，鄭箋：'將，猶奉也。'孔疏：'以將與享相類，當謂致之于神。'"

可見"將"與"享"類，有"進獻于神"之義，即"獻祭"是已。所獻于神者何物，"肉"類祭品是已。（"維羊維牛"即所將之内容。"或肆或將"，亦肆解之牲體爲所將之内容也。）

知"將"爲"獻肉知人祭"，則下列《詩》句之義得確解：

《大雅·文王》"殷士膚敏，祼將于京"，毛傳訓"將"爲"行"，未確。此"將"與"祼"并列。"祼"爲獻鬯，"將"爲獻肉，皆所以奉獻于神也。下句"厥作祼將，常服黼冔"之"將"亦訓"獻肉以祭"也。

《商頌·那》"顧予烝嘗，湯孫之將"，鄭箋："將，猶扶助也。"誤。朱子《集傳》："將，奉也。言湯其尚顧我烝嘗哉，此湯孫之所奉者。"得之。"將"由"獻祭"出"奉獻"義。

《商頌·長髮》"有娀方將，帝立（莅）子生商"，毛傳："將，大也。"箋："有娀之國亦始廣大。"于經意不協，此"將"當訓"獻祭"。詩言：有娀氏之正在獻祭之時，上帝命燕自上而下遺卵（即"莅子"），有娀氏吞之，因孕而生契（即"生商"）。

"將"爲祭祀，故亦爲主祭者之名。古卿軍（軍將皆命卿）一職，主祭者亦即帶兵者，故"將"爲"將帥"之名，引出"統領"之義。

又按："祭"字象人手執肉置于"示"前，出"祭祀"之義。其字之結構與"將"同，故"將"與"祭"精紐雙聲，陽月通轉，正一聲之轉也。也可説"將"與"祭"是"同音異寫"的兩個字。

又，《墨子·兼愛》中："昔者武王將事泰山，遂。傳曰：……"孫詒讓謂："《廣雅釋詁》云：'將，行也。'"誤，此"將"當訓"獻祭"。"遂"訓"成"也（《廣韵》），"事"訓"祀"也，則全文貫通。

2009年7月4日補記

《豳風》諸詩爲何與“周公”關係密切

《詩序》謂《豳風》諸詩皆與周公有關。如《七月序》曰：“陳王業也。周公遭變，故陳后稷先公風化之所由，致王業之艱難也。”《鴟鴞序》曰：“周公救亂也，成王未知周公之志，公乃爲詩以遺王，名之曰‘鴟鴞’焉。”《東山序》曰：“周公東征也。周公東征三年而歸，勞歸士。大夫美之，故作是詩也。”《破斧序》曰：“美周公也。周大夫以惡四國焉。”《伐柯序》曰：“美周公也。周大夫刺朝庭之不知也。”《九罭序》曰：“美周公也。周大夫刺朝庭之不知也。”《狼跋序》曰：“美周公也。周公攝政，遠則四國流言，近則王不知。周大夫美其不失其聖也。”是《詩序》以《七月》《鴟鴞》爲周公所作，而《東山》《破斧》《伐柯》《九罭》《狼跋》等篇則爲美周公之作。

徐中舒《豳風説》謂：“《詩序》作者，以《豳風》爲周公或美周公之作。就現在文獻中尋其所依據之材料，不外下列三證：(1)《書·金縢》説周公乃爲詩以誚王，名之曰《鴟鴞》。(2)《左傳·襄二十九年》載吴季札于魯觀樂，論《豳風》曰‘其周公之東乎’。(3)詩中内證：《東山》有‘徂東三年’之言；《破斧》有‘周公東征’之句。就此二證言，仍無以解釋豳風所以稱豳之故。”

對此問題，鄭玄《詩譜》作出一種解釋。“成王之時，周公避流言之難，出居東都二年。思公劉、大王居豳之職，憂念民事至苦之功，以比序己志……大師大述其志，主意于豳公之事，故別其詩以爲豳國變風焉。”

朱熹《詩集傳》則謂：“武王崩，成王立。”“周公旦以冢宰攝政。乃述后稷、公劉之化，作詩以戒成王，謂之豳風。後人又取周公所作，及凡爲周公而作之詩以附焉。”

方玉潤《詩經原始》則謂：“《豳》僅《七月》一篇”，“此必古有其詩，自公始成王前，俾知稼穡艱難，并王業所自始，而後人遂以爲公作也。至《鴟鴞》《東山》二詩，乃爲公作。《伐柯》《破斧》《九罭》《狼跋》則又衆人爲公而作之詩。以其無所系屬，故并附《七月》後，而統名之曰《豳風》。”

以上諸説，皆以爲《七月》是《豳風》。由周公陳于成王，于是其他周公作或爲周公而作之詩，“并附《七月》後而統名曰之《豳風》”了。這在邏輯上有問題，周公呈《七月》于王，即使《七月》爲豳詩，怎麽會“周公所作”和“爲周公而作”之詩也一并成爲豳詩呢？此其一。况且《七月》一詩“所言皆農桑之事”，詩中無一語及“公劉”或“居豳”之事。這樣，所謂“述后稷、公劉之化”云云，乃推測之辭，并無實證了。此其二。

洪業《破斧》（《洪業論學集》）謂：今之學者，創爲新説，宜略述者，亦有三家。一爲徐中舒，在《豳風説》中以《豳風》爲魯詩，乃春秋時代魯國作品。其所以稱《豳風》者，乃魯國《豳樂》，即襲其樂調而填以新詞。衛聚賢在《豳風是戰國中年西周武公時詩》中則謂：“周人在考王至郝王（公元前314—前255年）所作者名豳。《豳風》中的物産皆出于洛陽。”孫次舟在《周公事跡之清理》中則謂：“《豳風》之地理環境，應在今河南許昌一帶”，“平王東遷，複以東周地封周公”，“即在今之許昌一帶也”，“其地所産歌謡，編者誤題宗周周地之古稱，故曰豳風也”。

這些新説，雖然具體説法各異，但有如下共同點：

（一）不承認《豳風》是西周詩，而認定《豳風》爲東周詩（徐、孫以爲春秋時詩；衛以爲戰國時詩）。其主要論據爲：

1. “七月流火”爲公元前三四世紀的天象。此飯島忠夫之説，徐、衛從之。但徐又謂“此現象若提前至公元前五六世紀，則更與《左傳》記載合”。

按：飯島氏之説有錯誤，不可從。因爲“火中”（黄昏時大火星出現在南中天）至“火伏”（黄昏時火伏不見，即正在地平綫下），共需九十天。而“火中”之後，大火星即開始向西下移（即“流火”），此過程約爲九十日。

天文學史家考證出，殷末西周初有夏五月夏至大火昏中的天象。（竺可楨證明《堯典》“日永星火，以正仲夏”爲殷末周初天象；趙莊愚證明《夏小正》“五月初昏大火中”爲西周初年天象。）因此，在西周初年五月夏至“大火中”之後的六月、七月，皆是“流火”的天象。高亨《詩經今注》于“七月流火”，即是作此解。飯島、徐、衛之説，亦因之不能成立。

2. 徐中舒認爲：春秋以前，無“公子”“公孫”之稱名，亦不見于西周金文。而《七月》有“公子”之名，《狼跋》有“公孫”之稱，是《豳風》爲東周詩之一證。此論據的前提是西周金文的文例完全與西周書面文字相同。但金文爲銘刻之文離口語遠，而《尚書》之“誥”爲口語記録，《詩經》之詩爲口語歌詞離口語近，故即使二者同時，所用文辭却有差别。如“君子”一詞，《書》《詩》常用。《書》之《酒誥》《召誥》《無逸》俱有“君子”，皆爲西周文獻。《詩經》之《大雅》《小雅》用“君子”一詞者一百三十一次，《雅》詩爲絶大多數西周文獻。據《殷周金文集成》所載，金文中用“君子”一詞者，只東周楚器一例，西周金文用“君子”之詞者尚無一例。可見，金文爲廟堂銘刻之辭，與記録口語之《尚書》之“誥誓”及《詩經》中歌詞二者文體有别，所用詞彙不能簡單比定以定其年代也。此其一。况且《小雅·大東》“佻佻公子，行彼周行”爲西周之詩，即用“公子”之詞，是不能以《七月》有“迨及公子同歸”“爲公子裳”之詞，即以其爲西周以後之詩矣。此其二。

（二）不承認《豳風》是雍州地區的詩，而認爲是魯詩（徐中舒）、洛陽詩（衛聚賢“豳風中的物産，皆出于洛陽”）、許昌詩（孫次舟“豳風之地理環境應在今河南許昌”）。其主要論據爲：

1.《七月》所咏農桑，非豳地所宜（徐中舒説）。《禹貢》雍州無篚，又不貢絲，且稻亦非雍州所産。《周禮·職方氏》謂雍州宜黍稷，不云宜稻。而《七月》之詩有：“女執懿筐，遵彼微行，爰求柔桑。”又：“蠶月條桑，取彼斧斨。以伐遠揚，猗彼女桑。”又曰：“十月穫稻。”正《七月》非雍州地域之詩之證也。

按：《禹貢》每州所列貢品是一事，此州生産何物又爲一事。因爲生産之物而不爲貢品者，多多矣。豈能以《禹貢》貢物所無，即以爲此州不生此物乎？此其一。

况《詩·大雅·瞻卬》：“婦無公事，休其蠶織。”《小雅·南山有台》：“南山有桑，北山有楊。”《小雅·黄鳥》：“黄鳥黄鳥，無集于桑。”《小雅·小弁》：“維桑與梓，必恭敬止。”《小雅·隰桑》：“隰桑有阿，其葉有難。”“隰桑有阿，其葉有沃。”《小雅·白華》：“樵彼桑薪，卬烘于煁。”（此詩有“滮池北流，浸彼稻田”之句，是其所咏之地在豐、鎬附近矣。）《大雅·桑柔》：“菀彼桑柔，其下侯旬。”可見在《大雅》中有“蠶織”之文，是雍州飼蠶之證也。在《大雅》《小雅》中咏桑之詩共六首之多，是雍州多桑矣，《七月》《鴟鴞》與之合，正可以證《七月》物産爲雍州之物也。而以《七月》物産非雍州所宜，能成立耶？

2. 徐中舒《豳風說》謂：《綿》之詩曰："古公亶父，陶復陶穴，未有家室。"(《淮南子·泛論訓》："古者民澤處復穴。"高誘注："復穴重窟。"錢澄之《田間詩集》云："西北多窟穴，皆于峭壁鑿窟。内開屋舍，或上下二層，意上即陶復，下則陶穴。")西北之地勢高寒，穴居之風已久。而《七月》詩云"塞向墐户"，直無所用之。《七月》所咏，可斷言非豳地之詩風。

按：徐先生此說之誤，在以"復"（三家詩作寝）、"穴"爲同一物。《詩》言"陶復陶穴"，明明是"陶復"與"陶穴"有别，何得混爲一事耶？

《綿》曰"陶復陶穴"，毛傳："陶其土而復之，陶其壤而穴之。"鄭箋："'復'者，復于土上。鑿地曰穴。"是毛傳、鄭箋于"復""穴"二者有别，是明確的。

《説文·穴部》："穴，土室也。從穴，八聲。"又："寝，地室也。（《大雅·正義》引作"覆于地也"。）從穴，復聲。"《詩》曰："陶復陶穴。"

據《説文》"穴"是"土室"，而"寝"即《綿》詩之"復"爲"地室"，即"覆于地"之室，二者是有區别的。朱駿聲《説文通訓定聲》謂："凡直穿曰穴，旁穿曰寝。地覆于上故曰寝也。"（此承段玉裁説。）而王先謙《三家詩集疏》則謂《説文》之訓"地""土"有别，"蓋地載萬物，土生萬物。土言地下，地言地上（即地之表面）"。《説文》："穴，土室也。"（凡引作"土屋"。）此自穴土爲室，無論旁穿、正穿，皆"穴也"。"寝"爲"地室"，室自作于地上[①]。《箋》言"復于土上"，未晰。段玉裁謂"直穿爲穴，旁穿爲復"，亦非。

桂馥《説文解字義疏》引庾蔚之云："復謂地上累土爲之，穴則穿地也。"其説亦于《説文》合。

"寝"爲"地室"，又"覆于土上"，是何意義？蓋即于地面下挖淺穴，然後于穴四周"累土"爲墻，再以屋頂覆其上。此則今考古發現之"半地穴居室"之名也。董作賓（《甲骨學六十年》31 頁）謂："小屯遺址中多大圓坑，底平，有出入之口，有土階。在當時坑上必有圍墻。構木爲頂，覆以茅茨。現存者，僅坑口而已。"《詩經·大雅》所稱"陶復陶穴"，"復穴"即指此類地下室而言。"復穴"的形式，有渾圓的，有橢圓的，略成方形或長方形的，壁上

---

① 戴震《鄭詩考證》："《説文》：'寝，地室也，謂在地上。''穴，土室中，謂在土中。'王先謙之説當據此。

覆麥秸泥，坑底施席紋等，可以推知，這種大圓坑必爲居住的所在。董氏所述圓形或方形之地穴上有短墻，再覆以茅茨之居室，正是“寝”之形制。

“陶復陶穴”之“陶”，是何意義？

朱駿聲《説文通訓定聲》：“陶，假借爲窯（窑）。《詩·大雅·綿》“陶復陶穴，未有家室”，鄭玄箋：“復者，復于土上。鑿地曰穴。皆如陶然。”即以“陶”爲“窑”，即“燒瓦器土室”（《一切經音義》卷十三“陶”下引《集訓》）。此一解。

戴震《毛鄭詩考正》：“案：箋直以陶爲窯，非也。墼謂之陶。燒成謂之甓。今呼甓爲磚，呼陶爲土墼。復穴而居，僅賴此爲之。”墼爲土磚。此又一解。

今按：復（寝）穴形制有别，而皆“陶之”，是“陶”爲動詞。《漢語大字典》“陶”下云：“烤灼，炎熾。”《後漢書·張衡傳》“躋日中于昆吾兮，憩炎天之所陶”，李賢注：“陶，猶炎熾也。”黄展岳《考古紀原》謂：“竪挖坑穴居……依據住面和房壁的加工不同，可分爲生土面、燒土面和白灰面等。”陶復、陶穴，即在寝、穴的居住面或房壁，以火“烤灼”（陶之）使之變成“燒土面”之謂也，此覆穴居室裝修之一項工序也。故以上鄭、戴舊説，皆不可取矣。

今知寝爲半地穴居室，其地穴有階以通出入，則寝有“户”矣，寝之地上壘土爲壁，壁上又支木爲頂，覆以茅茨，則必有“窗”以通風、透光矣。“窗”即“向”也。然則《綿》之“陶復陶穴”與《七月》之“塞向墐户”，豈有矛盾衝突哉。故以“陶復陶穴”爲據，而謂“塞向墐户”非豳地之所宜有，是于“復”之形制無知而來，豈能成立耶？

3. 徐中舒《豳風説》謂：《史記·周本紀》稱“公劉雖在戎狄之間，復修后稷之業，務耕種，行地宜”是豳地在“戎狄間”，且西周之世，豳已數次淪爲戎狄之地。如此環境，而能産生若《七月》之詩，暢言農桑耕稼之事，其誰信之？因其地有無農桑，仍是問題。

此説之不能成立，有三。第一，豳有無農桑之事與豳地是否淪于戎狄，是不同的兩個問題。豈可以豳地曾淪于戎狄，即認爲其地本無農桑？這在邏輯上是説不過去的。第二，《大雅·公劉》：“篤公劉，既溥既長，既景乃岡，相其陰陽，觀其流泉。其軍三單，度其隰原，徹田爲糧。度其夕陽，豳居允荒。”證豳地在公劉時即有原有隰，有相當規模的農田從事生産。此詩乃西周人所作史詩，正豳地有農田生産之文證。第三，徐、衛、孫諸先生皆將《七月》所述農田生産、農業物候東移于山東或河南。其潛在前提是，以爲豳地氣候有如今日，其地“高寒”，不能有如此農桑、節候。他們這種認識是錯誤的，因爲古今氣候是有變化的。竺可楨研究中國五千年氣候變化，得出的結論之一是：在商和西周時期，黄河中下游地區年平均氣温較現在高二至三（攝氏）度。則其時豳地氣候有如今之四川，是《七月》之詩所記農桑之事、時節物候之象，皆能得到合理解釋矣。

4.《吕氏春秋·音初》以《破斧》爲東音，《候人》爲南音，《燕燕》爲北音，《秦音》爲西音。傅斯年據之謂：“號稱東音之破斧歌，正在《豳風》之中。”（《周頌説》）以《豳風》爲《魯風》之一證。徐中舒則解釋爲：“（《豳風》）在魯者，則以年代的推移，又不免與東土舊樂相混，積久（戰國之末），遂成爲魯地固有之樂，因而稱爲‘東音’。”（《豳風説》）這種解釋相當牽强迂曲，難以服人。

《豳風·破斧》何以用“東音”？洪業先生作了一個解釋，從前趙佑也曾説過（見趙佑《詩細》）：“據《吕氏春秋》載，夏後孔甲作《破斧》之歌實始爲東音，則首二句或即出古詩成句。詩固有用舊作起者，或效其詞，或襲其語。漢唐人往往有之，蓋亦一體。”何以豳歌而有東音？或者是豳人跟着周公東征，在東方學會某種破斧之歌，既西歸，乃用其調或用其每章首句以作其《破斧》詩，而表示其對于東征的觀感。（《洪業論學集·破斧》）洪先生以東征豳人襲東音破斧調而作歌釋豳歌有東音之事。于理最合，于史有徵。當可成立。

（三）不承認《豳風·破斧》中之周公是西周開國元勛周公旦。徐中舒以爲“破斧”之周公，或即與齊桓會于葵丘之“宰周公”（《左·僖九年》經文）。衛聚賢以爲“《破斧》作于西周武公之時”。孫次舟以爲“平王東遷復以東周地封周公”，此周公某即《破斧》中之周公。

對此三個新説，洪業先生曾予以分析、批判。其言曰：“就四説而比較之，西周武公可能性似乎最低。武公以秦昭王之五十一年（前256）犇秦，頓首受罪，盡獻其邑三十六、口三萬（《史記》），不僅其時已在孟子之後，已在戰國中期以後，且其國勢方救亡不暇，不可贊其有‘四國是皇……是吪……是遒’的武功。”

宰周公參與葵丘之會，可説曾作“東行”，但不是“東征”。且其往返行李，亦何至斧破斨缺？

因平王東遷而亦東遷之周公某，其人其事尚在假設之中，未有載籍之指證。即托鴟鴞鳥語之詩，可容解爲民人移居艱苦之訴。其將如何對付孔、孟所贊爲“能治其國家”之意，又將如何應對趙岐所爲“刺豳君不如此鳥”之釋（《孟子注疏》）。況且周公某之東遷，對四國何關？東遷所給與移民之痛苦也不過“手拮据”而“室翹”，《破斧》爲何竟説“哀我人斯，亦孔之將……之嘉……之休”？

由此看來，公元前8世紀之周公某和公元前7世紀之宰周公，若是端出來代替《破斧》中之周公，其可能性與公元前3世紀之西周武公相比，也不過伯仲之間而已。

這樣的減除，只剩下了昔人所共指公元前11世紀晚年自宗周帶了豳人出征于東方三年之周公旦。《詩》三百零五首中僅兩首帶有“周公”一詞，《魯頌》之“閟宫”也提到周公三次，其中周公是周公旦，古今都無異議。然《破斧》中亦三次提到之周公，其或亦爲周公旦，豈不應受優先考慮？況且其言“周公東征”，又適合于史籍所説周公旦之東征。（《洪業論學集》）

按：洪先生之説是也。《破斧》之“周公”，唯有周公旦足以當之。他説皆與《詩》之内容不合。

由是觀之，以上三種新説基本錯誤，難以成立。

豳有二地，一爲公劉所居之豳，一爲太王所徙之豳。太王所徙之豳，在岐下，在西周爲周公之封邑。因此《詩》之《豳風》即岐下之豳之詩歌，由于其地是周公之領地，故《豳風》與周公遂發生了密切的關係。此另一新説，乃爲最合理的一種解説。

此説之論據如下：

（一）豳或作邠。（《周禮·籥師》經文作“豳”，注作“邠”。經典多作“豳”，惟《孟子》作“邠”。）其地望，有二。

1.《漢書·地理志》右扶風下云：“栒邑，有豳鄉。公劉所都。”（王念孫校：都當作邑。）洪業謂：據《元和郡縣圖志》則漢栒邑故城在唐邠州三水縣東二十五里。《圖志》又云：“古豳城在縣西五里。”據孫星衍所編《三水縣志》，清之邠州三水縣治在“唐治西可五里，則古栒邑城，當今縣東三十里”，民國改清之三水縣爲栒邑，然則所謂古豳城之處，即當今栒邑（東108度29分，北35度05分）之地而已。

2.《説文解字·邑部》：“邠，周太王國，在右扶風美陽。從邑，分聲。豳，美陽亭即豳也。民俗以夜市，有豳山。”

洪業謂：“據宋世舉《扶風縣志》，漢之美陽地當清時陝西鳳翔府扶風縣

（東 107 度 50 分，北 34 度 20 分）之北部，加武功縣（東 108 度 05 分，北 34 度 20 分）之西北部，加岐山縣（東 107 度 35 分，北 34 度 25 分）之東北部。而漢美陽縣治當清時扶風縣治北之崇正鎮。漢時栒邑與美陽兩縣治所，南北相去，雖不及今地圖上之一度，但就郵道計，亦在舊里三百以上。”

最值得注意的是："美陽"之"邠"與"美陽"之"岐"，同在一地。有關文獻爲：

《漢書·地理志》右扶風下云："美陽，《禹貢》岐山在西北中水鄉，周太王所邑。"

《後漢書·郡國志》："美陽，有岐山、有周城。"李賢注："杜預曰：城在縣西北。《帝王世紀》曰：'周太王所徙，南有周原。'"

《括地志》："周城一名美陽城。在雍州武功縣西北二十五里，即太王城也。"

而《説文·邑部》則謂："郊，周文王所封，在右扶風美陽中水鄉。從邑，支聲。岐，郊或從山，支聲。因岐山以名之也。""邠，周太王國，在右扶風美陽。從邑，分聲。豳，美陽亭即豳也。民俗以夜市，有豳山。"

以上文獻記載可知：郊（岐）和邠都在漢之美陽縣。美陽有周城，即太王城，又有豳亭。

孫星衍據此，謂："星衍案：……漢美陽今武功縣。蓋許君所言，太王止郊下之邠國也。班固所言，公劉始都之豳國也。"也就是説美陽之"邠"，即"岐"之另一名稱，只是同地異名而已。這是十分精當的見解。

那麽，"岐"爲什麽同時又名"邠"（豳）呢？魏源《豳風三家詩發微上》（《詩古微》卷三）謂："自太王去豳，豳民從之者三千乘，止而成三千户之邑。一年成邑，二年成都，三年五倍其初。及武王分陜之後，并分岐周東西以爲周公、召公采邑，是邠國遺民久在專治之内，故《説文》'邠'在美陽。"又云："'美陽亭即豳也，民俗有夜市，有豳山。'蓋豳遺民從至岐山下者所居。"

此説岐下之新豳，乃太王自豳遷岐時隨行豳人聚居之處，因而亦謂岐下所止之處爲豳（邠）。此于事理最合。族衆遷徙而地名隨之遷徙之事，中外史地之例甚多也。

按：太王居邠，狄人侵之，遂自邠遷岐事，見于先秦文獻者爲《詩·大雅·綿》《孟子·梁惠王》《莊子·讓王》《吕氏春秋·審爲》。魏源所説，據這些材料而概括言之。

美陽之“邠”，乃自舊豳（栒邑）遷岐豳民所止之地名，與周公是何關係？孫次舟《周公事迹之清理》謂：西周初年，周公之封邑曰周，其地即在豳附近。《郡國志》謂“周城在美陽”。《説文》曰“邠在右扶風美陽”，以其言豳地在美陽，則與《郡國志》周城之地望相合。周公之封邑當在周城，就當時名稱曰“周”，就古之名稱曰“豳”也。孫次舟謂周公封地在周城，亦即岐下之豳（邠），爲周公之封地。此説得之。《郡國志》謂“美陽有周城”，而《括地志》謂“周城一名太王城”，是太王率豳民止于岐下之邑爲“太王城”，又名周城，即新邠之地也。其後爲周公之埰地，是岐下之邠，爲周公之屬地矣。這樣，《詩·豳風》與周公有何關係，遂得到合理的解釋。

按：周公封城在岐山周城，見《史記·魯周公世家》集解：“譙周曰：以太王所居周地爲其采邑，故謂周公。”《索隱》云：“周，地名，在岐山之陽。本太王所居，後以爲周公之采邑，故曰周公。即今之扶風雍東北故周城是也。”《正義》：“《括地志》云：周公城，在岐山縣北九里，此地周之畿内，周公食采之地也。周公邵公，周室之宰，輔佐文武，成康以下，蓋嫡封于燕魯，次子食采畿甸，奕世爲卿士，故謂之周公邵公也。”

然《説文》“邠”在“美陽”説，是否可信？

（一）《説文·邑部》：“邠，周太王國，在右扶風美陽。從邑，分聲。豳，美陽亭即豳也。民俗以夜市，有豳山。從山，從豩、闕。”

許意：漢之美陽有“周太王國”，其地名“邠”，而美陽有亭，也就是豳亭。但清代所有研究《説文》的學者，都認爲許説有誤。爲什麽認爲許説有誤？他們認爲豳（邠）只能是公劉所居的漢栒邑之豳，從而許説漢“美陽”有邠，必是後人篡改文字之誤。他們主要論點爲：

段玉裁《説文解字注》説：“案：此二篆説解可疑。豳者，公劉之國。《史記》云‘慶節所國’，非大王國。疑一。《漢地理志》《毛詩箋》《郡國志》皆云：豳在右扶風栒邑，不在美陽。疑二。《地理》《郡國》二志皆云，栒邑有豳鄉。徐廣曰新平漆縣東北有豳亭。漢右扶風之漆與栒邑皆是豳域，不得美陽有豳亭。”

王筠《説文句讀》則謂：“前後漢志，鄭君箋詩，皆云豳在右扶風栒邑。《玉篇》則作郇邑。案：太王避狄而遷，不應不出美陽縣境，作栒邑是也。”

既然“豳”只能是公劉氏所國之栒邑之豳，那麽《説文》的解説就錯了。爲何錯誤？後人增改説解文辭所致。如《説文校録》謂：“在右扶風美陽”是“此注疑後人誤因郊注改”，而“豳美陽亭即豳也”是“此注疑後人增”，他書之説多類此。

這些懷疑的前提是作爲地名，豳（邠）只有一處，但這個前提不能成立。因爲在中國不論古今，一名多地的現象是大量存在的。因此，不能認爲豳名，只能在一地也。此其一。

這些學者都以爲豳只能在漢之栒邑，即“公劉徙邠”之邠（豳）。但《説文》説美陽之“邠”是“周太王國”，并不是説“公劉所徙國”，因爲“周時未嘗稱公劉爲王”（《二徐箋異》）。那麽，“太王”是否“國”于“美陽”？答案是肯定的。因爲“太王自豳遷岐”，邑于岐下，其地即漢之美陽。所以不能以公劉遷豳地在栒邑，來否認“太王”遷岐，地名爲邠（豳）。只能説：太王自豳遷岐，所止岐下之地能否名豳（邠）？如果我們知道古今中外都有大量的地名隨族群遷徙的史實，那麽太王自豳遷岐，止于岐下之地亦爲“豳”（邠）是絶不悖于事理的[①]。此其二。

（二）《説文》“邠”字解説文字的校勘

《説文》“邠”字解説，有異文。徐鉉本（即大徐本）作“周太王國”。徐鍇本（即小徐本）作“周王徙國”。

從此二異文相校，知其原文當校爲“周太王徙國”。“周太王徙國”語意不完整，當有缺字。

《説文》“邠”字前一字爲“郊”，其説解爲：“岐，周文王所封。在右扶風美陽中水鄉。”“郊”前一字爲“郃”，其説解爲：“郃，炎帝之後，姜姓所封，周弃外家國。”與“邠”字説解“周太王徙國”相校，知“邠”下説解當校爲“周太王所徙國”。

因此，《説文・邑部》“邠”下説解，經校勘後當爲：“邠，周太王所徙國，在右扶風美陽。從邑，分聲。豳，美陽亭即豳也。民俗以夜市。有豳山，從山，從豩、闕。”

《後漢書・郡國志》：“美陽，有岐山、有周城。”李賢注引《帝王世紀》曰：“周太王所徙，南有周原。”此“周太王所徙”之“美陽”“周城”，正與《説文》“邠，周太王所徙國，在右扶風美陽”相應、相合。正《説文》“邠”字解説可信之一證也。

---

① 即以“豳”而言：栒邑有豳鄉（《漢書・地理志》《後漢書・郡國志》）而新平漆縣有“豳”亭（《史記・周本紀》集解引徐廣説），亦一名二地也。

（三）《説文》之“邠”，與“岐”相因同在之證據

《後漢書·趙岐傳》：“趙岐，字邠卿，京兆長陵人也。初名嘉，生于御史臺，因字臺卿，後避難，故自改名字，示不忘本也。”趙岐字邠卿，是古人名字相因的一例。他是東漢人，“自改名字”時把“岐”和“邠”作爲相因的二地。這與許慎《説文》説“岐”“周文王所封，在右扶風美陽中水鄉”，而“邠”“周太王徙國，在右扶風美陽”。即岐、邠同地相合。正因爲岐、邠同地，故岐、邠能相因也。此一證。

《詩·豳風·狼跋》毛序：“美周公也。”三家無異義。

《易林·震之恒》演繹《狼跋》之“狼跋其胡，載疐其尾”二句詩意：“老狼白獹，長尾大胡，前顛後躓，無有利得。岐人悦喜。”王先謙《集疏》謂：“岐人，即豳人也。”《狼跋》詩列（豳）風當指豳人。而《易林》作者以爲“岐人”，是《易林》作者認爲在當時豳、岐在一地矣。這樣，正與《説文》關于邠（豳）、岐地望同在漢之“美陽”相合。此許説可信之二證。

結論：

1.《豳風》之詩，就其物産、節候等言，皆爲西周雍州地域之詩。移其時代于東周，遷其地域于山東、河南，其論據皆不可信。

2. 雍州之地，在西周時有二豳（邠）。《漢書·地理志》所載右扶風栒邑之豳，乃公劉所徙國。《説文·邑部》所説“周太王所徙國，在右扶風美陽”之“邠”（豳），乃周太王所徙之國。前者可説爲舊豳，後者乃豳人隨太王遷止岐下所成之新邠（豳）。《説文》所説“美陽”有“周太王所徙國”之新豳（邠），可信。

3. 西周初年，邠、岐之地成爲周公采邑。故産生于西周之“豳風”，實乃西周時期周公領地邠岐之地的風謡。故詩中的很多内容都與周公發生關係。這是後來齊、魯、毛、韓四家詩説都把《豳風》諸詩與周公相聯繫的歷史原因。

2007年12月18日上午，此札記寫了半個月

2017年8月5日終審于幹部療養院

附一：豳風農作物與雍州有關否

1. 蠶、桑

（1）《豳風·七月》：“蠶月條桑。”

（2）《大雅・瞻仰》："婦無公事，休其蠶織。"

（3）《豳風・七月》："爰求柔桑。""蠶月條桑。""猗彼女桑。"

《豳風・鴟鴞》："徹彼桑土。"

《豳風・東山》："烝在桑野。"（此"在東"之事物。）

（4）《小雅・南山有臺》："南山有桑，北山有楊。"

《小雅・黄鳥》："黄鳥黄鳥，無集于桑。"

《小雅・小弁》："維桑與梓，必恭敬止。"

《小雅・隰桑》："隰桑有阿，其葉有難。""隰桑有阿，其葉有沃。"

《小雅・北華》："樵彼桑薪，卬烘于煁。"（此詩有"滮池北流，浸彼稻田"之句，是所咏之地在西安附近，即豐、鎬附近也。）

《大雅・桑柔》："菀彼桑柔，其下侯旬。"

（《大雅》有"蠶織"之句，是雍州飼蠶也。《小雅》《大雅》咏桑之詩共六首之多，是雍州樹桑矣。）

2. 黍、稷

（1）《豳風・七月》："黍稷重穋。"

（2）《小雅・出車》："昔我往矣，黍稷方華。"

《小雅・黄鳥》："無啄我黍。"

《小雅・楚茨》："自昔何爲？我蓺黍稷。""我黍與與，我稷翼翼。"

《小雅・信南山》："疆埸翼翼，黍稷彧彧。"

《小雅・甫田》："黍稷薿薿，攸介攸止。""以介我稷黍，以穀我士女。""黍稷稻粱，農夫之慶。"

《小雅・大田》："以其騂黑，與其黍稷。"

（3）《周頌・豐年》："豐年多黍多稌。"

《周頌・良耜》："荼蓼朽止，黍稷茂止。"

（《小雅》《周頌》中咏黍稷之事共八首。是雍州之地，黍稷常産，《七月》所藝之黍稷，是在雍州之域，不必移于魯地矣。）

3. 禾、麻、菽、麥

（1）《豳風・七月》："十月納禾稼，黍稷重穋，禾、麻、菽、麥。"又："七月亨葵及菽。"

（2）《小雅・甫田》："禾易長畝，終善且有。"

《大雅・生民》："蓺之荏菽，荏菽旆旆，禾役穟穟，麻麥幪幪，瓜瓞唪唪。”

《小雅·小宛》：“中原有菽，庶民采之。”

《小雅·小明》：“歲聿云莫，采蕭獲菽。”

《小雅·采菽》：“采菽采菽，筐之莒之。”

（雍州産禾、麻、菽、麥，文證甚多。豳地爲雍地，又何疑乎？《小雅》《大雅》記禾、麻、菽、麥者五首是雍州常種此物，而《七月》所記與之同也。）

4. 稻（稌）

(1)《豳風·七月》：“八月剥棗，十月獲稻。爲此春酒，以介眉壽。”

(2)《小雅·甫田》：“黍稷稻粱，農夫之慶。”

《小雅·白華》：“滮池北流，浸彼稻田。”

(3)《周頌·豐年》：“豐年多黍多稌①。”

（《小雅》《周頌》皆記稻事，是雍州種稻之證也。故《七月》記“獲稻”之事，何得以之爲其不在雍州之理由哉！）

附二：《豳風·七月》“七月流火”是哪個時代天象

何謂“流火”？《毛傳》：“火，大火也。流，下也。”鄭箋：“大火者，寒暑之候也。火星中而寒暑退，故將言寒，先著火所在。”《正義》：“于七月之中有西流者，是火之星也。”孔疏：“毛以爲周公云：先公教民周備，民奉上命，于七月之中，有西流者，是火之星也。”

（據此，毛傳、鄭箋以“七月流火”爲火星七月西流，乃周公時天象。）

朱熹《詩經集傳》：“流，下也。火，大火。心星也。以六月之昏加于地之南方。至七月之昏，則下而西流矣。”

（朱熹此解，于“七月流火”的天象，加了“以六月之昏加于地之南方”（即“大火六月昏中”）的條件，是犯了錯誤。因爲“七月流火”不必“六月昏中”，“五月大火中”亦可以有“七月流火”。後世以“七月流火”爲東周天象之誤解，蓋出于此也。）

馬瑞辰《毛詩傳箋通釋》：“案：《夏小正》‘五月初昏大火中’合于《堯

① 《説文》：“稌，稻也。”

典》‘日永星火，以正仲夏’，此虞夏時曆也。此詩‘七月流火’，則火星之中在六月，合于《左傳》‘火中寒暑乃退’及《月令》‘季夏昏心中’，此周秦時曆也。恒星東行約七十餘年而差一度，二千一百餘年而差一次，所謂歲差也。《七月》爲周公追述之詩，故即以周時星象言之。”

（馬氏以“七月流火，則火星之中在六月”。其誤與朱熹同。又不知《堯典》“日永星火，以殷仲夏”及《夏小正》“五月初昏大火中”乃西周初年天象。）

徐中舒《豳風説》謂：七月流火，非周初天象。火爲東方心星（即 Scorplo），春秋之世以三月初昏時出，六月中，七月西流，十月伏。案《堯典》《夏小正》其五月火星中之説，其實五月火星中，乃周初現象。據日本飯島忠夫《支那古代史論》第二十七章《論書經詩經之天文曆法》云：“‘七月流火’如爲周初之詩，則流火現象應相差一月。若解爲公元前三四世紀，則無困難[①]。”是即《七月》非周初之詩之科學的例證。衛聚賢亦據飯島氏説，以“七月流火”爲公元前三四世紀的現象[②]。

（飯島氏之誤，以爲“五月初昏大火中”爲西周初之天象，則“流火”只應在“六月”而不是“七月”。他這種觀點，是受了朱熹的影響：即“火中”之後第一月是“流火”，第二月即不是“流火”了。這是對“流火”含義了解不全，以致發生錯誤。）

按：大火昏中，是大火黄昏時出現在南中天，距地平綫垂直爲九十度。“大火中”的第二天起，即發生“西流”現象，每天向西下移一度。直至“火伏”，要經九十天下移九十度。是“火中”至“火伏”的九十天中，大火皆爲西移向下運行，即爲“流火”。

如“大火昏中”在五月（西周初），則不僅“六月流火”，而且“七月流火”，所以“七月流火”與“五月大火中”并不矛盾。因此，“七月流火”在西周天象是没有問題的。至于春秋時代“六月火中”，那麼“七月流火”也是這時的天象。

因此，“七月流火”可以是“五月大火中”的西周時代天象，也可以是“季夏火星中”的春秋戰國時代天象。

---

① 此現象若略提前至公元前五六世紀，則更與左氏記載合。

② 衛聚賢：《豳風是戰國中年西周武公時的詩》，《説文月刊》1943 年第 11 期。

高亨《詩經今注》:“豳曆七月即夏曆七月。”“流向下去，火星名。又名大火，即心宿。豳曆五月裏黄昏時候，火星正在天空的當中，六月裏便向西斜，七月裏更向下去了。”

(高先生解“流火”爲“火星”五月正中之後，“六月裏便向西斜。七月裏更向下去了”。精當、準確。爲《七月》乃西周之詩，提供了堅證。)

洪業《破斧》(《洪業論學集》)謂:“徐、衛二先生于‘七月流火’天象，都曾説明是受飯島忠夫所謂公元前三四世紀説的影響。其實，春秋時期(公元前722—前480年)的曆法尚甚混亂，并不合于後人所爲‘三正’之説。其在遠古，我們無法可知其曆中的正、二、三、四諸月當天時子丑寅卯的何月，更無法可取某月之天象而計算歲差之積年。”

(洪先生此説過于悲觀，《七月》之各月當天時之何月?除月名外，還有物候、農事、禮節相互參究，是“大略可知”的。)

2007年12月3日上午于幹療院

2017年8月6日終審于幹部療養院

《魏風・伐檀》詩旨爲何

《魏風・伐檀》詩旨爲何？主要有二説。

一説此爲“刺”詩。《毛序》：“刺貪也。在位貪鄙，無功而受禄，君子不得進仕爾。”三家“諸説皆刺在位尸禄，賢不進用，與毛不異”（王先謙《詩三家集疏》）。

今之學者或謂“這是一首諷刺剥削者不勞而獲的詩”，“《序》説，基本符合詩旨，只是把勞動者與剥削者的對立曲解成是貪鄙在位者與不得進仕的君子之間的衝突”。（程俊英《注析》）或謂“《伐檀》伐木者之歌”，“伐木者詩人刺貪，刺剥削階級之君子。非自稱君子，更非美彼君子不素餐也”，“此伐木詩人，其意在美從事稼穡狩獵，自食其力之勞動人民爲不素餐者。而刺彼不稼不穡，不狩不獵，尸位素餐之君子。詩每章末二句，點明‘彼君子兮，不素餐兮’。此畫龍點睛之筆。此諷刺之冷語，此正言實反之微詞也。”（陳子展《直解》）

二説爲“美”詩。朱熹《詩序辯説》：“此詩專美君子之不素餐。《序》言刺貪，失其旨矣。”許《鈔》：“《伐檀》，詩人美君子不素食。”姚氏《通論》“此詩美君子之不素餐，‘不稼’四句只是借小人以形君子，亦借君子以罵小人，乃反襯‘不素餐’之意耳。”

袁、陳《探微》則進一步謂：“《伐檀》是一首謳歌‘君子’，宣揚‘勞心者治人’的詩。”

此詩是“刺”？還是“美”？關鍵是每章末二句“彼君子兮，不素餐兮”是何意旨？

主“刺”詩者，或以爲末二句爲正説，“以責小人之貪”。孔疏：“經先言君子不仕，乃責在位之貪鄙。故章卒二句皆言君子不素飧，以責小人之貪。”許《鈔》：“小人在位悠悠逸豫，無功受禄而貪得無厭。于是乃問之曰：爾不稼穡、不狩獵，而禾獸之多如此，乃正言之曰：彼君子者，則必有功而後食，不素食其禄也。”

或以爲末二句爲“疑問”（質問）或“反諷”，表明其爲“刺詩”。高亨：“彼君子兮，不素餐兮。”注：“一比句也是質問。”（《今注》）程俊英則謂：“此處説君子不素餐，是詩人以反語冷嘲。”（《注析》）陳子展謂：詩每章末二句，“此諷刺之冷語。此正言實反之微詞也”。（《直解》）

主謳歌“君子”“勞心治人”説者，則謂：“中間四句是對與君子有關係的一些現象提出的疑問。末尾兩句“彼君子兮，不素餐兮”則是詩作者對發問者的回答。這個回答是解釋性的，也是結論性的。”（袁、陳《探微》）

由上述可知：主“刺”與主“美”者多數認爲“彼君子兮，不素餐兮”是“正説”。（這與當時主流思想一致，説見後。）而以此二句爲“質問”“反語”，既與當時主流思想不合，又與此詩文氣不類，殆難成立。此其一。

此詩是否“刺貪”（《毛序》）？舊以“不稼不穡”而取禾“不狩不獵”而懸獸爲“在位之貪鄙”，所以爲“刺”。這種解釋與詩所反映之歷史時代不合。在西周和春秋時代，卿、大夫（即貴族）是占有土地，人民的“領主”。“卓彼甫田，歲取十千。”（《小雅·甫田》）故“不稼不穡，而取禾三百廛”是卿大夫制度性的收入。“二之日其同，載纘武功。言私其豵，獻豣于公。”（《豳風·七月》）故“不狩不獵”而“庭有懸貆”，是卿大夫制度性的特權。這是“常規”的收入，而非“貪鄙”的表現。將此四句，説爲“貪鄙”，失之。從而以詩爲“刺貪”也失去依據了。此其二。

此詩是否有“君子不得進仕爾”（《毛序》）？其根據是對“坎坎伐檀兮，置之河之幹”的解釋。《毛傳》：“伐檀以俟世用，若俟河水清且漣。”鄭箋：“是謂君子之人不得進仕也。”王先謙《集疏》：“伐木置河間，以喻有材無用。”此以每章前二句爲“比”體，所喻爲“有材無用”，以此物引出後物。但是也有一些學者，以爲每章前二句爲“賦”體，并無寄托。如袁、陳《探微》謂：“詩的前三句寫景，是一種‘即所見以爲興’的藝術表現手法，而并不包含什麽微言大義。”姚氏《通論》：“再四思之，此首三句，非賦非比，乃興也。興體不必盡與下所合。不可固執求之。只是君子者，適見有伐檀爲車，用置于河幹，而河水正清且漣猗之時，即所見以爲興。而下乃其事也。”

另一些學者，則以爲此首三句是“賦”體。如楊任之《譯注》謂“賦也”。鄧基《譯注》謂“全是賦體”。正因以此爲“賦”體，才認爲“這是伐木者之歌”（蔣立甫《選注》，吴、張《解題》）。周、馮《譯釋》：“一群如奴隸主貴族驅使的伐木者，一邊勞動，一邊歌唱，歌聲伴着斧聲，響徹四方……伐木者望着眼前前景，想着身邊事，涌出心中情，于是便發出了理直氣壯、義正辭嚴的不平之鳴。”

按：此詩的“前三句”與“中間四句”一樣都是“賦”體，把它們説成“喻有材無用”是很勉强的，把它們説成是“即所見以爲興”也很牽强，因爲詩人所見既包括“前三句”，又包括了“中間四句”，所以此詩“全是賦體”，最合，當從。此其三。

此詩所“賦”之事物，即詩人所描寫之事物爲一貴族大莊園。此莊園位置在“河之幹”。此莊園有庭，庭有懸禽，有儲積糧食的倉囷，還設有製造檀木車的手工作坊①。

詩人見此莊園種種事物遂發聲問“不稼不穡”“不狩不獵”之莊園主，何以獲得這些財富？然後在最末二句予以回答：他們是“不素餐”的君子啊！即“勞心”的“君子”就可以獲得這些財富。

所以朱熹説“此詩專美君子不素餐”。袁、陳《探微》説此詩“是一首謳歌‘君子’，宣揚‘勞心者治人’的詩”。是得詩之旨。

在漢代毛與三家皆以此詩爲“刺在尸禄，賢不進用”。朱熹却以爲此詩“專美君子不素餐”。朱説是有所承的。

在漢代，有一些學者即以此詩爲“美君子不素餐”。例如：

劉向《列女傳·齊田稷母傳》引《詩》：“彼君子兮，不素餐兮，無功而食禄，不爲也。”《鹽鐵論·散不足》：“古者，君子夙夜孳孳思其德，小人晨昏孜孜思其力。故君子不素餐，小人不空食。”

劉向《説苑·修文》：“天地四方者，男子之所有事也，必有意其所有事，然後敢食穀也，故曰‘不素餐兮’。此之謂也。”

《潛夫論·三式》：“封疆立國，不爲諸侯，張官置吏，不爲大夫，必有功于民，乃得保位，故有考績黜刺九錫三削之意。《詩》云：‘彼君子兮，不素餐兮。’由此觀之，未有得以無功而禄者也。”

不但在漢代有以此詩爲“美君子不素餐”之説，在戰國的《孟子》中，亦有此説。

《孟子·盡心上》：“公孫丑曰：《詩》曰‘不素餐兮’，君子之不耕而食，

① 西周、春秋時代侯王卿大夫貴族不僅占有土地、山林、民衆，而且經營工商業，在金文、文獻中皆有證。

何也?”[①]“孟子曰：君子居是國也，其君用之，則安富尊榮；其子弟從之，則孝弟忠信。‘不素餐兮’，孰大于是?”[②] 此“孟子”以《伐檀》之詩爲“美君子不素餐”之説矣。

孟子之説，亦有所承。《孟子·滕文公上》：“有大人之事，有小人之事。”[③]“故曰：或勞心，或勞力；勞心者治人，勞力者治于人。治于人者食人，治人者食于人，天下之通義也。”[④] 孟子當時以“勞心者治人”，“治人者食于人”，即君子勞心，不耕而食爲“天下之通義”，是有據之言，即此乃當時通行之古老傳統。

焦循《正義》謂：“襄公九年《左傳》知武子云：‘君子勞心，小人勞力，先王之制也。’《國語·魯語》公父文伯之母云：‘君子勞心，小人勞力，先王之訓也。’是勞心、勞力，古有此法。《孟子》上言大人、小人，此云或勞心，即君子勞心也；云或勞力，即小人勞力也。以先王之法，是以加‘故曰’二字。勞心者治人以下，則孟子申上之辭也。”

《正義》又云：“《淮南子·説山訓》云：‘幸善食之而勿苦。’注云：‘食，養也。’前章言無君子莫治野人，無野人莫養君子。此云：勞心者治人，治人者食于人。即君子治野人也。此云：勞力者治于人，治于人者食人。即野人養君子也。”

君子治人，不勞而受禄，是正當的“天下之通義”。不僅見于《孟子》和《左傳》《國語》，而且見于西周之《易》卦爻辭。

《易·無妄·六二》：“不耕獲，不菑畬，則利有攸往。”此“不耕獲”是取象之辭而引出之占斷之辭爲“則利有攸往”，是一種吉占。“不耕獲”爲何出吉占？因爲“勞心者治人”，“治人者食于人”。勞心君子不耕而受禄，乃升官之象，故出“則利有攸往”之吉占。此正可爲《伐檀》之詩爲“美君子不素餐”之一佐證矣。

2007年11月2—3日記此于幹療院。慚愧慚愧

2017年8月29日終審于幹部療養院

---

① 趙岐注：《詩》，魏國《伐檀》之篇也。無功而食，謂之素餐。世之君子有不耕而食，何也?

② 趙岐注：君子能使人化其道德，移其習俗。君安國富而保其尊榮。子弟孝悌而樂忠信，不素餐之功，誰大于是，何爲不可食禄。

③ 趙岐注：孟子言人道自有大人之事，謂人君行教化也。小人之事，謂農工商也。

④ 趙岐注：勞心者，君也。勞力者，民也。君施教以治理之，民竭力治公田以奉養其上，天下通義所常行也。

先秦史讀書札記

成湯伐桀及桀逃亡路綫研究

——“桀奔南巢”爲“南陽鄛名鄉”説

一、文獻中關于成湯伐桀及桀逃亡路綫的記載

1.《荀子·解蔽》:“桀蔽于末喜，斯觀……此其所以喪九牧之地，而虚宗廟之國也。桀死于亭山。”楊倞注:“亭山，南巢之山，或本作鬲山。案《漢書·地理志》:‘廬江有灊縣。’當是誤以灊爲鬲，傳寫又訛鬲。灊音潜。”

王先謙《集解》云:“王念孫曰:案作鬲山者是也。‘鬲’讀與‘歷’同。字或作‘歷’。《太平御覽·皇王部七》引《尸子》曰:‘桀放于歷山。’①《淮南子·修務》:‘湯整兵鳴條，困夏南巢，譙以其過，放之歷山。’高注曰:‘歷山，蓋歷陽之山。’(案:漢歷陽故城，爲今相州治，其西有歷湖，亦即《淮南·淑真》謂歷陽之都一夕反爲湖者也。)《史記·夏本紀》正義引《淮南子》曰:‘湯放桀于歷山，與末喜同舟浮江，奔南巢之山而死。’(此所引蓋許注)歷山即鬲山也。‘鬲’‘歷’古字通，楊以鬲山爲灊山之誤，非也。《魯語》‘桀奔南巢’，韋注曰:‘南巢，揚州地，巢伯之國，今廬江居巢縣是也。’是南巢地在漢之居巢，不在灊縣也。且廬江有縣，而無灊山。今以灊山爲鬲山之誤，則是以縣名爲山名矣，尤非。”張覺《荀子譯注》:“亭山當爲鬲山之誤，即‘歷山’，又稱‘歷陽山’。在今安徽和縣西北四十里，相傳桀流放于此。”

2.《吕氏春秋·論威》:“此夏桀之所以死于南巢也。”陳奇猷《校釋》謂:“案:《史記·夏本紀》:‘湯［率兵以伐］伐夏桀，桀走鳴條，遂放而死。’與此言南巢不同。訛《尚書·仲虺之誥》謂‘成湯放桀于南巢’。訛孔傳云:‘南

① 又云:“湯以革車三百乘，伐桀于南巢，收之夏台。”(參見《御覽》八十一)

巢地名。’疏云：‘《傳》言南巢地名，不之地之所在。’鄭玄云：‘巢，南方之國。’”《夏本紀》正義云：“《括地志》云：‘廬州巢縣有巢湖，即《尚書》成湯伐桀，放于南巢者也。’考後《簡選》云：‘湯登自鳴條，乃入巢門，遂有夏。’則鳴條、南巢似皆在夏都，而鳴條爲山或臺名，南巢爲宫室名，巢門即南巢之門。然則桀敗，走鳴條，被獲，爲湯放（置也）于南巢而死，史有闕文耳。”

又，《簡選》云：“殷湯良車七十乘，必死六千人，以戊子戰于郕，遂禽推移大犧。登自鳴條，乃入巢門，遂有夏。”高注：“殷湯遂有夏之天下。”

3. 古本《竹書紀年》：“湯遂滅夏，桀逃南巢氏。”[①]（《太平御覽》卷八二《皇王部》）

又，今本《竹書紀年》帝癸（一名桀）：“三十一年，商自陑征夏邑。”（《尚書·湯誓序》：“伊尹相湯伐桀，升自陑。”）“克昆吾。”（《詩·商頌》箋：“昆吾、夏桀同時誅也。”詳孔疏。）“大雷雨，戰于鳴條。”（《尚書·序》：“遂與桀戰于鳴條之野。”）“夏師敗績，桀出奔三朡，商師征三朡。”（《尚書·序》：“夏師敗績，湯遂從之，遂伐三朡。”）“戰于郕。”（《吕氏春秋·簡選》：“以戊子戰于郕。”）“獲桀于焦門。”（《淮南·主術》：“擒之焦門。”）“放之于南巢。”（《御覽》八十三引《紀年》：“湯遂滅夏，桀逃南巢氏。”訛《尚書·仲虺之誥》：“成湯放桀于南巢。”）

4.《楚辭·天問》：“帝乃降觀，下逢伊摯。何條放致罸，而黎服大説？”

王逸注：“摯，伊尹名也。”“條，鳴條也。”“言湯行天之罸以誅于桀，放之鳴條之野。”

柳宗元對此爲“條伐巢放”。與《天問》“條放致罸”不合。

洪興祖謂：“此言條放者，自鳴條放之也。致罸者，《湯誥》所謂‘致天之罸’也。”

按：《史記·夏本紀》：“湯遂率兵以伐夏桀。桀走鳴條，遂放而死。”與此“條放致罸”之説合。

聞一多訓“條放”爲“遠放”，則不以“條”爲地名。（《天問疏證》）

孫作雲謂：“何條放致罸”即“何致罸放條”。“條”，鳴條地名，今河南開封陳留鎮一帶。《尚書湯誓·序》：“伊尹相湯伐桀……遂與桀戰于鳴條之野。”

---

① 《吕氏春秋·慎大》：“湯猶發師，以信伊尹之盟，故令師從東方出于國，西以進。未接刃而桀走。”

訛孔傳曰："地在安邑之西。"案：桀都斟尋，今河南鞏縣西南五十八里。湯都亳，今河南商丘南穀熟縣。商伐桀，大戰于鳴條，自應在今商丘與鞏縣之間，不能遠至山西。故以陳留爲是。（《天問研究》225頁）按：孫説湯都亳，桀都斟尋，是矣。但"條放致罰"（《天問》是"放條"，即"桀走鳴條"之"走條"），不是"戰于鳴條"。孫説"鳴條"當在河南開封陳留鎮之理由即失去矣。

5. 上博簡《容成氏》載湯伐桀，桀逃亡的過程爲："湯……升自戎遂，入自北門，立于中□，杰乃逃之鬲（鬲）山是（氏）。湯或（又）從而攻之，隆（降）自鳴攸（條）之述（遂），以伐高神之門。杰乃逃之南菓（巢）是（氏）。湯或（又）從而攻之，述（遂）逃迲（去）之桑[1]（蒼）虗[2]（吾）之埜（野）。"

按：此文之"鬲（鬲）山是（氏）""鳴攸（條）之述（遂）""南菓（巢）是（氏）""桑（蒼）虗（吾）之埜"都是湯擊敗夏桀，追擊夏桀時，夏桀逃亡所經之地名。不是湯、桀决戰之戰場。如"鳴條"是桀奔逃之地，與《天問》《史記·夏本紀》合，這是很可貴的。"鬲山"爲桀逃奔之地，與《荀子·解蔽》《尸子》合。其是在《荀子》《尸子》以"亭山""歷山"爲逃奔之最後一站，而此文以"鬲山"爲逃奔之最初一戰。與諸説不同者，桀最後逃去之處爲"桑（蒼）虗（吾）之野"，爲文獻所不載。

6.《山海經·大荒西經》："有人無首，操戈盾立，名曰夏耕之尸。（郭璞注：亦刑天尸之類。）故成湯伐夏桀于章山。（郭璞注：于章山名。袁珂案：章山始是山名，于乃介詞，猶下文乃降于巫山之于也。）克之，斬耕闕前。（郭璞注：頭亦在後者。）耕既立，無首，走闕咎，（郭璞云：逃避罪也。）乃降于巫山。（郭璞注：白牢水于巫山。巫山今在建平巫縣。）"郝懿行案：《漢書·地理志》"南郡、巫"，應邵注云："巫山在西南。"

郝懿行《箋疏》："《夏本紀正義》引《淮南子》云：'湯敗桀于歷山，與妹喜同舟浮江奔南巢之山而死。'今案《淮南·修務訓》云：'（湯）乃整兵鳴條，困夏南巢，譙以其過，放之歷山。'此即《史記正義》所引也。韋注：'南巢今廬江居巢縣是。'高誘注云：'歷山蓋歷陽之山。'未審即此經章山以否。"

按：湯伐桀之"章山"，其地望所在，與"巫山"不遠。《淮南·修務》高

① 蘗，從草，桑聲。桑與蒼，心清旁紐，陽部叠韵，爲一聲之轉，故桑可讀爲"蒼"。"虗"從壬，虍聲。

② 虍與吾，曉疑旁紐，魚部叠韵，爲一聲之轉，故"虗"可讀爲"吾"。

誘注以“歷山”爲廬江居巢附近的“歷陽之山”不合此條件。

又，《山海經·海内南經》：“夏後啓之臣曰孟塗，是司神于巴人。（郭璞注：聽其獄訟，爲之神主。）有請訟于孟塗之所。（郭注：令斷之也。）其衣有血者乃執之，（郭璞注：不直者則血見于衣。）是請生。（郭璞注：言好生也。）居山上，在丹山西。丹山在丹陽南，丹陽居屬也。（郭璞注：令建平郡丹陽城秭歸縣東七里，即孟塗所居也。）”郝懿行云：“《水經注·江水》引廓景純云：‘丹山，在丹陽，屬巴。’是此經十一字（即“丹山在丹陽南，丹陽居屬也”十一字）乃郭注之文酈氏即引之，寫書者誤作經文耳。‘居屬’，又‘巴屬’字之誤。袁珂案：《路史後記》十三注：‘丹山之西即孟塗之所埋（理）也。丹山乃今巫山。’《巫山縣志》卷十七云：‘孟塗祠在縣南巫山下。’”

按：成湯伐桀，桀死于章山，其臣“夏耕之尸”，走奔于“巫山”（見上引《大荒西經》）。而此經又云夏後啓之臣“司神于巴”（亦在巫山地區），是知巫地與夏后氏關係密切，且年代久遠。故夏桀敗逃，死于巫山鄰近之章山也。

7.《尚書·湯誓·序》：“伊尹相湯伐桀，升自陑，（訛孔傳：桀都安邑，湯升道從陑，出其不意。陑在今河曲之南。）遂與桀戰于鳴條之野，（訛孔傳：地在安邑之西，桀逆拒湯。）作《湯誓》。”

孔疏：“桀都安邑，相傳爲然，即漢之河東郡安邑縣是也。《史記》吴起對魏武侯云：‘夏桀之居，左河濟，右太華，伊闕在其南，羊腸在其北，修政不仁，湯放之也。’《地理志》云：‘上党郡壺關縣有羊腸坂，在安邑之北。’是桀都安邑必當然矣。將明陑之所在，故先言桀都安邑。桀都在亳西，當從東而往，今乃升道從陑。升者，從下向上之名。言陑當是山阜之地，歷險迂路，爲出不意故也。陑在河曲之南，蓋今潼關左右……鳴條在安邑之西……皆彼有其迹，相傳云然。……（湯）而出其不意，掩其不備。”又云：“鄭玄云：‘鳴條，南夷地名。《孟子》云舜卒于鳴條，東夷之地，或云陳留平邱縣今有鳴條亭是也。’”皇甫謐云：《伊訓》曰：“造攻自鳴條，朕哉自亳。”又曰：“夏師敗績，乃伐三朡。”[①]《湯誥》曰：“王歸自克夏，至于亳。”三朡在定陶。于義不得在陳留與東夷也。今安邑見有鳴條陌、昆吾亭，《左氏》以爲昆吾與桀同以乙卯日亡，韋顧亦爾。故《詩》曰：“韋顧既伐，昆吾夏桀。”于《左氏》“昆吾在

---

① 《尚書·典寶》（孔傳云亡）：“夏師敗績，湯遂從之，遂伐三朡，俘厥寶玉。誼伯、仲伯作《典寶》。”傳云：“三朡，國名，桀走保之，今定陶也。”

衛，乃在濮陽，不得與桀異處同日而亡，明昆吾亦來安邑，欲以衛桀，故同日亡，而安邑有其亭也。且吴起言險以指安邑，安邑于此而言，何得在南夷乎。”謐言是也。

又《古文尚書·伊訓》：“造攻自鳴條，朕哉自亳。”訛孔傳：“造、哉，皆始也。始攻桀伐無道，由我始修德于亳。”孔疏：“始攻從鳴條之地而敗之。天所以命我者，由湯始自修德于亳故也。”

按：湯伐桀“戰于鳴條”（在桀敗逃之前）其説初見此。與先秦文獻説“鳴條”爲桀敗逃之一地有異。

8. 陳壽祺《尚書大傳輯校》：“湯放桀也，居中野，士民皆奔湯，桀與其屬五百人，南徙千里，止于不齊。士民往奔湯，桀與其屬五百人徙于魯[1]，魯士民復奔湯。桀曰：‘國君之有也，吾聞海外有人。’與五百人俱去。”（《太平御覽·皇王部八》）

按：此記桀南奔之路綫，其地名爲“中野”→“不齊”→“魯”→“海外”，所記地名，與其他文獻俱不合。但記桀與其屬是“南徙”，則與文獻所述方向一致。又記桀南奔最後之地爲“海外”，則與上博簡《容成氏》所記桀南奔“桑（蒼）虗（吾）之野”合。（《山海經·大荒南經》：“南海之中有氾天之山，赤水窮焉。赤水之東有蒼梧之野，舜與叔均之所葬也。”正以“蒼梧之山”在南海，是即在“海外”矣。《海内南經》：“蒼梧之山，帝舜葬于陽。”《海内經》：“南方蒼梧之丘，蒼梧之淵，其中有九嶷山，舜之所葬，在長州零陵界中。”其意皆同也。）

9.《淮南子·主術》：“桀之力制觡伸鈎，索鐵歙金，椎移大犧，水殺黿鼉，陸捕熊羆。然湯革車三百乘，困之鳴條，擒之焦門。”高誘注：“焦，或作巢。”

又《淮南子·修務》：“（湯）乃整兵鳴條，困夏南巢，譙以其過，放之歷山。”高誘注：“鳴條，地名。南巢，今廬江居巢是。譙，責。讓其罪過于歷山。歷山，蓋歷陽之山，是湯爲之也。”（《中國歷史地名大辭典》：“歷陽山，一名曆山，在今安徽和縣西北四十里。”）

又，《史記·夏本紀》正義引《淮南子》曰：“湯敗桀于歷山，（桀）與妹

① 此“魯”即古河南之“魯縣”。《中國古今地名大辭典》“魯陽縣”條：《左傳·昭二十九年》載蔡墨曰：“劉累學擾龍于豢龍氏，以事孔甲……遷于魯縣。”杜注：“魯縣，今魯陽也。”春秋時爲楚邑。《史記·楚世家》：“（楚肅王）十年，魏取我魯陽。”即今河南魯山縣城。

喜同舟浮江，奔南巢之山而死。”（王念孫謂：“此所引，蓋許注。”）

10.《史記·夏本紀》：“湯遂率兵以伐夏桀。桀走鳴條，遂放而死……湯乃踐天子位。”（《索隱》：“孔安國曰：地在安邑之西。鄭玄曰：南夷地名。”《正義》：“《括地志》云：廬州巢縣有巢湖，即《尚書》成湯伐桀，放于南巢者也。”）

又《史記·殷本紀》：“桀敗于有娀之虚，桀餎于鳴條，（《正義》：“《括地志》云：高涯原在蒲州安邑縣北三十里南坂口，即古鳴條陌也。鳴條戰地，在安邑西。”）夏師敗績。湯遂伐三㚇，俘厥寶玉，（《集解》孔安國曰：“三㚇，國名，桀走保之，今定陶也。俘，取也。”《正義》：“《括地志》云：曹州濟陰縣即古定陶也，東有三鬷亭是也。”）義伯、仲伯作《典寶》。”

又《史記·秦本紀》：“（秦之先，大費之玄孫曰費昌）爲湯御，以敗桀于鳴條。”

11.《逸周書·殷祝解》（陳漢章謂：伏生傳《書·湯誓》與此篇同）其略云：“湯將放桀于中野，……桀與其屬五百人南徙千里，止于不齊[①]……桀與其屬五百人徙于魯，（孔晁注：魯，地名也。）桀與其屬五百人去居南巢。（孔晁注：居南巢之地。）”

注：《路史後記》：“桀與其屬五百南徙千里，至于不齊，不齊之民去之，轉之郲。遂放之南巢氏。”以“轉之郲”代“徙于魯”。當以“魯”爲正字，因《尚書大傳》亦作“魯”也。

12.《墨子·非攻下》：“遝至乎夏王桀……天乃命湯于鑣宫，用受夏之大命，夏德大亂，予既卒其命于天矣，往而誅之，必使汝堪之。湯焉敢奉率其衆，是以鄉有夏之境，帝乃使陰暴毁有夏之城。少少有神來告曰：夏德大亂，往攻之，予必使汝大堪之。予既受命于天，天命融隆火，于夏之城間西北之隅。湯奉桀衆以克有，屬諸侯于薄，薦章天命，通于四方，而天下諸侯莫敢不賓服。則此湯之所以誅桀也。”

又《墨子·明鬼》：“湯以車九兩，鳥陳雁行，湯乘大贊，犯遂[②]（逐）下

---

① 此“不齊”疑乃“不羹”之訛。《中國古今地名大辭典》不羹：《左傳·昭公十一年》：“楚子城陳、蔡，不羹。”《後漢書·郡國志》：“襄城有西不羹，定陵有東不羹。”在今河南境。西不羹城在襄城縣東南，東不羹城在舞陽縣西北。

② 孫云：《國語·周語》内吏過説夏亡，“回禄信于聆遂”。韋注：“回禄、大神，聆遂地名。”此與《周語》所云即一事也。張純一案：《開元占經》三引《墨子》曰“天下火燔邑城”，則似即指此事。

（夏）衆，人（入）之蝸（郊）逐，王乎禽推哆大戲。”

13.《商君書·賞刑》：“湯與桀戰于鳴條之野。”

14.《太平寰宇記》卷一引《國語》：“湯伐桀，桀與韋、顧之君等拒湯于莘之墟，遂戰于鳴條之野。”（《中國歷史地名大辭典》：“莘在山東曹縣北，古莘國也，今爲莘冢集。”）

15.《太平御覽·皇王部七》引《帝王世紀》：“湯來伐桀，以乙卯日戰于鳴條之野，桀未戰而敗績。湯追至大涉（沙），遂禽（擒）桀于焦，放之歷山，乃于妺喜及諸嬖妾同舟浮海，奔于南巢之山而死。”

二、前人關于成湯伐桀及桀逃亡路綫的研究

1. 决戰豫東，南逃江淮說。

認爲湯從豫東出發伐桀，指向桀都。桀迎戰于“鳴條”（陳留、平丘），正在豫東、豫中之間。

羅琨則認爲：（1）鳴條之戰，不是夏桀迎戰，而是在都城陷落後，夏桀敗走選擇的決戰之地，當以在後方爲大。（夏桀在都城陷落，倉惶逃走後，還能“選擇決戰”之地，大大悖于事理。）（2）研究者多認爲湯是以鄭州爲基地，西進兵桀都，夏桀即使出兵迎接，戰場也不會在鄭州以東的開封陳留一帶。（此說，有可能。）（3）豫東是商人經營之地。夏桀決戰豫東，勝算不大，所以出奔豫東可能性也不大。（此說，有理。）（4）文獻記載，桀奔鳴條以後，兩軍動作以登、乘、升、降等用語，所以應是有山地關隘的地區。陳留地處豫東平原，與之不合。

2. 决戰豫中，再戰豫南，南逃安徽說。

此說謂：“湯、桀最後會戰是在有娀之墟”，桀失敗後，經魯山地區，南逃到三朡（河南唐河），湯追至三朡，桀再南逃，浮江到了巢門，即今安徽巢縣[①]。

羅琨批評此說文獻根據不足。如：桀從三朡逃到巢門，僅見于今本《竹書紀年》，其乃後世編者綜合各書記載整理而成，而其中“桀，出奔三朡”，則爲外加之想象之辭，不足據。

---

① 楊升南：《湯放桀之役中的幾個地理問題》，《殷都學刊（增刊）》1985年。

按:《書·典寶·序》:“夏師敗績，湯遂從之，遂征三朡，俘厥寶玉。”訛孔傳:“三朡，國名，桀走保之，今定陶也。”湯追逐敗績之夏師，此“夏師”即桀所領之“夏師”，遂湯從之（追逐之)。此桀之夏師，擁有“寶玉”，證明不是普通的潰敗軍隊。所以孔傳謂“桀走保之（三朡)”于文、于事理全合也。羅疑不足成立。

今按:此説認爲“湯桀最後會戰是在‘有娀之墟’”。有誤，戰于有娀之墟，是序戰。戰于“鳴條之野”才是“決戰”。此説解“三朡”在“南陽唐河”，有見。但謂桀南逃浮江到“巢門”即安徽巢縣，有誤。巢門即“譙門”，不是地名。南巢在南夷之地，不在安徽。

3. 晉南説。

舊晉南説，出《書·湯誓》孔傳，謂:桀都安邑。湯升道從陑（河曲之陽）出其不意。桀逆拒湯，遂與湯戰于安邑之西的“鳴條之野”。

此説正確之處是確認“鳴條”是“桀都”之郊野。湯攻桀都，桀逆拒湯的“鳴條”之戰，是“桀都”的保衛戰。此戰得失，關乎夏之亡與商之興也。此説缺誤在于以“桀都安邑”爲説，與桀都斟尋之史實相違，故“陑”“鳴條之野”的地望，也全部失實了。

新晉南説，見羅琨《商代戰争與軍制》(59—64頁)，其略謂:桀都斟尋，但考古學證明夏代晚期加强了晉南的開發與控制。安邑雖非桀都，不妨礙桀在斟尋失利，北奔安邑謀求戰機。而且文獻載有安邑附近有鳴條之野。永濟中條山麓，還有“陑山”之稱。

冀州在晉南，古爲“中國”之稱。“南巢”之“南”爲方位之詞，所以放在鳴條之戰的歷史時代，南巢也可以指晉南之地。

山西古代澤藪衆多。可以推斷:鳴條、歷山、南巢都在山西，桀與妺喜“同舟浮海，奔南巢之山”也是可能的。

此説荒謬之處爲:説晉南安邑爲桀都，鳴條、陑全在晉南，所據文獻材料出于《古文尚書》訛孔傳及其後山經地志之書，全爲魏晉以後人之説法，可信度低，不足爲據。此其一。謂桀失首都斟尋之後“北奔安邑謀求戰機”，是全無根據之臆測。且桀丟失首都，倉惶出逃，而能再次在“安邑”與商湯決戰，于事理也不合。此其二。至于謂南巢在晉南，且可“同舟浮海”等，純出想象。此其三。

以上諸説，有的是不能成立，有的是部分正確，但錯誤不少，皆未能真正解决問題。

三、關于成湯伐桀及桀逃亡路綫的認識

1. “湯居亳”，“桀居斟尋”，湯伐桀是自東向西。

《史記·殷本紀》：“湯始居亳①，從先王居”。《正義》：“《括地志》云：宋州穀熟縣西南三十五里南亳故城，即南亳，湯都也。宋州北五十里大蒙城爲景亳，湯所盟地，因景山爲名。河南偃師爲西亳，帝嚳及湯所都，盤庚亦徙都之。”湯都在南亳，亦見《水經注》。《睢水注》云：“又東徑亳城北，南亳也，即湯所都矣。”又《淮水注》：“又徑亳城北。”《帝王世紀》曰：“穀熟爲南亳，即湯都也。”

《孟子·滕文公》下：“湯居亳，與葛爲鄰。”而“葛，古國名，嬴姓。故城在今河南寧陵縣北十五里”，其地正與商丘之南，北亳相鄰。可爲湯都“南亳”（或北亳）之一證。（近人王國維《説亳》，力主湯都北亳在今曹縣之南。陳夢家《殷虚卜辭綜述》則主湯都南亳。當以南亳爲有據。）

桀都所在，訛孔傳以爲“桀都安邑”，地在晉南。而《水經注·巨洋水注》引《汲郡古文》云：“太康居斟尋，羿亦居之，桀又居之。”同時引薛瓚《漢書集注》：“案《汲郡古文》‘相居斟灌’，東郡灌是也。明帝以後封周後，改曰衛。斟尋在河南，非平壽也。……《尚書序》：‘太康失國，兄弟五人，徯于洛汭。’此即太康之居爲近洛也。”又《左傳·哀公元年》：“昔有過澆殺斟灌以伐斟尋，滅夏后相。”《史記·夏本紀》正義引《括地志》：“故鄩城在洛州鞏縣（老城）西南五十八里，蓋桀所居也。”雷學淇《竹書紀年箋證》考證：斟鄩地望在偃師縣東北十三里。考古學者，在這裏的二里頭遺址，發掘出夏末都城城址。與“桀都斟鄩”② 之説，可以互證。

《史記·孫子吴起列傳》載吴起對魏武侯云：“夏桀之居，左河濟，右泰華。伊闕在其南，羊腸在其北，修政不仁，湯放之。”可爲桀都“斟尋”之佐證也。

知湯伐桀乃從其都城“南亳”（豫東）向桀都斟鄩（豫中）進軍。則知

---

① 《地名大辭典》“亳”下云：“在河東商丘縣東南。亦稱南亳，湯初都此。”又云：“在河南商丘縣北四十里大蒙城，亦稱北亳，又名曰蒙亳、景亳。”又云：“在河南偃師縣西，亦稱尸鄉，即古西亳。”

② 《中國歷史地名大辭典》：“斟尋，亦作鄩。夏代都城。在今河南鞏義市西南。”

《尚書・湯誓序》訛孔傳以“桀都安邑”及“鳴條在安邑之西”等説爲妄説矣。又知“湯伐三朡”之“三朡”在“定陶”(《書・典寳・序》孔傳)之説，爲不可信之妄説矣。

2. “桀敗于有娀之墟”，是湯伐桀的“初戰”。

《史記・殷本紀》：“桀敗于有娀之墟，桀奔于鳴條。”是“有娀之墟”的戰鬥，在“鳴條之野”決戰之前，可視爲“湯伐桀”戰役的初戰。

“有娀之虚”何在？雷學淇《竹書紀年義證》謂：“有娀”[①] 即“有莘”。

這大概是據：“《元和郡縣志》：‘汴州陳留縣：故莘城，在縣東北三十五里。古莘國地也。’《國語》謂：湯伐桀，桀與韋、顧之君等拒湯于莘之墟，遂戰于鳴條之野。以此‘莘之虚’相當于‘有娀之墟’。其地即《左傳・僖二十八年》‘晉侯登有莘之虚以觀師’之地。在河南陳留縣東北。”(《地名大辭典》)

顧頡剛則據《春秋・隱公二年》“公會戎于潛”杜預注“陳留濟陽縣東南有戎城”，謂此“戎”即“有娀”。此“戎城”，高士奇《春秋地名考異》謂在今曹縣境。《清一統志》則謂“戎城在今曹州府菏澤縣西南”。《中國歷史地名大辭典》則謂：“濟陽縣。秦置，屬碭郡。治所在今河南蘭考縣東北堌陽鎮。漢屬陳留郡，西晉屬陳留國。”如其説則其地東南之“戎城”，當以在“荷澤西南”爲是。

如是則“有娀之墟”一戰。是湯自豫東之亳向豫中桀都進軍中發生的“初戰”。(《元和郡縣志》所引《國語》則謂戰于“莘之墟”，且有桀之友軍韋、顧參加。)

3. 戰于“鳴條之野”，是在桀都郊野的“决戰”。

“鳴條”之戰，是夏、商决戰。决定湯遂有夏，夏桀敗亡。記此事較詳者有：

《吕氏春秋・簡選》：“殷湯良車七十乘，必死六千人，以戊子戰于郕，遂禽推移大犧。登自鳴條，乃入巢門，遂有夏。”高誘注：“殷湯遂有夏之天下。”

據此，知“鳴條之野”之戰，其歷史意義與“牧野之戰”相同，是“决戰”，决定王朝的“生死存亡”的大戰。

此“巢門”即桀都之“譙門”，《中華大辭典》“巢門”下云：“城樓也。即

---

① 《淮南子・墬形》：“有娀在不周之北。”《史記・殷本紀》正義引《記》曰：“有娀當在蒲州。”皆不可信據。

譙門。”《漢書·陳勝傳》“獨守丞與戰譙門中”，顔師古注：“譙門，謂門上爲高樓以望遠者耳……譙，亦呼爲巢。”《吕氏春秋·簡選》：“登自鳴條，乃入巢門，遂有夏。”其説準確。當從。

關于湯攻夏桀都城的戰争情況，《墨子》有如下叙述：

《墨子·明鬼》：“湯以車九［十］兩，鳥陳雁行，湯乘大贊，（此大贊，當爲車名。舊解以爲地勢高朗之名，錯）犯遂（逐）下（夏）衆，人（入）之螭（郊）逐，王乎禽推哆大戲。”

又《墨子·非攻下》云：“遝至乎夏王桀……天乃命湯于鑣宫，用受夏之大命。”“湯焉敢奉率其衆，是以鄉（嚮）有夏之境，帝乃使陰暴毁有夏之城。少少有神來告曰：夏德大亂，往攻之，予必使女（汝）大堪之。予既受命于天，天命融隆（降）火，于夏之城閑西北之隅。湯奉桀衆以克有。”

今按：《吕氏春秋·簡選》：“殷湯良車七十乘，必死六千人，以戊子戰于郕，遂禽推移大犧。”而《墨子·明鬼》則爲：“湯以車九［十］兩，鳥陳雁行，湯乘大贊，……犯遂（逐）下（夏）衆，人（入）之螭（郊）逐，王（生）乎禽推哆，大戲。”

二文相較，《吕氏春秋·簡選》之“戰于郕，遂禽推移大犧”，而《墨子·明鬼》爲“入之（其）螭（郊）遂，王（生）乎禽推哆大戲”，是《簡選》之“戰于郕遂”的“郕”當爲“郊遂”之“郊”的訛字。（不是地名的“郕”，而是“郊遂”的“郊”。）此所當知之一。

又，《吕氏春秋·簡選》接着説：“登自鳴條，乃入巢（譙）門，遂有夏。”《墨子·非攻下》説此事則爲：“帝乃使陰暴毁有夏之城。……天命融隆（降）火，于夏之城閑西北之隅。湯奉桀衆以克有。”

湯何以“乃入巢（譙）門”?《非攻下》説是“帝乃使陰暴毁有夏之城。……天命融隆（降）火，于夏之城間西北之隅”，即“城門被焚”，湯衆乘之入城。孫詒讓《間詁》謂：“《國語·周語》内史過説：夏亡‘回禄信于聆遂’。韋注：‘回禄火神，聆遂地名。’此與《周語》所云即一事也。”張純一《集解》謂：“《開元占經》引《墨子》曰：‘天下火燔邑城門。’似即此事。”可證此解。此所當知之二。

又，《簡選》：“登自鳴條，乃入巢門，遂有夏。”而《墨子·明鬼》述此事爲：“犯遂（逐）下（夏）衆，人（入）之螭（郊）逐，王（生）乎禽推哆大戲。”在《簡選》攻入“巢門”（譙門）（即夏城之大城門）之前爲“登自鳴條”

即“戰于鳴條”。在《明鬼》則爲“犯逐夏衆，入之郊遂”，然後才攻入夏城。二者相較，可知“鳴條”之地在夏城之外，且其地爲“郊遂”之地。

按：《爾雅·釋地》：“邑外謂之郊，郊外謂之牧，牧外謂之野。”《説文》：“野，郊外也。”《周禮·秋官·遂士》鄭玄注：“其地則距王城百里以外至二百里。”《尚書·費誓》“魯人三郊三遂”，蔡沉傳：“國外曰郊，郊外曰遂。”

“鳴條”在夏邑郊遂之地，故亦稱“鳴條之野”。夏邑之遂或野，即桀都斟鄩郊野之地，有名“鳴條”者，而商湯、夏桀之決戰在此進行。

《商君書·賞刑》：“湯與桀，戰于鳴條之野。”

《元和郡縣志》引《國語》云：“遂戰于鳴條之野。”

《尚書·湯誓序》：“伊尹相湯伐桀，升自陑，遂與桀戰于鳴條之野。作《湯誓》。”

《淮南子·主術訓》：“桀之力制觡伸鈎，索鐵歙金，椎移大犧，水殺黿鼉，陸捕熊羆。然湯革車三百乘，困之鳴條，禽之焦[1]門。”（《淮南子校釋》引于鬯説：“《墨子·明鬼》云：‘昔夏王桀貴爲天子，富有天下有勇力之人，推哆大戲，主别兕虎，指畫殺人。’‘困之鳴條，禽之焦門。’湯未嘗禽桀。則困者，困桀也。禽者即禽椎哆大犧也。”于説是也。）

又《淮南子·修務訓》：“（湯）乃整兵鳴條，困夏南巢，譙以其過，放之歷山。”

《史記·夏本紀》：“湯遂率兵以伐夏桀。桀走鳴條，……湯乃踐天子之位。”又《殷本紀》：“桀敗于有娀之墟，桀奔于鳴條。”又《秦本紀》：“（秦之先，大費之玄孫曰費昌）湯御，以敗桀于鳴條。”

以上文獻稱“鳴條之野”者爲其全稱，稱“鳴條”者，爲“鳴條之野”的簡稱。而“鳴條之野”發生的事情是“戰”，結果是“敗桀于鳴條”，“困之（桀）鳴條”，以致湯師能入之巢門，“禽之焦門”，攻占夏都。正由于戰于“鳴條之野”的決定戰略意義，所以《書序》作者指出《湯誓》作于“鳴條之戰”的前夕，爲此大戰之動員令，與《牧誓》爲“牧野之戰”的動員令相同。這些都再次表示：“鳴條之野”的地望在夏邑，桀都（斟鄩）之效野，而非别處。

準此，則“鳴條”的地望在“安邑之西”説，爲不足徵信的誤説。而且“陳留平丘縣，今有‘鳴條亭’”（《太平御覽》卷八二及卷一九四引或説），以

---

① 高誘注：“焦”或作“巢”。

爲“鳴條之戰”發生在豫東之説，也難以成立。因爲晉南“安邑之西”的“鳴條陌”或豫東“陳留平丘縣”之“鳴條亭”，皆距桀都斟鄩過遠，不可能是夏都斟鄩的“效野”之地。

那麼，上博簡《容成氏》所載湯伐桀，桀逃亡之叙述歷史可靠性如何？其文如下：

湯……升自戎遂，入自北門，立于中□。杰（桀）乃逃之鬲（鬲）山是（氏）。湯或（又）從而攻之，墜（降）自鳴攸（條）之述（遂），以伐高神之門。杰（桀）乃逃之南蓳（巢）是（氏）。湯或（又）從而攻之，述（遂）逃迲（去）之桑（蒼）虐（梧）之埜（野）。

此文説“鳴條”之戰，是在夏桀被湯攻入夏都北門，桀弃都逃奔鬲（鬲）山氏之後，湯又攻鬲（鬲）山氏之都發生的。這與先秦和漢初文獻所記“鳴條之戰”爲夏都争奪大戰完全不同。于文獻無稽，于事理不合。此其一。簡文又記桀而逃之“南巢氏”，而不是“湯放桀于南巢”，亦與多數文獻所記相違。此其二。簡文又謂湯攻南巢，桀遂“逃去蒼梧之野”，更與多數文獻相違，于事理亦不合。此其三。

因此，簡文《容成氏》是戰國時期的一種子書，不是史書。它講歷史故事，是爲了證明它要講的道理，所以隨意性很大，不可據爲典要。近年來一些學者認爲成湯伐桀，桀弃都城而走，然後選擇“鳴條之野”與湯會戰之説，即受簡文的影響。其價值是負面的，不可信從也。

4. “湯伐三朡”“俘厥寶玉”是“湯伐桀”的“追擊戰”。

《書序·典寶》：“夏師敗績，湯遂從之，遂伐三朡（《國語·鄭語》及《左傳·昭公二十九年》作鬷），俘厥寶玉，誼伯、仲伯作《典寶》”。[①] 訛孔傳：“三朡，國名。桀走保之，今定陶也。桀自安邑東入山，出太行，東南涉河，湯緩追之，不迫，遂奔南巢。”孔疏又云：“湯伐三朡，知是國名。逐桀而伐其國，知‘桀走保之’也。……桀必載寶而行，弃于三朡。（湯）取其寶玉。”

今按：訛孔傳及孔疏以“三朡”在“定陶”。誤，與事理相違，説已見前。而他們謂夏師敗績，桀都已失，于是桀載寶而行，走保三朡，湯追擊桀，遂伐三朡，取其寶玉則是對史實的正確理解。可從也。

① 《史記·殷本紀》：“桀敗于有娀之虚，桀飴于鳴條，夏師敗績。湯遂伐三㚇，俘厥寶玉，義伯、仲伯作《典寶》。”當據《書序》爲文。

楊升南據清高士奇《春秋地名考略》，以爲“三朡”即《左傳》的“鬷夷”。《左傳·昭公二十九年》：“昔飂叔安，有裔子曰董父，實甚好龍……乃擾畜龍，以服事帝舜。帝賜之姓曰董，氏曰豢龍。封諸鬷川，鬷夷氏其後也。”杜預注：“飂，古國也。叔安，其君名。”又云：“董姓鬷夷、豢龍，則夏滅之矣。”董增齡《國語正義》云：“《漢書·地理志》：‘南陽郡、湖陽縣，故廖國也。’師古曰：‘廖音力救反。《左氏傳》作飂字，其音同耳。’案今河南南陽府唐縣南，有湖陽故城。”劉起釪從其説，謂：“廖國即飂國，是即鬷夷之國。地在河南唐縣，即今唐河縣之南。在今通行的地圖出版社出版的中國地圖上，猶可見唐河縣之南有湖陽鎮，即是古鬷夷之所在。而朡即鬷。那麽也就是三朡之所在。由此可知：桀自鳴條（當云：桀都之鳴條）南奔，先停留于此地。企圖于此立足。故訛孔傳説‘桀走保之’。但由于湯率軍繼續追趕，他只好南奔南巢了。”（《古史續辯·湯伐桀的幾個地點問題》，453 頁）

按：此説有見，“三朡”之國在河南唐河縣南，與桀之“南逃”路綫合。又與“南巢”即“鄛鄉”鄰近，與桀弃三朡南奔南巢之方位合（説見後）。湯追伐三朡，取桀寶玉輜重，則桀之餘衆無多，故停止追擊，而任其在“南巢”自放了。

5.“桀奔南巢”不在安徽之居巢，而在河南南陽之鄛鄉。

桀放南巢，舊多以“廬州巢縣”爲“南巢”，亦即“廬州居巢”。如果“巢”是地名，南爲方位之詞，則安徽之“居巢”在中原（豫州）之東南，不在正南。《史記·夏本紀》集解引鄭玄注：“南巢，南夷地名。”

“三朡”之地，既在漢之南陽郡湖陽縣（今河南唐河縣之湖陽鎮），那近其鄰近地區有無“巢”（或“鄛”）？回答是肯定的。

《後漢書·宦者傳》：“鄭衆封鄛鄉侯。”章懷注：“南陽郡棘陽有鄛鄉。”《説文解字》：“鄛，南陽棘陽鄉。從邑，巢聲。”段注：“棘，各本作棗。誤，今依《後漢書·宦者傳》注及《玉篇》正。南陽郡棘陽二《志》同。今河南南陽府新野縣東北七十里，有棘陽城，是也。鄛其鄉名也。”

《説文通訓定聲》指出“鄛”又與“巢”相互通借，故《漢書·項籍傳》之“居鄛”即“居巢”。是“鄛鄉”亦即“巢鄉”矣。其地與“三朡”（唐河縣湖陽鎮）相距不遠。由于湯克三朡，不再追擊，于是逃亡之桀，再奔于鄛鄉，以求苟安矣。

夏桀都城淪陷，爲何南逃？先欲安保三朡，迨三朡既失，寶貨又喪，最後又奔南陽新野之鄛鄉，這是由于這一地帶是“夏人之居”，即爲夏民居住之地域的原故。《史記・貨殖列傳》：“穎川、南陽，夏人之居也。”《正義》：“禹居陽城，穎川、南陽皆夏地也。”桀奔南巢，即奔南陽新野之鄛鄉。正是奔往夏人之地，以求庇蔭也。

6. 桀死于“亭山”（歷山）即湖北之“章山”説。

《荀子・解蔽》“桀死于亭山”，楊倞注：“亭山，南巢之山，或本作鬲山。”

《太平御覽・皇王部七》引《尸子》曰：“桀放于歷山。”

《淮南子・修務》：“（湯）困夏南巢，譙以其過。放之歷山。”高誘注：“歷山，蓋歷陽之山。”王念孫謂：“鬲”讀與“歷”同。字或作“歷山”。

吴鋭《從〈容成氏〉所記桀逃路綫看夏文化與西部的關係》（《人文雜志》2007 年第 2 期）認爲：“鄭玄説南巢是‘南夷地名’。《漢書・地理志》列入正南的是‘荆州’，則南巢可能在荆州。南陽郡、南郡、江夏郡都屬荆州，其地域大多在今南陽盆地和漢水流域，荀子之‘桀死于亭山’或本作‘鬲山’。還有一種可能‘亭山’可能爲‘章山’之訛。”吴氏此説，甚有見地。

按：《山海經・大荒西經》：“有人無首，操戈盾立，名曰夏耕之尸。故成湯伐夏桀于章山。克之，斬耕厥前。耕既立，無首，走厥咎，乃降于巫山。”郭璞注：“自竄于巫山。巫山今在建平巫縣。”郝懿行云：“（《漢書》）《地理志》云‘南郡巫’，應邵注云：‘巫山在西南。’郭云：‘今在建平巫縣’，見《晉書・地理志》。”

又《山海經・海内南經》：“夏後啓之臣曰孟塗，是司神于巴。人請訟于孟塗之所，其衣有血者乃執之，是請生。居山上，在丹山西。丹山在丹陽南，丹陽居屬也。”郭璞注：“今建平郡丹陽城秭歸縣東七里，即孟塗居也。”《巫山縣志》：“孟塗祠，在縣南巫山下。”

從以上二文可知：“成湯伐桀于章山克之”，則“章山”當在湯伐三朡附近之山，而三朡又鄰于南巢，因而亦可謂“南巢之山”。亭與鬲，定來準旁紐，耕錫對轉，爲一聲之轉。而亭與章，定照準旁紐，耕陽旁轉，亦一聲之轉。故知：“亭山”“鬲山”與“章山”，皆同一地名之“同音異寫”。

章山（亭山、鬲山）在三朡、南巢附近，而成湯伐桀克之于此地。（或云放桀于南巢，或云桀死于亭山，蓋傳聞異詞所致。）此役被斬首的“夏耕之尸”遂走奔“降于巫山”，而夏後啓之臣孟塗流落民間亦能“司神于巴”，這表示亭山（鬲山）或章山與“巫山”“巴”相距不能太遠。今知“三朡”在河南唐河縣境，“南巢”即“鄛”在河南新野縣境，皆在漢南陽郡之域。而“巫山”與“巴”在漢則爲“南郡”之域，二者相近，宜其然也。此亦爲“三朡”“南巢”，皆在漢之南陽郡之一旁證也。

2012年7月16日上午于幹療院寫完此文
清晨欲雨，得陰凉也
2017年3月8日至4月4日終審于幹療院

武丁卜辭已見“周方”“周侯”所表達的歷史信息

一、武丁卜辭中所見商周關係

楊升南《卜辭所見諸侯對商王室的臣屬關係》（見《甲骨文與殷商史》）對此有一綜述，其主要内容爲：周人和商王朝的關係，在武丁卜辭中已出現。商人稱周爲“周方”（《殷綴》一八一，《鐵》三六一）、“周侯”（《甲》四三六）①。説明“周”初爲一個“方國”，其後接受商王朝的封賜爲侯爵，成爲臣屬商之諸侯②。

商王對周發號施令。如：

“令周侯，今夕亡禍。”（《甲》四三六）“令周比永止，八月。”（《龜》一、二六）“勿令周往于[illegible]。”（《簠·游》二二，《續》三、二八、三）“叀，𠬝令周。”（《綴》二、八二）“令周取。”（《合集》8854）“呼周。”（《合集》4887）“征取周。”（《綴》二二七〇）

周人向商王朝貢送財物。如：

“令周氣牛。”（《合集》4884）“周氏（致）巫。”（《乙》七八〇一）“周氏

① 楊升南謂：商王朝産生諸侯的途徑，除裂土分封子弟、功臣外，另一途徑是方國首領受封。在卜辭中，凡稱爲“某方”而又稱爲侯伯子男的，應是由此途徑産生的諸侯。例如：“犬方”（《後》下六、一一）、“犬侯”（《京》四七七七）、“鬼方”（《乙》六六八四）、“鬼侯”（《史記·殷本紀》）、“周方”（《綴合》一八一）、“周侯”（《甲》四三六）、“盧方”（《續存》上、一九四七）、“盧侯”（《鄴三》下、三六、九）、“羊方”（《京》四三八一）、“羊伯”（《後》下、三三、九）。這些由“方”而變爲“侯、伯”的轉變過程，有一個重要因素，就是戰爭。如“𢀛方”就曾與商進行過多次戰爭（見《合集》66391、6646），被商征服後才接受封爵，稱爲“𢀛子”。

② 這表明“周方”之“周”，得名在商封爵“周侯”之前。“周方”“周侯”之“周”不是商王朝封爵時才賜的國名。

（致）嫀。”[1]（《乙》五四五）“令周氏（致）子交文□婦。”（《前》六、六三）“周入十。”（《乙》五四五）

商王田獵，周人要協助圍獵。如：

“周叶𡆥（擒）。”（《乙》五三二九）“周𡆥（擒）犬征麋。”（《乙》七四六一）“周㚖麗網鹿。”（《乙》五三四七）

卜辭中也有關于商周進行戰爭的内容。如：

“侯弗𦎫周。”（《拾》四、一二）“弗𢦏周，十一月。”（《鐵》二六、一）“其克，𢦏周，四月。”（《綴》二一六四，《續存》下、三一七）“執周壴。”（《前》五、三六、四）

上引卜辭，都屬武丁時期。這些戰爭，或是周人未服時的征伐，或是服而叛之後的征討。

武丁卜辭有“婦周”（《鄴》初四六、一五，《乙》八八九四），學者們認爲是周女入商爲王妻者，是商周有婚媾關係的證明。

武丁卜辭中，有爲周人占卜其灾禍有無的内容，反映此時商周關係是融洽的。如：

“周方弗其有禍。”（《綴合》一七一）“周方弗其亡禍。”（同上）“周侯今夕生（晴）亡禍。”（《甲》四三六）

武丁卜辭有“周”一詞。郭沫若初釋“寇周”，後釋“聘周”。丁山從郭後説。唐蘭釋“璞”讀“戳”。楊升南謂當釋“寶”，讀“保”。（從字形出發，唐釋最合。讀璞爲“戳”，有關卜辭可以通讀，故當從唐蘭之釋。）其辭有云：

“己卯卜，允貞：𠂤多子族比犬侯戳周。叶王事。五月。”（《續》五二、二）

“□□［卜］，𠂤貞：令旃比侯戳周。”（《前》七、三一、四）

是武丁曾動用相當多兵力對周進行戳伐。

楊寬《西周史》的“商王武丁時期的殷周關係”（《西周史》，37—46頁）一節，所概述内容，大體與揚升南同。

---

① 楊云：“嫀”字從秦、從女，或是秦族人之女子，秦地在今甘肅清水縣東北。在早期的周人活動範圍内。按：秦爲地名。嫀當爲秦地之女。

二、“周方”“周侯”出現在武丁時期卜辭中引出的問題

出現于武丁卜辭的“周方”“周侯”是否就是姬姓的周國呢？這産生了問題。

徐中舒先生説：“這個周族，就應是姜族所建的女國——母系社會的姜嫄國，因爲姬姓自邠遷居周原倘在此一百餘年以後。這個周族，不是姬族，而是和他們世爲婚姻的有邰氏家室。自公亶父遷居周原以後，姬姜世爲婚姻，相互促進，姜姓女國由母系轉爲父系，姬姓農業由粗耕進入精耕。于是兩個來源不同的氏族，就逐漸融合爲一個新興的周民族。”（《周原甲骨初論》）

楊寬對此説加以評論，謂：“的確，公亶父遷居周原是在武丁以後第五個王（共三世）武乙時。”“但要説這個周國是有邰氏，是姜姓女國，也有問題。據《山海經》后稷傳位給台壐、叔均，已是父姓系統。據《世本》和《史記》不窋以後都是父子相傳，而不窋之孫公劉已從邰遷都到豳，早已創設國家，設有軍隊。怎麽可能到武丁時期還存在母系社會的姜嫄女國呢？”（《西周史》，39頁）

按：武丁時期之“周國”，不可能是徐説的“母系社會姜嫄國”，楊駁，是也。此其一。但徐説之疏還是在于“有邰國”。當云“邰方”“邰國”，爲何名爲“周方”“周國”？《大雅·生民》説后稷即“有邰家室”。《毛傳》解爲：“（堯）國后稷于邰。”孔疏謂：“即封爲邰國之君……后稷以前未有國于此，始封之也。”是“后稷”之後，“有邰國”之國君姓姬不姓姜矣。此其二。且武丁之時，“周方”所在是否仍在“有邰”（陝西武功），或在豳或在岐周？需要論證。即依舊説，其時公劉已遷豳，亦不得謂其爲“有邰國”矣。此其三。

楊寬謂徐説不可從，遂另立説。他認爲：“周”（田）象“一大塊方整有四界的農田中，農作物茂盛的樣子”，“是一個發達農業區的美稱”，這一國號“很可能是武丁給予的”。因爲“從公劉到公亶父”，“繼承后稷而加以發展”，所以能得此國號。“周的國號早在公劉迁豳的時候已經存在。後來公亶父遷都到岐山之南，稱爲周原。是沿用舊稱。遷移新都而用舊名，這在古代是常見的事。”（《西周史》39—40頁）

按：楊寬此説，純爲無據的臆説。説武丁卜辭之“周”的國號，“是武丁

給予的”。其誤有二：在武丁卜辭中由“周方”而“周侯”。是“周方”先爲獨立方國，後經商王征討，歸服商王朝，受封爲“侯”（見前引楊升南之論證）。是“周方”之號爲“周”，在武丁征服“周方”以前。從而“武丁給予‘周’的國號”，與卜辭史料不合，不能成立。此其一。公劉居豳，至“古公亶父”由豳遷岐，尚以“豳公”爲名，不曰“周公”。《詩·大雅·綿》述“古公亶父”由豳遷岐之事。《毛傳》：“古公，豳公也。”孔疏：“以在豳爲公，故曰豳公。”然則“周的國號，早在遷都豳的時候已經存在”，其説只能是無據的揣想了。此其二。

“古公亶父”由豳遷岐，是否發生過“遷新都而用舊名”之事？答案是：發生過。即先秦時代，豳有二處，一爲公劉所居之豳，一爲古公亶父遷岐時帶去的豳。《説文》：“郊，周文王所封，在古扶風美陽中水鄉。從邑，支聲。岐，郊或從山，支聲，因岐山以名之也。”又“邠，周太王國，在右扶風美陽。從邑，分聲。豳，美陽亭，即豳也。民俗以夜市，有豳山。”孫星衍據此指出：“許君所言，太王止岐下之豳國也。班固所言，公劉始都之豳國也。”魏源亦持此論（詳細論證見《洪業論學集》之《破斧》）。可見：由豳遷岐，“移新都而用舊名”是“豳”。“周”是“新名”，不是“舊名”。

那麽，“周”作爲國號，從何而來？曰：以地爲名。夏、商、周國號皆由地名轉來，“周”其一也。《史記·周本記》：“（古公亶父）乃與私屬遂去豳，度漆、沮，逾梁山，止于岐下。”《集解》：“徐廣曰：山在扶風美陽西北，其南有周原。駰案：皇甫謐云：‘邑于周地，故始改國曰周。’”《詩·大雅·綿》：“古公亶父，來朝走馬。率西水滸，至于岐下。爰及姜女，聿來胥宇。周原膴膴，堇荼如飴。爰始爰謀，爰契我龜。”鄭箋：“周之原地，在岐山之南。”是“周”爲國號，以居地岐山之“周原”而得名。

“周”爲國號，以居于“岐下”之“周原”而得名，載在典籍。徐中舒和楊寬先生當然是知道的，但他們爲什麽要提出“這個周族”應是“姜嫄族所建女國”即“有部”（徐説）、或“周”的國號在建都豳時已經存在（楊説）的臆説呢？其原因在于周人遷都岐下需在武丁時期“一百餘年之後”（徐説）或“公亶父遷居周原是在武丁以後第五個王（共三世）武乙時”（楊説）。既然武丁以後一百多年武乙時，古公亶父才由豳遷岐下周原，那麽武丁時期之“周方”“周侯”的地望，只好于岐周之外求之了。這就是徐、楊二先生提出臆説的根據。

三、“古父亶父”與“太王”，當是先後相繼二位周人的先公，不得合爲一人

在《詩》《書》記載“古公亶父”由豳遷岐之事的是《大雅·綿》篇。而記載“大王”（太王）居岐興周之事，則見于以下篇。《詩·周頌·天作》：“天作高山，大王荒之，彼作矣，文王康之，彼徂矣，岐有夷之行。”《魯頌·閟宫》：“后稷之孫，實維大王，居岐之陽，實始翦商。”《尚書·金縢》：“（周公）植璧秉圭，乃告大王、王季、文王。”《尚書·無逸》：“嗚呼！厥亦惟我周太王、王季，克自抑畏。文王卑服，即康功田功。”

“古公亶父”與“太王”是否一人？《詩》《書》有關篇章没有涉及這個問題。

就現有文獻材料看，把“太王”和“古公亶父”合爲一人，始于《孟子》。《孟子·梁惠王下》：“昔者太王好色愛厥妃。《詩》云：‘古公亶父，來朝走馬。率西水滸，至于岐下。爰及姜女，聿來胥宇。’當是時也，内無怨女，外無曠夫。”① 趙岐注：“亶父，太王名也，號稱古公。”所以後來的《史記·周本紀》説“文王受名，追尊古公爲太王”。于是“古公亶父”與“太王”合爲一人。成了二千多年的主流認識。

由于“太王”是王季之父，文王之祖，其活動時代正在殷王武乙時期，上距武丁有三代五王一百餘年，所以卜辭武丁時期出現“周方”“周侯”就使學者困惑，不得不于“岐周”之外，另尋武丁時代的“周方”之地望。徐、楊二先生之新説，即是據此而做出的假設。

現在擺在我們面前有三個確定的事實。武丁卜辭已有“周方”“周侯”，一也。古公亶父由豳遷岐，二也。太王治岐，“周之興自此始”，即奠定了滅商興周之基礎，三也。這三個事實，可以互相調和而不矛盾嗎？出路在于“古公亶父”與“太王”不是一人。

丁山首倡此説。他在《中國古代宗教與神話考》（559 頁）中説：“《詩·

① 孟子説《詩》常出錯誤。如《魯頌·閟宫》：“戎狄是膺，荆舒是懲。”鄭箋：“僖公與齊桓舉義兵……此慶僖公勇于用兵討有罪也。”或以爲伯禽事，而《孟子》謂“周公方且膺之”。《孟子·滕文公上》又《閟宫》記：“王曰叔父，建爾元子，俾侯于魯。”《左傳·定四年》所記同，是成王封周公長子伯禽于魯，而《孟子·告子上》説“周公之封于魯，爲方百里也”。皆是誤説之例。

周頌》一則謂：‘天作高山，太王荒之。’《魯頌・閟宫》再則謂：‘后稷之孫，實唯太王。居岐之陽，實始翦商。’足與《金縢》‘乃告太王、王季、文王’之典相印證。太王當是宗周王朝的‘太祖高皇帝’（與《綿》詩所頌古公亶父的功德不同），不得與古公亶父并爲一人。”

説“古公亶父”與“太王”各爲一人，有無根據呢？主要根據有：

1. 在《詩》中《綿》篇説“古公亶父”離豳遷岐，不及“滅商”之事。在《周頌・天作》説“太王”興周，《魯頌・閟宫》説“太王”“實始剪商”。二人功德有異，絶無表示“古公亶父”即“太王”之文句。《綿》編爲什麽之稱“古公亶父”不稱“太王”？豈非暗示其爲二人而非一人耶？（《周頌》在前，已稱爲“太王”，爲何在其後之《大雅・綿》述由豳遷岐之事，稱“古公亶父”而不稱爲“太王”？孔疏已察覺了此一問題，爲之解釋彌縫云：“以在豳爲公，故曰豳公。謂之古公，言其年世久古，後世稱前世曰古公，猶云先王先公也。太王追號爲王，不稱王而稱公者，此本其生時之事，故言生存之稱也。”可見“太王”是先王，“古公亶父”是“先公”，二者是有别的。“太王”已追號爲王，而《綿》之“古公亶父”不稱王，豈能説二人即爲一人？“古”有久遠之義，“古公亶公”是“年世久古”之稱，而“太王”爲文王之祖，于周之開國有天下最近，何得以“古”稱之？

總之：《詩》《書》文獻中，“古公亶父”與“太王”無“并爲一人”之證據，而二人有别之處，則有之。

2.《詩・魯頌・閟宫》：“后稷之孫，實唯太王。居岐之陽，實始翦商。至于文武，纘太王之緒。”鄭箋云：“翦，斷也。太王自豳徙居岐陽，四方之民咸歸往之。于是而有王迹。故云：是始斷商”。

“太王”“實始翦商”，即開始了翦滅商王朝之活動，其志不可謂不大。文、武伐紂滅商而有天下，正是“纘太王之緒”。這表示“太王”時的岐周政治、經濟力量，已經成爲“大邦”“强國”。不然，何得有“實始剪商”之意圖和活動耶？

而“古公亶父”由豳遷岐，乃是被夷狄逼走的流亡政權。遷居岐山後，乃墾荒地，建新屋，立冢土（社），闢草萊，開土地，使豳人流亡者，有所依止。其時國力衰弱，經濟困窘。可以想見，能够設想這一政權，在流亡栖止于岐山之後，即“實始翦商”，做起滅商取天下的大夢嗎？這種説法，合乎事理嗎？

總之，“古公亶公”由豳遷岐，敗亡之餘，得一新地，篳路藍縷，以啓山林。方休養生息，安定國基之不遑，是不可能“實始翦商”的。

而"太王""實始剪商"，表明此時岐周國力已强，人民已衆。豈是"古公亶父"流亡政府，初到新地開闢草萊定居之情況邪？

所以，"古公亶父"的事迹、功德與"太王"不同，二人不可能是"同爲一人"。

3. 武丁卜辭有云："貞，周弗以（致）嫀？丁巳卜古貞：周以（致）嫀。"（《乙》七三一二）

楊升南釋"嫀"爲"嫀地之女"（見前引）是正確的，可從。因爲在卜辭中許多從"女"的"女名"，同時也是地名或方國名①。如以"妹""姼"爲例：

①"妹"爲方國名。"乙未，婦妹示屯矣。"（《戩》三五、八）

②"妹"爲女名。"乙亥卜，生四月，妹有事"，則"妹"爲方國名或地名。

①"姼"是女名，而多爲地名。"貞……王其出自漁于姼，若。"（《佚》四、二六）

②"癸亥卜，婦姼亡禍此。"（《乙》八八七七）此"姼"爲女名。

因此"嫀"説爲秦地之女之名，是可以成立的。楊升南據之謂："秦地在今甘肅清水縣東北，在早期周人活動的範圍内。"這樣，武丁時期的"周方"，當距秦地不遠。而"岐下"之"周"，其地望最足以當此。這表明在武丁時期，"周方"已能以秦地之女入貢商王。則是時岐周國力似已相當强盛，不似"由豳遷岐"初期的景況了。

總結以上三點，結論是："古公亶父"是由豳遷岐的"先公"。而"太王"是"居岐之陽""實始翦商"的"先王"。一個在前，一個在後。從時代上説，武丁時期"古公亶父"當已自豳遷岐，改號"周國"。而武乙時期的"太王"，由于經過一百餘年的休養生息，國力强盛，從而開始"實始翦商"的偉大事業。

這種分析，應當是最合理的一種解説②。

---

① 還如："□午卜，㱿貞：婦姘娩妿"（《續》一、五六一），"姘"爲女名。"癸卯卜賓貞：井方于唐宗彘"（《後》上一八五），則"井"爲方國名。"婦娘示三……"（《合》一二六），"娘"爲女名。"丁巳卜，行貞：王其田，亡灾，在良"，"良"爲地名。"婦姘來"（《乙》三一三〇），"姘"爲女名。"丁亥卜，亘貞：羊受禾"（《乙》六七五三），"羊"爲地名。"自廳（），己未，婦妌示一屯埽"（《林》二一、一、八），"妌"爲女名。

② 顧頡剛謂："大王和古公亶父合爲一個人是戰國時的事。"（《穆天子及其著作時代》）這是非常深刻的見解。本文足以證成此説。

文王受命爲“西伯”七年所爲大事考説

文王受命爲“西伯”七年所爲大事，《史記・周本紀》記爲：文王爲西伯，專征伐。是年平虞芮之争。“明年，伐犬戎。明年，伐密須。明年，敗耆國……明年，伐邘。明年，伐崇侯虎，而作豐邑，自岐下而徙都豐。明年，西伯崩。”

《尚書大傳》則謂：“文王一年質虞、芮，二年伐于，三年伐密須，四年伐畎夷，紂乃囚之……五年之初得散宜生等獻寶而釋文王，文王出則克耆。六年，伐崇，則稱王。”

二者所述，内容大同，但事件次序出入很大。

經後文考訂得出結論是：

1. 平虞芮之争的虞、芮當從顧頡剛、劉起釪之説，乃雍州岐西之虞、芮。

2. 伐“畎夷”時“畎夷”之地望，在岐東畎丘，即陝西興平縣之“東畎丘”。

3. 伐“密須”之密須，舊説可從，在陰密縣，今甘肅靈台縣境。而阮、共、旅（莒）在其附近地區。

4. 伐耆，即“西伯戡黎”。非文王事，乃武王八年之事（見清華簡）。耆（黎）地當從楊筠如説，即“戲”，今陝西臨潼境。

5. 伐邘（盂），當從吴承仕説，“邘”即“鄠”，今陝西省户縣之域。

6. 伐崇，舊説不誤，即“崇”在“豐鎬之間”，今陝西西安市西南地區是也。

從以上探討結果看，文王受命七年中“四伐”，不是舊説的“五伐”。就其經營次序，《史記・周本紀》所述較《尚書大傳》合理。從現有認識來看：

文王脱囚，受紂命爲西伯，專征伐。故第一年平虞、芮之争，在岐周西部争取了一批同盟者。于是第二年伐東犬丘之“犬戎”，除去岐周身邊的威脅。然後第三年伐密須，擴大了岐周西北方地區的控制，鞏固了岐周西邊。于是第五年伐邘，第六年伐崇，先後占領了灃水西、東兩側的地盤，掃除了東進中原的最大障礙，作邑于豐，并自岐遷都之。爲武王東出函谷，進攻殷紂準備了條件。

所以文王去世、武王繼位，第一年即“伐耆”，即“取戲”；第二年則“歡兵孟津”；第四年則帥諸侯，渡孟津，進軍朝歌，牧野一戰而滅商成大業矣。

一、文王“斷虞芮之訟”，虞、芮地望何在？

王先謙《詩三家義集疏》：《詩·大雅·綿》：“虞芮質厥成，文王蹶厥生。”毛傳：“虞芮之君相與争田，久而不平……乃相與朝周。……（受周人相讓之感動）乃相讓，以其所争之田爲閑田而退。”齊説曰：“虞侯、芮侯，訟田質于文王者。”《尚書大傳》：“文王受命一年，斷虞芮之訟。”

《史記·周本紀》集解：“《地理志》：虞在河東大陽縣，芮在馮翊臨晉縣。”[①]《正義》：“《括地志》云：‘故虞城在陝州河北縣東北五十里虞山之上，古虞國也。故芮城，在芮城縣西二十里，古芮國也。《晉太康地記》云：虞西百四十里有芮城。’”又云：“注引《地理志》芮在臨晉者，恐疏。”

虞、芮地望，《地理志》説爲河東大陽縣之“虞”，與馮翊臨晉縣之“芮”。前者在山西，後者在陝西，中隔黄河，距離甚遠，并不相及，如何有“争田”之事？

故《括地志》改説芮及芮城縣之“芮”，在虞西一百四十里。二國地相接，則“争田”之事，可能發生矣。

在王先謙《詩三家義集疏》（842 頁）則謂：“虞、芮在河南（此采《括地志》之説），周姬姓國，商末虞、芮無考。”

王説有道理。如果河東虞、芮在殷末已存在，他們都是姬姓之國。當由岐周分封而來，其時文王正在“圖王天下”，姬姓諸國，兄弟之邦，同仇敵愾，能爲“争田”而興訟嗎？

“芮”國金文作“内”，有内公鬲等西周銅器。值得注意的是，在今陝西大

① 楊寬《西周史》即從此説。

荔縣境出土了西周“内”（芮）國銅器，這證明説“左馮翊臨晉縣有芮鄉，故芮國”的《漢書·地理志》是正確的。從而《括地志》以山西芮城縣有“古芮國”之説，不可靠。

這樣，“虞”在山西平陸，“芮”在陝西大荔，并不接界，如何有“争田”之事？這説明：文王時“争田”之虞、芮，當于其他地方求之。

顧頡剛、劉起釪在《尚書校釋譯論》（1062—1063 頁）提出“虞”“芮”皆在雍州説。其言曰：古文中虞往往作吴，吴作爲古地名，與“芮”相近，都在古雍州境内。《漢書·地理志》“右扶風汧縣”下云：“吴山在西，古文以爲汧山。雍州山。”“芮水出西北，東入涇。”“《詩》‘芮阸’，雍州川也。”師古曰：“阸讀與鞫同。《大雅·公劉》之詩曰：‘止旅乃密，芮鞫之即。’《韓詩》作‘芮阸’。言公劉止其軍旅，欲使安静，乃就芮阸之間耳。”《清一統志》《兩漢志》皆謂吴山即汧山。而《通典》《元和志》《寰宇記》則分吴山與汧山爲二，然脉絡相連，在古只一山也。汧山其地在今陝西省隴縣西南。流經縣境的千河，即古汧水。可知當年的虞，就在今千河西南一帶。而古汭水，就是發源于今隴縣東北，流經甘肅靈台縣，注入涇河。因知，當年的“芮”，就在今隴縣北部地區。

按：顧、劉説“文王斷虞、芮之訟”之“虞”“芮”在雍州。其説是，可從。爲了更準確，補充如下材料：

（1）《中國歷史地名大辭典》：“芮水，亦名宜禄川水。即今陝西長武縣南黑河。”《水經·渭水》注：“汭水又東經宜禄縣，俗謂之宜禄川水。”《清一統志·邠州》：“芮水，《舊志》有後川河，在南十里。又南十里，有前川河。俱自靈台縣流入。二水合而東流，謂之黑水河。經縣南四十里停口鎮合涇水，即宜禄水也。”

（2）在吴山地區之“吴”國，即金文之“夨國”。

金文所見之西周青銅器之“夨”國（、）器，多出土于陝西寶鷄附近，如“夨王尊”“夨王鼎”“夨王𣪘（蓋）”等。“夨國君主在西周時多稱王，爲姜姓國。夨國地望由考古發現判應在今隴縣至寶鷄一帶。在西周早期或更早時已經建國。”（見任偉《西周封國考疑》，335—339 頁）

一些學者，如張筱衡[①]、劉啓益[②]等均認爲：“夨”就是“吴”，夨國就是吴國，也即“虞國”，其地望在陝西隴縣之吴山附近。原爲太伯、虞仲所建。

他們這一見解受到非難之處，主要有兩個問題：

1. “夨”國是太伯、仲雍所建，就“夨”國有關銅器銘來看，難以成立。因爲夨國是姜姓國[③]。在西周金文中，異姓諸侯在國内稱王之例不少。夨國亦自稱“夨王”。所以“夨國不可能是‘太伯’‘仲雍’已建的姬姓虞國”。

這一批評正確。《穆天子傳》：“赤烏氏先出自周宗，太王亶父之始作西土，封其元子吴太伯于東吴。”是“太伯”之吴，在岐周之東，所以曰東吴。而吴山、夨國俱在岐周之西，當爲“西吴”。也可證吴山、夨國，非太伯之吴（虞）。

2. “夨”字不能是“吴”字，“夨”字《説文》訓“傾頭也，從大象形”，“吴”字《説文》訓“大言也，從夨、口”；“吴”字乃會意字，與“夨”字古聲韵不同[④]。

按：“ ”與“ ”在甲文和西周文中，同爲一字。許慎《説文》將“ ”“ ”分爲二字，已是一誤。又將“ ”（走）字初文“ ”“ ”寫爲“ ”，已是二誤。更將“ ”認爲“ ”（仄）之異體字作“ ”，是三誤。許慎唯一正確的是釋“ ”爲“夭”，訓“屈也”。

孫海波、容庚編《甲文編》《金文編》，誤從許説，釋甲、金文之“ ”爲《説文》之“ ”，此一誤也。二先生又知在甲、金文中，“ ”“ ”是同字異形，于是將“ ”也釋爲“ ”字，此二誤也。那麽《説文》之“ ”（夭）字，是甲文、金文何字？容庚又據《説文》“走”字作“ ”，“奔”字作“ ”之誤形，誤説甲文、金文“走”字初文之“ ”爲《説文》之“ ”字，此三誤也。

饒炯已證：《説文》之“ ”，即“仄”（ ）之異文。亦即“昃”字古文字“ ”字之“ ”。而甲、金文中卜辭，西周“昃”字皆作“ ”，戰國時變爲“ ”。故知《許書》之“ ”不是甲、金文之“ ”，而是甲、金文“

① 張筱衡：《散盤考釋》，《人文雜志》1958年第3、4期。

② 劉啓益：《西周夨國銅器的新發現與有關的歷史地理問題》，《考古與文物》1982年第2期。

③ 張政烺：《夨王𣪘蓋跋——評王國維〈古諸侯稱王説〉》，《古文字研究》第十三輯，中華書局，1986年。

④ 黄盛章：《銅器銘文宜、虞、矢的地望及其與吴國的關係》，《考古學報》1983年第3期。

”之變形，亦即“”之異體字（詳見附録之文）。

因此甲、金文“”“”皆當釋“夭”。而吴字（、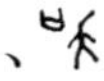）是從口、夭聲的形聲字，故“夭”可以通借爲“吴”字。

這樣，金文中之“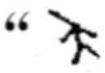王”“國”當釋爲“夭王”“夭國”，而讀爲“吴王”“吴國”。

所以，張筱衡、劉啓益等學者認爲“王”“國”即“吴王”“吴國”，是正確的。但此“吴國”爲“姜”姓之國，説它是太伯、虞仲所建之“吴”，就不對了。

結論：顧頡剛、劉起釪認爲文“王平虞芮之質”的虞、芮在雍州。虞在吴山地區，芮在汭水地區，是正確的。金文中之“夭”國（舊誤釋爲國），即“吴”國，亦即“虞”國。據考古材料，其地望在隴山至寶鷄一帶（正在吴山地區），其時代在“西周早期或更早時已經建國”。正可爲顧、劉説之堅證。

二、文王“伐犬夷”有關問題

《史記・周本紀》：“（西伯平虞芮之訟）明年，伐犬戎。”

《集解》：“《山海經》曰：有人，人面獸身，名曰犬戎。”《正義》引《山海經》云：“黄帝生苗龍，苗龍生融吾，融吾生并明，并明生白犬。白犬有二，是爲犬戎。”又《毛詩》疏云：“犬戎，混夷是也。”考證《詩・大雅・綿》篇“混夷駾矣，維其喙矣”音昆。《説文》引《詩》“犬夷呬矣”。《尚書大傳》：“文王受命……四年伐犬夷。”鄭玄注：“犬夷，混夷也。”

“犬夷”[①] 在文獻有不同的稱呼。《大雅・綿》作“混夷”。《大雅・皇矣》作“串夷”。《孟子・梁惠王下》作“混夷”。趙注引《綿》“混夷駾矣”以證之。《説文・馬部》“駾”字下則引作“昆夷”；《口部》“呬”字下引作“犬夷”。《書傳》作“畎夷”。

按：犬（溪、元），串（匣、元），畎（見、元），昆（見、文），混（匣、文）皆一聲之轉，即同音異寫。

那麼哪一名稱是正寫呢？竊以爲當爲“犬夷”。因爲在卜辭有“犬”爲方國之名，其首領曰“犬侯”，而且參加了“戭周”的軍事行動。如：

① 《史記・匈奴列傳》“周西伯昌伐畎夷氏”，作“畎夷”。

（1）貞：令多子族眔犬侯璞（戭）周，叶王事。

貞：令多子族從犬眔亩巧，叶王事。（《合集》6813）

（2）貞：犬追亘，有及？（《合集》6946）

犬追亘，亡其及。（《合集》6946）

由（1）辭知“犬侯”之國，其地望必鄰于周。由（2）辭則知“犬侯”之國，必距“亘”不遠。“亘”學者多以爲即山西省“垣曲”縣[①]是“犬”國之地望，當在“周”（岐山）與“亘”（垣曲）之間。換句話説，“犬”國之地在“周”之東、“亘”（垣曲）之西。

“犬侯”之稱，當由于“犬方”之受商王朝的封賜。楊升南[②]謂：在卜辭中凡稱“某方”而又稱爲侯、伯、子、男的，應是由此途徑産生的諸侯。如：

“犬方”（《後下》六、一一）

“犬侯”（《京》四七七七）

“周方”（《綴合》一八一）

“周侯”（《甲》四三六）

“盧方”（《續存》上一九四七）

“盧伯”（《鄴三》下三六、九）

“羊方”（《京》四三八一）

“羊伯”（《後》下、三三、九）

方國之名，多爲地名，如“周方”之“周”是地名，準此“犬方”之“犬”當亦地名。

考在“岐周”附近以“犬”爲名之地，有“犬丘”，且有東西二“犬丘”。《中國歷史地名大辭典》謂：“犬丘”，①西周邑名。今陝西興平市東南十里南佐村。《史記·秦本紀》：“非子居犬丘，好馬及畜，善養息之。”宋敏求《長安志》卷十四引《帝王世紀》：“周懿王二年，王室大衰，自鎬徙都犬丘。”秦改爲“廢丘”。又④，在今甘肅天水市西南九十里。《史記·秦本紀》載，西周時，秦之祖先非子“居犬丘”即此。此犬丘，乃周宣王“複予秦仲後，及其先大駱地犬丘并有之，爲西垂大夫”（《史記·秦本紀》）。《正義》引《注水經》云：“秦莊公伐西戎、破之，周宣王與大駱犬丘之地，爲西垂大夫。”《括地志》

① 見陳夢家《殷虚卜辭綜述》276頁。鄒衡亦持此説。

② 楊升南：《卜辭中所見諸侯對商王室的臣屬關係》，《甲骨文與殷商史》，上海古籍出版社，1983年。

云："秦州上邽縣西南九十里，漢隴西西縣是也。"是"大駱犬丘"。

卜辭之"犬方""犬侯"，以"犬"爲地名，其地望當哪個"犬丘"呢？應當在"東犬丘"。因爲卜辭之"犬方"，在岐周與垣曲之間，必在岐周之東。故當以陝西興平之"犬丘"以當之①。

文王"伐犬夷"之前，還曾"事混夷"。《孟子·梁惠王下》："是故湯事葛，文王事混夷。"趙注以《綿》之八章"混夷駾矣"。"依鄭箋，此爲文王伐混夷，不可以爲以大事小之證。"（焦循《孟子正義》）《詩·正義》引《帝王世紀》云："文王受命四年，周正丙子。混夷伐周，一日三至周之東門，文王閉門修德而不與戰。"

"混夷"伐周而攻其東門，則"混夷"在周之東，與卜辭"犬方""犬侯"之地望合。此犬戎在東犬丘説之又一證也。

因此，周文王受命之後，"明年，伐犬戎"，乃東伐東犬丘之"犬戎"。乃掃除鄰地之威脅也。

又，皮錫瑞《今文尚書考證》"西伯盂耆"第八下云："《韓非子》曰：'文王侵盂、克莒、舉酆……'盂即邘，莒即伐密'以遏徂莒'之'莒'。舉酆，蓋因伐畎夷而舉其地也。"按：畎夷被文王所伐，乃在岐周東之東犬丘，在今興平市東南，與酆地相隔甚遠。皮説失據。

三、文王"伐密須"的一些有關材料

《史記·周本紀》：文王受命"（三年）伐密須"。《尚書大傳》亦謂：文王"三年伐密須"。

文王伐密須，首見于《詩·大雅·皇矣》："密人不恭，敢距大邦，侵阮徂共。王赫斯怒，爰整其旅，以按徂旅。"（《孟子》引作："以遏徂莒，以篤周祜，以對于天下。"）

毛傳："國有密須氏，侵阮遂往侵共。""旅，師。按：止也。旅，地名也。"

朱傳："密，密須氏也，姞姓之國，在今寧州（今甘肅靜寧縣）。阮，國

① 徐協昌《殷契通釋》："《姓氏尋源》：先零大豪有猶氏。其領域應在西南。蜀亦多猶姓，見漢晪思題名碑。宋有猶道明，亦蜀人。"又《顏氏家訓》引《尸子》曰："五尺犬爲猶！則爲'大犬'之稱。或者'犬戎'以犬爲圖騰。故其大豪以'猷'自稱而爲姓也。"

名。在今涇州（今甘肅涇川縣）。徂，往也。共，阮國之地名，今涇州之共池[①]。”

《史記·周本紀》集解：“應邵曰：密須氏，姞姓之國。瓚曰：安定陰密縣是。”[②]《正義》：“《括地志》云：‘陰密故城在涇州王。安定縣東鶉觚縣西，其東接縣城，即古密國。’”

朱右曾《詩地理徵》：“《皇矣》‘以按徂旅’，《孟子》引作‘以遏徂莒’。莒亦作旅，旅魯同音，假借作鹵。”《地理志》：“安定有鹵縣也。”

《中國歷史地名大辭典》：

密，亦作密須。商、西周時方國。姞姓。在今甘肅靈台縣西五十里百里鄉，周文王滅之，後又以封同姓又以同姓封此，爲周共五所滅。《國語·周語》：“周共王游于涇上，密康公從。有三女奔之……康公弗獻，一年王滅密。”

阮，作邧。商代國名。在今甘肅涇川縣東南。《詩·大雅·皇矣》：“密人不恭，敢距大邦，侵阮徂共。”即其國。

共，商代國名。在今甘肅涇川縣北五里。《皇矣》：“密人不恭，敢距大邦，侵阮徂共。”即其國。

《漢語大字典》：“鹵，地名。漢縣名。在今寧夏固原縣境内。”《漢書·地理志》“安定郡”縣二十一之“鹵”。

《詩經》中對文王用兵大力宣揚者有二。一爲“伐密”，二爲“伐崇”。可見密崇二國當是所伐之大國，戰勝之，具有戰略意義。

許倬雲謂：“征服密須大約是文王早期工作中第一件大事。爲了紀念此役分賜唐叔的寶器中，還有密須氏之鼓在内（《左傳·定公四年》）。”（《西周史》，8頁）

楊寬謂：“這是文王首次遇到的大戰役，取得了重大勝利。因此文王把這一戰役中俘得的密須的戰鼓和戰車，用作舉行大搜禮上的儀仗。成王分封唐叔于晉國時，還用來作爲分賞的禮器，要唐叔用來‘匡有戎狄’[③]”（《西周史》75頁）

---

① 《讀史方輿紀要》卷五十八“涇州百泉”條：“又共池，在州北五里。《詩》：‘侵阮阻共。’鄭氏曰：‘阮，國名，今之共池。’是也。”涇州，即今甘肅涇川縣。

② 《漢書·地理志》“安定郡陰密縣”下云：“《詩》密人國。”師古注：“即《大雅》所云‘密人不恭，敢距大邦’者。”

③ 《左傳·昭公十五年》記載周景王説：“密須之鼓，與其大路。文（王）所以大蒐也。闕鞏之甲，武（王）所以克商也。唐叔受之以處參虚，匡有戎狄。”

按：文王伐姞姓之“密”國，取之，而以封同姓。在周原甲骨卜辭中有“今[秋]（秋）王囟（斯）克峑（往）[古字]”之辭①。“[古字]”，丁佛言《説文古籀補補》釋“[古字]”爲“宓”，釋“[古字]”爲“密”。學者多從之。此“[古字]”當即“密須”之國。

“[古字]”國或“[古字]”國亦見于西周之銅器銘文。

西周中期《趞毁》銘云：“唯二月，王在宗周，戊寅，王各于大朝（廟），密叔又（佑）趞，即立（位）……”

又西周中期《小臣鼎》銘云：“唯十月，使于曾，宓伯于成周休賘小臣金，弗敢喪，易（揚），用乍（作）寶旅鼎。”

此之“密叔”“宓伯”，蓋爲姞姓密國諸侯入爲王官者。

文王伐密之事，《尚書大傳》《史記》所言與《詩・皇矣》合，又與《左傳》所記合。當確有其事。

“密”及相關之“阮”“共”“莒”之地望，大體在舊平凉府涇州一帶。各家所説，基本一致②。

四、文王伐耆與《西伯戡黎》問題

《史記・周本紀》：“（文王）伐密須，明年，敗耆國。殷之祖伊聞之，懼，以告帝紂。紂曰：不有天命乎？是何能爲。”

《尚書大傳》：“（五年），文王則克耆。”

《尚書・西伯戡黎・書序》：“殷始咎周，周人乘黎。祖伊恐，奔告于受，作《西伯戡黎》。”

“西伯戡黎”，今文作“西伯𢦏耆”，“耆”亦作“饑”，又作“阢”（皮錫瑞《今文尚書考證》）。

---

① 此周甲卜辭，有學者釋爲：“今秋，王西克往[古字]（密）？王其往[古字]（密）山？□于[古字]（密）[古字]（密）由（斯）城。”

② 任偉《西周封國考疑》（52－54 頁）謂：《皇矣》“以遏徂莒”之“莒”，當即在雍州之“吕”，應與“吕尚”有關。《史記・齊世家》謂虞夏之際，姜姓族封于吕。此“吕”即在西北。1972 年甘肅靈臺西嶺西周墓出土一“吕姜毁”，銘曰“吕姜作毁”。“吕姜”是出嫁女之自稱，“吕”爲父家氏名，“姜”爲女家族姓。另有二器《吕季姜醴壺》，傳出陝西。其銘曰：“吕季姜作醴壺，子子孫孫永寶用。”亦排行爲“季”之吕氏姜姓出嫁女自稱。可見姜姓則趙源于西土，吕尚也，必爲西土之人。《禮記・檀弓》云：“太公封于營丘，比及五世，皆反葬于周。君子曰：‘樂，樂其所自生；禮，不忘其本。’古之人有言曰：‘狐死正丘首，仁也。’”此亦可説明“姜太公”必爲西土之人。

是從司馬遷起，學者認爲“文王伐耆”即“西伯戡黎”，是一回事。

“耆”或“黎”在何處?

《説文·邑部》:“黎，殷諸侯國，在上党東北。”《續漢書·郡國志》“上党壺關”，“有黎亭，故黎國”。注云:“文王戡黎即此。”其地在今山西省長治縣西南①。

《史記·周本紀》正義云:“孔安國云黎在上党東北。《括地志》云:‘故黎城，黎侯國也，在潞州黎城縣東北十八里。’《尚書》云‘西伯既戡黎’是也。”《續漢書·郡國志》“上党郡”之“潞本國”，注曰:“《上黨記》:又東北八十里有黎城。”

鄭玄謂:西伯，周文王也。時國于岐，封爲雍州伯也，南兼梁、荆，國在西，故曰西伯。戡黎，入紂圻内(見《尚書·西伯戡黎》疏及《詩·周南·召南》疏引)。“黎”在山西長治，距殷都河南安陽約二三百里。(顧頡剛語，見《尚書校釋譯論》，1058 頁。)所以鄭玄説，此地爲“紂圻内”，即殷王畿内之地。

“文王伐耆”即“西伯戡黎”，而“黎”爲殷紂王畿内國，如真有此事，則在政治上和軍事上都是冒着極大的風險。政治上的風險是文王伐黎無異于向殷王政權宣戰，這對僻處岐周的周文王來説是一個時機未至的冒險的政治行動。所以宋元學者胡宏、陳鵬飛、薛季宣、吴棫、吕祖謙、金履祥、吴澄等人都提出“西伯戡黎”是武王事，不可能是文王。(有關材料見梁玉繩《史記志疑》，66－67 頁；顧頡剛等《尚書校釋譯論》，1066－1067 頁。)

于是明人纂輯之今本《竹書紀年》，遂記爲:“紂，三十三年，王錫命西伯，得專征伐。三十四年，周師取耆及邘……四十一年春三月，西伯昌薨。……四十四年，西伯發伐黎。”以爲耆、黎各爲一地。伐耆者文王，伐黎者武王。清代學者多從此説(如梁玉繩《史記志疑》、徐文靖《竹書紀年統箋》、雷學淇《竹書紀年義證》)。近人陳夢家《殷虚卜辭綜述》亦持此説，即“伐耆乃文王事，戡黎乃武王事”。

但是“耆”和“黎”各爲一地，在古文獻中是没有證據的，即只是一種假説。而今清華戰國簡記“武王伐耆”，更證明伐耆，即伐黎。耆與黎是同一地

① 《中國歷史地名大辭典》:“黎，殷商古國，在今山西長治市西北四里，後爲周所并。《尚書·西伯戡黎》:‘西伯既戡黎。’”

名的同音異寫，不是各爲一地。（清華簡内容見後附一。）

“耆”或“黎”，其地望如爲傳統所説的“近王圻”“上党東北”之“黎侯國”。其地近于紂都，而遠距岐周二千里以上。文王采取這一軍事行動合理嗎？

崔述《豐鎬考信録》謂：“且‘崇’去周僅三百里，文王尚不能以克之服之。又安能懸師二千里外，以伐密邇王室之‘黎’，致商人憂旦夕之不保乎？”這表明不但在“伐崇”以前“戡黎”，是軍事冒險主義行爲，而且在“伐崇”之後去進行懸師二千里以上以伐密邇王室之“黎”的行動，也是冒極大風險。在政治上、軍事上都很少有可能。

那麽“武王伐黎”是否合理呢？王夫之《書經稗疏》謂：“使武王因乘黎之勢而師遂東，則下上党，出王屋，徑按河北，又何迂道而渡孟津？”這個分析很透徹。説明“武王”不可有“伐”上党地區黎侯國之事。

不管文王或武王，所伐之耆（黎），都不可能是“密邇紂都王畿之上党黎侯國”。于是楊筠如《尚書和詁》據文王所平定的虞芮、犬戎、密須、邘、崇等地，皆在岐西、豐鎬附近。黎不得遠于上党，以爲當即古之驪戎，亦即《國語》中的‘戲’。金文中有‘戲白鬲’‘戲中鬲’，地在新豐附近。”

按：楊説得之。《中國歷史地名大辭典》：“戲，在今陝西臨潼縣東北戲水西岸。《國語・魯語》：‘幽滅于戲。’蘇林曰：‘戲，周幽王舉烽燧，征諸侯以説褒姒處。’《史記・秦始皇本紀》：二世二年（前208）冬，‘陳涉遣周章等將西至戲’。魏晉時有戲亭。皆此。”是“耆”或“黎”乃“戲”地之“同聲異寫”。“周王”“伐耆（黎）”即“伐戲”，于事理合。

而上博簡《容成氏》謂：“于是乎九邦叛之，豐、鎬、郍、䍐、于、鹿、耆、崇、密須氏……文王于是乎素端褰裳以行九邦。七邦來服，豐、鎬不服，文王乃起師以向豐、鎬。”則文王所伐之耆，與于（邘）、豐、鎬、崇相近，爲“西土”之一部分。亦可爲楊説之證。

“文王”是否有“伐耆”（黎）之事？崔述《豐鎬考信録》文王之事片言不及“文王伐耆（黎）”，是很值得注意的。

“文王伐耆”即“西伯戡黎”，是震動殷王室的大事，當然也是文王所作的大事。但是在《尚書大傳》和《史記・周本紀》所述文王受命所行的“質虞芮，伐犬戎，伐密須，伐耆，伐邘，伐崇”諸大事中，“質虞芮，伐犬戎、密須、邘和崇”古《詩》中皆有記載，獨獨于“文王伐耆（黎）”未有記載。這使人懷疑“文王伐耆（黎）”爲何頌文王之德的《雅》《頌》全不記録？很可能

“文王”没有“伐耆”之事。

《尚書大傳》和《史記》都記文王受命“五伐”，而《荀子》謂文王“四伐”，即不是“五伐”。換句話説，“五伐”中少了一“伐”，這也是需要注意的。

《中國文物報》載《清華簡的整理及重要發現》[1] 報道收藏在清華大學二千三百八十八枚“清華簡”在整理中有重大的新發現。

“第二個最新發現是周武王的樂詩。這篇竹簡共有十四支。簡上記載周武王八年（這是在伐商以前，正處于商朝末年），征伐耆（即黎）國，得勝回到周都（事見《尚書・西伯戡黎》，舊以爲文王時事），在文王宗宙舉行‘飲至’典禮。有武王、周公、畢公、召公、辛甲、作册逸、師尚父等人。典禮中飲酒賦詩，作者已知有武王和周公。”

按：清華簡以上的發現，證明以下幾個問題：

1. “西伯伐耆”是武王之事。舊以爲文王事，是“張冠李戴”。

2. 周武王八年伐耆。證明武王即位，乃以文王受命之元年紀年。文王卒年，今文家以爲在受命七年，古文家以爲在受命十年。今清華簡記武王八年伐耆，是文王卒于受命七年之證，而“八年”即武王接位之第一年也。

3. 武王即位之年即“伐耆”，而“九年，東觀兵于孟津”（《史記・周本紀》）。是“伐耆”爲“觀兵孟津”之張本。這樣，楊筠如謂“耆（黎）”即驪山之“戲”，正與相合。周其時遷都豐鎬，要東出函谷，觀兵孟津。而“耆”即“戲”，正在其東進路綫上，需要掃除前進中的障礙，所以有“伐耆（黎）”即“伐戲”之事也。

由此，結論是：西伯戡耆（黎）是武王之事。舊以爲文王之事，乃“張冠李戴”之誤。《詩經》所有歌頌文王功德之詩，没有一句涉及“文王伐耆”的事，與清華簡記“伐耆”爲武王事相合。此事發生在文王受命紀元之“八年”，即武王即位的第一年。耆（黎）之地望在“戲”（陝西臨潼縣境）。武王八年“伐耆”即“伐戲”，乃爲九年“東觀兵孟津”掃除進軍路綫上的障礙。

又，今本《竹書紀年》：“（帝辛）三十四年，周師取耆及邘，遂伐崇，崇人降。”“（帝辛）四十一年春三月，西伯昌薨。”“（帝辛）四十四年，西伯發伐黎。”據此，文王所伐之耆，與邘、崇相近（可證楊説）。而武王又有“伐黎”

① 《中國文物報》2009 年 4 月 29 日 5 版刊載此文。

之事，與文王“伐耆”非一事矣。

五、文王伐于（邘）其地何在？

《史記·周本紀》：“（文王受命五年）伐邘。”《尚書大傳》：“文王二年伐于。”

《史記》和《尚書大傳》所記“文王伐于”之事，是否可靠？崔東壁是存疑的。其言曰：“《尚書大傳》及《史記》有文王伐邘事。案：崇、密、昆夷之伐，皆見于經傳。而邘未有及者，不敢信其必實。且《大傳》在伐密前一年，《史記》在伐密後二年，其時亦不同。”（轉引自《史記會注考證》）

崔述之疑是合理的。既然文王伐邘爲大事，爲何《詩》《書》不載？俞樾回答了這個問題。其《群經平議》卷十一“既伐于崇”條曰“樾謹案：‘既伐于崇，作邑于豐’（《詩·大雅·文王有聲》），兩句初非對文。‘于崇’之‘于’，當作‘邘’亦國名也[①]。《尚書大傳》：‘文王受命，一年斷虞芮之訟，二年伐邘，三年伐密須，四年伐犬夷，五年伐耆，六年伐崇。’若《史記》所載，次第與《大傳》不同。虞芮決獄之後，明年伐犬夷，明年伐密須，明年敗耆國，明年伐邘，明年伐崇侯虎，而作豐邑。未知與《大傳》孰是。然如史公説，則伐邘，崇與作豐邑事適相連，故詩人連及之，事或然也。”（轉引自《詩義稽考》3071－3072頁）

按：俞説精當。故今學者如陳子展《詩經直解》、金啓華《詩經全譯》皆從其説。這表明“文王伐邘（于）”之事，見于《大雅·文王之聲》“文王受命，有此武功。既伐于崇，作邑于豐”，與《尚書大傳》《史記·周本紀》所記相應。回答了崔述的懷疑，“文王伐邘”確有此事，不必質疑。

文王所伐之邘（于），地望何在？歷代學者，主要有二説。

1. 邘（于）在河南野王縣。《史記·周本紀》：“明年，伐邘。”《集解》：“徐廣曰：邘城在野王縣西北，音于。”《正義》：“《括地志》云：‘故邘城在懷州河内縣西北二十七里，古邘國城也。’《左傳》云：‘邘、晉，應、韓、武之穆也。’”《説文·邑部》：“邘，周武王子所封，在河内野王是也。”王筠《句

① 陳夢家謂：“‘既伐于崇，作邑于豐。’舊釋‘于’爲介詞，但‘伐于崇’即‘被伐于崇’于理不合。俞樾《古書疑義舉例》即據《史記》讀‘于’爲‘邘’。”商末周初的“于”當是卜辭“盂方”。（《尚書通論》58頁））。

讀》：“《春秋土地名》云：‘今野王西北三十里，有故邘城，盂台。’”《左傳·僖公二十四年》：“邘、晉、應、韓，武之穆也。”杜預注：“四國皆武王子。……河内野王縣西北有邘城。”《漢語大字典》：“邘，古國名，也作‘于’。西周分封的諸侯國，姬姓。開國君主爲周武王之子于叔。故址在今河南省沁陽縣西北邘台鎮。”

“邘”一作“盂”。《左傳·定公八年》：“劉子伐盂，以定王室。”楊伯峻注：“盂即隱公十一年傳之‘邘’（今河南沁陽縣西北）。”

此説後世學者多從之。

2. 邘（于）即“鄠”，即陝西省之鄠縣。此説，吴承志《横陽札記》發之。其言曰：“《文王有聲》篇‘既伐于崇’。《平議》讀‘于’爲‘邘’。‘邘’與‘崇’各爲一國。酆鎬間地，周初實爲邘邑。《漢志》右扶風鄠下云：‘酆水出東南……皆北過上林苑入渭。’‘鄠’即‘邘’之本字，澧水在其界中。”（轉引自《詩義稽考》2970 頁）

《漢語大字典》：“鄠，地名。本夏之扈國。秦置鄠邑。漢改鄠縣。故治在今陝西省户縣北。隋徙今治。1964 年改爲户縣。《説文·邑部》：‘鄠，右扶風縣名。’《史記·夏本紀》‘有扈氏不服’，唐張守節《正義》引《訓纂》云：‘户、扈、鄠三字，一也，古今字不同耳。’① 《漢書·地理志上》‘右扶風，鄠’，顔師古注：‘鄠，古國。有扈谷亭。扈，夏啓所伐。’”

邘地兩説中，哪一説合理呢？

邘地爲河内野王之邘，其困難在于此邘即盂，在商末爲殷王游獵區之一地，乃殷王王畿内“苑囿”之處，常所行幸者。這一情況，陳夢家在《殷虚卜辭綜述》中是這樣説的。

卜辭有地名“盂”，王國維以爲《左傳·熹二十四年》“邘、晉、應、韓”之“邘”，即杜注“野王縣西北”之“邘城”。（《觀堂别補》）此邘，亦即《左傳·定八年》“劉子伐盂”之“盂”，在今沁陽西北。

“此‘盂’在殷王田獵區内。此田獵區以沁陽爲中心，西不過垣曲縣東之邵源鎮，東及于原武，北界爲獲嘉、修武、濟源，南以大河爲界。殷城在其中，南界偃師之西亳，而殷所都之刑丘與傚均在區中，田獵所及之召，亦有宗

① 按：户、扈、于、雩、盂、鄠，古實一音，即匣紐、魚部字。换言之，它們都是“同音異寫”字。

廟，東北距朝歌不遠。”（《綜述》262 頁）

如果文王伐“邘”，即此河内殷王畿内田獵區之“盂”，那麼無疑向紂王宣戰。但此時文王尚處于岐周，崇國未滅，豐邑未建，周之力量未集。此時文王即懸師遠出，直攻殷王王畿，豈智者所爲？此其一。

《孟子·滕文公》下引《太誓》：“我武維揚，侵于（邘）之疆，則取于殘，殺伐用張，于湯有光。”（趙岐注：“我武王用武之時，惟鷹揚也。侵紂之疆，侵紂之疆界，則取于殘賊者，以張殺伐之功也。民有簞食壺漿之歡，比于湯伐桀，爲有光寵，美武王德優前代也。”）即武王盟津過河，帥師進軍牧野是“侵于（邘）之疆”“殺伐用張”的，這是奪路襲殷都所發生的戰鬥（説見附二）。如果“文王伐邘”即“河内之盂”，那麼“邘”早已爲周所控制。武王伐紂又何必再事“侵于（邘）之强”呢？可見文王所伐之“邘”，絶非“河内野王縣”之“邘”。此其二。

所以，説“文王伐邘”之“邘”在河内野王縣之説，不可信。

那麼，説“文王伐邘”之“邘”即陝西鄠縣，其根據何在？

因爲“鄠”地與“豐”相接，又與“崇”地相接。《史記·周本紀》集解引徐廣曰：“豐在京兆鄠縣東，有靈台。鎬在上林昆明北，有鎬池，去豐二十五里。皆在長安南數十里。”《正義》：“《括地志》云：周豐宫，周文王宫也，在雍州鄠縣東三十五里。鎬在雍州西南三十二里。”又《正義》：“皇甫謐云夏鯀封。虞、夏、商、周皆有崇國，崇國蓋在豐鎬之間。《詩》云‘既伐于崇，作邑于豐’，是國之地也。”《大雅·皇矣》“以伐崇墉”，朱熹《集傳》：“崇，國名，在今京兆府鄠縣。”

正因爲鄠（邘）與豐地、崇地相接，所以文王要“作邑于豐”，就必須“伐鄠”（邘）、“伐崇”，占有其地，然後于其地建立豐邑而遷都也。皇甫謐之説已含此義。俞樾《茶香室經説》“繼伐”條謂：《文王有聲》：“既伐于崇，作邑于豐。”此詩雖有“既伐于崇”一句，然此句爲下句“作邑于豐”張本，正是指出“既伐于崇”是“作邑于豐”的前提條件（張本），亦即伐于（邘）、伐崇爲的是占有其地，以爲“作邑于豐”的前提條件。這是于（邘）當爲“鄠”，其地近豐，以及“崇在豐鎬間”的重要證據了。

所以，吴承志謂“文王伐于（邘）”之地爲“鄠”地，既于《詩》有據，又合乎事理，是可以成立的。應當從之。

六、“文王伐崇”之“崇”，地望何在？

《史記·周本紀》載文王（西伯）“（伐邘之）明年，伐崇侯虎。而作豐邑，自岐下而徒豐”。

《正義》：“皇甫謐云夏鯀封。虞、夏、商、周皆有崇國。崇國，蓋在豐鎬之間。《詩》云‘既伐于崇，作邑于豐’，是國之地也。”

《考證》引崔述曰：“豐者，崇之境也。故《詩》云‘既伐于崇，作邑于豐’。《傳》云：‘崇在鄠縣，豐在鄠縣杜陵西南，則是漢唐建都之地。崇實據之。當文王在岐時，地偏國狹，介居戎狄，而崇以大國塞其衝，文王安能越崇而化行于東南之諸侯乎？……自滅崇後，周始盛强，通于河、洛、淮、漢之間。然後關東諸侯，得被其化而歸之耳。’故《詩》于滅崇之後曰‘四方而拂，于作豐之後’，‘四方攸同’也。”

又《集解》云：“徐廣曰：‘豐在京兆鄠縣東，有靈台。鎬在上林昆明北，有鎬池，去豐二十五里。皆在長安南數十里。’”《正義》：“《括地志》云：‘周豐宫，周文王宫也，在雍州鄠縣東三十五里。鎬在雍州西南三十二里。’《考證》：‘豐在今西安鄠縣灃水之西。’”

總之，舊説文王所伐之“崇”，地蓋在“豐鎬之間”，在鄠縣之東。

今之學者，創爲新學，以爲文王所伐之“崇”，即虞夏之際崇伯鯀之國。鯀所居的崇，即今河南嵩縣。其論據爲：《尚書大傳》引《詩》作“既伐于宻”。《經典釋文》引《左傳·宣公元年》亦作“宻”。《國語·周語上》“昔夏之興也，融降于崇山”，韋注：“崇，崇高山也。夏居陽城，崇高所近。”崇高，《漢書·郊祀志》及《地理志》皆作“宻高”。此其一。

陳奂《詩毛氏傳疏》認爲豐邑并不是築在崇地。指出：“‘伐崇邑豐’，《文王有聲》篇畫然兩事，崇、豐爲異地明矣。”《太平御覽》卷三九五引《六韜》“文王聞殺崇侯虎，歸至酆”，就認爲崇與酆爲兩地。此其二。

陳奂還以爲這個“崇”即晉國趙穿所伐的崇。俞樾以爲趙穿所伐之“崇”，即崇伯鮌之國，即今河南嵩縣。此其三。

顧頡剛、劉起釪在《尚書校釋譯論》（1062－1064 頁）中認爲：“僅憑《周本紀》‘伐崇侯虎而作豐邑’，就信從皇甫謐的説法，以爲崇在豐、鎬之間，是錯誤的。文王所伐之‘崇’，即《國語·周語》‘昔夏之興也，融降于崇也’。”其論據同楊寬説之一。

按：皇甫謐之説是也。《詩·大雅·文王有聲》：“文王受命，有此武功，既伐于崇，作邑于豐。”是伐于（邘）伐崇在前，作豐爲都在後。二者有無地緣因果關係？

文王“作邑于豐”之戰略意義，崔述論之甚詳。如果“崇”不在“豐鎬之間”而遠在河南嵩縣，文王何不先建都于豐，以高屋建瓴之勢再東出伐“崇”耶？

正由于“豐”“鎬”之地的戰略意義重大，但在“崇”之領域內。于是“伐崇”成了“作邑于豐”的先决條件。所以《詩》才説“既伐于崇，作邑于豐”也。

“伐崇”是爲了“邑豐”。明乎此則知崔述“豐者，崇之境也”是正確的，而陳奐“崇、豐爲異地”之説，則誤，不可從矣。

“既伐于崇”之“于”是地名，方國名。即“文王伐邘”，“伐盂”之異寫。此“于”（邘、盂）即“鄠”之異文。（邘、盂即鄠，有專説另見。）而“豐”“在始平鄠縣東”（《左傳·僖二十四年》杜注）。可見文王伐“于”（邘、鄠）正是爲“作邑于豐”取得領土掃除障礙。亦可證“伐崇”正是爲“邑豐”創造條件矣。

楊寬、顧頡剛以“文王伐崇”即文王攻占河南嵩縣之“崇”，其論據是薄弱的，即“崇”又寫作“崈”，而河南嵩縣是古“崇”，故文王所伐者必爲河南嵩縣之“崇”。古代地名，同名異地者多有，何以知文王所伐之“崇”爲河南之“崇”？除了地名相同外，他們未給出另外有力的理由。所以論據薄弱，難以取信。此其一。

文王伐崇，尚都岐周。如所伐之崇在河南嵩縣，則爲懸師千里，以攻大國堅城，乃兵家所忌。從軍事上説，很不合理。此其二。

更進一步考查：河南嵩縣之“崇”，在殷代是在王畿之内的地方。

《漢書·地理志》説：“周既滅殷，分其畿内爲三國，《詩·風》邶、庸、衛國是也。”據考證商畿的西南界是沁水，西界北段大約是以太行山爲界，南界在今商丘以北，東界到山東曲阜以西。（李學勤《殷代地理簡論》，95—96頁）這一論斷，已大體爲考古材料所證實。這樣，河南嵩縣之“崇”，就在殷王畿之内了。這就引起兩個問題，“崇侯”是殷商外服諸侯，其封地當在王畿之外，則嵩縣之“崇”豈得爲“崇侯”之國？文王伐“崇”，直犯王畿，豈不引起殷紂王之强烈反應？所以説“文王伐崇”之“崇”在河南嵩縣，在政治地緣上説，亦難以成立。此其三。

最後，《左傳·宣公元年》經：“冬，晉趙穿帥師侵崇。”《傳》晉欲求成于秦。“趙穿曰：‘我侵崇，秦急崇，必救之。吾以求成焉。’冬，趙穿侵崇，秦弗與成。”此“崇”何在？楊伯峻《春秋左傳注》（647 頁）謂：“殷商有崇國，崇侯虎是也，爲文王所滅。《詩·大雅·文王有聲》：‘既伐于崇，作邑于豐。’《襄三十一年》傳：‘文王伐崇，再駕而降爲臣。’是也。此崇國當與文王所滅之崇國有别。江永《考實》謂爲别封，或是也。其地不能確指。舊崇國在今陝西省鄠縣東，此崇國未必仍在此。王夫之《稗疏》謂：‘此崇國必在渭北河湄，雖與秦，而地則近晉。’言頗有理。俞樾《俞樓雜纂》三十八卷，謂在今河南省嵩縣。嵩離秦、晉俱較遠，恐不確。”楊説是也。

此可證，在陝西春秋時尚有“崇國”，很可能是“文王伐崇，再駕而降爲臣”以後，“别封”的“崇國”。此亦文王所伐崇在陝西豐、鎬間的旁證了。

又：《韓非子·難二》：“文王侵盂、克莒、舉酆。”以“舉酆”代“伐崇”。亦“崇”地有“豐”，或“豐”地在“崇”之一證。（説見附三。）

附一：《詩》中有關文王征伐諸國的記載

（1）《大雅·緜》：“虞芮質厥成，文王蹶厥生。”

（2）“混夷駾矣，維其喙矣！”（鄭玄説此爲文王伐混夷事。）

（3）《大雅·皇矣》：“帝謂文王：……密人不恭，敢距大邦，侵阮徂共。……依其在京，侵自阮疆。”

又“帝謂文王，詢爾仇方，同爾兄弟。……以伐崇墉。”

（4）《大雅·文王有聲》：“文王受命，有此武功。既伐于崇，作邑于豐。”

《史記》與《尚書大傳》記文王征伐之事，各記有異。

年代	《史記》	《尚書大傳》
周文王元年	獲釋，受命平虞、芮	質虞芮
周文王二年	伐犬戎	伐于
周文王三年	伐密須	伐密須
周文王四年	伐耆	伐畎夷，被囚

續表

年代	《史記》	《尚書大傳》
周文王五年	伐邘	獲釋，伐耆
周文王六年	伐崇，作豐邑	伐崇稱王
周文王七年	崩	

二書所述事件之次序。《史記》合理，《大傳》不合事理。《史記》合理處在于此皆“獲釋、受命”後所爲，一也。先伐近者（犬戎、密須），後取遠者（邘、崇），二也。二書所述事件，與《詩》合者有：

（1）平虞、芮。（見《大雅·緜》）

（2）伐犬戎（昆夷）。（見《大雅·緜》“混夷駾矣”）

（3）伐密須。（見《大雅·皇矣》“密人不恭，敢距大邦”）

（4）伐于（邘）。（見《大雅·文王有聲》“既伐于崇”）

（5）伐崇作豐邑。（見《大雅·文王有聲》“既伐于崇，作邑于豐”）

而《史記》《大傳》“伐耆”之事，于《詩》無徵。而清華簡記此乃八年（文王受命紀元）時武王所爲，與文王無涉。正與《詩》合，且與今本《竹書紀年》以“伐耆”（即伐黎）乃“西伯發”所爲合。

附二：《孟子》引《太誓》“我武維揚，侵于之疆”，爲武王伐“盂”説

《孟子·滕文公》下云：“《太誓》曰：‘我武維揚，侵于之疆，則取于殘，殺伐用張，于湯有光。’”

趙岐注：“《太誓》，古《尚書》百二十篇之時《泰誓》也。我武王用武之時，惟鷹揚也。侵紂之疆，侵紂之疆界。則取于殘賊者，以張殺伐之功也。民有簞食壺漿之歡，比于湯伐桀，爲有光寵，美武王德優前代也。今之《尚書·泰誓》篇，後得以充學，故不與古《太誓》同。諸傳記引《泰誓》皆古《太誓》。”

朱熹《孟子章句集注》謂：“《太誓》，周書也。今《書》文亦小異。言武王威武奮揚，侵彼紂之疆界，取其殘賊，而殺伐之功因以張大，比于湯之伐桀又有光焉，引此以證上文‘取其殘’之義。”（上文：“‘有攸不惟臣，東征，綏

厥士女，匪厥玄黄，紹我周王見休，惟臣附于大邑周。’其君子實玄黄于匪以迎其君子，其小人簞食壺漿以迎其小人，救民于水火之中，取其殘而已矣。”）

章太炎則以爲這是頌揚文王伐邗之作，謂“這是文王用兵最盛的一頁”（轉引自顧頡剛等《尚書校釋譯論》1064 頁）。

陳夢家（《尚書通論》57—58 頁）謂：此“武”是武功之武，非武王。二“于”字是國名。《孟子》上文述伐“有攸”之事而曰“取其殘”。是取“有攸”之殘賊。此云：侵“于”之疆，取“于”之殘。《尚書正義》卷十一疏馬融《書序》引《孟子》作：“我武維揚，侵于之疆，取彼凶殘。我伐用張，于湯有光。”“彼”即指“于”，可證“于”爲國名。又謂此“于”，即《詩·大雅·文王有聲》“既伐于崇，作邑于豐”之“于”。亦即“文王伐于”之“于”，即“邗”，又即“盂”。商末周初的“于”，當是卜辭“盂方”。

今按：陳夢家謂此文之二“于”字爲國名即“邗”“盂”。其地望在河内“野王縣西北”。是也。

而《太誓》此文是美文王伐邗，還是武王伐邗？則當以趙岐、朱注以爲“武王伐紂”之“武王”爲是。章太炎、陳夢家之説爲文王伐邗者失據，何也？

因爲此乃《太誓》之文，而《太誓》是武王伐紂誓師之詞。《尚書·泰誓》：“惟十有一年，武王伐殷。一月戊午，師渡孟津，作《泰誓》三篇。”《史記·周本紀》：“十一年十二月戊午，師畢渡盟津，諸侯咸會。曰：‘孳孳無怠！’武王乃作《太誓》，告于衆庶……”

所以此文“我武維揚”之“武”，誠如陳夢家所説“此‘武’是武功之‘武’”。但“我武”之“我”，是誰之“施身自謂”耶？當然是“武王”自稱之詞也。所以趙岐注以“我武王用武之時，惟鷹揚也”解“我武維揚”，是得文意的。因爲“武”是“用武”，而“我”則“武王自稱”也。

并且，武王《太誓》宣稱將“我武維揚，侵于之疆”即將侵入“于”（邗）之疆界，何也？因會于盟津之伐紂聯軍，向牧野進軍，必須經過“邗”即“盂”之疆界也。“邗”（盂）不受，則必須侵入其疆，殺伐之，以掃除進軍障礙也。此于地理形勢正合。

又且，如果文王即“伐邗”而取之，武王在盟軍作《太誓》時又何以要以此事宣告于衆耶？

結論：《孟子》所引《太誓》乃武王所作，宣告向牧野進軍，要“侵于（邗）之疆”，以開闢進軍道路。

這表明了“文王伐邘”之“邘”，絶非河内野王之“邘”（盂）。因爲，如果文王已伐取河内野王之盂（邘），則盟津之誓，就不會宣告將“侵于（盂）之疆”“則取于（盂）殘”以開通進軍道路之事了。

附三：《韓非子·難二》載文王“侵孟、克莒、舉酆”是何意義？

《韓非子·難二》：“昔者文王侵孟、克莒、舉酆。”《集釋》：“王引之曰：‘孟爲盂之誤也。《竹書紀年》：‘（帝辛）三十四年，周師取耆及邘。’《書·大傳》：‘文王受命二年伐邘。’《史記·周本紀》：‘文王敗耆國。明年，伐邘。’作‘盂’者借字。”王先慎改孟爲盂，改酆爲豐。曰：孟爲盂之誤，堯爲克之誤。《御覽》八十四引證作“侵盂、克莒、舉豐”。

吴承志《横陽札記》卷之三則謂：《韓子·難二》篇“文王侵孟、克莒、舉酆”之“孟”非“盂”之訛。乃“密”之假借。正亦“密人不恭敢距大邦”之“密國”。“伐孟”即“伐密”也。其言曰：“孟即密。《爾雅釋詁》篇：‘孟，勉也。’郝氏懿行《義疏》云：‘孟者，黽之叚音。’《小雅·十月之交》篇：‘黽勉從事。’《漢書·劉向傳》引《魯詩》作‘密勿從事’。‘孟’與‘黽’通，‘黽’與‘密’通。故‘密’亦借作‘孟’。”

按：“伐孟”，王引之、王先慎改字爲“盂”，以合“文王伐于”之事。吴承志如字讀，謂“孟”乃“密”之通借，其説較王説爲長。不改字，一也。文王受命伐國，在《詩》中以伐密、伐崇爲最重要，吴説“伐孟”即“伐密”，而“舉酆”實即“伐崇”。這樣韓非所舉包括了重要的二伐，于事理最通，二也。

此文“伐莒”之“莒”。吴承志謂：“莒即本詩（《大雅·皇矣》）之‘旅’。《傳》所謂地名者。”其説是。

此文“伐酆”之“酆”，吴承志謂：“酆”即邧都之名。邧都在酆，韓子即“酆”代“邧”。《僖二十四》傳：“畢原酆郇，文之昭也。”酆侯所封，即此酆也。文王所都之豐不封之庶[1]。酆與豐名同，地各爲一。

---

[1] 岐周爲國之始都，又以其地封周、召，可見周之首都地區。同樣可以劃出領地以封功臣貴戚。吴先生此説武斷，難從也。

按：吴先生説此文之“酆”爲“邧都”之名，無據。又謂《左傳·僖二十四年》所説“文王昭”之封地“酆”，非文王所都之豐。亦與古文獻所説矛盾，不可信。據文獻記載，酆侯之酆，其地即在文王所都之酆。

《説文》：“酆，周文王所都。在京兆杜陵西南。從邑，豐聲。”段注：“《詩》《書》皆作豐。”

《左傳·僖公二十四年》“畢原酆郇，文之昭也”，杜預注：“酆國，在始平鄠縣東。”楊伯峻注：“酆亦作豐。”顧棟高《春秋大事表·五》云：“酆東商崇侯弟地。文王滅崇，作酆邑。武王封其虎爲酆侯。”《竹書紀年》：“成王十九年黜酆侯，自是絶封。”故後漢崔駰《酒箴》云：“豐侯沈酒，荷罌負缶。自僇于世，圖形戒後。”李大銘云：“豐侯荒繆，醉亂迷逸，乃象其形，爲禮戒式。”則酆侯以好酒被黜，地在今陝西户縣東、咸陽市南。傳世器有豐鼎、豐兮尸毁等。

《韓非子》不曰“伐崇”而曰“舉酆”，何也？因酆地在崇，故韓非即以“酆”代“崇”也。

總之：《韓非·難二》之“文王侵孟、克莒、舉酆”之“侵孟”即“侵密”，而“舉酆”即“伐崇”。此正“崇”地有“酆”之一證也。

附四：文王所伐“崇國”，地在“鄠縣”以東的證據

《史記·周本紀》正義引皇甫謐曰“崇國蓋在豐、鎬之間”。《集解》引徐廣曰“豐在京兆鄠縣東”。鄠縣即今陝西省户縣。

劉起釪引王念孫《讀書雜志》認爲“崇”即“嵩”，或作密，在今河南登封附近嵩山一帶。（《周文王的向東略地》，《古史續辯》，501—513 頁）

上博楚簡《容成氏》謂：由于殷紂爲炮烙之刑，又沉湎于酒，于是九邦叛之。豐、禞（鎬）、郍（舟）、䈞（石）、于、鹿、耆、宗（崇）、畬須是（密須氏）。殷紂釋文王于夏台，委派他處理九邦之事。文王出兵，“七邦來服，豐、鎬不服”，文王“三鼓而進之，三鼓而退之”，“曰：‘一人爲無道，百姓其何罪。’豐鎬之民聞之，乃降文王。”

有學者據此認爲在簡文豐（鎬）與崇并舉，否定了在崇地作豐邑之説，爲崇地嵩縣説提供了旁證[①]。

---

① 李零：《三代考古的歷史斷想》，《中國學術》第十四輯，商務印書館，2003 年。

1985—1989年在西安東郊二十一公里處的灞河北岸老牛坡發掘一處商代城址[①]，爲研究“崇”在鄠縣以東提供了佐證。

遺址的商文化遺存，大體涵蓋鄭州二里岡、安陽殷墟前後相繼的兩個階段。主要因素是來自鄭州安陽的商文化，又有其地方特色（特别在後期）。遺址在商文化第四期發展到鼎盛階段。有嚴整的布局，如Ⅰ區有冶銅作坊，已發現渣堆長十米、厚二米，還有銅範、銅器；Ⅲ區有一獨立宗族墓地；Ⅳ區有大面積建築遺存。從已發掘的三期遺存看有大型夯土基址、房屋、灰坑等。而碳十四測定年代遺址大致毀于商亡前夕，遺址不僅遭到嚴重破壞，墓葬尤其是中型木椁墓均遭嚴重盗掘，無一幸免，人骨架全部擾亂。墓主遺骸或被徹底揚弃，隨葬品幾乎無存，反映此地可能曾遭受一場“滅國絶嗣”洗劫。這説明該遺址最初曾爲商王朝西進軍事據點，到商末已成爲具有一定獨立性的重要與國。其地望、衰亡時間以及破壞情況，正與文獻所載文王伐崇相呼應[②]。

按：以上考古發掘證明，“崇”（即老牛坡遺址）在豐鎬遺址之東五十公里，而豐鎬遺址又在鄠縣（即于、邘）之東。

因此，皇甫謐的“崇國蓋在豐、鎬之間”的説法，是不準確的。應當説，豐鎬在鄠（阩、于）、崇之間。即在鄠之東，又在崇之西。所以“既伐于（鄠）崇，作邑于豐”也就得到了確解。因爲只有把“豐”西之“于”（鄠）與“豐”東之“崇”這兩個敵國打垮，才有可能在“豐”建立周之新都。

2009年7月10日完成此稿
前後歷經約三個月時間
2017年5月28日終審于幹療院
前後歷經約二個月時間

---

① 豐鎬遺址在其西約五十公里。

② 見劉士莪編著《老牛坡——西北大學田野發掘報告》，陝西人民出版社，2002年。

《牆盤》武王“□伐尸（夷）童”解

《墻盤》銘：“䎽圉武王，遹征四方。達殷畯民，永不（丕）鞏（恐）狄虘（祖），□伐尸（夷）童。”（《殷周金文集成》16.10175）

此“□”字，釋讀者多家，大約爲：

（1）釋爲“長”字。徐中舒主編《商周金文集釋》，釋作“長伐夷童”。

（2）釋爲“黴”字。《殷周金文集成釋》釋作“黴伐夷童”。

（3）書寫作“𢼸”字。

李學勤認其爲“微”字所從，古“微”“眉”“麋”音同通用，此處疑讀爲“敉”，《説文》：“敉，撫也。”（《論史墻盤及其意義》）

馬承源認爲“𢼸伐”應讀作“愷伐”，“愷，樂也”（《殷周青銅銘雜選》）。

唐蘭認爲：此“𢼸”字與下長字不同，“𢼸”字是徽的本字，象人背上有帛幅形。“敚”字從攴從𢼸。“微”字從彳，𢼸聲。後代更造“徽”“揮”等字。《文選·東京賦》注：“徽與揮，古字通。”揮伐，即奮伐。《説文》：“揮，奮也。”“奮，翬也。”《詩·殷武》：“奮發殷楚。”（《略論西周微史家族窖藏銅器群的重要意義》）

張亞初釋爲“微”，讀作“微伐夷童”（《殷周金文集成引得》491頁）。

按：“□”非“長”字。“長”字在甲金文作□、□，“□”字在甲文作□、□、□等形。（此數字《甲骨文字典》皆誤收于長字下。）二字：字形有别。“□”字表示人頭上之髮很長，故上行直立其髮，末稍較彎，以示其爲長而柔軟之髮。“□”字長人頭上之髮密細而彎屈，髮密細而彎曲。是美髮也，故媺訓“美、善”。密細之髮，出細微、細小義。由細微義引出“無形曰微”（《老子》“搏之不得名曰微”河上注），及“逃藏”“隱匿”“隱行”諸義。故“微”有“隱密不顯”之義。（見《中文大辭典》：《列子·説符》：“人可與微言乎?”注：“微言猶密謀也。”《漢書・藝文志》：“昔仲尼没而微言絶。”注：“李奇曰：微不顯之言也。”）

因此：武王“光（微）伐尸（夷）童”，即“微伐紂王”之“微伐”，不必改讀“揮伐”（唐蘭説）、“敉伐”（李學勤説）和“愷伐”（馬承源説）。可按“微”原義，即得解决。

“微”爲“隱行”（《説文》），即“偷偷的，秘密的行爲”。故“微伐”可釋爲“秘密偷襲”，今曰“突然襲擊”。

楊寬《西周史》據有關史料，對武王伐紂的過程叙述爲：“武王于一月二十六日癸巳從周的國都出發，經二十五天，到二月二十一日戊午在盟津渡河。從盟津誓師後出發，又經歷六天，到二十七日甲子到達牧野前綫。當天决戰，就取得决定性勝利。從盟津到牧野，約有三百里以上路程。采取急行軍，平均每天行軍五十多里。”當時武王的戰略是先用精鋭部隊向牧野突擊，一舉擊潰殷的國都守軍，攻占朝歌，殺死殷紂王。《吕氏春秋・古樂》説：“武王即位，以六師伐殷。六師未至，以鋭兵克之于牧野。”

準此説。武王渡盟津，以精鋭之師急行軍，克殷軍于牧野，是一種“突擊”行動。亦即出乎殷紂意外的“突然襲擊”而取得成功，可名爲“隱秘的突然襲擊”。正與“墻盤”之“微伐”相應了。此一説。

又，“微”有“密謀”之義，則“微伐”是“蓄有密謀的軍事行動”了。這與《吕氏春秋》關于周王伐紂，是先與微子、膠鬲事先密謀内應，然後進行的記載相合。

《吕氏春秋・誠廉》載周武王使召公與微子启歃血爲盟于共頭山，盟辭爲：“世爲長侯，守殷常祀，相奉桑林，宜私孟諸。”這表明伐紂之前，武王已私下與微子結盟，使之爲伐紂之内應了。

《吕氏春秋・貴因》載：“武王至鮪水，殷使膠鬲候周師，武王見之。膠鬲曰：‘西伯將何之？無欺我也。’武王曰：‘不子欺，將之殷也。’膠鬲曰：‘揭至？’武王曰：‘將以甲子至殷郊，子以是報矣。’膠鬲行。天雨，日夜不休，武王疾行不輟。軍師皆諫曰：‘卒病，請休之。’武王曰：‘吾已令膠鬲以甲子之期報其主矣。今甲子不至，是令膠鬲不信也。膠鬲不信也，其主必殺之。吾疾行以救膠鬲之死也。’”陳立柱謂：過去認爲膠鬲之主是爲紂王，不僅没有根據，而且使文中内容不可解①。據陳奇猷先生最新證：膠鬲之主，實則爲微子②。膠鬲之來見武王，實爲約期以爲内應，所以武王才會説“吾已令膠鬲……”的話。膠鬲與周有陰謀，《國語·晉語一》也有記述：“昔夏桀伐有施，有施人以妹喜女焉。妹喜有寵，于是乎與伊尹比而亡夏。殷辛伐有蘇，有蘇氏以妲己女焉，妲己有寵于是乎與膠鬲比而亡殷。”膠鬲爲何亡殷呢？聯繫到他與周武王約定甲子日在殷郊期會，結果紂兵前徒倒戈，周人不戰而勝，説這是膠鬲與微子暗中做的手脚，應該没有問題。陳奇猷、陳立柱之説，可信。

《吕氏春秋·貴因》説：“（武王）選車三百，虎賁三千，朝要甲子之期，而紂爲禽（擒）。”《簡選》亦謂：“武王虎賁三千人，簡車三百乘，以要甲子之事于牧野而紂爲禽。”也表明“甲子之事于牧野”是武王與其在殷之内應“要約”所定的。此又一説。

總之，武王“𡵂（微）伐尸（夷）童”之“微”當如字讀，訓“隱行”，即“秘密偷襲”，或訓“密謀”，即“事先陰謀所進行的軍事行動”。後解最勝③。

2009 年 2 月 23 日下午

2017 年 5 月 29 日下午終審于幹部療養院

---

① 陳立柱：《微子封建考》，《歷史研究》2005 年第 6 期。

② 陳奇猷：《吕氏春秋新校釋》，上海古籍出版社，2002 年。

③ 《詩·大雅·大明》：“篤生武王，保右命爾，燮伐大商。”毛傳：“燮，和也。”鄭箋：“使協和伐殷之事。”所釋含糊不清，不可從。程俊英《詩經注析》謂：“燮”，襲的假借。《左傳》有鐘鼓曰“伐無曰襲”，這裏襲伐連用是通稱進攻。程説燮通襲，正確。但“襲伐”不是一般意義上的“進攻”。“襲掩其不備也。”（《玉篇》）是“襲伐”，即“掩其不備”的“偷襲”“突襲”。“燮”（襲）伐大商”正與銘文“𡵂（微）伐尸（夷）童”相互應證。

西周金文的“責”（積）爲租稅之名説

（1）《旂鼎》：“文考遺寶責（積），弗敢喪。旂用乍（作）父戊寶尊彝。”（《集成》5.02555）

（2）《缶鼎》：“王易（錫）小臣缶湡責（積）五年。缶用乍（作）享大（太）子乙家祀尊，𥃝，父乙。”（《集成》5.02653）

（3）《兮甲盤》：“王令甲政𤔲（嗣）成周四方責（積），至于南淮尸（夷），淮尸（夷）舊我員（帛）畮人，毋敢不出其員（帛）、其責（積）、其進人，其責（積），毋敢不即𠂤（次），即市。”（《集成》16.10174）

（4）《晉姜鼎》：“嘉遺我，賜鹵（滷）責（漬）千兩，勿灋文侯覲（景）令（命），卑（俾）貫通□，征繁湯（陽）𪊲，取厥吉金……”（《集成》5.2826）

白川静《金文通釋》引《它毁》（即沈子毁）：“休沈子肇田，斁狃貯賚。”而《集成引得》釋此句爲：“乃沈子妹（昧）克蔑見猒（厭）于公休，沈子肇斁狃貯嗇，乍（作）兹毁。”其字作‘賫’，故《引得》不釋“責”。

《兮甲盤》之“責”。方睿蓋曰：“積，委積也。《周禮·大賓客》‘令野修道委積’，鄭注：‘少曰委，多曰積。’言令兮甲主成國四方之積，至于南淮夷之境也。”其後，王國維、郭沫若、白川静等皆從之。王云：“蓋命甲徽成周及東諸侯之委積，正爲六月大計也。”王輝《商周金文》謂：“此處指征伐淮夷所需糧草成周處天下之中，是糧草徵收集積的中心。”

但此解用于《缶鼎》銘之“王易小臣缶湡責（積）五年”則難通。用于《旂鼎》之“文考遺寶責（積）弗敢喪”更難通。

許偉建《上古漢語詞典》則出新解，謂：“責，訓爲積。”“積本穀物之積蓄，引申爲農産品的賦稅。”兮甲盤所記爲：“周宣王令兮甲負責收繳成周及四方農作的貢賦，直到南淮夷的範圍。淮夷本來就是爲我進貢的居民，不敢不貢獻幣、帛、農作物賦税。”

按：許説近是。《缶鼎》“王易（錫）小臣缶湡責（積）五年”，是周王賞賜小臣缶以“湡”地之責（積），其時期爲五年。可知：湡地每地有“責”（積）上獻周王，作爲周王的收入。今周王湡地之責（積）賜賞與小臣缶，爲期五年，是“責”（積）爲一地（如湡）上繳政府（天子或貴族領主代表之）之物質財富。分量有定，一年交納一次。那麽這個“責”（積）豈非後世租税之先道耶？

知“責”（積）用爲租税之名，則《旂鼎》銘之“文考遺寶責（積），弗敢喪”得解。“文考”所遺之“寶責（積）”，蓋即其領地所收之租税也。此領地所出之租税，即爲其“俸禄”。古人世官、世禄，故鼎銘云“文考遺寶責（積），弗敢喪”。即繼承前人爵禄，不敢“墜命、亡氏”也。總之，由《缶鼎》與《旂鼎》可知：責（積）爲領地上交領主或政府之租税。此其一。

其次，《兮甲盤》所記，可知“責”不僅是各領地向領主交納的租税，而且“成周”（東都地區）和“四方”（即四國，亦即各諸侯國）都要向周天子貢納“責”（積）。南淮夷是“舊我員（帛）畮人”（即屬國）。其向周天子貢納財物共三項：一爲“員”；二爲“責”（積）；三爲“進人”。可見地方屬國向天子貢獻“責”（積）是應盡的義務。此其二。

按：金文之“贠”或作“員”，楊樹達謂即“帛”字。竊以爲此字從貝帛聲，爲“幣”字初文。《説文》：“幣，帛也。”徐灝箋：“幣本繒帛之名（古以束帛爲祭祀或贈送賓客的禮物）。因車馬玉帛同爲聘享之禮，故渾言之，皆稱幣。”《書·召誥》：“我非敢勤，惟恭奉幣，用供王能祈天永命。”孔傳：“惟恭敬奉其幣帛，用供待王，能求天長命。”

而“進人”。《銘文選》云：“《周禮·秋官·司寇》之蠻隸養馬，閩隸畜養鳥，夷隸養牛馬，貉隸養獸。此等勞役皆征自四夷，就是力役之征。”此解微誤。此銘之“進人”，即南淮夷向天子進貢“勞役奴隸”之事，與後世封建自耕農爲政府服“力役之征”有很大區别。

總之，據《兮甲盤》銘，知當時如“南淮夷”這樣的“員畮人”，要向中央政府貢獻：員（幣帛）、責（積，農産品地税）、進人（進貢勞役奴隸）。

又，《戎生編鐘》銘又可與《晉姜鼎》銘記事互相證明補充者。其銘文云：“至于皝皇考邵伯、趪趪穆穆。懿𣪘不朁，𤔲匹晉侯，用龔王令。今余弗叚灋其覭光，對揚其大福。劼遣鹵責，卑譖征繁湯，取厥吉金，周作寶鬗鐘。”

李學勤《戎生編鐘論釋》（《重寫學術史》323—332 頁）釋云：

“劼遣鹵責”，《晉姜鼎》作“嘉遣我易（錫）鹵責千兩（輛）”，證明“劼”字實系“嘉”字的省體。嘉，《釋詁》“善也”。

“責”讀作“積”，“鹵積”當指食鹽而言。晉地河東産鹽，詳見《漢書·地理志》河東郡關于鹽池的敘述。

“譖征”，征，《爾雅·釋言》“行也”。“譖”疑讀爲“參”，意爲參加。“繁湯”，地名。

又釋云：《戎生編鐘》和《晉姜鼎》都記述“遣鹵積”這一件事。其時在晉昭侯六年，派出晉國所賜予的鹽一千大車，鹽車所行終點是“繁湯”，行動目的則是“取厥吉金”，也就是銅。鼎和編鐘都是此行所得的銅鑄造的。

“繁湯”，前人已考定即在今河南新蔡以北的繁陽，位于淮水北面。春秋器《曾伯霥簠》云：“克逖淮夷，抑燮繁湯，金道錫行，具既俾方。”足證其地與銅錫來源大有關係。

李説是，可從。

今需討論者“鹵責”是何意義？河東鹽池出鹽，謂之“鹵”。（段玉裁《説文解字注·鹽部》：“鹽，鹵也。天生曰鹵，人生曰鹽。”徐灝箋：“天生謂不湅治者，如今鹽田所曬生鹽。人生謂湅治者，如今楊竈所煎熟鹽是也。”《史記·貨殖列傳》云：“山東食海鹽，山西食鹽鹵。”）鹵責，《金文集成引得》釋“鹵漬”。“鹵漬”如何可以裝車千輛耶？李讀爲“鹵積”。此“積”當是租税之名。河東鹽池産鹽，即以鹽交納應納之租税，故曰“鹵積”。晉國所收鹽之租税即得“鹽積千輛”，可知河東鹽池生産規模不小矣。

總之：《晉姜鼎》《戎生鐘》所記之“鹵責”，乃鹽池産鹵所交實物租税。是工商等所交租税，當日亦以“責”（積）名之矣。

按：“癸子（巳）卜，今收責杞。”（《合集》22214）于省吾謂：“‘賚’是連同穀穗的成捆農作物。”[①] 張永山指出：“‘供賚杞’是到杞國徵收農業實物貢税。”[②]

綜上所述：領地之租税曰“責”（積）。方國貢納之租税，亦曰“責”

① 于省吾：《關于商周時代對于“禾”“積”或土地的有限度賞賜》，《中國考古學會第一次年會論文集》，文物出版社，1980 年。

② 張永山：《杞國東遷試探》，《杞文化與新秦》，中國文聯出版社，2000 年。

（積）。工商之實物租税（如河東鹽池産鹵）亦曰“責”（積）。

這個“責”是必須繳納的租税，故引出“債”字義。《説文·新附·人部》：“債，債負也。”即“欠負的錢財”（《漢語大字典》），此從繳納者言。又引出“債，征財”（《廣韵·卦韵》），即“索取”，此從收納者言。

這個“責”爲何讀爲“積”？因“積”爲“積貯”“蓄積”之義。在農村公社時期，有爲公共需要而徵集“公共儲備”，故名曰“積”；進入階級社會，貴族統治者把“公共儲備”之“積”變爲統治者的收入，成了被統治者必須繳納的“債”，即“租税”了。（見王鳳陽《辭古辨》423頁）

作爲“租税”的“責”（積），後轉化爲“租”。

按：積與租，精紐雙聲，錫魚旁對轉，正一聲之轉。在文獻上，從責得聲與從次得聲者相通①。從歡得聲者與兹通②。而兹與且通③，是從責得聲之字，可與從且得聲之字互相通借之證。

從字義言，《詩·豳風·鴟鴞》“予所蓄租”，《釋文》引《韓詩》：“租，積也。”是“租”義亦爲“積”。其初義爲“公共積蓄”。後統治階級變“公共積蓄”爲“租税收入”，故引出“税也”（《廣雅·釋詁二》）義。

因此土地税曰“租”。《説文》：“租，田賦也。”《急就篇》卷三“種樹收斂賦税租”，顔師古注：“斂財曰賦，斂穀曰税，田税曰租。”“癸子（巳）卜，今月收責杞。”（《合集》22214）此“責”當讀爲“積”。晚殷《缶鼎》銘：“王易（錫）小臣缶渪責（積）五年。”渪爲地名，李學勤以爲“即今河北沙河縣南的沙河”。此“積”乃渪地民衆積聚糧食以供上繳之租税，今由王賜予小臣缶收取。足證在殷代，已以“責”（積）爲土地賦税之名矣。

而工商税亦曰“租”。《管子·國蓄》：“租籍者，所以彊求也。租税者，所慮而請也。”尹知章注：“在工商曰租籍，在農曰租税。”《管子·治國》：“關市之租，府庫之征，粟什一。”

（按：衛宏《漢官舊儀》：“民田積，芻稾以給經用，備凶年。山澤魚鹽市税，以給私用。”此謂：“民田”要出兩種税，一爲“積”，二爲“芻稾”。這是

① 《爾雅·釋魚》“蟦小西檐”，《釋文》：“蟦又作資。”《詩·周頌·良耜》：“積之栗栗。”《説文·禾部》兩引“積”作“穦”。

② 《吕氏春秋·知分》：“荆有次非者。”《漢書·宣帝紀》顔注載如淳注引“次非”作“兹非”。《後漢書·馬融傳》作“兹飛”。

③ 《宴子春秋·内篇·問上》：“兹于兑。”《左傳·襄公二十三年》作“且于之隧”。

由“政府”收納，“合經用、備凶年”的農業税，即應邵《漢官》所説的“王者以租税爲公用”。而“山川園池市井租税之入”則爲皇帝及各級封君的“私奉養”。值得注意的是：衛宏書中“積”是“民田”所交租税之稱，與金文銘同。

據《東觀漢記》記載，王莽時期劉秀曾到大司馬府替春陵侯劉敞討還“地皇元年十二月壬寅前租二萬六千斛、芻稾錢若干萬”[①]。是西漢後期，王侯“衣食租税”既包括田租，也包括芻稾税，與衛宏書所述同。值得注意的是“積”已由“租”名代替。“芻稾”已經徵收飼料、禾杆折變爲錢繳納。此“積”“租”同義文證。

因此，徵收租税，也名爲“租”了。《禮記・玉藻》“關梁不租”，孔穎達疏：“租謂課税。”

總之，金文銘中之“責”，爲土地、工商租税和方國貢税之初名，可讀爲“積”，其後轉化爲“租税”之“租”字。

原始公社公共積貯的“積”，進入階級社會，統治階級把“公共積貯”變爲必須上繳領主、政府之“租税”。其初仍沿舊名曰“責”（積），其後轉化爲“租税”之“租”名。

2006 年 5 月 28 日寫畢，草起約一月有餘
時作時輟，其衰老之至耶
2017 年 6 月 2 日終審于成都市幹部療養院

---

① （南朝宋）范曄：《後漢書》卷一，中華書局，1995 年。

西周金文中“甸臣”（田臣）之身份問題

——《季姬方尊》銘所見之“甸臣”

李學勤《季姬方尊研究》[1] 一文中認爲此方尊，據其形制約在穆王晚年，或西周中期前段。此方尊銘文寫定爲：

惟八月初吉庚辰，君命宰茀/錫𠦪季姬畋臣于空桑/氒（厥）師夫曰丁，以氒（厥）友廿又五家/折（誓）；錫氒（厥）田，以生馬十又五/匹，牛六十又九𢼸，羊三百八十/又五𢼸，禾二䵂（廩）。其對揚王/母休，用作寶隮彝。其𥦒（萬）/［年子孫］永寶用。

“君”是周王后之稱，與尹姞鼎的“天君”“君”等相同。

“宰茀”，“宰”係職官，應即《周禮》内宰，爲中官之長，掌“治王内之政令”，從而受王后命進行賞賜。

“𠦪”字爲地名，揣想“𠦪”當與泲（濟水的濟）有關。可能是後來的濟陽、濟川，其地在今河南蘭考縣東北。“𠦪季姬”是周王最小女兒，嫁于宋國貴族𠦪氏者。

“畋”字從田、從又（又與攴旁在古文中常通用）。《尚書·多方》“畋爾田”，“畋”即《説文》本訓爲治田的“佃”。“佃臣”意思是從事農業的臣。

“空桑”地名，今在河南杞縣西，即舊陳留縣南。與上面講的𠦪（濟陽）鄰近。

“厥師”的“師”訓爲“長”。“夫”字疑應視爲“一夫”合文。“友”的意思爲僚屬。

“折”，在此讀爲“誓”。“厥師一夫曰丁，以厥友廿又五家誓”，是説佃臣

[1] 李學勤：《季姬方尊研究》，《中國史研究》2003 年第 4 期，第 11—14 頁。

之長名叫丁的率領所屬二十五家，在被賜予㢧季姬後，約誓不會背叛。

“錫厥田”，指佃臣所有的田。“以生馬十又五匹”等，“以”仍訓爲“與”，“生馬”指活的馬，“生”字實際也指下面的牛羊而言。

“馬”的單位爲“匹”，牛羊的單位是“叙”。《師同鼎》有“羊百㓞”，“㓞”是單位，陳世輝先生讀爲“絜”。按：“絜”有“繫縛”之義。可能因爲牛羊都用繩牽引，每頭便稱爲一絜。從“㓞”字古音爲昌母、月部，而“叙”字爲章母、月部。自可通假。這也證實了“叙”即“㲋”的考釋。禾的單位爲“廩”。

“其對揚王母休”，“王母”是㢧季姬對“君”即王后的稱呼。西周金文的“王母”猶云“皇母”。如《殷周金文集成》2762鼎有“皇考匣仲、王母泉母”。“王母”是母親。

通讀尊銘可知這是穆王之後在把空桑的佃臣二十五家賞賜給幼女季姬的記録。

對這些“佃臣”的身份，李學勤認爲：“佃臣共二十五家，相當于《周禮·大司徒》説的一閭。其名‘丁’之長，即《周禮》的閭胥。”銘中没有詳説二十五家所有田地的數量。這是因爲授田百畝是當時定制的基準，没有必要説明。由此看來，這裏的佃臣與其他材料中脱離土地的奴隸性質的臣是不一樣的。

尊銘“禾二廩”，當係佃臣二十五家積蓄的公糧。銘文在“八月”，是周正。其時禾尚未熟，所以這二廩禾，應爲上年所積存。

佃臣不僅有土地，而且有較多的牲畜，馬、牛、羊，齊備。這在古代，可稱是相當富足的。至于這批佃臣被封賜給㢧季姬後，要承受怎樣的負擔，尊銘就没有記載了。

蔡運章、張應橋《季姬方尊銘文及其重要價值》① 則認爲：“這件銘文記載‘啓’（君）授命‘宰叔’（宰弗）賞賜季姬臣屬、奴隸、土地、牲畜和糧食，對于研究西周中期的歷史具有重要價值。西周時期賞田一般都不附帶人員及物産。《大克鼎》記載周王賞賜給克的諸多田産裏，只有‘易（賜）女（汝）井（邢）家匍糸田于㽃，以其臣妾’，這是周王把‘邢家绸田’及其耕作臣妾，一并没收，賞賜給克的。此銘將‘卑臣豐空木’（畋臣于空桑）管理的田，及

① 蔡運章、張應橋：《季姬方尊銘文及其重要價值》，《文物》2003年第9期，第87—93頁。

其副佐（即師夫曰丁）、衆人（即厥友二十五家）、牲畜和糧食一并賞賜給穆王的女兒季姬，這幾乎是一個完整的生産單元和産品。這種賞賜在西周金文和文獻裏頗爲罕見。”則認爲此銘“厥友廿又五家”即“佃臣”是附着于土地的奴隸。與《大克鼎》附着于邢家𡨦田的“臣妾”同屬一類。

按：李學勤以爲此尊銘所記“佃臣”，“不僅有土地”，“而且有較多的牲畜，馬、牛、羊齊備”。尊銘“禾二廩”當係“佃臣二十五家積蓄的公糧”。其意是“這些佃臣土地是時受田百畝”，有自己的私有財産。這個判斷，誤。

從方尊銘文來看：“空桑”之地的“甸臣”本是王室的下屬，這由“君”（王后）轉賜予㢸季姬。是這些“甸臣”可以作爲財産，由其所有者（主人）加以轉讓的對象。這表明，這些“甸臣”不是“自由農民”，而是隸屬、依附于領主的“非自由民”，或依附農民。（金文中“臣”的身份的人，被主人作爲財産，進行抵押、轉移，尚有他例。）

在歷史上依附農民，或爲農業奴隸，或爲農奴。二者區别在于有否自己的家庭經濟，即有否自己經營的私有財産。農奴，有（儘管不完全）；奴隸則没有。

此銘甸臣二十五家所耕種的田地，畜養的馬、牛、羊和積蓄的禾廩是他們自己的財産，還是領主（原爲王室，現爲㢸季姬）的財産？

銘文説：“空桑氒（厥）師夫曰丁，以氒（厥）友廿又五家折（誓）：錫氒（厥）田，以生馬十又五匹，牛六十又九叙，羊三百又八十又五叙，禾二牆（廩）。”

以上誓詞的“錫××，以××，×××，××”的“錫”，既包括“厥田”，又包括“生馬”“牛”“羊”“禾廩”，所以“厥田”與“生馬××，牛××，羊××，禾二廩”之間用“以”字連接。“以”訓“與”。“氒（厥）田，以生馬十五匹，牛六十又九叙，羊三百又八十又五叙，禾二牆（廩）。”即“錫”的内容包括“田”與“生馬”“牛”“羊”“禾廩”。此“錫”當訓何義？

“錫”訓“賜，與”。（《爾雅·釋詁上》：“錫，賜也。”《玉篇·金部》：“錫，與也。”）上賜予下曰“錫”。此銘“君命宰茀錫㢸季姬畋臣于空桑”之“錫”，即訓“賞賜”之義。而空桑畋臣之師夫名丁者，以甸臣二十又五家向新領主季姬發誓却説：“錫厥田，以（與）生馬、牛、羊、禾廩。”這個誓詞中的“錫”，如訓“賞賜”，杆格難通。那麽此“錫”何義？回答説此“錫”當訓“獻納、交付”之義。

《書·堯典》"師錫帝曰"，楊均如《和詁》："古下對上似亦稱錫。"《禹貢》"九江錫納大龜"又曰"禹錫玄圭"，"錫并謂獻也"。曾運乾《正讀》："合辭共言也。《召誥》'太保乃以庶邦冢君，乃復入錫周公'亦此意。"

"錫"，既爲"上與下"，又爲"下與上"。宋人已有此見解。孫奕《履齋示兒編·總説·字訓辨》謂："錫，上與下也。'納錫大龜'，此又古者下與上亦可謂之錫也。"即已指出：錫爲"上與下"，即"賞賜"之義，又爲"下與上"，即"呈獻""繳付"之義。

此銘"師夫曰丁，以氒（厥）友廿十又五家折（誓）"，所誓内容爲向新領主"呈獻（或交付）氒田與馬、牛、羊和禾廩"。爲何要呈獻出這些東西？因爲這些東西是領主所有的財産，甸臣僅僅是爲領主耕種領主的土地，畜養領主的馬、牛、羊，保管領主的禾廩。現在領主换了人，故要對新領主呈獻（交付）這些舊領主的財産登記在案，以確認新領主對這些財産的所有權。

此與《散氏盤》銘所記夨王賠付散氏土地，在交割土地所有權的時候：夨王"廼卑（俾）西宫襄、武父誓，曰：我既付散氏溼田，牆（畛）田，余有爽䜌（變），爰（隱）千罰千"。當此區土地所有權由夨王所有，改爲散氏所有。主管此區土地之有司，要對新主人立誓。其内容爲"既付散氏溼田，牆田"。即將所經營的夨王的田，"交付"（即此銘"錫氒田"之錫）與散氏。以承認土地所有權轉歸散氏。此銘錫即"獻付"的内容則不限于田，而且包括了畜養的馬、牛、羊及積存的禾廩。

由此可知，此銘之"畋臣"（甸臣）其身份有如下特點：

1. 他們是成建制編組起來的。故其首領（或管理者）爲"師夫曰丁"。他們這個集體組織，大概是一個"宗族"血緣關係的群體①。因爲"師夫曰丁，以氒（厥）友廿又五家折（誓）"的"友"，當是"善兄弟爲友"（《爾雅·釋訓》）之"友"，即"兄弟"關係的稱呼。（李釋爲"僚友"。此爲基層生産、社會組織，何來"僚友"耶？李釋有誤。）晁福林指出：兄弟或同宗之人，又稱爲朋友。西周後期《克盨》説"用獻于師尹、倗（朋）友、聞（婚）媾"。另有一件彝銘謂："好朋友雩百者（諸）婚媾。""朋友"在"婚媾"之前，應指同宗兄弟，宣王時期的《毛公鼎》謂"以乃族扞吾王身"，另有一件同時期的

① 此一地區甸臣二十五家，爲一基層生産、社會單位，可證其時居民是按"什伍"編制的。可見"井田制"説者謂居民以"八家爲井"或"九家爲井"進行編制，是一種設計方案，不是事實。

蓋銘則謂“以乃友扞吾王身”。可見，“友”與“族”相當。“朋友”之詞，原指族人，特别是同宗兄弟。《爾雅·釋訓》“善兄弟爲友”猶存古義。（《先秦社會形態研究》，483 頁）晁氏之説，是正確的。正爲本銘“師夫曰丁，以乒（厥）友廿又五家折（誓）”之“友”是“族”，是“同宗兄弟”，提供了很好的論證。

2. 他們是王室的“甸臣”，又可以被王室作爲財産賞賜予另一貴族。即他們是“非自由民”，有嚴重的“人身依附關係”。其領主可以轉换，而他們必須“盟誓”，表示對領主（主人）的服從。

3. 他們所耕種的土地，畜養的馬、牛、羊，積存的禾稟，不是歸他們所有，而是歸領主（主人）所有。當此領地及其所有財産的所有權轉讓新主人的時候，他們要將替舊主人耕種的土地，畜養的馬、牛、羊，積存的禾稟，全部獻納、交付與新主人，以表示新主人對所有這些財産的所有權。這表明：這些“甸臣”既不占有生産資料，即土地和牲畜，也不占有生産成果，即“禾稟”。换句話説：土地、牲畜歸主人所有，農業生産和畜牧生産的成果，也是歸主人所有。他們如何維持生活，那大概就是“我取其陳，食我農人”“七月流火，九月授衣”，由領主從收入的穀物中，拿出一部分來給予“甸臣”以維持生活。這表明：這些“甸臣”是附着于土地的農業奴隸，而不是有部分私有經濟的農奴，更不是自由的小農。

4. 李學勤説：“銘中没有詳説二十五家所有田地的數量，這是因爲：授田百畝，是當時定制的基準，没有必要説明。”這種推測，合乎事理。西周金文銘辭中記“賞田”之數爲“若干田”。以“田”作爲“耕地”面積單位名詞，也當是一夫之“田”定制“百畝”的表現。

如果一夫份地“百畝”是農村公社土地公有制的表現，那麼此銘“甸臣”二十五家所耕種的“份地”，儘管可能采取“公社份田”的形式，而實際此時“公社”之“份地”，皆已成爲領主（主人）的“領地”了。即原來由“公社”集體公有的土地，現已成爲“公社土地”其名，領主領有、占有、所有爲實的土地了。或者説，此時“公社”成了“官社”（如有些學者所説的）。“公社”的“份地”，成了“領主分配給耕奴（甸臣）的勞動生産定額”了。

5. 此銘未記這些“甸臣”所用的農業生産工具（特别是金屬農具）是領主（主人）所有還是“甸臣”私有。但據《散氏盤》所述，則農業生産工具（田器）是領主所有，交付農業奴隸使用。

《散氏盤》銘云："唯王九月，辰在乙卯，夨（夨王，即以此田賠付與散氏的領主）卑（俾）鮮、且、罥、旅誓（鮮、且、罥、旅皆此田區之有司）曰：'我既付散氏田器，有爽，實余有散氏心賊，則爰千罰千，傳棄之。'鮮、且、罥、旅則誓。"王輝注："田器[①]，農具。《禮記·月令》：'（季冬之月）命農計耦耕事，修耒耜，具田器。'西周時農具附屬于田地，故與田地一同交付。"（《商周金文》，234 頁）按：王説有理，"西周時農具附屬于土地"。此銘甸臣二十五家"錫（呈獻、交付）氒（厥）田"，應當包括了附屬于田地的農具，所以没有另加説明。

此銘證明：勞動力即"甸臣"是領主所有。生產資料土地、牲畜及農産穀物皆爲領主所有。那麼農業田器是領主所有，而非甸臣私有，這是合乎事理的。

因此，西周社會經濟的農業基層組織是何情况，此方尊銘提供了非常重要的具體材料。

△《中方鼎》(《集成》2785)："唯十又三月庚寅，王在寒次。王令太史貺褔土，王曰：'中，兹褔人入事，錫于武王作臣，今貺畀汝褔土，作乃采。'中對王休令，䵼父乙尊，唯臣常中臣。七八六六六六，八七六六六六。"

此銘周王述"褔土"成爲王室領地之來源是"兹褔人入事，錫于武王作臣"。此"錫"正訓"呈獻"。與《季姬方尊》銘之"錫氒（厥）田，以生馬十又五匹，牛六十又九叙，羊三百八十又五叙，禾二𤛇（廩）"之"錫"同訓。褔人之所以"錫"（呈獻）褔土，是爲了"作臣"于"武王"。與此"空桑"之"甸臣"向季姬"錫"（呈獻）田、馬、牛、羊、禾廩，是爲了表示清繳領主財産的"作臣"的"誓願"，正與《中方鼎》所述史實相類也。

2000 年 12 月 21 日上午

2017 年 6 月 2 日終審于幹部療養院

---

① 《説文大辭典》："田器，耕作使用之器具也。耒耜之屬。"《詩·周頌·臣工》"庤乃錢鎛"，箋："錢銚，古田器。"《漢書·晁錯傳》："先爲室屋，具田器。"

《五年琱生毁》之“多諫”與《六年琱生毁》之“獄諫”解

一、二銘原文

《五年琱生毁》銘：隹（唯）五年正月己丑。琱（周）生（甥）又（有）事，䜴（召）來合事，余獻寢（婦）氏以壺，告曰：“以君氏令曰：‘余老止[①]，公僕庸土田多諫（刺?），弋（式）白（伯）氏從（縱?）許，公宕其參（叁），女（汝）則宕其貳；公宕其貳，女（汝）則宕其一。’”余蠱（惠）于君氏大章（璋），報寢（婦）氏帛束、璜。䜴（召）白（伯）虎曰：“余既訊叚，我考我母令。余弗敢亂（亂），余或（又）[②] 至（致）我考我母令。”琱生（甥）則堇（覲）圭。

《六年琱生毁》銘：隹（唯）六年四月甲子。王才（在）莽。䜴（召）白（伯）虎告曰：“余告慶。曰：公氒（厥）稟貝，用獄諫（刺?）爲白（伯），又（有）祇又（有）成。亦我考幽白（伯）、幽姜令（命）。余告慶，余以邑𧨟（訊）有嗣（司），余典勿敢封。今余既𧨟（訊），有嗣（司）曰：叚命！今余既一名典。獻白（伯）氏，則報璧。”琱生奉揚朕宗君其休。用乍（作）朕剌（烈）且（祖）䜴（召）公嘗毁。其萬年子孫寶用。享于宗。

（以上據王輝《商周金文》之釋文）

---

① 裴學海《虛字集釋》：“止，猶矣也。”（《詩・采薇》：“薇亦作止。……歲亦暮止。”）
② 同上：“或、猶”則“也”。“或、猶”即“也”。

二、問題的提出

此琱生諸器銘文，經近世諸學者研討。于器銘主人琱生，與召伯虎，及召白虎之父、母（君氏、婦氏、幽伯、幽姜）之相互關係，相稱謂（如琱生稱召伯虎爲“朕宗君”，召伯虎稱琱生爲“伯”“伯氏”等）已大致闡明。

但此器所記究爲何事？由于對銘文“公僕庸土田多諌”，及“公氒（厥）稟貝，用獄諌爲伯”二句的解釋發生問題，而未能妥善解决。

舊説于“多諌”之“諌”，多如字讀。訓“怨刺”，于是“公僕庸土田多諌”，遂解釋爲“因爲土田附庸多，以往衆多怨刺”。

這樣下文“式白氏從許公宕其參，汝則宕其貳；公宕其貳，汝則宕其一”，成了“琱生説這些，實際上是自辯。説他并没有侵奪公家利益”（見王輝所釋）。首先，“君氏令曰……汝則宕其一”是婦氏傳達君氏的“令”（命），不是琱生所説。其次“公僕庸土田多諌”引來“公宕其三，汝則宕其二；公宕其二，汝則宕其一”的分配方案。這表示“僕庸土田多諌”，應當是與土地財産相關的事實。否則提出分配方案何用耶？因之“多諌”之“諌”，當求别解。

《六年琱生㲃》之“公氒（厥）稟貝用獄諌”。由于“諌”如字讀“獄”訓“獄訟”，解釋爲公氏納幣作獄訟費用，而“有衹有成”是訴訟有了結果。誰與誰訴訟？不明也。訴訟結果爲何？不知也。而下文之“今余既一名典，獻伯氏”，又是根據什麽内容登記文書，并獻給伯氏（琱生）呢？亦不明也。

竊以爲：“多諌”“獄諌”之“諌”當讀“責”，通“積”。“多諌”之“多”當訓“超過”“增加”。“獄諌”之“獄”，當訓“確實”“核實”。“公僕庸土田多諌（責，積）”，即“公氏之族産增加了收益”。“公氒（厥）稟貝用獄諌爲白（伯）”，即“公爲白（伯）而稟貝用獄責（積）”，亦即公氏爲伯氏（的酬勞）而納幣以核實（公氏的）責（積）。如此則二銘文全通。此解請論證如下。

三、“諌”“多諌”釋讀

“諌”當讀“責”訓“積”。“多諌”即“多積”，亦即“增加了積”。

“諌”從言朿聲，“責”（從貝，朿聲）（皆見《説文》）聲符同“朿”，例得通借，故“諌”可讀“責”。而“責”爲“積”之聲符，故“責”可讀爲

“積”。(《史記・大宛列傳》:“漢使乏絶積怨。”《漢書・張騫傳》:“積爲責。”是責、積相通借之文證。)

甲骨、金文常以“責”爲“積”,表政府、領主向下屬收納“糧食貢賦”,或下屬向上級交納的“糧食貢賦”。比如:

饒宗頤謂“賫”乃責字。《兮甲盤》:“令甲政嗣四方責。”卜辭所云“比系責”(見《屯》一、一二四)當是責田税絲麻于方國,貢賦之馳也(《殷代貞卜人物通考》)。

郭沫若謂“賫”即責字。王云:“讀爲‘委積’之‘積’。蓋命甲徵成周及東諸侯之委積。正爲六月大舉計也。”(《兩周金文辭大系考釋》①)

朱鳳瀚(《商周家族形態研究》增訂本168頁)謂:在非王卜辭中可以見到有關積貯穀物的卜辭。如:

(1)“癸巳卜,令収責杞?”(《合集》22214,丙二)

(2)“又責豕?啄責?彵責穫?”(《合集》22226,丙二)

以上“責”,均應讀作“積”。《説文》:“積,聚也。”段玉裁注:“禾與粟皆得稱積。”朱駿聲《説文通訓定聲》:“禾穀之聚曰積。”現存故宫博物院著名殷代晚期銅器《小臣缶鼎》,其銘記王賜小臣“湡責五年”(《三代》3,53,2),“責”即讀“積”,與以上諸家所釋義近,指禾稼之收成。在上面兩條卜辭中,“積”作動詞用,可能即是“積聚穀物”之類。辭(1)是卜可否令収在杞地積聚。辭(2)則是卜是否讓啄、彵分别于豕地,獲地積聚。

按:“積”初義是“禾穀之聚”。但在《小臣缶鼎》記王賜小臣“湡責(積)五年”。此“積”爲“湡”地之“積”,當是“湡”地“僕庸土田”耕種收穫之“積聚”。但此“積聚”不是當地“僕庸”自用,而是作爲貢税向王繳納者②。故殷王可以用此地之“積”,賞賜小臣。又知此種繳納之“積”,是一年上繳一次(若後世之田租、田賦),故有“湡責(積)五年”之説。

因之,(1)(2)二辭之“責”即“積”,其意義亦當與“湡責五年”之“積”同,即“聚集禾穀以供上繳”。“令収責杞”者,令収收繳杞地之積也。

---

① 《兮甲盤》:“王令甲政(徵)嗣(司)成周三(四)方責(積)至于南淮夷。淮夷舊我帛(帛)晦(賄,當即畝字)人。毋敢不出其帛(帛),其責(積)其進人。”從“毋敢不出其帛、其積、其進人”可知南淮夷上貢之物有三:貢帛一也,貢積二也,進人(獻奴隸)三也。此可證饒氏責爲“田税”“貢賦”之事。

② 卜辭云:“癸子(巳)卜:令収責杞。”(《合集》22214)此爲杞地之“積”,必須按時上獻殷王也。

“責豕”者，卜問是否委派豕去收某地之“積”。“啄責”者，卜問是否派啄者收某地之積？“征責穫”者，卜問是否委派征去收穫地之“積”是也。此二卜辭，卜主爲“子”，即某領主貴族。而杞，穫皆爲其領地。收領地之“積”而卜問委使誰人，正卜辭所表述之事實矣。

因之，《五年琱生毁》銘“公僕庸土田多誎”，即“公僕庸土田多積”。

“多誎”即“多積”。此“多”訓“超過”。（《漢語大字典》：“多，勝過，超出。”《禮記·檀弓上》：“多矣乎，予出祖者。”孔穎達疏：“多猶勝也。”）訓“增多”。（《中文大辭典》：“多，增也。”《後漢書·鮑昱傳》：“溉田倍多，人以殷富。”）從而“多積”即“增多了積”（也即“超過”原來的“積”的水平）。什麽是“公僕庸土田多積”？即“公氏”領有的“僕庸土田”所提供上繳的“積”（禾穀聚集以供上者）增加了。

“公氏”領有的“僕庸土田”所提供的“積”爲何能够“多”即“增加”呢？其原因不外是勞動力滋生增多（即僕庸（隸農）人口滋生增多），或農田墾闢使耕地增加（即土田擴大），或者最有可能是二者兼而有之。這應當是管理“公僕庸土田”的管理者，領導有方的結果。

銘文中的“君氏”（即召伯虎之父），是“公氏”的“宗君”。“公僕庸土田”應當由他管理。但他已年老體弱不能親自執掌，于是委派小宗之“琱生”來管理此事。琱生管理有方，使“公僕庸土田”“多積”了。爲了酬勞琱生，君氏提出“公宕其三，汝宕其二；公宕其二，汝宕其一”的分配方案。這就是他在提出酬勞琱生方案之前，先説“余老止（矣），公僕庸土田多誎（積）”的緣故。如此説，言下之意，儘管自己老了，但由于琱生的協助，使公氏的“僕庸土田”所出的“積”增多了。

“公宕其三，汝宕其二”之“宕”。《説文》：“宕，過也，一曰洞屋。從宀，碭省聲。”

林義光《文源》謂：“石爲碭省，不顯。”是也。此當云：宕，“從宀，石聲”。宕與石，定禪准旁紐，陽鐸對轉，正一聲之轉。

“宕”從石聲。而“拓”從石聲（見《説文》），故“宕”可通借爲“拓”。

《説文》：“拓，拾也。陳，宋語。從手石聲。摭，拓或從庶。”《方言》卷一：“摭，取也。陳宋之間曰摭。”《玉篇·手部》：“摭，取也，拾也。”是“拓”有“拾取”之義。

“公宕（拓）其三，汝宕（拓）其二；公宕其二，汝宕其一。”是提出兩種分配方案。即“公取三份，汝取二份；或者公取二份，汝取一份”，用今語來説即按三比二，或二比一比例進行分配。

公氏與琱生按比例分配之“積”，是公氏全部“僕庸土田”所出的“積”？還是琱生助公氏管理，從而增加了的收益，即“多積”部分？回答只能是後者。因爲在西周宗法制度下，實行嫡長子繼承制，“大宗”（即公氏）的財産只能由嫡長子繼承，不能分割。所以“公宕其三，汝宕其二；公宕其二，汝宕其一”的“其”，所指只能是在原有“僕庸土田”之外，所增加的“僕庸土田”及其所增的收益“多積”了。

四、“獄”“獄誎”釋讀

“獄”當訓“确”，即“核實”。“獄誎”即“獄積”，亦即對“多積”部分進行審核。

“獄”有“争訟”義。“獄，訟也。”（《説文通訓定聲》）又謂“訴訟案件”。（《左傳·莊十年》：“小大之獄，雖不能察，必以情。”）其用爲牢獄義者，後出。（《獨斷》：“唐、虞曰士官……夏曰均臺，殷曰牖里，周曰囹圄，漢曰獄。”）

但“獄”字尚有“審核真訛”“核實”之義。《説文·㹜部》：“獄，确也。從㹜，從言。二犬所以守也。”許説“二犬所以守”是以獄爲牢獄，二犬守牢獄。以漢制説古制，失之。段注：“獄從㹜者，取相争之意。許云‘所以守者謂陛牢拘罪之處也’。”得之。

獄字從㹜，取“兩犬相争”引出“兩造相訟”之義。又從言，以言折獄，作出判决之義。而判决兩造相訟之案，必審核訴狀之情實，故獄爲審判而出“确也”之訓。由确定事實到确定判决之謂也。

桂馥《説文解字義證》謂：獄，确也者，獄确聲近。《釋名》：“獄，确也。實确人之情訛也。”《春秋元命苞》：“獄者，核确也。”即“獄”訓“确”。其義爲“核實情訛”（此乃折獄前提）。

《六年琱生𣪘》銘“公氒（厥）[①] 稟貝獄誎爲伯”，即“公爲伯乃稟貝獄

① 裴學海《古書虚字集釋》：“厥，猶乃也。‘乃’與‘纔’同義。”

積”。此“獄積”即審核“公僕庸土田”所增多的“積”。“積”增多，是由于僕庸勞力的孳生和土田耕地的墾闢。于是“獄積”之事，包括了登記孳生新增人口，丈量新墾闢的田畝。這些工作要經行政部門的官員（如邑有司之類）操作，必須交納費用。故有“稟（與）貝”獄積之事，即交納規費以盤查核實人口與土地。

此所“獄”（核查）之“積”是公氏原有之“僕庸土田”？抑或是“多積”部分，即新增收益的新增人口田畝？答案只能是後者。因爲公氏原有“土田僕庸”早已登記在案，不需核查。需核查者，只能是新增的“僕庸土田”了。

爲何要“核查確實”新增的人口與田畝？這是要執行“公宕其三，汝宕其二”或“公宕其二，汝宕其一”的分配方案。查核了新增人口、土地，然後按分配比例，劃出相應部分，分配與琱生。所以銘文説“公氒（厥，乃也）稟貝獄（核實）誎（積）”是“爲伯”，即“爲了酬勞琱生”。

完成了“獄積”之事（即此事“有祇有成”），然後召伯虎劃出琱生應得之人口、土田。通過邑有司登記入檔，完成了劃分財産的手續，將有關文書“獻伯氏”（即交付與琱生）。

所以“琱生奉揚朕宗君（指召伯虎，其時伯虎之父已死，召伯虎繼之爲大宗宗子）其休”。

于是全銘得以通讀，并得知一重要史實：在召伯虎時代，貴族領地領有之“僕庸土田”，已經不斷孳生、墾闢。并且此新增人口、土地，由貴族領主自行處理，不需要經過周王核准。

2008 年 6 月 11 日上午，地震未息

天熱後轉凉，得此解于幹療院

2017 年 6 月 10 日終審于幹療院

《宜侯夨毁》銘的一些問題

此毁 1954 年江蘇丹徒烟墩山西周墓葬出土。銘文云：

隹（唯）四月辰才（在）丁未，□（王?）眚（省）珷（武）王，成王伐商圖，徣（誕）眚（省）東或（國）圖。王立（莅）于宜，入土（社）南鄉（嚮），王令（命）虞侯夨曰："鄠（遷）侯于宜。"易（賜）𩰫鬯一卣。商鬲（瓚）一□，彤（彤）弓一，彤（彤）矢百，旅弓十，旅矢千。易（賜）土：氒（厥）川（甽）三百□，氒（厥）□百又廿，氒（厥）宅邑卅又五，□（氒，厥）□百又卌（四十）。易（賜）才（在）宜王人□（十?）又七生（姓）[①]；易（賜）奠七白（伯），氒（厥）（盧）□（千?）又五十夫，易（賜）宜庶人六百又□（十?）六夫。宜侯夨揚王休，乍（作）虞公父丁隮彝。"

（此釋文録自王輝《商周金文》55—57 頁）

一、"宜"的地望何在?

此銘文的解釋、争議很多，主要是"宜"的地望何在?

多數學者認爲"宜"即在江蘇丹徒，其理由爲：器主夨原爲虞候，遷爲宜侯，而其墓葬在丹徒，故"宜"當即"丹徒"，此其一。賜土中"川"（河流）甚多，與丹徒一帶地貌相合，此其二。銘中又提到"南鄉"，可見"宜"在

① 朱鳳瀚釋爲"在宜王人□又七里"。

“南土”，此其三。銘文的虞侯徙封于宜，可能和申伯改封到謝一樣，移動未必很遠。太伯之吴在寧鎮、皖南一帶，遷封于丹徒“未必很遠”，地望正合，此其四。

有的學者認爲此“宜”不可能在長江下游之丹徒一帶，當是宜侯夨、乃北虞（山西虞國）遷封到“宜”，後來又改封到江蘇丹徒，成爲吴國的諸侯（如黄盛璋）。他們定“宜”爲河南“宜陽”，未必能成立。但他們提出“宜”地不可能在江蘇丹徒，却有相當的根據，需要慎重對待。存在的問題是：

1. “王立于宜，入土南鄉。”此銘之“立”，郭沫若云：“立”字，就是原器目驗可辨。而李學勤謂：“從拓本照片都可以看出其左側没有另一筆，不能釋爲‘立’，而當從唐蘭釋‘卜’。”郭釋讀爲：“王立（莅）于宜宗土（社），南鄉。”唐釋讀爲：“王卜于俎，入土南□⺄。”

此字爲“立”爲郭老目驗，當可信從。那麽“王立（莅）于宜宗土（社），南鄉（嚮）”就是王親自莅臨宜之宗廟和社，南鄉而立。如果此“宜”在丹徒，那麽周王（此爲康王）就曾經親自巡守到江蘇丹徒了。而康王曾巡守江南，没有任何文獻材料。

2. “易（賜）在宜王人□又七里”。這表示在虞侯夨遷封于“宜”之前，“宜地是直屬于周王的。所以才有‘賜’在宜王人□又七里”之事。（裘錫圭、朱鳳瀚皆謂此“王人”當是周之“王人”。宜地當是王之直轄地，故其内又先有作爲征服者之周之王人居住，現又被王轉封給夨。《左傳·僖二十五年》：周襄王賜晉文公以陽樊等地之田，而陽樊人乃“王之姻親”。當與此銘“王人”相當。）《左傳·莊公六年》：“六年春，王人救衛。”楊伯峻謂：“王人，周王室之官。”（《春秋左傳·詞典》）《尚書·君奭》“商實百姓王人”，注：“天子同姓下土之有功者。”（《尚書詞典》）（銘云：賜在宜王人□又七里。王人居于里中，即“有德居城”，可正其身份。）

可見“宜”地原爲周王之直轄地。其地有王之同姓貴族，即“王人”。這很難説江蘇丹徒之“吴”，具備此一條件。

3. 銘文記“王”遷侯于“宜”的任命以前，是“王省武王，成王伐商圖，祉（誕，或遂）省東國圖”。爲何先要省視“伐商”和“省東國”圖，然後才宣布“遷侯于宜”的王命？這可以有二解。

一爲：這是周王因省先王伐商，省東國之圖，而顧念虞侯夨之先主的功勞，從而下“遷侯于宜”之命，以酬虞侯夨先主之功。

這種解釋對虞爲“北虞”而非江蘇之“吴”有利。因爲“北虞”有可能參加盟津之會、牧野之戰，并參加踐奄、滅薄姑（即省東國）之役。而立國于江蘇的“吴”，是不可能有此功勞的。（“北虞”參與盟津之會、伐紂之役，當是《牧誓》所呼“友邦”之一。）

二爲：這是周王看先王伐商，省東國的地圖，發現“宜”地戰略地位重要，故命虞侯夨“遷侯于宜”，以加强對這一地區的控制。

如果這種解釋成立，那麽“宜”地的地望就應在“商”，或“東國”地區了。這樣“宜”就不可能在江蘇丹徒，因爲此地在“商”和“東國”之外。

唐蘭謂：銘“伐”下一字當爲“亖”（四），因“眚”“國”之間空間較小，容不下“東”字。“誕省四國圖”，包括東西南北四國。那麽，“宜”在丹徒，即在南國，這就把銘文講通了。但武王或成王曾經“省四國”，即巡狩四國，于古無徵。此説要成立，證據薄弱，有很大困難。

黄盛璋謂“宜”地當在“宜陽”附近。其地近于洛陽。論者或以此地在王畿之内，何得分封新諸侯國？（任偉《西周封國考疑》，368 頁）但邢侯初封，在河南温縣東，即漢之平皋縣（見《續漢書·郡國志》），其地正在王畿之内。而“井（邢）侯𣪘”銘記周王益封邢侯以“州人”（今河南沁陽東南）、鄘人（今河南新鄉縣西南三十二里），及“重人”，皆在王畿之内。可見周王將王畿内領土，分封是存在的，不必致疑。而“宜陽”附近既本爲王畿，直屬周王，則“宜”地有“在宜王人□又七里”，得到合理解釋矣。“里”，爲周人之地域編制。

總之，宜侯夨之主人，先爲虞侯，遷封宜侯，又葬在丹徒。則其爲先秦“吴國”之侯，是可以肯定的。

既然“宜”之地望，要定在丹徒的困難比較多，而定在中原周王直轄地區比較合理。那麽江蘇之吴，乃由中原之“虞”遷封而來，應當比較合于事實的了。

二、賜土、賜人之内容與文獻對勘

此銘賜土和賜人的内容，和文獻記載可以對勘。如：

《魯頌·閟宫》：“乃命魯公，俾侯于東。錫之山川，土田附庸。”《大雅·

江漢》："王命召虎……釐爾圭瓚，秬鬯一卣。告于文人，錫山土田。"《大雅·崧高》："王命申伯，式是南邦。因是謝人，以作爾庸（傭）。王命召伯，徹申伯土田。王命傅御，遷其私人。"

與上述文獻材料相比較，銘文中之"賜土，氒（厥）川（田川）三百□，氒（厥）□百又廿"，應當釋爲"錫之山川"的"川"。而其後之"厥□百又廿"似當補爲"厥山百又廿"。

封建侯衛，"錫之山川"，見于上引《魯頌·閟宫》。"錫山土田"，見于《大雅·江漢》。《禮記·王制》謂："名山，大澤不以封。"則一般山、川可封，與《詩》合。

此"川"今之學者多讀爲"甽"，甽同畎，而"一畝三畎"（見《漢書·食貨志》）、"錫土未免過狹"（郭沫若語）。可見當如字讀"川"爲河流。天子封侯，"錫之山川"，所以與以"山林川澤"之利也。這樣諸侯對封國的領有權才完整。《周禮·夏官》有"川師"掌川澤之名物使各國貢珍異，有"山師"掌山林之名物使各國貢珍異（錢玄等《三禮詞典》），正可證諸侯之國得封山川而設官管理矣。

銘文"賜土"下之"厥宅邑卅又五"下之"厥□百又卌"之□，當是與"宅邑"相對之"野鄙"，或者其爲"鄙"字耶？

"邑"是城鎮，其居宅爲"里"。下文"錫在宜王人□又七里"，即此"王人"住在"宅邑"之中，二者相應。

"厥□（鄙?）百又卌"，是田野小聚落。下文賜"奠（甸）七白（伯），氒盧□（千?）又五十夫"是邊甸之"盧"夫，住于"鄙"邑，二者相應矣。

以上所賜"王人"和"奠（甸）七伯"之"盧"人，當是"宜侯"之"私屬"，即直轄于宜侯之"民衆"。

而"賜宜庶人六百又□（十?）六夫"之"宜庶人"，則是"宜"地土著作"土田"之"附庸"而被賜予的。與《大雅·崧高》"因是謝人，以作爾庸"同例。

△《韓詩外傳》卷十："太王亶甫有子，曰太伯、仲雍、季歷。歷有子，曰昌。太王賢昌而欲季爲后也。太伯去之吴。太王將死，謂曰：'我死，汝往讓兩兄，彼即不來，汝有義而安。'太王薨，季之吴告伯、仲，伯、仲從季而歸。群臣欲伯之立季，季又讓。伯謂仲曰：'今群臣欲我立季，季又讓，何以處之?'仲曰：'刑有所謂矣，要于扶微者，可以立季。'季遂立，而養文王，

文王果受命而王。孔子曰：‘太王獨見，王季獨知；伯見父志，季知父心。故太王、太伯、王季，可謂見始知終，而能承志矣。’”

周清泉謂：“可見韓嬰要説：‘太伯知之吴’、‘太王薨，季之吴告伯、仲’的‘吴’，都應是在岐山西不遠的吴山，而不是《史記》和《吴越春秋》所説的荆帟，或春秋時興起于江蘇的吴國。”（《文字考古》105—106頁）

按：周清泉指出《韓詩外傳》所記“太伯”所君之“吴”（山西平陸地區）則當以“東吴”爲是。因吴獄地區之“大”國（即夭國、吴國）乃姜姓之吴。故平陸之“吴”地在岐東，則“東吴”與《穆傳》所匯合。地在西周王畿，與《宜侯夨毁》銘合。

2017年6月10日終審于幹療院

《楚辭·天問》“吴獲迄古”之“吴”爲“北虞”説

《天問》：“吴獲迄古，南岳是止，孰期去斯，得兩男子。”舊解多牽强附會。如謂“吴”爲江蘇之吴，“古”謂古公亶父（王逸），“去斯”爲“去古公所封之國”（江仲弘），“斯”指岐言（林雲門），“熟期去斯，得兩男子”爲“誰與期會而得兩男子”（王逸）。

于是游國恩在《天問纂義》（293 頁）中說：“嘗以上下文勢及其詞意推之，此文當有錯簡，疑本作‘吴獲迄古，得兩男子，孰期去斯，南岳是止’，傳寫者誤倒耳。”

按：游校是也。依游校，則此章文義暢通，且所問亦有理致。今據游校之詞解釋如下：

“吴獲迄古”。此句“吴”爲國名、地名，無異詞。“獲”，王逸如字讀，訓“得”。諸家多從之。王闓運則謂“吴獲，蓋吴太伯之名也”，無據臆說。游國恩則謂“獲”當作“讓”，無據且“吴君讓國”亦難通。因太伯讓周國而君吴，非作爲“吴君”乃讓國也。

竊以爲此“獲”當讀爲“矱”，訓“法度”。（《詩·小雅·楚茨》：“禮儀卒度，笑語卒獲。”于省吾《澤螺居讀詩札記》：“獲讀爲矱。矱，規也。”可見，獲可以讀爲“矱”，而訓規矩、法度。）

“迄”當訓“至也”（《爾雅·釋詁》上）。

“古”當讀爲“固”。“固，堅固也。”（《玉篇·囗部》）《爾雅·天保》：“天保定爾，亦孔之固。”《毛傳》：“固，堅也。”

因此：“吴獲（矱）迄古（固）”，可釋爲“吴國的法度達到了堅固的水平”。即吴國得到治理，社會穩定。爲何達到這個水平呢？

下句，“得兩男子”，即表明了“吴矱迄固”的原因。是因爲得到了“兩個男子"爲其國君主之緣故。兩男子去到吴國爲其君主，使其國得到治理，歷史上只有太伯、仲雍有此事。故王逸注以太伯、仲雍當此"兩男子"，合理，可從。

"孰期去斯"。此"孰"當訓"何也"，王引之《經傳釋詞》卷九："孰，猶何也。家大人曰：孰、誰一聲轉，誰訓爲何，故孰亦訓爲何。"而"期"，助詞，表示疑問，相當于"其"（《漢語大字典》)。《詩·小雅·頍弁》"有頍者弁，實維何期"，鄭玄箋："何期，猶伊何也。期，辭也。"陸德明《釋文》："期本亦作其，因基。"

因此"孰期"即"何期"，亦即"何其"。亦即鄭箋之"伊何"。表示疑問，相當于今語"爲何"？或"爲什麽"？

"去斯"之"斯"，此也。爲指示代詞。代指誰呢？即上句之"吴"是矣。所以"去斯"即"離開此地的吴國"。

"南岳是止"，即"止于南岳"。"去斯"之後，"止于南岳"。是誰人乎？即上句"得兩男子"之"兩男子"也。

因此"南岳是止，孰期去斯"可釋爲（治理吴國有成的兩男子)："爲什麽離開此地（吴）而去到南岳呢？"此爲歷史事實之問。

如果以上解釋可以成立，那麽我們可知歷史事實的傳説如下：

1. 太伯、仲雍離周是先到了"吴"國，作其國君，治理得度。

2. 太伯、仲雍後來又離開吴國，到南岳去了。這表示：太伯、仲雍先君吴，後去南岳。與其他文獻所記二人先去南岳，後治江蘇吴國不同。

而江蘇丹徒《宜侯夨𣪘》記，虞侯夨先爲虞侯，後遷宜侯，最後定居丹徒，即國于丹徒地區（即江蘇之吴)。這表示：江蘇之吴是由中原之虞，遷侯而來。正與《天問》所記太伯、仲雍"先君吴，後止南岳"之傳説相合。

3.《天問》作者（屈原）是不信：既已君吴的太伯、仲雍，又離開吴國去南岳之事，故問道："吴獲（矱）迄古（固)，得兩男子。南岳是止，孰期去斯？"

4. 這樣"吴獲迄古"之"吴"地望何在？多數學者從王逸之説以爲在江蘇之吴國，而有的學者却以爲此"吴"爲"平陸"之"虞國"。劉夢鵬曰："吴，舜始封國也。平陸吴山虞城國本號吴（見《路史·國名記》)。"（《天問》中"吴獲迄古"一章，在"舜服厥夷"一章之後，而在"緣鵠飾玉……何承謀夏桀"章之前。很可能暗示此"吴"與"舜"有關係，故劉夢鵬有此解。）

《穆天子傳》言："赤烏氏先出自周宗，太王亶父之始作西土，封其元子吴太伯于東吴。"則謂"太伯"之吴爲"東吴"（即岐周之東），爲太王所封，則"東吴"之地距周當不遠，非江蘇之"吴"明矣。且"東吴"之後"赤烏氏"又出現在穆王西行之路綫上，在江蘇之吴，能有此乎？亦可證"太伯"之"吴"爲"平陸"之"虞國"矣。《左傳·僖公五年》記宫之奇之言謂："虞國"爲"太伯，虞仲"之國，亦可與此章互證矣。

2009年7月5日上午于幹療院，天陰涼爽

2017年6月17日終審于幹療院

關于“百姓”原爲“百官族姓”，戰國時期始變爲“民衆”“平民”之證據

——從卜辭、金文、《詩》、《書》等材料來看“百姓“一詞意義之變化

一、金文銘辭中之“百生（姓）”是何身份？

1.《集成》1.203：“唯正月初吉丁亥，郐（徐）王庚之恳（淑）子沇兒，擇其吉金，自乍（作）龢鐘。……用盤飲酉（酒），龢遣百生（姓），恳（淑）于畏（威）義（儀），惠于明（盟）祀，𠭯（余）以匽（宴）以喜（饎），以爍（樂）嘉賓，及我父䂂（兄）、庶士……”

按：此鐘銘，而云“龢遣百姓”。此“百姓”爲“嘉賓”，其身份與“我父兄、庶士”相儔。可見不是“庶人”“衆人”，而是“百官族姓”，即各異姓貴族之族長。古之任官以族，世卿世禄。故族長、宗子即繼承此族之官職。故“百姓”而有“百官”之事。

2.《集成》5.2787：“唯三年五月丁巳，王在宗周，令史頌省穌（蘇）𢍰（姻）友、里君、百生（姓），帥堣（偶）盩于成周，休又（有）成事，穌（蘇）賓章（璋）、馬四匹、吉金，用乍（作）𩱧彝，頌其萬年無疆，曰遟天子䫸（景）令（命），子子孫孫永寶用。”

按：史頌受天子之命，往穌視察，審問其地之“姻（異姓親戚）友（同姓弟兄）、里君（地方基層行政首長）、百生（姓）”。此“百姓”豈是平民、大衆？故以“百姓”爲“百官族姓”則身份相合。

3.《集成》5.2820：“唯十又一月初吉，辰在丁亥，王在宗周，王各大（太）師宫，王曰：‘善，昔先王既令（命）女（汝）左（佐）疋（胥）𠭯侯，

今余唯肇讎先王令。令女（汝）左（佐）疋（胥）𠂤侯，監𢼸（豳）師戍，錫女（汝）乃祖旂。用事。’善敢拜䭫首，對揚皇天子不（丕）杯（丕）休，用乍（作）宗室寶尊。唯用妥（綏）福，唬（號）前文人，秉德共（恭）屯（純），余其用各我宗子雩（興）百生（姓），余用匄屯（純）魯雩（于）邁（萬）年。其永寶用之。”

按：“善”之此“寶尊”是獻于“宗室”（即宗廟）以“唬（號）前文人”，即祭祖求福的。同時用以招待“我宗子雩（與）百生（姓）”。此“百姓”能進入善之“宗室”作“賓客”，其身份又與“我宗子”即善之大宗族長相當。則此“百姓”乃“百官族姓”之貴族族長之名，可知矣。

4.《集成》8.4137：“叔妹乍（作）寶尊毁。眔仲氏邁（萬）年，用侃喜百生（姓）、倗友、眔子婦。子孫永寶，用夙夜享孝于室宗。”

按：此亦置于“宗室”之禮器，除用以祭祀先人外，還作爲招待“百姓、倗友、子婦”之食器。此“百姓”能被宴請到“宗室”作客，其身份與“朋友、子婦”相儔。當爲“百官”也，明矣。

5.《集成》10.5421：“唯王大龠（禴、礿）于宗周。徃（誕）餩[①]葊京年，在五月望辛酉，王令士上眔史寅㲋（殷）于成周。昔（穀）百生（姓）豚，眔賞卣、鬯、貝，用乍（作）父癸寶尊彝，臣辰冊侁。”

按：此銘周王令官員“㲋（殷）于成周”，即“殷見于成周”。《䣄卣》：“隹（唯）明保殷成周年。”《周禮・春官・大宗伯》：“時見曰會，殷見曰同。”又《秋官・大行人》：“時聘以結諸侯之好，殷覜以除邦國之慝。”周王因殷見巨下而行賞。所賞對象爲“百姓”，行賞方式爲昔（穀）[②]、積。（《爾雅・釋言》：“穀，禄也。”即俸禄。）

這次因“殷見”，而受俸禄的“百姓”所得賞俸禄爲“豚”，又賞“卣鬯”

---

① 今字書有“餩”字。《方言》卷十三：“餩謂之餚。”郭璞注：“餩，以豆屑雜餳也。”即今之豆沙（王筠《説文句讀》）。故金文“餩”字當求别解。按：從宛聲之字，與從官聲之字，常相通假（宛與婠通）。（《説文》：“婠讀若楚却宛。”）捥與捾通。（《史記・刺客列傳》：“樊于期偏袒搤捥而進。”《集解》引徐廣曰：“捥一作捾。”）故“餩”可讀爲館。（宛與官，影見鄰紐，元部叠韵，一聲之轉。）訓“以館館人也”（《韵會》）。蓋王大禴于宗周，在葊京以館館來祭之賓客也。或讀餩爲祼。從聲韵論，祼與宛見影鄰紐，元部叠韵，可通。但前云“大禴”，此又云“祼子葊京”似爲釋複之詞，不如讀餩爲館之合于事理也。

② 昔，《集成》釋“穀”。他辭云：“辛乍（作）寶，其亡（無）疆，厥家擁（雍）德，霝用昔（穀）厥剸多友。多友賚（賚）辛。萬年唯人（仁）。”（《集成》5.2660）此昔（穀）訓“養也”（《廣雅・釋詁一》）。

“貝”。其中“卣鬯”最難得的賜品，天子獎賞的很高的禮遇。

從此銘可知，“百姓”有“俸禄”。天子不僅賞給豚、貝和“卣鬯”（即一卣鬯酒）。這是地位不低的官員，絶非普通“平民”“衆人”。

6.《集成》16.9892：“顶肇卿（佮）寧（貯）百生（姓）。揚。用乍（作）高文考父癸寶尊彝。用釽（韹、申）文考剌（烈）。余其萬年𢍰，孫子寶，㸚。”

按：爲“佮寧百姓”而作器，可見“百姓”地位之重要。

7.《集成》16.9901：“唯八月，辰在甲申，王令（命）周公子明保，尹三事四方，受（授）卿事寮。……明公朝至于成周。徣令舍（捨）三事令，眔卿事寮、眔者（諸）尹，眔里君、眔百工，眔者（諸）侯：侯、田（甸）、男，舍（捨）四方令，既咸令……”

按：此銘云“里君、眔百工”，它辭《史頌鼎》云“里君、百生（姓）”（《集成》5.2787），是“百工”與“百生（姓）”相當矣。

8.《集成》16.10174：“……王令甲政辭（嗣）成周四方責（積），至于南淮尸（夷）。……其責（積）……毋敢不即𠂤（次），即市。……其唯我者（諸）侯、百生（姓），厥貯（賈），毋敢不即市，毋敢或入蠻（蠻）宄貯（賈），則亦井（刑）……”

按：銘中指“諸侯”或“百姓”的賈，不准“入蠻宄賈”，必須“即市”。即不准私入南淮夷地域走私，必須進入官方指定市場進行貿易。這當是指大宗境外商貿而言。這些作“大宗外貿”的“賈”，或爲“諸侯”之屬，或爲“百姓”之屬。古代“工商食官”、諸侯、領主（卿大夫）皆有“工商奴隸”爲之效勞。據此，“百姓”而有從事外貿之“賈”爲其下屬。此“百姓”非官而何?

9.《集成》16.10260：“乍（作）嗣𧊒彝。用率用（征），唯之百（姓），雩之四方，永乍（作）祜（福）。”

按：此銘“百姓”與“四方”并提，表示其地位重要。

總之，現有西周金文銘辭中之“百生（姓）”，是統治者中的一種身份，不是“民衆”。古訓“百姓”爲“百官族姓”，可信。

林澐[①]謂：“世官源于不同氏族或宗族，以世代相傳的特殊技能服務于社

---

① 林澐：《“百姓”古義初解——兼論中國早期國家的社會基礎》，《吉林大學社會科學學報》2005年7月。

會。這些擔任世官的不同姓的族長，就是‘百姓’[①]。”

二、卜辭中之“多生（姓）”

文獻記載商代有“百姓”，即“百官族姓”。主要有：

1.《逸周書·商誓》記武王對商遺民（即商舊百姓）訓話。其中有：“今在商紂，昏憂（擾）天下，弗顯上帝，昏虐百姓。”“予既殛紂，承天命，予亦來休命，爾百姓、里居（君）、君子，其周即命……”“百姓，我聞古商先誓（哲）王，成湯克闢上帝，保生商民，克用三德。……肆予明命汝百姓。其斯弗用朕命，其斯爾冢邦君，商庶百姓，予則□劉滅之。”（共用“百姓”十一次以上。）

2.《尚書·酒誥》：“我聞惟曰：在昔殷先哲王……越在外服：侯、甸、男、衛、邦伯；越在内服：百僚、庶尹、惟亞、惟服、宗工。越百姓，里居（君）……”

3.《尚書·君奭》：“天惟純佑命，則商實百姓、王人，罔不秉德明恤，小臣屏（并）侯、甸、矧咸奔走。”

4.《尚書·盤庚上》：“汝不和吉言于百姓。”《盤庚下》：“今予其敷心腹腎腸，歷告爾百姓于朕志。”

這些文獻中之“百姓”，其義皆爲“百官族姓”（見後文的討論）。

在卜辭中，則有“多子”“多君”“多生（姓）”之稱呼。

“多子”一詞，據學者研究（如朱鳳瀚）指時王或前王之兒子，與周之“王子”相類。

“多君”之“君”，是行政官員之稱呼，與“里君”之“君”同。“多君”也即“多位里君”之意。

“多生”即“多姓”，是何意義？有兩種解釋：

一爲“多生”即“百姓”。如張政烺謂：“多生即多姓，即許多族的族長。在周代的銅器銘文裏，百姓亦寫作百生。”（《古代中國的十進制氏族組織》）

二爲“多生”身份亦是族長一類貴族，但“多生”參加王室祭祀，所以

---

① 《逸周書·商誓解》：“及百官、里居、獻民。”劉師培謂：“下文：百姓、里居、君子。百姓即百官，君子即獻（義，賢）民。”而“里居”即“里君”。

“多生”不會是異姓，是“子某”（王子某）之外的同姓貴族與其親族組織。（朱鳳瀚《商周家族形態研究》）林澐也認爲：“如果（卜辭）‘王鄉’‘多子饗’‘多生饗’都是指在對商王祖先進行的祭饗，那麽這裏的‘多子’只限于和商王有血親關係的諸宗族族長。‘多生’的‘生’，就應解釋爲商王的‘子姓’，即商王衆多的子孫後代，而不涉及其他宗族了。”（《“百姓”古義新解》）

按：卜辭有云：

1.“其來，王自鄉（饗）?”（《前》四、二二、五）

2.“弜不鄉（饗），叀多尹鄉（饗）?”（《甲》七五二）

3.“甲寅卜，彭鼎（貞）：多子其鄉。”（《甲》二七三四）“叀多生（姓）鄉（饗），叀多子［鄉（饗）］?”（《甲》三八〇）

卜辭之“鄉”（饗）有用爲“饗初先祖”之義者。如：“甲申卜，何鼎（貞）：翼（翌）乙酉其□（登）且（祖）乙鄉（饗）?”（《合集》2.7221）“鼎（貞），其祉（延）□（禦）于大戊鄉（饗）。”（《甲》二六八九）“庚子，王鄉（饗）于且（祖）辛?”（《文》二九三）

朱鳳瀚《商周家族形態研究》據此認爲：“綜觀卜辭‘饗’，均用作祭名，不作宴饗之義。所饗者均王室先人。”同姓方可參加王室祭祀。所以“多生”不會是異姓。

按朱氏這個結論，所據兩個前提，都有問題。

第一個前提：“異姓”不能參加“王室祭祀”，同姓方可參加。即“神不歆非類，民不祀非族。”（《左傳·僖公十年》）但這個“禮制”，是西周實行的禮制。在殷代，確實有“神歆非類，民祀非族”的事實。其證據爲：

1. 殷王祀“舊臣”（即異姓功臣）。在文獻則有《尚書·盤庚上》：“兹予大享于先王，爾祖其從與享之。”在卜辭，則有大量的殷王祭祀“舊老臣”，包括伊尹、黄伊（保衡）、伊陟、咸戊、師般等的祀述[①]。（見陳夢家《殷虚卜辭綜述》第十章）

2. 周文王祭祀殷之先王。陝西岐山鳳雛村發現的周原甲骨卜辭中有詞云：

① 張永山謂“鬼神非其族類，不歆其祀”的説法是春秋時期先賢們爲維護當時的祭祀族規而提出的主張。卜辭有大量商王或王族的人祭祀異姓伊尹及其配偶的刻辭。伊尹受到同商的生王、先妣一樣的祭祀。其神主長期同商先王的集合廟主陳列在一起，并有爲他專門之廟的場所。在卜辭中可看到商王命會異族族長代商王祭祀其先王。總之，在商代并没有“民不祀非族”的規則。（張永山：《從卜辭中的伊尹，看“民不祀非族”》，《古文字研究》第二十二輯，中華書局，2000 年。）

“癸子（巳），彝文武帝乙宗，王其邵（昭）祭成唐，□鼎（貞）𥙓（祝），亍𠬝二母（女），其彝血羊士三，豚三，叀又（有）足。”（轉引自王宇信《西周甲骨探論》，40—41 頁）周文王于殷代，爲異姓諸侯。此異姓諸侯參加“王室、先祖祭祀”之鐵證。

第二個前提：“綜觀卜辭，‘饗’均用爲祭名”，這也有問題。徐中舒主編之《甲骨文字典》“饗”（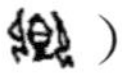）字下云：“從卯，從（皀），皀爲食器，象二人相向共食之形。”在《釋義》項下云：一、饗祀先祖也。二、宴鄉也。即舉上文“其來王自鄉（饗）”“叀多尹鄉（饗）”“其鄉（饗）多子”“叀多生（姓）鄉（饗）”諸詞爲例。以上諸詞之“饗”釋“宴饗”比釋“饗祀”通順多了。“叀多尹鄉”“叀多生（姓）鄉”語例與“其登祖乙鄉”“其延𩜁于大戊鄉”同。“祖乙”“大戊”是“鄉”（饗）的對象。此“饗”訓“饗祀”，正確。而作爲“饗”的對象的“多尹”“多生（姓）”，是活的群體。此“饗”當然只能是“饗宴”了。

所以，在卜辭，正如《字典》所説鄉有三義，即饗祀、宴饗與相嚮，而不是“均用爲祭名”。因此，“多生（姓）參加殷王的“宴饗”，無害其爲異姓貴族的身份。

《酒誥》所述殷内服官員之“庶尹”或“里君”可與卜辭之“多尹”相對應。“百姓”可與卜辭之“多生還（姓）”相對應。

《君奭》中所述“商實百姓、王人”中之“百姓”與卜辭“多生（姓）”對應，“王人”與卜辭“多子”對應。

《逸周書·商誓》之“百姓”與卜辭“百姓”對應，“君子”與卜辭之“多子”對應。

從以上討論可知，卜辭中之“多生（姓）”是與“多子”有别的異姓貴族族長。由于古代“官有世功”，即某姓族世代擔任某種官職。因此，此姓族之族長同時也就是此官職的官長（今曰某部門首長）。所以“百生（姓）”也即“百官”。

三、文獻《先泰》“百姓”有二義，金文有“百民”一詞

1.《集成》5.2757：“曾子䣄擇其吉金。用鑄𠤳彝。惠于剌曲，犀下保，

藏敌集（功），百民是奠，孔㞱□□，事四國，用考（孝）用享，民具（俱）卑（俾）鄉（饗）。”

按：此云：“百民是奠”，“民具（俱）卑（俾）鄉（饗）”。此時之“民”，已非賤者之名，而是有身份、有地位的“人之名號”。

2.《集成》15.9734：“胤嗣妾子次蟲，敢明昜（揚）告：昔者先王㜭（慈）炁（悉，愛）百敏（民），竹（畜）胄亡疆。日炙不忘，大夻（去）型（刑）罰，以憂厥民之隹（罹）不㱿（辜）。”

按：此云：“㜭（慈）炁（悉，愛）百敏（民）”。其時“民”的地位上升。頗有以“百民”代“百姓”之意，或者此時“百姓”即等于“百民”矣。

《中華大辭典》“百姓”條下云：

（1）百官族姓也。《詩·小雅·天保》“群黎百姓，遍爲爾德”，《傳》：“百姓，百官族姓。”《國語·周語中》“百姓兆民”，注：“百姓，百官也。官有世功，受氏姓也。”《史記·五帝紀》“便章百姓”，《集解》：“孔安國曰：百姓，百官。”

（2）謂天下衆民也，庶民也。《易·繫辭上》：“百姓日用而不知。”《書·舜典》：“帝曰：契，百姓不親，五品不遜，汝作司徒，敬敷五教，在寬。”《論語·憲問》：“修己以安百姓。”《孟子·梁惠王上》：“誠有百姓者。”《史記·始皇記》：“今天下已定，法令出一，百姓當家則力農工，士則學習法令闢禁。”《漢書·蒯通傳》：“通説范陽令徐公曰：臣，范陽百姓蒯通也。”《老子·五》：“以百姓爲芻狗。”《荀子·不苟》：“四時不言而百姓期焉。”

閻若璩《四書釋地又續》：“百姓義二。有指百官言者，《書》百姓與黎民對。《禮·大傳》百姓與庶民對是也。有指小民言者。不必夏代，亦始自唐虞之時。”

按：依所舉例文，大體可以説春秋以前文獻“百姓”指“百官族姓”，即百官所屬各姓之族長。而戰國文獻則以“百姓”爲“民衆”矣。此乃社會制度變革，舊有身份下降爲民，從而“百姓”由“百官”而變爲“民衆”之稱。

因之，據“百姓”的含義，大體可推斷其文獻寫定之時代。

（一）《左傳》“百姓”一見

見《襄·十三年》傳：“君子曰：讓，禮之主也。范宣子讓，其下皆讓。欒黶爲汰，弗敢違也。晉國以平。數世賴之，刑（型）善也夫，一人刑（型）

善，百姓休和。”楊伯峻注：“《尚書・堯典》：‘九族既睦，平章百姓，百姓謂百官族姓，與今日言百姓意義不同。’”其説是。史文説范宣子帶頭讓，其下諸將皆讓。爲“一人刑善，百姓休和”（團結），是“百姓”即“百官”。而楊氏署名之《春秋左傳詞典》則釋此曰“百姓人民”，則不確也矣。

（二）《詩經》“百姓”二見

1.《詩・小雅・天保》：“群黎百姓，遍爲爾德。”《毛傳》：“百姓，百官族姓也。”程俊英《注析》謂：“此詩百姓與群黎對舉，正指人民和貴族而言。”其説是。

2.《詩・小雅・節南山》：“憂心如酲，誰秉國成？不自爲政，卒勞百姓。”鄭箋：“昊天不自出政教，則終窮苦百姓。”《傳疏》：“言大臣不從政，百姓受其害。”馬瑞辰則謂：“國之大臣皆有爲政績，何以不自爲政，坐視敗壞使百姓至于瘁勞乎？”《集傳》：“誰秉國成者，乃不自爲政，而以付之姻婭之小人。其卒使民爲之，受其勞弊以至此也。”

按：以上諸解，皆不確切。“不自爲政”，齊詩“政”作“正”當。“不自爲正”，言秉國成者自身不爲正直之道也。其結果，“卒（瘁）勞百姓”。“百姓”，百官也。執國成者，不行正道，則百官勞瘁而無功，所謂“將帥無能，累死三軍”也。

此詩，必有大臣如“師尹”“尹氏太師”。有“天子”“王”，有“君子”，有“小人”，有“百姓”，有“民”。此“百姓”即“百官”，亦即“君子”。不是“民衆”。鄭玄、朱熹皆以此詩“百姓”爲“民”，失之。

結論，《詩經》中“百姓”二見于《小雅》之詩，其義皆爲“百官”。其時皆爲西周末期。

以此與金文銘辭中“百姓”之含義相較，可知：在西周金文和《小雅》詩中，“百姓”一詞，皆義爲“百官族姓”。

《左傳》反映春秋史事，“百姓”爲“百官”乃西周舊義。

（三）《尚書》中“百姓”一詞含義有二

“百姓”爲“百官族姓”即“百官”，計以下諸例。

1.《盤庚上》：“汝不和吉言于百姓，惟汝自生毒。”孔傳：“責公卿不能和喻善于百官……是公卿自生毒害。”按：孔傳訓“百姓”爲“百官”，“汝”指

“公卿”，是也。此“汝”即前文之“衆戚”，孫星衍注“蓋謂貴戚近官”可從。而下文云：“乃敗禍奸宄，以自灾于厥身。乃既先惡于民，乃奉其恫，汝悔身何及!”汝（衆戚，公卿）、百姓（百官）、民（民衆），身份次序明顯。即“百姓”乃“衆戚”（卿相）之下，“民衆”之上的官員。

2.《盤庚下》：“今予其敷心腹腎腸，歷告爾百姓生于朕志。”孔傳：“布心腹言輸誠于百官以告志。”孔傳釋“百姓”爲“百官”，是也。因爲下文云：“嗚乎！邦伯、師長、百執事之人，尚皆隱哉!”此“邦伯、師長、百執事之人”即上文之“告爾百姓于朕志”之“百姓”。

3.《酒誥》：“越在内服：百僚、庶尹、惟亞、惟服、宗工（孔傳：于在内服，治事百官衆正及次大夫服事尊官，亦不自逸），越百姓里居（孔傳：于百官族姓及卿大夫治事治田里者），罔敢湎于酒。”按：“里居”乃“里君”之訛。“百姓”與“里君”并列，正表其爲“百官”而非“庶民”“民衆”。孔傳之説是。

4.《君奭》：“則商實、百姓、王人，罔不秉德明恤，小臣屏侯甸，矧咸奔走。”孫星衍《疏》：“百姓者，《詩傳》云‘百官族姓也’。王人，江氏聲云：‘王氏族人，同姓之臣也。’……言是商之異姓百官及王族，無不奉德明安者。至小臣，外而屏藩侯甸，其皆效奔走服從王事。”此“百姓”與“王人”并列，又在“小臣”“侯甸”之上。孫氏以“異姓百官”解之，最合。

5.《吕刑》：“伯夷降典，折民惟刑。……士制百姓于刑之中，以教祇德。”孔傳：“言伯夷道民典禮，斷之以法。皋陶作士，制百官于刑之中，助成道化，以教民爲敬德。”孔傳釋“百姓”爲“百官”是也。下文云：“穆穆在上，明明在下，灼于四方，罔不惟德之勤（孔傳：堯躬行敬敬在上，三后之徒秉明德明君道于下，灼然彰著四方，故天下之士無不惟德之勤）。故乃明于刑之中，率乂于民棐彝（孔傳：天下皆勤立德，故乃能明于用刑之中正，循道以治于民，輔成常教）。”與上文相較，知“士制百姓于刑之中”，即使“百姓”“明于刑之中”，即“明于用刑之中正”，是“百姓”乃“用刑”于民之“百官”矣。

6.《吕刑》：“王曰：籲！來。有邦有土，告爾祥刑（孔傳：籲，歎也。有國土諸侯，告汝以善用刑之道）。在今爾安百姓，何擇？非人！何敬？非刑！何度？非及！（孔傳：在今爾安百姓兆民之道。當何所擇？非惟吉人乎！當何所敬？非唯五刑乎！當何所度？非惟及世輕重所宜乎！）”

按：孔傳以此文“百姓”爲“百姓兆民”，是“增字解經”。爲何犯此錯誤？因他將“安”訓爲“安定”。但“百姓”是“百官”，僅僅安定百官，不行。故又“百姓”後增“兆民”，爲“百姓兆民”。

其實，此文是周王對“有邦有土”之諸侯及卿大夫“告爾祥刑”，即“善爲刑之道”。此“祥刑”之道爲何？“在今爾按百姓”，“安百姓”之“安”讀“按”。訓：“按：考也，驗也。”《字彙·手部》即“考察，審查”。“在今爾按百姓”，即“祥刑”的關鍵，現在在于你們考查百官用刑的表現。考察百官用刑的表現依何標準？即“何擇？非人!”（看其行刑辦案擇人是否善良）“何敬？非刑!”（看其對行刑用法，是否抱敬慎態度）“何度？非及!”（看其對定罪量刑是否適宜，無過與不及）。

知“百姓”即“百官”，“安百姓”即“按百官”。按三條標準，考審百官在用刑時之表現而决定是否繼續用他行刑。這是“祥刑”實現的首要條件。

因此，此文之“百姓”，仍以訓“百官族姓”，即“百官”爲宜。

7.《堯典》：“克明俊德，以親九族。九族既睦，平章百姓（孔傳：既，已也。百姓，百官。言化九族而平和章明）。百姓昭明，協合萬邦。黎民于變時雍（孔傳：昭亦明也。協，合。黎，衆。時，是。雍，和也。言天下衆民皆變化化上，是以風俗大和）。”① 按：此“百姓”與下文“黎民”爲對。孔傳訓爲“百官”，是也。

8.《堯典》：“二十有八載，帝乃殂落。百姓如喪考妣（孔傳：考妣，父母。言百官感德思慕）。三載，四海遏密八音（孔傳：四夷絶音三年，則華夏可知）。”孫星衍《疏》：“百姓”，群臣也。江氏聲云：“四海乃謂民間，則百姓自是群臣矣。”此文“百姓”之官與“四海”之内對文。則“百姓”當訓“百官”也②。

“百姓”爲“民衆”者，有如下例：

1.《堯典》：“帝曰：契，百姓不親，五品不遜。汝作司徒，敬敷五教，在寬。”

---

① 孔疏：“經傳之言”“百姓”，或指天下百姓。此下句乃有“黎民”，故知“百姓”即“百官也”。其論證有力，是也。蔡《傳》則定：“百姓，畿内民，庶也。”失經旨。

② 孔疏：“諸經傳言”“百姓”，或爲“百官”，或爲“萬民”。知此“百姓”，是百官者，以《喪服》庶民爲天子齊衰三月。畿外之民無服，不得如考妣，故知“百官也”。學者或以此説“迂腐可笑”。其實古代是等級社會，對君王之死，百官如喪考妣。四海民衆只“遏密八音”，哀悼行爲有别。這當合乎事理。閻若璩《四書釋地又續》云：“四書中百姓凡二十五見。惟‘百姓如喪考妣三年’指‘百官’蓋有爵土者爲天子服斬衰三年，禮也。”《孟子》已明注曰：“舜帥諸侯以爲堯三年喪（持服曰喪）。”

此“百姓”，學者多以“民”爲釋。如蘇軾曰“教民必寬而後可”。劉起釪《校釋譯論》謂：百姓，既可指百官，亦可指人民。此處指人民。其説是。《孟子·滕文公》：“人之有（爲）道也，飽食、暖衣、逸居而無教，則近于禽獸。聖人有憂之，使契爲司徒，教以人倫。”孟言正闡釋此文之義。是此文之“百姓”即“人”矣。

2.《牧誓》：“（商瓔）乃惟四方之多罪逋逃，是崇是長（孔傳：言紂弃其賢臣，而尊長逃亡之罪人，信用之）。是信是使，是以爲大夫卿士（孔傳：士，事也。用爲卿大夫，典政事）。俾暴虐于百姓，以奸宄于商邑。”孔疏：“百姓亦是商邑之人。”按：此“百姓”是被“卿大夫”暴虐的對象，當即“卿大夫”治理下的“民衆”。

從以上考查可知：《尚書》之“百姓”多數訓“百官”，只二例訓“民衆”。

一例見于《堯典》。《堯典》之“百姓”有用爲“百官”者（三例），有用爲“民衆”者（一例）。是《堯典》之今文本，有在春秋末年、戰國初年整理的遺迹。

一例見于《牧誓》，此《牧誓》今之文本，有文句修正于戰國時期之證。

（四）《國語》中之“百姓”

1.《國語·周語上》：“（藉田）王耕一墢，班三之，庶人終于千畝。其后稷省功，大史監之，司徒省民，大師監之。”“王歆大牢，班嘗之，庶人終食。”“稷則徧戒百姓，紀農協功，曰：‘陰陽分布，震雷出滯。’土不備墾，闢在司寇。乃命其旅曰：‘狥。農師一之，農正再之，后稷三之，司空四之，司徒五之，大保六之，大師七之，大史八之，宗伯九之，王則大徇，耨穫亦如之。’”

按：稷所誡之“百姓”，即下文之農師、農正、后稷、司空、司徒、大保、大師、大史、宗伯等人。亦即“百官”矣。

2.《國語·周語上》：“（變君）其德足以昭其馨香，其惠足以同其民人。神饗而民聽，民神無怨……（將亡之君）其政腥臊，馨香不登。其刑矯誣，百姓攜貳。明神弗蠲，而民有遠志，民神怨痛。”

按：此“百姓攜貳”即下文之“民有遠志”，是“百姓”即“民”，謂“平民、衆人”也。

3.《國語·周語中》：“然則民莫不審固其心力以役上，令官不易方，而財明不匱竭，求無不至，動無不濟。百姓兆民，夫人奉利而歸諸上。”韋注：“百姓，百官也。官有業功受世氏姓也。十億曰兆。”

按：此文前云“民……審固心力”“官不易方”。後云“百姓，兆民”“奉利歸上”，“民”與“兆”對應，“官”與“百姓”對應。“百姓”又與“兆民”對文。故知韋注“百姓”爲“百官”之得宜矣。

4.《國語·周語中》：“（王曰）昔我先王之有天下也。規方千里以爲甸服，以供上帝山川百神之祀。以備百姓兆民之用，以待不庭不虞之患。”

韋昭注：“百姓，百官有世功者也。用，財用也。”按韋説是也。此“百姓”與“兆民”并列。正如《小雅·天官》“群黎”“百姓”之并列，是“百姓”乃治民之“百官”，“民衆”上之“貴族”。

其下文云：“（若從晉文公‘請隊’之求）余何敢以私勞變前之大章，以忝天下，其若先王與百姓何?”

按：此“百姓”在“先王”之後，當從前訓“百官”（即貴族長老）。

5.《國語·周語下》：“成王不敢康，敬百姓也。”（韋注：言不敢自安逸者，是其敬百姓也。百姓，百官也。）“翼上德讓，而敬百姓。”

按：此“敬百姓”之“敬”當訓“敬，警也，恒自肅警也”（《釋名·釋語言》）。“成王不敢康”，帶頭勤政。從而使“百姓”（百官）“恒自肅警”，不敢懈怠。韋注“百姓”爲“百官”，正確。

6.《國語·周語下》：“反及嬴内，以無射之上宫，布憲施捨于百姓。故謂之嬴亂，所以優柔容民也。”

按：此“百姓”，即下文之“民”，當訓“民衆”。

7.《國語·周語下》：“（劉文公與萇弘欲城成周）自幽王而奪天之明，使迷亂弃德，而即慆淫，以亡其百姓，其壞之也久矣。”

按：“幽王”弃德，“亡其百姓”，指“亡其民衆”以至失國也。此“百姓”當訓“民衆”。

又云：“（若劉氏）勤百姓以爲己名。”按：此“百姓”謂“城成周”之“民衆”也，不是“百官”。

8.《國語·齊語》：“遂滋民，與無財，而敬百姓，則國安矣。”（《管子·小匡》作“慈于民，予無財……無奪民時，則百姓富”。）

按：此“百姓”即“民”。

9.《國語·晉語一》：“昔者之伐也，興百姓以爲百姓也，是以民能欣之，故莫不盡忠極勞以致死也。今君起百姓以自封也，民外不得其利，而内惡其貪，則上下既有判矣。”

按：此文之“百姓”即“民”，不是“百官”。

10.《國語·晉語一》：“（申生）今謂君惑于我，必亂國……盍殺我，無以一妾亂百姓。”

按：“亂國”與“亂百姓”相應。此“百姓”當指“民衆”。

11. 又：“故長民者無親，衆以爲親。苟衆利而百姓和，豈能憚君？”

按：“民”“衆”與“百姓”相應。是“百姓”即“民衆”矣。

12.《國語·晉語二》：“（里克曰）（驪姬）殺無罪以爲諸侯笑（韋注：無罪，謂申生），使百姓莫不有藏惡于其心中（韋注：人懷悖逆也），恐其如壅大川，潰而不可救禦也。是故將殺奚齊而立公子之在外者，以定民弭憂，于諸侯且爲援，庶幾曰：諸侯義而撫之，百姓欣而奉之，國可以固。”

按：此文之“百姓”即“民”。

13.《國語·晉語四》：“（晉伐鄭）鄭人以名寶行成，公弗許，曰：‘予我詹而師還’。詹請往，鄭伯弗許，詹固請曰：‘一臣可以赦百姓而定社稷，君何愛于臣也？’”

按：此“百姓”，即“國之民衆”，非“百官”。

14.《國語·晉語四》：“夫德義，生民之本也。能惇篤（于德義）者，不忘百姓也。”

按：此“百姓”即上文之“民”。

15.《國語·晉語七》：“若欲暴虐以離百姓，反易民常，亦在今日。”

按：“反易民常”，即“暴虐以離百姓”。是“百姓”即“民”矣。

16.《國語·鄭語》：“商契能和合五教，以保于百姓者也。”

按：此“百姓”指“民衆”。

17.《國語·楚語下》：“百姓、千品、萬官、億醜、兆民經入畡數以奉之。”韋昭注：“百姓，百官受氏姓也。千品，姓有徹品，十爲千品。五物之官，陪屬萬爲萬官。官有十醜，爲億醜。天子之田九畡，以養兆民，王取經入，以食萬官。”

按：此“百姓”與“億醜”“兆民”并列，韋釋爲“百官受氏姓者”是。其下又有“萬官”，韋釋爲“五物之官陪屬”者。是“百姓”，賜姓，受氏之卿大夫（領主貴族）。而“萬官”爲下屬、基層之“事務官”矣。

18.《國語·楚語下》：“祀所以昭孝息民、撫國家、定百姓也。”

其内容是："是以古者先王日祭、月享、時類、歲祀。諸侯舍日，卿、大夫舍月，士、庶人舍時。天子遍祀群神品物，諸侯祀天地、三辰及其土之山川，卿、大夫祀其禮，士、庶人不過其祖。"

按："定百姓"包括了卿、大夫、士和庶人"祀"的權利和義務，是"百姓"一詞直與"民"相對，是"百官"矣。"息民、撫國家、定百姓"三項責列。

19.《國語・楚語下》："(周十二月）國于是乎蒸嘗，家于是乎嘗祀，百姓夫婦擇其令辰……帥其子姓，從其時享……以昭祀其先祖。"

按：上文云："(祀)、士、庶人不過其祖。"今"百姓"之祀事乃"昭祀其先祖"。則"百姓"爲"民衆"之義矣。但此"百姓"能"帥其子姓"，豈是"庶人"?

20.《國語・楚語下》："王曰：所謂百姓、千品、萬官、億醜、兆民經入畡數者，何也? 對曰：民之徹官百。王公之子弟之質能言能聽徹其官者，而物賜之姓，以監其官，是爲百姓。"

按：此已明確解釋"百姓"是"百官"。

21.《國語・越語上》："勾踐説于國人曰：'面議寡人不知其力之不足也，而又與大國執讎，以暴露百姓之骨于中原，此則寡人之罪也。'"

按：此"百姓"指越之軍隊，由"民衆"組成。是"百姓"即"民衆"矣。

22.《國語・越語下》："(勾踐）曰：'先人就世，不穀即位。吾年既少，未有恒常，出則禽荒，入則酒荒，吾百姓之不圖，唯舟與車。'"

按：此謂荒廹政事，不圖民衆之事也。此"百姓"即"民衆"。

總結，《國語》"百姓"一詞，見上文共二十三例。其中：

《周語》上、中、下共七例。其中以"百姓"爲"百官"者四，以"百姓"爲"民衆"者三。(上、下）是編輯《周語》時，仍舊文者四。用"百姓"時義者三次（戰國之義)。

《齊語》只一例，以"百姓"爲"民衆"。可見《齊語》之寫定，戰國時矣。

《晉語》見"百姓"七例，全爲"民衆"之義。此爲《晉語》之文，寫定于戰國之堅證。

《鄭語》"百姓"一見，用爲"民衆"之義。是《鄭語》之文，寫定在戰國。

《楚語》“百姓”之詞凡五見，皆在《楚語下》中，皆以“百姓”爲“百官”。就此而言，《楚語》因定在戰國前，即寫定于春秋之世。

《吴語》未用“百姓”一詞。

《越語》“百姓”之詞凡二見，皆用爲“民衆”之義。可見《越語》爲戰國作品。

（五）《老子》書中之“百姓”凡四見

1. 五章：“天地不仁，以萬物爲芻狗。聖人不仁，以百姓爲芻狗。”

按：此“百姓”與“萬物”相應，是其義爲“萬民”“民衆”矣。

2. 十七章：“悠兮，其貴言。功成事遂，百姓皆謂：我自然。”

按：五十七章：“我無爲而民自化，我好静而民自正，我無事而民自富，我無欲而民自樸。”即此之“功成子遂，百姓皆謂：我自然”也。此“百姓”即“民”“民衆”。

3. 四十九章：“聖人常無心，以百姓心爲心。”

按：《書・皋陶謨》：“天聰明，自我民聰明。”孔疏：“皇天無心，以百姓之心爲心。”“民之所欲，天必從之。”（《泰誓》）此即《泰誓》所云：“天視自我民視，天聽自我民聽也。”可見：此“百姓”即“民”矣。

4. 又，四十九章：“聖人在（察）天下，歙歙焉，爲天下渾其心，百姓皆注其耳目，聖人皆孩（該）之。”

按：“天視自我民視，天聽自我民聽。”“百姓皆注其耳目”即此義矣。聖人以天下之民聽、視，故此“百姓”即“民”矣。

結論：《老子》全書“百姓”四見，而皆訓“民衆”。此《老子》寫定于戰國時期之堅證也。

（六）《論語》書中之“百姓”凡五見

1.《顔淵・第十二》：“百姓足，君孰與不足？百姓不足，君孰與足？”（二見）此“百姓”即“民衆”。

2.《憲問・第十四》：“子路問君子。子曰：‘修己以敬。’曰：‘如斯而已乎？’曰：‘修己以安百姓。修己以安百姓，堯、舜其猶病諸！’”

楊伯峻注：“《雍也篇》説：‘博施于民……堯舜其猶病諸。’這裏説：‘修己以安百姓，堯、舜其猶病諸。’可見這裏的‘修己以安百姓’就是‘博施于民’。”

3.《堯曰·第二十》：“雖有周親，不如仁人。百姓有過，在余一人。”

舊謂此“百姓”爲“平民”（如《論語詞典》），誤，不可從。此“百姓”指“百官”。因爲“百官”是執行者，而周王是“决策者”和“領導者”。故“百姓”有過“在余一人”，以承擔領導責任也[①]。

總之，《論語》記孔子師生問答之言，如《顏淵》《憲問》之中有關章節，則以“百姓”爲“民衆”。

而“周有大賚，善人是富。雖有周親，不如仁人。百姓有過，在余一人”，則爲引述周武王封諸侯之辭（朱翔鳳説）。故文中“百姓”是“百官”而非“民衆”也。

《論語》前十章，有“民”不見“百姓”。後十章引古書，“百姓”爲“百官”。而述孔子師生問答則以“百姓”爲“民衆”。

此可證，《論語》至少是後十章編輯寫定在戰國時期。

（七）《墨子》中“百姓”，皆訓“平民”“庶民”（王裕安主編《墨子大詞典》）

1.《法儀》：“兼愛天下之百姓。”

2.《辭過》：“必厚作斂于百姓，暴奪民衣食之財以爲宫室檯榭曲直之望、青黄刻鏤之飾。”

3.《貴義》：“凡言凡動，利于天鬼百姓者爲之。凡言凡動，害于天鬼百姓者舍之。”

按：《墨子》一書“百姓”一詞凡五見，皆用爲“民衆”之義。是《墨子》一書出于戰國之一證也。

（八）《孟子》中“百姓”

楊伯峻《孟子譯注》之《孟子詞典》謂“百姓”見十九次。

①老百姓，十八次。“百姓皆以王爲愛也”（1，9）《梁惠王·上》。

---

① 劉寶楠《論語正義》謂：“‘百姓有過，在余一人。’諸國百姓有不虞，天性不迪率典者，皆我一人之責。所以然者，百姓有過，亦由所封諸侯未得其人，故引以自責也。”

②百官,一次。見"百姓如喪考妣"(9,4)注,《萬章·上》。

按:《孟子》書中記述孟子之言,其"百姓"的含義爲"民衆"者十九次,爲何《萬章·上》之"百姓"爲"百官"?這是由于孟子在此處引《堯典》之文。由此可知,《堯典》的寫定應在戰國以前。

四、鄭玄"百姓,王之親也"義證謬

《禮記·效特牲》:"卜(郊)之日王立于澤,親聽誓命。""獻命庫門之内,戒百官也。大廟之命,戒百姓也。"鄭玄注:"百官,公卿以下也。百姓,王之親也。"

郭沫若采鄭説(《全集》歷史篇第一卷),謂:"百姓在古金文中均作'百生',即同族之義。"

裘錫圭承之(《關于商代的宗族組織與貴族和平民兩個階級的初步研究》,314頁),謂:"百姓在西周、春秋金文裏都作'百生',本是對族人的一種稱呼。""既可指本族的人,也可以泛指全國各宗族的族人。"

朱鳳瀚亦承此説(《商周家族形態研究》,14頁),謂:"西周金文中的'百姓'從銘文内容看,可以用來指本族的人,也可以指没有貴族關係的其他族族人。……舊解或將'百姓'釋爲'百官',其説不可信。"

對鄭玄釋"百姓"爲"王之親也"。新、舊學者皆有反對意見。如:

孫希旦《禮記集解》謂:"《大司寇》:'若禋祀五帝,則戒之日,莅誓百官,戒于百族。'……'百族'即'百姓'也。"孫氏以此"百姓"即"百族",即以"民衆"説"百姓"矣。

林澐(《"百姓"古義新解——兼論中國早期國家的社會基礎》)亦謂:"從受戒命的順序看,先是'王立于澤,親聽誓命',然後'獻命庫門之内,戒百官也',再是'大廟之命,戒百姓也'。聽命範圍逐步擴大,把'百姓'理解爲'廣大民衆'是合情合理的。"

按:春秋以前,文獻中之"百姓"爲"百官族姓",即擔任官職各族姓之族長,故亦即"百官"。與"王之親"有别。如:

1.《逸周書·商誓》:"予既殛紂,承天命。予亦來休,命爾百姓、里居(君)、君子,其周即命。"

此詞"百姓"與"里君"并列。"里君"是官(地區行政官),則"百姓"

也當是“官”(各行政部門官)。又“百姓”與“君子”并列有别，此“君子”相當于卜辭之“多子”，後世之“王子”(即“王之親也”)。“百姓”與之有别，當爲“異姓貴族”，相當于卜辭之“多生（姓)”，豈得有“王之親也”義①。

2.《書・盤庚下》：“今予其敷心腹腎腸，歷告爾百姓于朕志。……嗚乎！邦伯、師長、百執事之人，尚皆隱哉。”

前爲“百姓”，即呼爲“邦伯、師長、百執事之人”。此“百姓”爲“百官”之確證矣。

3.《書・酒誥》：“在昔殷先哲王……越在内服：百僚、庶尹、惟亞、惟服、宗工，越百姓里居（君)，罔敢湎于酒。”

此文，“百姓”與“里君”并列，當爲“百官”。“百姓”又與前列之僚、尹、亞、服、宗工等内服官員有别。

4.《書・君奭》：“天惟純佑命，則商實、百姓、王人，罔不秉德明恤。”

此“百姓”與“王人”并列。“王人”正是“王之親也”。則“百姓”豈非“異姓百官”之名耶！

總之，在有關文獻中“百姓”是“百官”，與“君子”“王人”并列有别，是“異姓貴族”，而非“王之親也”。

在西周金文中，“百姓”亦爲“百官族姓”，而非“王之親也”。如：

1.《集成》5.2787：“令史頌省穌（蘇）潤（姻）友、里君、百姓。”

此銘“百姓”與“里君”并列，當爲“百官”。又“百姓”與“潤（姻）友”并列有别。“姻”是“姻親”，即他辭之“婚媾”。“友”爲“兄弟”，即“族親”。“百姓”與“姻、友”有别，是“百姓”非“王之親也”之確證。

2.《集成》5.2820：“用乍宗室寶尊……余其用各我宗子雩百生（姓)。”

此銘“百生（姓)”與“宗子”并列有别，當亦爲“異姓貴族”之名矣。

3.《集成》8.4137：“作寶尊毁……用侃喜（饎）百生（姓)、倗友、眔子婦。”

此“百姓”與“倗友”“子婦”并列，有别。什麽是“倗友”？晁福林(《先秦社會形態研究》，483 頁）謂：“兄弟或同宗的人，又稱爲朋友。”西周後期的《克盨》説：“用獻于師尹、倗友、婚媾。”另有一件彝器謂：“好倗友

---

① 林澐謂：“考慮到金文中的‘百生’和‘里君’并舉，又和‘諸侯’并舉，把‘百姓’理解爲各族族長比理解爲各族全體族人，顯然要更爲合理。”(同見上文）其説是。

零百者（疑生之訛）婚遘（媾）。”“倗友”在“婚媾”前，應指同宗兄弟。宣王時期的《毛公鼎》謂：“以乃族扞吾王身。”另有一件同時期的簋銘則謂：“以乃友干菩王身。”可見“友”與“族”相當，朋友一詞，原指族人，特别是同宗兄弟。《爾雅·釋訓》：“善兄弟爲友，猶存古義。”晁説是“倗友”爲“同宗兄弟”，而“子婦”即自己的“子、女和媳婦、老婆”。“百姓”與此二種人有别，其爲“異姓百官”，而非“王之親也”是十分明顯的了。

總之，在金文中，“百姓”與“里居”“諸侯”并舉，知其身份爲“百官”。“百姓”又與“婣友”“宗子”“倗友”“子婦”并列而有别，知其“異姓貴族”，絶非同宗族人也。

2008 年 7 月 10 日至 20 日寫于幹療院

2017 年 7 月 1 日終審于幹療院

“大人”初義嫡系長子，“小人”初義庶出庶子説

“大人”之“大”指嫡系，“小人”之“小”指旁系。“大人”初義爲嫡系長子，“小人”初義爲旁系庶出之庶子。在“宗法制度”下，宗子是嫡長子，族衆是庶子。宗子與族衆是“君臣”關係。（《詩·大雅·公劉》“君之宗之”即此義。）故“大人”引出“在位者”“貴族治人者”之義。而“小人”引出“細民”“被治者”“賤者”之義。

有關材料，録于下方：

1.“大”“小”在宗族家族中是“長（大）”“幼（小）”之稱。

《詩·小雅·楚茨》“既醉既飽，小大稽首”，鄭玄箋：“小大，猶長幼也。”《日知録·雜論·排行》：“今人兄弟行次稱一爲大，不知始自何時。漢淮南厲王常謂上‘大兄’（見《漢書·淮南王傳》），孝文帝行非第一也。”即“稱兄弟排行第一者爲大”。（按：晚殷《三勾兵》銘文，有“大祖曰己”“大父曰癸”“大兄曰乙”之文。王國維《商三勾兵跋》謂：“所云大祖、大父、大兄皆謂祖、父、兄行之最長者。”可知此事，殷已然矣。）

2.“大”“小”在社會上又是“貴”與“賤”、“在位者”與“被治者”之名。

《左傳·昭十八年》“而後及其大人”，注：“大人，在位者”，“謂公卿大夫也”。《論語·季氏》：“君子有三畏：畏天命、畏大人、畏聖人之言。”鄭注：“謂天子諸侯爲政教者。”《管子·幼官》“則大人從”，注：“大人，謂天子、三公、四輔也。”《禮記·禮運》“大人世及以爲禮”，注：“大人，諸侯也。”

《易·乾·九二》：“利見大人。”高亨《周易大傳今注》：“《易經》中之‘大人’是貴族（王侯、大夫）的通稱。”（《困·六二》：“小人吉，大人否亨。”以“小人”與“大人”對言。可證高亨之説。但《革·九五》“大人虎變”、

《上六》"君子豹變,小人革面",知"大人"地位又高于"君子"。則"大人"當指天子、侯王,而"君子"指"卿、大夫"矣,此可以補正高説。)

而"小人"在地位上則是"細民""勞動者""被統治者"之稱。

《書·無逸》:"其在高宗,時舊勞于外,爰曁小人。"蔡傳:"與小民出入同事。"

《論語·顏淵》:"君子之德風,小人之德草。草上之風,必偃。"皇疏:"君子,人君也。小人,下民也。"《孟子·滕文公上》:"有大人之事,有小人之事。"注:"大人之事,謂人君行教化也。小人之事,謂農工商也。"

黄國輝《商代親稱區別字若干問題研究》(《考古學報》2012 年第 3 期)中在周代以伯(孟)、仲、季區分兄弟排行。伯(孟)、中(仲)皆有嫡出、庶出之别。則于伯(孟)、中(仲),冠以"大"字,表明其爲嫡出的身份。

如西周末至春秋早期的《魯伯大父作孟□姜毁》記:"魯伯大父作孟□姜賸毁,其萬年眉壽,永寶用享。"(《集成》7.3988)屬同人作器還有《魯伯大父作仲姬俞毁》記:"魯伯大父作仲姬俞賸毁,其萬年眉壽,永寶用享。"(《集成》7.3989)這是嫡出的"伯"與"大"的結合[①]。

春秋時器《大師子大孟姜匜》記:"大師子大孟姜作盤匜,用享用孝,用祈眉壽,子子孫孫用爲元寶。"(《集成》16.10274)孟姜稱孟,説明她是大師女中最長的。于此又冠以"大"字(表明其爲嫡出之長女)。類似情況亦可見《蔡侯尊》(《集成》11.5939),其文云:"蔡侯𪓐(申)乍(作)大孟姬賸(媵)尊。"

(以上爲:以"大"加于"伯""孟"之前,表明其爲嫡出。以表示嫡庶之分。)

不僅如此,就是仲行親屬,也可能分嫡庶。如屬西周中期器《盠駒尊》記"余用作朕文考大仲寶尊彝"(《集成》11.6011)等。(此爲以"大"表此"仲"爲嫡出之"仲"。)

金文中不僅有"大中",還見有"小中"之稱。如屬西周中期時器《衛鼎》記"衛作文考小仲,姜氏盂鼎。衛其萬年,子子孫孫永寶用"(《集成》5.2616)等。

按:在宗法制度的親屬關係中,"大"表示嫡系,"小"表示庶出(旁系)。

---

① "太伯、虞仲、王季"之"太伯",即以"大(太)"與"伯"結合,表示其爲周太王之嫡長子。此以"大"爲"嫡"出之一例。

此種含義，見于卜辭。

如卜辭的“大示”。多數學者以爲是以上甲爲首的“直系先王”（見陳夢家《殷虛卜辭綜述》及楊升南、曹定雲、方述鑫等論文）。卜辭中又有“小示”，學界多認爲是“旁系先王”（如朱鳳瀚之文章等）。

準此：“大人”“小人”本爲宗族中“長幼”之稱。由于區分嫡庶需要，于是“大”“小”又具有嫡出、庶出之含義。先秦宗法制度，實行嫡長子繼承制，即“宗子”爲一族之長，又即一族之君。于是“大人”“小人”由宗族長幼之稱，變爲在位貴族與被治平民之名號了。

一、“大”爲嫡系之證

（一）商《勾兵》銘云：

大祖曰己、祖曰丁、祖曰乙、祖曰庚、祖曰丁、祖曰己。

祖曰己、大父曰癸、大父曰癸、仲父曰癸、父曰癸、父曰辛、父曰己。

大兄曰乙、兄曰戊、兄曰壬、兄曰癸、兄曰丙。

王國維謂：“所云大祖、大父、大兄皆謂祖父、兄行之最長者。”①

在父輩中，何以有兩個大父？李學勤以爲，大父乃父輩中居長者，實可有二。以《春秋》經傳所載魯國之譜系情况爲例：魯桓公之子，有莊公、仲慶父、叔牙和季友。慶父後裔稱孟氏。《左傳·文公十五年》杜預注“孟氏”云：“孟氏，公孫敖家，慶父爲長庶，故或稱‘孟氏’。”疏：“公孫敖，慶父之子。杜以慶父與莊公異母，庶長稱孟，雖強同于適，自稱爲仲，以其實是長庶，故時人稱‘孟氏’。”另外“隱公元年”《疏》也説：“孟、伯俱長也。”因此戈銘兩“大父”的并立，很可能即一嫡出、一庶出。只是在稱謂上没有外加區别而已。”（《殷文三戈的再研究》，《遼海文物學刊》1989年第1期）黄國輝認爲：“值商代社會，當已有嫡庶之分，宗法雛型已具。”（此種宗法，可能還是雛形，不能和其後周代社會的宗法制度相比。）由于已分嫡庶，故庶長子之外，嫡長子皆以“大”稱。由于嫡、庶長子皆稱“大”，可見嫡庶之分，不如其後周代嚴格。

（二）周人以“大”“小”分嫡庶，以伯（孟）、仲、叔、季定兄弟次第。如：

---

① 王國維：《商勾兵跋》，《觀堂集林》，中華書局，1959年，第883頁。

1. 西周末至春秋早期的《魯伯大父作孟□姜毁》銘：“魯伯大父作孟□姜媵毁，其萬年眉壽，永寶用享。”(《集成》7.3988) 屬同人作器的還有：“魯伯大父作仲姬俞媵毁，其萬年眉壽，永寶用享。”(《集成》7.3989)

這是長子的“伯”和嫡出的“大”的結合。

2. 春秋時器《大師子大孟姜匜》銘云：“大師子大孟姜作盤匜，用享用孝，用祈眉壽，子子孫孫用爲元寶。”(《集成》6.10274)

孟姜稱孟，即已説明她是大師女中最長的。而于此又冠以“大”字，表示其爲嫡出之長女矣。

3. 春秋時器《蔡侯尊》銘云：“蔡侯申作大孟姬媵尊。”(《集成》11.5939) 此“姬”姓女子，“孟”表示其爲蔡侯長女，“大”表示其爲“嫡出”的身份，與上例同義。

4. 西周中期《盠駒尊》銘云：“余用作朕文考大中寶尊彝。”(《集成》11.6011) 此銘之“中”即“仲”，爲兄弟排行第二之稱，而“大”則爲嫡出身份的稱號。

5. 西周金文以“大”爲嫡出之名，因之，“小”則爲“庶出”之稱矣。如西周中期器《衛鼎》銘云：“衛作文考小中，姜氏孟鼎。衛其萬年，子子孫孫永寶用。”(《集成》5.2616)

此銘之“中”即“仲”，表示其爲兄弟排行第二位。而“小”則與“大”相對，表示其爲“庶出”之身份也。

(三) 卜辭中以“大示”“小示”爲集合廟主之名。

多數學者認爲：“大示”，是自上甲起直系先王（包括上甲、大乙、大丁、大庚、大甲、大戌、中丁等）。而“小示”相當于“它示”，指旁系先王[①]。在此，“大”表示“嫡出”之“直系”，“小”表示“旁系”的含義，大體與西周類似。

二、宗法制度下的“大宗”“小宗”即以“大”的嫡出、直系之義，以“小”爲庶出旁系之義

《漢語大詞典》“大宗”下云：“宗法社會以嫡系長房爲‘大宗’。余子爲‘小宗’。《儀禮·喪服》：‘爲人後者孰後？後大宗也。曷爲後大宗？大宗者，

① 黄國輝：《商代親稱區别字若干問題研究》，《考古學報》2012年第3期，第269—288頁。

尊之統也。’《禮記·大傳》：‘有百世不遷之宗，有五世則遷之宗。’孔穎達疏：‘百世不遷之宗者，謂大宗也，云有五世則遷之宗者，謂小宗也。’”

又《禮記·喪服小記》：“别子爲祖，繼别爲宗，繼禰爲小宗。有百世不遷之宗，有五世則遷之宗。”疏：“别子之世長子，恒繼别子，與族人爲百世不遷之大宗也。繼禰者爲小宗，禰謂别子之庶子，其庶子所生長子繼，此庶子與兄弟爲小宗，故云繼禰爲小宗。謂之小宗者，以五世則遷，比大宗爲小也。”故云小宗。

（可見“大宗”“小宗”正以“世長子”所繼爲“大宗”，而“庶子”所繼者爲“小宗”。孔疏以“百世”爲大，“五世”爲小。未確。）

《漢語大詞典》“小宗”下云：“我國古代宗法制規定，嫡長子一系爲大宗，其餘子孫爲小宗。天子之王位由嫡長子世襲，稱大宗[①]；餘子對天子爲小宗。諸侯之君位亦由嫡長子世襲，在本國爲大宗，餘子對諸侯爲小宗。卿、大夫、士、庶人皆準此。《儀禮·喪服》：‘持重于大宗者，降其小宗也。’《禮記·大傳》：‘别子爲祖，繼别爲宗。繼禰者爲小宗。’孔穎達疏：‘别子謂諸侯之庶子也……繼别爲宗，謂别子之嫡子世繼别子爲大宗也……繼禰爲小宗，謂父之嫡子上繼于禰，諸兄弟宗之，謂之小宗。’”

又《禮記·喪服小記》：“别子爲祖，繼别爲宗，繼禰爲小宗。”注：“諸侯之庶子，别爲後世爲始祖也，謂之别子者，公子不得禰先君。繼别爲宗。别子之世長子，爲其族人爲宗，所謂百世不遷之宗。繼禰者爲小宗。别子，庶子之長子，爲其昆弟爲宗也，謂之小宗者，以其將遷也。”

按：别子之“世長子”（即嫡長子）繼别子之位，爲“大宗”。别子之“庶子”，不得禰先君，自立一宗，爲“小宗”。此正“大”“小”表嫡、庶之分之例矣。

2012年9月4日上午得此解于幹療院

---

① 《稱謂録·天子古稱大宗》：“《詩·疏》：‘王者天下之大宗。’從禮有大宗、小宗，爲其族人所尊，故稱宗子。天子則天下所尊，故爲大宗。”

“大夏”地望所在及其得名由來

一、“大夏”爲地名，其地望所在爲河、汾下流

《左傳·昭公元年》子産説晉地掌故，謂：“昔高辛氏有二子，伯曰閼伯。季曰實沈，居于曠林，不相能也。日尋干戈，以相征討。后帝不臧，遷閼伯于商丘，主辰。商人是因，故辰爲商星。遷實沈于大夏，主參。唐人是因，以服事夏、商。”杜預注：“大夏今晉陽縣。”（即今太原市）服虔注：“大夏，在汾澮之間。”《史記·秦始皇本紀》：“禹鑿龍門，通大夏。”《正義》引《括地志》：“大夏，今并州晉陽及汾、絳等州是，昔高辛氏子實沈居之，西近河。”

清代學者多以杜注不可信，服注可取。如：

顧炎武曰：“唐叔之封，以至侯緡之滅，并在于翼。《封禪書》：齊桓公西伐大夏，考之于傳，則曰至‘高梁’而還。‘高梁’在今臨汾縣。”

沈欽韓曰：“《日知録》：晉之始見于《春秋》，其都在翼。此距晉陽上百餘里，遠不相及。《史記》屢言禹鑿龍門，通大夏。所謂‘大夏’者，正今晉絳、吉、隰之地，當以服氏之説爲信。”

又《左傳·定公四年》：“（記成王封唐叔）命以《唐誥》而封于夏墟，啓以夏政，疆以戎索。”楊伯峻謂：《國策·楚策上》：“陳軫，夏人也。習于三晉之事。”陳軫三晉人而謂之夏人，足證晉封夏墟之説。

按：今地下出土文物，在西周晉侯墓地者，其地皆在山西冀縣地區。可證顧説可信。

“大夏”之地，有鹽澤。其説見于《吕氏春秋·本味》“和之美者……大夏之鹽”，高注：“大夏，澤名，或曰山名。”《校釋》引“郝懿行曰：大夏，古晉地”。陳奇猷案：《史記·晉世家》：“周武王封叔虞于唐。”《集解》：“《世本》

曰：‘唐叔居鄂。’宋忠曰：‘鄂地在今大夏。’是大夏本晉地。”

這個天下有名的“大夏鹽澤”，即“河東鹽池”。

《説文·鹽部》：“鹽，河東鹽池，袤五十一里，廣七里，周總百一十六里。從鹽省，古聲。”

段注：“《地理志》：‘河東郡，安邑[①]，鹽池在西南。’《郡國志》亦云：‘安邑有鹽池。’”《左氏傳》曰：“郇瑕氏之地，沃饒而近鹽。”服虔注云：“鹽，鹽池也。土俗裂水沃麻，分灌川野，畦水秏竭，土自成鹽，即所謂鹹鹺也，而味苦，號曰鹽田。”杜注《左氏》、郭注《穆天子傳》，皆曰：“鹽者鹽池。”然則鹽池，古者謂之鹽。亦曰鹽田。《周禮》因爲鹽不湅治之稱。

《漢書·地理志》：“河東郡安邑縣，鹽池在西南。”

《穆天子傳》：“戊子，至于鹽池。”注云：“鹽，鹽池，今在河東解縣。”

《山海經·北山經》：“景山南望鹽販之澤。”郭注：“即鹽池也。今在河東猗氏縣。”

此鹽池之鹽之特點爲：《周禮·鹽人》：“祭祀供其苦鹽。”杜子春讀苦爲鹽，謂出鹽直用不湅治。《宋史·食貨志》：“鹽之類有二：引池而成者曰顆鹽，《周官》所謂鹽鹽也；鬻海、鬻井、鬻鹼而成者曰末鹽，《周官》所謂散鹽也。”

此池之鹽，待南風而成。《本草圖經》：“河東鹽池，今解州、安邑兩池取鹽。于池旁耕地，沃以池水。每得南風急，則宿夕成鹽滿畦，彼人謂之種鹽最爲精好。”

按：《禮記·樂記》：“昔者舜作五弦之琴，以歌《南風》。”《孔子家語·辨樂解》：“昔者舜彈五弦之琴，造《南風》之詩，其詩曰：南風之熏兮，可以解吾民之愠兮；南風之時兮，可以阜吾民之財兮。”爲何“南風熏”（温暖）“時”（準時），不但可以“解”吾民之“愠”，而且可以“阜”吾民之“財”？這就是指河東鹽池，“南風至”則“宿夕成鹽”之事也。

“河東鹽池”不僅給制鹽居民以生計，而且爲國家政府提供重要的財税收入。閻若璩曰：“解縣與安邑鹽，總謂之兩池。”官置使以領之，每歲收利納二百六十萬貫。”可見其在經濟、財政上的重要地位。

爲何此關于“河東鹽池”的“南風”之歌，與“帝舜”發生關係？這與舜

---

① 《中國古今地名大辭典》：“安邑縣，夏禹所都。春秋時魏絳自魏徙此。戰國爲魏都。漢置縣。今夏縣安邑鄉之地。爲山西省唯一産鹽之區。《左傳》謂郇瑕氏之地，沃饒而近鹽，即指此地而言。池水不流，凝成因粒。朝取夕復，終無減損。其利甚薄。”

都蒲阪（今山西永濟縣）的歷史傳説有關。"蒲阪"在"河東鹽池"附近，而鹽池又爲政府重要財税收入來源。那麽以"蒲阪"爲都的帝舜歌"南風"之詩，就可理解的了。

漢以來史家，多説堯、舜、禹建都山西。吕思勉（《先秦史》171頁）總叙其説曰："鄭氏《詩譜》謂：堯都晉陽，唐叔所封。南有晉水，子燮改稱晉侯。堯後遷都平陽（今山西臨汾縣），近晉之曲沃（今山西聞喜縣）。"又云："魏都虞舜、夏禹所都之地（魏都安邑，今山西夏縣）。皇甫謐謂：堯初封唐，在中山縣（今河北唐縣）。後徙晉陽（今山西太原縣）。及爲天子，居平陽。舜所營都，或云蒲阪（今山西永濟縣）。禹受禪都平陽，或于安邑，或于晉陽（《詩·唐風·鄭譜》疏）。臣瓚則謂：堯都永安（《漢書·地理志》注：今山西霍縣）。異説雖多，要不外河、汾下流及霍山以北兩地。'"而顧炎武《日知録》謂："霍山以北，悼公以後，始開縣邑。《史記》屢言禹鑿龍門，通大夏。齊桓公伐晉，僅及高梁（今臨汾東北）而。《史記·封禪書》述桓公之言，以爲西伐大夏。則大夏必在河汾下流。"其説是。是鄭玄、皇甫謐所述堯、舜、禹之都，皆在河、汾下流。大夏之域矣。

今之學者多以爲：堯都平陽，舜都蒲阪，禹都安邑（即堯、舜、禹之都，皆在大夏之域），爲漢、晉學者之説，不見先秦記載，從而以此説爲不可信。

今按：《南風》之詩，最早著録者爲《尸子》[①]。《尸子·綽子》："舜曰：南風之熏兮，可以解吾民之慍兮。"注："案《史記·樂書》集解引南風之熏兮二句。《索隱》云：此詩之辭出《尸子》。"《禮記·樂記》："昔者舜作五弦之琴，以歌《南風》。"孫希旦《集解》："王氏肅曰：《尸子》及《家語》云：舜彈五弦之琴，其辭曰：南風之熏兮，可以解吾民之慍兮；南風之時兮，可以阜吾民之財兮。"

而今地下出土之竹簡、帛書，已證實《尸子》確爲先秦典籍，是《尸子》著録《南風》之詩時（戰國時期）舜都蒲阪之説，已經流傳于世矣。此其一。

《書·禹貢》成書于戰國中前期（其時秦未并蜀，故雍、梁二州并存；燕未强大（在燕昭王之前），故燕統于冀州等，皆可證明）。而以冀州爲帝都所在。其餘八州貢物皆循所定貢道輸至冀州，獻于帝都。《禹貢》中之帝，或以

---

① 《韓非子·外儲説左》："昔者舜鼓五弦，歌《南風》之詩而天下治。"兮是韓非時舜歌《南風》之詩，已頗爲流傳了。

爲即“禹”，或以爲乃“舜”。舜、禹之都在冀州之説，既見于《禹貢》，亦可證堯都平陽、舜都蒲阪、禹都安邑三邑之説，在戰國時確已存在，且寫入經典矣。此其二。

今山西襄汾遺址爲一大城市遺址，中有宫殿遺址、天文臺遺址，時代與堯舜時期相近。説者以爲殆爲堯都平陽之堯都。今知大夏之域爲堯、舜、禹之都乃先秦舊説。則此襄汾古城遺址性質的認定，得一有力的佐證矣。

二、“大夏”之得名源于“大鹽”

首先，“大夏”之名，在高辛氏（帝嚳）時代已經存在。實沈爲高辛氏二子之一被遷于大夏，是“大夏”作爲地名。早于夏禹、夏啓、夏王朝之“夏”數百年。“夏”王朝之所以名“夏”，蓋由于禹以夏地爲都，從而此朝代、王國得“夏”之名。此與古公亶父遷王居于周原，遂以“周”爲國名和朝代之名同例也。

其次，此地爲何以“大夏”爲名？竊以爲此地有著名的“河東鹽池”。此鹽池名“盬”（見《説文》）。盬與夏[①]：見匣旁紐，魚部叠韵，一聲之轉。此盬面積甚大。（《説文》説“衺五十一里，廣七里，周總百一十六里”，《水經注·涑水》謂“池水東西七十里，南北十七里”等。）故可名爲“大盬”。從而居于此地之先民亦以此爲名，稱爲“大盬”，轉寫爲“大夏”矣。

遷于此地之“實沈”爲帝嚳之子，堯、舜、禹都爲外來之帝。劉累之後唐。周滅唐封叔虞于此爲唐，後改稱晉。皆爲外來之族，或外來之統治者。而居于此地之原住民，則以“大夏”爲名矣[②]。

三、“大夏”族人的北遷和西移

“大夏”族人，爲河汾下流原住民。春秋時期[③]，晉國勃興，擴其境土。

① 案：夏與下通。《左傳·僖公二年經》：“虞師、晉師滅下陽。”《公羊傳》《穀梁傳》并以“下陽”爲“夏陽”。而從下得聲之字與從古得聲之字通。如苄與苦通。《儀禮·公食大夫禮》：“鉶芼車萑羊苦豕薇。”鄭玄注：“今文苦爲苄。”《説文草部》苄下引“苦”作“苄”。此夏與盬文之證。

② 《逸周書·史記解》：“昔者西夏性仁非兵，城郭不修，武士無位，惠而好賞，屈而無以賞。唐氏伐之，城郭不守，武士不用，西夏以亡。”“大夏”在河南夏邑之西，故又名西夏。而爲唐人所伐滅，唐在河東，故西夏必爲“大夏”之一名矣。

③ 《管子·小匡》記齊桓公西征：“濟河……逾大行與卑耳之貉。拘秦（當爲泰之訛，《史記·封禪書》“大夏”可證此校）夏西服流沙西虞。”可知此時“大夏”尚在河東之地。

于是戰國時之文獻記載了"大夏"北遷之事實。

《逸周書·王會解》："大夏，茲白牛。"此書列"大夏"在北方，與"禺氏"（即月氏）、犬戎（即代）、匈奴等族并在一列。

《吕氏春秋·適威》："北至大夏，南至北户。"

此在北面之"大夏"，大致地望何在？

《史記·秦始皇本紀》載琅玡刻石："六合之内，皇帝之土。西涉流沙，南盡北户。東有東海，北過大夏。"（琅玡刻石，始皇二十八年事。）

是此時"大夏"爲秦始皇統一天下後最北之邊界。按之史實，此時秦之正北邊界爲趙武靈王拓地破林胡、樓煩所得之雲中郡和雁門郡。是此時原"河汾下流"之"大夏"人已北遷至今山西之北，内蒙古之南之邊界地區矣。

然《山海經·海内東經》又記："國在流沙外者：大夏、豎沙、居繇、月支之國。"經文記此時在晉北之"大夏""禺氏"（月支）又西遷至"流沙"之外，即西域之地矣。

在晉北之"大夏""月氏"何以西遷？此當與戰國趙武靈王拓地破林胡、樓煩而立雲中、雁門郡有關。是戰國後期之事矣。趙武靈王拓地所破之"林胡"最可能即北遷其地之"大夏"族人之新名。何以故？因爲"夏"與"胡"：匣紐雙聲，魚部叠韵。同聲異寫。而"林"與"南"（來泥旁紐，侵部叠韵，一聲之轉）可以通借。"林胡"即"南胡"。與"東胡""西胡"不同，乃來自南邊（河汾下游）之"胡"也。

2006年11月16日至17日記此

2007年7月15日終審于幹療院

補　記

大夏西遷，亦見于戰國之《穆天子傳》。傳云：

"自宗周瀍水以西。至于河宗之邦，陽紆之山三千有四百里。自陽紆西至于西夏氏，二千又五百里。自西夏至于珠余氏及河首，千又五百里。自河首、襄山以西，南至于舂山、珠澤、昆侖之丘，七百里。"

陽紆爲"冀州藪"，見《周禮·職方》。在河套一帶。而"西夏"在其西二千又五百里。是其時"大夏"已部分西遷流沙以西矣。

“大夏”西遷，大約取道新疆南道。徐中舒謂：“于闐之東，也有大夏的遺迹。”（王國維）《西胡考》下説：“《大唐西域記》卷十二説：‘于闐國及址城東四百餘里，至睹貨邏故國。國久空曠，城皆荒蕪。’是睹貨羅故國在于闐之東，今和闐之東大沙磧，《唐書》謂之圖倫磧，今謂之塔哈爾馬幹磧，皆睹貨羅之訛變。”

此睹貨羅，即大夏。六朝以來，大夏名稱異譯甚多。《後漢書》謂之兜勒。佛經謂之兜佉勒、兜佉羅。《魏書》謂之吐呼羅。《隋書》《唐書》皆謂吐火羅，《大唐西域記》謂之睹貨邏。皆“大夏”二字胡語的對音。最近，斯文赫定（Sven Helin）《亞洲沙漠探險記》也有同樣的考證（以下譯文録自張星烺《中西交通史料匯編》第一册，21頁）：“新疆中央大沙漠，土人稱之爲塔克拉瑪幹（Takla-makan）。又在沙漠中發現古代之城市遺迹，亦名塔克拉（Takla）。塔克拉爲吐火邏之轉音，毫無疑義。和闐附近有村莊名托赫拉（Tochla），古代沙漠逼近城市，居民皆遷自此村。此托赫拉亦必吐火羅民族所遺留之名也。”

于闐之東，有睹貨邏故國，圖倫磧、塔哈爾馬幹磧（即張譯塔克拉馬幹）、托赫拉村諸稱，使人不能不相信此爲古代大夏民族曾經居住之地。

《西胡考》下謂大夏西征，前于月氏，僅二十年：“希臘地理學家斯德拉僕所著書，記西曆紀元前百五十年時，睹貨邏等四蠻族，侵入希臘人所建之拔底延（Bactrina）王國。是大夏之入嬀水流域，前乎大月氏者，僅二十年。故大夏居嬀水南，而大月氏居其北，此其侵略先後之次序也。此事，中國、印度、希臘古籍全相符合。”

（《再論小村與仰韶》轉引自《夏文化論文選集》，32－33頁）

文獻中，關于“大夏”所在，有五地。計爲：

1. 唐，即今翼城。《左傳·昭元年》：“遷實沈于大夏、主參，唐人是因，以服事夏、商。”故參爲晉星。《史記·鄭世家》集解引服虔曰：“大夏在汾澮之間。”正在汾水、澮水之間，今翼城所在地。

2. 臨汾，即今臨汾西。《左傳·僖九年》：“（齊桓公）伐晉，至高粱而還。”（《史記·封禪書》記齊桓公自己説：“寡人……西伐大夏，涉流沙，束馬懸車，上卑耳之山。”《國語·齊語》作“物（大）夏”。《管子·小匡》作“拘秦（乃泰之訛）夏”。）杜注：“高粱在平陽西南。”顧炎武《左傳杜解補正》云：“高粱在今臨汾縣。”又《日知録》卷三十一云：“齊桓公伐晉之師僅及高梁。而《封禪書》述桓公之言，以爲西伐大夏。大夏之在平陽，明矣。"

3. 安邑，即今夏縣境。《吕氏春秋·本味》："和之美者……大夏之鹽。"（高注："大夏，澤名，或曰山名，在西北。"郝懿行曰：大夏，古晉地。）此指解縣鹽池，地在安邑。《水經注·涑水》："安邑，禹都也。"《史記·封禪書》正義引《世本》云："夏禹都陽城，又都平陽，或在安邑，或在晉陽也。"《秦本紀》正義引《括地志》："安邑故城在絳州夏縣東北十五里，本夏之都。"《晉世家》正義云："（安邑）與絳州夏縣相近。禹都安邑，故城在縣東北十五里，故云在大夏也。"

4. 晉陽，即今虞鄉縣附近。《左傳·昭元年》："遷實沈于大夏。"杜預注："大夏，今晉陽縣。"又《定四年》："封于夏墟。"杜預注："夏墟，大夏，今太原晉陽也。"劉起釪謂：當是據《漢書·地理志》及受鄭玄《詩譜》影響而誤注在太原的。按：《世本》載禹都"或在晉陽"。《史記·六國年表》："魏哀王十六年，秦拔我蒲阪、晉陽、封陵。"《魏世家》所記同。惟"晉陽"誤倒作"陽晉"。《詩隱》引《括地志》云："晉陽故城，今名晉城。在蒲州虞鄉縣西三十五里。"是此"晉陽"，確在晉西南。

5. 鄂，即今鄉寧境。《史記·晉世家》索隱引《世本》載："唐叔虞居鄂。"宋衷注："鄂地今在大夏。"《正義》引《括地志》云："故鄂城在慈州昌寧縣東二里。"即今臨汾以西的鄉寧縣。或以此地不在"河汾之東"，不當爲"大夏"。考《史記·秦始皇本紀》及《李斯傳》并有"禹鑿龍門，通大夏"之語。只有鄂地這處大夏距龍門爲近，或者所指即此。

今按：以上五地皆在"大夏"之域，是"大夏"是一個"大"的"夏"。《始皇本紀》正義引《括地志》云："大夏，今并州晉陽及汾、絳等州是。"顧炎武《左傳杜解補正》據之而曰："然則杜氏專指晉陽者非也。《吕氏春秋》言：'龍門未闢，吕梁未鑿，河出孟門之上。則所謂大夏者，正今晉、絳、吉、隰之間。'"

是"大夏"或"夏墟"所指較廣，是"擴大了"的"夏"。那麼"夏"未擴大時之核心地區何在？曰：在安邑。"河東鹽池"，又名"盬"[①]。（《說文·鹽部》："盬，河東鹽池，袤五十一里，廣七里，周總百一十六里。從鹽省，古

① 《吕氏春秋·本味》："和之美者……大夏之鹽。"高誘注："大夏，澤名，或曰山名。"芻以"澤名"爲是。因爲鹽池出鹽，非鹽山明矣。然則"大夏"初義爲"澤名"。即"河東鹽池"之名。河東鹽池名"盬"（見《說文》），其面積大，故爲"大盬"。轉音則爲"大夏"矣。

聲。”）“鹽”作爲此地之名，通借寫作“夏”。故禹繼鮌爲“崇伯”，稱“崇禹”，居于陽城，及入爲王官，作堯舜之“司空”。其時帝都平陽。而封禹以“安邑”爲其“埰地”。“安邑”當時以其地有“鹽”，乃名“鹽”，書寫爲“夏”。故由“崇禹”而變爲“夏禹”。以“夏”（鹽）地爲采邑，即爲“夏”之“后”。故自禹起而以“夏后”爲氏。其後禹繼舜爲帝，以帝都在“平陽”，故又有“禹都平陽”之説。

2011年9月11日上午，時近中秋也矣

又：劉起釪[①]謂：“遷至西域的‘大夏’，尚保存古音。故音譯時，《隋書》《北史》皆譯作‘吐火羅’。（《北史》又承《魏書》，有吐呼羅，都薄羅，疑一族分化或傳聞異譯。）《大唐西域記》則譯作‘睹貨邏’。‘羅（邏）’爲語尾。‘吐’‘睹’則爲‘大’的對音。（《大誥》篇中以‘圖’爲大，與此同。）‘火’‘貨’則爲‘夏’的對音。”按：劉説是也。古“夏”音匣魚。“貨”音曉歌，匣曉旁紐，魚歌通轉。是“夏”與“貨”正爲一聲之轉。“火”古音曉微，爲“貨”之轉音（貨與火，曉紐雙聲，歌微旁轉）。

而“大”與“吐”，定透旁紐，月魚通轉。“大”與“睹”，定端旁紐，月魚通轉。皆爲一聲之轉。

“大夏”是中國人，西遷西域，再遷中亞。其所據之國，統治者爲“大夏人”，被統治者爲“當地人”。（有如亞力山大大帝東侵亞洲，所建立的希臘人統治、當地人被統治之國家。）有此學者以爲西遷之“大夏”爲白種之外國人，失之。

2016年6月27日上午

① 劉起釪：《由夏族原居地縱論夏文化始于晉南》，《華夏文明》第一集，第39頁。

防風氏“守封隅之山”爲“封丘”説

《國語·魯語下》:“仲尼曰:(防風氏)汪芒氏之君也。(韋昭注:汪芒,長狄之國名也。)守封隅之山者也。(韋注:封,封山。隅,隅山。在今吴郡永安縣也。)爲漆姓。在虞、夏、商爲汪芒氏,于周爲長狄,(韋注:周世其國北遷,爲長狄也。)今爲大人。(韋注:今,孔子時也。)”

韋注“封、隅之山”説爲封山、隅山二山。其地望在“今吴郡永安縣”,即“今浙江德清縣西南”(《中國歷史地名大辭典》)。

但是“汪芒氏”又是“長狄”“大人”。其活動地區見于史籍者在黄河中下游。韋注只好以“周世其國北遷”來加以解釋,這是很無奈的事。

按:“封嵎之山”是一山而非二山。徐元誥《國語集解》即謂:“元誥案:《説文》:‘嵎,封嵎山在吴楚之間(《玉篇》作吴、楚),似封隅是一山也。’”其説有據。

山何以名“封隅”?當是“封山之隅”,即封山之一隅而得名。有如“番禺”,“縣名番禺,儻謂番山之禺也。”(《水經注·泿水》)

竊謂此防風氏所守之“封隅”,即“封山之隅”,一即古之“封丘”是已。

封丘爲古諸侯國即封父之國。《左傳·定公四年》:“分魯公以大路,大旂,夏后氏之璜,封父之繁弱。”杜注:“封父,古諸侯也。”《新唐書·宰相世系表》:“封氏出自姜姓至夏后氏之世,封父列爲諸侯,其地汴州封丘有封父亭,即封父所都。”

《中國歷史地名大辭典》:“封丘縣,西漢置,屬陳留郡。治所即今河南封丘縣。”

春秋時,鄋瞞所侵之國爲魯、宋、齊、衛。《左傳·文公十一年》:“鄋瞞侵齊,遂伐我,公卜使叔孫得臣追之……敗狄于咸,獲長狄僑如。”又:“初,宋武公之世，鄋瞞伐宋（在春秋前）。司徒皇父帥師禦之……以敗狄于長丘，獲長狄緣斯……晉之滅潞也（在宣十五年），獲僑如之弟焚如。齊襄公之二年（在桓十六年），鄋瞞伐齊，齊王子成父獲其弟榮如……衛人獲其季簡如，鄋瞞由是遂亡。”蒙文通（《古族甄微》1117 頁）謂：“考長狄所侵之國。曰魯，曰宋，曰齊，曰衛，于斯亦足知長狄居土之所在也。”如長狄之根據地爲封丘。其地望合乎以上要求。

2017 年 4 月 4 日終審

金文中的“淮夷”與“南淮夷”

1.《集成》2.429：“聖靡公悏擇其吉金……自乍（作）隻敳……余以眘（會）同生（姓）九禮，以飤大夫、倗友。［余以］宅東土，至于淮之上。”

2.《集成》5.2734：“唯正五月，初吉丁亥。周伯邊及仲㑵（催）父伐南淮尸（夷），孚金。用乍（作）寶鼎……”

3.《集成》5.2824：“……王用肇事（使）乃子㦰，率虎臣御（禦）淮戎……”

4.《集成》5.2833：“禹曰：……用天降大喪于下或（國），亦唯噩（鄂）侯馭方率南淮尸（夷）、東尸（夷），廣伐南或（國）、東或（國），至于歷内……雩禹以武公徒？馭至于噩（鄂）？……休獲厥君馭方……”

按：“馭方率南淮尸、東尸，廣伐南或、東或”，是南淮夷伐南國，東夷伐東國。則南淮夷位在南國，有如東夷之位在東國，是很清楚的了。

5.《集成》8.4314：“王若曰：師寰。𡨦（㦰）淮尸（夷），繇我員（帛）晦臣。今敢博（薄）厥眔叚（暇）、反（返）氒（厥）工事（使），弗速（迹）我東國（郕），今余肇令女（汝），率齊師、曩（紀）、釐（萊）、僰，𡱂（殿）左右虎臣，征淮尸（夷），即賀（餈）厥邦嘼（酋），曰冄、曰䇂（䘮）、曰鈴、曰達。師寰……拆首執訊，無諆（𧶜）徒馭，歐（毆）俘士女、羊牛，俘吉金……”

按：此淮夷“弗速我東國”而周王征之以齊師（包括曩、萊之兵），是此淮夷爲淮水下游之夷。與上1“［余以］宅東土，至于淮之上”之淮合。

6.《集成》8.4323：“唯王十月，王在成周，南淮尸（夷）遱、殳，内伐洰、昴、參泉、裕敏、陰（陰）陽洛。王命敔追鄧（攔）于上洛、㤊（㤊）谷，至于伊、班。長榜（榜）蔵（載）首百，執訊卌（四十），奪俘人四百。

啚于燮（榮）伯之所，于烬（烬）衣諱，復休厥君……”

按：南淮夷入伐，至于洛、伊流域。當是由南北上入侵。

7.《集成》9.4435：“虢仲以王南征。伐南淮尸（夷），在成周，乍（作）旅盨，兹盨友（有）十又二。”

按：王南征南淮夷從成周出發，可知：南淮夷在成周之南也。

8.《集成》9.4460：“王征南淮尸（夷），伐角、津，伐桐、遹（僪）。翏生（甥）從。執訊折首，俘戎器，俘金，用乍（作）旅盨……”

9.《集成》9.4464：“唯王十又八年正月。南仲邦父命駒父𣪕（即）南者（諸）侯，達（帥）高父見南淮尸（夷），厥取厥服，堇（謹）尸（夷）俗。㒸（遂）不敢不敬畏王命。逆見我，厥獻厥服。我乃至于淮，小大邦亡敢不炊（敹）具（俱）逆王命。四月，還，至于蔡……”

按：此可取南淮夷所包甚廣，包括“淮大，小邦”。此方位，在“蔡”（今河南上蔡縣西南）之南面，沿淮水地區。

10.《集成》9.4631：“……曾伯霥（漆）……克狄（逖）淮尸（夷），印（抑）燮繁（繁）湯（陽），金導鐊（錫）行，具既卑（俾）方……”

按：此“淮夷”與“繁陽”并列，二者當不甚相遠。《左傳・襄四年》（前5691）“楚師爲陳叛故，猶在繁陽”，杜注：“楚地，在汝南鮦陽縣。”即今河南新蔡縣北三十里韓集鎮（《中國歷史地名大辭典》）。此淮夷即察明乃南淮夷地區之夷矣。

11.《集成》10.5420：“王令𢦔曰：𠭯、淮尸（夷）敢伐内國。女（汝）其以成周師氏戍于古豐（固）師（次）……”

按：“古豐或釋‘葉’，讀‘葉’。”可從。《左傳・昭十八年》：“葉在楚國，方城外之蔽也。”在今河南葉縣南二十八里舊縣。周師戍葉，所以備淮夷内伐地勢正合。因淮水正在葉縣之南也。

12.《集成》16.10174：“王令甲政𤔲（司）成周四方責（積），至于南淮尸（夷）。淮尸（夷）舊我㠯（帛）晦人，毋敢不出其㠯（帛）、其責（積），其進人。其責（積），毋敢不即𠂤（次），即市。敢不用令（命），則即井（刑）𫹉（撲）伐。其唯我者（諸）侯、百生（姓）、厥貯（賈），毋不即市，毋敢或入䜌（蠻）宄貯（賈），則亦井（刑）……”

按：此云“至于南淮夷”，又云“淮夷舊我帛晦人”。可以解釋爲：南淮夷是“淮夷”之一部。所以以“南”名之，以其在淮夷主體之南也。

總之，金文曰“淮夷”，可考其方位者，皆在“淮水”之中、下流，即東部之“淮夷”。

而“南淮夷”則與“南國”相屬。周王伐之爲自成周“南征”，是其地在淮水之南之江漢地區矣。

《詩·大雅·江漢》言宣王命召公經營南國，用兵江漢，所討伐者爲“淮夷”。此江漢地區（即荆州地區）之“淮夷”，正與金文之“南淮夷”合。蒙文通先生曾指出此點，正見其卓識。

江漢地域，有淮夷，所以其地也有淮水、淮山。這當是淮夷南遷江漢，所居之水遂得淮名也。鄧少琴先生曾面告此意。

《漢書·地理志》漢中郡房陵縣：“淮山，淮水所出，東至中廬入沔。”《水經注·沔水》：“沔水又東過中廬縣東，淮水自房陵縣淮山東流注之。”（《中國歷史地名大辭典》謂：“亦作維水，即今湖北襄陽縣西南維水。”）

這樣，《大雅·江漢》之“淮夷”得解。金文之“南淮夷”之地望，亦得到解决。

2008年9月18日上午

2017年7月16日終審于幹部療養院

“楊越”爲楊人與越人説

古文獻載楚境内及其南鄰有“楊越”，或作“楊粤”。主要材料爲：

一、《史記·楚世家》：“當周夷王之時……熊渠甚得江漢間民和，乃興兵伐庸、（《集解》：杜預曰：庸，今上庸縣。《正義》：《括地志》云：“房州竹山縣，本漢上庸縣，古之庸國。昔周武王伐紂，庸蠻在焉。”《考證》：今湖北鄖陽府竹山縣有庸國。）楊粤，（《索隱》：有本作楊雩。音籲。地名也。今音越，譙周亦作楊越。《考證》：《漢書·南粤王傳》“略定楊越”，顔師古曰：“本揚州之分故云楊粤。”）至于鄂。（《正義》：劉伯莊云：“地名，在楚之西，後徙楚，今東鄂州是也。”《括地志》云：“鄧州向城縣南二十里西鄂故城，是楚西鄂。”《考證》：今湖北武昌府武昌縣有鄂城。）熊渠曰：‘我蠻夷也，不與中國之號謚。’乃立其長子康爲句亶王，（《集解》：張瑩曰：今江陵也。《索隱》：《系本》康作庸，亶作袒。《地理志》云：“江陵，南郡之縣也。楚文王自丹陽徙都之。”《考證》：《帝系》康作毋康。）中子紅爲鄂王，（《集解》：《九州記》曰：“鄂，今武昌。”《索隱》：有本作“藝經”二字，音摯紅，從下文熊摯紅讀也。《古史考》及鄒氏、劉氏等音。無藝經，恐非也。《正義》：《括地志》云：“武昌縣，鄂王舊都。今鄂王神即熊渠子之神也。”）少子執庇爲越章王，（《索隱》：《系本》無執字，越作就。《考證》：其長子以下是本《帝系》。《帝系》執庇作疵，越章作戚章。）皆在江上楚蠻之地。”

二、《戰國策·秦策三》蔡澤言：“吴起爲楚悼王……南收楊越，北并陳蔡。”（鮑彪曰：“越屬楊州。”）

此事，《史記·范雎蔡澤列傳》記爲：“吴起爲楚悼王……南收楊越，北并陳蔡。”

而《史記·孫子吴起列傳》則記爲：“（吴起相楚）……于是南平百越，北并陳蔡。”

《後漢書·南蠻傳》則叙述爲：“及吴起相悼王，南并蠻、越。遂有洞庭、蒼梧。”

三、《史記·南越列傳》：“秦時已并天下，略定楊越，（《集解》：張宴曰：楊州之南越也。《索隱》：案《戰國策》云：“吴起爲楚收楊越。”《正義》：“夏禹九州，本屬楊州，故云楊越。”）置桂林、南海、象郡。（《索隱》案：《地理志》武帝更名桂林曰鬱林。《秦本紀》：始皇三十三年略陸梁地，以爲南海、桂林、象郡。《地理志》云：“武帝更名日南。”）”

這個爲“楚”攻略的“楊越”（或作楊粵）何解？鮑彪注爲“越屬楊州”。張宴解爲“楊州之越”。顔師古解爲：“本楊州之分，故云楊粵。”他們都是以“楊”爲“越”的限定詞，并且“楊”是“楊州”，所以“楊越”即“楊州之越”。許多學者都從此説。蒙文通認爲“楊越”只能在“楊州”，故考定熊渠少子執疵占“楊越”之地，號“越章王”，即越地之鄣王，在漢之“丹陽郡”，今之安徽省當塗縣[①]。（見《越史叢考》，人民出版社，第8頁）

這種解釋難通。熊渠興兵所伐之次序是“伐庸、楊粵，至于鄂”。是由西向東，先庸，次楊粵，最後至于鄂。則“楊粵”在“庸”與“鄂”之間，何得遠出鄂之東面近千里之安徽當塗耶？此其一。

吴起“南收楊越”（《戰國策·秦第三》《史記·范雎蔡澤列傳》）。而《後漢書·南蠻傳》記爲：“南并蠻、越，遂有洞庭、蒼梧。”是此“楊、越”被收并之地爲“洞庭、蒼梧”。試問：洞庭、蒼梧是荆州之域，還是楊州之域？以《禹貢》“荆及衡陽惟荆州”而論，洞庭、蒼梧正是荆州地。荆州之地有“楊、粵”，則“楊粵”不能解爲“楊州之越”也，明矣。此其二。

“秦并天下，略定楊越”，而置“桂林、南海、象郡”，即後世廣東、廣西，其地在荆州之南。與《禹貢》“淮海惟楊州”之“楊州”，有何關涉？其地能以“楊州之分”稱呼耶？此其三。

竊以爲此“南收楊越”之“楊越”當分讀，即“南收楊、越”。與“南并蠻、越”（《後漢書·南蠻傳》之“蠻、越”分讀同例。并與“天子賜胙，曰：鎮爾南方夷、越之亂，無侵中國”（《史記·楚世家》）之“夷、越”分讀同例。

---

① 宋翔鳳謂：越章，即漢丹陽，今當塗縣（《過庭録·楚鬻熊居丹陽武王徙郢考》）。蒙先生當承其説。

换句話説“楊越”是指兩種族稱的人，即楊人與越人。有如“蠻越”指蠻人與越人，“夷越”指夷人與越人也。

這樣，楚境有“楊、越”就得到合理的解釋了。

楚境或荆州有“越人”存在，是見于文獻的。《説苑》記鄂君子晰，官爲令尹，“泛舟于新波之中……榜枻越人擁楫而歌”之事，是楚地有越人之證。《北堂書鈔》卷一一四《武功部》引《竹書紀年》：“周穆王伐大越，起九師，東至九江，駕黿鼉以爲梁也。”《禹貢》九江在荆州，是荆州有越人也。（伐越，或作紆、紂、荆、楚。紂爲紆之訛，紆爲越之聲近通借字。楚則其時僻在丹陽，無由據有九江。荆則爲地名，非族名。故楊寬以爲“越”是本字，當從。）1949年以來，湖南地下出土文物中也發現了一些越式兵器、青銅器，與古文獻所記合①。

楚境是否有“楊人”存在呢？答案是肯定的。《逸周書・王會》：“蠻楊之翟。”此“蠻楊”次在“長沙鱉”之後，“倉吾翡翠”之前。其位置正當荆楚之域。孔晁注解此爲“楊州之蠻供翟鳥”。大誤。何謂“蠻楊”，謂其爲“蠻”之一種名“楊”者，也即“楊蠻”是矣。

楚或荆州之“蠻楊”或“楊蠻”是何族類之人？曰“巴、濮”之人是也。《方言》：“巴濮之人，自呼曰阿陽。”《爾雅・釋詁上》：“陽，予也。”郭璞注：“《魯詩》曰：‘陽如之何。’今巴濮之人自呼阿陽。”《後漢書・南蠻西南夷列傳》：“名渠帥曰精夫，相呼爲姎徒。今長沙武陵蠻是也。”《正字通・女部》：“婸，我也。”《漢書・西南夷傳》：“僰人自稱曰婸。”《方言》：“巴、濮之人自呼曰阿婸，婸之言我也，通作姎。”

此“陽”“婸”“姎”皆巴、濮自呼之同音異寫。此族群之人以“阿陽”自呼，從而爲他族之人（如中原人）稱爲“楊蠻”，或“蠻楊”，這是經常發生的事。如西南夷族群稱人爲“蜀”（即彝族之“蘇”，麼些之“些”，栗粟之“粟”之音的異寫），他人即稱此族群人爲蜀人也。（此方國瑜先生説，正確不可易也。）

---

① 里耶秦簡載其地有“越人”。見湖南里耶一號井出土的秦簡中，記載了秦占領楚境後，遷陵境内“越人”的一次反叛。其簡文爲：“廿六年六月癸丑。遷陵拔‘訊榱蠻，衿□’［J（12）10A］鞫之：越人以城邑反。蠻，衿，害弗智（知）□［J（12）10B］。”（此據馬怡《里耶秦簡選校》。轉引自張榮强《湖南里耶所出“秦代遷陵縣南陽里户版”研究》，《北京師範大學學報（社科版）》2008年第4期）又，在《逸周書・王會》“巴人”在西，而“蠻楊”在南。這表明《王會》製作時期。巴人已經由鄂西、湘西西進四川東部，故在西。而留在湖北、湖南之巴、濮人則以“蠻楊”稱之，故在南也。

而文獻中大量材料表明：荆楚之地，巴、濮之人是大量存在的，文繁不具引。因此，《戰國策》《史記》謂吴起"南收楊越"，《後漢書》改稱"南并蠻越"一事而兩種稱謂，乃"楊"即"蠻楊"，是"蠻"之一種。故"楊越"得稱"蠻越"也。

《史記・南越列傳》謂："秦時已并天下，略定楊越，置桂林、南海、象郡。"何以太史公稱"桂林、南海、象郡"即今廣西、廣東和貴州北部爲"楊越"之地？這是指這些地區，主要民衆或爲"越族"，或爲"楊族"，即"濮族"。這與近代民族史研究所得的認識，即兩廣地區不僅有越人先民，也有濮系先民相合。

换言之，在先秦至秦漢，不僅楚地（湖南、湖北）有楊（濮）與越，而且楚之南之南海、桂林、象郡地區，主要民族成分也是越族與楊族（即璞族）。這比後來以"百越"來稱呼這些地區的民衆，要確切些。

結論：先秦秦漢之"楊越"，不是"楊州之越"二字，當斷讀爲"楊、越"，各爲一族之名。與"蠻、越""夷、越"二字斷讀，各爲一族之名同例。

"楊、越"之"楊"即《逸周書・王會》"蠻楊之（占）翟"之"蠻楊"，爲"蠻"之一種，可名爲"楊蠻"。"楊蠻"何人？即"巴、濮人自稱曰阿陽"之"巴、濮人"是也。亦可以"濮"族名之。是"楊、越"即"濮越"之又一名矣。

先秦時代，楚有濮越之民。故熊渠伐庸，楊越至于鄂之"楊、越"，指江陵至武昌之間某地，其民爲濮、越雜居之地。吴起南收楊越，"遂有洞庭、蒼梧"亦指楚南這些地區之民，有濮、有越也。至于"秦并天下，略定楊越以爲桂林、南海、象郡"正表明先秦時代這些地區亦有濮、有越，與後世同，亦提供了寶貴的民族史料也。

2008年9月15日至16日寫此解于幹療院

附記

《爾雅・釋詁上》："陽，予也。"郭璞注："《魯詩》曰：'陽如之何。'今巴、濮之人，自呼阿陽。"

郭所引《魯詩》乃《陳風・澤陂》。《魯詩》："有美一人，陽如之何。"（今

《毛詩》作“傷如之何”。）王先謙（《詩三家義集疏》）謂：“《魯詩》釋‘陽’爲‘予’，與毛詩合。言此有美一人，我奈之何也。”

《陳風・澤陂》之詩，以“陽”爲“予”“我”之自稱代辭。竟然與“巴、濮之人，自呼阿陽”相同。此何故耶？

《漢書・地理志》：“陳本太昊之虛。周武王封舜后嬀滿于陳，是爲胡公，妻以元女大姬。”是陳地本爲“太昊之虛”。其地有太昊遺族之人。而此以“陽”爲“予”之方言，當爲太昊遺族之俗語矣。

那麽，巴、濮人何以又“自呼曰阿陽”與陳地之方言相同？這當由“巴人”爲“太昊”族之一部分解之。

《山海經・海内經》：“西南有巴國（郭璞注：今三巴是）。太皞生咸鳥，咸鳥生乘釐，乘釐生後照，後照是始爲巴人（郭璞注：爲之始祖）。”

巴人爲“太昊”族之一支。太昊之虛的陳國以“陽”爲“予”。而“巴、濮人，自稱曰阿陽”，正是巴人爲“太昊”族之一支的一個證據。

2017年7月16日終審于幹部療養院

《爾雅·釋地》“四荒”之“日下”指“北極”説

《爾雅·釋地》：“觚竹、北户、西王母、日下，謂之四荒。”郭璞注：“觚竹在北，北户在南，西王母在西，日下在東，皆四方昏荒之國，次四極者。”

此四荒中，“北户”在南，是交趾一地名。西王母在西，是新强一國名。學者認識基本一致。

觚竹，即“孤竹”，在漢之“遼西郡”，這在學者中無異義。但郭璞認爲“觚竹在北”，即爲“北荒”之所在，却令人發疑。孤竹在漢遼西郡，今河北東北鄰渤海之地，何得爲“北荒”耶？

“日下”是何意義？郭璞謂“日下在東”，即“東荒”解之。鄭樵因之，遂謂“即今日本國也”。邵氏《正義》以爲“嵎夷”。郝氏《義疏》謂“嵎夷”，“雖在東表，然是賓日之地，而無日下之名”。其説是“日下”不在“嵎夷”。然“日本”乃東方日出之處，何得當“日下”之名耶？（“下，落也。”“下，去也。”豈得以“日出”爲“日下”耶？）

是郭璞之注，兩處令人起疑矣。

顧實《穆天子傳西征講疏》則謂：“觚竹或取諧音，北户以其居屋爲名，日下則猶塞下也，惟西王母乃以人名而變爲地名。”

竊謂“四荒”之“日下”正指北極寒冷之域。與南方“北户”爲對。“觚竹”（即孤竹）正在“東表”，與正在西荒之“西王母”爲對。

“日下”何以指“北荒”即“北極地區”？按：“下”有“落也”義（《爾雅·釋詁》），引出“除去，舍去”之義。（《漢詞大詞典》“下”下云：“除去，舍去。”《周禮·秋官·司民》：“司民，掌登萬民之數。自生齒以上，皆書于版……歲登下其死生。”鄭玄注：“下猶去也。每歲更著生去死。”）所以“日下”即“太陽舍去的地方”。

天下有“太陽舍去的地方”嗎？古人認爲是有的。

《楚辭・天問》：“日安不到？燭龍何照？”王逸注：“言天之西北有幽冥無日之國，有龍銜燭而照之也。”張凰翼注：“日安不到，言日何以有不到也。”“日所不到之地”，即“日照所舍去之處”，亦即“四荒”之“日下”矣。

《淮南子・墜形訓》：“燭龍在雁門北，蔽于委羽之山，不見日。其神人面龍身而無足。”《初學記》三引許注曰：“不見日，故龍以目照之。”《洞冥記》東方朔：“游北極，至種火之山，日月不照，有青龍銜火，以照山之四極。”《山海經》“海外北經之燭陰”，亦即《大荒北經》之“燭龍”，即此。

北極之地，半年白晝、半年黑夜。在半年黑夜時段，“日所不到”，遂有“北極光”發生。古人遂以爲“燭龍以目”或“銜火”照九陰矣。

故《爾雅》四荒當解爲：“觚竹”東荒（在東海之表），“北户”爲南荒（交州）。“西王母”爲西荒（在昆侖之西）。“日下”爲北荒（在雁門之北的北極地帶）。

2009年10月6日上午

2017年2月11日終審

金文“伐楚在炎”之“炎”地望解

1.《集成》8.4300：“唯王于伐楚，伯在炎，唯九月既死霸丁丑，乍（作）册夨令尊宜于王姜。姜商（賞）令貝十朋、臣十家、鬲百人，公尹伯丁父兄（貺）于戍，戍冀嗣乞（訖）……”

2.《集成》10.5416：“唯九月，在炎師（次）。甲午，伯懋父睗（賜）召白馬、妦黃、𩬍（髮）微，因不（丕）杯（丕）召多，用追于炎。不（丕）𦅫（肆）伯懋父睿（友）召，萬年永光、用乍（作）團宮旅彝。”

以上之“炎”，乃“伐楚”行軍所歷之地。當即“炎師”（次）之簡稱。則二辭爲伯懋父南征之事矣。

3.《集成》5.2809：“唯三月丁卯，師旂眔僕不從王征于方雷。使厥友引以告于伯懋父，在艿……”

4.《集成》4044：“五月初吉甲申，懋父賞禦正衛馬匹自王，用乍（作）父戊寶尊彝。”

5.《集成》8.4201：“唯五月壬辰，同公在豐，令宅事伯懋父，伯賜小臣宅畫毌、戈九……”

6.《集成》8.4238：“叡，東尸（夷）大反（叛），伯懋父以殷八師征東尸（夷）。唯十又二月，遣自𩁹師（次），述東陕，伐海眉（堳），雩厥復歸在牧師（次）。伯懋父承王令（命），賜師率征自五齵貝。小臣謎（誎）蔑曆，眔賜貝，用乍（作）寶尊彝。”

7.《集成》15.9689：“唯四月，伯懋父北征貝，唯還，呂行𢦏（捷）孚（捋）兕（犀），用乍（作）寶尊彝。”

按：如果“王于伐楚”之“楚”，是“荆楚”（這是很可能的）。則“炎”可讀爲“郾”。（炎與郾，匣影鄰紐，談元通轉。）《説文》：“郾，潁川縣，從邑，匽聲。”《正字通》：“郾屬潁川，即古郾子國故地。戰國屬魏。今爲開封府許州郾城縣。”《史記·蘇秦列傳》：“大王之地，南有鴻溝、陳、汝南、許、郾、昆陽、召陵、舞陽、新都、新鄭。”司馬貞《索隱》：“（郾）《戰國策》作‘鄢’。案：《地理志》潁川有許、郾二縣。”

金文記月之不同方式與“三正”問題

一、前人關于“三正”問題的認識

陳久金《曆法的起源和先秦的四分曆》謂：《史記・曆書》説：“幽、厲之後，周室微，陪臣執政，史不記時，君不告朔，故疇人子弟分散，或在諸夏，或在夷狄，是以其禨詳廢而不統。周襄王二十六年閏三月，而《春秋》非之。”因此各諸侯國是可能自己安排曆法（此事在金文有證）。

王韜等曾經根據《春秋》和《左傳》所載史事日月不同，判斷出各諸侯國所用歲首不同①。并分析了《春秋》《左傳》中大量日期記載上有規律的矛盾的事實，證明了與夏民族有關的諸侯國，例如晉國（如《繼書缶》亦用周正，如《晉姜鼎》用“王 x 月”，即周正。西周金文又用“正 x 月”，蓋即晉用夏正）、中山國及戰國時的魏國等都用夏正，出自周地的文獻，如《詩經》中的《大雅》《小雅》《豳風・七月》等證明周也兼用夏正；與殷民族有關的諸侯國，例如宋國、鄭國、楚國用殷正（越器金文有用殷正之例）；周地用周正，以及受周政治文化影響較深的諸侯國，例如魯國、鄒國都用周正。從各民族的族源和演變，以及從《春秋》《左傳》所引各諸侯國史料分别進行研究分析所得到的結論，是互相一致的。這説明以上説法有一定的根據。

又，崔述《三代正朔通考》（《崔東壁遺書》，495 頁）謂：《書・召誥》之“二月”、《多士》之“三月”皆不書“王”。蓋《召誥》《多士》皆周書，周書則周正矣。故不必自冠以“王”。《春秋》諸侯之史也。諸侯因有用二代之正者，不冠以“王”，則不可必其爲子正。故書曰“王正月”。由是言之，王正則

① 《春秋曆學三種》：《春秋朔閏日至考》《周不頒朔列國之曆各異説》《晉周夏正考》。

周正也。

崔述《三代正朔通考》論證“三正”分别行于列國。舉例如下：

(1)《春秋》經用周正。如，隱九年：“三月癸酉，大雨震電。庚辰，大雨雪。”夏正之“三月”震電，非灾也。僖十年：“冬，大雨雪。”夏正之“冬”非灾也。僖三十三年：“冬十二月隕霜不殺草、李梅實。”霜之殺草，果之再實，皆在亥月，非夏正也。桓十四年：“春正月無冰。”成元年：“春二月，無冰。”襄二十八年：“春，無冰。”夏正之春，非冰時也。哀十二年：“冬，十二月螽。”十三年：“冬十二月螽。”夏正之十二月非螽時也。莊七年：“秋，大水。無麥苗。”麥之與苗，夏正五月事也。（無麥與禾，然後書之。）莊二十八年：“冬，筑。大無麥禾。臧孫辰告糴于齊。”禾之有無，夏正八月事也。其他如“三饑”兩有年之書于冬，“雨雪”“隕霜殺菽”之書于“十月”，其斷斷不可謂之夏正。

(2) 用夏正之例。晉以十二月朔滅虢，而卜偃以爲在“九月、十月之交”。絳縣老人以三月朔生，而云“臣生之歲正月甲子朔”。鄭祭足之“取麥”，《傳》書于四月；“取禾”，《傳》書于秋。謂《傳》[①] 之不用夏正，不可也。《豳風》云：“七月流火，九月授衣。”《小雅》云：“四月維夏，六月徂暑。”謂《詩》之不用夏正，不可也。

(3) 三正并行于侯國。古之時，三正雖迭建于帝廷，亦并行于侯國，猶諸侯上奉天子之元年而又自以其即位之年紀元于其國也，蓋諸侯之曆。其先皆有所授，行之既久，其民安焉。有王者作……亦不强改其曆使從已也。故商之建丑，周之建子，非改曆也，湯以前本建丑，而文、武以前本建子也。

晉封于夏故墟，民習于夏正者久，故其曆仍用夏正。以《竹書紀年》考之：曲沃莊伯之元年正月，乃周平王之三十八年三月也。是以周十二月，卜偃謂之十月。周三月，絳縣老人謂之正月。晉趙武以襄二十五年秋爲政，至昭元年正月當爲八年，而祁午謂之七年。此晉用夏正，非周亦用夏正也。而左氏作《傳》，亦多采舊史夏正之文而未及改。如卓子之弑、申生丕鄭之殺，《經》在明年春，《傳》皆在前年冬；韓之戰，《經》在十一月壬戌，《傳》在九月壬戌，是也。其記他國之事亦間有用夏正者。如齊桓之卒，《經》在十二月乙亥，《傳》在十月乙亥，是也。斷或其國亦用夏正，或此國之事，旁見于彼國之史，

---

① 此《傳》指《左傳》。

均未可知。是以“取麥”書于四月，“取禾”書于秋也。

而以推之《傳》文，不但正月不同，即置閏亦互異。如王子朝之亂，衛侯輒之奔，《經》《傳》之文，皆差一月。乃知列國皆自用其曆。

(4) 周夏二正，原自兼行。若夫王朝記事之書，則無不用周正者，且純用周正者，唯“四月維夏，六月徂暑”一詩耳，其餘則周、夏之正義皆可通者較多。若《豳風》，則自巳月至亥月用夏正，子月至卯月兼采周正。而辰月謂之“蠶月”，此蓋當時里巷之語云然。

(5)《月令》《周官》皆戰國時所撰，不用周正，用夏正。此二書多以“孟春”“仲夏”爲文，而罕舉月數者則亦以三代之正并行通用，故變文而稱夏時，欲其對考而易辨耳。

(6)《孟子》曰：“七八月之間旱”“七八月之間雨集”“十一月徒杠成，十二月輿梁成”，此非夏正，明矣。夫今之水涸皆在秋分以後，今之成梁皆在小雪以前，且民之病涉莫如亥、子、丑之三月。《記》曰：“正月日至，可以有事于上帝。七月日至，可以有事于祖。”此非夏正，明矣。

《易臨》“八月有凶”云者，或主周正而以爲“遁”，或主夏正而以爲“觀”，或主商正而以爲“否”。説皆可通，理難相勝，要之亦不甚合。(聞一多以爲是“周正”，讀“臨”爲“瀶”，即“霖”。故出“八月有凶”之占。此“八月”即《孟子》“七八月之間雨集”之“八月”，正周正也。)

又，戚學標《復崔東壁論三正及經界書》(轉引自《崔東壁遺書》，1053頁）謂：(魯用周正。）如《春秋》書“雩”二十，皆在七、八、九月，正百穀望雨之時，綦毋遂謂周之秋，在夏爲盛陽之月，故《孟子》曰“秋陽”。“見《春秋》傳者，唯晉顯用夏正，宋用商正。”實則周時民俗，參用夏時。《周官》有直言“正月之吉”者，周正也，不直曰“十二月”，而曰“歲十二月”者，夏時也。《大司徒》言“正月”，又言“正歲”，三正并行，見之教令。

王崧《樂山集·春王正月解》(《同上》1063頁）謂：隱公六年，冬，宋人取長葛。《經》書冬，而《傳》作秋。宋本殷之後，襲用商正，故建酉之月，周以爲冬，宋以爲秋。

新城新藏研究春秋曆法，認爲：西周時使用近于夏正之曆。春秋前期，使用近于殷正之曆。中期以後，改用近于周正之曆。這種説法很可能是合乎事實的。(周人以夏正十一月爲歲首。《豳風·七月》即述其事。而《七月》絶爲西周晚期作品。故《春秋》“春王正月”儘管不少年份，并不真正在夏正十一月

（或子，或寅），此當以測時疏闊所致爲解。春秋後期“春王正月”多在夏正十一月。此當從魯史測日至更精確。大、小月安排更合理來解釋，而不當用此時才“改用”周正也。）因爲周代天文學上有幾次大的變革，反映在觀測方法上也有幾次大的改變。因而在曆法改革上也有所反映。

據《中國史稿》：周人同夏朝有聯繫。傳説周的始祖弃做過夏朝的農官。（《尚書》中，周人自稱“區夏”，周人語音爲“雅（夏）”音。）所以西周可能也用夏正。（説西周沿用夏正，更確切。這可見“周正”的建立，是一種曆法的創新。是周人以土圭測日影以求“冬至”，更爲精確時的産物。由于冬至的精確確定，使回歸年長度更準確，從而曆法的安排更科學合理。）雖然春秋中期以後改用周正。（此“改用”二字，不妥。當云：春秋中期以後，觀測更精密。《春王正月》在“子”的比例大大增加，即誤測誤排大爲減少。）但原有的夏正，仍然在民間保留有相當大的影響，所以農事活動和巡狩仍用夏正。這就是周地夏正、周正有時并用的道理所在。（金文之“王 x 月”與“x 月”或“正 x 月”并用之例，也見于其他一些諸侯國。不僅“周地”并用“夏正”與“周正”也。）

這樣看來，春秋中期以後産生的夏民族用夏正、殷民族用殷正、周民族用周正的三正交替之説，很可能符合歷史事實。（當云：春秋中期以後所記述的云云，并不是“三正”在春秋中期才“産生”。）因爲民族的習慣有一個繼承問題（此説是正確的）。新城新藏認爲：三正交替并非歷史事實，而是春秋中葉以後爲了達到改曆的宣傳目的而編造的托詞。他這一結論是没有什麽科學根據的。（説得好。《詩經》中記周正爲冬至之月即十一月，有二證，其時代皆在《春秋》中葉以前。）

二、由金文記月之不同方式見“三正”問題

金文記“月”的方式之一——記X年X月，或加月相、干支

正月：1.72：唯正月初吉丁亥。（1.88，1.89，1.42 等。）1.144：唯正月甬（仲）春①。1.182：唯正月初吉。5.2695：唯征（正）月既望癸酉。5.2766：唯正月吉日初庚。5.2775：正月。5.2782：正月庚午。5.2791：唯正月既生霸庚申。5.2794：正月告日。5.2831：唯九年正月。7.3939：唯正月己亥。8.4152：唯五年正月丙午。8.4225：正月初吉壬寅。8.4251：正月既望甲午。8.4292：唯五年正月己丑。10.5412：在正月。16.10008：正月季春②。	七月：5.2607：七月。5.2720：唯七月。7.3953：唯七月既生霸。7.4075：唯七月初吉甲戌。9.4466：七月辰（才）□□。15.9725：七月既生雨（霸）乙未。
二月：5.2170：在二月。5.2729：唯二月初吉庚寅。5.2756：唯二月既生霸丁丑。7.3983：唯二月戊寅。8.4127：唯二月初吉。8.4316：唯三年二月。10.5415：在二月既望。10.5432：在二月既望乙亥/雩四月既生霸庚午。11.6015：雩若二月。	八月：1.52：八月初吉。1.106：唯八月甲申。5.2615：唯八月在皕（頙）应。5.2690：唯八月初吉庚申。5.2725：唯八月。5.2735：唯八月既望戊辰。5.2777：唯六年八月。7.9714：唯八月既死霸。7.4113：唯八月初吉壬午。9.4438：八月既死辛卯。16.9893：在八月乙亥。
三月：1.60-3：三月既生霸庚申。5.2661：唯三月。5.2765：唯三月初吉。5.2786：唯三月初吉甲戌。5.2806：三月既霸丁亥。5.2809：唯三月丁卯。5.2817：唯三年三月。8.4589：唯三月既望乙亥。8.4197：唯元年三月丙寅。8.4298：三月既生霸丁亥。	九月：1.204-5：九月初吉庚寅（等）。5.2708：在九月。5.2749：唯九月既生霸辛酉。5.2789：九月既望乙丑。5.2837：唯九月。7.4060：唯九月初吉戊辰。8.4300：唯九月既死霸丁丑。11.6004：唯九月。15.9707：七年九月。
四月：1.133：四月初吉甲寅。5.2742：唯三年四月庚午。5.2748：四月既望己酉。5.2758：唯四月既生霸己丑。8.4166：唯四月初吉丁亥。8.4258：唯四月初吉。8.4279：四月既生霸。8.4320：唯四月。10.5413：才（在）四月。15.9709：唯十年四月初吉日。	十月：5.2678：唯十月。5.2783：唯七年十月既生霸。7.3749：在十月。7.4088：唯十月初吉辛巳。8.4138：在十月四。8.4144：在十月一③。16.60161：唯八月，辰在甲申/唯十月月吉癸未。

① 1.144：“唯正月甬（仲）春，吉日丁亥，戉（越）王者旨于睗。”

② 16.10008：“正月季春。元日己丑……䜌（欒）書之子孫，萬𡩜（世）是𥧻（寶）。”

③ “在十月四”“在十月一”，皆晚殷器。

續表

五月：3.731：唯五月初吉丁酉（等）。5.2669：唯五月庚申。5.2747：唯五月既望。5.2754：唯五月既死霸。5.2776：唯五月。5.2781：唯五月既生霸庚午。5.2788：唯三年五月丁巳。5.2819：五月既望庚寅。5.2827：唯三年五月。8.4199：唯五月既死霸辛未。8.4230：唯三年五月丁巳。	十一月：5.2701：十一年十一月乙巳朔。5.2706：唯十又一月。5.2728：在十又一月。5.2998：十又一月癸未。
六月：3.746：唯六月初吉（等）。3.754：唯六月既生霸乙卯。7.4028：唯六月初吉丙申。8.4125：唯十又五年六月。8.4134：唯六月既死霸壬申。8.04207：唯六月既生霸。10.5414：在六月。	十二月：3.753：唯十又二月既生霸。5.2656：唯十又二月初士（吉）。5.2718：唯十又二月丁丑。5.2719：唯十又二月（等）。5.2821：十又二月（等）。15.9640：廿九年十二月。16.10372：冬十二月乙酉。

金文記“月”的不同方式之二——記王X年（月），或加月相、干支

王正月：1.53：唯王正月。（1.73-4，1.75，1.76-7，1.78-9：王六月。1.80-1，1.93、94、95、96、97、98、99，1.100、101、140、171，1.225、226、227、228、229—245 等。）1.149：唯王正月初吉。（1.150、151、152等。）5.2830：唯王八祀正月。8.4288：唯王元年正月（等）。9.4429：唯王正月既望。9.4464：唯王十又八年正月/四月。	
王二月：8.04276：唯王二月既省（生）霸。8.4342：唯元年二月。15.9696：唯王二月（等）。	王八月：5.2914：唯王八月既望。5.2816：唯王八月。8.4341：唯八月初吉。16.10151：唯王八月丁亥。
王三月：8.4130：唯王三月。	王九月：5.2755：唯王九月既望乙巳。5.2790：唯王廿又三年九月。5.2804：唯王九月丁亥。5.2826：唯王九月乙亥。唯王五年九月（8421）。8.4286：唯王九月（等）。8.4331：唯王九年九月申寅/二月。
王四月：5.2574：王四月。5.2838：唯王元年六月既望乙亥/唯王四月既省（生）霸①。8.4214：唯王三祀四月。8.4245：唯王四月。8.4332：唯三年五月。	王十月：5.2550：唯王十月既吉。10.5426：唯王十月既望。
王五月：1.271：唯王五月（1.272-8，1.285 等）。7.4033：唯王五月甲寅。	王十一月：8.4323：唯王十月/唯王十又一月。8.4327：唯王十又一月。
	王十二月：11.6011：唯王十又二月。

① 此可證王 x 年 x 月 x 日是在王 x 年周兩種方式證月。一爲“x 月”，二爲“王 x 月”。與《豳風・七月》同。8.4323：唯王十月/唯王十又一月。則一辭所見兩個“月”，皆加王字。可見“月”不加王，必非“王 x 月”。

金文記“月”的不同方式之三——記正X月，或加干支

正正月	正七月
正二月：1.107-8：唯正二月初吉。8.4157：唯正二月（等）。	王八月：5.2722：唯正八月。
	正九月：1.183：唯正九月（1.185，16.10339 等）。
	正十月：1.113：唯正十月（1.114、115、116、117、118-9）。
正五月：1.210：唯正五月（1，2 等）。	正十一月：9.4610：唯正十又一月辛巳（等）。
正六月：9.4613：唯正六月。9.4649：唯正六月癸未。	

附：9.4614：唯正□月初吉乙亥。

金文記“月”的不同方式之四——記王X（方國名）X月名，或加月相

鄀[①]：1.59：唯鄀正二月。5.2771、2772，8.4183：唯鄀八月。	鄧[②]：5.2643：唯登（鄧）八月初吉。7.4055：唯登（鄧）九月初吉。

以上材料表明，兩周金文記月方式有：

1. 一月爲正月，餘月爲二月、三月、四月、五月、六月、七月、八月、九月、十月、十又一月（或十一月）、十又二月（或十二月）。此種記月方式之例最多（《集成》所列，各月俱齊）。

2. 于月前加“王”字。計有：王正月、王二月、王三月、王四月、王五月、王八月、王九月、王十月、王十又一月、王十又二月。“王六月”與“王

① 《金文詁林》郭沫若（《兩考》，174—175 頁）。曰：“《左傳·僖二十五年》：‘秦、晉伐鄀。楚鬥克、屈禦寇以申、息之師戍商密。’杜注：‘鄀本在商密，秦、楚界上小國。其後遷于南郡鄀縣。’今按：鄀有下上鄀，本殷稱上鄀而下鄀公諴鼎稱下蠚。可證，彼鼎出于上雒（今陝西商縣）。地與商密接壤，則此秦晉所伐者，實是下鄀。上雒後爲晉邑（見《左傳·哀四年》）蓋不鄀爲晉所滅也。南郡之鄀，《漢志》作若，注云：‘楚昭王畏吳，自郢徙此（今湖北宜城縣）當即本殷所謂上鄀。’南郡之鄀後爲楚所滅，故于春秋末年其故都竟成爲楚都也。”

陳直（《金文拾遺》，4 頁）曰：“鄀公盂云：隹鄀正二月初吉乙丑，鄀公敄人作尊敦。”“（案）：鄀正者是用鄀國之正朔，與周正當然不同。春秋諸國皆用周正，惟晉用夏正（説見趙氏坦《寶甓齋札記》）鄀國亦疑用夏正，惟未審其故。”

② 《金文詁林》：林潔陰曰：“按《説文》：‘鄧，曼姓之國，今屬南陽。從邑，登聲。’金文字不從《邑鄧孟壺》銘曰：‘（鄧）孟乍監旻（嫚）隮壺。’正鄧嫚姓之證。春秋時與楚爲鄰，後滅于楚（見《左傳》）。”

《春秋大事表撰異》云：“鄧之始居，當在黄河以北。其居上蔡、新蔡。必在其後。襄陽之居，殆更在居上蔡、新蔡之後矣。”

七月”之例尚未出現。

3. 于月前加“正”字。計有：正二月、正五月、正六月、正八月、正九月、正十月、正十一等。未出現正正月、正三月、正四月、正七月、正十二月。

4. 于月前加“方國”之名。計有“鄀”與“鄧”（皆南方江漢小國）。

上述四種記月材料相比較：

（1）x月之系列，其正朔與“王x月”之系列不同，故後者必加“王”于“月前”分别之。

此不同于“王正月”“王x月”之“正月”“x月”系列，用何正朔？有春秋時期金文銘之三例：

其一，《䜌書缶》：“正月季春，元日己丑……䜌（欒）書之子孫，萬𣳚（世）是寶（寶）。”（《集成》16.10008）

此晉國之器，《春秋左傳》記晉用夏正。此銘曰“正月季春”。夫“正月”而爲“季春”者，唯夏正“正月”。此“季春”乃“周正”之季春耳。《左傳·隱公元年》經：“元年春，王正月。”孔穎達疏：“夏以建寅之月爲正，殷以建丑之月爲正，周以建子之月爲正。”“周以建子爲正，則周之二月、三月皆是前世之正月也。故于春每月書王。王二月者，言是我王之二月，乃殷之正月也。王三月者，言是我王之三月，乃夏之正月也。既有正朔之異，故每月稱‘王’以别之。”夏正“正月”，爲周正“三月”，乃“周正”季春。故此銘“正月季春”之“正月”，只能是“夏正”之“正月”。

其二，《越王者旨鐘》銘云：“唯正月甬（仲）[①] 季春，吉日丁亥，戉（越）王者旨于睗。”（《集成》1.144）

此春秋末年或戰國初年之越器。此銘曰“正月甬（仲）春”。“正月”爲“仲春”，乃“周正”之“仲春”，這是最合當時歷史條件的。當時時王爲周天子。那麽爲周“仲春”之“正月”，只能是“殷正”之“正月”。换言之：其時越國用“殷正”，以建“丑”之月爲正。

其三，爲春秋中期唐國器銘，《唐子仲瀕兒匜》：“唯正月，咸己未。唐子仲瀕兒擇其吉金，鑄其御逾匜。”其盤銘則云：“惟正月，咸辛亥。”

---

① 甬，舊讀“孟”。《集成·引得》讀“仲”。按：甬與孟，喻明不能通。甬與仲，喻定准旁紐，東冬旁轉可通。

此二銘之“咸”，又見于齊國《差甔》。經學者考釋乃“戊日”即“戉日”之合文。亦即“一之日”文簡稱。（即《豳風・七月》之“一之日”。）

所謂“一之日”即周正“一月之日”的簡稱。

以匜、盤銘與《欒書缶》“正月季春，元日己丑”相對比較。知“咸”（一日）正與“季春”相對，爲月名。

因此：唐子仲瀕兒器之“正月咸干支”，即“正月戉（之）日”，干支此“正月”爲“戉（之）日”。正此“正月”爲“周正”之“正月”也。

由以上之例，可知：金文之“正月”，可以是“周正”，亦可以是“殷正”或“夏正”。换言之：金文中記月名只以正、二、三、四等數字屬周何正朔，當視其他條件而定。

（2）金文中記月，在月名前加“王”字。如“王正月”“王二月”等，爲數甚多。其字例與《春秋經》春“王正月”“王二月”等相同。時王爲周天子。故此等“王正月”“王二月”等例，皆當爲“周正”。

（3）金文中有相當數量之“正二月”“正 x 月”之月名。這一系統，與以“王”加月名前之“王 x 月”系統相較，則此系統是“非王”系統，即它不是“周正”。那麽“正 x 月”系統用何正朔？竊以爲最可能的是“夏正”系統。因爲“夏正”系統，最適合農業生産需要，在民間普遍使用。而金文中“正 x 月”之例又比較多。它既非“王正月”（周正）系統，那麽，它是“夏正”的可能最大[①]。

（4）金文中還有地方諸侯，自定正朔之例。如鄧、都之例。楊伯峻（《春秋左傳注》，6 頁）謂：東周彝器，多爲列國諸侯或巨族所制，則有用本國之曆者。如《都公毁》銘云：“唯都正二月”，標明“都正”以别于“王正”。鄧國器有“鄧八月”“鄧九月”。都、鄧皆小國，俱不奉周曆，或者以國小而不頒曆歟？抑或自行其是歟？

總結以上情況，“三正”是客觀存在。

西周金文之“王 x 月”，是周行“周正”之堅證。《豳風・七月》爲西周晚期之詩，并用“周正”“夏正”，與西周金文合。

春秋金文之“正月”，《欒書缶》之“正月”爲“夏正”，《越王者旨鐘》之

---

① 《逸周書・周月解》：“夏數得天，百王所同。其在商湯……改正朔。……以建丑之月爲正。”“亦越我周王，致伐于商，改正異械，以垂三統。至于敬授民時，巡狩祭享，猶自夏焉。”

“正月”爲“殷正”，《唐子仲瀕兒盤（匜）》之“正月”爲“周正”。是其時“三正”并行[①]。

鄀、鄧自用其“正”，即施行各國自訂曆法，是多種曆法（即多種正朔）并行又一證。

可見：不能否認“三正”之客觀存在。西周器以“王 x 月”標名，即以其時尚存它種“正朔”之“x 月”爲前提。

按：“三正”之説，見《史記・曆書》：“夏正以正月，殷正以十二月，周正以十一月。蓋三王之正若循環，窮則反本。天下有道，則不失紀序，無道，則正朔不行于諸侯。”

顧炎武《日知録》：“《微子之命》曰：‘統承先王，修其禮物。’則知杞用夏正[②]，宋用殷正，若朝覲會同，則用周之正朔其于本國自用其先王之正朔也。”

錢綜實（《從春秋到明末的曆法沿革》）則謂：新城新藏《東洋天文學史研究》推定春秋時其月曆日如果是正確的，其統計爲：從魯隱公元年（前 722）到僖公四年（前 656）六十七年中有十年建子，四十九年建丑，八年建寅。建丑年占 73%。從僖公五年（前 655）到哀公十六年（前 479）一百七十七年中，有三十二年建亥，一百三十三年建子，十二年建丑。建子年占 75%。春秋初期所謂“春王正月”一般是丑月。後期逐漸改用子月。僖公五年《左傳》：“春王正月，辛亥朔，日南至。公既視朔，遂登觀台以望。”當時的日官很可能有意識地把這個正月朔日南至，作爲他們革新曆日制度的開端。

錢氏據此認爲：《春秋》是魯國人的編年史。其“春王正月”僅僅表示對周王的尊重。晉國人民是夏民族的後裔，習慣用建寅之月爲春正月，認爲是夏王朝遺留下來的曆日制度。春秋後期的魯國用建子之月爲春正月，并且以爲是周王朝的新制度。因此所謂“三正”論，是戰國時期不同地域的曆日制度。不應看作三個王朝改變正朔的故事。

按：新城氏對《春秋》曆日的推算，即使正確，也只能説明：魯奉行“周

---

① 《左傳》記事，魯用“周正”，晉用“夏正”，其證甚多。見方斯同《群書疑辯》之《晉行夏時説》。

② 杞用夏正其證爲《禮記・禮運》：“孔子曰：我欲觀夏道，是故之杞而不足徵也。吾得夏時焉。”鄭玄注：“得夏四時之書也。其書存者有《小正》。”《論語・衛靈公》：“行夏之時。”宋朱熹注：“夏時，謂以斗柄初昏建寅之月爲歲首也。”

正”，但史官水平低，所推“日南至”之月常發生誤差。故春秋初期，真正“建子”之年少。春秋中、後期，推步、觀象日益進步，于是真正“建子”之年增多至達75%。這只是説明魯史官預推“日南至”日期由很不準確到比較準確。并不能證明《春秋》之“春王正月”其初是“建丑”，僖公五年後“革新曆日制度”，才以“建子”爲正月。此其一。《詩·豳風·七月》述其時“十月”改歲，這表明西周末年之“周正”是以夏曆十一月（即冬至之月）爲歲首的。新城氏、錢氏以“建子”始于“春秋後期”，與此相矛盾。此其二。西周金文即有大量“王正月”“王x月”之記載。春秋戰國金文，相當多諸侯國亦以“王正月”“王x月”記時。可見“春王正月”之曆日，不止魯國一國奉行。此其三。晉用夏時，而孔子得“夏時”于杞國。可見夏時是夏王朝遺留下來的曆法制度，其傳有自。此其四。

結論是“三正”是歷史事實。新城氏對《春秋》曆日的推定，和錢綜寶依之所得之結論，尚不足成爲否定“三正”之理由。

2007年7月26日上午，抄、評于幹療院
2007年8月17—21日，在天迴山幹療院
2017年7月18日終審于幹部療養院

金文“唯正X月”之“正”表示“閏月”説申劉意

劉雨《近出殷周金文綜述》[1] 謂：湖北襄樊出土的鄭臧公之孫鼎（《考古》1991 年第 9 期；《近出殷周金文集録》355 頁）記有“唯正六月吉日，唯巳”。河南南陽出土的應侯之孫丁兒鼎蓋（《中原文物》1992 年第 2 期；《近出殷周金文集録》351 頁）記有“唯正七月壬午”。1993 年出版的《第二届中國古文字國際研討會論文集》收到劉雨發表的《殷周金文中的閏月》一文。該文收集了十件帶有“正某月”的金文資料。如西周晚期的應侯見工鐘、鼄乎毁、吕服餘盤記有“唯正二月”，春秋時期的上鄀公敄人毁蓋記有“唯鄀正二月”，鄀公敄人鐘記有“唯鄀正四月”，上鄀府簠記有“唯正六月”，申公彭宇簠記有“唯正十又一月”，寬兒鼎記有“唯正八月”，余購剩兒鐘記有“唯正五月”，戰國時期的陳侯因資敦記有“惟正六月”，等等。考慮到閏字是戰國晚期才出現的新字，故推測“正某月”就是後世的“閏某月”。上述材料，可以認爲是對該文的補充。該文發表後，有人提出反駁意見，并提出“正某月”也可能是“周王曆法的某月”的看法。此次《近出殷周金文集録》收進的材料裏，有山東臨淄出土的梁伯可忌豆（張龍海《山東臨淄出土一件有銘銅豆》，《考古》1990 年第 11 期；《近出殷周金文集録》543 頁），該銘記有“唯王正九月，辰在丁亥”一句。這是一件十分重要的新材料。“王正九月”似不好還講成“周王曆法的九月”。因爲在衆多的載有記時詞語的銅器中，唯此器記“王正”九月，無疑應該理解爲“周王曆法的閏九月”。

上述材料説明：從西周晚期開始，周王室的曆法中，曾實行過帶有過渡性質的“二月置閏”與“年終置閏”并行的“閏法”（見《古文字研究》第 24 輯

① 劉雨：《近出殷周金文綜述》，《故宫博物院院刊》2002 年第 3 期。

158頁)。

按：劉雨説：金文“正某月”即後世“閏某月”。有見，有據，是正確的。但他釋金文“𤴓某月”爲“正某月”，則有可商。因爲“正”没有“增益”“補足”的意義。則“正某月”爲“閏某月”之古稱，就難以成立了。《説文·王部》：“閏，餘分之月，五歲再閏。告朔之禮，天子居宗廟，閏月居門中。從王在門中。《周禮》曰：‘閏月王居門中，終月也。’”什麽是“閏月”之“閏”的意義？

“餘分之月，五歲再閏也。”《獨斷》：“閏月者，所以補小月之減日，以正歲數，故三年一閏，五年再閏。”因爲閏，通潤，有“兹潤”義引出“增添，附和”(《漢語大字典》)義。即增加一月“以補小月之減日，以正歲數”。此月所以稱爲“閏月”，即附加補足之月。

因此，上述金文中的“𤴓某月”之“𤴓”不當釋爲“正”，而當釋爲“足”。“𤴓”何以可以釋“足”？

徐中舒主編《甲骨文字典》“正”字下云：“𤴓、𤴓，《解字》：□象人所居之邑，下從止，表舉趾往邑，會征行之義。爲征之本字。卜辭或用爲充足之足。”

卜辭爲什麽用“𤴓”(正)爲“足”呢？

許偉建《上古漢語辭典》解釋説：“正”讀爲“足”。正，上古爲耕部，章紐字。足，上古爲屋部精紐字。耕，屋旁對轉，精章鄰紐。充足。《合》10137：“黍年又(有)正(足)雨。”

《漢語大辭典》“足”下云：“補足，湊滿。”《列子·楊朱》：“逃于後庭，以晝足夜。”楊伯峻《集釋》：“《釋文》云：‘足，即且切，益也。’《廣韵·遇韵》：‘足，添物也。’則讀去聲。”

于是，金文之“正(足)某月”，即“補足，湊滿”之“某月”正後世“閏某月”之意義矣。

2010年8月13日下午得此解，是日悶熱

2017年7月18日終審于幹部療養院

“既生霸”與“既死霸”之“既”當讀“暨”

“既生霸”“既死霸”之“既”何訓可從？

如訓“既，盡也”（《廣雅·釋詁一》），則“既生霸”與“望”同，“既死霸”與“晦”同。故不可取。

如訓“既”爲“至，及”（《漢語大字典》），則“既生霸”與“哉生魄”等義同，“既死霸”與“哉死魄”等義同，又不可取。

如訓“既，已也”（《廣稚·釋詁四》）即“已經”，那麽“已經生霸”“已經死霸”含義含渾不清。

所以此“既”當求别解。竊以爲“既”當讀“暨”。（古文獻，既與暨通。《周禮·地官·閭胥》“既比則讀法”，鄭注：“古文書既爲暨，杜子春讀暨爲既。”）

《説文·旦部》：“從旦，既聲……暨，日頗見也。”段注：“日頗見者，見而不全也。”段注準確。是“暨”有“見而不全”之義。

準此，“既生霸”的意思是“生霸已見，而不全”。“既死霸”的意思是“死霸已見，而不全”。這是什麽“月象”？

“既生霸”是指“哉生霸”之後“生霸已見，而不全”的整個時段。即“上弦”整個時段之“月象”。

同理，“既死霸”是指“哉死霸”之後“死霸已見，而不全”的整個時段。即“下弦”整個時段之“月象”。

結論：“既生霸”“既死霸”是時段，不是時點。前者爲“上弦”時段，後者爲“下弦”時段。

此解如何？

2008 年 7 月 16 日是下午得此

2017 年 2 月 2 日上午最終審校

《左傳》“日有十時”諸説

《左傳·昭公五年》載卜楚丘曰：“日之數十，故有十時，亦當十位。”杜預注：用“十二時”來解十時。認爲：日中、食時、平旦、鷄鳴、夜半、人定、黄昏、日入、晡時、日昳分别與王、公、卿、士、皂、輿、隸、僚、僕、台相對。“隅中、日出，闕不在第。”

惠棟提出異議，（《春秋左傳補注》）謂：“此言十時，謂分一日爲十時。”“當王至台之十位。杜注用十二時，與《傳》不合，十時據日，十二時據辰。”

楊伯峻申惠説，（《春秋左傳注》1264頁）謂：“古人分一晝夜爲十時。《靈樞經》謂：漏水下百刻，以分晝夜。《説文》謂：漏，以銅受水，晝夜百節。百刻即百節，十節爲一時。”

張聞玉謂：《隋書·天文志》“晝有朝、有禺、有中、有晡、有夕，夜有甲、乙、丙、丁、戊”的記載是“十時制”的實例。（漢代已將夜間分爲五個時段，即“五夜”（甲夜、乙夜、丙夜、丁夜、戊夜）或“五更”（一更、二更、三更、四更、五更）。參見陳夢家《漢簡綴述》256—257頁）。

李天虹[①]指出：“孔家坡漢簡《日書》‘日時’篇，把一晝夜劃分爲十個時間段，并和十天干相配。與《左傳》所謂‘日之數十，故有十時’正相響呼應。”原簡殘缺。現存文字如下：

……食到隅中、丁，日中戊，日昳已，日昳到夕時，庚，夕時到日入，辛，日入到人定（壬）。人定到夜成，癸。

此簡“時分”之名，與永昌水泉子漢墓群五號木椁出土“日書”兩欄簡文，互相參照、補足的時段體系，大體相合上。其名稱如下：

---

① 李天虹：《秦漢時分紀時制綜論》，《考古學報》2012年第3期，第311頁。

雞鳴、平旦、日出、食時、隅中、日昳、暮晡、日入、昏時、人定、夜半。

故孔家坡漢簡之一日十時的文字可補爲：雞鳴，甲；平旦，乙；日出到食時，丙。食時到隅中，丁；日中，戊；日昳，己；日昳到夕時，庚。夕時到日入，辛；日入到人定，壬；人定到夜半，癸。

此爲“日有十時”之最新證據。

2017年7月19日終審于幹部療養院

古代土地“輪作”和“連作”的有關材料

馬克垚《中西封建社會比較研究》謂：關于12世紀前西歐的土地耕作方式，農業史家范巴斯曾歸納爲以下幾種：①臨時耕作制，即土地被開墾後耕作數年，然後抛荒。②在一片土地中大部分采取臨時耕作，只留一小部分保持施肥連作。③二圃制[①]，即土地耕作一年，休耕一年。耕作與休耕交替進行。④耕一休二制，即土地耕作一年，休耕二年，輪換進行。⑤三圃制[②]，即將土地分爲三塊，一塊耕種冬作物，一塊耕種春作物，一塊休耕。

三圃制最早于8世紀見于記載。大致上看，西歐中世紀農業耕作制度主要分爲兩大類别、兩大區域。南部的地中海地區因缺少春雨。北歐的芬蘭、瑞典東部等地區因冬作物不易生長，分别實行二圃制，即地中海地區土地分爲耕種冬作物與休耕的二圃制。北歐部分地區實行耕種春作物與休耕的二圃制，介于兩者之間的西歐廣大地區。如英國、法國等則實行“三圃制”。

又謂：（我國）從商至周代，農業耕作方式逐漸邁進到輪荒制，當時土地輪荒方式，即菑、新、畬三田制，是通過輪换休耕制以恢復地力。《詩·周頌·臣工》：“嗟嗟保介，維莫之春，亦又何求？如何新畬？”又《小雅·采芑》：“薄言采芑，于彼新田，于此菑畝。”“薄言采芑，于彼新田，于此中鄉。”《毛傳》：“田一歲曰菑，二歲曰新田，三歲日畬。”《説文》“菑，不耕田也”，徐鍇注“田不耕則草塞之”。可見“菑”乃撂荒地。《説文》：“畬，三年治田也。”即第三年開始復耕。（此誤。）大多數學者觀點是：菑、新、畬是一種輪

① 《中華大辭典》：“二田制（Two-Field System）歐洲中古時代農業制度之一。在一食邑中，分耕地爲二段，每段隔年耕種之，以休養地力。”

② 同上：“三田制（Three-Field System）歐洲中古時代農業制度之一。在一食邑中，分耕地爲三區，每年輪换耕種其兩區，以休養地力。”

荒制。即把耕地分爲三分，兩分近行休耕，一分耕作，以此來使地力得恢復。（此誤休一爲休二。）

又謂：春秋、戰國早期，我國農業耕作方式是以"田萊制"和"易田制"爲代表的輪荒耕作制。

《周禮·地官·遂人》記述了在"鄉遂"推行田萊制，"辨其野之土：上地、中地、下地。以頒田里。上地，夫一廛，田百畝，萊五十畝，餘夫亦如之。中地，夫一廛，田百畝，萊百畝，餘夫亦如之。下地，夫一廛，田百畝，萊二百畝，餘夫亦如之"。"田"指"耕作"的土地，"萊"指"休不耕"的土地。田萊制即是在耕作地與休耕地之間定期輪制的輪荒制。上田撂荒的時間較短，中田撂荒一年，下田撂荒兩年。

《周禮·地官·大司徒》記述了推進于"都鄙"的易田制："凡造都鄙，制其地域而封溝之，以其室數制之。不易之地，家百畝；一易之地，家二百畝；再易之地，家三百畝。"據鄭衆解釋："不易之地，歲種之；地美，故家百畝，一易之地，休一歲乃復種。地薄，故家二百畝；再易之地，休二歲乃復種，故家三百畝。"據鄭衆解釋易田制與田萊制相似，也是一種在耕地與休耕地之間定期輪换的輪荒制。

田萊制與易田制不同有兩點：一是推行的地方不同，一個行之于"都鄙"，一個行之于"鄉遂"。《周禮》鄭玄注中説："郊内謂之易，郊外謂之萊。"二是農業粗放程度有所不同。在"易田制"中已有部分土地連年耕作而不易，不再休耕。而在"田萊制"下，各類土地的休耕雖有長短之别，但都需要休耕。

菑、新、畬爲耕一，休二（此説誤，當爲耕二，休一）。田萊制中，上田、中田休耕時間都更短（上田，耕二，休一；中田，耕一，休一；下田，耕一，休二）。"易田制"中"不易"之田，已經不再休耕，走向了連作（不易之地，連作不休耕；一易之地，耕一休一；再易之地，耕一休二）。

按：鄉遂之"田萊制"，以"夫"（包括餘夫）爲單位，是按成年勞動力（夫）授田。這表示受田之户，可能是一個較大的家庭，不是有"夫"，而且有"餘夫"。

而"易田制"，"制其地域而封溝之"（即爲此地領主（王或卿大夫）所封之地，封溝劃界），"以其室數計之"（此封溝界内之土地爲王或卿大夫領有，則當謂此爲一"家"之地矣）。此一"家"之内包括若干室，即男女相配組成之小家庭[①]。此"室"是大家之内的配偶單位，又是大家之内的勞動單位。故此

① 《白虎通·上爵》："一夫一婦成一室。"

封溝之内的“地域”之耕地，當“以其室數制之”，即給大家内之各室分配農田份地。此“室”又稱“家”，無“餘夫”是“小家庭”。此二者相異之第三點。

又，“都鄙”有“不易”之田，而“鄉遂”只有“耕二，休一”之田，二者相較，“都鄙”耕地質量較“鄉遂”更“肥沃”。表明郊、野所居之民有别。此其四。

按：菑、新、畬皆是“田”之名稱，何以有“田：一歲曰菑，二歲曰新，三歲日畬”之名？最合適的解釋是此乃“耕二，休一”之輪耕制的表述。

一、“菑”之初義爲“不耕”之田。即“艸塞休耕之田”。黄以周《説菑》（《説文解字詁林》第二册 408 頁）有較好的論證。主要論據爲：

1. 凡治田之法，先殺草而後耕，既耕而後耘。《詩·載芟》：“載芟載柞，其耕澤澤，千耦其耘。”言之鑿鑿。然《詩》據“不易之田”而言，芟柞耕耘，同在春月。若以“再易之田”而言，所謂芟柞草木者，一歲之菑田也；土和耕澤然解散者，二歲之新田也。孫炎注《爾雅》云：“新田，新成柔田。謂一歲土疆墾，不可耕。至二歲，田始柔和新成矣。”菑字從草，𡿧，田會意。𡿧者灾也。以“殺雉殺草”爲本義（𡿧，誤“菑”字之本義草塞田爲灾，即休耕之田。然後引出“灾殺草木，以助地力”之義）。孫炎注《爾雅》云：“菑，始灾殺其草木也。”是也。以“耕田反草”爲後義，鄭箋《良耜》讀俶載爲熾菑，云：“農以利善之耜，熾菑南畝。”是也。此謂“菑”之本義，是在“休耕之田”“灾殺草木”。而“耕田反草”之義爲其“後義”。

2.《説文》：“菑，不耕田也。”“畬，二歲治田也。”（原作三歲，據段注改）以“治”釋“畬”，明“菑”爲“田之未治”。故曰“不耕田”。不耕田者，明一歲只殺草，尚未耕治也。故其字與草盛之蕃，除艸之“𦳌”相次。（在《説文·草部》“菑”在“蕃”（草盛）之前可知“草塞田爲灾”爲其初義矣。）

又，《書·梓材》曰：“若稽田，既勤敷菑，惟其陳修，爲厥疆畎（甽）。”“畎（甽）”以耕言，其事在“敷菑”後，則“敷菑”者，布殺其草，尚未及耕也。訛《孔傳》訓爲“代發”，則菑畎之先後于何分邪？（楊寬釋此文爲：“從這裏也可知‘菑’是指修治田地的‘疆’‘甽’前的初步開墾工作。”其釋與訛《孔傳》同也。）

又，《易·無妄》曰：“不耕穫，不菑畬，（則）利有攸往。”“耕”與“穫”對文，“菑”與“畬”對文。而“耕”“穫”與“菑”“畬”又爲别詞。耕、穫以一歲中之先後而言，菑、畬以數歲間先後言。菑謂先一歲殺草，畬謂後一歲治田（當云：新謂後一歲治田，畬謂後二歲治田）。

如以“菑”爲“反草”(《韓詩》，董遇説)，反草，以耕言。殺草而後耕，耕而後草發。如董遇解《易》言不耕、不菑，意複辭緟。曾亦思“菑”之有别于“耕”，亦猶“畬”之有别于“穫”乎？

又《爾雅》曰：“田，一歲曰菑，三歲曰畬。”孫炎訓“菑爲始灾殺草”，與字義甚合。以不易田言，先耕殺草在春二月。以再易之田言，先一歲殺草宜在六月。《月令》：“(季夏之月)……大雨時行，燒剃行水，利以殺草，如以熱湯”，是也[①]。郭注引江東俗語，以當年始耕田之反草，釋一歲不耕田之殺草，不顧其年歲之異同，校董遇《易》注，更爲疏舛。此皆誤後義爲本義而失經、傳之指者也。

又，《書·梓材》以菑、畎對言。《易·無妄》及《爾雅》以菑、畬對言。皆當據《説文》“菑，不耕田也”之本義以爲“解”。

凡經傳之散文，菑可訓“耕”。《書·梓材》《易·無妄》《爾雅·釋地》之“菑”皆屬對文，當以明其本義。《説文》“菑，不耕田”下引《易》：“不菑畬”，正以徵明其本義，非借義。

二、“新田”之“新”何義。《爾雅義疏》：“新田者，耕之二歲，疆墟淘土，湅成柔土上也。”《采芑》正義引孫炎曰：“新田，新成柔田也。”

按：“新田”，當謂新耕休耕之田，即新耕菑田。菑爲“不耕田”，今耕之，故曰“新”。(《中華大辭典》“新”字下云：“更舊曰新。”《左氏·莊公二十九年》：“春，新延廄。”注：“言新者，皆舊物不可用，更造之辭。”《公羊·莊公二十九年》：“新延廄者何？”注：“繕故曰新。”《詩·魯頌·閟宫》：“新廟奕奕。”箋：“修舊曰新。”)不是“耕之二歲”，而是“第二歲，新耕之(或始耕之)”也。(“一歲曰菑，二歲曰新田，三歲曰畬”之一歲、二歲、三歲，是謂此一“輪荒耕作”周期爲“三歲”。一歲，即第一年。二歲，即第二年。三歲，即第三年。)

三、“畬”。《説文》：“畬，三歲治田也。”即“輪荒耕作”制中第三年耕治

---

① 惠之奇謂：“土勞多瘠，故必休之而土乃肥。其所謂休者，非弃之也。春萌而斫其新，夏夷而芟其陳，秋繩而敗其實，冬耜而劃其根。則有剃氏殺草之法，以治其地。……土各異物，物各異宜，則有草人土化之法，以物其地。……水歸其澤，澤草所生，則有稻人揚芟之法，以作其地。如是而休一歲二歲……則土加肥美，其收數倍于歲墾之田。”(轉引自孫詒讓《周禮正義》卷十九)所説，與董説正合。從而可知“菑”爲“草塞田之休耕地”，何以又引出“灾殺草木”之義？正因“其所謂休者，非弃之地”不耕，但以剃殺草之法治其地，以草人土化之法“以物其地”等。即爲恢復地力，地雖休耕，但增强地力之各種措施是陸續進行的，所以本義引出引申義來。

之田。《爾雅義疏》：“畬者，田和柔也。孫炎曰：‘畬，和也。田舒緩也。’”“蓋治田三歲（當云治田二歲。因第一歲爲“菑”，即“不耕田”，是休耕，不是治田）。則陳根悉拔，土脉膏肥，畬之言舒。”高亨《周易大傳今注》以“治熟田”解之，最合。此第二年耕種，田地已熟，地力亦足。此輪“輪荒耕作”時期中，田地達到最好水平。

總之：西周“菑”“新”“畬”是“輪荒耕作”制中之“休一，耕二”的耕作方式。這種耕作方式與《周禮·地官·遂人》所述“田萊”制下的“夫一廛，田百畝，萊五十畝”相當。

徐中舒謂：“‘菑’爲休耕的田，‘新’爲休耕後新耕的田，‘畬’爲休耕後連續耕種的田。”即是“村公社”的“三田制”。得之，當從。唯先生以此與“歐洲村公社的三田制”相類，則略存不當。“西歐三圃制，一塊休耕，一塊耕作冬作物，一塊耕作春作物”（見前注所引）。而西周“菑”爲休耕，新田、畬田如何種植，則無有材料，難于認爲與歐洲相同也。

又，《周禮·地官·大司徒》記述“都鄙”之“易田制”。“不易之地，家百畝；一易之地，家二百畝；再易之地，家三百畝。”據鄭衆解釋：“不易之地，歲種之，地美，故家百畝；一易之地，休一歲乃復種，地薄，故家二百畝；再易之地，休二歲乃復種，故家三百畝。”

此種“易田制”中，已有部分土地連年耕作而不易，不再休耕（即“不易之田”）。

按：《易·無妄·六二》：“不耕穫，不菑畬，（則）利有攸往。”（帛書《易》無“則”字，當删。）乃謂其時，工、商亦能得利以維持生計，不必從事農業。故曰“不耕穫”。又謂：田地不必休耕，亦能保持地力，實行連年耕作。故曰“不菑畬”。

這表明卦爻作辭時（西周末年）工、商發展。農業土地經營進步，已有部分土地成爲“連作”之“不易之田”。故二者之象皆爲進步、發達之象，從而引出“利有攸住”之吉占。

此爻之辭，難于理解，使許多學者發生困惑，或曲爲之説。今得此解，大快也哉！

2012 年 9 月 11 日上午完

2017 年 8 月 6 日終審于幹部療養院

關于“來”“麥”“麰”的若干問題

一、關于麥類植物一些常識材料

麥：《漢語大字典》“麥”下云：“植物名，禾本科。越年生或一年生草本。”“爲重要的糧食作物。”“我國栽培的種類甚多，有小麥、大麥、黑麥等。其中以小麥、大麥最普遍。”《天工開物·乃粒·麥》：“凡麥有數種，小麥曰來，麥之長也；大麥曰牟，曰穬；雜麥曰雀，曰蕎；皆以播種同時、花形相似、粉食同功而得麥名也。”

《廣雅·釋草》：“大麥，麰也。小麥，麳也。”《夏小正》：“祈麥實。麥實者，五穀之先見者。”《淮南子·墬形訓》：“麥，秋生夏死。”

大麥：《中文大辭典》：“（Hordeum Sativum）植物名，禾本科。越年生或一年生，草本。高三四尺，莖中空，有明瞭之節。葉披針形，有平行脉，下部成鞘狀，色莖上。初夏開花，穗狀花序，花有内外二殼，互相緊抱。通常尖端有長芒。種子可炊飯煮粥。麥芽爲麥酒原料，又可制飴糖。其莖可作帽及玩具等。”《本草·大麥》：“《集解》：蘇恭曰：大麥出關中，即青稞麥，形似小麥而大，皮厚。”

白麥：《中文大辭典》：“白麥，麥之一種。《五代史·四夷附録》：‘回鶻國，在娑陵水上，當五代之際，有居甘州西州者。其地宜白麥、青粿麥、黄麻、葱韭、胡荽，以槖駝耕而種。’又‘白麥麪’，白麥所制之麪。”《本草·小麥》：“藏器曰：麪性熱，惟第二磨者凉。爲其近麩也。河渭以西，白麥麪性凉，以其春種，溯二氣也。”（是白麥爲春種之小麥矣。）

黑麥：《漢語大詞典》：“黑麥。一年或二年生草本植物，葉子細長而尖，花穗和小麥相似，子實供食用或作飼料。黑麥的耐寒抗旱力很强，有冬播和春播兩種，我國東北、西北一帶均有栽培。”（從其“花穗和小麥相似”來看，黑麥亦小麥一種矣。）

小麥：《中文大辭典》：“小麥（Tritieum Satiuam Varivulgare）穀類植物，禾本科。種類甚多，越年生或一年生，草本。莖高三、四尺，中空有明瞭之節。葉細長而尖，有平行脉，花爲複穗狀花序，果實爲穎果，無芒者爲多。種子磨粉，制麵條、餅耳、麵包等。秆爲制紙及草帽之原料。”《本草·小麥》：“釋名，麥。”《集解》：“頌曰：大、小麥秋種冬長，春秀夏實，具四時中和之氣，故爲五穀之貴。”

麰：《漢語大詞典》：“麰，亦作麳。《文選·班固·典引》：‘昔姬有素雉、朱烏、玄秬、黃麳之事耳。’蔡邕注：‘《韓詩外傳》曰：貽我嘉麳。薄君曰：麳，大麥也。’”

又，《孟子·告子上》：“今夫麰麥，播種而耰之，其地同，樹之時又同，浡然而生，至于日至之時，皆孰矣。”趙岐注：“麰，大麥也。”《齊民要術·大小麥》：“陶隱居《本草》云：‘大麥爲五穀長，即今倮麥也。一名麰麥。似穬麥，唯無皮耳。’”

《廣韵》：“麰，短粒麥。”《玉篇》：“麰，春麥也。”

王念孫《廣雅疏證》：“來麰對文。麰爲大則來爲小矣。古者，大爲牟。《御覽》引《淮南子》注云：‘牟，大也。’大麥，故稱牟也。”

麳：《漢語大詞典》：“麳，用同稞。青麳，今作青稞。《新唐書·吐蕃傳上》：‘其稼有小麥，青麳麥，蕎麥，登豆。’”

《説文》：“稞，穀之善者，從禾，果聲。一曰無皮穀。”《廣韵》：“稞，青稞，麥名。”《集韵》：“稞，青州謂麥曰稞。”《四民月令》：“青稞麥與大麥同時熟。麪磨盡無麩。”

《中文大辭典》：“青稞麥，麥之一種，似大麥。《本草·大麥》：‘《集解》：青稞似大麥，天生皮肉相離，秦、隴以西種之。’《王楨·農書》：‘青稞有大、小二種，似大小麥。而粒大皮薄，多麪無麩，西人種之。’”

《漢語大詞典》：“穬麥，大麥的一種。芒長，實熟時種子與稃殼分離，易脱落。種子供食用，亦作飼料。也稱稞大麥，青稞。賈思勰《齊民要術·醴酪》：‘煮杏酪粥法：用宿穬麥，其春種者，則不中。’宋應星《天工開物》：‘穬麥獨産陝西。一名青稞，即大麥，隨土而變。’（穬與稞，則匣旁紐，陽夏經轉，一聲之轉。故説穬麥爲稞麥之一種，可信。）徐光啓《農政全書》：‘穬麥，此是今馬食者。然則大、穬二麥，種别各異，而世人以爲一物，謬矣。'”

黐：《漢語大字典》：“黐，黐麥。《齊民要術·大小麥》：‘崔寔曰：“凡種大小麥（此大小麥外有），得白露節，可種薄田；秋分，種中田；後十日，種美田。唯黐，早晚無常。’”（參閲李時珍《本草綱目·穀一·麥》）

又云：“黐麥，大麥的一種。芒長，成熟時自然脱粒。粒外有皮。《齊民要術·旱稻》：‘故宜五、六月暵之，以擬黐麥。’”

《文選·潘岳·馬汧督誄》：“内焚穬火薰之。”李善注：“崔寔《四民月令》曰：四月可糴穬。注曰：大麥之無皮毛者，曰穬。”

《正字通·麥部》：“與穬同。西川人種食之。山東、河北人，正月種之，名春黐。形似大麥，味甘微寒，無毒，久服令人力健。”

《漢語大字典》：“穬，一説是大麥的一種，即裸大麥，俗稱鈴鐺麥。”

《中文大辭典》：“穬麥，大麥之一種。植物名，形態與大麥相似。北方多種之，爲飼馬之料。”《爾雅注疏·釋草·雀麥》：“燕麥《本草》云‘生故墟野林下，苗似小麥而弱。實似穬麥而細，在處有之。’”《本草·穬麥》：釋名：穬之殼，厚而粗，礦也。《集解》：弘景曰：穬麥是今馬所食者。蕭炳曰：西川人種食之，山東河北人，正月種之，名春穬。形狀與大麥相似。《圖經》：“穬麥有二種。一種類小麥，一種類大麥，皆比大小麥差大。”《植物名實圖考》穬麥：“今山西多種之……熟時不用打碾，仁即離殼。但仁外有薄皮如麩，打不能去。”《齊民要術》：“穬麥，大麥類，早晚無常。”《九穀考》：“以爲大麥之别種，是也。”

春麥，又名旋麥。《漢語大詞典》：“春麥，春天播種的麥子。”清程瑶田《與吴殿暘舍人書》：“瑶田居北方久，見其種春麥者皆小麥。”

《吕氏春秋·任地》：“孟夏之昔，殺三葉而穫大麥。”高誘注：“昔，終也。三葉、薺、葶歷、菥蓂也。是月之季枯死。大麥熟而可穫。”夏緯瑛曰：“大麥之名，古今相同。但在先秦古書中，此爲僅見。”高注：“大麥，旋麥也。”“旋麥”之名，見于《氾勝之書》。《氾書》“旋麥”和“宿麥”相對而言。“宿麥”是冬麥，“旋麥”應該是春麥（説本石漢聲《氾勝之書今釋》，不專指大麥而言。高注欠妥。又，程瑶田《通藝録·九穀考》謂：“高誘注：‘大麥，旋麥也。’”案：旋之言，疾也。與宿麥對言。是謂大麥爲春麥。《玉篇》：“麰，春麥也。余居北方，見種春麥者多矣，然皆小麥也。”崔實曰：“正月可種春麥、豍豆，盡二月止。”亦不分大、小麥。《廣志》：“旋麥，三月種，八月熟，出西方。”似亦言小麥，而非高氏注之旋麥。

冬麥，又名宿麥。《漢語大詞典》：“冬小麥，亦稱冬麥，指秋天播種，到第二年夏天收割的小麥。”

又：“宿麥。隔年成熟的麥，即冬麥。”《漢書·武帝紀》：“遣謁者勸有水灾郡種宿麥。”顔師古注：“秋冬種之，經歲乃熟，故云宿麥。”北魏賈思勰《齊民要術·大小麥》：“夏至後七十日，可種宿麥。早種則蟲而有節，晚種則穗小而少實。”《淮南子·時則訓》：“仲秋之月……勸種宿麥，若或失時，行罪無疑。”

《管子·輕重乙》曰：“九月種麥，日至而穫。”又《輕重己》曰：“以春日至始，數九十二日，謂之夏至，而麥熟。”

二、《説文·來部》關于“來”字解説的解釋

《説文·來部》：“來，周所受瑞麥來麰。一來二縫，象芒朿之形。天所來也。故爲行來之來。《詩》曰：‘詒我來麰。’凡來之屬皆從來。”

此一解説，後世學者争論不一者，主要爲三個問題：

（一）“來麰”是一麥或是二麥？

段玉裁《説文解字注》謂：“下文云：‘來麰，麥也。’（按此《説文》麰字解説之文。）此云：‘瑞麥來麰。’然則來麰者，**以二字爲名**。《毛詩傳》曰：牟，麥也。當是本作‘來牟，麥也’。爲許麰下所本。後人删來字耳。古無謂來小麥，麰大麥者。至《廣雅》乃云：麳，小麥；麰（麰），大麥。非許説也。劉向傳作釐麰。《文選·典引》注引《韓詩内傳》：‘貽我嘉麰（麰）。’薛君曰：‘麰（麰），大麥也。’與趙岐《孟子》注同，然《韓傳》未嘗云：‘來，小麥。’”此以“來麰者，以二字爲名”。即“來麰”是一個連綿詞。其義爲“麥”，不是“來”與“麰”爲二種麥名。

據一些學者研究，以“來麰”爲一麥，實爲漢儒舊説。如：

王筠《説文釋例》謂：“《周頌·思文》：‘貽我來牟。’傳：‘牟，麥。’釋‘牟’而不釋‘來’。《臣工》：‘于皇來牟。’《箋》云：‘於美乎赤烏以牟俱來。’于是毛公意曉然可知。謂《經》言來牟者，牟來也。初不謂來牟爲兩物也，且是詩也，《韓詩》作‘貽我嘉麰。’《漢書·楚王劉向傳》：‘飴我釐麰。’嘉者，美詞也。釐、來古同音，則釐是來，而其意皆主謂牟。是秦、漢間人，皆不以

‘來’爲麥。許君特正之曰：‘周所受瑞麥來麰。’”“（來、牟）較然爲二物矣。”

《説文段注箋》則謂：“今案‘來’本麥名。《廣雅》曰：‘大麥，麰也：小麥，麳也。’是也。古來麥字，只作來，假借爲行來之來。後爲借義所專，别作麳、秾而來之本義廢矣。”

此謂：“來”是“麥”名。來與麰是二物。各爲一麥之名。朱駿聲亦謂：“菽麥之麥，正字是來。”（《説文通訓定聲》）與許意合，許謂：“，一來二縫，象芒束之形。”即謂：“來”是麥株的象形，正謂“來”即“麥”也。

那麽，爲什麽許説“來”“周所受瑞麥來麰”，説“麰”，“來麰，麥也”，都以“來麰”連言呢？

饒炯《部首訂》謂：“《説》解釋‘來’而曰‘來麰’。其依類爲訓與‘祪’下説‘袝祪’例同。”按：饒説是也。《説文·示部》：“祪：袝、祪，祖也，從示危聲。”段注：“袝謂新廟。祪謂毁廟，皆祖也”。即“袝、祪”是“并列名詞”。許釋“祪”而曰“袝祪，祖也”。即“袝”“祪”皆“祖也”。是即“以依類爲訓”的方法來以“袝、祪，祖也”釋“祪”。因之，許釋“來周所受瑞麥來麰也”。是即“依來爲訓”，其意謂“來”“麰”皆麥也。從而段注之誤説，得以徹底破除矣。

殷墟卜辭中有用“來”爲麥類作物之稱的例子（詳見下文）。可以證明“來”是麥類植物。先秦文獻又有用“麰”爲麥類作物之例詞。《孟子·告子上》：今夫麰麥，趙岐注：“麰麥，大麥也。”從而“來麰”爲二種麥類作物也就得到確證了。

結論：“來”“麰”各爲一麥，是二麥。

（二）許説：“”，“一來二縫，象其芒束之形”（依小徐、詩疏，《御覽》引象下有“其”字，補），《思文》正義引作“一麥二夆”，故縫當作“夆”，是什麽意思？

一些學者，各有解釋。之所以不能準確，在于他們的解釋離開“來”字字形。許此處的説解是解説“來”篆的字形像什麽。

徐氏《説文段注箋》謂：“麥禾有雙岐。故造字作二縫以别于禾。二縫猶言二褱，上畫左右稨也。中直象其稈，象葉，下象根。許云：象芒束，芒束不可象也。”徐氏以字形説“”篆各部分，所象爲何，都正確。但他能看出“上畫左右稨”即“一來二縫”，而不知即“左右稨”之形，正是“象其芒束之形”，這是很可惜的。

李錦《釋來》謂：“一來二縫”者，言一莖二穗也。縫，當是鏠字之訛。金部：鏠，兵耑也。即今鋒字。《廣韵》：“棒，末也。”王氏《疏證》引《説文》正作“一麥二鏠”。大抵禾穀皆一草一穗。根在下爲本，穗在上爲末。《廣韵》：“穎，穗也。”《説文》訓爲“禾末”。禾麥多以兩穗爲瑞。許君于“麥”字下云“芒穀”，又云“從來有穗者”，于“來”言穗，在本書已有明文。二鏠，猶二末，即爲二穗。”

按：許意：篆上端之“”，即“一來二鏠”之形。表示一莖二穗之“瑞麥”。所以稱二穗爲二鏠（鋒）者，因此以“”“”之形表二穗，其形如鋒也。何以以“鋒”表“穗”，乃“象其芒束之形也”。

金文來字作。頂端之“”表示一穗，正是“象其芒束之形”。

禾（）字頂端一穗，其形作“”，乃“象其聚粒成實”之形。與“來”字以“”“”之芒刺之形表穗有別。此正可見古人造字之用心處。

（三）許説：“來”，“天所來也，故爲行來之來，《詩》曰“詒我來麰”，是何意指？

漢代一些經師是這樣解釋《周頌·思文》“貽我來牟”的。如鄭玄箋云：“武王渡孟津，白魚躍入于舟，出涘以燎。後五日，火流爲烏，五至，以穀俱來。此謂遺我來牟。”《書説》：“以穀俱來，云穀以記后稷之德。”段注謂：“按鄭箋見《尚書大誓》，《尚書旋機鈐》合符後。《詩》云來牟，書云谷，其實一也。”

段注據此説：“自天而降之麥，謂之來麰，亦謂之來。因而凡物之至者，皆謂之來。……如許説，是至周初始有來字，未詳其恉。”

徐《箋》亦謂：“火流爲烏，以穀俱來事，見後出之《大誓》，未足深信，即果有之，亦屬偶然。豈此時始有麰麥之種乎？《周頌》云‘貽我來牟’者，蓋后稷教民稼穡故云爾。”

桂馥《義證》謂：“《詩經·生民》：‘誕降嘉種。’傳云：‘天降嘉種。’本書‘秠’下引此詩而説之云：‘天賜后稷之嘉穀也。’故謂‘天所來’即此意。”

按：以上學者謂“天所來”是指“天降嘉種，以賜后稷”之事，不是“武王伐殷，天以穀俱來”。其説是。

爲什麽“貽我來牟”是“天所來也”？此事的歷史意義何在？

對此問題《説文疑義》有一很有見地的看法。他謂：“考中國古代祭祀，皆以黍稷。意者，發明麥爲穀食在黍稷之後乎？不然何以從來，從夊。徵之于詩，惟周地有麥，殷實無之。”

今人張舜徽《説文解字約注》承其説而發揮之。謂：“古者祭祀皆用黍稷。知黍稷乃上世常食之穀，麥則至周之后稷始教民種之。民頌其德，至比之如天所降。《思文》篇既稱‘貽我來牟’，《臣工》篇又云‘于皇來牟’。皆言后稷之功，以此爲大耳。來爲小麥之名而用爲行爲者，蓋古人就周土而言。此麥種傳自外來。來與麥屢見于殷墟卜辭，則中原之地，原自有麥，周之祖先，蓋始得麥種于此，教民播殖，故《大雅·生民》之篇，又以‘誕降嘉種’頌之也。”

以上二家之説，有得有失。近人李裕評之曰：“麥非中國土産，而麥名的來，用爲行來之來，正可以從語源、字源方面，提供有力的佐證，表明小麥外來是歷史的真實。張舜徽先生對此有獨到的見解。認爲小麥之名的來，用爲行來之來，是因爲‘麥種得自外來’。這是對許氏‘天所來也’的合理補正。但張氏所説的‘外來’，是指古人就‘周土而言’，他認爲周先祖始得麥種于‘中原之地’，則此説有誤。根據農學史專家的考證和科學研究的結果，小麥的原産地在西亞幼發拉底河流域，距今已有 9000 年的栽培史。中國小麥，來自西域，證明許慎的麥種‘天來’之説，并非無稽之談。竟藴含着一段真實的中外文化交流史的奧秘。”①

按：李裕之説是也。甘肅民樂東灰山四壩文化遺址出土了大麥、小麥、高粱、粟、稷（黍）五種碳化籽粒。而新疆巴里坤、哈密、塔里木盆地東端的羅布泊等地的原始文化遺址中，屢有大麥、小麥出土。遺址年代從公元前 2000 年至公元前 1200 年不等（黄展岳《考古紀原》53—54 頁）。而新疆塔里木盆地的小河墓地（距今 4000 年），出土許多小麥（《中國小麥最早在新疆種植有新佐證》，《光明日報》2007 年 12 月 16 日 1 版）。總之，到目前爲止，最早種植之大麥、小麥皆發現在新疆地區。因此“麥種外來”之説，有了考古學材料的證據。

“后稷”周弃爲周之始祖，堯、舜時的農官。他的最大功勞，據《周頌·思文》説：“思文后稷，克配彼天。立我烝民，莫匪爾極。貽我來牟，帝命率育。無此疆爾界，陳常于時夏。”

此西周初期，祀祭后稷之詩。此時周人以始祖“后稷”配天。“思文后稷，

① 李裕：《〈説文〉來、麥之釋及其學術與文獻價值》，《武漢大學學報》1995 年第 2 期。

克配彼天”，所以尊之也。此時周人爲“天子”，故《詩》中以“后稷”“克配彼天”也。

此下“粒我烝民”六句，即頌“后稷”之功德，亦闡明其所以能“克配彼天”之根據。其功德如何？其基本事實是“貽我來牟，帝命率育”。即將天所貽之“來牟”新糧食品種，奉帝（堯、舜）之命而“率育”之，即推廣新種來牟育植之。其範圍爲“無此疆爾界，陳常于時夏”。即在全中國普遍種植，不分地域疆界也。

換句話說：后稷配天之主要功績是將外來麥種（來牟）在全中國推廣種植。此西周初期周之先民對其先祖后稷的稱頌。這一稱頌，有合于歷史的基本史實。即公元前3000—前2000年，正是小麥由西方轉入中國之重要時期，而將此外來品種在中國移植推廣的代表人物即周之始祖“后稷”。

其後，西周中後期的《大雅·生民》稱頌始祖“后稷”，種藝能力高超，能“藝任菽”、“禾役（穎）”“麻，麥”“瓜瓞”，即精通各種農藝。其“誕降嘉種”有“秬秠”（黍之良種）、“穈芑”（穀之良種），而將“貽我來牟，帝命率育”的引進推廣新麥種的功績淡化了。

到了春秋初期的《魯頌·閟宫》，其頌“后稷”之功則曰：“是生后稷，降之百福。黍稷重穋，稙稚菽麥，奄有下國，俾民稼穡。有稷有黍，有稻有秬。奄有下土，纘禹之緒。”則“降嘉種”之事，并不提矣。

因之，西周初期之《周頌·思文》所記歷史價值最高，美后稷在中國提倡、推廣自外地引進麥種之功，此爲中國農學史上之大事。

結論：許書謂來麥是“天所來也”，故爲行來之來”，正是“來”麥爲自中國人以外傳來之證，正與《周頌·思文》“貽我來牟”互相補充。

三、《説文》關于“麥”字解説的相關問題

《説文·麥部》：“麦，芒穀，秋種厚薶，故謂之麥。麥，金也。金王而生，火王而死。從來，有穗者也；從夊。凡麥之屬皆從麥。”

這個説解有兩個問題需要注意：

（一）許意：“麥”是秋種之“宿麥”“冬麥”。

許説：“秋種厚薶，故謂之麥。”段注：“薶麥叠韵。《夏小正》：‘九月樹麥。’《月令》：‘仲秋之月，乃勸種麥，毋或失時。’麥以秋種，《尚書大傳》

《淮南子》《説苑》皆曰：‘虚昏中可以種麥。’《漢書·武帝紀》謂之‘宿麥’。”段注説“麥”爲秋種之“宿麥”，正是闡述許意。

“麥”之初義是“秋種”之“冬麥”。後世“冬麥”種植成爲主流。故本義爲“冬麥”之“麥”，遂發展而成爲“麥類作物”之通稱了。

（二）爲什麽許説“麥”字“從來”（有穗者也）“從夊”?

“來”是麥株象形，是“麥”屬植物。《説文》：“夊，行遲曳夊夊。象人兩脛有所躧也。”段注：“行遲者，如有所拖曳然，故象之。《玉篇·夊部》：‘夊行遲皃。’《詩》云：‘雄狐夊夊。’今作綏。”

何以“麥”字“從來”“從夊”? 説者紛紛：

1. 它是外來品種，故從“夊”表示行來。如臣鉉等曰：“夊，足也。周受瑞麥、來麰，如行來，故從夊。”（徐鉉説）《九經字樣》云：“來麰之麥，自天而來。故從來，其下從夊，行來之皃也。”段注：“從夊者，象其行來之狀。”周伯琦《説文字原》：“瑞麥欲其常常而來也。”《殷墟文字》謂：“來象麥形，此從夊（降字從之，殆即古降字）象天降下。示天降之誼。來麰之瑞在后稷之世，故殷代已有此字矣。”（羅振玉）（《説文疑疑》：“徐鉉謂瑞麥來麰，如行而來，故從夊。然來不從夊，亦能來也。”此評中的。）

2. “夊”是足踩麥種入地之意。如徐鍇曰：“麥之言，幕也。埋之意。夊若穗，自後躧之也。”《説文疑疑》謂：“麥之爲言霾也。夊者自後躧之也。昭孔謂夊亦聲。”

《説文段注箋》則謂：麥之從夊，“蓋象人行田收麥也”。

（此謂從“夊”爲足踩麥種入地，或行田收麥，則麥當是動詞。于文獻無證。行足踩種入地，或行田收穗，乃各農作物通行之事。如所説，則不爲“麥”之特徵，又何以表示其爲“麥”作物耶?）

3. 麥是當訓“往來之來，至也。從夊，來聲。與致往字同意。自古與來字互易”（朱駿聲《説文通訓定聲》）。葉玉森亦謂：“契文之來，疑爲麥之本字。”“而契文之，實來之初文。”（李孝定謂：“其説大謬。誠如其言，則卜辭行來字累數百見，何以無一作，而必作來。而麥字復有用爲來麰字者，既各本字，而必互爲假借，何殷人之不憚煩如此也。”其評是也。）

4. “麥”後于“來”，故從夊。楊桓《六書統》曰：“夊，後也。後于來也。”注《六書正義》：“來先穫半月，而麥繼熟之。”

（按：麥從夊，表示後于來，有理。但把此解釋爲“來先穫半月，而麥繼熟之”，則爲臆判。）

5. 或又曰：“躧，舞履也，麥浪之翻動如此。”（轉引自《通訓定聲》）

（朱駿聲謂此解“皆付會不可爲訓”。確是如此。）

6. 饒炯《部首訂》則謂：“（來），其穀有二種，後人字取分别，音隨義變，稱大來爲牟。又轉牟爲莫獲切，乃從來加夊聲爲麥，麥故大來也。”（“來”下説明）又云：“麥從夊（音綏）聲，即牟之轉音。與行來之來分别，其作麥，從夊（音黹）者不同，是以或説麥爲行來之專字。”按：麥爲“大來”（即大麥），文獻無徵文不可信。

7. 謂所從之夊，非字，乃象麥根之形。鄭樵謂：“夊，象其根。”王襄謂：“來亦麥也。夊象其根。”（《古文字流變臆説》69－70 頁）李孝定謂：“今案：來、麥當是一字。”“夊本象倒止形，于此但象麥根。以來叚爲行來字，故更制繁體之麥，以爲來麳本字。”

（《説文疑疑》引鄭樵謂：“夊象其根。然來不從夊，亦有根也。”此評中的。）

按：以上諸説，唯楊桓《六書統》謂“夊，後也。後于來也”之説近理。但其説解尚不明晰，今爲之論證而闡述之。

“麥”字許説“從來，從夊”，當補云“來亦聲”。來與麥，來明鄰紐，之職對轉，正一聲之轉。從來可爲麥之聲符。（有謂麥從來夊聲者，但夊與麥，雖然職微通轉，但心（齒）明（唇）不能通。所以此説不能成立。）

“夊”爲“行遲皃”（《玉篇》），麥字從夊從來，來亦聲。則麥爲“行遲”之“來”。“來”爲麥屬作物，其“行遲”有何意義？此因麥類作物或爲“冬麥”，亦稱“宿麥”；或爲“春麥”，亦稱“旋麥”。

“冬麥”是“秋冬種之，經歲乃熟，故云宿麥”。《本草》集解引蘇頌云：“大、小麥，秋種，冬長，春秀，夏實。具四時中和之氣。”其生長成熟周期長，故稱“宿麥”。（《小爾雅·廣詁》：“宿，久也。”）换句話説，其生長效率“遲緩”。

“春麥”，是春種秋收的麥，其生長期短。也就是生長效率“迅速”，故又謂之“旋麥”。程瑶田謂：“旋之言疾也。（《廣韵·他韵》：“旋，疾也。”即“迅速”。）與宿麥對言。”《廣志》：“旋麥，三月種，八月熟。”

據《説文》“麥”是“秋種厚薶”“金王而生，火王而死”的“冬麥”，即“宿麥”。與“春麥”即“旋麥”相對。旋麥爲生長迅速之麥，而宿麥相反，爲生長遲緩之麥。此麥字所以從“夊”受義之原故也。“夊”爲“行遲皃”。故麥從來、從夊，來亦聲，正表其爲“行遲”之“來”，即“宿麥”矣。

四、殷墟卜辭中“來”與“麥”同時皆爲麥類作物之名，這一事實的含義爲何？

（一）儘管于省吾等認爲“來在卜辭中目前尚未見以‘來’爲穀物名之明確例證”（《甲骨文字詁林》“來”下按語），但有的學者仍舉出了卜辭中以“來”爲農作物名稱之例證。如：

《殷墟卜辭研究——科技篇》謂：殷人已種植麥類作物，這可于卜辭中“受年來”“受來”之辭證之。

卜辭云：“桒年來。其卯上甲，三，受年？”（《甲》三五八七）“桒年來”者，“桒來年”也，即祈求“來”（麥）有豐收之年成。

“庚辰貞：受來？……不受來？”（《鄴》三，四五，七）“受來”之辭與“受禾”“受年”同例。此爲一事對貞，卜問是否能得到“來”（麥）的豐收。

“□亥卜，受來，禾？”（《粹》八，八七）此是選擇性卜問，受來呢？還是受禾呢？即預卜在今年之内哪一種作物有好收成。

“□□卜，盅貞：……我用㞢（有）來？”（《續》五，二九一）乃卜問田間所種之“來”（麥）是否有好收成。

裘錫圭（《甲骨文所見的商代農業》）謂：“卜辭來字常見”，用本義的似乎只有下行一例：

“辛亥卜，貞：或刈來？”（《鐵》一七七，三）

從以上例證，可見卜辭用“來”之本義即農業穀物之名，是可信的。

（二）卜辭以“麥”爲穀類作物之名。其例證有：

卜辭有“食麥”之文。“月一正曰食麥。甲子……”（《後》下一，五）此用麥爲穀物之名之確證。

卜辭又有“告麥”之事。如：“庚子卜，賓：羽（翌）辛丑，㞢（有）告麥？［己亥］卜，賓：羽（翌）庚子㞢（有）告麥？允㞢（有）告麥。”（《前》四，四〇，七）

“丁酉卜，賓，羽（翌）庚子㞢（有）告麥？羽（翌）己酉，亡其告麥？”（《明》二，三三二）

“告麥”不僅當報告麥收之豐欠，且當有貢納麥多少之內容，故殷王十分關心。

卜辭又以“麥”爲動詞，言“種麥”之事。如：

“乎（呼）麥?”（《善》二五一一三）

“其麥?”（南京大學藏片）

“麥于□高。”（《南師》一，八六）

此“呼麥”“其麥”和“呼黍”“其黍”全同。

（以上節録自《殷墟卜辭研究——科技篇》）

（三）卜辭將穀物作物之“來”“麥”分別使用，不相混淆，有何意義?

從字源來説：“來”字在先，“麥”爲“來”之加旁形聲字，其産生在“來”之後。因之，作爲麥類穀物，最初都稱爲“來”①。後來，隨着農業的發展，從“來”中分出“麥”來。于是來、麥并行，各有所專。

麥既爲“冬麥”之名，則與之相分別之“來”，則當爲“春麥”之名矣。

因此，結論是：在卜辭時代，由于農藝的進步，統一不分類的“來”，已經分爲“冬麥”的“麥”和“春麥”的“來”了。换句話説，卜辭時代，殷人已經進行秋冬種“冬麥”，春季種“春麥”的農事活動，麥類作物已經劃分出“冬麥”與“春麥”不同品種。

那麽，卜辭中的“來”“麥”是否如于省吾先生所説：來爲小麥，麥爲大麥呢?

按：于説不能成立。其理由如下：

麥之本義是“冬麥”（冬麥，既包括大麥，也包括小麥）。故“麥”絶非“大麥”之專名。文獻所載，從無“麥”爲大麥之記録。大麥之專名爲“麰”（牟）。此名不見于卜辭，而首見于西周《周頌·思文》。這表示：在卜辭時代，大、小麥尚未區分。故卜辭不見大麥之專名。而西周《周頌》以“來牟”稱大、小麥，則是時大麥已從來、麥中區分出來，專名爲“麰”。于是原爲“春麥”之名，包含大、小麥不分之“來”，遂專“小麥”之名，而有“秾，小麥”之訓了。

---

① 《説文·禾部》：“秾，齊謂麥爲秾，從禾，來聲。”秾爲來之異體字。《説文》訓“麥”爲“秋種厚薶”“金王而生，火王而死”的“冬麥”。而在卜辭中“來”，又是與“麥”相異之另一品種。可推知，最初“來”包括冬春二麥而未分，既是冬麥，又是春麥。其後冬麥分出，有專名爲“麥”。則“來”爲與之相對的“春麥”之名矣。

藏語稱青稞麥爲“來”（漢藏語同源）。《廣雅》訓“麳，小麥”，青稞麥爲大麥之一種，是“來”在古代既爲“大麥”又爲“小麥”。何也？此乃其時“來”類作物尚未分别大、小麥之故也。其後，大麥分出，專名爲“麰”，而“麳”始專“小麥”之名矣。

因此，可以這樣結論：

“來”爲麥類作物之初名。其時不同麥種，尚未分别（即冬麥、春麥、大麥、小麥皆未分别），爲各種麥種之總名。

其後，農業發展，農藝進步。“來”類麥作物，分爲“冬麥”“春麥”二類。遂由“來”分出“麥”字，作爲“冬麥”之名。而“來”遂爲與“麥”相對之“春麥”之名矣。卜辭中“來”“麥”作爲穀物之名，各别，即反映此一歷史事實。然卜辭時代，大、小麥之别尚未出現。

再後，西周初期，“來牟（麰）”并舉，則標志此時農藝進步，大、小麥已經區分。以“牟（麰）”作爲“大麥”之名，而“來（麳）”遂專“小麥”之名了。

五、甲骨文□字，是哪一類麥類作物？

甲骨文中有字作□、□、□、□或省作□。羅振玉、王國維、商承祚、胡厚宣、孫海波等都釋作往來之來。

于省吾則謂：“按此字應隸定作□。中間竪劃象莖，上端象穎，中部左右象葉之斜垂，下部象根。至于左右之有點者則象麥粒。”“甲骨文往來之來作□，金文中作□，與□字截然不同。”“在金文中則有來□互作之例。”

按：形聲中“偏旁互换”之例甚多。大體言之，字雖不同的屬性相似者，可以互通。如工具以金换木，田地以田换土等。故“來”“□”在金文作爲偏旁互通，只能證明其屬性有類似，而不能作爲二字相同之證據也。

“今以甲骨文證之。□是《説文》秾的本字，與往來之來字有别。□是獨體象形字，禾首來聲。但來身也標志着音讀。”

《廣雅·釋草》：“大麥，麰也。小麥，麳也。”甲骨文的□，指的是小麥。（“白麥”是“小麥”的一種。《本草綱目·小麥》引陳藏器曰：“白麥面性凉，以其春種闕二氣也。”即其證。“□”（□）非小麥。故于先生以“白麥”即卜辭之“白”。誤，不可從也。）而甲骨文的麥，則指的是大麥。

按：此字在卜辭中，是糧食作物之名，是有例證的。如：

“甲戌卜，賓貞：甫受□年。”（《乙》六五一九）

“乙卯卜，殼貞：王立（蒞）□，若貞：王弓（勿）立（蒞）□。”（《丙》三二）

“甲辰卜，酌□登且（祖）乙？”（《庫》九九三）

“癸未卜，登□于二示？”（《庫》一〇六一）

以上數辭之“受□年”，與“受黍年”“受來年”同例。“王立□”與“王立黍”同例。“登□”與“登黍”同例。并可與《禮記·月令》“孟夏之月”“農乃登麥，天子乃以彘嘗麥，先薦寢廟”互證。這就表明“□”（□、□），確爲糧食作物。

但是，于先生釋“□”爲“⿰禾來”之初文，則不能成立。其理由爲：

1. 于先生認爲：甲骨文之來（□、□）只作爲“來去”之“來”，不作爲“糧食作物”之名，從而“來”既是糧食作物，就可以釋作“⿰禾來”字了。

上文已證明：在卜辭中，“來”不僅用爲“往來”字，而且有一些卜辭，用“來”爲“糧食作物”之名。“來”爲“⿰禾來”之初文。因此卜辭中，與“來”迴然有别之“□”，怎麽能是“來”的異體“⿰禾來”呢？

2. 于先生認爲“□”（□）字乃象一株麥株，“至于左右之有點者則象麥粒”。如果此字之□象“來”（麥之植株），其“左右之有點者”，“則象麥粒”，是可以成立的。

但問題是“□”字，爲何在穗外、葉左右，散布麥粒？此字確是“獨體象形字”，這些“點”是散落在麥穗之外的，是何意義呢？

我國麥類作物、麥實有三種類型：

大麥、小麥，其實是有芒之麥穗。麥粒，都有序的排列在穗上，不會“散落”在穗外。

“我國原産的燕麥、喬麥，都是散穗形。”① 其麥粒也不會“散落在穗外”，且“散穗”之形，亦與“□”字以“□”表有芒穗不同。

植株形態與大、小麥類似，但成熟時“麥粒”從穗中脱落，散落在麥穗之外者，只有“𪎊（又作穬）麥”，這正與“□”（□）字植株同來，而麥粒散落在穗外之字形密合。故□（□）字當爲“𪎊”字之初文。（□爲獨體象形字，

① 李裕：《〈説文〉“來”“麥”之釋及其學術與文獻價值》，《武漢大學學報》1995年第2期。

麳（穬）爲後起形聲字。）

關于“麳麥”成熟時，麥粒散脱穗外，有關記載多有，如：

《植物名實圖譜》穬麥：“今山西多種之……熟時不用打碾，仁即離殼。但仁外有薄皮如麩，打不能去。”（轉引自《中文大辭典》）

《漢語大詞典》“麳”下云：“麳麥，大麥的一種。芒長，成熟時自然脱粒。粒外有皮。”又“穬”下云：“穬麥，大麥的一種。芒長，實熟時，種子與稃殼分離，易脱落。”

這種“芒長，種子與稃殼分離（自然脱粒），易脱落”之麳（穬）麥，不正是“”字所象的麥種嗎？

今之“辭書”，多謂“麳麥”爲“大麥”的一種。這是今人的認識。在古代，則認爲“麳麥”是與“大、小麥”有别的另一麥種。其證據是：

《齊民要術・大小麥》引崔實曰：“凡種大、小麥，得白露節，可種薄田。秋分，種中田。後十日，種美田。唯麳早晚無常。”是漢人認爲“大、小麥”之外，另有“麳麥”一種。

《本草綱目・穬麥》引《圖經》：“穬麥有二種。一種類小麥，一種類大麥，皆比大、小麥差大。”是《本草》所引《圖經》認爲“穬麥”爲大、小麥之外的又一麥種也。

在古人看來，麳麥是不同于大、小麥的另一麥種。所以，在卜辭中，它作獨立的糧食作物進行生産、收穫也就完全合乎事理了。换句話説，在卜辭時代，大、小麥尚未分開。但麳麥已從來、麥中單獨分出，而另有專名，且造“”字以記録之。爲何它首先從來、麥中分開，大概是其“成熟出果實自然脱落出麥穗之外”的特性，引起了種植者注意的原故。

據記載，“麳麥”是人的食品，又是飼馬飼料，其用途多。如：

賈思勰《齊民要術・醴酪》：“煮杏酪粥法：用宿穬麥，其春種者，則不中。”

《正字通・麥部》：“麳與穬同。西川人種食之。山東、河北人，正月種之，名春麳。形似大麥，味甘微寒，無毒，久服令人力健。”

《本草・穬麥》集解引陶弘景曰：“穬麥，今馬所食者。”

《中文大辭典》：“穬麥”，“北方多種之，爲馬之飼料”。

由此可見之“麳麥”古人多以爲人之食品”，“久服令人力健”。後世多以爲“馬”之飼料矣。

因之：卜辭之“𪎊”（）爲王家所種，爲貢獻之品，正以其爲“久服使人力健”之食品之故也。

六、卜辭之“麥”是“秋冬種之，經歲乃熟”的“冬麥”即“宿麥”之一證

卜辭云：“月一正曰食麥（下記“甲子”至“癸巳”三十干支）”

“二月文䅫（下記“甲午”至“癸亥”三十干支）”

（《後下》一，五。《合集》24440）

此記卜辭時代，“一月”爲“食麥之月”。當即其實“麥收”，新麥供應民食。卜辭之“一月”即“歲首”，當夏曆之何月？說者多家。最有價值之材料爲：卜辭有“一月”“火出”之記録。其辭云：

“己巳卜：争［貞］：火，今一月其雨？

火，今一［月］其雨？（乙）

火，今一［月］不其雨？（甲）”（《合集》12488甲、乙）

此“火”非人名、地名和燃燒之火，乃指商人記時之“大火”星（即心宿二）。此武丁時期之卜辭。

張培瑜指出：武丁時期大火昏見之時間約在“清明”前後，即夏曆之二月或三月，其時，大火昏中的時間約在“芒種”至“夏至”也，即夏曆的四月和五月（轉引自常玉芝《殷商曆法研究》，401－403頁）。那麼卜辭之“火，今一月其雨”之“火“是“昏見”，抑或“昏中”？

常玉芝認爲是“大火昏中”，相當于夏曆之“五月”。其論據是：

1.“貞：王立黍，受年，一月。”（《合集》9525正）2.“貞：叀小臣令衆黍，一月。”（《合集》12）是卜辭之“一月”，爲王“立（蒞）黍”，衆“種黍”之月。而西漢學者都説種黍時間是在“大火昏中”，即“夏至”之時（《尚書大傳》《淮南子》《説苑》等）即“夏曆五月”。考慮到卜辭時代，有“稷象”記録（《前》三，三一，三“隻（稷）象”），則其時中原地區氣候有如今之西雙版納，遠較春秋、戰國至西漢之中原（其時由原氣候有似今之長江中、下游地區）爲温暖。則小麥之種、收當較西漢時期爲早。所以“火，今一月其雨”之“火”當爲“昏中”，其時在夏至之前約爲夏曆四月，而非五月。

夏曆四月或五月所食新麥，當爲上一年秋、冬所種之宿麥（即冬麥）成熟

的果實。《説文》謂“麥，芒穀”“秋種厚薶”“金王而生，火王而死”而“秋種夏至熟”。《玉篇》即指宿麥、冬麥。而春麥，又稱旋麥，則春種秋收。《廣志》：“旋麥，二月種，八月熟。”

卜辭記“一月”，“食麥”。其“一月”當夏曆之四月末或五月中，是新熟供食之麥爲“秋種夏熟”之“冬麥”，即“宿麥”矣。

七、麥自外來一些考古學材料

△《科技考古》第二輯（中國社會科學研究所考古科技中心編，科學出版社，2007 年）《公元前 2500 年－公元前 1500 年中原地區農業經濟研究》，趙志軍在其提要謂：“在公元前 2500－前 1500 年期間，中原地區的農業經濟，在整體上仍然延續着以種植粟和黍爲主的古代中國北方旱作農業的傳統，但同時出現了一些新的變化，其中包括：在龍山時代，稻作已相當普及，大豆被普遍種植。當地農作物布局開始趨向複雜化。二里頭時期[1]，稻穀在當時人們生活中的地位，明顯有所提高。小麥開始傳入到中原地區。二里崗時期，小麥的種植規模和在農業生産中的地位明顯提高。中原農業種植制度，開始逐步由依賴粟類作物向以種植小麥爲主的方向轉化。”

△四川大學中國藏學研究所、四川大學考古學系、西藏自治區文物局《西藏阿里地區丁東居住遺址發掘簡報》（《考古》2007 年第 11 期，44 頁）謂：在 F4 室内地面和立石（L1）周圍清理出碳化青稞籽實近 100 粒。這是西藏西部地區首次通過考古發掘出的年代最早的古代青稞。

麥作農業公認是起源于近東肥沃的半月形地帶。在距今 9000 年的納拉夫文化的前陶新石器階段（DPNB），青稞已經開始栽培，中國境内考古發現的麥類遺存，多集中在西北地區，如青海諾木洪遺址、甘肅民樂灰山遺址、新疆孔雀河墓地及静察吾呼墓地等。年代大體距今 4000－2000 年。而在喜馬拉雅地區，考古發掘出土的青稞，目前僅見于山南嘎昌溝遺址和尼泊爾釋思斯塘地區。前者屬新石器時代晚期，距今 4000 年左右，後者距今約 3000 年。丁東遺址的發現説明：遲至距今 2000 年前，青稞已開始在海拔高達 4000 米的青藏高原西部種植。（毗鄰西藏西部的南亞西北部，青稞的栽培歷史，可早到距今

---

① 沈長雲謂：二里頭文化早不過公元前 1850 年。

7000 年左右。）

此證明包括青稞在内的麥作物，皆起于西亞，後由西北傳入中國。

考古新知

山东胶州赵家庄遗址发现龙山文化小麦遗存

靳桂云　燕生东　刘长江

赵家庄遗址位于山东省胶州市里岔乡，遗址面积约10万平方米，保存有大汶口文化、龙山文化和东周时期的文化遗存，其中龙山文化时期遗存最丰富、保存最好。2005年5~8月发掘了3000多平方米，发现并证实了居住区东面的水田，并在龙山文化时期灰坑等遗迹中浮选到丰富的炭化植物遗存，包括10粒炭化小麦(Triticum aestivum)。

我们从H339中选取一粒炭化小麦（实验室编号BA061052），送北京大学加速器质谱实验室第四纪年代测定实验室进行测年。^{14}C年代为距今3905±50BP，树轮校正后年代为2σ(95.4%)：2570BC(2.7%)2530BC；2500BC (87.2%) 2270BC；2260BC (5.5%) 2200BC。所有^{14}C半衰期为5568年，BP 为距1950年的年代。树轮校正所用曲线为IntCal04，所用程序为OxCal v3.10。我们取概率最高的2500BC (87.2%) 2270BC，即赵家庄遗址H339中炭化小麦年代为2500BC ~2270BC。这个年代与我们根据陶器形制确定的该聚落的年代大体一致，即相当于龙山文化早中期。

传统观点认为，西周时期黄淮下游地区才开始出现小麦，虽然近年在山东地区少数龙山文化遗址中发现了少量的炭化小麦遗存，这些发现并没有得到应有的重视。其中一个重要的原因就是出土小麦遗存的遗址数量少、出土炭化小麦的数量少，而且这些小麦遗存都没有独立的年代数据。赵家庄遗址出土的炭化小麦，是目前我国考古遗址中唯一有明确测年的小麦遗存，也是年代最早的小麦遗存。

除了小麦，还浮选到水稻(Oryza sativa)、谷子(Setaria italica)、黍子(Panicum miliaceum)和大麦(Hordeum vulgare) 等农作物以及数量较多的非农作物种子。

2007 年 12 月 27 日上午，此札記寫了兩周

時冬寒初降，天陰霧多也

2011 年 5 月 3 日上午補記

清華簡《系年》所載“少鄂”地望淺説

清華簡《系年》關于兩周之際史事，作如下記述：

“周幽王取妻于西繡（申），生坪（平）王。或取孚（褒）人之女，是孚（褒）忩（姒），生白（伯）盤。孚（褒）忩（姒）嬖（嬖）于王。王（以上第五簡）與白（伯）盤迖（逐）坪（平）王，坪（平）王走西繡（申），幽王起自（師）回（圍）坪（平）王于西繡（申），繡（申）人弗敤（畀），曾人乃降西戎，以（以上第六簡）攻幽王，幽王及白（伯）盤乃滅。周乃亡。邦君者（諸）正，乃立幽王之弟舍（余）臣于虢（虢），是嬌（携）惠王（以上第七簡），立［二］十又一年，晉文侯戟（仇）乃殺惠王于虢（虢）。周亡王九年[①]。邦君諸侯焉始不朝于周（以上第八簡），晉文侯乃逆平王于少鄂。立之于京自（師），三年乃東遷（徙），止于成周。晉人焉始啓（以上第九簡）于京自（師），奠（鄭）武公亦政（正）東方之諸侯（以上第十簡）。”[②]

先秦之地，見于文獻的“鄂”，計有三處（見《中國歷史地名大辭典》）。

1. 鄂即邘。商、周封國，金文作噩，在今河南沁陽市西北。《史記・殷本紀》：“以西伯昌、九侯、鄂侯爲三公。”裴駰《集解》引徐廣曰：“一作邘，音于，野王縣有邘城。”周武王滅殷、封子邘叔于此。

2. 西周初爲唐叔虞都邑，故址在今山西寧鄉縣南一里。《史記・晉世家》集解引《世本》曰：唐叔虞“居鄂”，即此。《左傳・隱公六年》：“翼九宗五正

---

① 古本《竹書紀年》記此事，其文爲：“平王奔西申，而立伯盤以爲太子，與幽王俱死于戲。先是申侯、魯侯及許文公立平王于申，以本大子，故稱天王。幽王既死，而虢公翰又立王子余臣于携。周二王并立。二十一年，携王爲晉文公（侯）所殺。以本非嫡，故稱携王。”

② 李學勤主編《清華大學藏戰國竹簡（貳）》，中華書局，2011 年，第 138－140 頁。晁福林謂：從幽王之死到携王被殺，首尾十一年。掐頭去尾“正是九年”之數。《系年》作者不承認平王之“天王”、余臣之“携王”，皆非正統。故謂之“亡王九年”，而不是《竹書紀年》作者所稱的“二王并立”。

頃父之子嘉父逆晉侯于隨，納諸鄂，晉人謂之鄂侯。”

3. 西周時楚地，即今湖北鄂州市。《史記·楚世家》：周夷王時，楚熊渠“伐庸、楊粤，至于鄂”，乃立“中子紅爲鄂王”。戰國時爲楚之封邑。

簡文所説，平王居于“少鄂”。“少鄂”之地望何在？

《系年》簡整理者謂：疑即《左傳·隱公六年》之晉地鄂，在今山西鄉寧。

晁福林[①]則認爲：山西之“鄂”，很可能是鄂侯避難逃到鄉寧此地，後來此地才稱鄂（即此“鄂”地之名晚出）。此其一。二是在“二王并立”時，今關中地區西部爲秦控制，中部以岐、豐爲中心的地區爲携王（後爲戎狄所盤據），其東部爲平王管轄。平王不會退縮到黄河以東的偏僻山區。簡文所説“小鄂”，應當在鎬京附近才符合于“二王并立”鬥争的形勢。其具體地點尚不知曉，可存疑待考。

“鄂”何以有“小、大”之分？大概是以疆域大、小和其領主政治地位的高低來區分的。準此，上列諸“鄂”中，能爲“大鄂”者當以曾爲紂之三公之鄂侯所在之鄂。

而位于關中平原，鄰于豐鎬之“小鄂”，其地望何在？

竊以爲此“小鄂”之“鄂”，當讀爲“邘”。《史記·殷本紀》“鄂侯”《集解》引徐廣曰：“一作邘。”（鄂與邘，疑匣旁紐，鐸魚對轉，正一聲之轉，可以互相通假。）文獻記載，豐鎬鄰近有邘國。《漢語大詞典》“于”字下云：通“邘”，古國名。《書·泰誓中》：“我武維揚，侵于之疆。”陳夢家《尚書通論》：于即是“邘”。案：《通鑑·前篇》紂：“十有八祀，西伯伐邘。”《大傳》作“于”。《詩·大雅·文王有聲》：“既伐于、崇，作邑于豐。”俞樾《群經評議·毛詩四》：“于崇之于，當作邘，異國名也。”《尚書大傳》卷四：“文王受命，一年斷虞芮之質。二年伐邘。”

比鄰于豐鎬之“邘”（于），當即秦、漢之“鄠”。（鄠從雩聲，而雩雩從于聲。故“邘”（于）可讀爲“鄠”。）《中國古今地名大詞典》“鄠”下云：夏時扈國，秦爲鄠邑，漢爲鄠縣。故城在今陝西鄠縣北，隋遷今治。其地正合于“關中平原東部，鄰近豐鎬”之條件。

2017 年 8 月 26 日終審于幹部療養院

---

① 晁福林：《清華簡〈系年〉與兩周之際史事的重構》，《歷史研究》2013 年第 6 期，第 159—160 頁。

《牧誓》“友邦”指“兄弟之邦”
（同姓與國，與婚媾與國）

錢宗范《周代宗法制度研究》（廣西大學出版社，1996年）謂：

據《左傳·桓公二年》：“天子建國，諸侯立家，卿置側室，大夫有貳宗，士有隸子弟，庶人、工、商各有分親，皆有等衰。是以民服事其上而下無覬覦。”

相近的話又見《左傳·襄公十四年》：“天子有公，諸侯有卿，卿置側室，大夫有貳宗，士有朋友，庶人、工、商、皂、隸、牧、圉皆有親昵，以相輔佐也。善則賞之，過則匡之；患則救之，失則革之。”

《左傳·桓公十年》的“隸子弟”，《左傳·襄公十四年》又作“朋友”。應指出：“朋友”一詞，最的原始的意義，應是指同宗或同族内的弟兄輩行的族人。《尚書·康誥》：“兄亦不念鞠子哀，大不友于弟。”《孟子·萬章》：“不挾兄弟而友。”《杜伯盨》：“其用享孝于皇申（神）祖考，于好朋友。”《毛公鼎》：“以乃族扞吾（禦）王身。”《師訇鼎》作“以乃友扞吾王身”。皆爲證據。説極可信。

故知《牧誓》之“友邦”，指“兄弟之邦”。當即同姓與國，與有婚媾關係之與國。婚媾關係之關係，乃“表兄弟”（姑表與舅表），亦可謂爲“友”也。

巴人之國王乃“姬姓”，是周之“兄弟之國”，即“友邦”。牧野之戰巴人與焉。《牧誓》中之“友邦冢君”，即包括了巴國之冢君。

故《華陽國志·巴志》稱巴人參加牧野之戰，見乎《尚書》。

後世學者不知“友”之初義爲同族兄弟，遂以《牧誓》“八國之彭”等當巴國，失之。

2008年4月15日

2017年8月27日終審于幹部療養院

“雒縣”“章山”與“苗民”

《漢書・地理志》:“雒縣,章山,雒水所出。”

此雒縣,章山所出之“雒水”,舊注皆以出于什邡縣之“石亭江”當之。如《中國古今地名大辭典》《中國歷史地名大辭典》《讀史方輿紀要》,皆用此說。

但《漢書・地理志》之例:凡說“某縣、某山、某水所出”之“某山”,必在其縣境内。而石亭江所出之山,在什邡縣境,(西漢雒縣、什邡各自爲縣。)并不在“雒縣”境内。此其一。西漢、東漢時,雒縣在現在廣漢縣治,雒水經縣治之南,其後縣治遷至雒水之北。故唐《元和志》卷三十一“雒縣”下云:“雒縣,縣南有雒水,因以爲名。”《水經》:“江水又東過江陽縣南,洛水從三危山,東過廣魏洛縣南,東南注之。”而“石亭江”既無經過漢(今廣漢)之城北,也不經過南北朝和唐宋之舊城北。此其二。

所以源出漢雒縣章山,又經雒縣北(或南)之“雒水”,只能以今日之“鴨子河”當之。鴨子河上源出于彭縣西山,彭縣後世所設,其地很多是漢時雒縣之地。此其一。鴨子河正是經過漢即今日廣漢城北和經過南北朝、唐宋舊縣址之南。此其二。

從而“章山”不在什邡,而爲今“鴨子河”源頭之彭縣西山矣。

此“章山”,《水經》又稱“三危山”。這是值得注意的。

《尚書正義》:“鄭玄引《地記》書云:‘三危之山,在鳥鼠之西,南當岷山。’”

《漢書・司馬相如傳》注:“張揖曰:三危山在鳥鼠山之西,與瑉山相近,黑水出其南陂。”

《後漢書・郡國志》隴西郡首“陽縣”條注:“《地道記》曰:有三危,三苗所處。”

此在“鳥鼠山西南”，與岷山相接之“三危山”，大體上與今由北向南之龍門山脉相當。而“雒水”所出之“雒縣章山”（今彭縣西山某處）則爲龍門山脉南端之一處。古人稱此山爲“三危山”，正足以説明古之三危，今之龍門山脉，可以當之矣。

《山海經·大荒北經》：“西北海外黑水之北有人，有翼，名曰苗民（郭璞：三苗之民），顓頊生驩頭。驩頭生苗民。苗民釐姓，食肉。有山，名曰章山。”

今廣漢鴨子河畔三星堆之古城。所居之地，正在“章山”之麓，“雒水”之濱。三星堆文化之古人，正足以當“顓頊”之後，“驩頭”之族，“有人有翼”之“苗民”。他們是“遷三苗于三危”的“三苗”中的一支。

2009 年 8 月 28 日下午

2017 年 8 月 27 日終審于幹部療養院

附：三星堆鳥形飾與“苗民”

孫華《三星堆出土爬龍銅柱首考》（《文物》2011 年第 7 期，46 頁）謂：“二號坑還出土有裝飾着銅鳥首的非常粗大的鳥首杖。”（這當是權貴所持之權杖。）在三星堆出土的文物中，“塑造了大量不同材質、不同造型的鳥形象、模仿成鳥的人的形象以及人首鳥身的神的形象。他們將某些陶器做成鳥的造型，在重要的玉石禮器的最上端雕刻鳥的形象，用貴重的青銅器鑄鳥頭和各種鳥的造型。甚至用銅鑄出人裝扮成鳥的模樣（即與《山海經·大荒北經》“有人有翼，名曰苗民”所述之形象合）。以表達他們對鳥的敬奉和崇拜。”

“三星堆器物坑出土的凸目、尖耳銅面像，很可能就是他們最受尊崇的太陽神和祖先神。”

按：出土的“凸目、尖耳銅面像”是一種鳥的頭像的放大。疑即《大荒北經》“驩頭出苗民”之“驩頭”（鸛頭，丹朱）。

此章山（雒縣）之苗民“釐姓”大概即後世蜀人之一支，爲“施蜀”（或徙蜀）。（釐與施、徙皆一聲之轉，爲同音異寫。）

2011 年 9 月 29 日

2017 年 8 月 28 日終審于幹部療養院

卜辭“虎（）豹（）”同音説

卜辭《前》四，四四，六：“貞：今……比侯（虎）伐方，受㞢（有）又（祐）。”而《佚》三七五則云：“貞：（莫）隹（唯）侯（豹）比？貞：叀侯（豹）比？”

這表明“侯虎”又可寫作“侯豹”。即虎、豹是同音的。

對這一現象，羅振玉謂：“卜辭、……等。所象巨口修尾，身有紋理，亦有作圓斑如豹狀者，而由其文辭觀之，仍爲虎字也。”（《增訂殷墟書契考釋》）

葉玉森（《殷墟書契前編集釋》卷四）謂：“，羅振玉氏曰：‘圓斑如豹狀者，由其文辭觀之，仍爲虎字。’王襄氏釋豹（《類纂》第九，44頁）。森案：羅氏仍釋‘虎，是也’。‘□侯虎’即‘侯虎’。侯固名虎也。先哲造字時，疑虎、豹爲一物，作豹斑者亦呼爲虎，于字形可推知焉。”

今按：甲骨文之虎字作“條紋”于身部（即所謂扁擔花），于豹字作“斑紋”于身部（即所謂銅錢花）。二字區别甚明，當各爲一字，是指一物。但“侯虎”又寫作“侯豹”，則可以其時“虎”“豹“之讀音相同，故“作豹斑者，亦呼爲虎”也。

其後，虎、豹讀音發生歧異。虎音讀爲曉紐魚部字音，豹音讀爲幫紐藥部字音。二字之音遂不能互通（曉紐（牙），幫紐（唇）不能通）。

據揚雄《方言》：江淮南楚謂“虎”“於䖘”（於：影，魚；兔：透，魚。急讀爲：影，魚）。陳、魏、宋、楚之間，謂爲“李耳”“李父”。（李：來，之；耳：日，之；父：并，魚。急讀爲：來，之；或來，魚）。是其中“於䖘”一讀與“虎”音爲一聲之轉（影曉鄰紐，魚部叠韵）。《方言》又謂：“自關東西，或謂之‘伯都’。”（伯：幫鐸。都：端，魚。急讀則爲：幫，魚。）是“伯

都”之讀，與豹爲一聲之轉矣（幫紐雙聲，魚藥旁對轉）（皆在甲類）。是卜辭時代“虎”“豹”同音，皆讀“豹”音。在西漢時仍存在于“關東西”之地。又《漢書·叙傳》説：楚人謂虎“班”。“班”音音幇元。此音與“豹”音爲“雙聲”，與“虎”音爲魚元通轉。當是“虎”讀由“豹”音轉“虎”音之過渡讀法矣。

巴人以“虎”爲“圖騰”，故被名爲“虎方”。而文獻記爲“巴方”。巴音：幫，魚。“巴”與“虎“之曉紐，魚部讀音不能通（幫爲脣音，曉爲牙音，不能通）。但與卜辭時代虎、豹同音時，“虎”讀“豹”音（幫紐，藥部），則正爲一聲之轉（幫紐雙聲，魚藥旁對轉）。

因此，卜辭：西周金文之“虎方”，由于古讀“虎”音如“豹”，故春秋文獻（如《左傳》）則以一聲之轉的“巴”音來記録之，而寫成“巴方”“巴國”了。

2011年1月1日下幹記此解于此，時在天迴山幹療院

2017年8月28日終審于幹部療養院

兗州的開發與中國進入五帝時期形成國家聯盟有直接關係

徐中舒《試論周代田制及其社會性質》(《徐中舒歷史論文選輯》831－841頁）謂：古中國的農業經濟是從兩個中心區發展起來的。一個是仰韶文化區，這是涇、渭、汾、沁、河、洛黄土層河谷高原地帶。一個是龍山文化區，這是圍繞着泰山的小河谷丘陵高地。

在這兩個文化區之間，是一個内海或一個廣大的沮洳藪澤地帶，把東、西兩個高地隔離起來，而且維持了很長的時期都没有交通的可能。因此中國終能有兩個系統不同的文化。

這一地區，由于上游河流挾帶黄土泥沙的沉澱、淤積。在新石器時代末期逐漸上升而成爲低下灌莽叢生的沼澤地區。這就是《禹貢》稱爲兗州的地方，也就是古中國最肥沃的衝積平原地帶。

此一低地的地理條件，與埃及尼羅河流域，美索不達米亞的兩河流域，印度的旁遮普區是相同的。開發此低地地區，要先艱苦地建造排水工程，還要經常不斷與猛獸和傷害禾稼的小動物作鬥爭。

此一排水工程，即《周禮》《考工記》所述之溝洫制度。此外，還穿地爲陷阱以捕大、小獸。(深阱曰阱，淺曰擭。)

東方泰山區人民進入此低地區開發。所以少昊之墟在窮桑山東（曲阜)。而其後太皞之虚在陳（河南淮陽)。

此低地平原之囿爲“方囿”（圝）而非“苑”（隨地形起伏而委曲周回)。其後方囿變農田，成爲豆腐乾式井田的基礎。

西方大河谷黄土高原，是古中國農業先進地區。傳説中我們農業祖先出于姜姓的神龍（誤，當爲炎帝）和姜嫄的兒子后稷。(即反映了此一基本史實。)

傳説堯、舜時代洪水，當是進入此低地區的東西部族，各自構築自己防水工程。使水道系統紊亂，釀成空前未有的水灾。後來鯀的兒子禹，征服了炎帝族系，統一了水道系統，根絶了以後的水灾。

洪水傳説是人類普遍存在的，但在我們的歷史就成爲治水傳説了。（這表明低地已經開發，故洪水與治水相連。有如蜀史之洪水，發生在杜宇時期，表示川西平原已經開發。）

東西兩高地區，在各自區域内長期形成的商業經濟中心，延展到西漢時還存在兩個中心。即《史記·貨殖列傳》所説陶朱公以爲“陶”，天下之中。

按：徐先生提出古代中國東西二高地農業區，其中低地即古兖州，爲沼澤地帶。其後東、西二高地之民，分别進入兖州低地開發，而使此地成爲發展繁榮的農業區。這是十分精闢的見地。

東、西先民，分别進入兖州，進行開發，這使中華民族（華、夏族），融東西方爲一而成形。這使中國歷史上第一次出現了地緣關係所組成的國家聯盟（即“帝”，五帝，即延續數百上千年中，五個最有貢獻的國家聯盟首領，觀《堯典》：姜姓四岳，姬姓后稷，姒姓禹，東夷明德之皋陶，伯益，共議于一廷。豈“部落聯盟”之血緣組織所能有耶?）

洪水的發生，正是黄河下流兖州地區已經開發之標志。而治水成功，又是群策群力，大大增强了國家機器的權威，促進了國家機器的完善。這可于《堯典》所記舜之立官，分職諸事上見之。

開發一些低地區東、西二大族系皆參與此事，而炎、黄西方族系到五帝時期，已成爲主流。而少昊、太皞東方族系，則成爲合作者。這從文獻所記傳説少昊爲黄帝之臣，而“少昊又孺顓頊”，即此歷史事實之反映也。

沈長雲謂：根據考古發現的仰韶和龍山時期聚落變化材料，“我們發現，在整個黄河中下流範圍，當仰韶文化與龍山文化交替之際，從西到東，其聚落與人口結構發生了一次根本性的變動。西邊一些傳統的人口稠密地區和文化先進地區的人口與聚落，在急劇地減少。東邊接近黄河下游一帶地區的聚落與人口在急劇地增加，像是發生了一次大的人口轉移”。

在學術界，早有人在作者之先揭示了這一變化。如曹兵武[①]謂：

---

① 曹兵武：《從仰韶到龍山：史前中國文化演變的社會生態學考察》，《環境考古研究》第二輯，北京大學出版社，2000年，第23頁。

“大約距今5000年左右，中國幾乎所有史前考古學文化發達的地區（特別是中原一帶）都發生了一次劇烈的文化因素增生、分化，與重新組合運動。……在遺址的分布上，不少仰韶時期的遺址廢弃不用。仰韶文化中心區域比如關中、豫西地區的遺址，較仰韶時期大爲減少，似乎經歷了一次空心化運動。而一些仰韶時期人迹罕至的地方，比如豫東與山東交界之處，豫東南、魯西南和皖西北交界處，到龍山時代則遺迹廣布。”

另有學者的文章則更具體的指出：

“豫西魯東一帶，是在龍山文化晚期，聚落才空前繁榮起來。與此同時，海岱地區過去聚落較爲發達的魯東南一帶，到龍山時期則聚落發現較少，整個海岱地區的文化、經濟、政治中心，由魯東南轉移到魯西、魯西北平原一帶。”①

如此看來，向着豫東、魯西一帶平原低地進行人口與聚落轉移的，不僅有西邊原仰韶文化中心的關中、豫西一帶地區。也有東邊原大汶口文化時期及龍山早期聚落發達的魯東南地區。古河濟之間及其附近地區顯然成了一個四方輻湊、人文薈萃、聚落繁庶的經濟文化中心（加上政治中心）。

按：以上考古學材料所得結論，正與徐中舒的東、西二高地農業區先發展，然後向兖州低地進軍，共同開發了低地農業的論點相符合。

造成西、東兩個方向的人口與經濟文化重心向河濟一帶轉移的原因，可歸結爲自然的變化變遷。一方面，由于人們對過去某些宜居地區長期過度開墾與利用，造成了這些地區生活資料，特别是生物資料的相對緊張與短缺。另一方面，由于氣候的變化，造成各地區適合于人類生存和發展的適宜度也發生了很大的變化。一些地區，在新的氣候條件下提供給人類的資源不再充裕。另一些原來不那麽適宜于人類居住的地方，則因氣候的變化，變得有利于人們的生存和發展，有利于提供給人們更多的物質資料。這後一類充滿新的生機的地區，無疑便是我們所説的河濟之間及其附近地區。

據學者研究，在距今11000年左右，氣候由冷變暖，地質時代進入全新世，考古學上隨即進入了新石器時代。而從距今8500年開始的全新世大暖期期間，尤其是距今7000－5000年左右的一段時期，人類迎來了新石器時代文

① 燕生東：《全新世大暖期東北平原環境、文化與海岱文化區》，《環境考古研究》第三輯，北京大學出版社，2006年，第80－82頁。

化的高度發展。處在一個持續穩定發展的暖濕氣候環境裏，氣温較高，雨量充沛，植物茂盛，最適宜于古人類的生存和發展。

不過，在這段時間，華北平原，尤其是豫東、魯西一帶，却因爲這個時期的濕熱氣候，仍是一派川水横流，湖泊沼澤衆多的景象。尚未完成向今天這樣的自然地理環境的轉化，除少數稍高的丘崗以外，多數地方仍不適宜于人類居住。

迨至距今 5000 年左右，地球上的氣候突然起了變化，整體上轉向温凉乾燥，氣温降低，降水量減少。同時這種氣候還導致了華北平原上湖泊沼澤的大面積萎縮，從而使得渤海灣的海浸停止，出現海平面下降，海水開始後退等一系列地質地理變化。（曹兵武、燕生東有關論文，見前。）

這些變化對中國北方及中原多數地區産生影響，導致這些地區資源與能源的緊張。關中與豫西一些地方當龍山時期聚落與人口的減少，據信即與此有關。但是對于地勢低窪的豫東、魯西一帶，這種氣候與自然環境的變化，却爲之帶來生機：海平面的下降，引起河流侵蝕基準面的相應下降，導致河流下切。新的河流阶地，衝積平原和河口三角洲堆積的迅速發育，更導致這些地區湖泊沼澤的大面積減少。而這一切又都意味着人們在這一地區生存空間的擴大，意味着聚落與人口向這些地區的轉移。

據説，在距今 4800—4300 年的龍山時代中期，氣温有所回升，人類在華北平原的活動有所減少，但在距今 4200 年左右，氣候又再次大幅度地變凉變乾，促使這一地區的河道與海岸綫基本固定下來，湖沼面積也更急劇地縮小，整個豫東魯西變得更加適合于人類居住。（燕生東文，見前）加上這裏是一望無際的平原地形及原有湖泊河流的豐富的水産資源，吸引東西兩個高地的人們紛至沓來，在這片廣闊富饒的土地上繁衍生息，從事墾闢，從而使這地區的人口與聚落空前迅速地繁榮起來[①]。

附：顓頊帝丘遺址的發現
——濮陽高城遺址考古新發現

2005 年 11 月，濮陽東南約 10 公里的五星鄉高城村發現一座古城。高城

① 沈長雲：《夏族興起于古河濟間的考古學考察》，《歷史研究》2007 年第 6 期，第 13—15 頁。

原本叫高陽城（高陽爲帝顓頊别號）。此古城爲東周衛國的都城。并在其下，發現了叠壓其下的龍山古城，具體位置在衛都北墻下面。根據夯土中含有龍山早、中期陶片，推測其建造時間在龍山中、晚期。

其後，2007 年 6 月北大《古代文明研究通訊》第 33 期載河南省文物考古研究所、首都師範大學、濮陽市文管所《濮陽高城遺址考古新發現》，謂初步探明：

該遺址爲面積 916 萬平方米古城址，當是春秋戰國時期衛國都城的面積。從古城某些部位的叠壓情况看，其産生的時代當更早，即其下曾存在過一處面積較大的龍山文化遺址。“文獻記述和傳説中的帝丘衛國都城，應當就是現今所發現的高城遺址。”

《左傳·僖公三十一年》記衛成公夢康叔，稱“相奪餘享”。表明此城在夏時又爲帝相所都。

許順湛《濮陽龍山聚落群的啓示》謂：濮陽聚落群結構爲：特級聚落 1 處，濮陽縣五星鄉高城遺址，100 萬平方米。一級聚落 1 處，濮陽縣子岸鄉文寨遺址，40 萬平方米。二級聚落 2 處，市區南戚城村遺址，15 萬平方米；濮陽縣子岸鄉齊勸遺址，10 萬平方米。三級聚落 37 處，均在 9 萬平方米以下。故濮陽聚落群顯示了一個“都（100 萬平方米），邑（10－20 萬平方米），聚（10 萬平方米）”結構齊全的古國，或古代酋邦的存在。

與濮陽緊臨的山東陽穀，在安陽的後崗、輝縣的孟莊、新密的古城寨、淮陽的平糧台等地，都發現了龍山時期的古城。皆在濮陽聚落群四周。

（摘抄自沈長雲：《夏族興起于河濟之間的考古學考察》，
《歷史研究》2007 年第 6 期，第 6－7 頁）

2017 年 11 月 4 日終審于幹部療養院

山海經讀書札記

《山海經·海内東經》“會稽山在大楚南”解

吴承志《山海經地理今釋》卷六云：“楚當作越。傳寫訛誤。《越絶書·越地傳》云：‘禹憂民救水，到茅山大會計，更名茅山曰會稽。’即本此經。”

按：吴説誤。“會稽山”何以“在大楚南”？此戰國時，楚滅越郡江東。江東之地，盡入于楚。故“會稽山”此時在“大楚”之南矣。

《史記·越王勾踐世家》：“當楚威王之時，越北伐齊，齊威王使人説越王……于是越遂釋齊而伐楚。楚威王興兵伐之，大敗越，殺王無彊，盡取故吴地至浙江。北破齊于徐州。而越以此散，諸族子争立，或爲王，或爲君，濱于江南海上，服朝于楚。”據此，楚滅越，盡取故吴地至浙江，在楚威王七年（前332）。

清人黄以周《儆季雜著·史越世家補并辯》認爲《越世家》此説爲誤。斷言：楚滅越在楚懷王二十三年（前306）。楊寬《楚懷王滅越設郡江東考》多方引證，證成其説。即《越世家》把楚威王敗越和楚懷王滅越混爲一談。可信，當從之。

《史記·甘茂列傳》記載范蜎對答楚懷王説：“且王前嘗用召滑于越……越國亂，故楚南塞厲門而郡江東。”① 《韓非子·内儲説下》有類似的話：“前時王使邵（昭）滑之越，五年而能亡越。”“亡越”和“郡江東”是一回事。正是滅亡越國而設置江東郡。

《越世家》記楚威王敗越：“而越以此散，諸族子争立，或爲王，或爲君，濱于江南海上，服朝于楚。”乃指楚懷王滅越以後，保留越君系統在江南、海濱，使朝服于楚而便于統治。《史記·秦始皇本紀》：“二十五年……王翦遂定

① 《史記·貨殖列傳》：“彭城以東，東海、吴、廣陵，此東楚也。”其地正在會稽山北。

荆江南地；降越君，置會稽郡。”王翦“定荆江南地”，即占領楚之江東郡。而“降越君，置會稽郡”正證明楚滅越後，其會稽之地，尚爲越君們所據。在江東郡（即大楚）之外。所以王翦“降越（朝服于楚的）君”的結果或“置會稽郡”是楚滅越後，江東設郡，而會稽等地沿越君系統使之朝服于楚。《海内東經》：“會稽山，在大楚南。”正是此時情況也。據此，《山海經·海内東經》著作時期，得一標志矣。

2018年1月20日終審于幹部療養院

《山海經·大荒内經》關于“天毒”之記載

一、戰國中後期燕地有印度人之記録

經文云：“東海之内，北海之隅，有國名曰朝鮮。天毒，其人水居，偎人愛之。”

郭璞注云：“朝鮮，今樂浪郡也。”

郭注又云：“天毒，即天竺國。貴道德，有文書、金銀、錢貨。浮屠出此國中也。晉大興四年，天竺胡王獻珍寶。”王崇慶云：“天毒，疑别有意義。郭以爲即天竺國。天竺在西域。漢明帝遣使迎佛骨之地，此未知是非也。”袁珂則謂：“天竺即今印度，在我國西南。此天毒則在東北，方位迥異，故王氏乃有此疑。或者中有脱文訛字，未可知也。”

郭璞注云：“偎亦愛也。音隱隈反。”王念孫云：“宗炳《明佛論》（《弘明集》卷二）引作‘偎人而愛人’，又引注文：‘古謂天毒即天竺，浮屠所興。’”郝懿行云：“愛之，藏經本作‘愛人’是也。”《列子·黄帝篇》云：“列姑射山，有神人，不偎不愛，仙聖爲之臣。”義正與此合。袁宏《漢紀》云：“浮屠，佛也，天竺國有佛道，其教以修善慈心爲主，不殺生。”亦此義也。《玉篇》云“偎，愛也”本此。又云：“北國之隈，有國曰偎人。”以“偎人”爲國名，義與此異。袁珂案：守本，吴寬抄本，正作“偎人，愛人”。

今按：此“東海”即黄海。“北海”即渤海，如然則此“朝鮮”在渤海之濱。乃未經燕攻擊之後，東徙朝鮮半島之朝鮮。所以有學者認爲此地乃箕子初封之朝鮮。

《海内北經》：“朝鮮在列陽東，海北山南。列陽屬燕。”郭璞注：“朝鮮今樂浪縣，箕子所封也。列亦水名也，今在帶方，帶方有列口縣。”郝懿行云：“《漢書・地理志》云：‘樂浪郡，朝鮮又呑列分黎山。列水所出，西至黏蟬入海，行一百二十里。’又云：‘含資帶水，西至帶方入海。’又帶方，列口并屬樂浪郡。《晉書・地理志》：‘列口帶方郡。’”吕思勉云：“蓋即今臨津江。朝鮮在列陽之東，蓋即漢樂浪郡之朝鮮縣，此朝鮮既東徙後之地。”

此經于“東海之内，北海之隅”列朝鮮與天毒國之名。如“天毒”即“天竺”。何以古人認爲在燕地有“天毒”之國？此當以是時印度已有人由海上東來，其人船居于所泊海港水上（“其人水居”），形成一印度習俗之小社會，遂被稱爲“天毒國”矣。如郭注成立，此正在戰國時期，印度已自海上通于中國，在渤海海岸泊舟上陸之證。

按：“朝鮮”之稱，《海内北經》“朝鮮在列陽東”，《海内經》“東海之内，北海之隅，有國名曰朝鮮”。

“君子之國”之稱，《海外東經》“君子國”（在肝梭尸之北，而肝榆之尸，在大人北），《大荒東經》“有東口之山，有君子之國，其人衣冠帶劍”。

此可見：《海内經》是解釋《海内四經》的，而《大荒四經》是解釋《海外四經》的。

《海外四經》稱“君子之國”，而《海内四經》直稱“朝鮮”。可能前者寫于燕强之前，而後者在燕將秦開拓地之後。

此外，馬非百以爲《史記・封禪書》所記燕人之“羨門”乃“沙門”之異譯，其時燕地已有傳信佛教之“沙門”。與此經于“東海之内，北海之隅”之“朝鮮”附近，列“天毒”國之記録，可以互證矣。

佛教自海上傳入中國之考古材料，已陸續發現。見後文。

二、佛教傳入中國之“海路猜想”

伯希和、梁啓超都提到此一猜想，胡適持此説更力。1948 年與周一良討論時，即提此説。在 1952 年給楊聯升信中再次提到“佛教入中國在漢明帝世前”，“應當不只陸路一條，更重要的是海道”。

季羨林在《史語所集刊》第二十本發表論文説浮屠（好像比佛要早一些）似東印度古代方言，而佛似出于吐火羅語，然則浮屠之先出現于中國文籍則或許可以説明“佛教先由海道直接來華”。

俞偉超《東漢佛教圖像考》中，列舉有關漢代佛教種種考古資料：有内蒙和林格爾小板申一號墓壁畫中的“仙人騎白象”與“舍利盤”，有山東沂南畫像石墓八角擎天柱上的佛像，有山東滕縣畫像石上的六牙白象，有四川樂山麻壕和柿子灣崖墓的佛像，有四川彭山崖墓的一佛二菩薩像，有新疆民豐尼雅遺址墓葬中棉布上的菩薩像，此外加上著名的連雲港孔望山摩崖造像。奇怪的是，這些大批出現在東漢中後期的佛教資料，并不都在自西徂東的主幹道，而是分布在各個地方。這是否暗示佛教傳入以及中外接觸，在當年就有多種途徑呢？

三、馬非百《秦時佛教已流行中國考》略謂

“沙門”一詞，依梵文正常譯，應爲“室囉摩金”。舊譯云：“沙”，“J”者，乃據其俗語略之耳。按丁福保《佛學大辭典》：“沙門（Sramana）又作娑門、桑門、喪門。或曰沙門那。可知并無一定譯法。但既可譯爲沙門、桑門、喪門、沙門那，自亦可譯爲‘羨門’。沙、羨、娑、桑、喪皆一音之轉。以沙爲羨。與以浮屠爲佛陀或佛圖，其事正同。”①

考《史記》“羨門”二字凡五見。

1.《秦始皇本紀》：“三十二年，始皇之碣石，使燕人盧生求羨門、高誓。”

2.《秦始皇本紀》：“三十七年……葬始皇驪山……已臧，閉中羨，下外羨門。”

3.《封禪書》：“于是始皇遂東游海上，行禮祠名山大川及八神，求仙人羨門之屬。”

4.《封禪書》：“而宋毋忌、正伯僑、充尚（《漢書》作吕尚）、羨門高最後，皆燕人，爲方仙道，形解銷化，依于鬼神之事。”

5.《封禪書》：“（欒）大言曰：臣常往來海中，見安期、羨門之屬。”

以上五條中，第二條之“中羨”“外羨門”皆陵墓隧道設施。其餘四條中之“羨門”。《秦始皇本紀》“三十二年”“羨門”下《集解》引韋昭曰：“古仙人。”“高誓”下《正義》云：“亦古仙人。”分羨門與高誓爲二人。唯《封禪

① 沙與桑（喪），山心准雙聲，歌陽通轉。沙與羨，山邪准旁紐，歌元對轉。三者皆一音之轉。馬説是也。

書》及《漢書・郊祀志》皆以“仙人”與“羨門”并列。則“羨門”非固有名詞，而爲與“仙人”相類似之變通名詞，至爲明顯。

又同書“宋毋忌、正伯僑、充尚、羨門子高”下《索隱》云：“樂彦引《老子道德經》云‘月中仙人宋毋忌’，《白澤圖》云‘大之精曰宋毋忌’，蓋其人大仙也。司馬相如云：正伯僑，古仙人。”顧氏案：“裴秀《冀州記》曰：‘緱山仙人廟者，昔有王喬，犍爲武陽人，爲柏人令，于此得仙，非王子喬也。’充尚，無別所見。羨門高者，秦始皇使盧生求羨門子高是也。”又《漢書・郊祀志》“求仙人羨門之屬”下應邵曰：“羨門子高，古仙人也。”皆明明以羨門子高爲一人。又“最後皆燕人也”下《索隱》云：“最後，猶言甚後也。服虔説止有四人，是也。小顏云：自宋毋忌至最後凡五人，劉伯莊亦同此説，非也。”

按：劉伯莊之説，因手頭無書，不能具引。小顏之説，則見于《漢書・郊祀志》。原文云：“自宋毋忌至最後，皆其人姓名也，凡五人。”此處如果依照羨門即是沙門的解釋，及全文文氣來看，自當以五人説爲正確。

然即退一步講，無論是五人或四人，皆與應邵“羨門古仙人”之説，不能相通。因爲如果羨門是古仙人，則宋毋忌爲一人，正伯僑爲一人，充尚爲一人，羨門爲一人，子高又爲一人，共爲五人，若再加上“最後”一人，應爲六人。今服虔説，只有四人，小顏、劉伯莊説只有五人，可見服、顏、劉皆不承認“羨門子高”爲二人明矣。古無以“最”爲姓者，而從《封禪書》全文文氣看來，最後確如小顏與劉伯莊之所論見，實爲人名。這明明是佛教徒以教義取名的習慣與後代人之以“圓覺”“恒願”等命名者正相符合。《封禪書》于叙述諸方仙道之時，特以羨門二字冠于“子高”及“最後”二人之上，毫無疑問的是表明“子高”與“最後”二人是“羨門”（沙門）而與宋毋忌、正伯僑、充尚三人之或爲月中仙人及大仙，或爲古仙人者，絶不同科。唯在當時人的眼光中，對于仙人或羨門似尚無十分嚴格之區别。觀《封禪書》列舉諸人之後，而總結之曰：“爲方仙道，形解消化，依于鬼神之事。”及盧生本爲道家者流，而秦始皇却派他去尋羨門高誓之道。

從“皆燕人”及“使燕人盧生求羨門、高誓”語看來，足證當時中國本民族中，已有了很著名的和尚，即“高誓”和“最後”。這當然是佛教在中國流行已經有相當歷史的結果。世人但知魏末的朱世行爲中國人出家之始（《歷代三寶紀》卷三年表中“魏甘露五年”條注），而不知在此五百年以前已有燕人

“高誓”和“最後”二人，不僅出了家，而且還成了當時中國有名的和尚。甚至秦始皇也兩次三番的派遣專人去找尋他們。

又在《中國最早的佛經》標題下列《羨門式法》二十卷、《羨門式》二十卷（《漢書·藝文志》）。并申其説曰：“案：羨門就是梵文沙門的音譯。”則《羨門式法》及《羨門式》與“沙門式法”及“沙門式”自是同一意義，乃中國最早出現的西部佛書。至《漢書》著者以之列入五行類者，蓋在古代中國，對于神仙與佛教之區别，本極模糊。故《史記》既以宋毋忌、正伯僑、充尚、羨門、高誓與最後并列，而復結之曰“皆爲方仙道，形解銷化依于鬼神之事”即其明證。至謂之“式法”或“式”云者，初期傳入佛教對于教義方面，以其比較深奥，不易移譯，故先從儀式方面着手也。《隋書·經籍志》云：“推尋典籍，自漢以上……久已流布，遭秦之世，所以湮滅。”然則秦時已有佛書，《隋書》著者亦知之矣。

2018年1月20日終審于幹部療養院

《海外四經》記四方之神

1.《海外南經》:“南方祝融，獸身人面，乘兩龍。”

2.《海外西經》:“西方蓐收，左耳有蛇，乘兩龍。”

3.《海外北經》:“北方禺疆，人面鳥身，珥兩青蛇，踐兩青蛇。”

郭璞注：“字玄冥，水神也。”莊周曰：“禺疆，立于北極。”一本云：“黑身手足，乘兩龍。”

4.《海外東經》:“東方句芒，鳥身人面，乘兩龍。”

注意：此經每一方都記出該方之神。四方尚未與五行、四時挂勾。而《月令》四方、四時之神則爲：

1.《孟春之月》:“其帝太皞，其神句芒。”

2.《孟夏之月》:“其帝炎帝，其神祝融。”

3.《孟秋之月》:“其帝少昊，其神蓐收。”

4.《孟冬之月》:“其帝顓頊，其神玄冥。”

《月令》所記，與此經相同者是四方有神。祝融、蓐收、句芒三名同。所異者爲：

1. 此經四方神每方一個，《月令》變爲一帝、一神。即每方增加一帝。

2. 北方神，經爲“禺彊”，而《月令》爲“玄冥”，是其不同。禺强爲北方神，《莊子·大宗師》已記之，比《月令》之“玄冥”早。

3. 此經只記四方神名，四方未與四時、五行配合。《月令》則是“布五行于四時”。方名，亦即季節名（四時），亦即五行之一行，此其最大不同處。

4.《月令》每方神上配“帝”，此即“五方帝”的編制，與《周禮》設計同。《山海經》之“帝”或爲人帝（如帝堯、帝舜），或爲“上帝”，尚未將“帝”之神分爲“昊天上帝”和“五方帝”，是《海外四經》之著作較

《月令》爲早，陰陽五行學説尚未運用于此經也。四方有神，卜辭已有此觀念。

2018 年 1 月 20 日終審于幹部療養院

《山海經》的黄河重源説

《山海經》涉及此問題之經文爲：

1.《北山經》："敦薨之山……敦薨之水出焉，而西流注于泑澤。［泑澤］出于昆侖之東北隅，實惟河源。"

按："出于昆侖之東北隅，實惟河源"者不是"敦薨之水"而是"泑澤"。故"出于"上當補"泑澤"二字。郝懿行不知此。遂謂《水經》及《漢書・西域傳》并言河出昆侖然後注泑澤。此經泑澤乃在昆侖之上者，敦薨山在昆侖之東，故其水西注泑澤，又西出于昆侖之東北隅。河水則自西南來，流至昆侖之東北隅重源顯發，與敦薨水合而爲河源。是河源乃受二水之通稱。此經河源蓋指敦薨之水。郭云："即河水出昆侖之墟，似誤。"郭注不誤，郝説誤。

2.《西次三經》："不周之山……東望泑澤，河水所潛也，其原渾渾泡泡者也。"（郭注：河南出昆侖，潛行地下，至葱嶺出于闐國。復分流歧出，合而東流，注泑澤。已復潛行，南出于積石山，而爲中國河也。名泑澤，即蒲（鹽）澤，一名蒲昌海。廣三四百里，其水停，冬夏不增減，去玉門關三百餘里。即河之重源，所謂潛行也。）

3.《西次三經》："積石之山，其下有石門，河水冒以西流。"（郭注：冒猶覆也。積石山今在金城河門關（關縣）西南境中，河水行塞外，東入塞内。）此"冒"當訓"漫溢"（《大字典》）或"向外透，向上升"（《大字典》），即"潛行""復出"之義。

4.《海内西經》："（昆侖之虚）河水出東北隅，以行其北，西南又入渤海，又出海外，即西而北，入禹所導積石山。"

畢注"渤海"，"案塞外蒲昌海"。其説是。（《水經》以渤海、蒲昌海并列，即渤海不等于蒲昌海。誤。）按此"渤海"乃"泑澤"之訛文。"海外"亦"澤外”。當改。

郝注：《大荒北經》云：“大荒之中，有山名曰先檻大逢之山，河、濟所入。海北注焉。其西有山名曰禹所積石。”與此經合。其説是，袁注非之（袁以爲此禹所積石山即“河水冒以西流”之“積石山”，混二異爲一），誤。

從以上經文所述，可知《山海經》所記之河源出于昆侖，行于昆侖之東北，又西南入于泑澤（鹽澤、羅布泊），然後潛行入中國，在大積石下石門“冒以西流”，即西而北，入渤海（其西有禹所積石之山，疑即碣石山）。

故岑仲勉在《黄河河源考察和認識的歷史研究》（《中國歷史地理論叢》第四輯，1988 年）中認爲《山海經》實開爾後“黄河重源説”的端倪。

而“黄河重源”説，見于歷史記載者首爲《史記·大宛列傳》，據張騫的報告，説：“于闐之西，水皆西流，注西海；其東水東流，注鹽澤。鹽澤潛行地下，其南則河源出焉。”又記載：“漢使窮河源，河源出于闐，其山多玉石，采來，天子案古圖書，名河所出山曰昆侖雲。”

《漢書·西域傳》根據班超親身見聞，記載爲：“西域……南北有大山，中央有河……其河有兩源，一出葱嶺山，一出于闐。于闐在南山下北流，與葱嶺河合，東注蒲昌海。蒲昌海一名鹽澤者也，去玉門關三百餘里，廣袤三四百里，其水亭居，冬夏不增減。皆以爲潛行地下，南出于積石，爲中國河雲。”

《山海經》是戰國時著作。《吕氏春秋》和《淮南子·地形訓》已經引用其時在張騫出使之前，漢武帝定“昆侖”所在所據之古圖書，即是已存在的《山海經》和《禹本紀》是“黄河重源説”最先記載見于《山海經》，而不是最先見于張騫出使報告了。這就表明：西域的交通不始于張騫出使鑿空。《穆傳》《山海經》中所記西域山川、物産、民族風習等，再次表明中國與西域的交通往還，西周、東周時期已經是很經常的了。

2018 年 1 月 21 日終審于幹部療養院

“岷三江”指岷江上游南源、中源和北源説

四川省水利電力廳《岷江志》綜述一章有云：

岷江“爲長江上游左岸一級支流”，“因自古認爲其爲長江正源，名爲大江”。

“岷江幹流流向基本自北向南，西源潘州河，發源于松潘縣郎架嶺；東源漳臘河，發源于松潘縣弓杠嶺鬥鷄台。二源匯于松潘縣元壩鄉川主寺。”

“岷江幹流南流經松潘縣，至茂縣較場鄉，有 1933 年地震形成的堰塞湖，迭溪大小海子位于江上；至茂縣沙壩區回龍鄉兩河口。有上游最大支流黑水河自右岸匯入，幹流繼經茂縣；至汶川縣漩口鎮，有雜谷腦河自右岸匯入。幹流又至汶縣漩口鎮，流向折而向東，于灌縣白沙鎮有白沙河自左岸匯入，幹流流向復折而南，都江堰引水工程分江流爲内外二江。外江自灌縣至新津一段習稱金馬河，爲岷江正流。自河源至都江堰以上稱爲上游。”

從以上叙述可知：岷江上源爲源于松潘之松潘河。今人視爲岷江之幹流（正流），此幹流南流過程，有二大支流入之，即“黑水河”和“雜谷腦”河。

有關此岷江三源的具體説明，在《主要支流》一節中，其内容爲：

“潘州河爲岷江西源，發源于松潘郎架嶺，又稱郎架水，今名萊洞河，初名霍隆溝，東流與大塔瑪溝匯；再東南流與羊洞溝匯（又名羊洞河，古代稱滴漏水）；南至兩河口，格莫隆、查隆、熱瑪宗、篩嘎溝四溝匯流之水自西來會。東南流，右支大龍溝來匯；過黄勝關，左支牙夷溝來會，過東北寨，右納老熊溝，左納亞石溝，東流至松潘縣川主寺，與東源江合。”

“漳臘河爲岷江東源，發源于松潘縣弓杠嶺，又稱弓杠水，今名漳金溝。有自西流入一溝及自東流入二溝與之會合。南流左納燕子岩溝、祈讓溝；又右納三溝，又左納一溝及扒開翁溝，又右納札衣溝，又左納紅星岩溝。南過松潘

縣紅星鄉、水晶鄉，至漳臘。左納東門溝（清代稱玻璃泉）至川主寺與西源相合。二源合流後至元壩鄉虹橋關，始爲岷江正流。”

按：此以岷江北源，即“松潘河”爲“岷江正流”。

又云：“黑水河（指曲、猛河）爲岷江上游右岸大支流，古名翼水。河長162公里（據《茂汶縣地名録》之《兵要地志》作145公里，《普查成果》作180公里）。流域面積7222平方公里（據《普查成果》作6000平方公里，《兵要地志》作4120平方公里）。發源于黑水縣希娘山（高程4551米）上源稱維爾隆河，一稱奶子溝，東南流左納多支溝，右納甘市壩溝、馬灑壩溝，折向東流過沙石多，德石壩打古河東南自左岸匯入。以下始稱黑水河。打古河東源昌德溝，西源塔洛溝。匯于三打古。又左納熱水溝而入黑水河。黑水河又東南流，右納二古魯溝，過澤蓋及黑水縣蘆花鎮，折向東流，右納德得寓溝（波洛溝）、四美溝、俄曰垮溝、麻窩溝，有小黑水河自北向南于左岸匯入。小黑水河最大支流爲毛爾蓋河。發源于松潘縣其上源有東、西二大支，至毛兒蓋匯合。西南流自俄燈，有發源于羊拱山之羊拱溝，自西匯入。向南過上、下遠蓋，右納沃伯季溝。過札窩于熱里兩河口匯入小黑水。小黑水河長70公里。發源于色洛柯。上源稱麥札溝，向南左納季勞、卡龍溝、雪花溝，過知木林。右納毛兒蓋河，于漁巴渡匯入黑水河。黑水河又東南過雙溜索、木蘇、維納龍壩溝、石碉堡溝，南過色爾古，有赤不蘇河自西向東于右岸匯入。赤不蘇河原名白水河（1952年改名）發源于理縣與黑水交界的萬年雪山。上源有大、小二溝。向東流過維城。右納九龍溝、馬場溝、色如溝、迎紅溝。過赤不蘇，又右納曲谷溝，于兩河口匯入黑水河。河長52公里。黑水河繼續向東流過窪底。左納二岔白溪。右納三龍溝。于茂縣沙壩區兩河口注入岷江。黑水河沙壩水文站最大水深8.4米，最小水深3米，河寬45—70米。”

又云：“雜谷腦（阿谷河，雜谷淖河），是岷江上游右岸大支流。古代又稱沱水（?），沱江（?），湔水（?），宋代又名平浪河。河長158公里（《汶川縣地名録》之《普查成果》爲152公里）。流域面積4629平方公里（《汶川縣地名録》之《普查成果》爲4613平方公里，《兵要地志》爲5144平方公里）。發源于理縣鷓鴣山（清代名直固山）南麓上源稱來蘇河（古名大溪，清代又名直固水），東南流右納斯博溝；過米亞羅、夾壁，右納猛古溝、九架棚溝；過沙壩左納大溝、古爾溝；梭羅溝自西向東于右岸來匯合。梭羅溝發源于邛崍山，其右岸大支有糧台溝、牛心溝、畢棚溝等。雜谷腦河納梭羅溝後，折向東偏北流，右納甲石口溝、一顆印溝、日脚溝而至理縣；又右納蒲溪溝而至薛城；孟董溝（一作孟松溝）自西北向東南于左岸匯入。孟董溝亦發源于鷓鴣山，河長60公里。流域面積1000平方公里（《普查成果》）。雜谷腦河納孟董溝後，流向東左納磨子溝，右納甘溪溝，又左納三岔溝；過通化，右納通化溝，左納獸頭溝；過古城，左納龍溪溝（清代名赤水，桃溪），右納茶園溝，又左納大溝。至汶川縣匯入岷江。雜谷腦河寬32—38米。”

由上述材料，可知岷江（古以爲大江）上游有三源，其北源爲松潘河，其中源爲黑水河，其南源爲雜谷腦河。

此三源所出之山：雜谷腦河所出之鷓鴣山，在黑水河所出之希娘山之西南，而松潘河所出之西源“郎架嶺”（峰高4287米）和東源之“弓杠嶺”（分水埡口高程3526米），又在黑水源頭所出之東北。

對于“江源”即“岷江源”的認識，是隨着歷史進程而逐步深入的，即最初只識距内地最近者之江源即“南源”爲“正源”。其後向上游推進，認“中源”爲岷江“正源”。最後始認爲“北源”爲岷江之“正源”。

下述歷史文獻材料即爲此一認識過程之記録。

（一）對“江”的認識，最初記録的是大面山、青城山下的岷江分沱那一段江水（《書·禹貢》“江别爲沱”即指此）。此當爲戰國前期的認識。

《尚書·禹貢》：“岷山導江，東别爲沱。”注曰：“江水出蜀西南徼外，東至岷山，而禹導之。”

此處“江”不是“江源”，而是“東别爲沱”那段的江水。《漢書·地理志》“郫縣”下云：“《禹貢》江沱在西。”即今灌縣聚源金馬河分水東流，在金堂趙鎮匯入今沱江的“郫河”[①]。“江别爲沱”，是岷江的第一個引水分洪工程。

因此《禹貢》的“岷山”，在此郫河進水口之附近，即今之包括青城山之“大面山”了。杜光庭《記》曰：“岷山連峰接岫，千里不絶，青城乃其第一峰耳。”青城山之主峰今曰“大面山”，實爲“大岷山”之中訛。宋文同《茂州汶川縣勝因院記》謂：“青城衆峰，惟大岷最爲高厚。然丈人、上清之望者，乃世俗之所能見爾。”正稱青城諸峰之“最爲高厚”者爲“大岷山”。可證《禹貢》所謂“岷山導江，江别爲沱”之“岷山”正是以青城山爲代表的“大岷山”。只就“導江”所在之名山言之，非指“江源”之山。與《禹貢》“導河自

① 正因此地爲“岷江導江”“江别爲沱”之地，故古于此設導江縣。清時稱“導江鋪”。

積石"，乃指導河所在之山爲"積石"，非指河源之山同例。

"岷山"又稱"汶山""汶嶺"。王羲之《與周益州書》："想足下鎮彼土，未有動理耳。要欲及卿在彼，登汶嶺峨眉而旋，實不朽之盛事。"羲之此帖所欲登游之"汶嶺"與"峨眉"并列，豈非指今之"青城、大面"耶?

《禹貢》九州有"梁州"，其寫定時代當在秦滅蜀以前（公元前315年秦滅蜀，梁州并入雍），又云"江别爲沱"。據《水經注》此乃"開明氏之所鑿也"，即蜀國之杜宇王朝末期之事，亦即《春秋》初期以後之事。因此《禹貢》之寫定當在戰國初期。其時之"岷山"指青城、大面。"江别爲沱"指自金馬河分水爲郫河之事。

（二）以岷江"南源"（雜谷腦河）爲"江水"正源。此當爲戰國後期的認識。

《山海經·中次九經》的記載爲：

"（女幾之山）又東北三百里曰岷山。江水出焉，東北流注于海，其中多良龜、多鼉。其上多金、玉，其下多白珉。其木多梅、棠。其獸多犀、象，多夔牛。其鳥多翰、鷩。

又東北一百四十里曰崍山。江水出焉，東流注大江。其陽多黄金，其陰多麋、麈。其木多檀、柘，其草多薤韭，多藥空奪。

又東一百五十里曰崌山。江水出焉，東流注于大江，其中多怪蛇多鰲魚。其木多楢杻，多梅、梓。其獸多夔牛、麢、㚟、犀、兕。有鳥焉，狀如鴞而赤身白首，其名曰竊脂，可以禦火。"

以上記録，表明：

1. 這是先秦文獻第一次説到"江源"問題，比《禹貢》記録進了一步①。

2. 這是先秦文獻首先記録了"大江"有"三源"，與現代地理知識相合。而且記載了"江"之"南源"之東北爲"中源"，再東北爲"北源"，亦大體與今岷江上游的走向相合。這是令今人驚異的。

3. 此《經》以"江水所出"之"南源"爲"正源"，故稱"南源"所出之山爲"岷山"。而稱"中源"所出之山爲"崍山"，"北源"所出之山爲"崌山"。

《山海經·五藏山經》後于《禹貢》，是戰國後期的作品（當爲秦滅蜀以後

① 此乃《五藏山經》後于《禹貢》之一證。

時期），故對岷江上游的情況，比《禹貢》時期有更多的了解。從而有“江”有“三源”的認識。觀其以“岷江”之“南源”爲“正源”，這表明，其時人們往岷江上游，探求江源以最初發現之大支流爲“正源”，這是地理“探源”初期常有的事。

戰國末期的荀子在《子道》篇中引孔子說：“江水出于岷山，其始生也，其源可以濫觴焉。”這表明，荀子之時，中國對“江源”情況經過探求已有所認識。這與《中次九經》記“江”有“三源”，以“南源”爲“正源”之記録相合。

（三）以岷江“中源”（黑水河）爲“江水”正源。此當爲西漢初年的認識。

《山海經·海内東經》之末，附有一段《水經》文字。多數學者考證認爲：這些《水經》其時代在西漢初期。此《水經》有關于“大江”即“岷江”三源的記録，其文云：“岷三江：首大江出汶山，北江出曼山，南江出高山。高山在城都西。入海，在長州南。”

此“首大江出汶山，北江出曼山，南江出高山”表明，當時認爲“岷江”之“南源”，其所出之山爲“高山”。而“岷江”之“中源”其所出之山，名爲“曼山”。與《中次九經》對江三源的“正源”認定不同。三源所出之山名，亦異。

郭璞注以爲：“汶山”即岷山，“高山”即崍山，“曼山”即崌山，“城都”即“成都”。郭璞此注，以“曼山”即《中次九經》之“崍山”就錯了。何以錯誤？因爲郭璞生硬地以《海内東經》所記“岷三江”與《中次九經》所記“江水三源”機械比附。不知道二經所記是不同時代的“江水三源”的認識。二者皆認識到江水有三源，但對何源是江水正源？却有不同的認定。二者皆以江水正源所出之山爲“岷山”（或汶山），但對何山得名爲“岷山”却有不同的認定。

在《中次九經》以江水“南源”（雜谷腦河）爲“正源”，故以其所出之山（鷓鴣山）爲“岷山”。而在《海内東經》所附之《水經》，則以江水“中源”（黑水河）爲“正源”，從而以其所出之山（希娘山）爲“汶山”（即岷山）。郭璞以此“汶山”即《中次九經》之“岷山”，在文字語言學上，不錯，但在歷史地理學上却錯了。正確的解釋應當是《中次九經》以南源爲“大江”正源。而《海内東經》所附《水經》以“中源”爲“正源”。故《中次九經》之“南源”所出之“岷山”，即《海内東經》所附《水經》“南江”所出之“高山”。而《中次九經》“中源”所出之“崍山”，即《海内東經》所附《水經》“首大江出汶山”之“汶山”。古人以爲“江出岷山”，江源所出即爲“岷山”。今“江源”移地，故“江源”所出之“岷山”（汶山）也就隨而遷移。

蒙文通先生認爲“曼山”即蒙山，所出之水或爲青衣江。其誤在忽視了此三山所出之水。且“曼山”在“岷山”之北，故蒙説不能成立。徐中舒先生認爲“崌”爲“岷”之誤寫，故此支亦發于岷山，或爲黑水河。此説亦誤。“岷”爲“崌”誤寫所成之字，無據臆測，難以爲據。且“崌山”爲“北源”，又何得以爲“中源”之“黑水河”源頭耶？

（四）以“岷江”北源（松潘河）爲“江水”正源。此當爲南北朝時期之認識。

《水經·江水注》引《益州記》云：“大江泉源，即今所聞，始發羊膊嶺下，緣崖散漫，小水百數，殆未濫觴矣。東南下百餘里，至白馬嶺，而歷天彭闕，亦謂爲天彭谷也。”“江水自此以上，至微弱。”“江水自天彭闕東經汶關，而歷氐道縣北。”“自白馬嶺回行，二十餘里至龍涸，又八十里至蠶陵縣。又南下六十里至石鏡。又六十餘里而至北部，始（寛）百許步。又西百二十里至汶山故郡，乃廣二百餘步。又西南百八十里至濕阪，江稍大矣。”

據清陳一津注《蜀水考》所釋：“白馬嶺”即“白馬夷寨”爲弓杠嶺右支，似即今松潘縣元壩鄉（川主寺）一帶。而“羊膊嶺”即“郎架嶺”。汶關即虹橋關；龍涸即松潘；蠶陵即迭溪鎮；石鏡在迭溪東南，似即今石大關附近；“北部”即“茂縣”，汶山故郡即汶川縣。濕阪在唐《元和郡縣志》中指爲汶川縣南一百三十七里。清李文《蜀水經》據里程定爲草坡河口，興文坪的上游。

此《益州記》或以爲乃劉宋任豫之《益州記》，或以爲梁李膺之《益州記》。此《記》明確地以岷江“北源”松潘河爲“大江”之正源。此後歷代地志之書，皆以岷江“北源”爲“大江”之正源了。

2010年1月6日上午
寫于五福街56號寓所
小寒之次日也
2018年1月21日終審于幹部療養院

《大荒四經》中之“四方神名和風名”有關經文校勘

《大荒東經》：“大荒之中有山，名曰鞠陵于天、東極、離瞀，日月所出。名曰折丹，東方曰折；來風曰俊，處東極以出入風。”

《大荒南經》：“有神名曰因因乎，南方曰因乎，誇風曰乎民，處南極以出入風。”

《大荒西經》：“有人名曰石夷，來風曰韋，處西北隅，以司日月之長短。”

《大荒東經》：“有女和月母之國。有人名曰鳧，北方曰鳧，來之風曰狻。是處東極隅以止日月，使無相間出没，司其短長。”

前輩學者，校此經文意見如下：

1. 郝云：“名曰折丹，上疑脱有神二字。《北堂書鈔》一百五十一卷引作‘有人曰折丹’。《太平御覽》九卷引亦同。”孫詒讓、袁珂從之。謂：《大荒西經》“有人名曰石夷”，《大荒東經》“有人名曰鳧”，均可證此經“名曰上”脱“有神”或“有人”二字。

2. 孫詒讓謂：當作“有人曰鳧，北方曰鳧，來風曰狻”。今本“來”下衍“之”字，當删。“是處東極隅”，“極”當作“北”。與西方云“處西北隅”文例同。袁珂亦謂：此經“東極”當是“東北”之誤。

3. 孫詒讓謂：當云“有神因因乎，來風曰乎”。今本“因”字誤重。“來”又誤“誇”。“乎”下有“民”當爲“是”。“是”古通“氏”，與“民”形近而誤。“是處南極”與北方云“是處東北隅”文例正同也。袁珂則謂：揆以《大荒東經》“(有神）名曰折丹，東方曰折，來風曰俊”文例，當作“有神名曰因乎，南方曰因，來風曰民”。上“因”字與下二“乎”字俱衍文。誇風即來風之訛也。

4. 孫詒讓謂：當作“有人名曰石夷，西方曰石，來風曰韋”。今本無“西方曰石”四字，誤脱也。袁珂亦謂：此經“有人名曰石夷”下，疑脱“西方曰夷”四字。

卜辭有四方神及四方風名。其辭云：

“東方曰析，鳳（風）曰劦。

南方曰，鳳曰光。

西方曰，鳳曰彝。

[北方曰]，鳳曰。”（《掇二》一五八）

另《合》二六一亦載有四方之名與四方風名。東、北兩方與上辭相同，西、南兩方則方名與風名互倒。

《書·堯典》則云：“（以殷仲春）厥民析，鳥獸孳尾。”“（以正仲夏）厥民因，鳥獸希革。”“（以殷仲秋）厥民夷，鳥獸毛毨。”“（以正仲冬）厥民隩，鳥獸氄毛。”

以卜辭、《堯典》與《大荒四經》三者互校。

首先爲四方神名。東方：《荒經》爲“折”，《堯典》爲“析”，卜辭爲“析”。折與析，雖然照心鄰紐，但月（乙類）錫（甲類）不能通。卜辭、《堯典》皆作“析”，則《荒經》之“折”乃“析”字之訛，當校作“析”。

南方：《堯典》作“因”。從而知《荒經》當從袁珂校爲“南方曰因”，從而卜辭之，可釋爲之異體，即因字。

西方：《堯典》作“夷”，卜辭一作“彝”，一作“”，《荒經》“有人，曰石夷”相互勘校，知卜辭“西方曰彝”者爲正。而《荒經》“有人，曰石夷”下當依袁珂校補“西方曰夷（彝）”四字。

北方：卜辭作“”，即“夗”，《堯典》作“隩”，《荒經》作“鵷”。以《荒經》之“鵷”與卜辭之“”相校，知卜辭此字釋“夗”可從。鵷從宛聲，而宛從夗聲，故夗與鵷通。

《堯典》作“厥民（名）隩”。朱駿聲《説文通訓聲·學部》云：“按奥字，古音讀如隩。亦誤如宛。《禮記·祀器》‘燔柴于奥’，以奥爲爨。《荀子·富國》‘夏不宛暍’，以宛爲燠。《爾雅·釋言》：‘懊，忨也。’《太玄·樂》：‘陽始出奥。’注：‘暖也。’皆聲相近。《説文·温篆》讀爲奥，即誤若宛也。皆聲之轉也。”故夗、宛、鵷與隩是音近的通假字。

其次爲四方風名。東方：卜辭爲“劦”，《荒經》爲“俊”。二字聲韵不能相通。劦：匣，葉；俊：精，文，但義近。“劦”爲卜辭“劦因”之“劦”。

“然則旾之本誼，即象衆耒并進，千耦其耘形。旾風蓋利于農耕之風也。”（丁山《中國古代宗教與神話考》82 頁）《國語・周語上》：“農祥晨正，日月底于天廟……先時五日，瞽告有協風至。”韋解：“協，和也。協風，立春日融風也。”《説文》：“協，同衆之龢也。”是“春耕”之風爲“協風”。

“俊風”之“俊”讀爲“畯”，即“農夫”“田官”。是“動員農夫開耕”之風爲“俊風”，其義與“協風”同。《夏小正》“正月，時有俊風”，與《荒經》合。

南方：卜辭爲“屶”，即“微”。《荒經》南方風名，孫校爲“乎”，袁校爲“民”。何者可從？按：乎（匣，魚）與微（明，徵）聲韵不能通。而民與微明紐雙聲，真徵旁對轉，正同音異寫。故《荒經》南方風名，當從袁校作“民”。以“民”爲正字。民（）爲萌之初文，萌發生長，正夏日之象。

西方：卜辭作“彝”，《荒經》作“韋”。夷音“胡感切”，古音爲匣、侵。夷與韋，匣紐雙聲，侵微通轉，正同音異寫。以夷爲正字。“夷，草木垂落實也”（《説文》），正秋天之象也。

北方：卜辭作“”，“正象手持刑杖、椎擊跪在地上罪犯向背脊之形”，“當是殿之初字”（丁山説）。《説文》：“，擊聲也。”《荒經》作“狻”。郭注：“狻音剡。”按：殿與狻，雖然端禪准旁紐，但文（乙類）談（丙類）不能通。但殿與狻義近，殿爲擊背之聲，有打擊之義。“風”而曰“殿”，謂其爲凌厲北風，撲面擊人也。而狻讀爲剡，有“鋭利”（《説文》）之義。謂其爲撲面如利刀割肉之北風也。

總之：以卜辭、《堯典》、《大荒四經》互校四方之名和四方風名，各得勘定。而四方風名之含義，亦得以推求。

2006 年 7 月 4 日上午完成

2018 年 1 月 30 日終審于幹部療養院

《西次三經》“不周之山”在吐魯番盆地西端説

《山海經·西次三經》：“（長沙水山）又西北三百七十里，曰不周之山①。北望諸毗之山，臨彼岳崇之山，東望泑澤，河水所潜也。其原渾渾泡泡②。爰有佳果，其實如桃，其葉如棗，黄華而赤柎，食之不勞。”

《大荒西經》：“西北海之外，大荒之隅，有山而不合，名曰不周（負子）。”③

《吕氏春秋·本味》：“飯之美者，玄山之禾，不周之粟。”高注：“飯，食也。玄山，處則未聞。不周，山名。在西北方，昆侖之西北。”（這表示“昆侖不周”之山地區，是農業地區。）

《淮南子·天文訓》：“四十五日，不周風至。”《易緯·通卦驗》：“立冬，不周風至。”《史記·律書》：“不周風，居西北，主殺生。”《説文》：“風……西北曰不周風。”

---

① 郭璞注：“此山形有缺不周匝處，因名雲。西北不周風自此山出。”畢沅注：“《淮南子》云：‘西北方曰不周之山，曰幽都之門。’屈原賦云：‘路不周以左轉兮，指西海以爲期。’《淮南子》云：‘昔共工之力觸不周之山，使地東南傾。’王逸、高誘皆云：‘不周山在昆侖西北。’《漢書》引張楫曰：‘不周所在昆侖東南二千三百里。二説不同。漢説以昆侖爲在于闐，則不周山在其西北。張楫據此經道里爲説，則曰東南。’郝懿行注：《水經注》引此經云：‘不周之山，不周之北門，以納不周之風。’今經無此誤，疑本郭注，今脱去之。”

② 郭璞注：“河出昆侖，潜行地下，至葱嶺出于闐國，復分流歧出，合而東流，注泑澤。已復潜行，南出于積石山，而爲中國河也。名泑澤，即蒲澤，一名蒲昌海。廣三四百里。其水停，冬夏不增減，去玉門關三百餘里，即河之重源，所謂潜行也。”郝懿行注“此注本《水經》及《漢書·西域傳》，爲説也。”此注“蒲澤”，“蒲”字當爲“鹽”。《史記·大宛傳》索隱引此注云：“泑澤即鹽澤也。”是也。郭又云：“去玉門關三百餘里。”三上脱“千”字。《水經注》作“東去玉門陽關，千三百里”。《漢書》脱“千”字，郭氏仍其失也。

③ 郭璞注：“《淮南子》曰：‘昔者共工與顓頊争帝，怒而觸不周之山。天維絶，地柱折。故今此山缺壞不周匝也。’”郝懿行曰：“《文選》注《甘泉賦》《思玄賦》及《太平御覽》五十九卷引此經并無‘負子’二字。”袁珂謂：“郭注亦只釋‘不周’。‘負子’二字蓋衍文。”

按：從以上文獻所記，此“不周山”有如下要點：

1. 山形環匝，但其北面某處有一缺口。（即“有缺不周匝處”。換言之，其地形、地貌似爲一盆地，盆地周圍爲環狀山脉，此環狀山脉北處有一缺口，以納從北面吹來的冷風。即“不周之北門，以納不周之風”。）

2. 此“不周之山”，“東望”，河水所“潛”之“泑澤”（即鹽澤，今之“羅布泊”）。因之，此山必在“泑澤”之或正西，或西南，或西北。

3. 此山所出之“不周風”爲“八風”之一的“西北風”，則其地必在中原之西北地區。

依據以上條件，則可以推定此“不周之山”的位置，當在今吐魯番盆地西北端之山口。爲何做這樣推定？因爲吐魯番盆地，具備以下條件。

第一，新疆吐魯番盆地有“風庫”之稱（《新疆風物志》19 頁）。“新疆由于山口、隧道衆多，在冷空氣入侵時容易出現大風。”“各地大風嚴重時間是在春季。沿蘭新鐵路的吐魯番西北部的‘三十里’風區、哈密十三間房一帶的‘百里風區’等地，全年八級以上大風日數超過一百天。曾經出現過颶風阻塞火車運行的事故。”（《新疆風物志》23 頁）

車慕奇《絲路之旅》亦謂：“吐魯番盆地是名副其實的‘風庫’。八級以上的大風日一年有三四十天。在最高紀録的年份，吐魯番大風日達六十八天。托克遜縣更加利害，高達八十六天。”

“一九七七年一場超過十二級的大風，就將火車站上停着的火車皮吹翻過，戈壁上的石子，都給風颳起來。一時間飛沙走石，車厢的玻璃統統被砸碎。”“根據氣象記録，一九七七年五月十九日，吐魯番鐵路綫上經歷了一次每秒 50 米的颶風。凡風速大于每秒 32.6 米的叫作十二級大風。超過每秒 50 米的大風可算是特大的風了。”（272—273 頁）

第二，吐魯番的大風是通過盆地西北部天山缺口，由北而南形成的。《絲路之旅》寫道：“爲什麽吐魯番因大風頻繁而形成‘風庫’呢？主要原因是吐魯番盆地的熱低壓和盆地以外産生很大的氣壓差。常常造成空氣的劇烈對流。盆地内熱空氣上升。北方冷空氣急速南下，氣流通過西北部天山缺口，向盆地奔瀉而來，形成强烈的風暴。”（273 頁）

第三，新疆東部沿蘭新鐵路吐魯番有“三十里風區”。哈密十三間房一帶有“百里風區”。爲什麽我們選定吐魯番“風區”爲“不周之山”所出的“不周風”的風區呢？這是因爲哈密在羅布泊的東北。從哈密地區的山上，是不可能"東望泑澤",即"東望羅布泊"的。而吐魯番至烏魯木齊達阪城一帶的大風區,其位置在羅布泊即"泑澤"的西北。站在這個地北山上,是可以如《西次三經》所説"不周之山""東望泑澤",即"東望羅布泊"的。

總之:吐魯番盆地四面環山,其西北部天山缺口,故可以名爲"不周之山"。北方冷空氣急速通過此缺口南下,形成强烈的大風,使盆地成爲有名的"風庫"。由于是通過"不周之山"的"山口",所以名爲"不周之風",其方向爲"由北而南"。吐魯番地區又在中原的大西北,所以"不周之風"被古人稱"西北風"。吐魯番位置正在羅布泊之"西北",所以其地之"不周之山",可以"東望泑澤"即"東望羅布泊"。換句話説:定吐魯番盆地西北沿之天山山口所在爲"不周之山",合乎《西次三經》及古文獻所載有關"不周之山"的所有條件,此説應當可以成立矣。

知"不周之山"在吐魯番盆地西北沿,則王逸注《離騷》,高誘注《吕氏春秋·本味》所説"不周山在昆侖西北"者,指《禹貢》之雍州昆侖,即祁連山也。吐魯番正在祁連山西北。《漢書·司馬相如傳》注引張楫云"不周山在昆侖東南二千三百里",乃據《西次三經》之"昆侖"而言,《西次三經》之"昆侖",正在"不周之山"西或西南一千七百四十里。張氏所云時數、方位有誤。《西次三經》之昆侖在西域即新疆南疆,其所出"河水"東流入"泑澤"。换言之,此"昆侖"在南疆塔里木河上流某處,其地望正在吐魯番之西。

今證得《西次三經》之"不周之山"在吐魯番盆地西北沿,則又爲《西次三經》之"昆侖"在新疆南疆,提供又一堅證矣。

2009年9月1日

十多年前即有此解,今寫定之,大快也

2018年1月31日終審于幹部療養院

箕子朝鮮初地的綫索

——《海内北經》“東海之内，北海之隅，有國曰朝鮮”解

漢晉人多認爲箕子朝鮮在漢代設于朝鮮半島之樂浪郡（樂浪即今朝鮮半島北部一帶）。但樂浪之朝鮮，乃燕昭王時秦開鑿東胡、朝鮮，新開五郡後東遷之朝鮮。

《史記·匈奴列傳》：“其後燕有賢將秦開……歸而襲破走東胡，東胡却千餘里……燕亦築長城，自造陽至襄平。置上谷、漁陽、右北平、遼西、遼東郡以拒胡。”《三國志·東夷傳》注引《魏略》：“（朝鮮）後子孫稍驕虐，燕乃遣將秦開攻其西方，取地兩千餘里，至滿番汗（今之清川江與大寧江）爲界，朝鮮遂弱。”又《史記·朝鮮列傳》：“自始全燕時（《索隱》：“謂六國燕方全盛之時”）嘗略屬真番、朝鮮（《索隱》：“常略二國使屬已也”），爲置吏，築鄣塞。秦滅燕，屬遼東外徼。漢興，爲其遠難守，復修遼東故塞，至浿水爲界。”

燕攻朝鮮西方，取地二千餘里。至什麽地方爲止呢？《魏略》說是“至滿潘汗爲界”。《史記·朝鮮列傳》說是“至浿水爲界”。而《山海經·海内北經》：“朝鮮在列陽東，海北山南。列陽屬燕。”列水爲大同江，是燕擊朝鮮略地已越過滿潘汗、浿水（清川江），而進至大同江。而其時朝鮮則在“列陽”東，即在今大同江之東的地區了。也就是後來的樂浪郡地區。而秦漢時學者，即以此在“列陽東”之“朝鮮”，即箕子所封之古朝鮮。

《漢書·地理志》：“樂浪郡有朝鮮縣。”應邵注曰：“武王封箕子于朝鮮。”

《山海經·海内北經》“朝鮮在列陽東”下郭璞注：“朝鮮今樂浪縣，箕子所封也。列亦水名也，今在帶方，帶方有列口縣。”

唐《括地志》承此說。謂：“高驪都平壤城，本漢樂浪郡王險城，又古云朝鮮地也。”

但《山海經·海内經》載:“東海之内,北海之隅,有國名曰朝鮮。”東海即今黄海,北海即今渤海(後有説,見附録)。則與“朝鮮在列陽東”之地望不合。因都“平壤”之朝鮮,只在黄海(東海)之北,不在渤海(北海)之隅。

而東海(黄海)之内、北海(渤海)之隅這兩個條件結合在一起的地域,只能是渤海遼東灣沿岸地帶。這一地帶,是“北海(渤海)之隅”,而渤海之外,正是黄海(東海),可稱爲“東海之内”。

那麽,燕擊破朝鮮之前的古朝鮮,是否在渤海遼東灣沿岸地帶呢?在文獻中是有所記載的。主要材料爲:

1.《唐書·高麗傳》:“遼東之地,周爲箕子之國。”

2.《太平寰宇記》:“平州盧龍縣,有朝鮮廢城,即殷箕子受封之地。後余代至戰國時,亦僭稱王。始全燕時略屬焉。”

3. 顧炎武《日知録》謂:“《山海經》曰:‘朝鮮或在列陽東,海北山南。’注:‘朝鮮今樂浪縣,箕子所封也。’在今高麗國境内。慕容氏于營州之境立朝鮮縣。魏又于平州之境立朝鮮縣。但取其名,與漢縣相去則千有餘里。《一統志》乃曰:朝鮮城在永平府(灤河西岸)境内,箕子受封之地。則是箕子封于今之永平矣。當日儒臣令稍知古爲之,何至于此!爲之太息。”

按:《中國歷史地名大辭典》云:“朝鮮縣,西漢置,爲樂浪郡治。”“西晉建興元年(313)僑治棘城(今遼寧義縣西南)。北魏延和元年(432)徙治肥如(今河北遷安縣東北)。後廢。”又:“朝鮮縣:北魏延和元年徙朝鮮民而置,屬北平郡。治所在今河北遷安縣東北。北齊廢。”

是慕容氏于營州,北魏于平州境立“朝鮮縣”,正在今河北灤河境域至遼西義縣一帶。其地與“東海之内,北海之隅”相合。然則慕容氏等取這些地之名爲“朝鮮”,當必有所依據矣。顧氏一概非之,不可取也耶!

4.《史記·朝鮮列傳》下《考證》云:“中井積德曰:‘朝鮮,箕子之封國本在三韓之西,遼水之東。’《宋史》云‘遼陽府即古朝鮮國’,是也。後之襲稱朝鮮者,妄自托爾,不可以地域論。”

(《中國歷史地名大辭典》遼陽府:契丹天顯十三年(938)置。治所在遼陽縣(今遼寧遼陽市老城)。轄境相當于今遼寧遼陽、本溪、鞍山、遼中等市縣地。元改爲遼陽路。明初廢。)

5.“朝鮮”之得名。過去學者有“得名于水”之説。如:《史記·朝鮮列傳》集解引張晏曰："朝鮮有濕水、洌水、汕水，三水合爲洌水，疑樂浪、朝鮮取名于此也。"又云："案：朝音潮，直驕反。鮮音仙。以有汕水，故名也。汕一音訕。"諸祖耿《戰國策集注匯考》燕策一下云："祖耿案：《史記注》司馬貞曰：'朝鮮水名'。"常徵據此推測："封箕子于朝鮮二水間"即"朝水今潮河，鮮水爲唐山陡河古名"①。（按：據《中國歷史地名大辭典》"潮河"在陡河附近者有二條，一爲在河之南，即"潮河，即薊運河，在今天津市寶坻縣東"，二爲"潮河在今河北昌黎縣東"。不知常徵指哪條潮河。）

6. 林澐亦推測道："或許燕的遼西郡就是襲貊人原先的主要分布區而置。遼東郡則是取地于原箕氏朝鮮。"（《林澐學術文集》，《"燕亳"和"燕亳邦"小議》）

按：據"東海之内，北海之隅，有國曰朝鮮"則其時朝鮮國地望在渤海之隅即今之遼東灣。而古文獻所記"古朝鮮廢城"或"朝鮮縣"，以在灤河流域一帶者最合。據《中國歷史地圖集》，此地在燕時屬遼西郡。

附録：東海和北海，在先秦所指之地域

（1）《漢語大詞典》："東海，海名，所指因時而異。大抵先秦時代多指今之黄海。秦漢以後兼指今之黄海、東海。"《左傳・襄二十九年》："美哉！泱泱乎！大風也哉！表東海者，其大公乎！"即指齊國爲首爲東方濱海地區。

在《山海經》以"東海"表黄海及東海者有：《北次三經》："發鳩之山，有鳥糊。……炎帝之女曰女娃，游于東海……"此在太行山以東之海，當即黄海。又《海外東經》："䃣丘……在大海。"此丘，大人之國在其北。大人之國即長狄。是此東海即今之黄海矣。又《大荒東經》："東海之外有大壑，少昊之國。"山東曲阜爲少昊之墟。故此東海，亦即今之黄海。

此《山海經》中，"東海"即今黄海之證也。

（2）《漢語大詞典》云："北海，古代泛指北方最遠僻之地。《荀子》：'北海則有走馬吠犬焉，然而中國得而畜使之。'楊倞注：'海謂荒晦絶遠之地，不必至海水也。'"（按：《海内經》："北海之内……名曰相顧之尸。""北海之内有山，名曰幽都之山，黑水出焉。"此"北海"當即用此義："指北方最遠僻之

① 常徵：《釋太保鼎》，《北京社會科學》1993年第3期。

地”。）

又：“指渤海。《孟子·梁惠王上》：‘故王之不王，非挾太山以超北海之類也。’焦循《正義》引閻若璩《四書釋地》：‘齊南有太山，北有渤海……皆取齊境内之地的設譬耳。’《莊子·秋水》：‘（河泊）順流而東行，至于北海，東面而視，不見水端。’”（按：《東次四經》：“鷄號之山，峻于北海。”此山有無擴界，其種植區域，正在山東北部、河北南部臨海地帶。故此“北海”當即今之渤海。又《海内經》：“北海之内有蛇山者，蛇水出焉，東入于海。”此蛇山之水東入于海，必在北海之西岸。正與渤海之遼東灣相當。）

此《山海經》以“北海”爲渤海之證。

又古以貝加爾湖爲“北海”。《漢書·蘇武傳》：“乃徙武北海無人處。”《北次二經》：“敦題之山……是錞于北海。”郭郛《山海經注證》：“此北海在湖灌山北千百里。在水澤五百里，流沙三百里之北，可能指貝加爾湖。”其説合理，可從。

2018年2月1日終審于幹部療養院

《海内西經》《北經》所叙東北各族史料問題

按：戰國燕開上谷、漁陽、右北平、遼西、遼東五郡。乃自東湖、㳙、穢、貊、朝鮮等部族所居之地，掠地而來。

從《山海經·海内西經》記其時有關各族之位置爲：

1. “大澤方百（千）里，群鳥所生及所解。在雁門北。”（據《穆傳》卷四郭注引此經“百”作“千”。當從。）

“雁門山，雁出其間。在高柳北。”“高柳在代北（中）。”（《水經注·㶟水》引此經“北”作“中”。當從。）

此“大澤”當爲後世之“呼倫泊”。

2. “東胡在大澤東。”

“夷人在東胡東。”

“貊國在漢水東北。地近于燕，滅之。”

此“東胡”之東的“夷人”，與“貊”有别，則以“穢人”當之最合。其地即後世之“夫餘”也。夫餘乃穢人遺亡所建。正爲燕開五郡而北徙逃亡也。

又《海内北經》記其時有關各族之位置爲：

3. “蓋國在鉅燕南，倭北，倭屬燕。”

“朝鮮在列陽東，海北山南。列陽屬燕[①]。”（郭注：“列亦水名也，今在帶方，帶方有列口縣。”）

是其時地區各族相對位置爲：

西（大澤，呼倫泊）→東胡→夷（穢）→貊→朝鮮。

---

① 據《中國歷史地圖集》，戰國時期燕長城東端及遼東郡東端，同止于浿水（青川江）入海處。而此經云“列陽屬燕”，即大同江北岸地區屬燕，東接朝鮮，是此經所記的寶貴史料。

與燕之初新開五郡之自西向東次序相對照，大體可知：

上谷、漁陽，偏在西邊，最可能爲取自東胡。東胡後退千里而在“大澤”之東。

右北平大部地區（特别是其南、中部），當爲“山戎”各部之居地。而爲燕人取之，山戎留在原地，故此後史籍未再出現其活動記録。

遼西。在其北，與夫餘相值。蓋穢人之地。燕取之。穢人北上而建夫餘國。

遼東。當爲貊及朝鮮居地。燕取之。貊人北撤而建古高句麗，朝鮮東去而至大同江以北（列水之陽）。

貊一作“發”。《逸周書·王會》“發人麃麃者”之“發人”。《大戴禮·五帝德》“北，山戎。發，息慎”之“發”。《漢書·王恢傳》“北發，月支可得而臣”之“北發”。依《五帝德》所叙地位，“發”在“息慎”之南，山戎之北。何秋濤謂：“其地當與肅慎、朝鮮相近。今吉林省境内有二發河，一在城南四百七十里，北流入輝發河。一在城南六百六十里，北流入混同江。疑此二水即因發得名。”其説可從。

《山海經·海内西經》所列東北各族方位次序，由西到東爲東胡、夷、貊國（地近于燕滅之）。此“貊國”位置最東，又爲燕滅之。則當爲燕新開五郡之“遼東”郡内之地矣。于是此地之貊北徙，而居于吉林東南、輝發河一帶，遂名爲“北發”了。其後成爲“夫餘”國組成部分。

《山海經·海内西經》：“東胡在大澤東。夷人在東胡東。貊國在漢水東北。地近于燕，滅之。”

郭注：“今扶餘國，即濊貊故地。在長城北，去玄菟千里，出名馬、赤玉、貂皮，大珠如酸棗也。”

按：郭注誤。扶餘國：“今夫餘庫有玉璧、圭、瓚數代之物。傳世以爲寶。耆老言：先代之所賜也。其印文，言濊王之印。國有故城名濊城。”爲夫餘“亡人”所建之國。是夫餘爲“濊人”之“亡人”所建。不是“貊國”。且濊人之國之所以爲“亡人”所建。當是燕秦開擊東胡、朝鮮，拓地五郡，濊人之國被占而北走所建新國也。此國可以本經之“夷人在東胡東”之夷人當之。此其一。夷人在東胡東，而貊人又在夷人之東。則其方位當在後世夫餘之東。且“地愛于燕，滅之”，則其地又當在燕新開五郡東部之境内。此其二。

因此，此“地近于燕，滅之”之“貊國”，當即爲：燕所滅之“故句麗胡”。其證據如下：

高句麗爲“貊”人之一支[①]。《後漢書·東夷傳》：“句麗，一名貉耳。”“句麗别種依小水作國，因名之小水貊，出好弓，所謂貉弓是也。”此其一。此經“貊國在漢水東北”，吴承志《山海經地理今釋》卷六謂此“漢水”當作“潦水”，即今之東遼河。其説可從。《漢書·地理志》玄菟郡高句麗縣注云：“遼山、遼水所出西南至遼隊入大遼水，又有南蘇水，西北經塞外。”應邵曰：“故句麗胡縣以此名。”《漢書地理志詳釋》《漢志志疑》均以此遼水爲赫爾蘇河（今東遼河）。東漢應邵説高句麗縣是“故句麗胡”地。意與朱蒙立國之高句麗有别（朱蒙所建的高句麗，在今富爾江、渾江至鴨緑江一帶）。《中國歷史地名大辭典》：“高句麗縣。西漢置，爲玄菟郡治。治所在今遼寧新賓滿族自治縣西三十里永陵鎮附近。”

貊的一支爲“高句麗”。《三國志·東夷傳》：“句麗，一名貉耳。”“句麗别種[②]依小水作國，因名之爲小水貊，出好弓，所謂貊弓是也。”“西安平縣北有小水，南流入海。”按：西安平在今安東縣境。高句麗在《王會》又名“高夷”。

吕思勉（《中國民族史》120頁）謂：“貉界鮮卑肅慎間，兩族文明程度皆淺，而貉族程度獨高。果何所受之哉？則不得不訴其源于箕子。予謂箕子初封，究在何處，殆難質言。然必不在今朝鮮境。度其大較，當在燕之東北。與貉雜居（或竟以貉爲民）。貉族文化，多同于殷。蓋自箕氏有國以來所漸染。非待北燕拓境，然後接受之也。”

按：《易·明夷·六五》：“箕子之明夷。”“明夷”即九夷中之“白夷”，亦即“貊夷”。此箕子“以貊爲民”之證。《論語·子罕》：“子欲居九夷，或曰：‘陋，如之何？’子曰：‘君子居之，何陋之有。’”“君子居之”，蓋即指“箕子之明夷”居朝鮮也。

《管子·小匡》記齊桓公“北伐山戎，制泠支，斬孤竹，而九夷始聽”。可

---

① 《漢書·王莽傳》：“莽發高句麗兵當伐胡，不欲行，郡强迫之，皆亡出塞，因犯法爲寇。……州郡歸咎于高句麗侯騶，嚴尤奏言：‘貉人犯法，不從騶起……今猥被以大罪，恐其遂畔，夫餘之屬，必有和者。匈奴未克，夫餘、穢、貉復起，此大憂也。’”由嚴尤奏言，可知：高句麗爲“貉人”，而夫餘即“穢”矣。

② 張博泉（《東北古史研究的幾個問題》）謂：夫餘是穢人的一支。高句麗是貊人。後來這兩族形成一個語言相同的集團。《後漢書·高句麗傳》云：“東夷相傳以爲夫餘别種。”别種應是“另”的意思。從起源看高句麗（貊）與夫餘（穢）不同，因稱其爲夫餘别種。

證“九夷”在燕之東北。

《海外東經》：“君子國在其北（在奢比之尸（夷）北，而奢比之尸（夷）在‘大人’北），衣冠帶劍，食獸，使二大虎，在旁，其人好讓不争，有薰（或作堇）華草，朝生夕死。”又《大荒東經》：“有東口之山。有君子之國，其人衣冠帶劍。”

此“君子之國”，正指“箕子居之”之“朝鮮”。經文特指出此國有“朝生夕死”之“槿花”，至今猶爲朝鮮之國花。

以上分析，可知《山海經》材料，提供了寶貴的歷史、地理、民族史料。

2008年9月27日

是日神七航天員將出艙作太空行走

秋雨，氣温陡凉也

2018年2月2日終審于幹部療養院

《海内北經》“朝鮮在列陽東，海北山南。列陽屬燕”的史料價值

一、列水爲今大同江（《中國歷史地名大辭典》）。其根據爲：《漢書・地理志》樂浪郡呑列縣下，班固自注：“分黎山，列水所出。西至黏蟬入海，行八百二十里。”“1931 年，日本學者在今西龍在大同江北岸龍岡郡海雲面雲坪洞，發現了後漢時黏蟬長所立平山祠碑。又在龍岡郡治以西的于乙洞古城中發現了大量漢代的瓦當。得知這座古城即兩漢黏蟬縣故址。”“這一古碑的發現，爲兩漢黏蟬縣的定位，也爲列水即大同江的論斷，提供了有力的佐證。”（《中國歷史地圖集・釋文編・東北卷》37 頁）

二、知“列水”爲今大同江。則“列陽”爲今大同江北岸地區是没有問題的了。

“列陽屬燕”，是燕開五郡的最東者爲遼東郡。而遼東郡東端屬地，已達大同江北岸了。

而《中國歷史地圖集》第一册戰國時期“燕”圖，所繪燕之“遼東郡”東端及燕長城東端，皆止于“滿潘汗”，即浿水（今之清川江）北岸的入海地帶。未能將大同江北岸地帶，劃入燕之遼東郡。

爲何出此差誤？這大概是《歷史地圖集》的作者，未將《海内北經》的“列陽屬燕”的記載予以重視，而忽略了。

三、戰國燕長城。《中國歷史地圖集》也將遼東郡東端所止的“滿潘汗”（浿水）作爲終點。

但既然“列陽屬燕”，屬燕之遼東郡，爲遼東郡之最東端，則燕長城亦當以“列陽”地帶爲其起點。换句話説，燕長城起自“列陽”（大同江北岸地帶），而不是起自“滿潘汗”（清川江北岸地帶）。

這個推論，有無證據呢？有。即大同江北岸的"遂成縣"有"長城所起"的古文獻記録。《史記·夏本紀》索隱引《太康地理志》："樂浪遂城縣有碣石山，長城所起。"

《晉書·地理志》據之而謂：遂成"秦築長城之所起"。《通典》卷一八六《邊防》再稱："碣石山在漢樂浪郡遂成縣，長城起于此山。今驗長城東截遼水而入高麗，遺址猶存。"

《太康地理志》説樂浪郡遂成縣之碣石山是"長城所起"。《通典》承之，亦云"長城起于此山"。不是説"秦長城起"或"秦長城起于此山"。只有《晉書·地理志》變"長城所起"爲"秦築長城之所起"。在"長城"前加一"秦"字，這就造成了錯誤。因爲遼東之"長城"，秦因于燕。一也。《山海經·海内北經》明確記載"列陽屬燕"，而樂浪郡遂城縣在今朝鮮平壤市西南江西迤西之咸從里（見上引《釋文彙編·東北卷》38 頁），正是"列陽"地區。那麽燕此地爲"長城所起"是理所當然的事了。

總之："列陽屬燕"，爲燕長城東端"起于樂浪郡遂城縣之碣石山"提供了先秦文獻證據。《中國歷史地圖集》在秦的《山東北部諸郡》圖中，繪"秦長城"東端起于大同江北岸，平壤西南。即依《晉書·地理志》之説。而不知戰國時期燕之長城已起于此，是一個錯誤。

由考古材料所見燕長城之遺迹。任偉《西周封國考疑》謂："由考古調查可知：燕北長城有内外兩道，其中外長城西自河北省圍場東走，經内蒙古赤峰北、敖漢旗、奈曼、庫倫，進入遼寧省阜新，過彰武、法庫，渡遼河，經開原、鐵嶺、清原，南折向新賓、桓仁、寬甸，渡鴨緑江，入朝鮮半島，抵達今平壤北新安州附近。"據朝鮮學者考察："大寧江的東堤自古以來便稱作'萬里長城'。傳説這條長城自博川郡向北延伸，直至鴨緑江，并繼續延伸到鴨緑江以北。""現已確認的部分，其長度約三百朝里……長城沿博川郡的中南里……泰州郡的龍興里……東倉郡的鶴峰里……新安里的大寧江及其支流昌江河，以及昌江河的支流、興川的東岸，約三百朝里的區間内紈蜓省。"①

又考古材料："在朝鮮平安北道鐵山郡信山里，東倉郡利川里，博山郡壇山里，寧邊郡細竹里，球場郡都館里。慈江道熙川市清上里，渭源郡龍淵里，慈城郡西海里，清川郡前川邑。前川郡中岩里，雲松里，吉多里。平安南道德

① 孫永鐘：《關于大寧江畔的古長城》，顧寧守譯，《博物館研究》1990 年第 1 期，第 215 頁。

川郡青松工人區，寧遠郡温陽里等地均發現燕國明刀錢遺址，以及房址、墓葬等遺址。”①

按：“平安南道”，在浿水以南（清川江以南）大同江之北。大體與列陽相當。

四、《三國志·魏書·東夷傳》韓下裴注下引《魏略》云：“（箕子之後朝鮮）後子孫稍驕虐，燕乃遣將秦開攻其西方，取地兩千餘里，至滿番汗爲界，朝鮮遂弱。”

《史記·貨殖列傳》：“（燕）北鄰烏桓、夫餘，東綰穢貉、朝鮮、真番之利。”按所列次序，燕之東爲穢、貊（貉），再東爲朝鮮之地。上文既證貊國即“句麗故地”，則朝鮮故地，當在其東。

張博泉等《東北歷代疆域史》（56－57 頁）謂：“應邵謂：真番，故朝鮮胡。”真番大約在今吉林哈達嶺至鴨綠江之間。古時在習慣上稱這裏爲“朝鮮故地”。

而孫進衛等《女真史》（15 頁）則指出：“應邵注《漢書·地理志》稱：‘玄菟，故真番、朝鮮、胡國’説明玄菟郡不僅包括了真番的一部分土地，而且還包括了朝鮮和胡國一部分土地。”

按應邵《漢書·地理志》注“玄菟郡故真番、朝鮮、胡國”是認爲漢之玄菟郡既包括真番一部分土地，又包括朝鮮和胡國（東胡）一部分土地。孫進衛等解釋可從。這就表明：

1. 西漢玄菟郡中有一部分土地是“故朝鮮”之地。如按方位説，則故胡地可能在北部，故真番地在東北部，而故朝鮮地在其東部。

2. 既然玄菟郡東部爲“故朝鮮”之地，則在其東之“樂浪郡”當然盡爲“故朝鮮”之地了。

吕思勉謂：予謂箕子初地究在何處，殆驗證質言，然必不在今朝鮮境。度其大較，當在燕之東北，與貉雜居（或竟以貉爲民）。（《中國民族史》120 頁）按：貊國即高句麗故地。如吕説，則箕子初地，其在西漢之高勾麗縣，玄菟郡治矣。這是十分可能的。

漢代樂浪郡之“朝鮮縣”，爲樂浪郡治，相傳爲箕子及衛滿所都之“王險城”。據《釋文彙編·東北卷》所言，王險城位于大同江之右岸或左岸，尚無

① 尹炳武：《朝鮮青銅遺物研究》，《東北亞歷史與考古信息》1986 年第 2 期，第 216 頁。

定論。一説主大同江右岸。《水經注》《括地志》《通典》皆持此説。日本學者白鳥庫吉、箭内亘亦以今大同江北之平壤城擬古之王險城。另説則主王險城位于大同江左岸。《史記·朝鮮傳》索隱引“臣瓚”説。楊守敬《王險城考》亦持此説。日今西龍則謂：全盛時代之樂浪郡治必在今之平壤，而大同江以南之“土城”爲置于江北之王險别城，其後樂浪衰而移郡治于江南之土城。

《釋文》作者認爲：今西氏説比較合理。但漢末晉初樂浪郡始改遷江南，并無文獻足證，故仍采第二説，置河以來樂浪郡治朝鮮縣于今平壤市西南一里餘之土城洞。

自 1909 年以來，曾在此地進行了大規模發掘。先後出土文物中有“樂浪太守章”“樂浪大尹章”的封泥，“樂浪太守掾王光”“五官掾王盱”的私印，“興平二載四月貫氏造壽郭”的方磚，“大晉無康”等銘識的瓦當，“朝鮮令印”“朝鮮右尉”的封泥與“朝鮮丞田肱”著名的木簡，還有樂浪郡二十五縣中除杳列、華驪二縣外其他二十三縣之“令”或“丞”“尉”的封泥，這些封泥，顯然是各縣案牘申報到郡之後，經過折封而遺留下來的（《中國歷史地圖集·釋文彙編·東北卷》34—35 頁）。

今按：《海内北經》“朝鮮在列陽東，海北山南。列陽屬燕”之記載，表明在燕之遼東郡直至列陽，而朝鮮在列陽東，則朝鮮之“王險城”不得在“列水”（今大同江）之北，明矣。

因此，此時朝鮮之“王險城”，必在列水（大同江）之南。

此爲“王險城”在大同江南之説，提供了一個最早的堅證了。

2008 年 9 月 28 日寫此于幹療院

2018 年 2 月 2 日終審于幹部療養院

《海内北經》“蓋國”説

《山海經·海内北經》：“蓋國在鉅燕南，倭北，倭屬燕。朝鮮在列陽東，海北山南。列陽屬燕。”

此經之“燕”又名“鉅燕”。其國東境，占有朝鮮半島之“列陽”。“列陽”即“列水之陽”。列水即今朝鮮大同江。（《歷史地名大辭典》）

“燕”何時據有朝鮮半島大同江以北的境土。《史記·匈奴列傳》謂是“燕後秦開”“襲破走東胡，東胡却千餘里”，“燕亦築長城，自造陽至襄平。置上谷、漁陽、右北平、遼西、遼東郡以拒胡”。燕之“遼東郡”東入朝鮮半島。遂有“列陽屬燕”而“朝鮮在列陽東”地緣政治版圖了。

《史記·匈奴列傳》説與荆軻一起刺秦王之秦武陽乃秦開之孫。吕祖謙《大事紀解題》卷四説：“秦開不知當秦何君之世，然秦武陽乃開之孫，計其年，或在昭王時。”其説有理。燕昭王在位時間爲公元前311—前279。其武功爲破齊，二爲開五郡拓地。而秦開拓地，當在破齊之後。即公元前283[①]年之後，公元前279年之前。燕破東胡，設五郡，是燕國最强大的標志，故曰“鉅燕”。

知“燕”已有“列陽”之地。則“蓋國”之地望，可大體推定之。

郝懿行謂：“《魏書·東夷傳》：‘東沃沮在高句麗蓋馬大山之東。’《後漢書·東夷傳》同。李賢注云：‘蓋馬，縣名，屬玄菟郡。’今案：蓋馬疑本蓋

---

① 《史記·朝鮮列傳》“自始全燕時”。此即先秦强盛未分之燕。《燕策》之燕“東有朝鮮，遼東。北有林胡，樓煩。西有雲中，九原。南有滹沱易水，地方二千里”，故有“鉅燕”之稱。此燕昭王時事也。其後燕逐漸衰落，不得有“鉅燕”之名矣。故《海内北經》之製作朝代，亦當在燕昭王之世矣。1967年遼寧北票東官營子發現“郾王職戈”（銘文：郾王職作禦司馬），這是燕昭王并五郡遺留下的物證。

國也。”

按：郝説非也。按之地圖。“蓋馬大山”，在過去列水源頭之北。亦即在“列陽”之東北（《中國歷史地圖集·東漢幽州刺使部》），與蓋國“在鉅燕南”之方位不合。且“蓋馬”爲山名，而“蓋”爲國名，亦不應合而爲一。

經云“列陽屬燕”，是燕已取得朝鮮半島北部。則在“鉅燕南”之蓋國，當于朝鮮半島南部地區求之。而朝鮮半島南部地區正是在“倭北”也。

依上述判斷，竊以爲此“蓋國”當即“三韓”之“韓國”矣。

《後漢書·東夷傳》謂：“韓有三種。一曰馬韓，二曰辰韓，三曰弁辰（韓）。馬韓在西，有五十四國，其北與樂浪，南與倭接。辰韓在東，十有二國，其北與穢貊接。弁辰（韓）在辰韓之南，亦十有二國，其南亦與倭接。凡七十八國，伯濟是其一國焉。”“皆古之辰國也。馬韓最大，共立其種爲辰王。”“辰韓，耆老自言秦之亡人，避苦役適韓國，馬韓割東界地與之。”

依以上材料，“韓”（三韓）之位置，正是“在鉅燕南”，即“列陽”之南（亦即大同江之南），而“南與倭接”，即在“倭北”。

從聲韵論：蓋與韓，見匣旁紐，月元對轉，正一聲之轉。换言之，蓋與韓是此國二名之同音異寫。

蓋與韓通言文證如下：

1. 蓋與盇通。（《戰國策·韓策三》：“則蓋觀公仲之攻也”。姚曰：“三本同作蓋，一本作盇。”）

2. 從盇得音之字與從曷得音之字通。（《禮記·月令》：“鶡旦不鳴。”《禮記·坊記》作盇旦。）

3. 從曷得聲之字與從幹之得音之字相通。（《禮記·月令》：“鶡旦不鳴”。《淮南子·時則》鶡旦作鳱鴠。）

4. 幹與乾通。（《莊子·田子方》：“方將被發而乾。”《釋文》乾作幹，云：“本或作乾。”）

5. 乾與韓通。（《山海經·海内經》：“昌意生韓流。”《竹書紀年》韓流作乾流。）

據《後漢書·東夷傳》記載“辰韓”：“其名國爲邦，弓爲弧，賊爲寇，行酒爲行觴，相呼爲徒，有似秦語，故或名之爲秦韓。有城栅屋室。諸小别邑，各有渠帥。”“土地肥美，宜五穀，知蠶桑，作縑布。乘駕牛馬。嫁娶以禮。行者讓路。國出鐵、穢、倭、馬韓并從市之。”“喜歌舞、飲酒、鼓瑟，兒生欲令其頭扁，皆押之以石。”在三韓中，辰韓文化發展程度最高，其禮俗與華夏之俗最近。

此國本爲“辰國”。何以改稱“韓”，豈非以“秦之亡人”來此而以亡人之族爲名耶?“辰韓”爲“秦之亡人”，來自何處?《潛夫論·姓氏》：“昔周宣王亦有韓侯，其地近燕。……其後……爲衛、滿所伐，遷居海中。”牟庭《詩經·韓奕》謂：“韓國”當在“涿郡方城縣，近北燕國是也。秦、漢時三韓，即其苗裔，散亡東徙，而仍其韓號”。此一説也。

又若按“蓋國”而論，蓋與奄通。“蓋國”可云即“奄國”。殷商之“奄”（蓋）在山東曲阜爲紂之與國。周公、成王東征踐奄，取其地以封伯禽建立魯國。其時奄人有北遷東北者，有如箕子之朝鮮。其後又自陸上散亡海中而入朝鮮半島南部，成爲辰韓耶！辰韓有使嬰兒扁頭之俗。在山東新石器遺址人頭骨中，即有此種現象。山東人闖關東，居東北。帶去此俗，故近代東北人亦有使嬰兒扁頭習俗也。

2008年9月26日下午
秋雨，屋漏書此
2018年2月3日終審于幹部療養院

附：“倭屬燕”之“倭”在日本九州

《山海經·海内北經》：“蓋國在鉅燕南，倭北，倭屬燕。朝鮮在列陽東，海北山南。列陽屬燕。”

此經“倭屬燕”與“列陽屬燕”同一語例。此經爲戰國後期文獻。所記“倭屬燕”，是中國文獻中關于日本國之最早記録。它表明：其時“倭”已“屬燕”，即日本不僅與燕有交通來往，而且是“臣屬”關係。

此時燕能使“倭”臣屬，是燕之國力强大。且其時海上交通必然發達，始能有此結果。

經文記“蓋國”在“鉅燕，倭北”亦即三韓在“倭北”。按之地圖，此倭國，當于日本九州求之。

换句話説，與朝鮮、中國交通最早之日本地區，是在日本之九州。始有“蓋國在鉅燕南，倭北”的表述。

《後漢書·光武帝紀》和《東夷傳·倭》記載：光武帝中元二年（57）倭奴國王遣使到洛陽朝貢，光武帝賜以印綬。1784 年 2 月，在日本福崗市（東區）的志賀島發現"漢倭奴國王"的金印，其形制與 1956 年雲南省晉寧石寨山西漢滇國墓出土的"滇王之印"的金印全同（蛇紐印文刻鑿）。證明了史書已載的正確，同時又表明直至東漢初年倭奴國仍在日本九州也。

2008 年 9 月 13 日上午

《山海經》中“幽都之山”“大幽之國”試解

《山海經》兩處説到“幽都之山”。

其一爲《北次三經》，謂：“碣石之山，繩水出焉，而東流注于河。”（此蓋北京西山，燕昭王築碣石館館名之所由也。）“又北水行五百里至于雁門之山，無草木。又北水行四百里至于泰澤。……又北五百里曰錞于毋逢之山。……西望幽都之山，浴水出焉。”（郭璞注：“浴（水）即黑水也。”）

由于學者多以此經之“雁門之山”，即山西北部之“雁門”。遂謂幽都之山在晉北、内蒙南部一帶。（譚其驤即以爲幽都之山，即桑乾河上源所出之山。）

此山位置，在碣石山（北京西山）之北，500＋400＋500＝1400 里。

其二，《海内經》：“北海之内，有山，名曰幽都之山，黑水出焉。……有大幽之國。”（郭璞注：“即幽民也，穴居無衣。”郝懿行謂：“郭注疑本在經中，今脱去。”）

按：《魏書・禮志》記：“魏之先居幽都也。鑿石爲祖宗之廟于烏洛侯國西北。自後南遷，其地隔遠。真君中，烏洛侯國遣使朝獻。云：石廟如故，民常祈請，有神驗焉。其歲，遣中書侍郎李敞詣石室，告祭天地。以皇祖先妣配。”到 1976 年文物工作者發現此石室，即在内蒙古呼倫貝爾盟自治旗阿里河鎮西北十公里大興安嶺北段頂巔的嘎仙洞。在洞中發現太平真君四年的石刻祝文，文辭大體同于《魏書・禮志》。

由此可知，幽都之山，當即大、小興安嶺山脉之古稱。其所出之“黑水”（浴水）當即黑龍江。而此山脉附近地區，即“幽都”之地足矣。

爲何山、地皆以“幽都”爲名？因其地有“大幽之國”。國何以“幽”名？因爲當地民衆是“穴居無衣”的“幽民”。

那麽，在古之大、小興安嶺所在之黑龍江地是否有“穴居無衣”的“幽民”呢？答案是肯定的。以肅慎爲代表的東夷人，即有“穴居”之俗。

如：《後漢書·東夷傳》謂：“挹婁[1]，古肅慎之國也，在夫餘東北千餘里……處于山林之間，土氣極寒，常爲穴居。（《集解》：“沈欽韓曰：《北史》深末怛室韋，冬月穴居以避太陰之氣。”）以深爲貴，至接九梯。養豕，食其肉，衣其皮，冬以豬膏塗身，厚數分，以禦風寒……夏則裸袒，以尺布蔽其前後。”[2]

《金史·本紀》：“黑水舊俗無室廬，負山水坎地，梁木其上，覆以土，夏則出隨水草以居，冬則入處其中。”

因之。我們知道古肅慎族爲代表之東北先民。因地寒而“穴居”，遂得“幽民”之號。從而其地曰幽都，其山曰幽都之山。

《書·堯典》：“流共工于幽州。”此經云：“幽都之山。”畢注：《莊子》云：“流共工于幽都。”《淮南子》云：“堯北撫幽都。”高誘注云：“陰氣所聚，故曰幽都。雁門以北是。”郝注：《爾雅·釋地》云：“有幽都之筋角焉。”又《大戴禮記·帝德篇》云：“北至于幽陵。”所指之地，當在今東北地區，以大、小興安嶺爲主脉之附近地區爲是。

周人自稱西周建國後“肅慎、燕亳，吾北土也”。又有肅慎來朝貢楛矢石砮之事。則東北地區，遠至黑龍江流域，在西周時已内通于中國矣。

《山海經》源出于幽都之山的黑水（又稱浴水）。何秋濤謂：“按此黑水以地理證之，當即黑龍江也。其水所出即幽都山，今謂之肯特山。莊子云：流共工于幽都，蓋即其地。”（《王會篇箋釋》卷下“屠州黑豹”條。《黑龍外記》卷一亦謂：“山海經西邊幽都之山，浴水出焉。郭景純：浴水即黑水。黑水，今黑龍江。”）

張博泉等《東北歷代疆域史》（21頁）謂：“幽都之地，也可以從拓跋部先世的原住地求得。《魏書·禮志》：‘魏先之居幽都也。鑿石爲祖宗之廟于烏洛侯國西北。’拓跋部先世領地有大鮮卑山。其祖先石室‘南距代京可四千里’。據《魏書·烏洛侯傳》‘其國西北有完水’，完水即今鄂嫩河。大鮮卑山、林傳甲。《黑龍江鄉土志》謂：‘即外興安嶺，今爲悉俾爾，後推寅遷大澤，即

---

① 《滿州源流考》云：“挹婁二字，即今滿語之懿路，乃穴居之義。”吕思勉謂：然則挹婁者，他人以其穴居而名之。（《中國民族史》，137頁）

② 《後漢書》記辰韓“作土室，形如冢，開户在上”。《北史·勿吉傳》記“築土如堤，鑿穴以居，開口向上，以梯出入”。可見“穴居”之族，廣布北方，不止一族。

呼倫湖。’拓跋先世所居幽都之地，當在今鄂嫩河一帶。”

另，《禮記・王制》：“北方曰狄，衣羽毛穴居，有不粒食者矣。”孔疏：“凝寒至盛，林木又少，故穴居。”

2018年2月6日終審于幹部療養院

新疆先秦居民多以“歐洲人類型”爲主説

——《海内西經》“白民國”新解

《文物》2008年第12期《“新疆史前考古學術研討會”紀要》，朱泓（吉林大學邊疆考古研究中心教授）發言，謂：

目前，新疆境内出土年代較早的居民遺骸經鑒定多爲‘古歐洲人類型’，主要包括：小河墓地組、古墓溝墓地組、焉不拉克C組、蘇貝希I組、察吾呼四號墓地組、哈密五堡C組、寒氣溝組、洋海組等材料。他們在體質特徵上與分布在俄羅斯南西伯利亞地區的阿凡納謝沃文化、安德羅諾沃文化的青銅時代居民頗相近似。

可以認爲，古歐洲人類型居民在先秦時期首先出現在羅布泊的孔雀河流域，隨後他們在‘遺傳漂變’和環境因素的雙重作用下，一些後裔可能逐漸向東疆及南疆地區滲透，在向東疆地區滲透的過程中與蒙古人種的居民發生了接觸、融合。”

歐洲人種地中海東支類型居民大概在公元前第一千紀由中亞、帕米爾地區進入新疆西部并繼續東進，一部分沿塔里木盆地北緣進入天山地區，與當地居民發生了融合。表現在石河子南山組、阿拉溝組、蘇貝希組等古代居民中都存在與該類型居民不同程度的混血。另一部分則沿塔里木盆地南緣不斷東進，最後直達羅布泊地區。從現有資料來看，無論在先秦時期，還是漢唐時期，歐洲人種的地中海東支類型始終是塔里木盆地南緣地區最主要的種族類型。

在公元前第一千紀或更早的時段裏，一類短顱型的歐洲人種，即中亞兩河類型，出現在伊犁河上游，甚至更東部的天山地區。”

此外，在被認爲是古代車師人的阿拉溝組以及蘇貝希組人群中也都存在中亞兩河類型居民成分，這似乎提示該類型在車師人的基因庫中也曾産生過重要影響。除中亞兩河類型外，歐洲人種的其他類型以及蒙古人種也參與了古代車師人的形成，據此可以推測，古代車師人很可能是一個來自多種族源的混合種。

蒙古人種的西進問題一直爲學術界所關注，就目前資料來看，在距今3000年前後的哈密地區和年代稍晚一些的吐魯番盆地，已經出現了歐洲人種與蒙古人種相互混雜的現象，這種現象也得到了來自分子生物學研究的進一步證明。

總的來説，在先秦時期的新疆地區，歐洲人種東進的規模與數量要遠遠超過蒙古人種西進的規模與數量。但歐洲人種的東進始終未超出新疆東部地區。”

由以上材料可知：

1. 在先秦的新疆地區“歐洲人種”是主要的居民種族。

2. 先秦時期在新疆的“歐洲人種”，主要有三種類型，即“古歐洲人類型”“歐洲人種地中海東支類型”和“中亞兩河類型（短顱型歐洲人種）”。此三種類型中，以“古歐洲人類型”在新疆出現最早。它們“在先秦時期，首先出現在羅布泊的孔雀河流”。後兩種類型皆約在公元前一千紀由中亞帕米爾地區進入新疆。

3. 在新疆東進的歐洲人種，始終未超過新疆東部地區。

按：《山海經》有兩個“白民之國”。一在東北。《大荒東經》：“有白民之國。帝俊生帝鴻，帝鴻生白民。白民銷姓，黍食使四鳥：虎豹熊羆。”《海外西經》：“肅慎之國在白民北，有樹名曰雄常，先入（人）伐（代）帝，于此取之（衣）。”（《大荒北經》：“大荒之中，有山，名曰不咸。有肅慎氏之國。”）此條當在《海外東經》。《海外東經》“黑齒”條後，應有“白民之國”一條。理由有二：《大荒東經》有“白民之國”“銷姓”條，《海外東經》應與之相應，今本無，當是闕誤。此其一。《周書・王會解》東方“黑齒”“白民”相次，是東方有“白民”（貊民），與西方之“白民”爲歐洲白種者同名異實、方位各異，故《海外西經》此條當移《海外東經》，因《海外西經》有“白民之國，遂誤移于此”。

此在肅慎之國之南之“白民之國”，即“貊民之國”。《海内西經》“貊國，在漢水東北”。（此條當自《海内東經》錯簡于此者。）郭璞注：“今夫餘國：即三歲貊故了。在長城北，去玄菟千里。”《後漢書・東夷列傳》：“句麗，一名貊耳。”《詩・大雅・韓奕》：“王錫韓侯，其追其貊。”字亦作貊。《集韵・陌韵》：

“貊，或從百。”

又一在西北。《海外西經》：“白民之國在龍魚北，白身被發。有乘黄，其狀如狐，其背上有角，乘之壽二千歲。”又《大荒西經》：“有大澤之長山，有白民之國（白同原作白氏，據宋本改）。”“白身被發”郭璞注：“言其人體洞白。”馬宗霍云：“洞白猶通白也。”（轉引自《淮南子校釋》478頁）《淮南子·墬形訓》記海外三十五國，“自西北至西南”有“白民”，高誘注：“白民，白身民，被發，發亦白。”楊昭儁謂：“白氏蓋即歐洲白種人種。”《淮南子·墬形》高氏注云：“白民，白身民，被發，發亦白。”百餘年前，白人猶尚被發肩際，卷以爲髻，其發微黄，有似于白。（轉引自《吕氏春秋集解》675頁）

陳漢章謂：“《海内西經》之‘白民’，或今白種。非《大荒東經之》‘白民’也。”（轉引自《逸周書集釋》833頁）按：陳説是也。此“白民”之“乘黄”即“雙峰駝”（郭郛《山海經注證》），行西北沙漠之地。可知此“白民”與《大荒西經》之“白氏（民）”爲一國，正在西北也。與《大荒西經》之“白民”“銷姓，黍食”之“白民”即“貊民”者同名異實。

今新疆先秦時期居民遺骸之研究證明：歐洲人種，在先秦時代是新疆地區主要居民。正合《海外西經》《大荒西經》所記“白民之國”。其人種合，又地望方位合。可證《山海經》史料價值之可貴也。這是先秦文獻有關新疆白種居民之可靠記録。此其一。新疆歐洲人種在先秦，未逾其東境，可證此“白民之國”，正在新疆境内。此其二。《大荒西經》云：“有大澤之長山，有白民之國。”是此國在“大澤”和“長山”附近。新疆之澤，以羅布泊爲大。則此“白民之國”，當在其附近。其地望與“首先出現在羅布泊的孔雀河流域”之推斷，又頗爲相近。此其三。

2009年2月3日上午

2018年2月4日終審于幹部療養院

《西次三經》之“帝江”（帝鴻）其原形爲匏樂“竽、笙”説

《山海經·西次三經》云：“（騩山）又西三百五十里曰天山。……有神焉[①]，其狀如黄囊，赤如丹火[②]，六足四翼，渾敦無面目，是識歌舞實爲帝江也[③]。”

按：作“神鳥”者，表示“焉”非虚詞，是一種“鳥”。這是它們的功勞。但作“焉”者爲正字，不訛。郝説誤。此“焉”乃用其本義。《説文·鳥部》：“焉，焉鳥，黄色。出于江淮。象形。”《禽經》：“黄鳳謂之焉。”（今按：《禽經》云：説是也。焉字，篆文作，睡虎地簡一、一、二四作。中山王壺作。其字形乃從鳥（中山王壺）或從鳥省（篆文，睡虎地簡），從正。會意。正者，長也。鳥之長，是爲鳳矣。《説文》説字爲“象形”失之。）

正因爲此“神焉”，爲“神的黄鳳”。其下文之“黄囊”之“黄”，“赤如丹火”之形容與之相應也。

又，《大荒東經》：“有白民之國。帝俊生帝鴻[④]，帝鴻生白民，白民銷姓，黍食使四鳥：豹虎熊羆。”

---

① 郝懿行云：“《初學記》《文選》注引此經并作神鳥。今本作焉。字蓋訛。”袁珂謂：“汪紱本、畢沅校本作神鳥。惟吴寬抄本、吴任臣本、百子全書本仍作焉。”

② 郭璞注：“體色黄而精光，赤也。”

③ 畢沅云：“江讀如鴻。《春秋傳》：‘帝鴻氏有不少才子，天下謂之渾敦。’此云帝江，猶言帝江氏子也。”袁珂謂：“畢説江讀如鴻，是也。謂帝江猶言帝江氏子，則曲説也。古神話必以‘帝鴻’即此‘渾敦無面目’之怪獸也。”

④ 郝懿行：“帝鴻，黄帝也。”見賈逵《左傳》（文公十八年）注。然即此帝俊又爲少典矣。見《大戴禮·帝繫篇》（《帝繫篇》云：“少典産軒轅，是爲黄帝。”）袁珂謂：“古代神話傳説，由于輾轉相傳歷時既久，綜錯紛岐之處必多，此經帝俊生帝鴻，帝鴻不必即黄帝。縱帝鴻即黄帝矣，帝俊亦不必即少典。”

按：此“帝鴻”，即《西次三經》之“帝江”。它“渾敦無面目”是“是識歌舞”，其原形爲瓠匏樂器中之竽、笙，與舜有關（説見下文）。故此“帝俊生帝鴻”之“帝俊”當從郭璞文處之注：“帝俊，即帝舜。聲之假借也。”

“帝江”是“神焉”，即有神性的“黄鳳”。它的身體，“其狀如黄囊”，其色“赤如丹火”，即“體色黄而精光，赤也”。它有足，有翼（六足四翼）。它“是識歌舞”，而“渾敦無面目”。有這些體性特徵的“帝江”，其原型爲何？

答案是：它的原型是瓠匏樂器的竽、笙。這樣的理由如下：

1. 從聲韵言。鴻從江聲。故“帝鴻”即“帝江”。（江與鴻，見匣旁紐，本部叠韵，正一聲之轉。）

鴻與瓠，匣紐雙聲本，通旁對轉，正一聲之轉，故可通借。换言之：“帝鴻”即“帝瓠”也。

2. 從形貌言。“瓠”是圓形、囊狀的葫蘆。《漢語大字典》：“瓠，蔬菜名。一年生草本……結實呈長條形者，稱瓠瓜。短頸大腹者稱壺盧。今作葫蘆。”《説文·瓜部》：“瓠，匏也。”王筠《句讀》：“今人以細長者爲瓠，圓而大者爲壺盧，古無此别也。”所以“瓠”即“匏”也，即“短頸大腹”“圓而大”的“壺盧”。

這種“壺盧”，其色是“黄”的，其形是“短頸大腹”的“圓形”，正與“帝江”的“其狀如黄囊”相合。它是“圓”的“壺盧”，正是“渾敦無面目”[①]。

所以“帝江”，即“帝瓠”，從形貌特徵來説，二者是相合的。

3.《西次本經》言：“帝江”，“是識歌舞”。如果“帝江”之原型是“瓠”那麽“瓠”是否有“是識歌舞”的性能呢？

回答是肯定的。因爲“瓠，匏也”（《説文》又“匏，瓠也”），其意義是“瓠”是一種爲“匏”，即“匏”的果實比葫蘆大。曬乾後可以用來做涉水的工具，也用來做容器，對半剖開可以做水瓢（《漢語大字典》）。

“瓠”是“匏”，即包含了“匏”。而“匏”（即瓠）是古代八音之一。《周禮春官·大師》：“皆播之以八音：金、石、土、革、絲、木、匏、竹。”《爾雅翼·釋草》：“匏在八音之一。古者笙十三簧，竽三十六簧。皆列管匏内，施簧管端。”這就是説：古代笙、竽一類樂器，用匏做座，上設簧管。于是這類樂器，統稱爲八音之一的“匏”樂。

---

① 《莊子·應帝王》：“中央之帝爲渾沌”，“人皆有七竅以視聽食息此獨無有。”《左傳·文公十八年》：“帝鴻氏有不才子……丑類惡物，頑嚚不友，是與比周，天下之民謂之渾敦。”杜預注曰：“渾敦，不開通之貌。”渾沌（敦），“不開竅”，“不開通”正是“渾敦無面目”，正是“壺盧”形貌之特徵。

竽與笙，都是以瓠匏爲座，在内設管的簧樂器。只是設管多少不同。《急救篇》："竽、瑟、空侯、琴、築、箏。"顔師古注："竽，笙類也。列管瓠中，施簧管端面，官管在中央三十六簧。"《宋書・禮樂志》："列管匏内，施簧管端。宫管在中央，三十六簧曰竽。宫管在左旁，十九簧至十三簧曰笙。"其他相似也。[①]

既然"瓠"即"匏"，在其内設管，施簧即是竽、笙之類的樂器。所以它就有"是識歌舞"的性能。因此"帝江"之所以有"是識歌舞"的性能，正是因爲它的原型是"帝瓠"的原故。

4. 説"帝江"，即"帝瓠"，它的原型是以瓠匏爲座，内設管簧的竽、笙樂器，那麼，爲什麼《大荒東經》又説它是"神焉"，即"神靈的黄鳳"，而且"六足四翼"，有足有翼呢?

這是因爲：古之竽、笙的外形，有身有翼，似鳳鳥之形。其證如下：

《説文・竹部》："笙。十三簧，象鳳之身也。"桂馥《義證》：《初學記》十六引作"象鳳之聲"。馥案：聲當爲身。蕭象翼，笙象身。《藝文類聚》卷四十四："笙十三簧，象鳳之身。"《風俗通》亦作身。邯鄲綽《五經析疑》："夫笙者，法萬物始生，導達陰陽之氣，故有長短。黄鐘爲始，象法鳳凰。"潘岳《笙賦》："基黄鐘以舉韵，望儀鳳以擢形。寫皇翼以插羽，摹鸞音以厲聲。"

《易・通卦驗》："冬至吹黄鐘之律。閒音以竽，竽長四尺二寸。"鄭玄注："竽，管類，用竹爲之，形參差象鳥翼。"

從以上文獻記載，可知：竽、笙一類匏瓠樂，其身"望儀鳳以擢形"。其所列之吹管，"以竹爲之，形參差，象鳥翼"即"寫皇翼以插羽"。所以"帝江"即"帝瓠"其原型爲匏瓠所成之竽、笙，而具有身有翼之鳳形也。

5. "帝江"既然其原型爲匏瓠樂器的笙、竽，爲何具有"神性"，而稱"神焉"?

"帝江"是"渾敦無面目"的"渾沌"之神，其實它是"瓠匏"即"葫蘆"。對"渾沌之神"的崇拜爲"葫蘆崇拜"。據人類學、民俗學的研究，原始人的"葫蘆崇拜"是"生殖崇拜"中之"子宫崇拜"。所以作爲"葫蘆樂器"的"竽、笙"，也就具有神性。于是"帝江"也就成爲"神焉"了。

竽、笙："葫蘆"爲座。由于"葫蘆崇拜"的遺俗，這種樂器，在古人看

---

① 《吕氏春秋・仲夏記》："調竽、笙、塤、篪。"注："竽、笙之大，古皆以瓠爲七簧壎以土爲之大如，竽三十六簧。"

來，有一種神秘的作用。如：

《韓非子·解老》：“竽也者，五聲之長者也。故竽先則鐘瑟皆隨，竽唱則諸樂皆和。”

《淮南子·時則訓》：“孟夏之月，吹竽笙。”注云：“竽、笙中空，象陽，故吹之。”

《白虎通·禮樂篇》：“笙者，太簇之氣，象萬物之生，故曰笙。”（《樂緯》：“六律：太簇，正月。”）

《釋名》：“笙，生也。象物貫地而生也。”

以“瓠匏”所作之“樂器”，有“象陽”“象萬物之生”的神異性能。而《禮記·郊特牲》則云：“郊之祭也。……兆于南郊就陽位也。掃地而祭，于其質也。器用陶匏，以象天地之性也。”孫希旦《集解》：“天地之性，本無可象，但以質禮之物，于衝穆無爲之意爲稍近，故用以祭。”這是不得其解的解釋。“天地之性”，即“天地之生”（“天地之大德曰生”）。爲什麼“郊天”，器用“陶匏”可以“象天地之性”？因爲古代傳説：女媧摶土作人，與以陶作器同。故祭器“用陶”可以“象天地之性”。又因古人的“葫蘆崇拜”即“子宫崇拜”，故祭器“用匏”可以“象天地之性”矣。

“帝江”的原型是以瓠匏爲座的、帶鳳形的“竽、笙”。由于古人有“葫蘆崇拜”即“子宫崇拜”之遺俗，所以認爲它是“神焉”（即有神性的黄鳳）。

6.“帝江”即“帝鴻”，其原型爲以瓠匏爲座之竽、笙。爲什麼《大荒東經》又説“帝俊生帝鴻”即“帝舜生帝鴻”呢？

《玉篇》：“竽，舜樂。”這就是“竽”與“舜樂”有密切的關係。因此説“帝舜生帝鴻”，也是有據之言矣。

總之，《山海經》中之“帝江”即“帝瓠”，其原型是瓠匏爲座的竽、笙類樂器。它之所以具有“神性”，是古人有“葫蘆崇拜”即“子宫崇拜”之遺俗。“帝江”即“帝鴻”。而“帝俊生帝鴻”之“帝俊”即“帝舜”。由于“竽，舜樂”（《玉篇》）所以有“帝舜”生“帝鴻”的傳説也。

2009 年 7 月 30 日上午
天陰雨，得凉爽，成此稿于幹部療養院
2018 年 2 月 7 日終審于幹部療養院

“鳳”爲孔雀説的認證和《山海經》的鳳凰（鳳鳥）問題

“鳳”字在甲文作：

（一期，《後上》三一，一四）　　（一期，《後下》三九三〇）

（一期，《乙》一八）　　（三期，《京》三八八七）

（四期，《合集》34137）

或加“”（凡）以表音，作：

（一期，《後上》一四，七）　　（三期，《粹》八二六）

（五期，《前》三，二九，二）

一、“鳳”爲何禽？在有關“鳳”字本文諸説中，以“鳳”即“孔雀”之説最長。持此説者有：

明義士謂：“則象其全體，且具長尾。或翔，或立，儀態萬方。嘗見孔雀，栖于木間，大風吹來，長尾飄然，與字形全同。”（轉引自《柏根氏舊藏甲骨文字考釋》）

葉玉森謂：“予晨疑象大鳥之冠者變作、、。、等并象鳥有長尾。象尾末有圓斑如孔雀。”（《前釋》二卷，35 頁）李孝定謂：“鳳殆即今之孔雀。其頭上毛冠，因象叢生之草也。”（許君訓丵爲叢生草。叢字亦從丵。）（《集釋》1366 頁）

按：字説爲孔雀，與字形最合。孔雀之頭有冠，即、、諸形所象者也。孔雀長尾，即等形所象者也。孔雀尾有斑眼，即等所象者也。

二、“鳳”字在甲文多借爲風字。有用其本義者否？于省吾認爲有。他説：“第三期甲骨文稱：‘甲寅卜，乎鳴罟，隻雚？丙辰，隻五。’（《甲》三一一二）雚作。甲骨文雚（即古鳳字）作本字用者只此一見。鳴爲習見的人名，罟即罹字，從鳥從隹古同用。前引甲骨文是説。商王嗚用網捕鳥。丙辰這天，捕獲五隻雚鳥。由于是用網捕之，自是雀。”[1]（《釋雚》，《甲骨文字釋林》）

王襄則指出卜辭中有“射鳳”，和以“鳳”爲犧牲的記載：

“……不其乎（呼）多……隻（獲）射鳳？”（《簠》游田，一三〇）

“辛巳卜，貞：牛示，求自上甲，一牛。豕、隹、羊、鳳、犬。”（《簠》帝系一三）

郭沫若（《兩周金文辭大系圖録考釋》）指出：周初器“中鼎”銘文中“中乎歸生鳳玗王”，語乃被動言周，言王呼饋中以生鳳也。本銘言“生鳳”，自是活物。

總之，在甲骨和西周青銅銘文中，有用“鳳”之本義者。它是“活禽”，可獵獲，可以爲祭祀犧牲，亦可用爲賞賜、饋贈之禮物。

三、關于“鳳”字本義其他解説的評論。

1. 神鳥説。《説文解字·鳥部》：“，神鳥也。天老曰：鳳之象也，鴻前麐後，蛇頸魚尾，鸛顙鴛思，龍文虎背，燕頷鷄喙，五色備舉，出于東方君子之國，翱翔四海之外，過昆侖，飲砥柱，濯羽弱水，莫宿風穴，見則天下大安寧。從鳥，凡聲。”“，古文鳳。象形。鳳飛群鳥從以萬數，故以爲朋黨字。亦古文鳳。”

（按以鳳爲“神鳥”，乃“鳳”之後出引申義。金文有“生鳳”之言。是“鳳”爲活禽，本非“神鳥”也。）

2. 鳳即雉説。陳夢家（《商代的神話與巫術》）謂：“卜辭鳳字象長尾之雉，而頭有冠作及形。餘謂即冠也。”朱芳圃（《殷周文字釋叢》卷上）謂：“鳳字，像側立之鳥。昂首修尾，羽毛繽紛之形。”“余謂鳳神化之雉也。”“雉爲習見之鳥，羽毛華麗，古代東夷部落用以爲圖騰。由于社會制度之演進，原始意義漸次消亡，因轉化爲神鳥。”

（按：説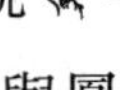字爲“雉”，雉頭有冠，與字形合；雉有長尾者，與字形合；雉具五色，與鳳具五色合。然甲文鳳字尾翎有“斑眼”，而雉尾羽無之。此一

---

[1] 姚孝遂謂：“于先生所據《甲》三一一二實爲‘雉’字（《詁林》鳳字按語）。”又謂：“雉字，在甲文且有獨體象形字作，舊或誤與上網字相連釋‘翟’，或誤釋爲‘鳳’。據同版刻辭爲‘雉’之初形疑。説詳《甲骨刻辭狩獵考》及《小屯南地下甲骨考釋》”（《詁林》雉字按語）。“卜辭尚有獨體象形之雉字。《合》三五四：‘甲寅卜，乎鳴網隻？丙辰鳳，隻五。’此爲雉字之初形，同版其他諸雉字則均從矢。”（《小屯南地下甲骨考釋》60－61頁）

不合也。《左傳·昭公十七年》記郯子説少昊名官之事，“鳳鳥氏，曆正也”而“五雉爲五工正”。是在東夷之少昊時代，鳳與雉即迥然各别。是陳、朱之説失據。此二不合也。鳳在卜辭和西周金文，有“活禽”之記載，而至春秋末期，中原已難見“鳳”鳥。故孔子興“鳳鳥不至，河不出圖，吾已已乎”之嘆。而“雉”乃“習見之禽”。古文《論語》有“山梁雌雉，時哉時哉”之文（二文皆見《論語》）是“鳳”與“雉”本不相同之故也。此三不合也。總此諸不合處，可知“鳳”即“雉”之説，難以成立矣。）

3. “鳳”即“鷄”的神化。尤仁德（《商代玉鳥與商代社會》，轉引自《甲骨文字詁林》1712－1713 頁）認爲：學者認爲“鳳”即“孔雀”，不能成立。因爲孔雀産于印尼和雲南，公元前三四千年黄河中下游地區，尚無孔雀考古發掘材料。由于引起人們産生宗教觀念的對象是那些與人類日常生活、生産有密切聯繫的自然對象，“據此鳳可能是鷄的神化”。

（按：此説結論含糊。因爲“鷄”可以是“家鷄”，也可以是“野鷄”（即雉）。如其説。“鳳”字形與“鷄”，由于都是“飛禽”，大類相同，當然有相似之處。作者以“丹穴之山有鳥焉，其狀如鷄，五彩而文，名曰鳳凰”（《山海經·南山經》）、《逸周書·王會解》“西申以鳳鳥”注“其形如鷄”以證明“鳳”即“鷄”。在邏輯上是有問題的。此其一。“鳳”字字形是其長尾有“斑眼”（即尾羽是孔雀翎子形狀）與鷄尾不同。而作者竟然字所從之，即足趾，表示鷄的“足趾寬大有力”。則是爲了論證的目的，而歪曲材料。此其二。此説之難于成立，可見矣。）

4. “鳳”爲“極樂鳥”説。郭沫若謂：“或説古人所謂‘鳳’。即南洋之極樂鳥，土名爲 Banlack，鳳即 Ban 之對音，似近似。”（《兩周金文辭大系考釋》）此説亦見于《説文解字疑義》。其言曰（轉引自《説文解字詁林》1589 頁下）：“近時博物圖譜繪有霧鳥一種，又曰鳳鳥，一名天樂園。”“産于亞細亞諸島，及亞非利加，好群居，體高六七寸，毛長大，不能順風飛行，常逆風翔行。”“據所繪之形，翅羽長大，極有古文鳳之形。其色黄，腹部若褐色，尾有長羽二，以圖譜之形及其注説參之鄙言，今之風鳥實即吾國所謂鳳也。”“意者古時風鳥曾至吾國北部，古人以此鳥不常見，其形狀又異，故遂謂之神鳥而因形以制字焉。”郭郛亦持此説（《山海經注證》56 頁）。

（按：此説附會之處太多。極樂鳥（或風鳥）不産于中國，古人何得習見其鳥，而因形制字也哉。此其一。此鳥體形短小，則“鳳高六尺”（《爾雅·釋鳥》郭注）。二者相差懸殊，豈可比附。此其二。故此説最不可信。）

5.《山海經》中鳳皇、鳳鳥爲“孔雀”説。

《山海經》中“鳳皇”和“鳳鳥”見于南方（包括西南）的高熱地區和西方乾熱地區。其經文爲：

（1）南方或西南地區

①《南次三經》：“又東五百里曰丹穴之山。其上多金玉。丹水出焉，而南流注于渤海。有鳥焉，其狀如鷄，五采而文，名曰鳳皇，首文曰德，翼文曰義，背文曰禮，膺文曰仁，腹文曰信。是鳥也，飲食自然，自歌自舞，見則天下安寧。”

②《南次三經》：“又東五百八十里曰禺之山。其上多金玉，其下多水。有穴焉，水出輒入，夏乃出，冬則閉。佐水出焉，而東南流注于海。有鳳皇、鵷雛。”①

③《大荒南經》：“有臷民之國。帝舜生無淫，降臷處，是謂巫臷民。巫臷民朌姓，食穀，不績不以服也，不稼不穡食也。爰有歌舞之鳥，鸞鳥自歌，鳳鳥自舞，爰有百獸，相群爰處，百谷所聚。”

（按：臷民之國，或稱臷國。見《海外南經》。彼經云：“臷國②在其（三苗）東，其爲人黄，能操弓射蛇。一曰臷國在三毛國。”）

④《海内經》：“西南黑水（青水）之間有都廣之野，后稷葬焉。（郭注：“其城（域）方四百里，蓋天下之中。”乃經文。）爰有膏菽、膏稻、膏黍、膏稷，百穀自生，冬夏播琴。鸞鳥自歌，鳳鳥自舞，靈壽實華，草木所聚。爰有百獸，相群爰處。此草也冬夏不死。”

⑤《海内經》：“有人曰苗民。有神焉，人首蛇身，長如猿，左右有首，衣紫主衣，冠旃冠，名曰延維，人主得而饗食之，伯天下。有鸞鳥自歌，鳳鳥自舞。鳳鳥首文曰德，翼人曰順，膺文曰仁，背文曰義。見則天下和。”

（2）西方地區

①《海外西經》：“此諸夭之野③，鸞鳥自歌，鳳鳥自舞。鳳皇卵，民食之；甘露，民飲之，所欲自從也。百獸相與群居。在四蛇北。其人兩手操卵食

---

① 郭璞注：“亦鳳屬。”

② 郭璞注：“音秩，亦音替。”《玉篇》作臷云：“臷，國名也。在三苗東。”

③ 郝懿行謂：“夭野，《大荒西經》作沃野。是此經之‘夭’乃‘沃’字省文。”袁珂謂：經文此句之下，當有“沃民”字樣。

之，兩鳥居前導之。”

②《海内西經》：“昆侖南淵深三百仞。開明獸身大類虎而九首，皆人面。東向立昆侖上。

開明西有鳳皇、鸞鳥，皆戴蛇踐蛇，膺有赤蛇。

開明北有視肉、珠樹、文玉樹、玗琪樹、不死樹。鳳皇、鸞鳥皆戴瞂。又有離朱、木禾、柏樹、甘水、聖木、曼兑，一曰挺木牙交。”

③《大荒西經》：“西有王母之山、壑山、海山。有沃（民）之國，沃民是處。沃之野，鳳鳥之卵是食，甘露是飲。凡其所欲，其味盡存。爰有甘華、甘柤、白柳、視肉、三騅、璇瑰、瑶碧、白木、琅玕、白丹、青丹，多銀鐵。鸞鳥自歌，鳳鳥自舞，爰有百獸，相群是處，是謂沃之野。”

④《大荒西經》：“有五采鳥三名：一曰皇鳥，一曰鸞鳥，一曰鳳鳥。”

鳳鳥所在南方地區的五條經文中，可大致考定其地望方位者有三個。

一是《南次三經》之“丹穴之山”。《淮南子・泛論訓》：“丹穴，太蒙。”高誘注：“丹穴，南方當日之下也。太蒙，西方日所入處也。”《隋書・天文志上》：“南戴日下，所謂丹穴也。”按：“丹穴”初義爲産丹砂之礦穴。《漢書・貨殖傳》：“巴寡婦清，其先得丹穴。而擅其利數世。”顔師古注：“丹，丹砂也，穴者，山谷之穴出丹也。”爲何“戴日之下”的南方爲“丹穴”？蓋交廣之地，富于丹沙，因以名其地也。晉葛洪“聞交趾出丹砂，攜其子侄赴羅浮山煉丹”（《中華大辭典》）可證也。然則此山當在交廣地區矣。

二是《海内經》之“都廣之野”。《淮南子・墬形訓》：“建木在都廣，衆帝所自上下，日中無景，呼而無響，蓋天地之中也。”“日中無景”的條件，是其地必須是“日光直射”地區。在我國即必須在“北回歸綫”以南地區，這一地區氣候炎熱。（《大荒西經》：“有壽麻之國。……壽麻正立無景，疾呼無響。爰有大暑，不可以往。”其地理條件正同。）所以此（地之）草也，“冬夏不死”。即是“没有冬季”的“熱帶氣候”。舊以“都廣之野”爲“成都平原”，與此條件不合，是誤説。不可從。

三是《海外南經》之“㦸國”即《大荒南經》“㦸民之國”。其國“在三苗東”。《海内經》之“苗民”，當亦是“三苗”之一。

“三苗”之國何在？《史記・五帝紀》：“三苗在江淮、荆州數爲亂。”《正義》曰：“吴起云：三苗之國左洞庭而右彭蠡……今江州、鄂州、岳州三苗之地也。”是其地在洞庭、鄱陽之間。湖南、江西之域矣。

鳳鳥所在西方地區的四條經文中，可考定其地望方位者有：

"昆侖之丘"的"開明西"，"有鳳皇鸞鳥"（《海内西經》）。又"諸夭（沃）之野"（《海外西經》或"有沃之國"，《大荒西經》"鸞鳥自歌，鳳鳥自舞"）。

①昆侖之丘

《山海經》"昆侖"之地望，可以比較明確推知的記載，在《西次三經》其文云：

"西次三經之首，曰崇吾之山。"

"西北三百里曰長沙之山。泚水出焉，北流注于泑水。"畢沅注："《説文》云：'泑澤，在昆侖下，讀與㴵同。'"《史記》謂之鹽澤。《地理志》謂之蒲昌海，云：敦煌郡有。《括地志》云："蒲昌海一名泑澤，一名鹽澤，亦名輔日海，亦名牢蘭，亦名臨海，在沙州西南。"（見《史記正義》）

"又西北三百七十里曰不周之山。……東望泑澤，河水所潛也，（畢沅注：《史記》云："張騫曰：鹽澤潛行地下，其南則河源出焉。"）其原渾渾泡泡。"（郭璞注："河南出昆侖，潛行地下，至葱嶺，出于闐國，復分流歧出，合而東流注泑澤，已復潛行，南出于積石山而爲中國河也。名泑澤，即蒲澤，一名蒲昌海，廣三四百里，其水停，冬夏不增減去玉門關［千］三百餘里，即河之重源，所謂潛行也。"）

此注入于"泑澤"之"河水"，據《西次三經》記載是在"長沙之山"（即泑澤附近）之西（或西北）二千一百一十里的"昆侖之丘"所發源的。其文爲：

"西南四百里，昆侖之丘……河水出焉，而南流東流于無達。"①

按：此經"河水所潛"之"泑澤"，即今新疆南疆之羅布泊。《中國古今地名大辭典》"鹽澤"條下云："即蒲昌海，亦曰泑澤。《水經注》：'（泑澤）水積鄯善之東北，龍城之西南，地廣千里，皆爲鹽而堅剛，故有鹽澤之稱。'考今新疆吐魯番縣西南，有名澤羅布淖爾，葱嶺東北之水皆入焉。蓋即古鹽澤。"

因之，此由西向東注入"泑澤"之"河水"，只能是新疆南疆的塔里木河了。

① 此"無達"當爲"泑澤"的訛文。"泑"或省作"幼"，"幼"之草體與"無"近，易互訛（幼與無相近）。澤之""與"達"之""形近，澤之""與"達"之""形近，故"澤"訛爲"達"也。

從而在“泑澤”西或西北二千一百一十里之“昆侖之丘”（或昆侖之虛）只能是塔里木河上游沿岸之地矣。（武昌亞新地學社《中華析類分省圖》新疆省下云：“塔里木河爲南路大川，肥沃之土地，殷富之都邑多在其沿岸。”又云：“低地，在天山西部之南麓，高海面二千五百尺至三千尺，與其南之大沙漠，共稱塔里木盆地。”此經“方八百”的“昆侖之虛”（《海内西經》），“此山萬物盡有”的“昆侖之山”（《大荒西經》）。最可能的地望即在“天山西部南麓”的塔里木河沿岸地帶也。）

《海内西經》記“開明獸”“東向立昆侖上”，“昆侖西有鳳鳥、鸞鳥”。此“昆侖之虛，方八百里，高萬仞”而“河水出東北隅。以行其北，西南又入渤海。（畢沅注：《淮南子·墬形訓》云“貫勃海”，高誘注：“勃海，大海也。”案：即塞外蒲昌海，勃，舊本作渤[①]。俗字，今改正。）又出海外即西而北入禹所導積石山。”（郭璞注：禹治水復決疏之，故云“導河積石”。袁珂謂：此積石山，即《西次三經》所云“積石之山，其下有石門，河水冒以西流”之積石山也。郝懿行以此爲《海外北經》“禹所積石之山”，非也。按：此積石山乃大積石山。袁説是也。）

可見：《海内西經》之“昆侖之虛”，正是《西次三經》的“昆侖之丘”。其地望在“羅布泊”（泑澤）之西的塔里木河主流或某一支流發源之處。總之，在新疆南疆之地是矣。

②“諸夭之野”或“有沃之國”

據《海外西經》“諸夭之野”，在軒轅之國（或畏軒轅之丘）北。

而《大荒西經》的“有沃之國”，則在“王母之山”附近。并且又距“軒轅之丘”不遠。

那麽，“王母之山”與“軒轅之丘”之地望何在？此可于《西次三經》得其大概位置。

《西次三經》記在昆侖之丘西或西北一千一百二十里有：

“玉山，是西王母所居也。”

“又西四百八十里曰軒轅之丘。”

總之，“西王母之山”和“軒轅之丘”，皆在“昆侖之丘”的西或西北，亦

---

① 按：畢説是也。此“渤海”，當即“泑澤”之訛文。可證此經之“昆侖之虛”正爲《西次三經》之“昆侖之丘”。同爲河水所出。所出河水，同入泑澤而潛出爲中國河也。

即在新疆南疆之塔里木河流域矣。

（3）南方交廣地區和新疆南疆地區多孔雀之文獻記載

《南次三經》"丹穴之山"，《海内經》"都廣之野有鳳"，其地望皆當北回歸綫以南的交廣地區。與文獻記載交、廣出孔雀合。如：《漢書·南粵王傳》曰：文帝前元六年（前174）南粵趙佗遣使獻孔雀二雙。

桓寬《鹽鐵論·崇禮》："南粵孔雀珥門户。"

宋范成大《桂海虞衡志》：《禽·鸚鵡》稱："民或以鸚鵡爲鮓，又以孔雀爲臘，皆以其易得故也。"

陶弘景《本草經集注》："（孔雀）出廣，益皆州。"

《唐新修本草》："孔雀，交廣有。"《南方異物志》："孔雀，交趾、雷、羅諸州甚多，生高山喬木之上……數十群飛，栖游岡陵。"（《本草綱目·禽·孔雀引》）

《太平廣記·禽鳥·羅州》引《紀聞》："（孔雀）山[①]谷夷民，烹而食之。"

以上爲南方交廣地區，古多"孔雀"之記載。

《太平御覽》卷九二四引："（三國）《魏文帝與群臣詔》曰：'前于闐（今新疆和田）王所上孔雀尾萬枚。'"

《北史·西域傳·龜兹國》："龜兹國多孔雀，群飛山谷間，人取養而食之，孳乳如鷄鶩，其王家恒有千餘隻云。"

《吕氏春秋·本味》："流沙之西，丹山之南，有鳳之丸，沃民所食。"（高誘注："丸，古卵字也。"）"流沙沙自流行，故曰流沙。在燉煌西八百里。丹山在南方，丹澤之山也。二處之表，有鳳皇之卵。""食鳳卵也。沃之國在西方。"

此地之民既然對孔雀"人取養而食之，孳乳如鷄鶩"，那麼把孔雀蛋拿來吃，也當是常事了。此解經文"沃（民）之野，鳳鳥之卵是食"的合理解釋了。

總之，《山海經》之"鳳"，如以"孔雀"釋之，則西方"昆侖"地區和南方"丹穴""都廣"地區有"鳳"即"孔雀"，可以得到文獻史料的證實。這不是偶然的，它表明：

第一，"鳳字原形、初義爲孔雀"，是最合理的解釋。

---

① 又《輿地紀勝》卷一一九：欽州，孔雀山"在州西南五里，一名内三山，其山特出衆山之表，三峰峙立，山中多孔雀，陶粥創亭其上"。

第二，《山海經》“丹穴之山”和“都廣之野”其地望應在北回歸綫以南的交廣地區。

第三，《山海經》之“昆侖之丘（虛）”和“沃民之國”皆在新疆南疆塔里木河上、中游兩岸（平原、山陵）地帶。

《太平御覽》卷九二四引《異物志》：“孔雀，其大如雁而足高。毛皆有斑文采。形體既大，細頸，隆背……自背及尾，皆有珠文。五采光耀，長短相次。羽毛皆作員文，五色相繞，如帶千錢，文長二三尺。頭載三毛長寸，以爲冠。”

《爾雅翼》卷十三云：“孔雀生南海。尾凡七年而後成。長六七尺。展開如車輪。金翠斐然。始春而生，至三、四月後雕，與花萼同榮衰。”

《山海經·海内經》：“南方有贛巨人……又有黑人……又有贏民……有人曰苗民……有鸞鳥自歌，鳳鳥自舞……有翠鳥，有孔鳥（郭注：孔雀也）。”

《逸周書·王會解》：“西申以鳳鳥……方揚以皇鳥……方人以孔鳥。”

二書皆出于戰國後期，中原已無孔雀，是“鳳”已神化爲與孔雀有别之“德鳥”。故既有“鳳鳥”，又有“孔鳥”矣。

又劉逵注《蜀都賦》：“特出永昌南涪縣。”又注《吴都賦》云：“尾長六七尺，緑色有華采，朱崖交趾皆有之，在山草中。”

2009年8月29日

寫完此稿于幹療院

2018年2月10日終審于幹部療養院

“昆侖”在南疆説

一、“昆侖”與“炎火之山”

《西次三經》：“槐江之山，丘時之水出焉，而北（？南）流注于泑水。……南望昆侖，其光熊熊，其氣魂魂。”① （郭注：皆光氣炎盛相焜燿之貌。）《大荒西經》：“西海之南，流沙之濱，赤水之後，黑水之前，有大山，名曰昆侖之丘。……其下有弱水之淵環之，其外有炎火之山，投物輒然。”郭璞注：“今去扶南東萬里。有耆薄國。東復五千里許，有火山國。其山雖霖雨，火常然。火中有白鼠，時出山邊求食，人捕得之，以毛作布，今之火澣布也。即此山之類。”

郭郛《注證》謂：“炎火之山，在新疆吐魯番延伸到鄯善縣以南的山丘，主要爲紅砂岩構成。因夏季氣候乾熱山體呈視紅色，通稱火焰山。《肅州志》作火焰山。《魏書·高昌郡》名赤石山。又名土考塔格、吐斯塔格……現蘭新鐵路公路通過吐魯番盆地，在山下經過。”

按：“南望昆侖，火光熊熊。”“昆侖之丘……其外有炎火之山。”郭璞以“火山”釋之。郭郛以“吐魯番”之“赤石山”即“火焰山”釋之。皆不確。此“火光熊熊”之“炎火之山”，乃指新疆地下煤自燃所在之山也。新疆地下煤自燃之最早記録，即此《山海經》所記“昆侖”地區“火光熊熊”之“炎火之山”矣。時至今日，新疆地下煤自燃地區，仍然在一些地區存在。

天山山脉西端南麓，在漢晉時，即有此類“炎火之山”的記載。

《水經注·河水》卷二：“（北河）又東徑龜兹國南。又東，左合龜兹川水，

① 郭郛《山海經注證》：“熊熊指昆侖山上的楓槭林紅燁如火的景色。魂魂指山巒景象，青緑紅白（雪色）渾然一體。”如此解釋，可嘆也哉！

有二源，西源出北大山南。”《釋氏西域記》曰：“屈茨北二百里有山，夜則火光，晝日但烟。”（會貞按：《御覽》卷八百七十一引《西域諸國志》曰：“屈茨國有山，夜則有火光，晝則恒烟焉。”即此説。）

又《隋書·西域傳》：“白山一名阿羯山，常有火及烟，即是出硇砂之處。”“人取此山石炭，冶此山鐵，恒充三十六國用。”

《釋氏西域記》[①] 所記屈茨（即龜兹）之“北大山”，“夜則火光，晝日但烟”，又山有“石炭”。則此“炎火之山”正是地下煤自燃之山矣。故是“出硇砂之處”。（《漢語大辭典》：硇同“硇”，礦物名。《魏書·西域傳·康國》：“出馬、駝、驢、犎牛、黄金、硇砂……”）《中華大辭典》：“硇砂”即氧化銨之天然産物。《本草·硇砂》釋名：“硇砂，狄鹽，北庭砂。氣砂。透骨將軍。”此硇即地下煤自燃所出烟氣在山穴通道内凝結而成之化合物，天山地區爲其生産區之一。故又名“狄鹽”“北庭砂”也。

因此，昆侖之山或昆侖之虚，在新疆南疆之一證是其地有“地下煤自燃”之“炎火之山”。

二、“昆侖”附近“峚山”之“玉膏”即“石油”[②]

《西次三經》：“峚山，其上多丹木……丹水出焉，西流注于稷澤。其中多白玉，是有玉膏。其沸沸湯湯（郭注：玉膏涌出之貌也），黄帝是食是饗（郭注：所以得登龍于鼎湖而龍鋭也）。是生玄玉（郭注：言玉膏中又出黑玉也）。玉膏所出，以灌丹木。丹木五歲，五色乃清（郭注：言之鮮也），五味乃馨（郭注：言滋香也）。”

徐南洲謂：“從文意看，玉膏即石油。由于這裏盛産玉石，爲著名的玉石産地，故先民將石油與玉石聯繫起來理解。這對當時的認識水平來説，是非常自然的事。其冷凝後亦堅硬如石。”

“沸沸湯湯”，郭釋爲“玉膏涌出之貌也”。穹隆構造中的石油，受到一定大氣壓噴出地面時，是有聲響的，正如開鍋的水“沸沸湯湯”。郭注確實。

“是生玄玉”，郭注曰：“言玉膏中又出黑玉也”。從“玉膏”中産生出來的

---

① 《釋氏西域記》的著者爲釋道安（312—384），其主要活動年代爲東晉初年。

② 王樹枏《新疆圖志》謂：玉膏即今之石油。（轉引自顧實《穆天子傳·西征講疏》38 頁）

黑玉，正是石油蒸發後其殘留物質而成的瀝青，瀝青既是黑色的，其冷凝亦堅硬若石。先民以爲是黑色玉石，這是完全可以理解的[①]。

近人稱引我國最早的石油記載，或以爲是《博物志》所説“臨邛火井”。也有人認爲是《漢書·地理志》所説“洧水肥可燃”。此二者成書，晚于《山海經》。故最早的石油記載無疑應是《山海經》[②]（《〈山海經〉——一部中國上古的科技史書》，《〈山海經〉新探》，巴蜀書社，1986年）。

按：新疆南疆塔里木盆地是石油的“大油田”，在北疆以“克拉瑪依”油田爲代表，也蘊藏有大量石油。《西次三經》之“峚山”爲“昆侖”附近地區，即天山西段南麓一帶。而記載其地有“玉膏”即“石油”，“沸沸湯湯”的溢出，且凝結成爲“玄玉”（瀝青），正爲“昆侖”在南疆之説以一個證據。

三、《説文》關于“河”“昆侖”“泑澤”的解説

《説文·水部》：“河。河水，出敦煌塞外昆侖山，發源注海。”段注：“《地理志》《郡國志》皆有敦煌郡。縣六，首敦煌。許但云：‘敦煌，謂郡也。明之沙州衛，今甘肅之安西州、敦煌縣、玉門縣皆漢郡地也。’”

《史記·大宛列傳》曰：“于闐之西，則水皆西流，注西海；其東水東流，注鹽澤。鹽澤潛行地下，其南則河源出焉。多玉石河（此四字當作：爲積石河）注中國。……鹽澤去長安可五千里。”又曰：張騫死後，“漢使窮河源，河源出于闐，其山多玉石，采來，天子案古圖書，名河所出山曰昆侖云。”《漢書·西域傳》曰：“西域以孝武時始通，本三十六國……東則接漢，厄以玉門、

① 《魏書·西域傳》“龜兹國”下云：“其國西北大山中有如膏者流出成川，行數里入地。如餻餬，甚臭，服之髮齒已落者能令更生，癘人服之皆愈。”又“膏者”一説即“琉璜”，另説應爲石油（余太山《兩漢魏晉南北朝正史西域傳要注》44頁）。

② 吴承志（《大荒西經炎火之山考》，《遜齋文集》卷八）謂：《續漢書·郡國志》注補引《博物記》云：“延壽縣南有山石，出泉水，大如莒籚，注地爲溝。其水有肥，如煮肉洎，羕羕永永，如不凝膏，燃之極明，不可食。縣人謂之石漆。”石漆即火泉。《元和郡縣志》作“石脂水”。云：“在玉門縣東南一百八十里……水上有黑脂。人以草盋取用，塗鴟夷酒囊及膏車。周武帝宣政中，突厥圍酒泉，取此脂燃火，焚其攻具，得水愈明，酒泉賴以獲濟。”《明一統志》作“石油”。肅州衛南山在玉門東，嘉峪關内。與延壽南北微有别。實皆在此山大幹之中。今赤城峽有石油。德意志國人福克《西行瑣録》謂之煤油，是即《博物記》“石漆之遺”。又：《魏書·西域傳》“悦般國”：“……不能去者，住龜兹北。……其國南界有火山，山傍石皆燋熔。流地數十里乃凝堅。人取以爲藥，即石流黄也。”余太山謂：“南界有火山”云云，“表明占有與孫故地後的悦般仍保有龜兹以北的原居地，‘火山’位于今庫東北”。（《兩漢魏晉南北朝正史西域傳要注》454頁）

陽關，西則限以葱嶺。其南山，東出金城，與漢南山屬焉。其河有兩源：一出葱嶺，一出于闐。于闐在南山下，其河北流，與葱嶺河合，東注浦昌海。蒲昌海，一名鹽澤者也，去玉門、陽關（千）三百餘里（千字依《水經注》補），廣袤三四百里。其水亭居，冬夏不增減，皆以爲潛行地下，南出于積石，爲中國河云。"《地理志》金城郡河關縣："積石山在西南羌中，河水行塞外，東北入塞内，至章武入海，過郡十六，行九千四百里。"

按：于闐，今之和田也。班云"積石山"者，即《禹貢》之"導河積石"。今甘肅西寧府西南境之大積石也。……《史》《漢》所云"古圖書"者謂《禹本紀》《山海經》皆云"河出昆侖"也。……《爾雅·釋水》曰："江、河、淮、濟爲四瀆。四瀆者發源注海者也。""河出昆侖虚，色白，所渠并千七百一川，色黄。"

按：《史記·大宛傳》所記乃張騫出使回長安向漢武帝所作的報告。其中關于河出闐入鹽澤，潛行地下，重出積石爲中國河。與《西次三經》一致。這表明在戰國時期，中原與西域之交通，即已存在，故《西次三經》得以記述此一地區之山川地理也。

又：《説文·水部》："泑，幼澤（段注：澤上補一字）在昆侖虚下，從水幼聲，讀與㓜同。"段注："《山海經·西山經》曰：'不周之山，東望泑澤，河水所潛也，其源渾渾泡泡。'"《西山經》之"泑澤"，郭景純、晉鄐長皆云即《史》《漢》之鹽澤，一名蒲昌海者也。云："河水所潛"，即《史》《漢》所謂"潛行地下南出于積石也"。

按：《西次三經》和《海内西經》皆記"河出昆侖"，流入泑澤，再潛行南出于積石，爲中國河。是"河"只"潛"一次（即入泑澤，潛行南出）。《史記·大宛傳》及《漢書·地理志》所述，與《山海經》同。

而"河"潛行兩次之説，則首見于郭璞。《西次三經》"東望泑澤河水所潛"云云，郭注："河南出昆侖，潛行地下，至葱嶺出于闐國，復分流歧出，合而東流，注泑澤，已復潛行南出于積石山而爲中國河也。"即"河出昆侖之後"，即"潛行地下"，南出爲于闐河，再東流入泑澤，又潛行地下，南出于積石山，而爲中國河。此二次"重源"之説，爲酈善長所繼承。在《水經注·河水》中加以發揮。

可見"河"水重源、潛行之説，在歷史上有變化。

2018年2月16日終審于幹部療養院

“都廣之野”在珠江三角洲説

《山海經·海内經》中有一章記“都廣之野”。今依郝懿行校本，録其文如下：

“西南黑水青水之間，有都廣之野，后稷葬焉。其城方三百里，蓋天地之中，素女所出也。爰有膏菽、膏稻、膏黍、膏稷，百穀自生，冬夏播琴。鸞鳥自歌，鳳鳥自舞，靈壽實華，草木所聚。爰有百獸，相群爰處。此草也，冬夏不死。”

“都廣”或本作“廣都”。楊慎《山海經補注》謂：“黑水、廣都，今之成都也。”袁珂云：“衡以地望，庶幾近之。”學者從之。“都廣之野”是成都平原之説，爲很多學者所接受了。

今按：“都廣之野”不是成都平原，而是廣東的珠江三角洲，其根據和理由，簡述于下。

一、“都廣”在楚地之南，北户之北

《山海經·海内經》所記各條經文，未列東、南、西、北方向（與《海外四經》《海内四經》《大荒四經》分列四方者不同），故“都廣之野”在何方位，難以推定。

但《淮南子·墬形訓》關于“都廣”的地望，則有明確的記述。其文云：“九州之大，純方千里。九州之外，乃有八殯，亦方千里。……南方曰大夢，曰浩澤。”高誘注：“夢，雲夢也。浩亦大也。”今按：雲夢大澤在湖北省，“浩澤”在雲夢之南，又爲大澤，則可以當之者，只有“洞庭湖”了。在今湖南省，此二地在戰國皆爲楚地。其地在中原（豫州）之南，故爲“八殯”之一的南方之“殥”。

《淮南子·墬形訓》又云：“八殥之外，而有八紘，亦方千里。……南方曰都廣，曰反户。”高誘注：“都廣，國名也。山在此國，因復曰都廣山。[反户]言其在鄉日之南皆爲北鄉户，故反其户也。”南紘在南殥之南千里以内，即在戰國楚境之南千里以内，則都廣和反户之地望，當在今嶺南之地求之矣。

依《淮南子·墬形訓》之排列，都廣在反户之北。而“反户”即“北户”之異名。

北户，日南郡。

《中華大辭典》：“中國南邊之古國名。謂在日之南，開户當北向日也。故名。”《爾雅·釋地》：“觚竹、北户、西王母、日下謂之四荒。”《疏》：“北户即日南郡是也。”顔師古曰：“言其在日之南，所謂開北户以向日者。”《淮南子·氾論訓》：“北户、奇肱，修股之民。”

北户之國，即漢之日南郡。

《中國歷史地名大辭典》“日南郡”下云：“西漢元鼎六年（前111）置，治所在西捲縣（今越南平治天省廣治西北廣治河與甘露河合流處)。《水經·温水注》：‘區粟建八尺表，日影度南八寸，自此影以南在日之南，故以名郡。’轄境相當今越南中部北起横山南抵大嶺地區。”

反户即“北嚮户”之異稱。

《中華大辭典》：“南方荒遠之地。其户皆北向，故謂之反户。”《淮南子·墬形訓》：“南方曰都廣，曰反户。”《注》：“言其在日之南，皆爲北鄉户，故反其户也。”（高誘注）

“北朐”（煦）即“北户”之音轉。

《山海經·海内南經》：“伯慮國、離耳國、（郭璞注：鎪離其耳，分令下垂以爲飾，即儋耳也。在朱崖海渚中。不食五穀，但啖蚌及藷萸也。）雕題國、（郭璞注：點（或作黔）涅其面，畫體爲鱗采，即鮫人也。）北朐國（郭璞注：‘音郇，未詳。’郝懿行云：‘疑即北户也。’《爾雅·疏》引此經作‘北煦’。户、煦聲之轉。《爾雅·釋地》：‘四荒’有‘北户’。郭注：‘北户在南。’）皆在郁水南。郁水出湘陵南海（或作山）。一曰相慮。”

今按：郝説是也。“北朐國”當爲“北煦國”之訛字。而“北煦國”即“北户國”之聲轉。户與煦，匣曉旁紐，魚侯旁轉，正一聲之轉。《中國古今地名大辭典》：“郁水，即今廣東之西江。”《漢書·地理志》：“郁水首受夜郎豚水，東至四會入海，過郡四。行四千三十里。"四郡：牂牁、郁林、蒼梧、南海是也。四會，南海屬縣也。

秦用兵五嶺，占有其地。漢于其地置日南郡，轄地在今越南中部。而"都廣"在"反户"即"北户"之北楚地之南，則當于今之廣東、廣西之地求之矣。

二、"都廣"當在北回歸綫以南"方三百里"的平原（或平野）

《淮南子·墬形訓》有云："扶木在陽州……建木在都廣，衆帝所自上下，日中無景，呼而無響，蓋天地之中也。"

此一記載指出了兩個問題：

1. "建木在都廣"。在《山海經》中則謂"建木"，"在窫窳西，弱水上"。其經文有二：

一是《海内經》云："有木，青葉紫莖，玄華黄實，名曰建木，百仞無枝，上有九欘，下有九枸，其實如麻，其葉如芒，大暤爰過，黄帝所爲。有窫窳，龍首，是食人。（郭璞注："在弱水中。"）有青獸、人面，名曰猩猩。（郭璞注："能言。"）"此條經文，表述了"建木"所在，與"窫窳""猩猩"之地相鄰近。

二是《海内南經》則云："有木，其狀如牛，引之有皮，若纓、黄蛇。其葉如羅，其實如欒，其木若蓲，其名曰建木。在窫窳西弱水上。"

那麽，"窫窳"何在呢？

《海内南經》謂："窫窳龍首，居弱水中，在狌狌（即猩猩）知人名之西。"同經又云："狌狌知人名，其爲獸如豕而人面，在舜葬西。"同經又云："蒼梧之山，帝舜葬于陽。"（郭璞注："即九疑山也。"《禮記》（檀弓上）亦曰：舜葬蒼梧之野。）九疑山在今湖南寧遠縣南六十里（《中國歷史地名大辭典》）。據此：舜葬西有狌狌，狌狌西有窫窳，而窫窳西之"弱水上"有"建木"。《山海經》之例某在某之西，可以在下面，也可以在"西北"，也可以在"西南"。舜葬九嶷山在楚之南境。"建木"在其西，如説爲在舜葬之西南矣。則與"建木在都廣"之説，大致相合（即楚南之嶺南地區是也）。

2. "建木在都廣"，"日中無影，呼而無響，蓋天地之中也"。

什麽叫"日中無影"？高注："日中時，日直人上，無有晷，故曰：蓋天地之中。”

此材料亦見記于《吕氏春秋·有始》：“夏至日行近道，乃參（訓植）于上。當樞之下無晝夜。白民之南，建木之下，日中無影，呼而無響，蓋天地之中也。”

《有始》此文，謂“夏至”之時“日行近道，乃參（訓植）于上”，即中國在地之北半球，每年“夏至”之時，由于“日行近道”，就出現兩個天文地理現象：一爲“當樞之下無晝夜”，地球南北兩極以半年爲晝夜。夏至之時，“當樞之下”（即北極）就進入“無晝夜”半年期，而“白民之南，建木之下”則爲太陽直射地區，出現“日中無影”的現象。

中國在北半球，何地、何時能有“太陽直射”現象？

《中華大辭典》“回歸綫”下云：“天文學名詞。地球上及天球上，在赤道南北各二十三度二十七分，與赤道平行之圓綫也。太陽後緯最大時，適照此二綫之一。南曰南回歸綫，一名冬至綫，亦名晝短綫。北曰北回歸綫，一名夏至綫，亦名晝長綫。”

其“春分”下云：“二十四節氣之一，每年三月二十一日或二十二日爲春分。即太陽經過春分綫之日也。是日日光正射赤道上，南北兩半球晝夜均分。”

又：“夏至”下云：“節氣名，每年六月二十一日或二十二日爲夏至。即太陽經過夏至點之日也。是日北半球晝最長，夜最短，南半球則反是。”

其“秋分”下云：“節氣名，每年九月二十三日或二十四日爲秋分。即太陽經過秋分點之日也。是日日光正射赤道上，南北兩半球晝夜均分。”

其“冬至”下云：“節氣名，二十四節氣之一，仲冬之節也。每年十二月二十二日或二十三日爲冬至。即太陽經過冬至點之日也。是日北半球晝最短，夜最長，南半球則反是。”

考每年春分，太陽直射赤道地帶，然後向北移動，至夏至，太陽則直射北回歸綫地帶。夏至之後，太陽直射區向南移，至秋分時，又直射赤道地帶。秋分以後，太陽南移直射南半球，至冬至南回歸綫地帶。然後又北移，到春分，變直射赤道地帶。

準此《吕氏春秋·有始》所説“夏至日行近道，乃參于上……白（疑苗字之訛）民之南，建木之下，日中無影”是合乎科學事實的記載。

因此，由于“在都廣”之“建木”，夏至之時“中無景”，則可以推斷此“都廣”地區，必在北回歸綫以南之處。

按之地圖，楚地之南，又在北回歸綫以南的地區，主要有廣西、廣東、越南三處。“都廣之野”在其中何地爲宜?

《海内經》謂“都廣之野”“其城（域）方三百里”，是一個相當大的平原。（因爲“建木”之下“呼而無響”，則其地必爲平原或與海相鄰的平原。）依此條件，廣西和越南北部（其地在北回歸綫以南）皆没有這樣大的“平原”，只有廣東的“珠江三角州”，其地位既北回歸綫以南，又是一種足够大的衝積平原，足以當“其城（域）方三百里”的條件。

三、“都廣之野”爲“珠江三角洲”根據的列舉

《中國省（區）地理》（中國科學院地理研究所編，商務印書館出版）有文章介紹“珠江三角洲”。下面摘録自然地理方面有關内容，以供討論：

1. “珠江三角洲，位于廣東省的中部，面臨南海，是西江、北江和東江三角洲的總稱。”“總面積一萬一千平方公里左右。”

此條件與《海内經》“都廣之野”“其城（域）方三百里”之叙述相合，它是一個濱海的衝積大平原。也與“建木之下，日中無影，呼而無響”之“呼而無響”的條件相合，它在廣東省中部，即在越南東北，與“都廣”在“反户”（北户）之説相合。

2. “珠江三角洲位于北回歸綫以南”。故每年“夏至”前後，有“日中無影”的自然現象發生。這與“建木之下，日中無影，呼而無響，蓋天地之中也”相合。

3. 珠江三角洲“熱量充足，年平均是在攝氏二十一度至二十三度之間”，“最熱月平均温度在攝氏二十八度以上，最冷月平均温度由北部的攝氏十三度向南增至攝氏十五度，大于等于攝氏十度的連續積温達攝氏七千度到七千二百度，持續達三百天左右，農作物全年都可生長”。

這與《海内經》説的“都廣之野”“百穀自生”“草木所聚”“此草也，冬夏不死”相合。珠江三角洲具備此一條件。

4. “珠江三角洲，農業生産以水稻爲主。一般都是雙季連作稻。”這與《海内經》“都廣之野”“百穀自生，冬夏播琴（種）”相合[①]。此事記于《海内

① 《初學記》卷二十引漢楊孚《異物志》記西漢時代的交址，水稻“歲冬夏再種”，即此意也。

經》，表明我國南方先民在先秦時代，已有一年兩作“冬夏播種”的種植技術了，這是令人震撼之事。

5. 鳳鸞二鳥，其實即“孔雀”在古代的異稱（略加神話想象的描述），包括珠江三角洲在内的嶺南地區，在古代野生孔雀是很多的。直到南宋，尚有一些文獻記載這一地區，山野溪谷野生孔雀成群。因此，《海内經》記“都廣之野”“鸞鳥自歌，鳳鳥自舞”也與此地古代自然生態相合。

總之，“都廣之野”在楚之南，越南（北户）之北，且僅在北回歸綫以南地區。此一地區，爲廣東、廣西南部地帶。而這一地帶中，“其域方三百里”的平原，只有珠江三角洲具有此條件。故“都廣之野”即今之“珠江三角洲”的論斷，應當是有根據的推論，比之舊説更爲合理的。

四、“都廣之野”之“膏菽、膏稻、膏黍、膏稷”爲壯侗語詞彙

徐松石先生在 1941 年出版的《粤江流域人民史》已提出這一見解。莫俊卿在《試論古越人與壯侗語族諸民族的淵源關係》（《百越史研究》61－62 頁）一文中，加以發揮論證。其言曰：

“《説文·禾部》‘秏’字注引‘伊尹曰：飯之美者，玄山之禾，南海之秏’。解字曰：‘秏，稻屬。從禾，毛聲。呼倒切。’《康熙字典》引《集韵》《正韵》作秏，虞倒切。備‘蒿’，去聲。《韵補》通作秏。把稻米和米飯讀成作爲‘秏’或‘蒿’的，漢族從來没有，苗瑶語也没有，惟有壯侗語族各民族的語言幾乎一致把飯稱爲‘秏’‘餱’或‘蒿’‘考’。”

“《山海經·海内經》載：‘都廣之野’，‘爰有膏菽、膏稻、膏黍、膏稷，百穀自生，冬夏播琴’。其中‘膏’讀‘KO^{3}’或‘Ko^{3}’。與伊尹所説的‘秏’字同音。乃古越人的植物量詞，或稻米的總稱。那麼‘膏菽、膏稻、膏黍、膏稷’就是菽米、稻米、黍米、稷米的意思。”

今按：莫俊卿之説是也。從聲韵來説“秏”與“膏”，曉見旁紐，宵部叠韵，正一聲之轉。從毛得聲與從高得聲之字，相互通借之例，如：蒿與芼通。（《楚辭·大招》：“吴酸蒿蔞，不沾薄只。”《考異》：“蒿蔞一作芼蔞。”）又藃與秏通。（《周禮·考工記》“輪人則轂雖敝不藃”，鄭玄注：“鄭司農云：藃當作秏。”）《江陵鳳凰山十號漢墓簡牘初釋》引 81 號簡文：“市陽租五十三石三斗

六升半。其六石一斗當桌物。……其一石一斗二升當秏。"可證"秏"爲當時楚地糧食品種之一名，可與《説文》互證也。

今壯侗語系構詞之一法是概括名詞在前，具體名詞在後，與漢語構詞法相反。"果"爲概括名詞"芒"爲具體果實名詞。漢語構詞爲"芒果"，壯泰語構詞爲"果芒"。《海内經》"都廣之野"的"膏菽、膏稻、膏黍、膏稷"，正是把概括名詞"膏"（糧穀）置放具體糧穀名詞"菽、稻、黍、稷"之前。這正是壯侗語族（也是古越人音族）的構詞特徵。

五、"都廣"作爲地名，爲壯侗語（即古越語）之漢字對寫

莫俊卿又謂："隋唐時期俚僚人聚居的蒼梧、郁林、合浦、寧浦、高凉等郡名，多數均出自俚僚人的語言。"例如唐代韋丹爲容州（今廣西容縣）經略使，設屯田二十四所。其中六謀、六居、六九、六雲、六奎、六高、六槐、六利、都泊、羅勃、羅權、羅蓋等所。新興縣有羅陳山、四會縣有羅湖鋪、陽春縣有羅銀、德慶有羅矛、封川有羅練、開建有羅求、電白有羅笠。仗宜有羅馬嶺，廉州有都并縣，服德有都寧山。郁寧巡檢司，雲浮有都騎圩，廣東境内還有都羅縣等。

所有這些用"六"、"羅"（意思是鳥或洞場）、"都"（動物或人物的量詞）作爲詞冠的地名，都帶有壯侗語言的含義。如："羅辯"意爲"野鴨"，"六九"意爲"猫頭鷹"，"都羅"意爲鳥類，"都并"意爲鴨（類），"都寧"就是寧氏[①]的居地等。（同書157－158頁）

據此，我們知道"都"作爲地名詞冠，有"動物或人物量詞"的意義（在漢語作爲"人物的量詞"，有宗、族等字）。而"都寧"之名，其意爲"寧人的居住地"。那麽"都廣"作爲地名，其壯侗語（亦即古越語）的意義當是：廣人居住地或廣族居住地矣。

"都廣"在壯侗語（亦即古越語）中，其意義爲"廣人（族）居住地"。那麽此"廣人（族）"是哪一族屬呢？竊以爲此"廣"作爲族稱，即"西甌"之"甌"族之異寫。廣與甌，見影鄰紐，陽侯旁對轉，當爲一聲之轉。秦漢以後以廣、粵稱呼嶺南地區。蓋即因其爲"廣"（甌）人所居之地之故耶！

① 隋唐時期，"盃越、合浦、郁林一帶的烏武僚以寧氏爲首領"。（同書156－157頁）

六、爲“都廣之野”“素女所出也”之“素女”進一解

《海内經》云：“都廣之野”，“其城（域）方三百里，蓋天下之中，素女所出也”。

郝懿行謂：“素女者，徐鍇《説文繫傳》云：‘黄帝使素女鼓五十弦琴，黄帝悲，乃分之爲二十五弦。’今案：黄帝《史記·封禪書》作大帝，《風俗通》亦云：‘《黄帝書》“泰帝使素女鼓瑟而悲，帝禁不止”云云，然則素女蓋古之神女，出此野中也。’”

袁珂注則謂：“楊慎云：素女在青城天穀，今名玉女洞。”亦可存以參考。

郭郛注則謂：“素女即西陵女”，“善養蠶而特名嫘祖”。

今按：“素女”一詞，在古文獻有幾種解釋，哪一種解釋合乎此條經文所述之意呢？我以爲，根據上文所討論，我們知道“都廣之野”在珠江三角洲，生活于其地之“廣”人，好古文獻所載“西甌”之越人，即現壯侗族的先民。壯侗族之婦女善歌。壯族歌仙劉三姐的傳説，在唐代已有文獻記載，聞名天下。現今每年“三月三”的“歌圩”大會，成千上萬青年男女互相唱和，成爲盛大節日。侗族婦女多聲部無伴奏大合唱的“侗族大歌”，走向世界，震撼音樂界。這再一表明壯侗先民的婦女以善于歌唱①而名揚海内外，故有“都廣之野”“素女所出”的記述。

《中文大辭典》“素女”條下有云：“善歌聲者。”《楚辭·九懷·昭世》“聞素女兮微歌”，王逸注：“神女嘔吟有依違也。”揚雄《太玄賦》：“聽素女之清聲兮。”

照《中文大辭典》所引文獻，則“素女”正是“善于歌吟”之“神女”。“都廣之野”，“素女所出”是壯侗族先民歌仙劉三姐傳説的起源。這一解釋，作者認爲比較合乎事理，所以提出來供方家指正。

2016 年 5 月 4 日寫于幹療院

2018 年 2 月 17 日終審于幹部療養院

---

① 《中文大辭典》“峒人”條引《峒溪纖志》：“粤西有獞人者，好彈胡琴，吹六管，女善漢音楚歌。”

附録：據《山海經》的記述后稷之葬有三處

1.《西次三經》："西望大澤，后稷所潛也。"郭璞注："后稷生而靈智，及其終化形遁此澤而爲之神，亦猶傅説騎箕尾也。"

2.《海内經》："有都廣之野，后稷葬焉。"郭璞注："其城方三百里，蓋天下之中，素女所出也。"《離騷》："絶都廣野而直指號。"（注意：郭璞之注只説"都廣之野"，于"后稷之所葬也"無注，當是由于《海内西經》在《海内經》之前已經作注之故。）

3.《海内西經》："后稷之葬，山水環之，在氐國西。"郭璞注："在都廣之野。"（《淮南子·墬形訓》："后稷壟在建木西，其人死復蘇，其半魚，在其間。"）

4.《海内西經》："流黄酆氏之國，中方三百里，有塗四方，中有山，在后稷葬西。"

按：《海内經》："有國，名流黄辛氏，其域中方三百里，其出是麈土。有巴遂山。澠（《水經注·若水》引此作繩）水出焉。"

5.《海内南經》："氐人國，在建木西。其爲人，人面而魚身，無足。"

今按：郭璞《海内西經》"后稷之葬……在氐國西"之注"在廣都之野"，是錯誤的。因爲"建木在都廣"，所以"都廣之野，后稷葬焉"的后稷處即在"建木"之處。

而《海内西經》"山水環之"的"后稷之葬"在"氐國西"，《海内南經》則記述"氐人國，在建木西"是此后稷之葬，遠在"建木"之西，與都廣之野的"后稷之葬"，異地矣。

總之，《山海經》所記后稷葬處有三：一爲《西次三經》"西望大澤，后稷所潛也"的"稷澤"（大體在今新疆天山南麓之某一大湖澤）。二爲《海内經》"都廣之野""后稷葬焉"（大體上在今廣東珠江三角洲）。三爲《海内西經》"在氐國西"之"后稷之葬"（大體在今川康之間地帶）。

古聖帝明王墓葬在多處的原因，在其同族子孫之遷徙，遷到新地立國立家就地建祖先、冢墓、祠廟以祀之。由此看來，戰國中後期，周族先民，西遷新疆、南下廣東不僅是事實，且形成記載了。

《山海經》中關于長壽地區和人民的記載

1.《海内經》:“流沙之東，黑水之間，有山名不死之山。”郭注:“即員丘也。”員丘山上有不死樹，食之乃壽。見《海外南經》“不死民”節。

2.《大荒南經》:“有不死之國，阿姓，甘木是食。”郭璞注:“甘木即不死樹，食之不老。”袁注:“不死之國，即不死民。”(見《海外南經》)不死樹在昆侖山上(見《海内西經》)。

3.《海外南經》:“不死民在其(交脛國)東。其爲人黑色，壽(考)不死。一曰在穿匈國東。”袁注:案《楚辭·遠游》:“仍羽人于丹丘兮，留不死之舊鄉。”王逸注舉《山海經》有“羽人之國”,“不死之國”以爲即此。其實非也。(?)……至此經之所謂羽人國、不死民則殊方之族類，有其異形、異禀而已。屈原《天問》“何所不死”,王逸注引《括地象》云:“有不死之國”。《淮南子·時則篇》:有不死之野。《吕氏春秋·求人篇》均以“不死”爲説。

郭注:“有員丘山，上有不死樹，食之乃壽，亦有赤泉，飲之不老。”陶潛《讀山海經》詩:“自古皆有没，何人得靈長!不死復不老，萬歲如平常。赤泉給我飲，員丘足我糧。方與三辰游，壽考豈渠央。”

4.《海内西經》:“(昆侖)開明北有……不死樹……”郭注:“言長生也”。袁注:《文選·思玄賦》李善注引此經云:“昆侖開明北有不死樹。食之長壽。”又引郭注:“言長生也。”《吕氏春秋·本味篇》云:“菜之美者，壽木之華。”高誘注云:“壽木，昆侖山上木也。華，實也;食其實者不死，故曰壽木。”《淮南子·墬形訓》亦云:“不死樹在其(昆侖)西。”

5.《海外南經》:“羿與鑿齒戰于壽華之野，羿射殺之，在昆侖虚東。”袁注:《淮南子·東經訓》作疇華。高誘注:“南于澤名。”今按:此“壽華”即《吕氏春秋·本味篇》“菜之美者，壽木之華”。此壽木即“不死民”所食之

“甘木”，壽木之華即“甘木之華”。從其味曰甘，從其效曰壽。壽華之野，即甘木開華之野，正在南方。

6.《海外西經》：“軒轅之國在［此］窮山之際，其不壽者八百歲。在女子國北。人面蛇身，尾交首上。”

袁注：案《大荒西經》云：“有黝黑之國，江山之南栖爲吉。不壽者乃八百歲。”《西次三經》有黄帝之丘。郭注云：黄帝居此，即此是也。

郭璞注：“其國在山南邊也。（據此可證經文‘際’字及‘陽’字之訛。）《大荒經》曰：岷山之南。”郝注：“《大荒西經》説軒轅之國，江山之南。此云：岷山者，以大江出岷山故也。”

7.《大荒西經》：“有軒轅之國，江山之南栖爲吉，不壽者乃八百歲。”郭注：“其人人面蛇身。”又注：“即窮山之際也。山居爲栖，吉者言無凶夭。”又注：“壽者數千歲。”

以上材料，《山海經》記述了全國三大長壽地區。即：

1. 不死之國（《大荒南經》），不死民（《海外東經》）。其地域在今之廣西。（在“交脛國”東。“交脛”，即“交趾”。漢于其地置交趾郡，在今越南北部之地。）據《楚辭·遠游》，其地在楚國之南。及其他材料，皆可證其地在今之廣西。

2. 不死樹（《海内西經》），不死之山（《海内經》）。其地域在今之新疆。（“不死樹”在開明之北，而開明獸在昆侖。“不死之山”在流沙之東、黑水之間。而昆侖周有流沙。又昆侖出黑水。）因爲經文之“昆侖”在西北者，大體爲新疆天山南坡地區也。

3. 黝黑之國（《海外西經》《大荒西經》）。其地在“窮山之際”或“江山之南”。郭注以爲即“岷山之南”。其地在今四川灌縣大面山、青城山及其以南地區。（《禹貢·梁州》：“岷山導江，東别爲沱。”導江爲沱之處爲今灌縣導江鋪金馬河東岸。故“岷山”當即在此附近之大面山。岷山，又名大岷山，音變爲大面山（又名趙公山），當即最初之岷山。青城山爲“岷山第一峰”，即岷山之一部分。以長壽著稱，其地古有老人村。“老人村，在四川省灌縣西南之青城山中，其地之溪多枸杞根，士人飲其水皆長壽，故名其村曰老人村。”《輿地記》：“縣青城山有老人村，溪多枸杞根，飲其水故壽。”蘇東坡《仇池筆記》亦有記載。）

何以“岷山之陽”有“軒轅之國”？

《史記·五帝本紀》:“嫘祖爲黄帝正妃,生二子,其後皆有天下。其一曰玄囂,是爲青陽,青陽降居江水。其二曰昌意,降居若水。”是黄帝之子孫,有一支“降居江水”。則江水所出之“岷山”之南,有“軒轅之國”,合于事理矣。

總之,《山海經》記全中國三個長壽地區,與現在21世紀中國所確定五個長壽地帶中的三個長壽地區完全相合,這是令人震驚的。

《人民日報》2016年3月2日第10版《廣西長壽之鄉爲何多》一文中,謂:

“我國五大長壽地帶:廣西巴馬—都安—東蘭;廣東三水—佛山;四川都江堰(即灌縣)—彭山;雲南路西—孟海—景洪;新疆阿克陶—阿克蘇—吐魯番。”

其中廣西、四川、新疆三大長壽地帶正與《山海經》所記相合!

《山海經》所記長壽之鄉又以“不死國”“不死之民”之廣西地帶爲重點。而中國老年學和老年醫學工會近年評選出的全國23個中國長壽之鄉中,廣西占34%,數量居全國首位。

在1991年,廣西拉馬瑶族自治縣被日本國際自然醫學會確認爲世界第五長壽之鄉,也可證實《山海經》所記非妄言也。

2016年4月1日于幹療院

2018年2月19日終審于幹部療養院

生态周刊 10　2016年3月26日　星期六

绿色家园

多地百岁老人占比超过国际公认的长寿地区标准

广西长寿之乡为何多

本报记者　庞革平

前不久，广西象州县被中国老年学和老年医学学会评为“中国长寿之乡”，这是广西第二十五个。在目前该学会评选出的全国73个“中国长寿之乡”中，广西占34%，数量居全国首位。

广西长寿之乡为何特别多？本报记者近日进行了调查采访。

右图：山清水秀的富川县城。　　资料图片

长寿之乡生态环境得天独厚

巴马、永福、昭平、金秀、宜州、凌云、[illegible]——记者考察广西这25个“中国长寿之乡”，发现它们都具备得天独厚的生态环境，这为当地人的健康长寿创造了良好的自然条件。

位于广西东北部的贺州市，233万人口中，百岁老人高达474位，百岁老人占户籍总人口的比例为20.3/10万人，远远超过国际公认的长寿地区标准7.5/10万人。贺州市的昭平县、富川瑶族自治县和钟山县，均被评为“中国长寿之乡”，是全国唯一实现“中国长寿之乡”县域全覆盖的地级市。

2015年，中国科学院的科研团队用3个月的时间，全面考察了贺州市的生态环境，系统采集、检测了空气、饮用水、耕作土壤、农特产品和百岁老人头发等环境—生物样品608件，入户调查获取了90位百岁老人的个体行为、生活方式、膳食结构、健康状况等信息，并对这些信息进行研究，形成了“长寿贺州”调查研究报告。

报告表明，贺州市百岁老人的健康长寿，与良好的环境紧密相关。贺州市位于南岭山地向两广丘陵过渡的斜坡地带，自然景观类型多样，气候条件优越，森林覆盖率高达72.85%，大气环境质量优良，监测期间，空气质量达到“优”或“良”的点位，分别占总监测点位数的[illegible]，全市空气负离子平均含量为3489个/立方厘米，92%的监测点位空气清洁度指数达到“最清新”或“清洁”等级。与此同时，贺州市饮用水水质优良，富含生命必需常量元素和矿物质营养素。

在同样拥有“中国长寿之乡”美誉的金秀瑶族自治县，森林覆盖率高达82.8%，全年平均气温为17摄氏度，气候宜人，空气清新，负氧离子含量高。

与越南接壤的龙州县成为“中国长寿之乡”，同样得益于当地优美怡人的人居环境——四季如春，雨量充沛，日照充足，年平均气温为21.5℃。境内青山碧水，植被良好，地下水资源十分丰富。全县居民饮用水质达到国家Ⅱ类标准，大多呈弱碱性，非常有益健康。

“人的长寿与所处的环境十分相关，”中国老年学和老年医学学会常务副会长赵宝华强调。

我国五大长寿地带均是富硒地区

长期从事环境与健康研究的中国科学院地理研究所研究员王五一说，从气候条件来说，中国的长寿地区大多海拔高度适中，气候宜人，冬无严寒，夏无酷暑。同时，有关专家调查发现，凡是长寿地区其土壤和食物中必然含有较丰富的硒元素。我国五大长寿地带广西巴马—都安—东兰、广东三水—佛山、四川都江堰—彭山、云南澜沧—勐海—景洪、新疆阿克陶—阿克苏—吐鲁番，均是富硒地区。

硒是人体必需的微量元素，具有抗氧化、抗衰老等功能。世界营养学家、生物化学协会主席巴博亚罗拉说：“硒是延长寿命最重要的矿物质营养素，体现在它对人体的全面保护，我们不应该在生病时才想到它。”

我国2/3的国土面积缺硒，72%的人口生活在缺硒地区。广西土肥站副站长树礼新介绍，广西有丰富的富硒土壤资源，南宁、河池、北海、钦州、贵港的富硒土壤面积达2.1万多平方公里，是目前中国区域地球化学调查工作圈定出的最大面积连片富硒土壤。

广西土肥站富硒办主任阳继辉说，经过多年调查检测发现，广西“中国长寿之乡”特别多与硒息息相关。此前，中国科学院、广西地矿局、环保局、农业厅等多个部门，曾对巴马等多个“中国长寿之乡”进行调查研究，结果发现在空气、水资源等自然环境相同的情况下，这些地方长寿老人特别多的重要原因，就是土壤和食物中的硒含量高。其中，巴马瑶族自治县的土壤和谷物中硒含量，是全国平均水平的10倍以上；永福县土壤中硒含量为每公斤1.1毫克，为全国平均值的3.8倍，均达到富硒土壤的标准。

此外，多项研究证明，百岁老人的健康长寿，与良好的生活习惯以及乐观的心态紧密相关。中国科学院的“长寿贺州”研究报告指出，“起居有常、生活有序、饮食有节、心态平和、乐观向上”，是百岁老人的基本特征；这些百岁老人饮食清淡，无烟少酒好茶。

除了日常生活方式健康外，尊老爱老的社会氛围，也是老人增福添寿的重要因素。等底市委书记[illegible]介绍，古代二十四孝子之一的丁兰就出自当地，网上留言为尊老孝亲百岁老人与世间爱戴的牌坊至今犹存，尊老敬老的风气源远流长，深入人心。此外，政府出台了部分公共服务免费、发放生活补助等多项扶持老人的政策，让老人病有所医、老有所养、住有所居、乐享天年。

打“长寿牌”要注意保护环境、差异化发展

80岁很正常，90岁不稀罕，100岁精神爽——这是贺州市富川瑶族自治县长寿状况的真实写照。全县12个乡镇均有百岁老人，2012—2014年百岁老人数量持续增长，分别为37人、40人、51人。

富川县位于广西东北部的桂、粤、湘三省（区）交汇处，长期以来，富川把湘楚粤越饮食风格与当地的饮食习惯相融合，形成了自己独特的瑶族饮食文化。富川还以当地生态绿色农产品为食材，推出长寿宴、长寿食谱，包括糕类、粥品、糕点等1000余种食物，倡导健康饮食生活方式。

富川县对于长寿饮食文化的开发，是贺州市打造长寿品牌的一个缩影。贺州市委书记赵德明表示，贺州正全力打造“生态贺州 长寿胜地”健康养老品牌，积极开发养生养老产业，开发功能完善的养老服务产品，构建养老服务支撑网络，以此吸引粤港澳及周边省区的高端人群前来休闲养老，建设国内知名的颐养胜地。

依托“中国长寿之乡”的品牌，桂林市恭城瑶族自治县正在发展油茶加工和相关的有机农产品产业，帮助农民增收。天峨县深入挖掘有助于长寿的资源和元素，研发具有独特性、实用性的长寿产品。龙州县充分利用良好的生态环境，将生态文明建设和发展旅游文化产业结合，协调推进。

事实上，对许多地区尤其是欠发达地区而言，“中国长寿之乡”品牌可以增加农产品的“附加值”，为食品产业、旅游产业、养老产业、房地产业、休闲文化产业和健康产业等提供新的发展机遇。

广西社科院民族研究所所长赵明龙说，一些经济欠发达地区之所以热衷打“长寿牌”，与当地经济发展的客观条件有很大关系。在其他资源匮乏的情况下，发展养生健康、旅游休闲等产业来脱贫致富，就显得顺理成章了。

1991年，巴马瑶族自治县被日本国际自然医学会确认为世界第五个长寿之乡，成为国内众多长寿养生爱好者追捧的圣地。但是，近年来巴马发展中也暴露出一些问题。“不仅是巴马，其他地方也有这样的问题，”赵宝华认为，利用长寿品牌，生态环境搞旅游，肯定是一条富农之路，但蜂拥而来的游客给当地水质、生态带来的负面影响，也是显而易见的。

赵明龙提醒，那些热衷冠名长寿之乡的地方欲两不要把长寿给全变了。想通过这块牌子来发展旅游，带动经济发展，初衷很好，但是旅游经济，最讲究差异化发展。如果每个县都打长寿旅游牌，谁还能像巴马那样脱颖而出？

古文字研究札記

姜姓以“折獄神羊”爲圖騰説

《説文》：“姓，人所生也。古之神聖母，感天而生子，故稱天子。從女、從生，生亦聲。《春秋傳》曰：‘天子因生以賜姓。’”

原始時代，古人知母不知父。因圖騰信仰，以所信“圖騰”爲自己的父親，即“人所由生”。故以“圖騰”爲所屬氏族的名號。亦即此氏族之“姓”。

《論衡·詰術》：“古者因生以賜姓，因其所生賜之姓也。若夏吞薏苡而生，則姓苡氏。商吞燕子而生，則姓爲子氏。周履大人迹，則姬氏。”

“姜”姓的得名，《國語·晉語》：“司空季子曰……昔少典娶于有蟜氏，生黄帝、炎帝。黄帝以姬水成，炎帝以姜水成。成而異德，故黄帝爲姬，炎帝爲姜。”①

《説文》：“姜，神農居姜水以爲姓，從女，羊聲。”（漢代學者對古史進行綜合整理，把古代不同人物，合爲一人。如合大皞與伏羲爲大皞伏羲氏。合炎帝、神農爲一人，而曰炎帝神農氏。許遂以“神農”爲炎帝之號。）

准“苡”由圖騰“薏苡”得名，“子”由圖騰“燕子（卵）”得名，“姬”由圖騰“臣”（跽之初文，足迹也）等例，則“姜”當由圖騰“羊”得名。今之學者，多同此説。

那麽“姜”姓得姓之圖騰羊，是何種羊呢？竊以爲此即“折獄神羊”。其説如下。

---

① 所謂黄帝以居姬水而姓姬，炎帝以居姜水而姓姜。其實是姓姬之黄帝居此水，水遂有姬水之名。姓姜之炎帝居此水，此水遂被姜水之號。

一、“姜”姓爲“岳神”所降生，是“四岳”或“太岳”的後裔

關于“姜”姓所出，有如下記述：

“炎帝爲火師，姜姓其後也。”（《左傳・哀公九年》）

“周史曰：姜，大岳之後也。山岳則配天，物莫能兩大。”（《左傳・莊公二十二年》）

“鄭伯曰：‘夫許，大岳之胤也。’”（《左傳・隱公十一年》）

“（姜氏戎子駒曰：）謂我諸戎，是四岳之裔胄也。”（《左傳・襄公十四年》）

“（太子晉曰：）‘共工……欲壅防百川……共工用滅。……伯禹（治水）……共（工）之從孫四岳佐之。……皇天嘉之……祚四岳國，命以侯伯，賜姓曰姜，氏曰有吕。’”（《國語・周語下》）

“（史伯曰：）姜，伯夷之後也。嬴，伯翳之後也。伯夷能禮于神以佐堯者也。”（《國語・鄭語》）

“四岳”（或作“四嶽”）又見《書・堯典》“帝曰：諮！四岳”“覲四岳群牧”“詢于四岳”“舜曰：諮四岳”。各注疏家皆以爲官職名。各説不一。以主管四方諸侯的“方伯”（《國語》韋注）最可信。（“覲四岳群牧”，以四岳在群牧之前，可證韋解。）但“四岳”是一人或四人，在《堯典》本文中，即有矛盾之處。如：“帝曰，諮！四岳，湯湯洪水……有能俾義？僉曰：‘于！鯀哉。’”既爲“僉曰”（皆也，一致也），則“四岳”是幾個人（如四人）①。而“帝曰：諮！四岳，朕在位七十載，汝能庸命，巽帝位”，岳曰“否德，忝帝位”。堯欲傳位于“四岳”，此“四岳”又似爲一人，故對話者爲“岳曰”，而不是“僉曰”。

如據上引《左傳》《國語》之文，則“祚四岳國，命以侯伯，賜姓曰姜，氏曰有吕”。姜姓是“祚四岳國”時所賜，而“姜，太岳之後也”，則“四岳”

---

① 《國語・周語下》：“（禹治水，共之從孫四岳佐之）：皇天嘉之，祚以天下，賜姓曰姒，氏曰有夏。……祚四岳國，命以侯伯（韋注：命爲侯伯，使長諸侯也），賜姓曰姜（韋注：姜，四岳之先，炎帝之姓也。炎帝世衰，其後變易，至四夷有德，帝復賜之祖姓，使紹炎帝之後），氏曰有吕。……此一王四伯，豈緊多寵，皆亡王之後也。”韋注：“一王，謂禹。四伯，謂四岳也。爲四岳伯，故稱四伯。”韋注以“四伯”爲“四岳伯”之簡稱，指一官職。恐不合原文之意。此“四伯”與“一王”并列，當爲“四”個“伯”，即“四方侯伯”，是太子晉以“四岳”爲“四人”矣。

與“太岳”爲一人。而“姜，伯夷之後也”，則伯夷與太岳、四岳又似一人之異名。

儘管有以上歧異之處。但姜性明德，爲“四岳”或“太岳”之官則是此姓族之特點。

《國語・周語》“齊、許、申、吕由太姜”，韋昭注：“四國皆姜姓也，四岳之後。”

《詩・大雅・嵩高》：“崧高維岳，峻極于天。維岳降神，生甫（吕）及申。”毛傳：“崧，高貌。山大而高曰崧。岳，四岳也。東岳岱，南岳衡，西岳華，北岳恒。堯之時，姜氏爲四伯，掌四岳之祀，述諸侯之職于周，則有甫、有申、有齊、有許也。峻，大。極，致也。岳降神靈，和氣以生，申甫之大功。”《禮記・孔子閑居》引此詩。鄭玄注云：“言周道將興，五岳爲之生賢輔佐。”

在這裏，姜姓的明德如吕（甫）、如申，皆是“岳神”降臨而生的。换句話説，岳之神靈下降而生姜姓明德。也就是説“岳神”是姜姓所由生的始祖的來源。

“姜”字從女，羊聲，表示他們是“羊圖騰”的後代。他們又是“唯岳降神”所生的人民。那麽姜姓的“羊圖騰”與嶽山之神靈是何關係呢？

二、獄是“折獄”（審核、判决），岳是“折獄”之山

《説文》：“獄，确也，從㹜，從言。二犬所以守也。”段注：獄字從㹜者，取相争之意。“許云所以守者，謂陛牢拘罪之處也。”按：段説是也。《獨斷》：“唐、虞曰士官，夏曰均臺，殷曰牖里，周曰囹圄，漢曰獄。”是先秦以“獄”爲“确也”即“審判”。秦、漢以來始以爲“監獄”字。

“獄”訓“确”，何義？《釋名》：“獄，确了。實确人之情訛也。”（即做出争訟之事“人之情訛”的判斷。）今曰“确定”。《春秋・元命苞》：“獄者，核确也。”（即對争訟之事作出核實之。）今曰“确實”。

總之，獄字從㹜，（《説文》：“㹜，兩犬相嚙也。”）“取相争之意”，謂争訟兩造互相攻訐之事也。從言，謂做出确實、确定之結論也。即以“言”做出“㹜”争之判决。所謂“片言折獄”，即此之謂矣。

“岳”字何義？《説文》：“嶽，東岱，南霍，西華，北恒，中泰室。王者之

所以巡狩所至。從山，獄聲。古文，象高形。”又侯馬盟書、温縣盟書甲文卜辭之“”當釋“嶽”即“岳”。

魏克彬[①]謂：侯馬盟書是晉國卿大夫趙氏家族進行盟誓的遺物，温縣盟書是晉國卿大夫韓氏家族進行盟誓的遺物。

盟書基本格式爲四個組成部分。如：

1. 參盟人的名字（有時還包括其他内容）。

2. 對參盟人未來行爲的規定。

3. 對監其盟誓的神的召唤。

4. 自詛。即毀盟的後果（要受到被所召唤之神報告的懲罰）。例：温縣盟書 WTIKI－3802：

十五年十二月乙未朔辛酉。自今以往，喬敢不□焉中心子其主，而敢與賊爲徒者丕顯 X 公大冢。

諦極視汝靡夷彼氏。

此“丕顯 X 公大冢”，温縣盟書每一類幾乎在這一部分都用同樣稱呼。或省“丕顯”，或省“大冢”，或稱“皇郡 X 公”。侯馬盟書亦稱爲：“丕顯 X 公大冢。”

“X”字在侯馬盟書與温縣盟書中字形，主要爲：

1. 　2. 　3. 　4. 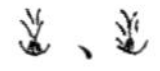　5. 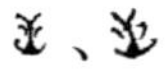

6. 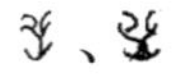　7. 　8. 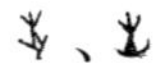　9. 

在拍攝過的四千多片温縣盟書中，有四片在 X 的位置用了一個不同的字（均出自 WTIK14），四片爲同一人所寫。都用“丕顯 X 公大冢”的説法。此四字爲：

此字應即“獄”字，故知“X 公”之“X”當釋“岳”字。《説文》岳字古文作“獄”，華嶽碑作，與“X 公”之“X”字形相近。（過去有釋此字爲“頃”、爲“晉”，皆不確。）“丕顯後周（獄）公大冢”之“大冢”即“大山”。（《史記・封禪書》：“自華以西，名山七，名川四……而四大冢鴻、岐、吴、岳皆有嘗禾。”）

“岳”山，在何處。屈萬里《岳義稽古》：“在先秦典籍中所見單獨岳字，

① 魏克彬：《侯馬與温縣盟書中的“岳公”》，《文物》2010 年第 10 期。

除《山海經之岳》外，只有霍山和岍山，而霍山叫作岳較早，岍山叫作岳則較晚。”霍山又名太岳山，位置在侯馬以北約一百公里。《國語・齊語》記齊桓公“南城于周，反胙于絳。嶽濱諸侯莫敢不來服，而大朝諸侯于陽穀”。乃指齊桓西征功績。所舉地方，多在晉之西南部一帶。而“太岳”正在晉國之西南部，“嶽濱”必然是“太岳”無疑。而《管子・小匡》記同一事件作“成周反胙于隆嶽，荆州諸侯莫不來服”。“隆嶽”即“絳岳”，亦即霍山、“太岳”①。

“岳”何以稱“公”?《禮記・王制》:“天子祭天下名山大川：五嶽視三公，四瀆視諸侯。”故“丕顯岳公大冢”，正是晉國對霍山二神的稱呼了。

（按：此又爲甲文之“岳”，當即晉地之“太岳”提供了旁證。因“太岳”距殷都安陽最近也。）

爲什麽“王者巡狩所至”之山叫“岳”?《白虎通・巡狩》:“岳之爲言捔也，捔，功德也。”《風俗通・山澤》:“岳者，捔功考德，黜陟幽明也。”這就是説：王者巡狩所至之山之所以名“岳”，是因爲王者在這裏要朝見此方諸侯（即“天子適諸侯，曰巡狩，巡狩者，巡所守也”（《孟子・梁惠王下》））。并且在這裏檢查工作，考核諸侯的功德與過失，然後“黜陟幽明”，即“賞善罰惡”。對諸侯的工作進行“審核”（確實之），對諸侯間之争訟進行“審判”（確定之），所以這座山也就名爲“岳”了。

天子巡狩四方，爲什麽只到“四岳”?《尚書大傳》説：“巡，猶循也；狩，猶守也，循行守視之辭，亦不可國至人見爲煩擾，故至四岳知四方之政而已。”

“岳”是對各方諸侯政績“審核”“審判”之山。而“姜”姓明德，擔任管理“四岳”之重任。

“岳”神所降，即生姜姓諸明德。所以姜姓明德，秉岳神之性，而善于“折獄”。不僅是“四岳”的管理者，而且是“司法”的大官的擔任者。

《書・吕刑》:“皇帝清問下民……乃命三後，恤功于民。伯夷降典，折民惟刑。禹平水土，主名山川。稷降播種，農殖嘉穀。”

“伯夷”所司爲“降典，折民惟刑”，有兩種解釋：

一種認爲：伯夷是禮官，所降之“典”是“典禮”。如：

《尚書大傳》謂：“《書》曰：‘伯夷降典，折民以刑。’謂有禮然後有刑

---

① 《逸周書・安邑》:“我南望過于三塗，北望過于岳鄙，顧瞻過于有河，宛瞻丘于伊洛。”以“岳鄙”爲河北行南麓地帶。是“岳”有山西，亦指霍山、“太岳”矣。

也。”孔傳則釋爲：“伯夷下典禮教民而斷以法。”蔡傳則解爲：“伯夷降天、地、人之三禮，以折民之邪妄。”蘇氏曰：“失禮則入刑，禮刑一物也。”

這種以“伯夷”爲禮官，非刑官。大概是根據《堯典》所記帝舜命官。“俞，諮！伯（夷），汝作秩宗。夙夜惟寅，直哉惟清。”《國語·鄭語》載：“（史伯曰：）姜，伯夷之後也。嬴，伯翳之後也。伯夷能禮于神以佐堯者也。”

另一種則認爲“伯夷降典，折民惟刑”正表明伯夷所降是“刑典”，伯夷此時爲刑官而非禮官。皮錫瑞《今文尚書考證》謂：“《世本》曰：‘伯夷作五刑’，是伯夷有作刑之事，伯夷典禮而兼作刑，所謂出于禮者入于刑也。”又案：“《白虎通·王者不臣》以伯夷爲老臣，則伯夷作五刑，或在皋陶之先。《甫刑》所以言伯夷，不及皋陶歟！”

顧頡剛《讀書筆記》（第二卷583頁）謂：“看《吕刑》，掌刑罰的應該是伯夷。”“《吕刑》不言皋陶，可知當時皋陶的傳説，尚未成立。”

按：皮錫瑞、顧頡剛之説，更合理些。這是因爲《吕刑》下文有云：“今爾何監？非時（是）伯夷播刑之迪？”即是説“伯夷”是“播刑”者。亦即刑獄之官矣。此其一。在《堯典》述堯老舜攝政之迹有“象以典型，流宥五刑”。而堯崩，舜繼帝位，命官有以“伯夷”作“秩宗”、“皋陶”作“士”。是堯時已有“五刑”之制。先于舜時皋陶作“士”。則《吕刑》記堯時伯夷“降典”乃作“五刑”之事，與《堯典》所述相合。此其二。《書·皋陶謨》把“天叙五典”和“天秩五禮”相對、并舉。是“五典”爲“法典”而“五禮”爲“禮典”。此其三。

“伯夷”即“太岳”爲“四岳”之首。他主管岳山之事，又是作“五刑”的名德。此“姜姓明德以善于折獄”而服官行事之證據。

三、古有“神羊折獄”之傳説和事實，岳神即“神羊”

關于此問題，丁山《中國古代宗教與神話考》有一個簡潔的叙述。轉引于下：

“《説文》：‘廌，解廌獸也。似羊（各本作“似山牛”，今據《開元占經》引作“似羊”①）一角。古者决訟，令觸不直者。象形，從豸省。’又曰：‘灋，

① 徐灝段注箋謂：“或云‘似鹿’（《漢書·司馬相傳》引張揖曰‘解廌似鹿而一角’），或云‘神羊’，或云‘山牛’者（今本《説文》），蓋此獸本罕見，各擬其形似耳。”但文獻中以爲“神羊”者占多數。當從。

刑也。平之如水。從水，廌所以觸不直者去之，從去。’《論衡·是應篇》則云：‘儒者說云：觟𧣾者，一角神羊也，性知有罪。皋陶治獄，其罪疑者令羊觸之，有罪則觸，無罪則不觸。斯蓋天生一角聖獸，助獄爲驗，故皋陶敬羊，起坐事之。’《續漢書·輿服志》亦云：‘法冠，一曰柱後，或謂之獬豸冠。獬豸、神羊，能別曲直，楚王嘗獲之，故以爲冠。’劉昭注引《異物志》云：‘東北荒中有獸名獬豸，一角，性忠，見人鬥，則觸不直者，聞人論則咋不正者，楚執法者所服也。’董巴《輿服志》亦曰：‘獬豸，神羊也。’”

兩周金文雖未見廌字，而從廌之灋字則數見不鮮。如：

（盂鼎）、（克鼎）、（䣄侯鼎）。

宗周之世既常見灋字，當時必已盛傳神羊觸不直的故事。《墨子·明鬼篇》引《齊春秋》云：“昔者齊莊君之臣，有所謂王里國、中里徼者……訟三年而獄不斷。齊君……乃使之人共一羊，盟齊之神社。……于是泏洫，摽羊而灑其血。讀王里國之辭既已終矣，讀中里徼之辭未半也，羊起而觸之，折其脚，祧神之而槁之，殪之盟所。”可見，春秋之世，尚有神羊決獄的事實。羊，在三代上的人民的心目中，當皆是聰明正直、公正無私、極有理智的動物，所以古人也就以羊爲美善吉祥的象徵。

知道“神羊”有“折獄”之能，那麽岳是天子巡狩“折獄”之山。岳神必然是善于折獄的“神羊”才足以當之。（按：《説文》岳字之故作“”。許氏説爲“象高形”。甲骨文有字，爲被崇拜之自然神。學者多釋爲“岳”，以爲“象山岳層巒叠嶂之形，爲岳之初文”。丁山則釋爲此字從羊（）、從山，與《説文》古文合，爲岳字。丁説爲長。在甲骨文，此字上部之，或作、。表明乃之繁體，即“羊”字之形也。故此字從山、從羊。會神羊折獄之山，故爲“岳”字之初文也。）

孔傳：“岳，太岳。在太原西南。山南曰陽。”孔疏曰：“岳即太岳也。屬河東郡。在太原西南也。”《地理志》：“河東彘縣東有霍太山。此彘縣周厲王所奔。順帝改爲永安縣。”《周禮·職方氏》：“冀州，其山鎮曰霍山。”即此太岳是也。山南見日故山南曰陽。

而《詩·大雅·崧高》“崧高維岳”，《毛傳》：“岳，四岳也。東岳岱，南岳衡，西岳華，北岳恒。堯之時，姜氏爲四伯，掌四岳之祀。述諸侯之職于周，則有甫、有申、有齊、有許也。（駿，大。極，至也。）岳降神靈和氣，以生申、甫之大功。”另一説則謂：“崧，三家詩作嵩，嵩高即嵩山，在今河南登

封縣。岳，嵩山是五岳之一。”（《詩經注析》程俊英、蔣見元）

舊解皆于《詩》義不協。

王玉哲（《夏文化研究中的幾個問題》，《夏史論叢》5頁）則謂：“《詩》言‘崧高維岳’即‘嵩高維岳’。‘岳’實指《禹貢》所述在冀州的‘岳陽’‘太岳’的‘岳’。嶽古篆作岳，二形古經傳通用。《漢書·地理志》河東郡彘下班氏注：‘霍大山在東，冀州山。’可見《詩》所歌頌的是大岳。也就是位于山西的霍太山。文獻所引經傳異文‘太岳’，又作‘大岳’‘四岳’。‘四’乃‘大’之訛。由于‘大岳’，後人訛爲‘四岳’，于是附會出岱宗等四座大山。更後，附會出‘五岳’。”

按：王説是也。“崧高維岳”，“維岳降神，生甫及申”。僅“岳”是山西霍山，即“大岳”是一座山。此山神之靈，爲“姜”姓先祖，故其後裔有甫（吕）申諸民也。

“維岳降神，生甫及申”都是“姜”姓的明德。以“羊”爲圖騰的“姜”姓族人，當然尊賦了“神羊”的德性，成爲善于“折獄”的氏族。從而在五帝時代，能世代擔任“四岳”的官職，并且是“作五刑”刑典的創制者了。

2008年7月23日完成于天迴山幹療院

商人姓“子”乃“玄鳥子”
即由“燕卵”曰“子”而得名説

《史記·殷本紀》記商人得姓之由曰：“殷契，母曰簡狄，有娀氏之女，爲帝嚳次妃。三人行浴，見玄鳥墮其卵，簡狄取吞之，因孕生契。契長而佐禹治水有功。帝舜乃命契曰：‘百姓不親，五品不訓，汝爲司徒而敬敷五教，五教在寬。’封于商，賜姓子氏。”《集解》引禮緯曰：“祖以玄鳥生子[①]也。”

玄鳥墮卵生商之説，首見于《詩·商頌》之《玄鳥》及《長髮》。

《商頌·玄鳥》云“天命玄鳥，降而生商”，毛傳：“玄鳥，鳦也。春分，玄鳥降。湯之先祖有娀氏女簡狄配高辛氏帝，帝率與之祈于郊禖而生契，故本其爲天所命，以玄鳥至而生焉。”鄭箋：“降，下也。天使鳦下而生商者，謂鳦遺卵，娀氏之女簡狄吞之而生契，爲堯司徒，有功，封商，堯知其後將興，又錫其姓焉。”《商頌·長髮》“有娀方將，帝立子生商”，毛傳：“有娀，契母也。將，大也。契生商也。”鄭箋：“帝，黑帝也。禹敷下土之時，有娀氏之國亦始廣大。有女簡狄，吞鳦卵而生契，堯封之于商，後湯王因以爲天下號，故云‘帝立子生商’。”

按：《吕氏春秋·音初篇》高誘注：“《詩》曰：‘有娀方將，立子生商。’而《列女傳·簡狄傳》引《詩》曰：‘有娀方將，立子生商。’二者合，皆無‘帝’字。”故王先謙謂：“疑魯詩本無‘帝’字。”此校可從。因《玄鳥》云“天命玄鳥，降而生商”與“帝”無涉，此《長髮》當之同也。

簡狄吞燕卵而生契，見于其他文獻者，主要有：

《史記·三代世表》：“《詩傳》曰：湯之先爲契，無父而生。契母與姊妹浴

① 與《白虎通·姓名篇》“殷姓子氏，祖以玄鳥子生也”相較，知此“生子”乃“子生”之誤例。

于玄丘水，有燕銜卵墮之，契母得，故含之，誤吞之，即生契。契生而賢，堯立爲司徒，姓之曰子氏。”

又《楚辭·天問》：“簡狄在臺，嚳何宜？玄鳥致貽，女何喜？”王逸注：“簡狄，帝嚳之妃也。玄鳥，燕也。貽，遺也。言簡狄侍帝嚳于臺上，有飛燕墮遺其卵，喜而吞之，因生契也。”又《離騷》：“望瑶台之偃蹇兮，見有娀之佚女。……鳳凰既受貽兮，恐高辛之先我。”[1]

《吕氏春秋·音初篇》：“有娀氏有二佚女，爲之九成之台，飲食必以鼓。帝令燕往視之，鳴若謚隘，二女愛而争搏之，覆以玉筐。少選，發而視之，燕遺二卵北飛，遂不反。二女作歌一，終曰‘燕燕往飛’。實始作爲北音。”高注：“天令燕降卵于有娀氏女，吞之生契。《詩》云：‘天命玄鳥，降而生商。’又曰：‘有娀方將，立子生商。’此之謂也。”

《淮南子·修務訓》高誘注：“契母有娀氏之女簡翟吞燕卵而生契，愊背而生。《詩》云‘天命玄鳥，降而生商’是也。”

《淮南子·墬形訓》：“有娀在不周之北，長女簡翟。少女建疵。”高誘注：“有娀，國名也。‘娀’讀爲‘嵩交’之‘嵩’。簡翟、建疵姊妹二人在瑶台，天使玄鳥降卵，簡翟吞之以生契。是爲玄王，殷之祖。《詩》云‘天命玄鳥，降而生商’也。”

《白虎通·姓名》：“殷姓子氏，祖以玄鳥子生也。”

又《潛夫論·五德志》：“娀簡吞燕卵，生子契。爲堯司徒，職親百姓，順五品。”

《丹鉛總録》引《詩含神霧》曰：“契母有娀，浴于玄丘之水，睇玄鳥銜卵過而墮之。契母得而吞之，遂生契。”

《易林·晉之剥》：“天命玄鳥，下生大商，造定四表，享國久長。”

《禮記·月令》：“鄭注：‘高辛氏之世，玄鳥遺卵，娀簡吞之而生契。’”

又《列女傳·簡狄》云：“契母簡狄者，有娀氏之長女也。當堯之時，與其妹娣浴于玄丘之水，有玄鳥銜卵過而墜之，五色甚好。簡狄與其妹娣競往取之。簡狄得而含之，誤而吞之，遂生契焉。……《詩》曰：‘有娀方將，立子生商。’又曰：‘天命玄鳥，降而生商。’此之謂也。”

---

① 王逸注：“有娀，國名。謂帝嚳之妃，契母簡狄也。配聖帝，生賢子。《詩》曰：‘有娀方將，帝立子生商。’”

從以上材料比較，可知：

1. 契無父而生，母簡狄吞燕卵有孕。《商頌・玄鳥》《長髮》、《史記・三代世表》引《書傳》等，皆如此説。

2. 而契有父爲帝嚳（高辛），母吞燕卵以生。則爲後出《離騷》《天問》、《史記・殷本紀》等如是説。

3. 契父帝嚳，率母簡狄“祈于高梅而生契”，“以玄鳥至而生焉”。此種説法最文明，最後出。《毛傳》即如是説。

那麼“商”人以“子”爲姓，來源若何？《白虎通・姓名》：“殷姓子氏，祖以玄鳥子生也。”應當是正確的解答。（姓氏有别，“殷姓子”不當云“殷姓子氏”，混淆姓氏，《史記》已然。）

“玄鳥子”何義？此“子”非“子女”之“子”，乃“動物卵之名”。“玄鳥子”，即“玄鳥卵”。殷人之祖契“以玄鳥子生”，即“以玄鳥卵生”。此“子”有“卵”義。

詞典載“子”有“卵”義。如《漢語大字典》“子”下云：“動物的卵。《齊民要術・種梅杏》：‘《廣志》曰：“蜀名梅爲藤，大如雁子。”’《禮記・内則》：‘濡魚，卵醬實蓼。’唐孔穎達疏：‘卵謂魚子。’《格物初談》：‘母鷄生子，與青麻子吃，則長生不抱。’”

《漢語大字典》“子”有卵義，文證只上列南北朝文獻。今知“玄鳥子”謂“玄鳥卵”，則“子”有“卵”義在商人姓“子”時已有此義矣。

因此，今之學者，謂商人以“玄鳥”爲“圖騰”，不一定準確。如果中國古姓即爲氏族之名，而氏族之名亦即此氏族圖騰。那麼商人“子”姓，不是以“玄鳥”或“燕”爲姓，而是以“玄鳥子”之“子”爲姓，即以鳥卵或燕子卵之“子”爲姓，當是以“玄鳥子（卵）”爲圖騰之號了。

2009年7月3日上午

于幹部療養院

天陰，凉快

𦣝字爲⿰足丌（踑）字初文説

一、“𦣝”字之字形

《説文》：“，𦣝也。象形。凡𦣝之屬，皆從𦣝。，篆文𦣝。，籀文從首。”

1. 甲骨卜辭無“𦣝”之單字，有“姬”字。其偏旁“𦣝”作如下字形：

①作形，如《前》一，三一，二；《前》六，五六，五；《京津》五〇八〇；《京津》五一七七；《京都》二五八四。

②作形，粹三八六（《粹》三八六）。作形，《人》二五八四。

③作形，《續》一二，五，二。

作形，《鄴》初下四〇七。或作形，《京》五〇八〇。或作形，《續》一，二五，二。或作形，《前》一，三五，六。

④作形，《鄴》三，三九，一。

2. 金文有單字釋𦣝者，其形爲：

（《鑄子簠》）、（《曩佰匜》）、（《曩伯盤》）

有姬字、巸字，⿲犭𦣝犬字，其偏旁“𦣝”作如下各形：

①（《伯壺》，姬字），、（《強的匋井姬壺》，姬字）

②（《懷季遽父卣》，姬字），（《商器文丁卣》，⿲犭𦣝犬字；甲文此字作，《前》一，二三，七），（《吴珖鑑》，姬字）

③（《商尊》，姬字）

④（《歸弔山父毁》，姬字）（《旅伯毁》）（《伯百父盤》）（《伯百父鎣》），（《姬毁》）（《齊吊姬盤》），（《子仲匜》，姬字），（《魯遼父毁》），（《魯伯簠》）

⑤（《中伯壺》，姬字），、（《中伯盨》，姬字），（《字宫文簠》）

⑥（《姬芀母鬲》，姬字）（《嫠女盉》）（《旂姬鬲》），（《伯頵父鼎》），（《伯章父鬲》），（《伯頵父毁》），（《曾子原彝簠》），（《秦公鎛》），（《幹氏吊盤》）

⑦（《仲虘又父毁》，姬字），（《弔姬簠》），（《格伯作晉姬毁》），（《伯散西》）

⑧、、（《庚姬鬲》，姬字）

⑨（《師趛鼎》，姬字），（《魯侯鬲》），（《禾毁》），（《曾姬無卹壺》，姬字），（《齊侯敦》，配字），

⑩（《夆弔匜》，配字）

比較以上字形，可知形當是初形（商器金文），而、、是其一種簡化體。、、在字内增加横畫“一”“二”，而、、則是在其内增加“·”。

至于、、、等則于字形之外，以增“一”“二”，而“”則爲字之原形。

二、“匠”字初文爲何？

1. “匠”字爲頤之初文。“匠，顧也。”（《説文》）段注：“，當横有（即）。”攸石則據《鑄子簠》之“匠”字謂：“匠者，頤之初字，象形，故作象垂頷而下有須也。”（《兩周金文辭大系圖録考釋》）

2. 匠爲腮。王筠《釋例》謂：“當依金文作”，“左之圓者，腮也。右之突者，頰旁之高起者也。中一筆則上之紋，狀如新月，俗呼爲酒窩”。

按以上二説，與匠字初形作者不類，匠爲一字，頤又爲一字。許慎以匠爲頤之初文。誤。頤字從頁、匠聲而有“顧”（下巴）之義，其説見後。

3. 匠爲婦女雙乳之形。朱新有此説，何金松《漢字形義考釋》（《中南民族學院學報》1987年第2期）承之。

此説于聲韵可通（匠與乃（奶），之部叠韵，喻泥准旁紐）。與字形、有合。于姬字爲良女之名，配字乃巳（子）食乳之象，故出和樂之義。但頤爲何爲“顧”？“笸”何以爲“梳篦”？則不能解釋。此其一。且匠字初形爲，于“雙乳”之形，不能相合。此其二。故此説不能成立。

4. 𦣞字本象梳比之形。筐之初文，于省吾謂："商器父丁卣。獄字從𦣞作，適象梳比之形。"《説文》："筐，取蟣比也。從竹𦣞聲。比，今作篦。"《廣雅·釋器》："筐，櫛也。""知𦣞字本象梳比之形，後世以竹爲之，故《説文》作筐。"（《雙劍誃殷契駢枝三編·釋𦣞》）

此説，與字形有合。可解釋"筐"字爲"梳比"之義。但于頤何爲齒頁？姬何以爲后稷之姓？巸何以有"和樂"之義？皆不能解釋。是于先生此説，未得真解也。

5. 𦣞，古頤字、鄂骨也。此聞一多先生説（《聞一多全集·神話與詩·姜嫄履大人迹考》，77頁甲）。此承《龍龕手鑒》"頤，輔車骨也"而言。輔車骨即"牙床骨"（《漢語大字典》）。

此説與𦣞字初形作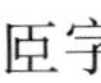者，有合。于"頤"爲"齒頁"、"筐"爲"櫛"可説。但對姬爲姓之由來，需轉讀"𦣞"爲"止"（見《姜嫄履大人迹考》）。但"𦣞"與"止"，雖爲之部叠韵，但見（牙）照（舌）不能通。即"求之于聲"不能通。是聞先生之説，尚差一間矣。

6. "𦣞"字象足迹之形。孫作雲（《周先祖以熊爲圖騰考》，《開封師院學報》1957年第1期）據《論衡·奇怪》云："儒者稱聖人之生，不因人氣。更禀精于天。禹母吞薏苡而生禹，故夏姓曰姒。卨（即契）母吞燕卵而生卨，故殷姓曰子。后稷母履大人迹而生后稷，故周姓曰姬。"而引申之云："姜嫄履大人迹而生子，即履熊迹而生子。""姬字所從得聲的國𦣞，原象熊迹（大人之迹）之形。"曾請教于省吾先生，于先生贊同此説，并示手稿《釋𦣞》曰："……《金文·附録》上有'獄'字，作。其中之'𦣞'，也甚象足形。"由此可知姬字從女從𦣞，即因姜嫄履大從之迹的信仰而製作者。姬字的得義得形，皆由于圖騰。

按：于省吾先生舊説"𦣞"字象足迹之形，是正確的。可惜後來他放弃此説了。可能是未能得到堅證的原故。孫作雲先生是姬字得形得義皆由于"姜嫄履大人之迹"而生后稷的圖騰信仰，是正確的。但以"大人迹"爲"熊迹"由無據的推測。從而其"周先祖以熊爲圖騰"的推論，就更爲無據了。據《詩》周人始祖后稷因其母姜嫄履"大人迹"（《詩·大雅·生民》爲"履帝武敏"）而生。是周人以"大人迹"爲圖騰而非以"熊"爲圖騰矣。

圖騰爲氏族之名稱，即古之"姓"是也。周人姓姬。姬字從𦣞得聲得義。而"𦣞"爲足迹之形，豈非國人以"足迹"（大人迹）爲圖騰之堅證耶？

聞一多謂：“苡，姒例爲同字。姒姓者，猶言苡所生也。”（《漢語大詞典》：“苡，即薏苡。參見苡仁。苡仁，意苡之仁。苡米，即苡仁。”）卵一曰子。（《白虎通·姓名》引《尚書·刑德方文》：“殷姓子氏，祖以玄鳥子生也。”《史記·五帝紀》索隱引《禮緯》：“契姓子氏者，亦以其母吞乙子而生。”（各本子，生二字互例。從《殷本紀》正義引證。）《月令疏》引《鄭志》焦喬答王權：“娀簡吞鳳子之後，後王［以］（從段玉裁補）爲媒官嘉祥。”凡此稱子，猶他書稱卵也。今俗語猶曰鷄子、魚子。）（《漢語大詞典》：“子，動物的卵。”《齊民要術·種梅杏》：“《廣志》：‘蜀名梅爲䕩，大如雁子。’”《禮記·内則》“濡魚，卵醬實蓼”，孔疏：“卵謂魚子。”）

準此：“履大人迹”生而爲姬姓，則姬字與“大人迹”當有密切關係矣。

竊謂：“臣”字爲足迹之形，乃跙（踑）之初文。從以下幾方面證之。

（一）“臣”字初形作  、 。如横看，則作  、 形。此形與“止”（趾）之初形同類。下列金文“止”之形作：

步字作 （商《了且昰尊》（《古文字類編》91 頁）。昰字作 （三代：一四、一五《昰觚》（《古文字類編》，629 頁）。

以上“止”字字形，如截取其上部，則正與臣字作  形相應。 字乃足趾之形，而突出其指蹞之迹者。蓋即“我敏（蹞）”之形矣。

又：此字作 （《美銅器集》録《亞此牛尊》）（《古文字類編》595 頁）。正字作：（録《遺》二五六《子正貞》）（《古文字類編》603 頁）。

以上“止”字字形，如截取上部，以突出其指蹞之迹，正與臣字之作  形相應。

因之，“臣”爲足迹之形。其與“止”爲足迹之形同。但其突出足蹞指之形，則與止異。故成爲二字。

（二）臣字字形爲突出蹞指之足迹形。爲何字之初文？答曰：臣爲跙（踑）字之初文。其證據爲：

先説文義。《正字通·足部》：“跙，踑本字。”《晉書·南越》：“跙據”即“箕踞”。曰本缺。《康熙字典》：“跙與踑同。”

“踑”字何義？《集韵》：“踑，跡也。故從亓。”《廣韵》：“踑，馴迹也。”（《中文大辭典》訓爲“順其迹也”。）

跙（踑）何以有“迹也”之義？《説文》：“丌，下基也。”跙從丌聲，兼得其義，“足之下基”，是“足迹”之義矣。

臣爲足迹（突出蹈指），而跙（踑）爲“迹也”。是二字義同。此其一。

次説字音。臣與跙（踑），見紐雙聲，之聲叠韵。古實一音。此其二。

《康熙字典》此《同文備考》：“㺿，古姬字。”是丌、臣古相通借之證。此其三。

正因爲臣、丌互通，而“丌”訓“下基”。故《廣雅·釋言》：“姬，基也。”《史記·三代世家》平者先生曰：“姬者，本也。”本亦基也。此其四。

由以上四證，可知“臣”（、）爲跙（踑）之初文。義爲“迹也”，即足迹（而突出蹈指之形）。

（三）“臣”爲跙（足跡）之初文。由“臣”得聲，義之後孳乳字，其字義來由，能得到説明否？回答是可以的。説明如下：

1. 頤：從頁（或從首），臣聲。臣爲跙之初文。丌有“下基”之義（《説文》）。足之下基爲臣，是頤爲頁之“下基”矣。頁（首）之“下基”，正是“口腔的下部，俗稱下巴”（《漢語大辭典》）。故《説文》訓“顄也”，即“下頜曰頤”（《急就篇》卷三“頰頤頸項肩臂肘”顔師古注）。“下巴”之内爲牙床骨，故爲“口輔車之名也”（《易》“頤”鄭注），“頤輔車骨也”（《龍龕手鑒·頁部》）。“下巴”或“下牙床”皆咀嚼的器官，用以嚼咽食物，即“上下咀物以養人”（《釋名·釋形體》頤下説），故出“頤，養也”（《爾雅·釋詁下》）義。

2. 姬。《説文》：“姬，黄帝居姬水，以爲姓。”《論衡·奇怪》：“后稷母履大人迹而生稷，故周姓曰姬。”字從女，臣聲。臣爲跙之初文，義爲“足迹”。是《論衡》之説得證矣。然則黄帝爲“姬”姓何説？曰：黄帝之圖騰亦爲“臣”，故得“姬”姓也。由于姬、姜爲古之大族，在周代爲天子之姓，故引出“姬，婦人美稱也”（《古今韵會舉要·本韵》）義。“姬者，以黄帝姓姬，炎帝姓姜。二姓之後，子孫昌盛。其家之女，美者尤多，遂以姬姜爲婦人之美稱。”（《詩·陳風·東門之池》“彼美淑姬，可與晤歌”孔疏。）

3. 宧。《説文》：“宧，養也。竇之東北隅，食所居。從宀，臣聲。”按：從宀，頤省聲。聲中帶義。《爾雅·釋宫》：“東北隅謂之宧。”郝懿行《義疏》：“案：臣與頤同。《釋詁》：‘頤’訓‘養也’。云‘食所居’者，古人庖厨食閣皆在室之東北隅，以迎養氣。”其實東北隅爲“庖厨食閣”之地，所以“養人”。故得名“宧”也。

4. 㺿。《説文》：“石之似玉者，從玉，臣聲，讀若詒。”《玉篇·玉部》：

“《蒼詁》曰：五色之石也。”《廣韵·之韵》：“玌，玉名。”此字之“臣”爲標音聲符。或作“王台”。《集韵·之部》：“玌，《説文》：‘石之似玉者。’一曰：五色玉，或從台。”《玉篇·玉部》：“珆，玉名。”字又作“琪”。《玉篇·玉部》：“琪，玉屬。”《北史·隋本紀下》：“上常服皮弁，十又二琪。”

5．洍。《説文》：“洍，水也。從水，臣聲。”《詩》曰：“江有洍。”段注：“此蓋《三家詩·下》文引‘江有汜’，則毛詩也，云‘洍，水也’而證以‘江有洍’，此言假借也。”是“洍”作爲水名，一作“汜”。此水何在?《漢語大字典》：“洍，水名。源出河南省方山，在滎陽縣境注入黄河。清顧祖禹《讀史方輿紀要·河南二·鄭州》：‘汜水，源出方山。’《水經注》：‘汜者，水决復入之義，音凡。後訛爲已。汜水北徑虎牢城東，以北注于河。……項羽大司馬曹咎守城皋，渡汜水擊漢。士卒半渡，漢擊之，大敗楚軍。”

作爲地形，“水别復入水”，或“窮瀆”之名，“汜”是正字。而成皋之“汜水”是“源出方山，北入黄河”的水名。故知此“汜”爲借字，而“洍”爲正字矣。《國語》謂“黄帝以姬水成”。此“姬水”何在?學者擬測不少，皆不得確證。竊謂此“姬水”即“洍水”也。亦即河南滎陽方山所出，北入黄河之汜水也。黄帝出于“有熊之墟”，故新鄭爲其故里，滎陽之“汜水”即“洍水”，正在芀鄭附近。以其爲“黄帝以姬水成”之“洍水”于地最近，于文最合。

6．筪。《説文》：“筪，取蟣比也。從竹，臣聲。”段注：“比、篦，古今字……今江浙皆呼篦筪。”即“篦子”。古之梳篦，其形作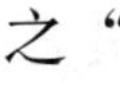，與臣之“足迹突出踇指”之形者相似。故字從竹、臣聲而出“梳篦”之義也。《説文》：“櫛，梳比之總名也。”段注：“疏者爲梳，密者爲比。”《廣雅·釋器》：“筪，櫛也。”是梳與篦其器形同，其齒疏密異而已。故筪爲“取蟣比”之名，又爲“櫛”也。

7．茝。《説文》：“茝，虈也。從草，臣聲。”又“虈，楚謂之蘺，晉謂之虈，齊謂之茝。”段注：“此一物而方俗異名也。茝，《本草經》謂之白芷。茝、芷同字，臣聲、止聲同在一部也。”

茝又作芷。爲香草之名。二字從臣，或從止得聲。臣爲足迹，止爲足趾。皆爲人之“下基”，其于草則爲草之“下根”矣。是此香草之得名，以其根粗大之故耶?

《漢語大字典》“茝”下云：“白芷。古稱香草。又名‘虈’。傘形科。多年生草本。根爲芳香通竅藥。”又“芷”下云：“白芷。傘形科。多年生草本。”“根粗大，有香氣，可入藥。”故以“臣”（足迹）“止”足迹即“下基”以爲名也。此臣與止通。又臣爲“足迹”之一證也。

8. 獄。《説文》：“獄，司空也。從㹜，臣聲。復説：獄司空。”段注：“（司空）此空了衍。司者，今之伺字。”《玉篇》“獄”注云：“察也。今作伺，司見。”蓋用許説也。又“徐廣曰：‘司空，掌刑徒之官也。’漢時有都司空，有獄司空，皆主罪人皆有治獄之責。”

《玉篇・㹜部》：“獄，察也。”又：“獄，辯獄官也。”《廣韵・之韵》：“獄，辯獄相察。”《集韵・志韵》：“獄，獄官。”

是“獄”字之義，本爲“辨獄”，即“自察”。再引出“獄官”之義。

“獄”字何以有此義？段注云：“以其辨獄也，故從㹜。㹜者，獄之省。”得之。是此字當云：“從獄省，臣聲。”

“獄”從獄省，臣聲，何出“辨獄相察”之義？此“臣”聲之字，因臣與丌通。臣爲跽之初文，故可讀爲“諆”。《廣韵・之韵》：“諆，謀也。”而“謀”有“審察”之義。“謀，察也”（《文選・張衡・思玄賦》“神逵昧其難覆兮，疇克謀而從諸”舊注）。是“獄”爲“察獄”之事矣。故有“察也”之訓，再引出“獄官”之義。

9. 配。《説文》：“配，廣頤也。從臣，巳聲。”按：當云：從頤省，巳聲。巳爲子在胎中之形。（朱駿聲《通訓定聲》：“案：巳，以也。象子在胞中形。包字從之。儒子爲兒。繈褓爲子，方生順出爲㐬，未生在腹爲巳。”）故“巳”亦用爲“子”義。（祀字從示、巳聲。即表示子在示前祭禱之子也。）頤爲“下巴”，咀嚼飲食之用。從頤省巳聲，謂巳（子）動頤飲食（食乳之類）之子也。許訓“配”爲“廣頤”，何義？因“廣”有“開張貌”之義。（《荀子・王霸》“人主胡不廣焉”，注：“廣，開張貌。是‘廣頤’者，‘開張其頤’以飲食之貌也。”）小兒動頤以飲食。故引出成長、壯大之義。（《方言》卷十二：“配，長也。”郭璞注：“謂壯大也。”）

小兒動頤飲食，引出“配，樂也”（《類篇・巳部》）義。即和樂，喜悦。再引出“美”義。（《玉篇・巳部》：“配，《字書》云：‘配，美也。’”）

10. 嫛。《説文・女部》：“嫛，説（悦）樂也。從女，配聲。”配爲子動頤飲食。女者婦女。婦女懷抱幼子而飲食之。今曰喂奶或喂食。當然爲“悦樂”之事。故又引出“嫛，善也”（《玉篇・女部》）之義。

11. 熙。《説文》："熙，燥也，從火，配聲。""配"有"壯大"之義（見上文）。字從火、配聲。謂其爲"壯大之火"也。故出"燥也"義。即曝烤使乾。火大，則光明。故出"熙，光也"（《玉篇·火部》）義。火大，光明故出"熙，廣也"（《玉篇·火部》）義，即光大。又引出"熙，興也"（《爾雅·釋詁上》）義，即興旺，興起。

12. 頤。《爾雅·釋詁》："頤，深也。"《易·繫辭下》："聖人有以見天下之頤，而擬諸其形容，象其物宜。"孔疏："頤謂幽深通難見也。"

賾字從頤省、責聲。頤爲下頷，故引出"頤，深也"（《小雅·廣詁》）義。而"責，求也"（《説文》），故引出"深入探求"（《漢語大字典》）之義。《史通·外篇·忤時》："莫不賾彼泉藪，尋其枝葉，原始要終，備知之矣。"即用此義。從而"深入探求"之對象，亦曰"賾"，故出"幽深難見"之事物之義。

2008 年 5 月 26 日，上午寫成此稿
這是自 5·12 汶川大地震以來，陸續構思得此解從而寫定之

附："姜嫄履大人迹"，爲祭時所奏象徵耕田之舞説

此説，聞一多發之。聞（《姜嫄履大人迹考》）云："《爾雅·釋詁訓》：'履帝武敏。'《釋文》引舍人本敏作畝。注云：'古者姜嫄履天帝之迹于畎畝之中，而生后稷。''以竊意履迹確系在畎畝中。''余所疑履迹爲祭祀中一種象徵的舞蹈。其所象者，殆亦即耕種之事。古耕以足踏耜，在更早無耜時，當直以足踐土，所謂畯是也。''履帝迹于畎畝之中，蓋即象徵畯田之舞。帝（神尸）導于前，姜嫄從後，相與踐踏于畎畝之中，以象耕田也。'"

按：聞先生解"姜嫄履大人迹"爲一種"象徵的舞蹈"。"帝（神尸）導于前，姜嫄從後，相與踐踏于畎畝之中。"這是非常正確的創見。但他認爲這種舞蹈是"以象耕田也"，則是不合事理的臆斷。

爲什麽"姜嫄履大人迹"的舞蹈，不能是"以象耕田"？聞先生認爲："在更早無耜時，當直以足踐土，所謂畯是也。"這個判斷不能成立。因爲"以人足踐土"，無論如何是不能翻耕土地的。（象、麋畯田，其處成泥。可能，合理。而人足則無法做到這一點。）此其一。如果"以足踐土"無法翻耕土地，那麽只有用耒、耜來足耕了。而古人"跖耜而耕"是後退而行的，因此"姜嫄

從後，相與踐踏于畎畝之中”就無法做到。此其二。

竊以爲“履帝迹于畎畝之中”，“帝（神尸）導于前，姜嫄從後，相與踐踏于畎畝之中”，是“以象播種”的舞蹈。這種解釋是以民族學調查有關材料爲根據的。

李根蟠、盧勛《中國南方少數民族原始農業形態》（60—62 頁）謂：

播種方式有點播和撒播兩種。火山地砍燒後，不必翻土，即可以“點播”方式播種。而“撒播”，則一般是在進行了翻土的地上進行。點播法顯然出現在撒種法之前。

在怒族和傈僳族，莧菜（天雄朱）、蕎麥、旱稻等，一般是撒播，玉米和豆類則是點種。點種的工具主要是尖頭木棒，個別地方也有使用小木鋤。播種者一般爲婦女，她們横背着裝種子的自織挎包或挎籃，右手拿着點種桿戳洞，左手點籽。全部操作由一人完成，走一步，戳一個洞，同時點上籽。戳洞時一左一右，走一次同時點種兩行。

西盟佤族，凡砍燒地都實行點播，現在仍然如此。他們點種旱稻的專用工具是“啄鐽”。操作時雙手執竹竿的中部，由右向左斜插入土。利用竹竿上部的彈力，使鐵尖挑起，便于迅速地連續挖穴。另一人背着裝種子的挂袋，往穴中放種子，挖穴者，可以前行，也可以後退。點種者則相應在他的後面，或在他的對面，兩人配合默契，動作熟練。

景頗族，在生産技術比較原始的村寨，直到解放初期，仍然不翻土就實行點播，而且這種播種方式，還凝固在“祭官廟”的宗教儀式中，可見它就是十分原始的。

在海南島黎族“合畝”地區，解放初期也十分盛行在火山地上，點種旱稻，所謂“種山欄”。其操作方式和西盟佤族相象，由男子用木棒戳穴，婦女點種，兩人配合完成。

從以上調查材料可知：

1. 兩種播種方式，在火燒地上點種最原始，在耕地上撒種在其後。

2. 點種方式有由一人“穿穴”，另一人配合“點種入穴”；也有一個獨立完成挖穴和點籽工作者。

3. 在二人配合點種中，挖穴者如前行操作，則點籽者尾隨其後。挖穴者如後退操作，點籽者則站他的對面。

4. 二人配合點種中，男子用木棒挖穴在前，婦女隨其後，點籽入穴，這種方式是確實存在。

5. 這種“點播”方式，還凝固在宗教儀式中（如景頗族的“癸未祭官廟”儀式）。

將以上情況與“姜嫄履大人迹于畎畝之中”對照，可以看出：

1. 姜嫄履大人迹于畎畝之中，與“點種”的農事活動最合。

2. 此一“點種”方式是男人在前“挖穴”，女人在後“點籽”，兩人配合完成。故女人隨男人之後，而踐履其足迹（即隨着男人的步伐行動）。（因爲男人“挖穴”的行距、窩距都由其行步的尺度決定，所以點籽的婦女要踐履男人之足迹，以保持“點籽”正入于來來往往所挖之穴。）

3. 這種點種方式，保留于祭祀儀式之中，成爲敬神的舞蹈。這正是姜嫄參加的祭祀活動的舞蹈。

4. 由于“點種入穴”象徵“生育、受孕”，所以這種“點種”舞蹈作爲“克禋克祀”的祭祀儀式可以起到“以弗無子”的作用。

結論：姜嫄履大人迹于畎畝之中，是神（尸）在前“挖穴”，姜嫄（女）隨其步伐在後面“點籽”的象徵舞蹈。“點種”勞作的足迹，即“臣”。后稷由之得姓“姬”。因之姓姬的后稷之族以長于農業耕種而著稱于世。

釋"□"

甲骨文有"□"字。釋者多家，解說紛歧。今爲"□"之釋讀成進一解。

(一)"□"字在卜辭中各種用法之例句，及"□"字含義之推測。

今據島邦男《殷墟卜辭綜類》(94 頁) 所列有關"□"字出現之詞句中，其意義可連貫者，分類録出如下：

1. 作動詞用者，有：

①壬辰卜，貞：□司（祠）室。（《林》二，一，一；《前》四，二七，八）

②……卜，貞：□司室。（《佚》八四三）

③……□門……七月。（《續》五，八，五）

④貞：王□父乙。（《合》286）①

⑤貞：□，不隹（惟）西土（社）。（《合》448）

⑥壬午卜，大貞：□六人。（《林》一，二六，六）

⑦……卜……貞：□六人。（《粹》五〇三）

⑧……午卜……貞：□六人。（《南明》一三四）

2. 作名詞用者，有：

(1) 丙申卜，設貞：來乙子（巳）拘下乙。王固曰："酌，惟㞢（有）希，其㞢（有）□。乙子（巳）酌，明雨，伐既雨，咸伐亦雨，攺（施）卯鳥星。"②（《乙》六六六四，《合》481）。

此版反面："乙子（巳）夕，㞢（有）□于西。"（《乙》六六六五）

(2) 戊……又（佑）。王固［曰］："……隹（惟）丁吉，其……未，

---

① 又有"庚申卜，叀父乙，□用"（《南北》、《明》六一三），"己亥卜，貞：叀羌用，□"（拓本）（皆見于省吾《甲骨文字釋林·釋設》）。

② 此"星"李學勤讀"晴"，讀"鳥"爲"倏"，謂施卯時天空"倏晴"。可從。

允……㞢（有）□。明、㞢（有）各（格）云……昃，亦有□、有出虹自北［飲］于河。在十二月。”（《叕存》三五）

李學勤（《談殷墟卜辭的新星》）認爲此辭可對照《殷墟書契菁華》四胛骨反面應系于癸卯卜旬辭的一條占辭和驗辭：

“王固曰：‘㞢（有）希。’八日戌，有各（格）云自東，面母（冥晦）；昃，㞢（有）出虹自北飲于河。”“對于相同天象，一云‘㞢□’，一云‘㞢希’。足證‘㞢□’與‘㞢希’有共通處。”

（3）……庚吉，其隹（惟）……㞢（有）□虹于西。（《前》七七一）

（4）……卯……□（或寫作象，或寫作貌（䨻）），庚申亦㞢（有）□，出鳴鳥[①]……圉疛羌，或。（《甲》二四一二，《合》36）

（5）癸丑卜，㱿貞：旬亡囚。庚申，有□，□[②]攸，三月。（《零》六一；《存》二，四一二）

（6）辛未㞢（有）□，新星。（《前》七，一四，一；《綴合篇》一一八）此辭如與“七日己巳夕皿……㞢出新大星并火……”（《合集》11503，《綴合篇》376）對勘。李學勤謂：以上兩版所記“新星”之事，一在己巳夕向庚午，一在“辛未”，干支連續。李約瑟博士（《中國科學技術史》）認爲指同一星是有道理的。

（7）乙子（巳）夕，㞢（有）□于西。（《合》481，反；《乙》六六六四，反）

（8）……五日，甲子。允酌。㞢（有）□于東。（《乙》三三三四）

（9）庚辰卜，穷貞：告□于河。（《人》三）

此與《遺》一四〇“……卜……貞：告□（申、電）于河”相比較，知此“□”蓋爲一種奇異自然現象，與“□”（電）類似。

（10）王固曰：丁丑，其㞢（有）□，不吉；其隹（惟）甲，㞢（有）□，吉；其隹（惟）辛，㞢（有）□，亦不吉。（《丙》一，八）

（11）庚㞢（有）□，吉，受又（佑）；其隹（惟）壬，不吉。（《簠典》一〇五）

（12）丁子（巳）卜，穷貞：□，隹（惟）囚（咎）。（《林》一，二六，六）

---

① 李學勤謂：古人對虹，有特殊信仰。前人已有論及。（陳夢家《殷墟卜辭綜述》，242－243頁）又：殷人以鳴雉爲異象，載于《書·高宗肜日》。有關問題，我已有小文論及。（《夏小正新證》，《農業史研究》第八集）

② 李學勤釋□爲“尺”，謂“尺”如讀爲“坼”。“坼啓”也許是開開。按：□乃“千”字，絶非“尺”字。此“千”蓋讀爲“沴”（千與沴，清與照鄰紐，真文旁轉，可通。）《廣韵》：“沴，妖氣。”又：“沴，惡氣也。”《漢書·孔光傳》“六沴之作”，顔注“千（沴）攸”，謂有惡氣後散開。

(13) □寅卜，宫貞：▯不隹（惟）囚（咎）……▯隹（惟）囚（咎）。（《合》189）

從以上含“▯”的辭例，可以大致推測出“▯”字應有哪些含義？

1.“▯”作爲動詞，有如下含義：

“▯司（祠）室”“▯門”，當爲建築門室之某種行動。（①②③）

“▯父乙”“▯，不隹（惟）西土（社）”之“▯”，當爲祭祀之某種行爲或儀式。（④⑤）

“▯六人”之“▯”，當爲刑殺人牲之法。（⑥⑦⑧）

2.“▯”作名詞，有如下含義：

“▯”在“㞢▯”諸詞中，爲綿雨倏晴（1），出虹飲河（2）（3），來雲冥晦（2），鳴鳥（或釋鳴雉）異象（4），“沴啓”（5），有新大星（6），是甲骨文之“㞢▯”，“無不指自然物的異象而言”（李學勤語）。

因此，可知（9）之“告▯于河”之“▯”亦指自然異象。蓋觀察到“有▯”，遂“告▯于河”，以求“河”神護佑、禳解也。

“▯”爲自然界異象，可以爲“吉”（或）“不隹（惟）囚（咎）”之先兆，也可以爲“不吉”（或）“隹（惟）囚（咎）”之先兆。它只是“奇異現象”，可以兆“吉”，也可以兆“咎”，是中性的。

因此“▯”爲何字？釋讀者必須從字形出發，釋出其當今之何字？又依此字之本義，依伸義和通借義得以上“▯”字諸項意義通解，始能使其釋讀成立。

（二）各家學者對“▯”字釋讀的内容及其得失的評價。

“▯”字釋者多家，見《甲骨文字詁林》（第二册，919 頁）“▯”字條下與《古文字詁林》（第十册，534 頁）“鑿”字條下。

各家解説的得失評價，見《甲骨文字詁林》“▯”字條下有關批注。

總之，于字形有據者爲釋“㕭”“設”“鑿”三家。但通讀有關卜辭，各有困難。故當求别解。

（三）▯爲“⿰辛殳”，即“杸”字之異體字，“殳”字之加形旁字。

1. 從字形説：“▯”即“殳”字，無疑。

“▯”即“辛”字之最簡形。如作▯（《合》2162）（徐兆仁文所舉）、作“▯”（《甲》二七，十四）。（在偏旁中▯、▯互用之例尚多。）

所以，▯字即⿰辛殳字。

⿰辛殳字爲何字？竊以爲此乃從辛、殳聲之形聲字。考：辛爲“薪”之初文

(朱方圃説)。即木柴、木片。

形聲之際之形符，有性質相近而互换之例。(如田旁與土旁互换，木旁與草旁互换，石旁與金旁互换等。)故作爲木薪之"辛"，可以與偏旁"木"互换。

所以，"𣪩"字之"辛"旁，可换爲"木"旁，從而成爲"杸"字。换句話説，𣪩乃杸之異體字(形符互换)。

2. 從字義説：《説文》："杸。軍中士所持殳也。從木從殳。"《司馬法》曰："執羽從杸。"朱駿聲《通訓定聲》謂："從木從殳會意，殳亦聲。""此字當爲殳之或體。"王筠《句讀》："杸當是殳之重文。"《急就篇》第十七章："鐵錘擿杖棁柲杸。"顔師古注："杸與殳音義同。"

可見，杸是"殳"之形符加旁字。因之：𣪩也當是"殳"之形符加旁字。那麽"殳"字何義?

《説文》："殳，以杸殊也。《禮》：'殳以積竹，八觚，長丈二尺，建于兵車，車旅賁以先驅。'從又，幾聲。"是"殳"爲古代兵器，以竹、木製成，一端有棱。

作爲名詞是竹、木製成一端有棱的杖形兵器。後世之"狼牙棒"殆其遺制與矣?

作爲動詞，則是"以杸殊人"。即"以杖擊人"之打擊動作。《後漢書·馬融傳》："祋殳狂擊，頭陷顱碎。"李賢注："祋，亦殳也。"以"殳杖擊人"亦謂之"殳"。此其證矣。

⑥⑦⑧三例之"𣪩六人"即"杸六人"。正用"杸"之"以殳殊人"之義。謂以杸杖擊或杖斃六人也。爲何"杸六人"? 以殷人迷信鬼神祭祀測之，其爲以杸杖斃人牲以供祭祀乎? 這是最可能的解釋。

正因爲殷人有"杖斃人牲"爲祭品之事，故此"用牲之法"又用爲"祭名"。這與"伐"爲用牲之法而用爲祭名(翌甲寅，㞢(侑)伐于大甲。)(《丙》二三五))，"卯"爲用牲之法而用爲祭名(癸丑貞：其又(佑)匚于上甲，其卯于大乙。)(《遺》六三三))(見趙誠《甲骨文簡明詞典》239頁)同例。

所以：④："貞：王𣪩(杸)父乙。"

⑤："貞：𣪩(杸)，不隹(惟)西土(社)。"

二辭之"𣪩"即"杸"皆用爲祭名。即杖斃人牲以祭。

以上爲用"𣪩"(杸)之本義及引申義之例。

以下則爲用"𣪩"(杸)之通假義之例。

按："殳"可通借爲"朱"。殳與朱，禪照旁紐，侯部叠韵，正一聲之轉。

《書·舜典》“殳斨”，《漢書·古今人表》作“朱斨”。正“殳”“朱”相互通假之文證。

而“殺”爲“杸”之異體字，“殳”之加形旁字。故可讀爲“朱”。

所以①②之“殺（杸）司（祀）室”即讀爲“朱司（祀）室”。

③之“殺（杸）門”即讀爲“朱門”。

作爲顏色，“朱，亦也”（《廣雅·釋器》），即大紅色。引出“染成或塗成大紅色”，亦謂之朱（《漢語大詞典》）。（《後漢書·劉盆子傳》：“崇等欲戰，恐其衆與莽兵亂，乃皆朱其眉以相識別，由是號曰赤眉。”）所以，“朱司（祀）室”即“塗朱司（祀）室”，“朱門”即“塗朱大門”。

“塗朱司（祀）室”，有如後世之“丹桓宫楹”（《春秋·莊公二十三年》）。“塗朱大門”即“朱門”，在後世遂有“朱户”爲“古代帝王賞賜諸侯或有功大的朱紅色大門”。古爲“九錫”之一種。《韓詩外傳》卷八：“諸侯之有德，天子錫之。一錫車馬，再錫衣……六錫朱户。”而“朱門”指貴族富豪之家（《漢語大辭典》）。（葛洪《抱樸子·嘉膗遁》：“背朝華于朱門，保恬寂乎蓬户。”）

殺（杸）可讀爲“朱”，故亦可通借爲“殊”。而“殊”有“異也”之訓。（《吕氏春秋·貴當》：“此賢不肖之所以殊也。”注：“殊，異也。”《淮南子·本經訓》：“由近知遠，而萬殊爲一。”注：“殊，異也。”）《玉篇》：“異，殊也。”《釋名·釋天》：“異者，異于常也。”所以殺（杸）讀通假爲“殊”，可有“殊異”之義，即“特別的，不平常的”。

于是：（1）至（8）之“㞢（有）殺”可以解爲“有殊”，亦即“有不同平常的特別現象”。

而（8）之“告殺（杸）于河”，亦即“告殊于河”。可釋爲：因發生了不同尋常的自然現象而向河告祭，以求禳解。

由于“㞢殺”，即發生了不同尋常的特殊現象。它可能是咎、晦的象徵，也可能是“吉利”的象徵。所以（10）至（13）的卜辭，反復貞問：“有殊”（出現了異常現象）是“吉”還是“不吉”？是“咎”還是“不惟咎”？

這樣，卜辭中有關“”的不同辭例，皆得到解釋。

2006年12月草此

2007年1月10日上午在回龍山幹療院寫完

今年冬暖，寒意不重

卜辭“⿰彡酉”字從酉、彡聲，爲“斟”字初文説

甲骨卜辭有“⿰酉彡”字，或作“⿰彡酉”。此爲何字？

“⿰彡酉”字中“酉”爲“酉”字，是得到學者們共識的。而“酉”旁之“彡”爲何？則有兩種解釋。從而對“⿰彡酉”字産生了不同的釋讀。

（一）許多學者認爲“⿰彡酉”字之“彡”象“水滴”之形。而“酉”（酉）爲酒尊。“彡”爲由“酉”溢出之酒滴，于是對“⿰彡酉”字作出釋讀。

1. “⿰彡酉”爲“酒”字。如羅振玉謂：“（⿰彡酉）從酉，從彡，象酒由尊中挹出之狀，即許書之酒字也。”（《殷釋（中）》25 頁）王襄謂：“⿰彡酉”，“契文酒字，象尊形旁有點滴，爲溢出之酒”。（《古文流變臆説》73 頁）此説孫詒讓發之，後之學者多從之，如李孝定、饒宗頤。

郭沫若亦認爲此字爲“酒”字，但假借爲“槱”字。其言曰：“⿰彡酉均假爲槱字。”《周官・大宗伯》：“以槱燎祀司中司命。”槱燎連文與此同（《卜辭通纂》167 頁下）。（《説文・木部》：“槱，積木燎之也。從木、從火，酉聲。”郭老蓋以“⿰彡酉”即“酒”字，酒從酉聲，故可以與“從木、從火，酉聲”之槱相假借也①。）

2. “⿰彡酉”爲“酹”字。金祖同引陳德鉅説，以爲“酹”字。其説曰：“《説文》：醊祭，酹也。”“其涵義有二：一以酒沃地祭也。二連續祭也。彡表酒由尊中挹出之狀。”（《遺産》2 頁）陳佩芬亦持此説②，謂：“彭字象以酒滴灑地，是會意字，即酹字（從酉，寽聲）之初文。”《説文・酉部》：“酹，餟祭也。”段玉裁注：“食部餟下曰：酹祭也。蓋餟、酹皆于地。餟謂肉，故《漢書》作

---

① 周國正從其説，見《卜辭兩種祭祀動詞的語法特徵及有關句子的語法分析》（《古文字學論集初編》，282－284 頁）。

② 陳佩芬：《繁卣、趞鼎及梁其鐘銘文釋讀》，《上海博物館集刊》總第二期，第 15－46 頁。

腏，酹謂酒，故從酉。”《集韵》：“酹，祭酒也。”

以上二説之誤，或其困難之處在于：

（1）“⿰彡酉”字之“彡”是“彡”字，不是“水滴”或“酒滴”之形。葉玉森指出：“⿰彡酉字偏旁的‘彡’并非酒字所從水滴之形。”[①]（《殷墟書契前編集釋》卷一，47 頁）唐蘭更指出：“卜辭常見酌字，也是祭名。金文見于戊寅鼎[②]……此銘酌祀的酉彡字從彡，和卜辭彡日字的作彡形符合。可爲確證。”（《論周昭王時代青銅器銘刻》，《古文字研究》第二輯，58 頁）“⿰彡酉”之“彡”非“水滴”之形，有證。

（2）不能把“⿰彡酉”解爲用酒之祭的又一主要原因是文義難安。見冢茂樹曾舉出以下卜辭，以質疑羅振玉釋“⿰彡酉”爲“酒”的解釋：

“丙午卜，方貞：㞢（斫）八羊罘酌卅牛，八月。”（《人》八三（一））

“癸酉卜，争貞：羽甲戌月（刖）十羊？乙亥⿰彡酉十牛。”（《佚》四〇四）

見氏指出：㞢、月、酌三者地位相當，顯示出酌是一種祭牲之法（《京都大學人文科學研究所藏甲骨文字釋文篇》167、551 頁）。

按：見氏找出“酌”在卜辭，不僅爲祭名，又爲用牲之法。在卜辭中也有他例，如：“貞：于宗，酌卅小宰，九月。”（《後上》二〇八）“庚戌卜，丙，酌十宰，于甘。”（《南明》一二六）“己未卜，酌三牢，亡，𡆥（禍）？”（《乙》八八一〇）“酌”爲用牲之法，與“㞢”（斫）、月（刖）相當。則釋“⿰彡酉”爲“酒”，豈能通乎？

又，釋“酌”爲“酹”或“酬”，或“飲”，亦無解“酌”爲用牲之法。

（3）釋“酌”爲“酹”。其不能成立之理由，除上述“彡”非水滴，與“酌”不僅爲祭名且爲用牲之法，酹無以説明外。還有一個理由：卜辭已有“祼”字，如釋“酌”爲“酹”，由于“酹”是“祼”之後起詞，則“酌”與“祼”重復，是種不合理的事情。

什麽是“酹”？《説文・酉部》：“酹，餟祭也，從酉，寽聲。”《玉篇・酉部》：“酹，餟祭也，以酒祭地也。”清翟灝《通俗篇・儀節》：“酹酒之制，應昉自古祼禮。”《周禮・大行人》：“享上公再祼而酢，侯伯壹祼而酢，子男壹祼不酢。古凡享大賓，皆先攝瓚，酌鬱鬯之酒，灌地而後送爵，故今飲席效之。”

---

① 趙誠（《甲骨文簡明詞典》，242 頁）謂：“甲骨文偏旁中的水旁，没有寫成彡的。又金文中的酒字，仍寫作酉。所以釋⿰彡酉爲酒，很使人懷疑。”

② ⿰彡酉字，商《戊寅鼎》作酉彡，《商尊》作酉。

是後世之"酹"源于古代之"祼"。

而甲骨文中自有"祼"字，即□、□（島邦男《殷墟卜辭研究》，266 頁）。此字體作□、□、□，顯示在T（示）之前酹酒，"祼"禮的造意躍然紙上。且此字從不帶"羊""牛"等字爲直接賓語，偶然帶直接賓語的話必然是"鬯"，和《毛傳》所説的"祼，灌鬯也"密合無間。

因此"酌"即是一種酒祭，也不可能是"祼"（即後世之酹）。酌亦不可能是□的或體，因爲兩者并見于同一條卜辭（如《粹》三九二、《六清》一九一）。此説甚是。

3. "酌"是"酬"字。許敬參謂："酌字，亦祭名。吴秋輝釋'酬'，謂即旅酬之'酬'。"（《存集》8 頁上，《吴説學文淵源》7 頁）

此説純爲無據臆説，難以成立。

4. "酌"爲"飲"字之省文。徐中舒主編《甲骨文字典》（986—987 頁）"飲"下云："□"象人俯着吐舌捧尊就飲之形，爲飲之初文。字形在卜辭有省變。□或省作彡，故□亦作□。□與金文□（揚）皆從彡，此彡實爲飲酒形之省。《禮記・檀弓》"杜蒯揚觶"，揚觶猶今言舉酒乾杯。□釋飲，通讀所有卜辭，均無的扡格。

按：此説難以成立。"□"或省作"彡"，字形相關太遠，又無證據。乃臆説也，此其一。金文"□（揚）"所從之"□"乃"□"（日）出"T"（示，木表也）上，其光照表之形，與飲酒之形，毫無干係也。□（昜）爲日出T（木表），光照下地之形，故揚有"上升"之義。從而"揚觶"爲"舉杯"。（與飲字何涉?）且如釋"酌"爲"飲"，則卜辭用牲之法的"酌"就"扡格難通"矣。此其二。

5. 郭沫若因"酌尞"連文（《卜》四二六：貞：□尞?）遂謂"酌"爲"槱"假借。"槱燎"連文與《周官・大宗伯》之文同。即認爲"□"與"尞"爲同一祭名之復合詞。此與卜辭文例不合。在卜辭："□𣍘"并見。（《金》六七〇："……卜，𡧊貞：尞（□）𣍘（冊）百羊、百牛、百豕，南十五。"）"□宜"并見。（《京》3974："叀今夕酌宜。"）"酌餗"并見。（《業》一，三，二七："叀丁巳，酌餗。"）是皆二祭并列之詞。故"酌尞"亦當爲二祭并列，不應釋與燎同類之"槱"矣。加以字形之"彡"并非水滴，"酌"非酒字，無從通借爲從酉得聲之"槱"。故郭説難以成立矣。

（二）有些學者認爲"□"字之"彡"不是水滴之形，而是"彡"字。但

“酌”爲何字，又各説不一。主要有如下各説：

1.“酌，蓋肜日酒祭之專名。”此葉玉森説。葉謂：“酉即古文酒字，從彡，疑即卜辭彡（肜）日之彡。酌蓋是肜日酒祭之專名。有時與肜癸并舉，他辭云：‘癸未王卜，貞：酌彡日自上甲至于多毓，依，亡止它……’（《前》三，七，七）‘貞：其酌彡，勿鼓，十月。’（《前》五，一，一）‘貞：酌彡衣。’（《後上》二〇，二）……以上諸辭，酌祭與肜祭并舉，可知酌祭之日即爲肜祭之日，故酌字從彡，古當别有此字。”（《前釋》一卷，417 頁下—418 頁）

2.“酌從彡聲，就是彡字的繁文。”此唐蘭説。唐謂：“卜辭常見酌字，也是祭名。酌從彡聲，就是彡字的繁文。肜，肜的本字。”“卜辭‘肜日’字都只作‘彡’。而彡日和翌日連在一起的總稱，則是酌。酌、彡略有區别，其實是一個字。”（《論周昭王時代的青銅器銘刻》，《古文字研究》第二輯，58 頁）

按：葉玉森謂“酌”字之“彡”即甲文卜辭“彡日”之“彡”。唐蘭謂：“酌”字從酉，彡聲。皆爲正確的見解。但葉以爲“酌”爲“肜（彡）日酒祭之專名”。唐以爲“彡是和翌日連在一起總稱爲酌”，又謂“酌”“彡”實是一個字。則與卜辭實例不合。卜辭“彡”“酌”并舉。李孝定謂：“酌、彡并舉，正以見酌字之義與彡日無涉也。”（《集釋》4399 頁）正表明葉、唐此説錯誤之所在也。

3.“酌，從酉、從彡，《説文》所無。其用與酒同。”此孫海波之説（《甲骨文編》570 頁）。

按：孫先生指出酌字從酉從彡，是正確的。又言“《説文》所無”，而不進一步釋爲今之何字，保持了謹慎的態度。

從以上材料可知，甲骨文“酌”字的釋讀，至今尚未得到確解。下面我提出一個新的解釋，希望能够成立。

按：“酌”字從酉從彡，彡亦聲，爲斟字之初文。論據如下：

1.“酌”字偏旁之“酉”乃“酉”字。學者共識。“酌”字偏旁之“彡”乃“彡”字而非水滴形。唐蘭已從酌金文字偏旁作“彡”作爲證據。可信。故説“酌”字從酉從彡，是有據的。

2.何以知“酌”字，不僅從酉從彡，而且“彡亦聲”呢？其理由是：

試看下列卜辭：

“弜戠夕，其酌人（夷）牛。”（《粹》四六〇）

“于大香用，己酉卜，用人（夷）牛彡，弜用人牛。”（《合集》34401）

此二辭之“其酒人牛”與“用人牛彡”，可以互校。知“酒”與“彡”相當。“酒”與“彡”各爲一字，何以相當（即可以互换）？只有一個理由：二字聲韵相通，故得互相通假。因此，知“彡”必爲“酒”之聲符。

3. 何以知“酒”爲“斟”之初文？其理由爲：

“酒”從“彡”聲。而“彡”可以與“斟”互相通假。從聲韵説：彡與斟，侵部叠韵，山照鄰紐，爲一聲之轉，可以互相通借。

從文獻材料來看“彡”爲“衫”之聲符（《説文新附》）與縿通（《爾雅·釋文》“纁帛縿”釋文“縿又作衫”。）而糝與“斟”通。（《吕氏春秋·任數》“藜羹不斟”，《慎人》作“不糝”。）是聲符爲“彡”之字，可與聲符爲“甚”之“斟”字相通之證。

4. “酒”爲“斟”字初文。其義爲“盛酒行觴”。與卜辭用“酒”爲祭名合，謂以酒獻神也。《説文》：“斟，勺也。從鬥，甚聲。”段玉裁注：“《玉篇》《廣韵》作‘酙’。許以盛酒行觴爲酙。”《玉篇·酉部》：“酙，斟也。”《説文·酉部》：“酙，盛酒行觴也。”

5. “酒”爲“斟”之初文。作爲祭名，是“盛酒行觴”以祭神的酒祭。那麼，作爲與“□”（斲）、月（刖）同類的“用牲之法”的“酒”，即“斟”，又是什麽用牲之法呢？回答是“酒”即“斟”，在此讀爲“戡”（斟與戡，同從甚聲，例得通借）。《説文·戈部》：“戡，刺也。”《玉篇·戈部》：“戡，小斫也。”

因此在卜辭的“酒十牛”即“戡十牛”。正與“月十羊”爲“刖十羊”相應。“酒卅牛”即“戡卅牛”，正與“□八羊”即“斲八羊”相應。

這樣，可以説釋“酒”爲從酉、從彡，彡亦聲，即“斟”之初文。用以讀卜辭，“無所不通，無有扞格”。

2007年11月25日上午

寫此稿于天迴山幹部療養院

卜辭中有關樂舞材料考釋

附一：卜辭中作“祭名”之“公”當爲“頌”

（一）“頌”是“宗廟之樂歌”。

1.《詩集傳·頌四》：“頌者，宗廟之樂歌。”

2.《詩·周南·關雎序》：“頌者，美盛德之形容，以其成功告于神明者也。”

3.《文心雕龍·頌贊》：“容告神明謂之頌。”

4.《詩·周頌》陸德明《釋文》：“頌者，誦也，容也。歌誦盛德，序太平之形容，以此至美告于神明。”

（二）“公”爲“公侯三宫”，即“公宫”之簡稱。可釋爲“宗廟”，也可釋“公所”“朝廷”。因爲古代“宫、殿不分”之故也。

《詩·召南·采蘩》：“予以用之，公侯之宫。”毛傳：“宫，廟也。”指“宗廟”。又：“被之僮僮，夙夜在公。”朱傳：“公，公所也。”朱守亮《評釋》：“公，公所也。此指宗廟。”陳奂《傳疏》：“公，讀如《論語》‘祭于公’之‘公’，在公，正行助祭之禮。”（按：古廟、朝不分，故“公侯之宫”既是廟又是朝（辦公決事之處）。王先謙《詩三家義集疏·采蘩》“公侯之宫”下引魯説曰：“廟寢……總謂之宫。”《公羊傳注疏·文公十三年》：“周公稱太廟，魯公稱世室，群公稱宫。”“以此例之，是諸侯廟稱宫。”《月令》鄭注：“前曰廟，後曰寢。”孔疏：“廟是接神之處，其處尊，故在前。寢，衣冠所藏之處，對廟爲卑，故在後。”《隸僕》賈疏：“寢廟大况是同，有厢無厢爲異耳。必須寢者，祭在廟，薦在寢，故立之。”《後漢·明記》李注：“宫者，存時所居，緣生事亡，因以爲名。”）

"宫"爲廟、朝之處。"公"爲"公侯之宫"的簡稱。故《詩·召南·羔羊》"退食自公"，毛傳："公，公門也。"《論語·憲問》"與文字同升諸公"，朱傳："公，公朝。"所以《正字通》"公，官所曰公"。

（三）"公"爲"長老之號"（《漢書·眭弘傳》顔注）。"凡尊老，周晉秦隴，謂之公。"（《方言·六》）

"公"又爲"親屬之尊稱"（《中華大辭典》）。"公，祖也。"（《史記·外戚世家》"封公昆弟"李隱）"公，父也。"（《廣雅·釋親》）清翟灝《通俗篇》引《吕氏春秋·異用》："孔子之弟子從遠方來者，孔子荷杖而問之曰：'子之公不有恙乎？'搏杖而揖之，問曰：'子之父母不有恙乎？'"并謂："此所謂'公者，祖也'。今浙東猶稱祖曰公公。"

（四）卜辭"公"字的幾種用法。

1. "公"指"先公"。趙誠（《甲骨文簡明詞典》227頁）謂："卜辭的'公'，可能指先公。如："辛亥貞，壬子又（侑）多公，歲。"（《粹》四、五）'多公'當是一種習慣性用法，與多妣、多父、多母之類相近，應是指多位先公。卜辭還有'三公'之稱。"（"丁巳卜：三公，父下。歲，隹羊。"（《合》27494）與三父、三兄之類的稱呼相近，也應是一種習慣性稱謂。）

2. 在卜辭中，也有單稱"公"。作爲祭祀對象者。屈萬里謂："單言'公'者，蓋泛群公。"如："辛酉卜，貞：在獄，天邑商公宫，衣。兹夕亡畎寧。"（《合》36541）趙誠謂："公，重代諸公。衣，祭名。""公宫①衣"即在安放諸先公神主之宫，進行祭祀。（《簡明詞典》213頁）得之。

此"公宫"或省稱爲"公"（即祭祀諸公之宫）。（與《召南·采蘩》"夙夜在公"之"公"代指"公侯之宫"同例。）如：

"公羊叀羊"（《合》27393）。"弜公歲，宰。"（《合》31678反）

"于公舌"（《合》27417）。"其舌于公。"（《屯》三九六〇）

"乙未卜，又（侑）于公。"（《屯》三一）"其又（侑）于□壬卯又（侑）于公、王受……"（《合》27651）

以上之"公"，即"公宫"之簡稱。故"在公"（《甲》一三七八）之"公"，當即指此"公宫"之"公"矣。又"于公亩，其□（祝）危方奠……兹

① 《甲骨文字詁林》（3360頁）按語謂："乙辛卜辭，則'公宫'連言。屬宗廟建築之類，爲祭祀之所。"其説是也。

用。”（《合》27999）此“公”（公宫）既爲宫廟祀先公之主，又有爲農場提供生活資料之義。故有“于公亩”之事也。

《殷周金文集成》11.5998 銘云：“獸，由伯曰：𠬝禦乍（作）尊彝，曰：‘毋入于公’。曰：由伯子曰：𠬝爲厥父彝，丙日唯毋入于公。”

裘錫圭《從幾件周代銅器銘文看宗法制度下的所有權》載《盡心集——張政烺先生八十慶壽論文集》（中國社會科學出版社，1996 年），曾討論“（以上的）𠁁尊與𠁁卣銘文。該組銘文記録𠬝，甲月兄弟二受伯父之命，而爲自己亡父做祭器。其中由伯便是他們的宗子。在銘文中，由伯允許𠬝所做彝器‘毋入于公’。這説明宗人所做祭器原則上應交給宗子支配，是宗子對小宗財産具有支配權的反映”。

按：此銘之“公”，當即“祭祖先公宗廟”的“公宗”“公宫”的省稱。祭器“毋入于公”，可知“公”即“宗廟”矣。此銘表明：宗子之特權，首在祭祀祖先權的壟斷上。祭祀權使“宗子”成爲全宗族的首腦、主人，亦即“君”。宗子與族衆關係是一種君臣關係。從而整個宗族財産的合法所有者、支配者，便歸“宗事”了。

3.《甲骨文字詁林》“公”字下按語指出：“公”有“當爲祭名”者。如《合集》：“其于小乙公又（侑），王受又。”“公”也當爲祭名（3359 頁）。又謂：《合集》27149 辭云：“王其又（侑）大乙、大丁、大甲、叀（惟）丩歲公。”“公”當爲祭名（3360 頁）。

今按：《詁林·按語》所説是也。《合》21114“公”與“燎”相對。在《合》27354“公”與“又”（侑）并列相連。而在《合》27149“公”與“丩”“歲”并列相連。而“燎”、“又”（侑）、“丩”、“歲”皆爲“祭名”（或祭祀方式之名）。則在此之“公”當爲“祭名”（或祭祀方式之名），可以决矣。

“公”在卜辭爲“祭名”，尚見于下列各例：

“王其又（侑）于父甲，公兄壬，叀（惟）𣪊？王受又（佑）?”（《屯》九五）

此“公兄壬”與“又父甲”相對、相應。故知：“公”爲“祭名”，與“又”（侑）同類也。“其又（侑）公父。”（《屯》七五）“辛丑卜，公父壬歲……王受［又（佑）］。”（《屯》一五三）“甲辰卜，新鬯，王其公登（蒸），王受又（佑），吉。”（《屯》1088）（此辭“公”“登”（蒸）并列相連，可證其爲祭名。）

“叀（惟）丩公作豊庸（鏞）于……又正，王受［又（佑）］。”（《合》30961）（此辭“公”與“丩”相并連，知爲“祭名”，又與“作豊鏞”相連。豊爲鼓之初文，鏞爲“大鑑”。此作祭名之“公”爲何種祭祀方式耶？）

竊以爲以上卜辭中作爲“祭名”（或祭祀方式之名）的“公”，當讀爲“頌”。即用以祀神的樂、歌、舞結合的“頌”。如此解可立，則知周人之“頌”實承殷人之禮俗而來矣。

2012年10月12日上午，于幹療院
天陰雨多日矣

附二：卜辭中演奏樂、舞之詞例

1. “王乍（作）𠂇（用，讀鏞）奏。”（《合集》3256）

2. “癸亥其桒𠭰（𠭰，《類纂》釋𠭰，當讀爲韶）？子𠂤其……”（《合集》14125）

3. “叀且（祖）丁庸（鏞）奏。”又“叀父庸（鏞）奏，王衎。”（《合集》27310）

4. “叀小乙……庸（鏞）奏，用，又正。”（《合集》31013）

5. “叀庸（鏞）奏，又正。”（《合集》31014）

6. “……庸（鏞）奏，又正。吉。”（《合集》31022）

7. “其奏庸（鏞），鬩美，又正。”（《合集》31023）

《說文》：“鏞，大鐘謂之鏞。從金，庸聲。”《書・益稷》：“笙鏞以間，鳥獸蹌蹌。”爲“庸”之後起加形旁字。初作“庸”。《詩・商頌・那》“庸鼓有斁”，毛傳：“大鐘曰庸。”《釋文》：“庸，依字作鏞，大鐘也。”《逸周書・世俘》：“王定奏庸，大享三終。”“奏庸”與卜辭同。

8. “……王其乎（言乎）万（萬）奏。”（《合集》31025）（《以》二一四八）

9. “奠其奏庸，叀舊庸（鏞）大京武丁……引吉。”（《屯》四三四三）

10. “貞：壴（鼓）亡奏。”（《英》一九一一）

11. “……奏𠭰，不……”（《英》二三七〇）

12. “乙亥……貞：今……奏𠭰（𠭰）。”（《餘》一四，一）

按：甲骨文有𠭰字，即以“召”爲聲符之“𠭰”字。字在金文構形同。

字或作，以“刀”爲聲符，或省聲符“召”或“刀”，作“”字象雙手持酉（尊）而上提之形，楊樹達以爲“酎”之初文。而以“召”爲聲符。（召與酌，禪照旁紐，宵尊對轉，正一聲之轉。）字又省去“酉”（尊）之底座，作、等形。羅振玉謂：“古文㽯字從此，或“召”之異體。”（《徐問篇》9頁）《殷墟甲骨刻辭類纂》則隸寫爲㽯，釋爲“㽯”字。有據可從。

此㽯即㽯之初文，聲符爲“召”，可讀“召”字之音，則通于“招”“韶”矣。此“㽯”通“招”“韶”，則爲“舜系”之名矣。《尚書大傳》卷一：“招爲賓客雍爲主人。”鄭玄注：“招音韶，即舜樂，《簫韶》九成，故曰《九招》。”《漢書・禮樂志》：“舜作招。”顔師古注：“招讀韶。”《説文・音部》：“韶，虞舜樂也。”《書》曰：“簫韶九成，鳳凰來儀。從音，召聲。”《論語・八佾》：“子謂韶，‘盡美矣，又盡善也’。”又《述而》：“子在齊聞韶，三月不知肉味。”又《衛靈公》：“行夏之時，乘殷之輅，服周之冕，樂則韶舞。”上1、11、12三辭之“奏㽯”即“奏韶”，是“韶”樂，見于卜辭，至孔子時尚存也。

13.《金》三六：“丙戌（卜，幀），多丏（萬）……入爻……”①

14.《明》七五四：“丁卯卜，［矣］貞：入丏（萬）……冃（疑用之形體）于亇（妃）……不若。”

按：“入爻”即“入學”。“多丏”，謂衆多丏舞之師，生也。“入万”，即“丏”舞入庭也。

15.《粹》七八四：“甲申卜，今日丏（萬），不雨。”

16.《掇》一，三八五：“叀丏（萬）雨舞，盂田又（有）雨。”

17.《南明》六八三：“丏（萬）叀美奏，又（有）正。”

18.《摭續》一九三：“丏其奏，不宵大雨。”

19.《南明》：“弜丏（萬），兹用。叀丏（萬）。”

按：卜辭之“丏”，一種爲“亥”字之一形，一種爲“元”字之一形。作爲丏、賓字之偏旁，作“丏”“元”（卜辭）或作“𠂉”“元”（金文），本爲“元”字，變作丂字。（元與丏：疑明旁紐，元真旁轉，正一聲之轉。）

在卜辭上述各例，又以“丏”（元）爲“萬”字表示“丏舞”之名。（元與

① 《前》七，三三，二：“貞言乎（言乎）多老無（舞）？癸卯卜，[illegible]貞：乎（評）多老無（舞）……王□占曰：其㞢（有）雨。”此“多老”乃教樂舞教師們。則“多丏”，當爲教丏舞之教師們矣。

萬（□），疑明鄰紐，元部叠韵，亦一聲之轉。）故有學者釋“□”即今之“萬”字，可信。

《玉篇·萬部》：“万，俗萬字，十千也。”《集韵·願韵》：“万，數也，通作萬。”

《廣韵》万：無販反，萬：無販反。二音全同。故以“万”爲“萬”也。（古鈢萬有作□者，可證以万爲萬是先秦時事也。）①

《初學經》卷十五引韓詩：“萬，大舞也。”《詩·邶風·簡兮》“方將萬舞”，鄭玄箋：“萬舞，干朋也。”《公羊傳·宣公八年》：“萬者何，干舞也。”《大戴禮記·夏小正》：“萬也者，干戚舞也。”作爲動詞爲“跳萬舞”。《左傳·隱公五年》：“九月，考仲子之宫將萬焉。”

20.《人》一九五四：“王其乎（評）万（萬）雨舞于……”

21.《甲》三〇六九：“庚寅卜：辛卯奏無（舞）㞢（有）雨？庚寅卜：癸子（巳）奏無（舞）雨？庚寅卜：甲午奏無（舞），雨？壬辰奏無（舞）雨？”

22.《金》五〇二：“甲辰卜：羽（翌）乙子（巳）我奏無（舞）至于丙午……”

23.《存》一二〇：“癸酉卜，奏無（舞）。”

24.《粹》一三一四：“□奏無（舞）。”

總結以上諸例，知卜辭時代在樂舞方面有：①奏壴（鼓）（10）；②奏庸（鏞）（1、3、4、5、6、7、9）；（以上所奏樂器）③奏𥃀（韶）（2、11、12）所奏者樂章之名；④奏“□”（万、萬）（13、14、15、16、17、18、19），所奏者“萬舞”，乃“干戚之舞”，當爲武舞；⑤奏“無”（舞）（20、21、22、23、24）常與“求雨”有關。似當釋爲“女舞”。

又，卜辭有“奏戚”“戚奏”之文。如：

25.“叀戚奏”（《合集》31027）（此字作“□”，《類纂》釋“戚”，可從。）（林澐有説。有據。）

26.“其奏戚叀……”（《合集》31036）

27.“于丁亥奏戚，不雨。”（《合集》31036）

28.“丁弜奏戚，其雨。”（《合集》31036）

按：《説文》：“戚，戉也，從戉，尗聲。詛楚文字作□，漢帛《老子》甲

① “万（單立昔言戲）三万”（《金文編》）。□、□、□（《先秦貨幣文編》）。□、□（《古璽文編》））。

文後古逸書之“戚”作，或作，與郭沫若釋、爲“戚”可以互證。”

古武舞以“干戚”爲舞具。《禮記·明堂位》：“朱干玉戚，冕而舞《大武》。”注：“朱干者，赤大盾也。王戚以玉飾斧也。”《公羊傳·昭公二十五年》：“子家駒曰：設兩觀，乘大路，朱幹玉戚以舞《大夏》，八佾以舞《大武》，此皆天子之禮也。”《山海經·海外西經》：刑天“操干戚以舞”。

“干戚朋旄謂之樂”，“干戚旄狄以舞”見《樂記》。干、戚并稱，皆言“戚”爲舞器，則“奏戚”爲演奏舞戚之舞，乃“武舞”矣。

2011年2月初旬在幹部療養院寫此

附三：卜辭“乍豊”與“乍庸”[①]
——“作豊”即“作壴”説

卜辭有“乍（作）豊”之文。如：

1. “貞其乍（作）豊（）……伊御（禦）。”（《合集》6054）

2. “貞其乍豊乎（言乎）伊御。”（《合集》26914）

3. “……乍豊”（《合集》29692）

4. “貞：日于且（祖）乙，其乍豊。”（《合集》32557）

5. “其乍豊又（有）正。”（《屯》二二七六）

6. “弜乍豊。”（《合集》31180，又34609，《屯》二一四三，又二二七六）

7. “叀（惟），小乙作美庸（鏞），用。”（《合集》27352）

更值得注意的是卜辭中“豊庸”連詞并見。如：

8. “……大乙大丁大甲其乍（作）餗。作豊庸（鏞）又……”（《合集》27137）

9. “叀（惟）公作豊庸（鏞）于……又（有）正，王受……”（《合集》30961）

10. “弜庸？其豊？……爵有正。”（《合集》31021）

按：“庸”爲“鏞”之初文。《説文·金部》：“鏞，大鐘也。從金，庸聲。”

---

① “乍”爲“作”之初文。在此當訓“發出音響，演奏”（《漢語大詞典》）。《論語·八佾》：“樂其可知也。始作，翕如也；從之，純如也。”《後漢書·東夷傳》：“其王來朝京師，帝作黃門鼓吹、角抵戲以遣之。”

是古代用于宗教、政治禮節的重要樂器。《書・益稷》："笙鏞以間，鳥獸蹌蹌。"周初《天亡毁》銘"不（丕）顯王乍（作）眚（笙），不（丕）𩚁（肆）王乍（作）庸（鏞）"，與卜辭之"乍（作）庸（鏞）"同，謂鼓鏞鐘以祀神之馳。

何爲豊（）？《説文》："（豊）行禮之器也。從豆，象形。"又："禮，履也。所以事神致福也，從示、從豊，豊亦聲。"王維國謂：甲文之、及其繁文，此諸字，皆象二玉在器之形。古者行禮以玉，故《説文》曰："豊，行禮之器也。"其説古矣①。

"豊"是行禮之器，爲"二玉在器"之形。玉在何器？許慎説"從豆"。即"二玉在豆"。但甲、金文（豊）字字形，與許説不合。姚孝遂謂："契文'豊'字實從'壴'（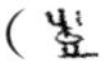），從'玨'（玨，丯，丰丰）不從豆。"篆文從"豆"用形體之訛變（《甲骨文字詁林》2788頁）。其説與（豊）之字形合，當從。

"壴"（）爲樂器"鼓"之象形初文。何以又爲"盛玉之器"呢？

因爲"壴"（鼓）爲圓桶形，一面或兩面蒙皮，可以敲擊發聲，以節樂，以警衆，是爲"樂器"。但此"壴"（鼓）也可以作爲"容器"用以盛物。從而"鼓"又爲"量器之名"。《左傳・昭公二十九年》："遂賦晉國一鼓鐵（鐘），以鑄刑鼎。"孔疏："服虔曰：鼓，量名也。"《禮記・曲禮上》"獻米者操量鼓"，知"鼓"可以"量米"。則"壴"（鼓）可以爲盛王之器，亦可知矣。

姚氏又指出："卜辭多見'作豊'。'弜作豊'。'豊'當爲祭品。《合集》32536辭云：'叀新豊用''叀舊豊用'。又《合集》30961辭云：'叀公作豊庸于……又正，王受……''豊'多與'庸'同見，'豊'當與樂有關。"（《詁林》，2788頁）

按：姚説有見。舊釋"作豊""祈豊""舊豊"之"豊"皆讀爲"醴"（如商承祚、郭沫若、李孝定等）。

"豊"在甲、金文固有讀爲"醴"之辭例。如《合集》15818："癸未卜，貞：酉束（餗）豊（醴）叀（惟）㞢（有）酉（酒），用，十二月。"此"酉束"（餗，鼎實。（《説文》））和"酉"（酒）并列之"豊"，自當讀爲"醴"，即

---

① "戊戌卜，争貞：王歸，奏玉，其伐。"（《合集》6016正）"甲午卜，𡧊貞：王奏兹玉咸，（成）左（佐）。"（《合集》6653正）又："甲午卜，𡧊貞：王奏兹玉，（成）弗左（佐）。"（同上）此"奏王"之"奏"，訓"進也"（《説文》），即"奉獻"（《漢語大字典》）。此殷王進獻玉以事神。訛王説之證。

“酒一宿，熟”（《説文》）之“香甘酒”（《玉篇》）。又金文《長白盉》銘“穆王饗豊”，“饗豊”即“饗醴”也。但“作豊”之辭，與“作庸”相提并論。而作“作豊庸”，是“作豊”與“作庸”相類，而“豊”在此必爲與庸（鏞）相類之樂器矣。

然則“豊”作爲樂器，又是何種樂器？竊以爲“豊”作爲樂器，此“豊”當讀爲“壴”。“壴”爲“鼓”之初文。則“作豊”即“作壴”矣。

“豊”何以可讀爲“壴”也？按“壴”爲“鼓”之初文。在卜辭字與“鼓”通，又與“喜”通[①]，又與艱（鄁、嬉、囍）通。只有其音作“喜”（曉、之），則“壴”始可與“鼓”（見、魚）、艱（見、文）通。亦可與“豊”　（萊、之）通。

故“豊”（）字當説爲“從玨，從壴，壴亦聲”。所以“豊”可以讀爲“壴”，而訓“樂器之鼓”。

卜辭與“乍庸（鏞）”并列的除“作豊”“作豊、庸”外，還有“壴豊”并見相連之詞。如：

11.“其（置）庸（鏞）壴（鼓）于既卯。”（《合集》30693）

12.“己卯……壴（鼓）庸（鏞）于之……”（《合集》34612）

“壴庸”，當即 8、9 之“豊庸”。此“豊”可以讀爲“壴”而訓“鼓”之證。

附四：“惟新豊用”“惟舊豊用”解

1.“丙戌卜，叀（惟）新豊用。”（《合集》32536）

2.“叀（惟）舊豊用”。（《合集》32536）

郭沫若謂：“‘新豊’‘舊豊’相對爲文。豊當讀爲醴[②]。”（《殷契粹編》第232片）後之學者多從之。惟姚孝遂謂此“豊”當與樂有關（《詁林》2788

① “壴”古音同“喜”。喜與豊，之部叠韵通假。其文證則爲：從喜得聲之字，與從里得聲之字相通借。（《左傳·閔二年》“僖公”，《史記·魯世家》作“釐公”。而“堇，讀若釐”（《説文》），“理”從里得聲而又與“禮”通。《禮記·仲尼燕居》：“禮也者，理也。”下文“未免乎危亂之禮”，明本正作“理”。銀雀山漢簡《晏子·六》：“未免乎危亂之禮，而□□□□之國不可。”明本《晏子春秋·内篇〈問〉上第三》作“未免乎危亂之理，而欲伐安和之國，不可”。是“禮”讀爲“理”又一證。）

② 醴爲“一宿熟”之“甜酒”（《説文》《玉篇》），乃速成之“濁酒”。以新醴爲神，猶可説也。而“舊醴”則必因酒精成分低，不能久存而致餿臭，何能作爲祀神之祭品？

頁)，其説是也。上文已申姚説，證此“豊”當讀爲“壴”，即訓爲“鼓”。

那麼“新豊”“舊豊”當是何義？竊以爲當是“于新宗（或新室）作豊（鼓)”“于舊宗（或舊室）作豊（鼓)”之省文。

按：卜辭中有“新宗”“舊宗”或“新室”“舊室”之詞。

3. “……且（祖）甲舊宗。”（《合集》30328）

4. “貞：弓（勿）于新宗酌，八月。”（《合集》13547）

5. “丁未卜，貞：今日王宅新室。”（《合集》13563）

6. “……于新室奏。”（《合集》31022）

“新”字，在卜辭或作“⿱宀新”（），有“⿱宀新宗”之詞：

7. “……卜，且（祖）丁舌⿱宀新宗，王……”（《合集》30323）

8. “王其又（有）妣庚⿱宀新宗，王……大吉。”（《合集》30324）

9. “弜去，舌于之寴宗，王若，受又（佑)。”（《合集》30326）

10. “寴宗又（侑）……”（《合集》30327）

11. “……其舌，小乙⿱宀新宗。”（《屯》二八七）

12. “弜⿱宀新宗。”（《懷》一三六七）

而于“寴宗”進行某種祭祀（如舌、侑)，則有時省稱爲“寴……某”或“某……⿱宀新”將“寴宗”省稱爲“寴”了。如：

13. “其舌⿱宀新小乙，王孚又（佑)。”（《屯》八二二）

而 11 則云：“……其舌，小乙⿱宀新宗。”（《屯》二八七）二辭相較，知“舌⿱宀新”即“舌新宗”之省文矣。

準此例，則知卜辭之。

14. “叀新熺（饎)，用。大吉。”（《合集》30693）此辭之“新熺”，不是“新的饎”，而是在“新宗”以“饎”祭神。

15. “……新祝，用。”(《合集》30799）此辭之“新祝”，不是“新的祝”，而是在“新宗”進行“祝”祭，以祈神。

16. “叀新栅，用。”（《合集》34522）此辭之“新栅”，不是“新的栅”，而是在“新宗”舉行“栅”告祭祀之省稱。

同理，我們在知“舊某”（祭名或祭品)，不是“舊的某”(祭名、祭品)，而是在“舊宗”進行某祭或獻祀某品之省稱。如：

17. “庚戌卜：叀舊邦（禦)，往……”（《合集》22099）此辭之“舊邦（禦)”是在“舊宗”舉行“禦”祭。

18. “乙未，又（侑）歲于且（祖）乙，仕三十。隹（惟）舊歲。”（《合集》23884）此辭之“舊歲”是指在祖乙“舊宗”，舉行“歲”祭。

19. “叀舊祵用。”（《合集》30679）此辭之“舊祵”與16之“新礻册”正相對。知“舊祵”是在“舊宗祵祭”之省文。

卜辭又有“新庸（鏞）”“舊庸（鏞）”之詞。如：

20. “乙巳卜，今日乙，王其戉，新庸不遘。”（《合集》29712）

21. “……新庸……”（《合集》30801）

22. “叀舊庸，用。”（《合集》30694）

23. “奠其奏庸，叀舊庸，大京，武丁。”（《屯》四三四三）

以上“新庸鏞”“舊庸鏞”顯然是“在‘新宗’或‘舊宗’奏（作）鏞”以祭祀祖先之省文。

因此：1、2之“叀新豊用”和“叀舊豊用”之“新豊”“舊豊”，絶非“新的豊”和“舊的豊”，而是在“新宗”或“舊宗”作豊以祭祖先神之事。又鑒于卜辭中“庸豊”連文并列。“作庸（鏞）”與“作豊”相應。而“豊”又從玨從壴，壴亦聲，可讀爲“壴”，即“鼓”。是以“新豊”“舊豊”當釋在“新宗”或“舊宗”做“鼓”以祀神。而不是以“新醴”“舊醴”以事神之事也。

2010年2月13日上午成此文
于天迴山之幹療院。天陰冷

附五：卜辭中“商”爲樂舞名之例
——“商”讀“章”，即堯樂“大章”説

卜辭有“商奏”或“奏商”之詞：

1. “叀（惟）商奏，又正？又（有）大雨。”（《合集》30032）

2. “叀（惟）商奏”。（《合集》33128）

3. “其奏商。”（《屯》四三三八）

卜辭他詞“奏X”或“X奏”之“奏”爲演奏樂曲。所“奏”對象爲樂器或樂舞之名。如：

4. “……王乍（作）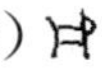（用，讀庸，即鏞）奏。”（《合集》3256）

5. “貞：叀（惟）奏，雨？”（《合集》12824）

此貞：奏樂舞，是否致雨。

6.“癸亥，其奏召（𥁕，即韶之通借字），弜其……”（《合集》14125）

此殷人“奏韶”樂之記録。“召”《類纂》釋“𥁕”，正確可從。

7.“叀（惟）庸（鏞）奏，又正?”（《合集》31014）

此與4皆殷卜“奏庸”以祀神之事。

8.“叀（惟）𢦔（戚）奏。”（《合集》31027）

9.“其奏𢦔（戚），叀（惟）……”（《合集》31036）

“奏戚”即《公羊傳·昭公二十五年》“朱干王戚以舞大夏”之“戚舞”是已。

10.“……王其乎（評）万奏……”（《合集》31025）

11.“庚辰卜，貞：壴（鼓）亡奏?”（《英》1911）

“萬”即（萬）舞之名。“壴”（壴）爲“鼓”之初文。

凡此之“鏞奏”“鼓奏”“奏𥁕（韶）”“奏戚”“萬奏”，皆用爲“演奏樂舞”之義。因此，“商奏”“奏商”之“奏”亦當與之同義。從而所“奏”之“商”，似當釋爲“樂舞之名”了。

卜辭之“㠯”即“以”之初文。其字一義爲“以，爲也”（《玉篇·人部》）。即“作爲，從事”。而卜辭有“以（以）萬”之詞：

12.“王其田，以（以）萬，不雨?”（《英》二三〇九）

13.“王其田以（以）萬，湄日亡𢦏? 吉，兹用。”（《合集》29397）

又有“以戚（𢦔）”之詞。

14.“□亥貞：陟大禦（禦）于高……以戚（𢦔）。”（《合集》34287）

而卜辭又有“以商”之詞：

15.“……王其……以商，庚卯，王弗每（悔）。”（《合集》36416）

如12、13之“以（以）萬”爲“雙事萬舞”。14之“以（以）戚”爲“從事戚舞”。則15以“以（以）商”當釋爲“從事”名“商”之樂舞矣。

從1、2、3之“商奏”“奏商”及15之“以（以）商”，皆可以“商”與“鏞”“鼓”“萬舞”“韶樂”“戚舞”相比類。則此“商”當爲“樂舞之名”，可以推知矣。

“商”爲何者“樂曲”之名。按：商與章通（《易·兑·九四》：“商兑未寧。”漢帛書本商作章。《韓非子·外儲左下》：“夷吾不如弦商。”《吕氏春秋·勿躬》：“商作章。”從聲韵論，商與章，照審旁紐，陽部叠韵，正一聲之轉。）

作爲“樂曲”之“商”，當讀爲“章”。即後世新傳之堯樂“大章”是已。《禮記・樂記》：“大章，章之也。”注：“堯樂名也，言堯德章明也，《周禮》闕之，或作《大卷》。”《莊子・天子》：“堯有大章，舜有大韶。”

今卜辭有“奏商”“商奏”“以商”之詞，又有“奏□”即“奏韶”之詞，是殷商時堯、舜之“大章”“大韶”之樂，乃演奏于王廷也。

2011 年 2 月 9 日下午在幹療院得此解

近日寒凍，今日開始升温

附六："鼓"作爲"勞動號子"以伴勞作

費玲伢《新石器時代陶鼓的初步研究》（《考古學報》2009 年第 3 期，315—316 頁）謂：鼓之用途之一爲“勞作伴鼓”。《詩・大雅・綿》：“捄之陾陾，度之薨薨，築之登登，削屢馮馮。百堵皆興，鼛鼓弗勝。”即以鼓作爲“勞動號子”。

又謂：史前陶鼓形態不同，當有不同用途或使用場合。當然也應有不同的名稱。如座形、豆形陶鼓可能名“鞀”；喇叭形陶鼓可能名“鼙”；大口尖底瓶形陶鼓可能名“鼛”；缸形、釜形或尊形陶鼓可能名“鼖”。

殷人田獵“一車兩馬”爲常。

卜辭問風：“戊午卜，才（在）潢，貞：王其□大兕，叀騂與騽，亡灾，𢀛（禽）。叀駟眔騖子，亡灾。叀左馬眔𩣡，亡灾。叀驪眔小騽，亡灾。叀騂與騽，亡灾。叀并□，亡灾。”釋曰：“此六段卜辭乃同時所卜，其次由上而下，即戊午之日王將□大□，卜用何種馬匹也。馬皆以兩兩相并。騂與騽，駟與騖，左馬與𩣡，驪與小騽，䮂與騽。最後曰‘并𩡧’。‘并𩡧’者謂用兩𩡧也。此足證殷末王者之車，所駕者僅二馬。即所謂駢。（《説文》：‘駢，駕二馬也。’）衛參駟之制，蓋後起矣。”郭沫若（《卜辭通纂》153 頁）

“考古發現殷代車馬坑中大部埋一車二馬。它説明殷代的車大多爲兩馬駕轅。”①

卜辭有：“叀左獲□，叀右獲吉”（《前》八，七，三）。于省吾（《釋□》，

① 中國社會科學院考古研究所編著：《殷墟的發現與研究》，方志出版社，1994 年。

《甲骨文字釋林》56 頁）謂：此“左獲”“右獲”是指射獵之方向。并舉卜辭之“又（有）豕在行，其𠂇(左）射隻（獲)”(《前》三，三)。《詩・壽風・駟驖》之“公曰左之，舍拔則獲”可以更進一步驗證。表明殷人射獵已很講究射獵方向。

附七：“豈”字説

“豈”字，篆作“豈”。古陶文作“豈”與篆文同。漢印文字作“豈”。

《説文・壴部》：“豈，還師振旅樂也。一曰欲也，一曰登也。從豆、微省聲。”什麽是“還師振旅樂”？饒炯曰：“謂揚旆而返，鼓言而還，歌以樂之。如《左傳・僖二十八年》云‘振旅愷以入于晉’是也。”《周禮・大司馬》：“若師有功，則左執律，右秉鉞，以先愷樂獻于社。”鄭注引《司馬法》云：“得意則愷樂愷歌，示喜也。”又《春官・大司樂》云：“王師大獻，則令奏愷樂。”字本作“豈”，經傳比作愷，俗以作凱。

許慎説“豈”字從“豆”、“微”省聲。“豆”是“食器”，如何作樂？所以段注謂：“豆當作壴省。壴爲獻功之樂，壴者陳樂也。”段得到後代學者的認同。這是正確的。因爲“壴”是“鼓”之初文。軍事上以鼓指揮軍隊的行動。還師時“鼓噪而還，歌以樂之”爲“奏愷”。是“豈”必爲“壴”（鼓）之一種。故“豈”字不從豆，而從“壴”省也。

至于“豈”字從“微”省聲。指“豈”字上部“山”（漢印作山最合）。𡵂字古作“𡵂”，則説“山”爲“𡵂”省也是有據的。段注認爲當是“𢼸”省聲。饒炯引周席珍説：“從微省，當是從徽省。徽下説語也。”《後漢書》注云：“徽號，旌旗之名也。”按：“徽”之初義爲“三糾繩”或“邪幅”（《説文》）。其用爲“旗幟”義者，乃讀爲“徽”之故也。《説文・巾部》：“徽，幟也。”《玉篇・巾部》：“微，幡也。”即旗幟。故“豈”字之“微省聲”，當説爲“徽”省聲。

從聲韻説：“豈”爲溪田，微部字。“微”爲明紐，微部字。“徽”“徽”皆爲曉紐，微部字。所以，“豈”與“微”，雖然微部叠韵。但“溪”（牙）明（唇）不能通。而“豈”與“徽”則溪曉旁紐，微部叠韵，正一聲之轉。

所以無論從字義來源或聲符讀音來説，“豈”（豈）從壴（壴）、微省聲（山）是最合理的解釋。這就是説“豈”是一種帶着徽幟的鼓，是用于軍事的鼓。

那麽，歷史上是否存在着這種用于軍事的、載着旗幟的鼓呢？

戰國山彪鎮一號墓出土銅鑒上的《水陸攻戰圖》中，即有這種上載旌旗的戰鼓。其形象爲：

此二圖之 即旗幟之形，乃所謂“徽”也。此“徽”（旗幟）之旗杆貫鼓而出（或爲民懸挂之支柱），其旁有佩刀、執戈、戟之戰士，手執鼓桴以鼓此載有旗幟之戰鼓。

因之，“ ”之象形字當作“ ”，此蓋“豈”之初文。其後形變爲“ ”（漢印豈字），再變爲“ ”即今小篆之形矣。象形字聲化，而説爲“從壴省、微省聲”，而成爲形聲字了。

據此可知：壴（ ）爲樂鼓[①]。故訓“陳樂，立而上見也”（《説文》）。

而 （ 、 ）爲戰鼓，故訓“還師振旅樂也”。即“豈”爲“鼓”（ ）之一種。乃懸挂于指揮旌旗杆上的戰鼓。

知道“豈”之本義是懸挂于旗幟杆上的戰鼓。則下列以“豈”爲兼義聲符之轉注形聲字，可得而説了。

“豈”爲“戰鼓”“兵乘”“還師振旅樂也”，引出“喜樂”義。故“愷”從心，豈聲而訓“樂也”（《説文》）（《爾雅·釋詁》）和“康也”（《説文》）義。故“敳”從“攴”“壴”聲而訓“敳，擊鼓也”[②]（《集韵·燭韵》），再引出“有所治也。從“攴”，壴聲”（《説文·攴部》）。

“豈”爲懸在旗幟杆上之戰鼓，故有“在上”“高處”之義。故“塏”從土

---

① “壴”字甲文作 、 、 。“其中蓋象鼓，上象設業崇牙之形（即鼓之頂飾），下象建鼓之虡。”（唐蘭）金文嘉字之“壴”字偏旁，除作 、 等形與甲文同外，還作 、 、 等形。其 、 上之 、 、 、 等形，皆《詩經》中所謂“植其鷺羽”的鼓之頂飾。林澐指出：“漢代畫像磚石上有許多這種植羽之鼓的形象。”（《豊、豐辨》，《古文字研究》第十二輯）其説良是也。

② “敳”訓“擊鼓也”（《集韵·燭韵》），以“攴”擊“豈”。是“豈”爲“鼓”之堅證。

豈聲而有“高燥也”（《説文》）之義。即“地勢高而乾燥”。“皚”訓“高白之貌”（《文選·七發》注）。“磑”訓“宗積也”（《漢書·禮樂志》注），皆讀“皚”“磑”爲“塏”故皆有“高”義矣。

“豈”爲懸挂于旗幟杆上之戰鼓，需與軍隊移動。故體積比之樂鼓較小，故有“小”義。愷從豈聲，亦作凱，從豈、幾聲，“幾”有“小”義故與“豈”得互爲兼義聲符也。故“螘”從蟲豈聲而爲“蟻”之名。《爾雅·釋蟲》：“蚍蜉，大螘，小者螘。”《釋文》：“螘，俗作蟻。”《楚辭·招魂》“赤蟻若象”，王逸注：“螘，蚍蜉也（此《説文》訓），小者爲螘，大者爲之蚍蜉也。”

“豈”爲“戰鼓”，冒皮以成。（《帝王世紀》：“黄帝殺夔，以其皮爲鼓……聲聞五百里。”）商代一大墓，其大鼓遺痕，皮爲蟒皮或鰐魚皮。（陳初生）故“豈”有“鼓面之皮”的含義。故“鎧”字從金豈聲而訓“甲也”（《説文·金部》），即金屬片綴成之軍用護身服。“古用皮，謂之甲，今用金，謂之鎧”（《周禮·夏官·司甲》賈疏）。故“鎧”字從豈聲。謂其金屬片之功能有如冒鼓之皮所成之甲也。

“豈”爲“戰鼓”其體爲“圓形”（或“圓硐形”）。故“磑”從石豈聲而訓“磑，石靡也”（《説文·石部》）、“磑即磨也”（郭璞注《方言》），《六書故·地理二》：“磑，合兩石，琢其中爲齒，相切以磨物曰磑。”磑即石磨，其形爲“圓筒”與“豈”之“鼓”形相似。故稱圓形石磨爲從石、豈聲之“磑”矣。磑爲“有齒之磨”，故剴字從刀磑省聲而有“大鐮也”之義（《説文·刀部》）。大鐮爲切地割草之有齒鐮刀，故從磑省聲而受其“有齒工具”之義矣，故“剴”又有“一曰摩也”（《説文》）之義即“切磨之”。“皚”字《説文·白部》訓：“霜雪之白”，《廣雅·釋器》訓“白也”。何以有此義？當説爲從白，磑省聲。磑爲石磨，磨米、麥面時所出皆爲白色之粉，故從白、磑省聲之“皚”，可訓爲“白”或“霜雪之白”矣。齸從齒，磑省聲，由磑之“石磨”受義，故訓“居齒牙也”（《説文·齒部》）即“齒相摩切”（《説文通訓定聲》）。

2010年12月30日上午

時霧散而盼日出。在幹療院

附八：卜辭“壴”用爲何字？

1.《合集》30693：“其[glyph]（[glyph]）[1] 庸壴于既卯。”

2.《合集》34612：“……豈庸于之……”

按：“壴”與“庸”（鏞）并列連文。庸即鏞是大鐘。

則1之“其[glyph]庸壴”之“壴”當是與“庸”并列之樂器，當用爲鐘鼓之“鼓”字首。

而2之“壴”是“動詞”，作用于“庸”（鏞）之動作，當用爲“鼓擊”之“鼓”。《類•纂》譯爲“鼓”字，可從。

3.《合集》1291：“癸丑卜，事貞：其隮壴告于唐，一牛。”

4.《合集》32418：“庚子貞：其告壴于大乙、六牛、叀（惟）龜祝。”

5.《屯》：“己卯……壴告于且（祖）乙。”

6.《合集》22746：“丁酉卜，大貞，氣告，其壴于唐、卒、亡囚，九月。”

按：以上“壴告”，或“告壴”，與“辛亥卜，出貞：其鼓彡告于唐。九牛，一月”（《合集》22749）相比較，知“壴告”即“鼓告”，“告壴”即“告鼓”。《類纂》釋爲“鼓”，是也。

7.《合集》32418：“戊戌貞：告，其壴彡于……，六。”

8.《合集》34475：“庚寅貞：其壴彡。”

按：此“壴彡”，即《合集》22749之“鼓彡”。是“壴”即“鼓”矣。《類纂》釋“壴”爲“鼓”，可從。

9.《合集》31017：“庸壴其眔熹壴隮。”

按：“庸壴”即“鏞鼓”，而“熹壴”當即“熺饎”，是“壴”又用爲“饎”矣。

10.《合集》17391：“辰：婦好囚，大疾延。壴？[glyph]？”

按：此辭因婦好因囚而“大疾延”，遂貞問其大疾是“壴”？還是[glyph]（[glyph]之異文）？此“壴”當讀爲“喜”。《易》得有喜之“喜”。[glyph]爲[glyph]之異文，表示死亡之義。

11.《英》1911：“庚辰卜，貞：壴亡奏。”

---

[1] 趙誠謂：“即置在之置。”（《甲骨簡明詞典》220頁）

按：他辭言“奏庸（鏞）”（《南明》六八四）、“奏無（舞），雨”（《甲》三〇六九），是此辭之“壴亡奏”之“壴”，當即“鼓”字矣。

總之，據上列辭例得知：

“壴”在卜辭用爲器名之“鼓”。亦用爲“鼓擊”之“鼓”。同時“壴”在卜辭又用爲“喜”，用爲“饎”用爲“囏”（艱）。

又“壴”與“喜”同用、同聲之證。除10爲以“壴”爲“喜”。9之以“壴”爲“饎”外，尚有以下證據：

（1）艱字甲文作□（鼓）（一期，《合集》548）又作□（一期，《林》一，二一，一二）。其字又作□（二期，《合集》24177）、□（二期，《合集》24204）。而金文之囏則作□（不□段）、□（毛公鼎）。在此“鼓”字之“壴”乃字之聲符，字又作“喜”，則“壴”聲同“喜”矣。故喜字當説爲：從口、從壴，壴亦聲。

（2）甲文“喜”字作□（一期，《前》五，八，五）、□（一期，《後下》四一，七）。王襄“疑熹字”。唐蘭謂：“古從壴之字，後世多從喜。”（《殷墟文字記·秀壴》）故《字典》謂此字當即“熹”字。《説文》：“熹，炙也，從大喜聲。”是“壴”作爲聲符與“喜”作爲聲符同音之證也。

更需注意的是在卜辭中“□”（豐）與“壴”（□）相通。當爲“豐”“壴”聲通之證。

豊（豐）甲文作□、金文作□、小篆作□。

《説文》：“豊，行禮之器也。從豆、象形。”“讀與禮同。”

于省吾（《甲骨文字詁林》）謂：“字象二玉在器之形”，“成玉以奉神人器謂之□若豐”。

姚孝遂謂：“契文‘豊’字，實從‘壴’‘玨’，不從‘豆’。篆文從‘豆’，乃形體之訛變。卜辭多見‘作豊’，‘弜作豊’。‘豊’當爲祭品。《合集》32536辭云：‘叀新豊用’‘叀舊豊用’。又《合集》30961辭云：‘叀公作豊庸于……又正，王受……’‘豊’多與‘庸’同見，當公樂有關。”

今按：此辭“豊”“庸”同見。“庸”即“鏞”，則“豊”當讀爲“壴”即“鼓”矣。

豊、庸同見之例有：

1.“……大乙，大丁，大甲其作餗餗門？作豊庸又……”（《合集》27137）

2.“叀公作豊庸于……又正？王受……”（《合集》30961）

金文中“壴”（□）之用法：

（1）“壴”用爲“鼓”。《王孫鐘》[①] 銘云“永保壴之”。他文如《沇兒鐘》作“永保鼓之”。知“壴”古音同“鼓”。

（2）“壴”與“喜”同。《曾侯乙編鐘》[②]（中一、二、三）作“獸鐘之壴反”。（中二、三、三）作“獸鐘之喜反”。（中一、十一、四）“[illegible]音之鼓”，（中三、六、四）作“大族之鼓”。

是“壴”音與“鼓”“喜”“憙”并同也。（鼓字從壴，又作皷，則從“喜”旁矣。）

1. 喜

①《廣韵》：虚里切（《説文》同），上止曉，之部。《説文》：“從壴，從口。”

②《集韵》：虚其切，平之曉，之部。

③《集韵》：昌志切，去志昌之部。（昌二穿。）

郭錫良《漢字古音手册》：古音音曉之。

2. 壴

《廣韵》：中句切，去遇知，侯部（《説文》同）。《説文》：“從屮，從豆。”

《手册》：壴，駐註。古音音端侯。

3. 尌

《廣韵》：常句切（《説文》同），去遇禪，又持遇切，侯部。

《説文》：“從壴，從寸。”“讀若駐。”（《廣韵》“駐”：中句切，去遇知，侯部。）

《手册》：古音音禪侯。

4. 彭

①《廣韵》：薄庚切（《説文》標音同），平庚并，陽部。

②《集韵》：薄光切，平唐并，陽部。

③《集韵》：逋旁切，平唐幫，陽部。

④《説文》：“壴，彡聲。”（彡，《廣韵》：所銜切，平銜生，又息廉切，侵部。又《集韵》：纖琰切，上琰心。《手册》古音山、侵。）

《手册》：彭（彭：成多貌）古：希，陽（此從《集韵》平唐希）。

又：彭，古：并，陽（此從《廣韵》）。

---

① 《王孫鐘》爲春秋時器。

② 《曾侯乙編鐘》爲戰國初期器。

5. 鼓

①《廣韵》：公户切，上姥見，魚部。(《説文》標音工户切。)

②《説文》：“𧯾，籀文鼓，從古聲。”(《廣韵》古：公户切，上姥見，魚部。(與鼓聲單位鏑。) 又《集韵》：古纂切去慕見。(能因、故。) 又《字彙補》：溪姑切（通姑)。《手册》：古，古音見魚。)

③《手册》：鼓，古音：見、魚。

6. 鼔

①《玉篇》：之録切。(此與鼓聲全同。)

②又公户切。

③《説文》：“從攴，從壴，壴亦聲。”《説文繫傳》有“讀若屬”三字。(屬。《廣韵》之欲切，入燭章，屋部。又市玉切，入燭禪，屋部。) 此即《廣韵》之，録切之音矣。《手册》：“屬”，古音章屋。又禪屋。

7. 豈

①《廣韵》：祛希切，上尾溪，微部。

②《集韵》：可亥切，上每溪，微部。

③《説文》標音：墟喜切。

④《説文》：“從豆，微省聲。”

《手册》古音：溪微。

9. 艱（囏）

①《廣韵》：古閑切，平山見，言部。

②《手册》古音：見、文。《説文》“從堇艮聲”，籀文“艱從喜”，當是以“喜”爲“艮”之替换聲符矣。

以上諸字，《廣韵》標音見下。

按：據卜辭材料，“壴”音同“鼓”、同“喜”。又爲“鼓”（囏）之聲符，和“豊”的聲符。

而《廣雅》以“壴”音“中句切”即古音音端侯。“鼓”音“公户切”即古音見魚。“喜”音“虚里切”即古音曉之。艱（囏）音“古月切”，即古音音見文。“豊”音“虚啓切”即古音來脂。是卜辭時“壴”“鼓”“喜”同爲一音，此音以可爲“囏”“豊”之聲符。那麽在《廣韵》所標音中讀哪一個音讀可以合乎此條件呢？本此條件，檢查如下音讀：

(1)“壴”音“中句切”即古音端侯。此音與“鼓”(見、魚）雖侯、魚旁轉可通。但“端”（舌）見（牙）不能通。此單與喜（曉、之）雖侯之旁轉，但“端”（舌）曉（牙）不能通。此音與“鼖”（見、文）“端”（舌）見（牙）不能通，侯（甲類）文（乙類）亦不能通。此音與“豊”（來、脂）雖端、來旁田。但侯（甲類）脂（乙類）不能通。

由此可知：在卜辭時代“壴”絶不讀“中句切”之音。

（2）“壴”音如讀“鼓”音（公户切，古音見魚），則此音與“喜”見曉旁紐，魚之旁轉，可通。此音與“鼖”（見前文）雖見紐雙聲，文脂旁對轉，但“見”（牙）來（舌）不能通。

因此，在卜辭時代，“壴”讀“公户切”之“鼓”音，不能成立。

（3）“壴”音如讀“虚里切”之“喜”音（曉、之），則此音與“公户切”之“鼓”音（見、魚）可通（曉見旁紐、之魚旁轉）。此音與“古閑切”之“鼖”音（見、文）可通（曉見旁紐，之文通轉）。此音與“虚啓切”之豊（來、脂）不能通（曉（牙）來（舌）、之（甲類）脂（乙類））。如“豊”爲來之切，則喜與豊叠韵通借。有文證。

由此可知，在卜辭時代“壴”讀“虚里切”之“喜”音，則可通“公户切”之“鼓”。又可通“古閑切”之“鼖”。又可與“來、之”之“豊”通借。

是“壴”“鼓”“喜”古代爲一音。其音同于“虚里切”之“喜”。此古音，在曾侯乙編鐘時代，尚爲如此（即“鼓”與“喜”同音）。而《説文》鼓字古文作“”以“古”作“鼓”之聲符，則“鼓”音同古，即“公户切”之“見、魚”已與“喜”音（曉、之）有别。《説文》古文爲“六國文字”，當爲戰國晚期之讀音。

另：“壴”即鼓之初文。廚字從尌，而尌從壴得義。何以引出“廚”義？

費玲伢《新石器時代陶鼓的初步研究》（《考古學報》2009 年第 3 期，317 頁）謂：“遼河流域主要流行筒形陶鼓。”黄河流域甘青地區流行喇叭形陶鼓，主要流行于馬家窑文化時期；渭河流域和河南西部流行的釜形陶鼓，主要出現在仰韶時期，而葫蘆形和束腰鼓形陶鼓則主要出現在陶寺文化時期。罐形陶鼓主要出土于淮河流域，主要流行于大汶口文化時期，最終發展爲鼓形陶鼓。長江流域史前陶鼓主要出現在中游，下游不見，長筒形、球首長管形、長管形、球腹長管形當爲長江中游特有陶鼓器形，主要流行于屈家嶺文化時期。

又云：“我國史前陶鼓主要集中出土于遼河流域、黄河流域、淮河流域和長江流域。而長江以南的太湖、珠江流域幾乎未見。”

推此可知：廚從壴（鼓）受義。表明最初之鼓是“釜罐用于樂器而成”。西南地區之銅鼓變用爲炊具。後世“刁斗”、盎作飯鍋，夜爲警戒之器，皆以炊具爲打擊樂器之例也。此其一。大湖、珠江流域無新石器時代陶鼓出土。其後，南方和西南之銅鼓當爲青銅時代，南方受中原“鼓”之影響而進行生産者矣。此其二。

2011年2月14日上午

附九：“□”爲“酌”之初文，申楊義

（一）字形結構。此字在甲骨文四、五期始見。據《甲骨文字典》，其字形有以下情況：

1. □（《林》二，二九，一）字象□雙手從上下執之形，□象酒尊之形其下之□（它字或作□、□、□、□、□、□、□）乃“所以薦尊”之“底坐”之形。

2. 字在1之字形上，加聲符“□”（刀）作□（《續》三，二二，五）。或省酉下之底座，作□（《粹》五一八）。或省酉，作□、□（《續》三，二二，四）。

3. 字在1之字形上，加聲符□（召），作□（《前》二，二二，二）。或省酉，作□（《前》二二三，五）。

此字在金文中，據《金文詁林》其字形有如下情況：

4. 字作□（《□召卣》），字爲全體象形。與甲文1之結構同型。唯甲文中之□，此作□，乃酒尊上有一“勺”柄之形，表示有勺，已入酒尊之内。

5. 字在4字形上加□（刀）作聲符，其字作□（《□卣》二）、□（《召伯毁》二）、□（《禹鼎》），與甲文2之結構同型。

6. 字在4字形上加“□”（召）作聲符，其字作□（《伯□盉》）、□（《召卣》），又或作□（《□鼎》）則誤“□”爲“□”，當校正之。（此甲、金文亦有訛誤，當校勘之一例。）

7. 字或在4字形上加聲符“昭”，作“□”或“□”，可隸寫作“昭”，當爲“昭”之異體字。（作爲形符，月、日可以互换。其字形作□（《穌爵》）、□（《召尊》）。

（二）從字形説字義。主要有如下諸説：

（1）孫詒讓（《名原》）認爲：字“蓋從□省（其從□者，即□之省），

（其從、從者，即畢、之省）”，“但從‘’、從‘畢’，其義終難知”。

按：孫説于字形既不合，自己也承認“其義終難知”。李孝定稱其説“殊與離無義”（《〈金文詁林〉讀後記》卷二，後引同），是也。

（2）林義光（《文源》卷六）則謂：“從口，從月、酉、見、持之，刀聲。酉即酒字。月者物也。酒食財物，皆所以招人也。”

按：此字之，絶非“見”字。“月”爲“物也”，于古未聞。故林氏所説，牽强附會。所言失據，難通矣。

（3）高田忠周（《古籀篇》54 頁）謂：字從召，從召、從、從酉（即尊）、從（即彝），此古招字，會意。“招，福也”（《周禮·男巫》“春招弭”注）。夫祠、禴、嘗、烝，并皆祈福之祭。而皆有尊彝之供。此招字所以從尊彝形之意可識矣。

按：李孝定謂：高田氏以祈招説召字從尊彝之意，殊迂曲。其評是也。祈福有尊彝，他事多有尊彝，何以此處有尊彝即爲“招”耶？且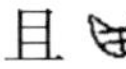乃薦尊之“舟”（底坐），更非彝也。

（4）吴大澂（《愙齊集古録》）謂此字：“，古文召。上從，作義手形。下從酉，酒尊也。爲承尊之器。（郭沫若亦謂酒瓮下一器乃酒瓮之座，而非‘盤形’。知其然者，𡟰鐸有此字作，酒瓮正陷置于座中。更爲爲承尊之底坐，提供一證。）此即介紹之紹，古召字與紹、招并通。”

“古者主賓相見有紹介、佑助，尊俎之間有授受之禮，故紹字從召、從、從，此紹字之本義也，引申之爲紹繼、紹承。”（《字説·韶字説》）徐中舒《甲骨文字典》承其説，曰：“（此字）爲匕柶之匕。匕下從口，或從酉，酉象酒尊之形。所以廌尊，後訛爲。從，象雙手以手持挹取酒醴。表示主賓相見，相互紹介，侑于尊俎之間，當爲紹介之‘紹’初文。金文形同作（《召卣》），後簡化爲召（）（《克鐘》），是即小篆所本。”

按：徐説字中之“”爲“匕柶”之“匕”，字象“雙手持匕挹取酒醴”。其説大誤。《説文》：“匕，亦所以用匕取飯，一名柶。”據段注“匕柶”之“匕”，小者即今之飯匙，用以取飯之具，大者爲“所以別出牲體之匕”。未聞有以“匕”挹取酒醴之事者。此一誤也。

且此字中之“”乃“刀”字。此字中之“”乃“召”字。“刀”與“匕”字形有別（刀字作、匕字作，前象刀形，後象雙手前屈伏身之人

形），不可混也。此二誤也。

此字原作，乃象形初文。其後或加“”作聲符，或加“”（召）作聲符。召，“從口，刀聲”。故可與“刀”互换作此字之聲符也①。吴、徐皆以此字之“召”爲本字原有之組成部分，失之。此三誤也。

再，甲骨文“召”作“”形者早出。據高明《古文字類編》：召字在一期作（《前》四，三六，二），四期作（《粹》二二五），而（《續》三，二七）等乃五期始見。徐中舒《甲骨文字典》亦列“”字之見于甲文者爲四、五期。是字在甲文晚出。新以姚孝遂（《甲骨文字詁林》按語）謂：“此字變體甚多，繁簡不一，可隸作‘’。契文較晚出。只能是‘召’之增繁，而不能説‘召’爲‘’之省體。”其説有據，當從。此徐説之又一誤也②。

吴、徐説“”爲“紹”之初文之另一困難是：在甲文有“紹”字。據《甲骨文字典》其字作：（一期，《前》一，二四三）、（一期，《佚》三四四）、（一期，《乙》七一一九。徐中舒（《甲骨文字集釋》卷十二）謂：從糸、從刀，會以刀斷絲之意。李孝定謂其本義當爲絶。與絶古爲一字。初誼爲絶而許訓繼者，亦猶治之訓亂也。其始爲一字，繼絶兩訓，其後始分衍爲二耳。契文作紉而篆文作紹者，古文衍變往往增口。按：李説可從。《説文》：“紹，繼也。”“從系，召聲。一曰紹，緊糾也。，古文紹從邵。”《楚王酓忎盤》紹字作與《説文》古文略同。

按：紉是紹的初文③。此説正確。但紉何以是“紹”的初文而訓“繼也”義。李孝定、徐中舒均認爲是從糸、從刀的會意，其本義當爲絶，以反訓而有繼義。“其始爲一字，繼絶兩訓，其後始分衍爲二耳。”這個解釋難通。因爲“絶”和“紹”各爲一字，聲音不能相通。（紹與絶，雖然禪從鄰紐田，可通。）但宵（甲）用（乙）各爲一類，不能通。一字反訓謂一字具相反二義耳。豈一

---

① 召字（）從口，刀聲。爲何出“評也”義？即“以言曰召，以乎曰招？”此當云：從口，到省聲。謂使發聲，使對方來到也。故出“評也”，即“召唤”之義矣。

② 甲骨文之“”字，郭沫若一度釋爲“旨”，陳夢家釋爲“黎”，徐中舒釋“旨”同于郭説。姚孝遂（《小屯南甲骨考釋》，95—96頁）謂：“卜辭‘召’字從‘’，‘旨’字則從‘’。二者有嚴格的區分。”“就其形體來源而論，‘’只能是‘刀’形。”而“旨”之“”當爲手指之形。與“”迥然有别也。

③ 按：紉爲紹之初文，前輩學者已經指出。《攈古録金文》之一第七十九頁下格伊敦銘有，吴式芬釋“斷”。吴大澂古籀補收此字作“約”。郭沫若則謂：“紉疑紹首。”（《格伯毁》，《兩周金文辭大系圖録考釋》）李孝定亦謂：“按與契文同，仍當釋紹。”（《甲骨文字集釋》第十三）

字既爲絶字，又爲紹字耶？

考絶字，金文作𢇍（《中山王壺》）。《説文》作𢇍，正與金文同。字象以刀斷絲之形。故出“斷絲也”（《説文》）之義。小篆作□。《説文》説爲：“從糸、從刀、從卩。”是不確切的。當云：從𢇍省，即紉、卩聲。絶與卩（卩），從精旁紐，月質旁轉，正一聲之轉，故卩（卩）可爲絶之聲符也。故絶爲從□省之聲符加傍字。

而紉（紉）不是會意字，而是從糸、刀聲的形聲字。因爲紹與刀禪端准旁紐，宵部叠韵，正一聲之轉。故刀可爲“紹”字之聲符也。

紉從糸、刀聲，爲紹之初文，何以而有“紹繼”之義？此因此字當説爲從糸，到省聲（到字從至、刀聲，故可與刀字作聲符代换）。到訓“至也”（《説文》）即“到達”。糸（繩索）到達了，出“繼續”之義矣。

據以上分析，吴大澄、徐中舒以“□”爲“紹介”之“紹”的初文，很難成立了。故不可從也。

（5）楊樹達（《釋□、□》，《積微居小學述林》）則謂：“□”字爲“酌”之古字。其言曰：“全盂鼎文□字三見。王静安釋爲紹字，或又以爲招字。余按其字形，疑爲酌字之古文也。”《説文》十四篇下酉部云：“酌，盛酒行觴也。從酉，勺聲。”《詩·大雅·洞酌》“洞酌彼行潦”，《鄭箋》訓酌爲酌取。又《行章》篇云：“酒醴維醹，酌以大斗。”《公羊傳·僖公八年》云“蓋酌之也”，何注云：“酌，挹也。”蓋挹取酒醴者，酌之本義也。□字從酉，象酒尊之形。□所以薦尊，從□，手持之，從臼，以手挹取也。召聲。召聲、勺聲，古韵同在豪部。聲亦相近。酌蓋之後起字矣。

李孝定（《金文詁林讀後記》卷二）對楊先生此説評論謂：楊樹達釋酌，固亦言之成理，惟于從召之字，何以不得爲“召”，殊未足以饜人意。矢引于辭義求之，釋“酌”亦來見洽適乎？

按：楊説□爲酌之初文。李氏以“從召之字，何以不得以爲召”相難。乃難其所不必難。何則。凡形聲字之聲符有變音兼義者、有單純表音者，此字之聲符或從“刀”或從“召”，從“刀”字不得以爲“刀”，則“從召之字，不得以爲召”又復何疑乎？此其一。

□之本義爲“酌”。加聲符“召”作“□”，則可以通借爲“召”爲“紹”。《禹鼎》銘“不（丕）顯趄皇且（祖）□公，克來□先王”，此□，從□刀聲，當讀爲“昭”“詔”，訓“勉勵襄贊”之義。（見孫詒讓《名原》）而下文云“命禹騰且（祖）考”，此則當讀“紹繼”。此則從“刀”之字，而以“昭”“詔”或“紹”爲名之例也。此其二。

按：從召聲，又爲酌之初文。“召”與“酌”相通借有説證？從音理説：召與酌，定照準旁紐，宵約對轉，正一聲之轉，故可以相互通假。從文獻材料來看，則從召得聲之字與從勺得聲之字，多有相互通假之例。如“招”與“的”通。（《戰國策·楚策》“以其類爲招”，《春秋後語》《文選·阮籍·永懷詩》李注引招作的。）而“的”與“酌”通。（《史記·建元以來王子侯者年表》“平酌”，《索隱》：“《漢書》作平的。”）又“杓”與“招”通。（《淮南子》：“孔子勁杓國門之關。”《主術》：“孔子力招城關。”）皆“酌”與“召”可互相通借之文證。

從上述討論，可知楊樹達説“”爲“酌”之初文。“”爲“酌”之象形字。其後加“刀”，或“召”爲標聲符。其説最合，當從也。

2009 年 2 月 27 日，寫于幹部療養院

天氣陰冷，所謂倒春寒之時也

甲文“〔字形〕”當釋“囚”的理由

甲骨文〔字形〕字，王襄、商承祚、郭沫若、孫海波等提出“囚”。丁山、董作賓、胡平宣、李孝定等釋“死”。張政烺釋此爲“𥁕”字之聲符，爲“藴”之初文。其本義爲藏，埋是引申義，又可讀爲“殟”訓“死亡”[①]。又謂〔字形〕字與〔字形〕字，“結構相同，詞義相同”，是“同字異形”。姚孝遂《詁林》從之[②]。（至于孫詒讓釋〔字形〕，唐蘭釋〔字形〕(即刑字)，影響很小。）

〔字形〕絶非“死”字及“𥁕”字（殟、藴）的理由：

（一）卜辭已有“死”字。與〔字形〕字有别。姚孝遂（《吉林大學社會科學學報》1963年第4期，82－83頁）謂：“（甲骨文）〔字形〕、〔字形〕都毫無疑問應當是‘死’字。其本義乃指死亡而言。（在甲骨辭例爲‘隹死’（《前》五，四一，三）、‘不隹死’（《下》四，一六）、‘不死’（《乙》四八六〇）及‘□康卯貞：子〔字形〕不死’（附圖四）。）……如果釋〔字形〕爲死亡之‘死’，不僅卜辭有死亡之‘死’的本字，而且‘征〔字形〕’一辭也難以解釋。”

李孝定承認卜辭有〔字形〕、〔字形〕爲“死”字，又堅持“〔字形〕”“〔字形〕”也是“死”字，僅以如此。他説：“因疑〔字形〕爲王死之專字，象人拜于朽骨之前，所以示崇異。王以外諸人之死，則只象人在棺椁中之形，所以利壽卑也。”（《集釋》1460頁）這種辯解，何等無力和牽强！

（二）卜辭“征（延）〔字形〕”之辭有如下數例：

“……族……征〔字形〕。”（《合》17124）“……帚（婦）〔字形〕征〔字形〕。”（《合》7159反）“魯〔字形〕(嘉）沇〔字形〕(嘉）征〔字形〕。”（《合》22102）

---

① 張氏（《釋甲骨文“俄”“隸”“藴”三字》）謂：“甲骨文‘〔字形〕’應當就是‘𥁕’字的聲符，其讀音也是‘𥁕’。有兩種讀法：一、‘殟’即死亡。二、‘藴’即殉葬。”

② 魯實先亦謂：〔字形〕爲〔字形〕之異體。李孝定則謂因實〔字形〕之異體，不當讀“因”，而當釋“死”。

"祉"在道路上行走，引出繼續、延長之義。"𡆥"如爲"死"（或殟），如何可"祉"（延）。"𡆥"如其爲"蕴"即"埋藏"，又如何延續？

此"祉𡆥"與"祉若"（"貞，祉若。"（《合》1503、1504、1505）"……亘祉若。"（《合》15506正））相對。"若"爲順爲吉，則"𡆥"當爲"咎"，爲"悔"了。

（三）𡆥，有異文作〓。《殷墟文字綴合》五八有辭云：

"丙午卜：勿貞：〓不〓？丙午卜亘貞：〓不〓，丙午卜亘貞：〓不〓，丙午卜亘貞：〓不〓，丙午卜亘貞：并不〓，丙午卜亘貞：采不〓，丙午卜亘□：□□□，丙午卜亘□：□□□。""〓"如釋"死"，則扞格難通。難道說，會有這樣的事，八個以上被國王關心的人物同時大限臨頭麽？（張政烺語）

（四）"小刳𡆥"一組卜辭，如釋"𡆥"爲死，難通。其辭云：

（1）"［癸］未［卜、□貞：旬］亡囚。□（己）丑小刳［𡆥］。月。"（《合》4962＝《明》一九八三）

（2）"癸未卜，祝貞：旬亡囚。七日〓，小刳𡆥。"（《合》4963＋26864，蔣玉斌綴合）

（3）"［戊子卜］□貞：其有［來］艱。二日己［丑］小刳［𡆥］。八月。"（《合》17098＝《掇》一，二一〇）

（4）"庚寅卜，大貞：作喪，小刳終。八月。"（《甲骨綴合集》九八＝《合》23574＋《山東》一一四，四＋《法》CFB17）

（5）"庚寅［卜］，大貞：作喪小刳。"（《甲骨綴合集》三五三＝《合》23711＋《存》一，一七二七）

（6）"庚寅［卜］，□貞：王□□小刳□。"（《合》41025＝《南坊》四，一六一）

（7）"丙申卜，出貞：□小刳日，叀（唯）癸。八月。"（《合》23712＝《簠人》4＋8；《合》23713＝《後》下九，一三；《合》23714＝《後下》十，一同文）

（8）"丁酉卜，祝貞：隹（惟）𦥑老人眔以由，小刳𡆥[①]。八月。"（《合》23708、17097同文）

---

① 陳劍認爲卜辭大意是貞卜"小刳"的死亡，是"𦥑老和某某"，還是"丁"即武丁作祟導致的（《釋〓》，《出土文獻與古文字研究》第三輯，82—85頁）。

(9)“丁酉卜，大貞：小㓟老，隹（唯）丁由。八月。”（《合》23716＝《林》一，二六，七；《合》23715＝《掇》二，一五一同文］）

(10)“丁酉卜，［大貞］：□小㓟老。八月。”（《合》23717＝《珠》三九三）

上引卜辭多記有“八月”，爲一時所卜。

從（4）知“小㓟”“己丑”日“𡆥”。次日“庚寅”，“𡆥終”（即死）一種説法。“少者曰死，老者曰終。”（《周禮·天官·疾醫》鄭玄注）從而“作喪”（作，始也。“作喪”即開始辦喪事。即開始哀葬死的殮、奠等殯葬事宜）。是“𡆥”在前，而“老”（死）在後。“𡆥”不得釋“死”“殟”或“藴”（埋葬）。此其一。

又由（8）（9）知：卜者推測“小㓟”的“𡆥”是由“𡉉老”或“以”導致的。而“小㓟老”（死）是“丁”導致的，是“𡆥”與“老”（死）非一事，是“𡆥”不得爲“死”字（或殟），更不得爲“藴”（埋葬）矣。

（四）“壬子卜，宾貞：𦎫沘不𡆥。”（《合》339）

此辭𦎫、沘皆爲地名。“𦎫沘”連文，可能指“𦎫”地之“沘”水而言。（“辛酉卜，才（在）𦎫貞，王田，衣逐，亡𢀛（尖）。”（《前》二，一五，一）又“丁卯卜，乍（作）門幹沘。”（《合》295）他辭云：“虎方其涉河東沘。”皆𦎫、沘爲地名之例。）

貞問𦎫、沘地區“不𡆥”，是“𡆥”絶非“死”字或“殟”字之證，也是“𡆥”字絶非“藴（埋葬、殉葬）”之證。

（五）(1)“丙子卜，賓貞：令𡗜𦵯（葬）我于㞢𠂤，肩（遣）告不𡆥。十二月。”（《醉古集》208＝《合》17168＋17171同文）

(2)“貞：𡗜不其肩（遣）告其𡆥。十一月。”（《合》17170）

此二辭卜問：王令𡗜（人名）葬我（人名）于右𠂤，是“肩”（遣）告“不𡆥”，還是“肩”（遣）告其“𡆥”。從而可知：“𡆥”絶非“藴”字。因爲此事有“𦵯”（葬），何得再問“藴”或“不藴”（即埋或不埋）？

同時更知“𡆥”絶非“死”字或“殟”字。因爲“葬我于右𠂤”，我已死了才拿來安葬。當然不存在二遣告“死”（殟）或“不死”（殟）的問題了。

（六）從字形説。張氏釋𡆥爲“𥁑”字聲符“𡆥”。從小篆“𥁑”字形來説，有相似之處。但以上述辭例已證明，“𡆥”字讀“殟”或“藴”都難以成立。是“𡆥”不是釋爲“𥁑”字之聲符“囚”，已無疑義矣。

那麼在甲骨文中有無“𥁕”字聲符之“□”，即“𥁕”字初文呢？回答是有。

按：甲骨文有“□”字，在卜辭全爲地名。趙誠《甲骨文簡明詞典》和《屯南·考釋》皆指出：□地與“宮”“梌”同版，屬陳夢家所定的沁陽田獵區。

劉桓《殷契新釋》：説□是□（勹）之一部分。當是“𥁕”之所從，有包藏義。《説文》：“薀，積也。從草，温聲。《春秋傳》：薀利生孽。”距盂、榆、斿、喪不遠。地又有山。王曾行幸，宿于□（野舍）。作爲地名的□，應讀爲温。《左傳·隱公二年》“取温之麥”，杜予注：“今河内温縣。”又《左傳·成公十一年》：“劉子、單子曰：昔周克商，使諸侯撫封，蘇忿生以温爲司寇……”可知温爲殷邑。其地在今温縣西南。

又《王孫鐘》中“□彝䜌遲”，劉氏亦讀□爲温。又《徐郊尹鼎》“□良聖每”，首字，何琳儀隸作𥁕，讀温。□見四版《金文編》附録下三〇一號。珍秦齋藏《秦子𣪘蓋》“□共□秉德屯魯”，首字應即“𥁕”，“𥁕共”即“𥁕恭”。

今按：劉桓説甲骨之□，即𥁕字之聲符，小篆作□者之初形。□在甲骨卜辭爲地名，即蘇念生所封之“温”。其説可以成立。這就表明，“□”在卜辭不是“𥁕”之初文。而□才是“𥁕”之初文。正與上述辭例所證：□不得爲“殟”字或“薀”字相合也。

“□”當釋“囚”之理由何在？

前輩學者釋“□”爲“囚”字，有以下諸説：

王襄：□，“古囚字”（《類纂·正編第六》30 頁上），無説。

商承祚：“《説文解字》：‘囚，繫也，從人在囗中。’卜辭之井，囗皆象囚闌之形，而納人其中。”（《類編》六卷 6 頁）。

郭沫若：“‘□’字從井中有人。”“案乃當釋囚，蓋古者囚人未土欠陷。”“不囚”，猶言“亡哉也”。（《卜通·别一》2 頁下）

孫海波亦謂：“□”（囚）“象人在井中”。（《甲骨文編》347 頁）

馬叙倫謂：“倫見清代繫物罪人之器，杭縣所謂‘站籠’者，器方而四面爲栅形，極似鳥籠。罪人立其中而出其首于籠頂上，然仍如荷校，首不得動。亦極刑也。又見甲之□、□，正其狀矣。然則從人在井中。井象拘器之形。”（《説文解字六書疏》卷十二）

按：□之異體有□、□、□等。以囚于囚籠之中之説，最與字形合。在甲骨卜辭，字或簡寫作□（《合》2002 反）（《英》一二六）、□（《合》32910），則與小篆之“囚”字字形相合。

萬里則謂：“按：以字形言，（）與囚字最相近。”“而稽諸卜辭，則義多枅隔。”（《甲編考釋》，8頁）

今按：“”字釋“囚”，以之解釋卜辭，則少數詞例是用“囚”字字義，而多數詞例則是用“囚”之通假義，即讀“囚”爲“咎”。如是，基本上可以通釋有關卜辭詞例。下面分别解説。

一、《説文》：“囚，拘也。”即拘繫、監禁。引申而出“俘獲”之義。《詩・魯頌・泮水》“在泮獻囚”，傳：“囚，拘也。”箋：“囚，所虜獲者。”疏：“謂生執而係虜之。”《左傳・僖公二十五年》：“囚申公子儀、息公子邊以歸。”則正以“囚”爲“俘獲”之義。

卜辭以“囚”爲“俘獲”之義（即“生執而系虜之”）者，見下列二詞例：

(1)“□丑卜，貞：王夢㞢（有）囚（）大虎，隹（唯）□。”（《合》7392正）

此“”即“囚”字。“囚大虎”，即“俘虜大虎”。此王夢有大虎之事，而貞問其休咎也。

(2)“(勿)步，今日(囚)豖（?）。”（《京》1590）

此貞問“今日囚豖”與否，正用“囚”之“俘獲”義也。

二、“囚”又可通假爲“咎”，即讀“囚”爲“咎”。（《史記・晋世家》“狄伐咎如”，《索隱》：“咎，鄒誕又云：或作囚。”是囚、咎通假之證。囚與咎函部叠韵，故得通假。）

《説文》：“咎，灾也。”即“凶，灾禍。”與“休”“吉”相對。

又“咎，病也”（《爾雅・釋詁》），“咎，䪥病也”（《希麟音義》卷七“愆咎”注引《爾雅》），此“病”當是“重病”。《漢語大字典》：“病，古稱輕者爲疾，重者爲病。”《説文・疒部》：“病，疾加也。”《玉篇・疒部》：“病，疾甚也。”《道德指歸論》“無有患咎”，即用“咎，病也”之義。

在卜辭中，占卜之詞，“”（囚）讀“咎”，訓“灾禍”，與休、吉相對，其用普遍；而在記述之詞中和少數占卜之詞中，“”則讀“咎”訓“病也”，即“重病”，與“疾”（）相對。

“”（囚）讀“咎”，與“吉”相對，其辭例有：

(3)“己巳（子）卜，㱿貞：不(咎)?王曰：吉，(勿)(咎)。”

(《合》734 正)

(4)“丁卯卜，穷貞：玐不□(咎)？王□曰：吉。”(《乙》3405)

以上二辭“□”與“吉”相對。讀“□”(囚)爲“咎”，于義最合。

又：“□”(囚)讀“咎”訓“灾禍”之義，在卜辭中，大致有以下幾類辭例：

1. 貞問某人“其囚(咎)”或“不囚(咎)”，如：

(5)“己巳卜，㱿貞：雀其囚(咎)？貞：雀不囚(咎)，二月。”(《合集》110 正)

(6)“貞：玐不囚(咎)？貞：玐其囚(咎)？”(《合集》724 正)

2. 貞問某事“其囚(咎)”或“不囚(咎)”，如：

(7)“貞：□(刖)□(僕)八十人，不囚(咎)。”(《合集》580 正)

(8)“貞：子母其毓，不囚(咎)？”(《合集》4125 正)

(9)“乙酉卜，貞：乍(作)□(禦)□庚，不囚(咎)。”(《合集》17086)

3. 貞問使某人作某事，是否“其囚(咎)”或“不囚(咎)”，如：

(10)“辛卯卜，穷貞：以子□往，不囚(咎)？六月。”(《合集》6)

(11)“丙辰貞：子雍不乍(作)嬉，不囚(咎)？”(《合集》3122)

(12)“丙子卜，穷貞：令子□□(葬)我于□(右)□，□(肩讀遣)告不囚(咎)？”(《合集》17168)

4. 貞問某地“其囚(咎)”或“不囚(咎)”，如：

(13)“壬子卜，穷貞：洮不囚(咎)？”

而“□”(囚)讀“咎”訓“病也”，即“疾加”之義，存以下幾類詞例：

(14)“貞：㞢(有)疾，羌其囚(咎，病也)。”(《合集》526)

“貞：羌每亡其囚(咎，病也)十一月。”(《合集》528)

此因“有疾”而貞問是否“疾加”，即“其囚(咎)”。此“咎”當訓“病也”。

(15)“□疾，不囚(咎，病也)？”(《合集》13717)

(16)“㞢(有)疾，不囚(咎，病也)？”(《合集》13794)

(17)“癸丑卜，㱿貞：旬亡𡆥？王□曰：有□(祟)。五(日)丁巳，子弜囚(咎，病也)。”(《合集》17076)

此記驗辭。五日丁巳，子弜果然生了重病(囚讀咎，訓病)。

(18)“……族……延囚（咎，訓病）。”（《合集》17124）

此“囚”而可以“延”，即“延續”，則讀“囚”爲“咎”而訓“病也”最合矣。

因此，結論是“”，即“囚”字初文。在卜辭少數用其本義，多數詞例，讀“囚”爲“咎”，或訓“灾也”，或訓“病也”。可以通讀各辭。

2013年6年29日下午寫完此筆記于幹療院

甲骨文“盾”字當釋“盾”字，申金、李説

甲骨文“□”字或作“□”。（《甲骨文字典》369頁）此字釋者約有以下數家：

1. 孫詒讓釋“百”（□《説文》首字篆文）。按首字即“百”字甲文作□、□或□（《漢字大字典》），與“□”字字形相關明顯。知“□”絶非“百”（首）字。孫説誤。

2. 葉玉林釋“省”（《〈殷墟書契前編〉集釋》二卷，25頁上）。案：“省”字甲骨文皆作“□”（《甲骨文字典》376頁），其“□”上部件作“□”，與“□”字“□”上部件作“□”迥然有别，字形各異，不得説爲一字。故知“□”字絶非“□”（省）字。葉説誤。

3. 陳邦懷釋“視”（《小箋》18頁下）。金祥恒《續文編》亦釋“視”。案：“視”之偏旁“示”。據《甲骨文字典》“示”作單字，有□、□、□、□、□、□、□、□、□、□諸形，無一例作“□”者。而“示”作爲偏旁則作：□、□、□、□、□、□、□、□、□、□（《字典》13－31頁，示部各從示之形聲字字形）。是“示”字無論作單字或作偏旁，從無作“□”形者。因此，釋“□”爲“視”于字形無據，是誤説，不可從。

4. 郭沫若、丁山都認爲“□”字，從雨，目聲，是形聲字。但丁山釋“濛”（《商周史料考證》36－37頁）。郭沫若則“疑爲霧”字，但據字形，甲骨文之“雨”，作爲單字，有□、□、□、□、□諸形，而“雨”字作爲偏旁，則有作“□”形者，如□（霝）、□（霖）、□（雩）等（《字典》1243－1251頁）。但“雨”字作爲偏旁，作“□”其字皆不與下部偏旁相連（見上例）。而“□”則上部之“□”的中竪一筆，必與下部之“□”相連，絶不中斷，與從雨各形聲字之構型，有所不同。故説“□”爲從雨目聲之形聲字，已經

與字形不合，且推測“目”爲聲符，也是“以音求之”，并無根據。從而丁、郭二家以“濛”“霧”釋“□”字，臆測無據，難以成立矣。

以上諸説，所釋之字，與“□”字字形不合，是他們根本問題所在。從而所釋之字（如省，或百（首），或視，或濛，或霧）用以解説與“□”字有關之卜辭。則往往扞格難通。説通了此例，則彼例不通。這也是它們難以成立的緣故。

將“□”字釋“盾”的金祖同（《殷契遺珠》363頁隸此字作“盾”）、李亞農（《殷契雜釋》）雖然遭到一些學者的反對，但竊以爲這是關于“□”字諸説中，最有見地、最有根據的勝説。當可信從。

從字形上看，“□”與“□”（篆文）字形最合。《説文》：“□，瞂也。所以扞身蔽目，象形。”《説文繫傳》：“□，象盾形。”孔廣居《疑疑》。“□象盾之側，是形。□象盾之握，所謂盾圭也。”徐灝段注《箋》：“蓋外象盾脊，内象手所握盾圭，側視形也。”

按：“□”字“□”象盾形，可側置之作“□”，□乃盾之側形，□乃盾之握。而甲文“□”字之“□”，側置之作“□”。在古文字，“丨”常于中間加“一”成“十”。則此“□”正爲小篆“□”之初文矣。

“盾”字之“目”，何以在“□”即“盾”形之下？有的學者説是：“盾之周蔽身而露目，故視其身而見其目。”（《疑疑》）這比許文“扞身蔽目”更合字形之義。

劉熙《釋名》：“盾，遯也。”“約脅而鄒（趨）者曰陷虜，言可以陷破虜敵也，今謂之露見是也。”（此步兵所用小盾，一手持盾，一手執手，用以陷陣、衝鋒。以盾蔽身，以目觀敵而斫殺之。故目“露見”。）是此盾爲“□”，形小盾。與□、申（即□）之長杆大盾有别[①]。饒炯則謂：“蓋目在盾下，身之屈伏前因見。以其杆身蔽目且情似逃遁故也。”也通，但不如前説之長。

“□”字到西周中期《師旂毁》銘則作“□”，成了從人、從直之“□”。這是“□”字譌“□”爲“□”，而下部之“□”乃舊，成爲不可解説之訛變字了。

---

① 《釋名》：“盾，遯也。”狹而長者曰步盾，步兵所持，與刀相配者也。狹而短者曰孑盾，車上所持者也。□（申、□）爲方盾之形。竊疑“盾”（□、□）之“□”“□”（卜辭刀刻以口爲O），方圓盾之形。馬叙倫謂：“清代武器中，盾省口、O兩式，中畫虎頭，古所謂繪盾也。”（《六書疏證》卷十三）

而小篆之“[glyph]”則保持“[glyph]”字基本字形，故變“[glyph]”爲“[glyph]”，變“｜”爲“十”，使“[glyph]”保持了“盾”之側形，優于金文作[glyph]之訛體字矣。

總之，“[glyph]”與“[glyph]”二字字形，相合。這是釋“[glyph]”爲“[glyph]”（盾）的主要理由。

其次，以“[glyph]”爲“盾”字，則今之與“[glyph]”相關之卜辭皆能得到通暢合理的解釋（這是其他諸説難以辦到的）。這是釋“[glyph]”爲“盾”的第二理由。

卜辭中“[glyph]”字有關之辭，可分爲以下幾類，予以解説。

（一）“[glyph]”字釋“盾”，用其本義。《説文》：“盾，瞂也。所以扞身蔽目，象形。”《釋名·釋兵》：“盾，遯也。跪其後，避刃以隱遁也。”據《釋名·釋兵》：盾有扞禦刀矢功能。且爲步兵衝鋒陷陣，與刀、矛配合之兵器（如“露見”“步盾”之類）。在卜辭用“[glyph]”爲“盾”之本義者，有以下諸辭：

（1）“壬年卜，自貞：王令多[glyph]（盾）知（禦）方于……”（《合集》20450）

（2）“□□卜，争貞：……以多[glyph]（盾）……”（《合集》6313）

（3）“壬申卜，多[glyph]（盾）無（舞），不其從雨。”（《合集》14116）

以上三辭之“多[glyph]”，與卜辭之“多射”“多馬”并列。今釋“[glyph]”爲“盾”，則知：在卜辭“多射”爲“弓箭手隊”，“多馬”爲“戰車馭手隊”，而“多盾”即爲“盾牌手隊”矣（清代稱爲“刀牌手”）。

“多馬”“多射”“多盾”，卜辭皆用爲職官名（趙誠《簡明詞典》），則當指統領“戰車馭手”或“弓箭手”“盾牌手”之武官。

從而（1）“王令多盾禦方于□”，其意爲：王令多盾之官，率其所屬，抵禦方（國名）爲來侵。

（3）“多盾舞”之“舞”當係後世之“干舞”。《小爾雅·廣器》：“干，盾也。”《方言》九：“盾，自關以東或謂之干。”《禮記·明堂位》：“朱干玉戚，冕而舞大武。”《周禮·春官·樂師》：“凡舞，有帗舞，有羽舞，有皇舞，有旄舞，有干舞，有人舞。”注：鄭司農云：“干舞者，兵舞。”《公羊傳·宣八年》：“萬者何？干舞也。”在此辭中，“多盾”之“舞”，似爲“求雨”之祀的必要内容。

（4）“叀（惟）戍、馬、[glyph]（盾）乎，頸，王受又（有）又（祐）。”（《合集》27881）

趙誠《簡明詞典》謂："戍"，甲骨文用作職官之名，則"是負責戍守之官"。又謂："叀戍、馬、〓乎（呼）"，即"呼（有命令之義）戍、馬、〓"。其説甚是，今釋"〓"爲"盾"，與"戍""馬"等官職并列，全文通暢順適。正可證"〓"（盾）在卜辭時代，爲一種軍隊組織矣。

（5）"王其〓（盾）戍〓……"（《合集》28026）

（6）"□□貞：〓（盾）三百射乎（呼）……"（《合集》5777）

"〓（盾）三百射呼"，即"呼令〓（盾）和三百射"，或"呼令盾三百人和射"。下文"盾人三百，歸"則似"盾三百人"斷句爲長。"〓"（盾）在此辭與"射"并列，其釋"盾"文義順適極矣。"射"是"弓箭兵"，是從遠處射擊敵人的軍事組織。"〓"（盾）是"盾牌兵"，是一手執盾，一手執戈，陷陣攻敵，從近處攻擊敵人之軍事組織。

（7）"貞：〓（盾）……射。"（《合集》5778反）

此辭亦"〓"（盾）與"射"并列，可以與上辭互證矣。

（8）"□末卜，宂貞：乎（呼）取〓（盾）……"（《合集》7065甲）

（9）"貞：乎（呼）取〓（盾）〓……"（《合集》7064）

此辭"取〓"，與他辭之"取馬"（"貞，取馬。"（《文》九一二））"取射""乎（呼）取射。"（《前》五，四二，三））同例。"取"通"聚"（《説文通訓定聲》）即"聚集"。此乃呼令聚集盾人之事也。

（10）"庚寅卜，㱿貞：〓（勿）〓（盾）人三千乎（呼）望舌［方］。"（《合集》6185）

（11）"□寅卜，〓貞：〓（盾）及三千人伐……"（《合集》7345）

以上二辭，當爲同事異卜。（10）辭"〓人三千呼"，即"呼令三千盾人"以"望舌方"。而（11）辭"〓及三千人伐"則當"盾三千人乎伐"之省文。卜辭由于同事異卜，故"省略句"常常發生，此其一例也。"望"X方，爲戰前偵查之事，而"伐"某方，則爲發動攻擊之事也。

（11）"貞：〓（盾）人三百……歸。"（《合集》7348）

此卜辭問"盾人三百"能否勝利歸來？"盾人三百"似爲以"百人"爲一隊，此"三百"盾人則爲三隊矣。卜辭之"射""馬"組織，亦以"百人"爲一隊，"盾人"也之同也。

（二）"〓"字釋"盾"讀"循"，訓"巡"。《漢語大字典》："循通巡。"唐玄應《一切經音義》卷一："循亦巡也。巡，歷也。"《吕氏春秋・孟夏紀》：

“命司徒，循行縣鄙。”《禮記・月令》：“循”作“巡”。（循與巡，邪紐雙聲，文部叠韵。古實一聲，故得互相通假。）

“□”（盾），讀“循”訓“巡”，即“巡視”之義。《玉篇》：“巡，視行也。”即“有所省視之行”。《六書古文》：“巡，周行省視也。”卜辭用“□”爲“循”即“巡視”義者有如下數例：

（13）“貞：□（循）牛百，不□。”（《合集》9041 正）

（14）“貞：□（循）牛百。”（《合集》11176）

（15）“貞：□□（勿）牛。”（《合集》11181）

（16）“戊午卜，争貞：□（循）羊于□。”（《合集》111198）

以上諸辭之“□（循）牛”“□羊”，即古人“巡視犧牲”之事。審察供作犧牲之牛、羊等，是否質量合格，數量合度。《吕氏春秋・仲秋紀》：“是月也，乃命宰祝，巡行犧牲，視全具，案芻豢，瞻肥瘠，察物色。必比類，量小大，視長短，皆中度。”這與卜辭之“□牛”“□羊”，即“巡視牛羊”可以互證矣。

（17）“貞：□（循）我羌……宜。”（《合集》476 正）

“□羌”，即“巡視”供作人牲之“羌”。其意與“□牛”“□羊”同。此“羌”乃“宜”祭者。

（18）“庚午卜，貞：王□（循）、亡網、才（在）□。”（《合集》19946 正）

此辭之“王□”和“亡網”，皆爲上辭“省略句”之一例。當爲“王□（循）某事”之省，和“亡網某禽獸”之省略。“網”在甲骨文作動詞，爲以網捕拉禽獸之義。如：“網雉、隻（獲）”（《合》354）、“網鹿”（《人》二一一六）（《簡明詞典》340 頁）。而“□”讀“循”，義爲巡視某事，此事與網獲禽獸有關。疑爲“田”（田獵）字被省略了。所以此辭“王□（循）、亡網”全句當爲“王循巡視田獵之事，亡有網獲”。

（三）“□”（盾）在卜辭，又用爲地名。其例如：

（19）《合集》36533：

“辛卯卜，才（在）□貞：王今夕亡畎？

癸巳卜，才（在）□貞：王今夕亡畎？

乙未卜，才（在）□貞：王今夕亡畎？”

（20）“甲午卜，在□貞：……從東、叀（惟）今曰弗悔，才（在）十月。兹卬，王正（征）[人方] 隹（惟）十祀。”

“在□”之辭，證明此“□”（盾）爲地名。而據（20）之言，則“□”（盾）地在殷王征人方往來所經之路綫上。

（21）《合集》4723：“乎（呼）鳴比戊史（事）□（盾）？

貞：□（勿）乎（呼）鳴比戊史（事）□？”

“史□”之“史”即“使”，可讀爲“事”。（《墨子·經上》：“使，謂故。”于省吾《新證》：“使，金文使、事同字。此應作‘事謂故’。”）“事□”即“從事于□地”之軍事行動。何以知此“事”爲軍事行動？從上文：呼令鳴與戊二人相“比”，即二軍配合知之。

（22）“□（盾）入。”（《懷》五四九）

據此辭，知“□”地爲殷王屬地。故有入貢之事，而有“□入”之記録矣。

結論：甲骨卜辭之“□”地，當從金祖同。李亞農説，釋“盾”字。考之字形，則“□”與“盾”字形相似，變化之迹可求。而尋之字義，則卜辭各例，或用“盾”之本義，或讀“盾”爲“循”，訓“巡視”，則全部之辭例皆得解釋。

2013年8月21日上午，在幹療院寫完此一筆記
時在大暑之後，天氣炎熱

“巫”爲巫字，其含義爲“布策爲筮”，申饒、張義

巫字甲文作巫（《甲骨文編》），金文作巫（《金文編》之《齊巫姜𣪘》），侯馬盟書作巫、巫、巫（《侯馬盟書字表》），睡虎地秦簡作巫（《睡虎地秦簡文字編》），詛楚文作巫（《石刻篆文選》）。

《説文》：“巫，祝也，女子能事無形以舞降神者也。象人兩褎舞形。與工同意。古者巫咸初作巫。凡巫之屬皆從巫。𢍰，古文巫。”

許慎所據之字形，是“巫”字後起訛變之字形。其解説，又與已訛字形不合。遂且與後世《説文》學者議論紛紛，莫衷一是。如：

什麽是“象人兩袖舞形”？段玉裁説“謂从也”。王筠謂：“褎謂从也。”但這種解釋十分勉强。故徐灝《箋》謂：“从象兩袖舞，亦似未確。”林義光《文源》亦謂“字形與兩袖不類”。

什麽是“與工同意”？徐鍇《繫傳》謂：“與工同有規矩也。”每一職業都有一定規矩，何以他字不從“工”耶？王筠則謂：“人謂工也。褎謂从也。”（《句讀》）饒炯亦謂：“篆從工蓋借工象人形，而畫兩褎指其事。”（《部首訂》）“工”象人形，从象兩袖。皆十分勉强，與字形不合。

徐灝謂：“古者，百工皆有職業在官，故統稱臣工。巫字從工，皆其意也。”（《説文解字注箋》）孔昭孔謂：“𢍰，從工，通乎下下神祇也。從反正二召，反復感召之也。從𠬞，敬奉之𠬞也。小篆巫，從古文省。”（《説文疑疑》）林義光則謂：“從工（轉注）从象二人相向形。巫祝常以二人對列也。《説文》以𢍰爲古文巫。從召，與祝從丫同意。”（《文源》）這些説法，對已訛字形望文生義，難以信據。

根據卜辭、金文和詛楚文，巫字初形實爲“巫”字。但“巫”爲“巫”字所示何義？則學者又各異其詞。大約有如下新説：

一、巫"象兩玉交錯形"。《漢語大字典》謂："（巫）甲、金文象兩玉交錯形。《説文》：'靈、靈巫。以玉事神。從玉霝聲。靈、靈或從巫。'古代巫以玉爲靈物。故以交錯的玉形，代表巫祝的巫。"

按：此説不能成立，其故有二：在甲、金文中，"工"或爲"古"（工）之省形，或爲"亍"（示）之省形，或爲壬（工）之省形，無以玉（丰、丰）作"工"形者。故以"工"爲"玉"之省文，于字形無據。此其一。古人"以玉事神"，亦無"二玉交錯以事神"之記載，此其二。

二、"巫"字，"橫直從工"。高鴻縉謂："巫字古文，橫直從工。工，百工百官也，故巫字橫直皆爲工。"（《中國字例四篇》）

按："工"爲"官"。巫字"橫直皆工"，當即"橫直皆官"矣。"橫直皆官"何以即爲"巫"耶？如謂巫爲官，由巫與它官有别，又何在乎？故此説難立。

三、"巫"字"象四方之形"。李零謂："中國古文字中的'巫'（巫），早期寫法是像十字交叉而以短橫加四方，表示方向。""卜辭中的'巫帝'或'帝巫'，或作'帝'（禘）某（東、南、西、北）巫。"四個方向的"巫"，合稱"四巫"。陳夢家曾猜測："巫帝"之"巫"象四方之形，若爲動詞，則與"方帝"相似。"巫字的上古音是明母魚部，'方'字的上古音是幫母陽部字，二者讀音非常接近。"

按：説"巫"爲"象四方之形"，此以"指事"解"巫"字也。從而謂"巫"即"方"字，除巫、方聲韵古可通假外，别無證據。巫字字義系統，無"方"字義。巫字轉注孳生形聲字系，誣、筮、瀊、遻亦無"四方"之義。且"巫""方"各自爲字，同見于卜辭、金文，則"巫"即"方"字，爲無據臆説，明矣。

四、"巫"象"布策爲筮"之形。李孝定謂："巫字何以作巫？亦殊難索解。疑當象當時巫者所用道具之形，然亦無由加以證明。亦唯不知蓋闕耳。"（《甲骨文字集釋》）饒宗頤則進了一步，他説："余謂殷當有筮法，卜辭巫字，以詛楚文證之，爲'巫'字無疑。'巫'與'筮'通。《周禮》簭人，有九簭、曰巫更、巫咸等。鄭注：'巫讀皆當爲筮。'"（《通考》40—41頁）張日昇則明確地指出："（巫字）許説字形失當。甲骨文與金文并作巫。""竊疑字象布策爲筮之形，乃筮之本字。《易·蒙》卦：'初筮，告。'注云：'筮者，决疑之物

也。'筮爲巫之道具，猶規矩之于工匠，故云與'工同意'。"（《金文詁林》2893 頁）

案：關于"田"之初義，諸説中以饒、張"田"爲"布策爲筮"説最長。下面試講點道理，以證成其説。

1. "田"爲算籌交錯之形

古人以算籌記數，其表示形式爲：

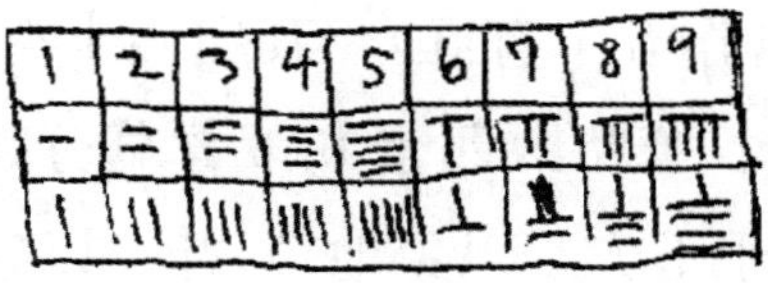

（參看杜石然等《中國科學技術史稿》，科學出版社，1984 年，第 130—133 頁）

那麽在文字中，有無"以算計數"爲形的文字？回答是肯定的。如：一字作"一"，二字作"二"，三字作"三"，四字作"亖"（皆見甲、金文）。這些字皆象"積籌爲數"之形（以横籌表個位）。十作"丨"，廿（二十）作"丨丨"，卅（三十）作"丨丨丨"（以竪籌表十位）。

《説文·示部》："祘，明視以算之。從二示。《逸周書》：'士分民之祘，均分以祘之也。'讀若筭。"此字，學者多以爲乃"算籌縱横之形"。如：

徐灝謂："祘，疑古筭字，蓋象算籌縱横排列之形。戴氏侗引蜀本《説文》作祘，即祘之異體。緣古文上字或或從一，或從二，遂書作祘，而與二示相似耳。"（徐箋）

朱駿聲謂："祘"，"按四横六縱象觚之形，實即筭字之古文。（《一切經音義》："筭，古文祘。"）按古筭用竹，徑一分，長六寸，二百七十一而成大觚爲一握。"（《通訓定聲》）

葉德輝謂："按祘即筭之本字，竹部。""筭，長六寸，計歷數者，從竹、從弄，言常弄乃不誤也。"余謂祘即筭之本字者，蓋即籌筭也。竹部："籌，壺矢也。"《禮記·投壺》："一馬從二馬。"此即籌馬也。示之上爲二馬，下之小即三馬，共爲五數。二示則十數。十部首云"數之具也"，數以十爲止。漢新莽布文，九爲𝍨，八爲𝍧，七爲𝍦，六爲丅，蓋上以一爲五。下以亖爲四，丨丨丨爲三，丨丨爲二，丨爲一。祘爲古字，筭爲今字。（《讀若考》）

林義光謂："祘"，"按此與筭同字，六縱四横象布籌之形"。（《文源》）以

“□”與“□”相比較。則“□”爲策籌縱横交錯之形，是可以成立的。

2. 爲什麽“□”字要作“上、下各一横籌，左、右各一立籌，中間横籌，立籌交午”這種形態呢？這表示，這不是一般的以籌計數，而是按一定筮法，布籌、取數，用以成卦的籌策擺置的方式。

最古的筮法，現在無可考，但東周的成卦筮法，尚可略知，這就是《易·繫辭》所記的成卦筮法。其文曰：

“大衍之數，五十（當作五十有五），其用四十有九。分爲二以象兩，（高亨注：兩謂兩儀，天地也。筮時數四十九策蓍草分爲兩部分，一部分横置止方，以象天；一部分横置于下方，以象地。）挂一以象三。（高注：謂三方，天地人也。筮時，在“分二”之後，從上方三蓍中，抽出一策，竪置于上下兩部分之間。以象人立于天地之間。竪置之一策，若懸挂于横置之兩部分之間，故曰“挂一”。如此則三方具備，故曰“以象三”。）揲之以四，以象四時。（高注：隆德明曰：“揲猶數也”。《説文》：“揲，閲持也。”揲者，手持而分數之也。筮時，在“挂一”之後，將上方之蓍草，每四策爲一組分數之，是爲“揲之明四”。揲過之策，仍置于上方。揲之以四，乃象四時。）歸奇于扐以象閏。（高注：《管子·禁藏》篇“旁入奇利”尹注：“奇，餘也。”扐疑借爲肋。肋者胸之兩旁。此指所挂蓍草之兩旁。閏，閏月也。筮時，在“揲四”之後，將所餘之蓍草（或一策，或二策，或三策，或四策）置于所挂蓍草之左旁，乃象閏月也。）（《釋文》引馬云：“扐，指間也。”後人皆從之。按如將餘策夾在指間，則不能再揲矣。故知其説非也。）五歲再閏，故再扐而後挂。（高注：五歲再閏，古曆法五年之中有兩次閏月。筮時，在“歸奇”之後，再取下方之蓍草，揲之以四，揲過之策，仍置于下方，將所餘之蓍草（或一策，或二策，或三策，或四策）置于所挂蓍草之右旁。是爲“再歸奇于扐”，乃象五年中有兩次閏月也。然後，取兩部分“歸奇”之策，置于上下兩部分之間，即所謂“後挂”。以上爲一變。再將上下兩部分筮蓍草，并而爲一。（挂在中間的蓍草不動，）如上法數之。是爲二變。又將上下兩部分蓍草并而爲一（挂在中間之蓍草不動），如上法數之，是爲三變。三變始得一爻。）”（《周易大傳今注》524—526 頁）

從以上叙述按東周筮法、布策（蓍）成卦的過程中，布策（蓍）的擺置方式有“分二”“挂一”“揲四”“歸奇于扐”“再扐而後挂”等過程。其人則上有横置策籌以象“天”，下有横置策籌以象“地”，上、下之間，又有“竪置”一策籌以象“人”。中間竪置策籌之左右兩旁，又有“歸奇于扐”之策籌。（從“再扐而後挂”來看，歸奇于扐之策籌也是“竪置”的，即“挂”。）這下與“”或“”字所策籌排列方式，大相類似嗎？儘管對《繫辭》揲蓍成卦之文的解釋，古今學者尚不一致。但揲蓍成卦過程中，策籌擺置、排列方式，有上、有下、有左、有右、有直、有横，應當是可以成立的了。這就是“”是“布策成筮（即成卦）”的籌策擺置方式，提供了最可參照的説明了。

古“巫”字作“”，是“布策成筮”之象，則此“巫”文化水平相當高。有數學知識，且與天文幣沶之學相關。不是原始的“能事無形以舞降神”（《説文·巫下説》）或“以玉事神”（《説文》靈字説）之“巫”，而是“巫咸作巫”（《説文》巫字説）之“巫”。這種“巫”人，起于商代。

“布策成筮”所成之“卦”，是用一至九數字所成的筮數組（或三數一組，即後世之三爻單卦；或六數一組，即後世六爻之重卦）。在甲文卜辭（殷墟卜辭和西周卜辭）和西周金文中，都記録有這些數字卦。李零指出：“現已發現的數字卦，尚未發現早于晚商的材料。”（《中國方術考》241 頁）這當爲“巫咸作巫”，提供了考古學材料的旁證。

附：

筮，從巫、筭省聲。筮與筭目、元對轉，禪、心鄰紐，可通。

運筭爲筮，其數有分有合。

故噬爲“咬囓”。從口、筮聲，由筮之“合”義出。

遾爲“離開”。從辵、筮聲，由筮之“分”義出。

“巫”爲“布策爲筮”。其數有變、有合（相加）“四策以成”，《易》：“十八變而成卦。”

誣爲“以言相加”，由巫之“合數相加”義出。

2010 年 1 月 23 日上午在幹療院

“”“”爲“需”之初文，補正徐中舒義

一、“需”字篆形及其解釋引起的困惑

《説文·雨部》：“，𩃬也。遇雨不進。止，𩃬也。從雨，而聲。”《易》：“雲上于天需。”段注：“遇雨不進，説從雨之意。而者，𩃬之意。此字爲會意，各本作而聲者非也。”（苗夔《説文聲訂》則云：當從建首字聲例，從雨下方省雨亦聲。）

“需”字有“𩃬止”之義，與雨何關？王筠謂：“覭部、䨲，見雨而止息，與此皆非雨事也。故在部末。”（《説文句讀》）則以爲“需”之“𩃬止”義與雨無關。

朱駿聲（《説文通訓定聲》）亦謂：“按許意，謂而者須也。須者𩃬也。”是“需”之“𩃬止”義，從“而”聲來。又云：“愚謂：此字當從雨，從耎省，會意今所用濡濕字。與霑同。”林義光（《説文》）則謂：“案，而，下密也。物遇雨濕，則軟而下垂。故從雨而。人遇雨不進，猶物濡濕，此需之引申義。”

馬叙倫（《六書疏證》）則謂：“或𩃬也，許以聲訓。”“此需之初文，需從而得聲。”

按：小篆“需”字，從雨，從而，而亦聲。（而與需，日心鄰紐，之侯旁轉，爲一聲之轉，故“而”得爲“需濕”字之聲符。）“而”之初義是“須”（鬚）。則小篆之“需”爲“雨濕鬍鬚”，出“濡”字義，即“濡濕”。朱、林、馬諸先生皆主是説。

但是，如果“需”爲“雨濕而（須）”之“濡”，則“需”何以有“需求”“需要”之義？從需得聲之女，即“嬬”何以有“妻妾”之義？從人需聲之“儒”何以有“術士”之義？從子需聲之“孺”，何以有“乳子”之義？這些問

題，都無法解决。

何以會發生這麽多困難？很可能是“需”的篆文字形，是已經訛變之字形，從這個訛變字形出發，許慎也好，其他學者也好，都不能得出“需”字的真解，而只能在錯誤中轉圈子了。

二、徐中舒先生提出“需”之初文爲“”（金文）、“”（甲文）及其解説

徐中舒先生第一個提出“需”字之初文，在殷代金文作“”，甲文作“”。而小篆之“”乃是訛變之字。先生主編之《甲骨文字典》述其説之要略云：“（一期，《乙》七七五一），（一期，《合》195），（一期，《前》六，一九，五），（一期，《京》二〇六九），（一期，《佚》七四三）。”

（解字）：從（大），從，或（《甲骨文字典》卷八，878－879頁）。象人沐浴濡身之形，爲濡之初文。殷代金文作（《父辛鼎》），與甲骨文略同。周代金文訛作（《盂毁》）、（《伯公父簠》）。《説文》則訛作從雨、從而之篆文（需）。上古原始宗教舉行祭禮之前，司禮者須沐浴齋戒以致誠敬，故後世以“需”爲司禮者之専名。需本從象人形之大，因需字之義别有所專，後世復增人旁作“儒”，爲緟事增繁之復起字。

按：甲文之、，許多學者釋爲“汰”字。（孫海波《甲骨文編》十一卷5頁，李孝定《甲骨文字集釋》3359頁，高明《古文字類編》461頁）

而《甲骨文字詁林》之編者則謂：“按：契文字不從水，釋‘汱’不可據。”（235頁）又謂：“其作者，與有别。”（236頁）但、果爲何字？則未有説。

徐先生提出“”“”“”爲“需”之初文，“”“”爲及起訛變字之説後。陳此生提商榷意見，大意謂：

“而”字甲文作（《乙》二九四八），金文作（《敖毁》）、（《于賜鐘》）、（《中山王方壺》）、（《子禾子斧》）等，中畫均不出頭。所以，字所從是“而”。周原考古隊等隸定爲“需”是對的。而《盂毁》之字，郭沫若先生説：“字，從雨從大，字不識。或即地雲之古字，大雨也。又或疑爲需。”李學勤將此**天**讀爲天。則認爲字當從天。徐中舒先生主編的《漢語古文字字形表》釋作“需”則失之。上爲圓頭，是人之象形，應是“大”或“矢”而不

是“而”。準此，該書同行的列甲文□、□、□和《父辛鼎》之□，當均非“需”字。（《□需考》，《古文字研究》第十三輯）

從以上材料看來□、□“不從水”。不應釋“汏”，是對的。金文□字一訛爲“□”（《孟𣪘》），再訛爲“□”（《伯公父簠》）。而小篆“□”所依據。徐先生這種分析，是有道理的。陳初生認爲《孟𣪘》之“□”是上從“雨”下從“天”，隸寫當爲“⿱雨天”此字非“需”字，從而把其前之□、□、□諸字均認爲“均非需字”，則過于武斷了。

《説文》：“需……從雨，而聲。《易》曰：‘雲上于天，需。’《繫傳》云：臣鉉等案：李陽冰據《易》：‘雲上于天’，云‘當從天’。然諸本及前作所書，皆從‘而’，無有從天者。”

據此可知，唐代李陽冰所篆“需”字，有作從雨、從天，即“□”形者。清王玉樹《説文拈字》指出：“案：⿱雨天，古需字。王肅本作‘雲在天上’。晉大尉薛貞《歸藏》本亦作⿱雨天。”《字江補·雨部》：“⿱雨天，古需字，見《歸藏易》。李陽冰曰‘雲上于天’也。”是後世字書有“⿱雨天”字，且明確指其字爲“古需字”。今《孟𣪘》之“□”，正是“⿱雨天”字，當亦即“需”字之一體矣。這樣，晉人《歸藏》以“⿱雨天”爲“需”字，唐人李陽冰以“⿱雨天”爲“需”字之古字，并非臆造，而是遠有所好的了。

這樣，《孟𣪘》之“⿱雨天”是“需”字，則陳初生據以否定徐説之根據，也就失效了。

因之，徐中舒先生釋“□”“□”“□”爲“需”之初文。一訛爲□（⿱雨天），再訛而爲□、□（需），是可以成立的。

徐説“□”爲“需”之初文，表明了“需”字作爲人是“□”種狀態的人，作爲事（狀態）是“□”種人的狀態。這就爲正確研求“需”之初義，并爲合理的説解從“需”得聲，義之後起轉注字得義的由來提供了可靠的基礎。這是徐説的大貢獻。

三、關于“需”（□、□、□）字初義，徐説不妥處的商榷

徐謂：字：“從□（大），從□，或□。象人沐浴濡身之形，爲濡之初文。”又謂：“上古原始宗教舉行祭禮之前，司禮者須沐浴齋戒以致誠敬。故後世以‘需’（儒）爲司禮者之專名。”此謂：□、□、□即“需”之本義爲“濡”。又謂：

儒從“濡”受義（即沐浴齋戒），爲“司禮者之專名”。

這兩種説法，皆有可商。

其一説：□、□、□，象人“沐浴濡身之形”爲“濡”之初文。如以所從之，“⁝⁝”“∵”爲水滴，水點露漬人身，有“濡”義，與字形合。但“濡”只有“露濕、浸漬”之義。（《廣韵·釋詁》：“濡，漬也。”《集韵·虞韵》：“濡，露濕也。”）没有“沐浴、洗滌”之義。所以□、□等形之字，如説爲“象水滴露漬人身之形”，爲“濡”之初文，則于形于義都比較適合。

其二説：“上古宗教舉行祭祀之前，司禮者須沐浴齋戒以致誠敬。故後世以‘需’（儒）爲司禮者之專名。”此説不確之處有：

古人齋戒沐浴以事神，并非“司禮者”之專務。所有與祭者都要“沐浴齋戒”。此其一。

“濡”爲“露濕、浸漬”，無“沐浴”義，更與“齋戒”無關。此其二。

儒爲“以六藝教人者”之名。《説文·人部》：“儒”，“術士之名”。《周禮·天官·太宰》“四曰儒，以道得民”，鄭玄注：“儒，諸侯保氏有六藝以教民者。”賈公彦疏：“諸侯師氏之下，又置一保氏之官，不與天子保氏同名，故號曰儒。掌養國子以道德，故云：以道得民。”以“六藝教民”之“儒”，爲何又名“術士”?《廣韵·術韵》：“術，技術。”《禮記·鄉飲酒義》：“故曰：古之學術道者，將以得身也。”鄭玄注“術猶藝也”，孔穎達疏：“術者藝也。”“儒”以“六藝”爲教，故曰術士之名。是儒乃保氏、師氏一類之教官非司禮者之專名也。此其三。

更進一步講，以“需”兼義爲聲符之後起轉注字，以“需”之本義爲“濡”是難解釋通的。如“□”（需）字之“⁝⁝”，爲水滴，則孺從需者而爲“乳子”之義，何也？醹從需聲，而爲“厚酒”之義何也？“需爲飲食之道”又從何説起？等等。

因此，應當説，徐先生認定“□”“□”“□”爲“需”之初文，是正確的。但他釋“⁝⁝”“∵”爲水滴，謂字象“沐浴濡身之形，爲濡之初文”的解説，則有未字之處。當求别解。

四、“需”字初形“□”“□”“□”，象“大（人）之胸前乳溢出”之形説

竊以“□”爲晚殷金之族氏文字，字形當是“□”“□”等形中之最規範的正體。此字從“□”（大或天），而“□”在“□”之胸前部位，正象胸前左右二乳之乳汁溢出下滴形。

此“□”字既爲胸前兩乳溢出乳汁之人，則當爲女性之人矣。（在甲文，作爲偏旁“□”與“□”有互换之例。如鬼字，有作□（一期，《合集》14292），又有作□（一期，《乙》一〇〇〇）。是□字之□，可表女性之人形。）故作爲人，則“需”（□）爲“嬬”之初文。（《説文》：“嬬”，“從女需聲”，“一曰下妻也”。《廣雅·釋親》：“妻謂之嬬。”《易》“歸妹以須”，陸績本作“嬬”。注：“妾也。”）“嬬”爲妻、妾之名。以其人皆育兒乳子，皆以乳汁喂養兒童，故得“嬬”之名。

作爲動作，則“需”爲“孺”之初文。《説文》：“孺，乳子也，從子，需聲。”“需”爲“□（大）胸前兩乳溢出之汁”，可以育養兒童。作爲施動之義，“孺”爲“養育”。（《山海經·大荒東經》：“東海之外（有）大壑，少昊之國。少昊孺帝顓頊于此。”郭璞注：“孺義未詳。”郝懿行謂：“《説文》十四云：‘孺，乳子也。’”《莊子·天運篇》：“‘烏鵲孺’，蓋養育之義也。”）作爲受動之對象，則爲“童稚”之名矣。（“孺，稚也”（《書·金縢》“公將不利于孺子”傳）。“孺，童子”（《孟子》“有孺子歌曰”注）。）

“需”有“養育”之義，引申而出“教養”之義。故“儒”從人、需聲。而爲以六藝教民者之名矣。

“需”爲“溢出之乳汁”，其味厚重（不同于清水）。故醹從酉、需聲，而出“厚酒也”之義（《説文》）。

“需”爲“溢出之乳汁”，着于衣物必有“露濕”“浸漬”之效用。“濡”從水、需聲，峰訓“漬也”（《廣雅·釋詁》）之義。

“需”有“以乳養子”之義。故《易》之《序卦》傳曰：“需者，飲食之道也。”

以上從字形所象與字義所指來論證：需之初文“□”，爲人之胸前雙乳溢出乳汁之形。

需與秀通。（《序卦》：“需者，飲食之道也。”鄭讀需爲秀。）而秀從乃聲。是“需”與“乃”通也。而乃爲“奶”之初文，即乳房之象形。孺又與乳通。（朱駿聲《通訓定聲》：“孺又假借爲乳。”）而孺從需聲，是“需”與“乳”通矣。

從語源論：需與乃（奶）乳通借。正“需”爲“溢出之乳汁”之堅證矣。

結論：“”“”“”爲需之初文。象“”（人）雙乳溢出乳汁之形。作爲名詞爲“嬬”之初文。作爲動詞爲“孺”之初文。（儒爲教養者之名，源出于孺。）字形初訛爲（《孟毁》），再訛爲（《伯公父簠》），而《說文》篆文承之作“”，成爲“從雨、而聲”之形聲字矣。

2010年7月9日下午寫此稿于幹療院

“也”字爲“女陰”象形字説證

《説文·乙部》：“□，女陰也。象形。□秦刻石也字。”

此説後之學者不能接受，遂别創新説以代替之。如：

1.“也”字（□）即“匜”之象形。其説見于戴侗《六書古文》、周伯琦《六書正譌》。清孔廣居、朱駿聲等學者亦主古匜字之説。

其論據爲：“□沃盥器也。有流以注水，象形。亦作□，借爲詞助，詞助之用多，故正義爲所奪，而加匚爲匜。”（戴侗《六書古文》）“字乃古文匜，象匜之平視形。《説文》以爲‘象女陰’，非也。”（郭沫若《兩周金文辭大系圖録考釋》，《沈子毁》）

按：金文皆以“□”（它）假爲匜字。“□”是“它”即“蛇”之初文。其形與“匜”不類。故戴侗之説，不能成立。

匜之形制，《漢語大詞典》云：“匜。古代盛器名，出現于西周中期，盛行于東周。”“形似瓢，無蓋。有的有足或圈足。并有流、鋬，有的無足。”與“□”（它）字或“□”字字形，皆不相似。故郭沫若説，亦難成立。

2.“也”與“它”爲一字。容庚首發此説，今之學者多從之。其論據爲：“□，它與也爲一字，形狀相似，誤析爲二。後人别構音讀。然從也之地、□、馳、阤、杝、施六字，仍讀它音。而沱字今經典皆作池。可證。徐鉉曰：‘沱沼之沱，通用此字今别作池，非是。’蓋不知也即它也。《説文》：‘也，女陰也。’望文生訓，形意俱乖，昔人蓋常疑之。”（《金文編》）

按：“它”（□）象蛇形，爲“蛇”之初文。與“□”象“女陰”之形有别。故郭沫若謂“也”字與它（即蛇字）古亦有别，因古音相同。世多混爲一字，學者不可不辨（《沈子毁》，《兩周金文辭大系圖録考釋》）。李孝定謂：“它即蟲，象蛇形。金文它作□、□、□，亦象蛇形（今所見眼鏡蛇遇敵，即上竄

鼓喉如眼鏡）。或假也匜。同音通假也。‘它’本有‘移’單，不足以證‘也’‘它’同字也。”（《甲骨文字釋林》第十三）

從聲音論，也與它，喻透准旁紐，歌部叠韵，二聲相近，故可互相通假。許多從“也”聲之形聲字，或僅作“它”聲之形聲字，乃因聲近而起的“聲符互换”，不足以證“它”“也”爲一字。

3. 還有一些“也”字的異説。如于鬯謂：男女之陰當是尾字。“女陰”當是物名，動物而有角尾者①。（此屬臆説，無據。）林義光謂：“也”，當爲“施”之“施”本字。施，尾也。古作，象獸尻後著尾形（《文源》卷二）。（按：乃它形，象蛇形。林説“獸尻著尾形”失之。）

對于《説文》的“也，女陰也”之説，表示贊同并提理由的，主要有以下諸家之説：

1. 惠棟《惠氏讀説文記》云：“，女陰也，象形。此説必有所本。顧人駁之，非是。”

2. 段玉裁《説文解字注》：“，女陰也。”注：“此篆女陰，是本義。假借爲語詞，本無可疑者，而後人妄疑之。許在當時，必有所受之，不容以少見多怪之心測之也。”

3. 王鳴盛《蛾術篇》：“今本《尚書》出西晉皇甫謐手。如《盤庚》‘惡之易也’，《太甲》‘毋越厥命以自覆也’，《太誓》‘小人見奸巧乃聞不言也’，心用‘也’學處皆删改之，謐必習聞‘也’爲‘女陰’，不宜誓誥有之耳。”

4. 于鬯雖然以“也，女陰也”之“女陰”爲有角有尾之動物名。但他認爲“凡屬人身者，莫不詳制其字，因其讓而諱之非所以説古也”（《説文職墨》），則是正確的見解。後人對“也，女陰也”之疑，大部分正是“因其讓而諱之”失去客觀、科學態度的緣故。

5. 王國維謂：“（甲文字）其作、者，從肉、從子，即‘育’之初字。而所從之，即《説文》訓‘女陰’之‘也’字。其意亦當爲‘育’字也”（《續考》52頁引）。（此則爲“也，女陰”之説，提供了字形源于甲骨文之證據。）

6. 馬叙倫（《説文解字六書疏證》卷二十四）謂：“（也字）女陰訓，獨惠棟、段玉裁以爲必有所受。夫因物制名，本無顧忌，妄分尊褻，小儒之見。苟

① 《説文職墨》：“，女陰也。象形。案：女陰當是物名。”“是其物有頭有尾，殆如蝸牛之類。後人誤解女陰爲女子之陰。字安得有角尾乎。”

無其字，許不得增。如有其字，許不得棄。雖可制名，也亦何妨。”“上古社會崇拜生殖器，至有造爲模型者。”（此則從社會學、歷史學方面提出“生殖器”，于古爲盛，則“女陰”成爲造字對象，是很合理的事了。）

7. 李孝定謂：“‘也’字篆作□，象女陰形。甲骨文有□字，即□字之異體，乃‘育’字。其下從□，即‘也’篆形所自昉。許君之説不誤也。”（《金文詁林讀後記》卷十二）

李氏又謂：“□字卜辭僅一見。其辭云：‘癸未卜，□子韋。’（《後下》十八，二）如是一辭，當是用其本義。”（《甲骨文字》4332 頁）（李氏承王國維之説，并引其詞例，以證□爲“育”初文。從而□即女陰之“□”的初形，而“□”也“女陰”，其來有自矣。）

按：《説文》“□，女陰也”之説，尚有以下補證：

（1）“也”爲兼義聲符之“池”“地”“匜”三字。其“也”用“女陰”之本義。然後這些字的字義始得合理的解説。

（2）“施”字從“也”聲，其字有以“也”爲“它”而兼義者。如施、旗動皃之類。也有讀施爲“也”，而用其“女陰”本義者。如禦訛爲“施”，繁殖爲“施”之類。

這表明作爲兼義聲符的“也”字，確有用其“女陰”本義者。同時這也是“女”有女陰“也”之義的可靠旁證。

（3）桂馥《説文解字義證》“也”字下引《神異經》：“東南隅大荒之中有樸父焉……謫其夫妻并立東南。男露其勢，女彰其殺。”注云：“勢殺，陰陽。”是古人謂“女陰”爲“殺”。“殺”無“女陰”之義。當讀“殺”爲“也”，始以“殺”爲“女陰”之名。（殺與也，山喻鄰紐，月歌對轉，乃一聲之轉，故得通假。）（從假借字例看：殺與韘通。《儀禮・既夕禮》“革韘載旃”，鄭注：“古人韘殺。”是“殺”與“世”音相通。而《史記・司馬相如列傳》“抴獨繭之褕袘”是從“世”得聲之字與從“㐌”得聲之字相通。而《韓非子・初見秦》：“中同省浛以北。”《戰國策・秦策一》浛作池。是“㐌”聲與“也”聲相通。此文獻上殺、也相通之證。）

總之，以上諸證表明：“□（也）”爲“女陰”之説，不但“必有所受”，而且“信而有徵”。可以成立。

2010 年 6 月 21 日下午，于天迴山幹部療養院

是日，復至

附録：以“也”爲兼義聲符之形聲轉注字系之分析二十例

1. 他。《正義通·人部》：“他，彼之稱也。”《集韵·箇韵》：“馱，負物也，或作他。”

佗。《説文》：“佗，負荷也。從人，它聲。”《六書故·人一》：“佗，背負曰佗。”

《集韵·戈韵》：“佗，姓。一曰，美也。”

《正字通·人部》：“佗與他、它通。”《集韵·戈韵》：“佗，彼之稱，或從也。”

按：作爲“彼之稱”，金文作“它”，不作“也”。可見“佗”爲“它”之後起加旁方。其後以“也”代“它”作聲符。起于後期。

“佗”何以爲“背負”“負荷”之義？竊以爲“它”與“多”通（蛇與移通。見《會典》678頁），此以“它”聲符代替“多”聲符。其義爲從人，之背上負多，多亦聲。謂人負多物也。故出“負荷”義。

2. 拖。《漢語大字典》：“同‘拕’（拖）。”《集韵·戈韵》：“拖，《説文》‘曳也’，或作拖。亦省（作扡）。”又《集韵》：“扡，索也。”《支韵》：“移，《説文》‘遷徙也’，或作扡。”《廣韵·紙韵》：“扡，離也。”又“加也”。

按：此當以“拖”爲正字。“它”爲“蛇”，以乎執之。故出“牽引”“曳移”之義，引出“加”即“施加”之義。其作“扡”者以“也”聲符代替“它”聲符之故也。

3. 池。《漢語大詞典》：“水塘，積水之坑。”《玉篇·第一部》：“池，渟水。”《廣韵·支部》：“池，停水曰池。”《説文·阜部》：“隍，城池也。有水曰池，無水曰隍。”“池，謂陂障之水道也。”（《周禮·秋官·雍氏》鄭玄注）“穿地通水曰池。”（《禮記·月令》（仲春之月）鄭玄注）又“池……若承霤然（屋檐下承接流水的著圓形管道）。”《漢書·宣帝紀》顔師古注：“銅池，承霤也，以銅爲之。”又爲墓穴之名。《小爾雅·廣名五》：“埋柩謂之肂。肂坎謂之池。”

沱：《説文·水部》：“沱，江別流也。出嶓山東，別爲沱，從水，它聲。”《集韵·哿韵》：“沱，水皃。”《集韵·支韵》：“沱，穿地鐘水，亦作池。”《正字通》：“沱，涕垂貌。”

按：“有水曰池”“停水曰池”“池，謂陂障之水道也”“穿地通水曰池”

“池……若承霤然（屋檐下承接流水的著圓形管道）”。這個“池”，當以從“也”聲爲正字。而作“沱”者，以“它”聲符代换“也”聲符，爲别形。

爲什麽？因爲“也”爲“女陰”（《説文》）爲池之兼義聲符。故能有“停水曰池”“穿地通水曰池”“承接屋霤之流水的管道[illegible]也”等義。而“它”爲蛇。如字本作“沱”則無從引出以上諸義矣。“池”爲“也”之“轉注”後起字。從其含義，可證“也爲女陰”之義證矣。

“沱”爲“江别流”之義，乃從水，拖有“引”之義（見上引），是引水離開正流爲“沱”義矣。“沱”爲“水皃”，亦當從它之蛇義引出“蛇行”義。至于“沱”爲“涓垂皃”之“蛇”當爲“池”之通假字。“池”有“通水”之義，故能引出“涓垂皃”義也。

4. 弛。《説文·弓部》：“弛，弓解也。從弓，從也。”段注：“弓解弦也。從弓，也聲。”《廣韵·紙韵》：“弛，釋也。”《集韵·紙韵》：“弛，舍也。”《爾雅·釋詁下》“弛，易也”，郭璞注：“相延易也。”《集韵·紙韵》：“弛，落也。”

按：朱駿聲謂：“按也聲，或從虎聲。”（《通訓定聲》）不如説“弛”爲從弓，扡省聲。扡有“引曳”“離徙”之義。是“弓”之“離弦”爲“弛”矣。扡字當以拖爲初文。（説見前。）

5. 馳。《説文·馬部》：“馳，大驅也。從馬，也聲。”《廣韵·釋宫》：“馳，奔也。”《書·胤征》釋文：“馳，車馬曰馳，走步曰走。”

按：馳，當解爲：從馬，弛省聲。謂弛放馬繮即“信馬由繮”（縱轡而不扣），故出“大驅”“奔”之義。《周禮·田僕》“大夫馳”，注：“放不扣也。”正確。

6. 胣。《玉篇·肉部》：“胣，引腸也。”《集韵·紙韵》：“胣，刳腸也。”《莊子胠篋》云：“萇弘胣，或作胣。”

按：“胣”字當云：“從肉，扡省聲。”“扡”（拖）有“牽引”之義。故胣出“引腸”“刳腸”之義矣。

7. 地。《説文·土部》：“地，元氣初分。輕、清、陽爲天。重、濁、陰爲地，萬物所陳列也。從土，也聲。墬，籀文地，從隊。”段注：“坤道成女，玄牝之門，爲天地根。故其字從也。”

按：地生萬物，從土，也聲。“也”爲“女陰”，有“生育”之義，段注即指出此義。地爲地母，即此義耶。如以此“也”爲“它”即蛇，則從土、從它爲地字義爲不可解矣。此亦“也”爲“女陰”之又一證也。

“地”之籀文作“墬”。金文《豁夫𣪘》即有此字。此字當説爲“從土，墬聲”。

《説文・𨸏部》：“隊，道邊庳垣也。從𨸏，彖聲。”《廣雅・釋宫》：“隊，垣也。”

又《説文・豕部》：“彖，豕也。從彑，從豕，讀若馳。”

是“墬”從土、從隊，爲會意字。隊爲“道邊庳垣”，即大道兩旁之短墻，所以範圍道路者，有“界限”之義。是“墬”字初義爲“土”所範圍（界限）之區域，當即“地”義矣。其云：從土、從𨸏、彖聲者“彖讀若馳”。正與地從也聲相通。

8. 字書有“阤”字。《説文》訓“小崩”，則爲從𨸏、扡省聲。扡有“離析”之義。故阤爲“小崩”。阤又訓“崖際”，則從𨸏、池省聲。池有“周緣”之義。是阤爲𨸏所形成立周緣，而“崖際”“岸際”之義出矣。爲從土、阤聲。阤有“邊際”之義。則土之邊際之内，皆即“地”矣。

9. 匜。遼作（《子仲匜》）、（《叔上匜》）、（《史頌匜》）、（《番哀白匜》）、（《陳子匜》）、（《蔡侯匜》）、（《説文・匚部》）。

《説文・匚部》：“匜，似羹魁，柄中有道，可以注水。從匚，也聲。”朱駿聲《通訓定聲》：“此沃盥器也。凡沃盥，承水者杅，挹而注之者匜，盛所弃水者槃。”

按：元周伯奇等説“也”（）即匜之象形初文。考匜器興于西周中期，其器不得謂古。且金文以字爲匜，乃以“它”通假爲“也”字。不得謂即匜之象形也。

匜也“挹而注水之器”，從匚，也聲。匚表示其爲器，“也”爲“女陰”，故引出“注水”功能之義。于是匜從也聲，而“注水器”之義出矣。

此爲“也”爲“女陰”之一證也。

10. 施。《説文・㫃部》：“施，旗貌。從㫃，也聲。”王筠《句讀》：“旗貌，謂旖施也。”朱駿聲《通訓定聲》：“旖施，柔順摇曳之貌。”《玉篇・㫃部》：“施，張也。”

按：“施，旗貌”所從之“也”聲，當假爲“它”。“它”即“蛇”，蛇動即有“柔順摇曳之貌”，即“旗飄動貌”。由“旗貌”引出“旄羽珥，旗杆頭上綴飾物”義（《漢語大字典》），即引出“附着”義（《漢語大字典》）。

由“旗飄動”義引出“實行、施展”義（《漢語大字典》），再引出“用”義（《漢語大字典》），等等。

最可注意的是“施”通假爲“也”。由“也，女陰”義，引出“生育繁殖”義。（《管子·地員》：“群木安逐，鳥獸安施。”尹知章注：“施，有以爲生。”）再引出“給予”義。（《廣雅·釋詁三》：“施，予也。”《集韵·置韵》：“施，予也。”）再引出“恩惠”義。（《集韵·置韵》：“施，惠也。”）再引出“散布”義（《漢語大字典》）。再引出“設置”義（《漢語大字典》）。

此“也”爲“女陰”之又一證也。

11. 䑛。《説文·舌部》：“舓，以舌取食也。從舌，易聲。舌也，舓或從也。”段注：“也聲。”

按：“䑛”字之“也”乃“它”之通假，以“也”代换“它”爲聲符，字當從“它”聲。“它”爲“蛇”。故有“爬行、曲動”之含義。“䑛”意舌如蛇動，故出“以舌取物”義。

12. 鉇。《漢語大字典》：“鉇，同‘鉈’（鍦）、矛。”《説文·金部》：“鉈，短矛也。”徐灝注箋：“它與豪體相似。故鉈誤爲鉇。……再誤而爲施，因又作鍦矣。”《字彙補·金部》：“鉇與重施同。”

按：鉇之聲符“也”，以音近代换“它”，正字當爲“鉇”。它爲蛇，故蛇矛曰鉈（鉇）矣。

13. 箷。《集韵·支韵》：“䶵，《説文》‘管樂也’，或作篪、箷。”《字彙·竹部》：“箷，與篪同。”

按：箷爲篪之别字。其“也”爲標音聲符，無義。

14. 炧。《説文·火部》：“炧，燭妻也。從火，也聲。”漢桓譚《新論·袪蔽》：“余見其旁有麻燭，而炧垂一尺所。”古以麻爲燭（非後世蠟燭），故“燭䑛”較長，且微曲，有似小蛇。

15. 髢。《漢語大字典》：“同鬄。《説文·髟部》：‘鬄，髮也。從髟，易聲。髢、鬄或從也聲。’”

按：鬄即今之“假髮”。故從髟而以“易”聲得聲受義。或作“髢”，則“也”爲“易”之音近互换聲符，只標音而無義矣。

16. 迆。《漢語大字典》：“迆：邪行，地勢曲逝延伸。”《説文·辵部》：“迆，衺行也。從辵，也聲。”

按：“迆”之聲符“也”，當爲“它”之音近代换聲符。“它”爲“蛇”，其行必回邪曲折，故“迆”有“邪行”之義。

17. 貤。《漢語大字典》：“貤，重叠物和次第。”《説文・貝部》：“貤，重次弟物也。從貝，也聲。”段注：“重次弟次，既次弟之，又因而重之也。”王筠《句讀》：“謂物之重叠者，其次弟謂之貤。”

按：貤字從“也”聲。此“也”乃“多”之音近代換聲符。（《古字通假會典》載：迆與移通（679 頁），施與移通（680 頁），蛇與移通（681 頁）。也與多，喻端准旁紐，歌部叠韵，故能互相通假。）而“多”爲“二肉相叠”，故有重叠之義。

（《説文・夕部》：“多，重也。從重夕。夕者相繹也。故爲多。重夕爲多，重日爲叠。”）

“貤”爲“見相重叠”出“重次弟物也”義矣。

18. 杝。《説文・木部》：“杝，落也。從木，也聲。讀若他。”莫友芝《木部箋異》：“《説文》無籬字，杝即欐也。”玄應《一切經音義》卷十四引《通俗文》：“柴垣曰杝，木垣曰栅。”《集韵・支韵》：“籬，藩也。或作杝。”

按：“杝”字當云：從木，池省聲。“池”有“周緣”之義。“周緣以木”正是“籬”義矣。

19. 訑。《漢語大字典》：“訑，同‘誕’。”《集韵》：“訑，慢訑，弛縱意。”引出“多言”義（《集韵・支韵》：“言施，多言也。或省。”）與“欺”義。（《集韵・支韵》：“訑，欺也，或從也。”）

按：“訑”字當云：從言，弛省聲。“弛”有“放縱”之意。是“訑”爲“放縱之言”。故同“誕”字矣。

20. 酏。《説文・酉部》：“酏，黍酒也。從酉，也聲。一曰甜也。賈待中説，酏爲鬻清。”

按：“酏”爲“鬻清”即“稀粥”。當云：從酉，池省聲。“有水曰池”。故“酏”爲“省水之粥”即“稀粥”矣。古以“稀粥”釀酒，故米酒又得“酏”名。

總結：以上二十個從“也”得聲之形聲轉注字中：

1. “也”字聲符，用其本義（女陰）者。爲：池字、地字、匜字，共三字。阤字、杝字、酏字則以“也”爲“池”而受聲得義。“施”字之“繁殖、生育”以及引出之各種義項，乃讀“施”爲“也”，取“也，女陰”引出之義。

這些材料，同時也是“也爲女陰”的旁證。

2. “也”字聲符乃“它”字聲符之代替换。即“也”假爲“它”，從而接受聲義之字。有：他字、拖字、弛字（此也讀拖）、馳字（此也讀弛）、肔字（此也讀拖）、施字、虵字、鉇字、炧字、迆字、訑字（此也讀爲弛）。

由上可知，“也”與“它”由于聲近、形似，經常互相通借（二十例中，即有十一例）。

3. 形聲字之“也”安聲符，乃通借爲他字者。有：笹字（“也”字聲符讀爲“虒”）、髢字（“也”字聲符讀爲“易”）、貤字（“也”字聲符讀爲“多”），共有三例。

又，以上分析證明，在形聲字（聲符無義）或轉注字（聲符兼義）中，聲符代换是相當普遍的現象。這在分析和解説形聲、轉注字時，必須加以注意。

2010年6月12日于幹部療養院

每、美一字申王獻唐説

王獻唐（《釋每美》，《中國文字》第 35 期）謂："《説文》：'每，草盛上出也。從屮，母聲。'小篆作，上從屮，與大豐相同。非訓'草木初生'之屮也。字爲、之省筆。女每君夫二毁銘，皆象毛羽斜插女首，乃古代飾品。舀鼎每作，杞伯毁作，盂鼎敏作，師發毁作、，均象毛羽下偃。""徵之卜辭，則作（《下》二六，二），作（《戩》四六一），乃大豐毁體所從出也。又作（《甲》二，二五，六），作（《下》四二，六），乃舀鼎諸體所出也。又作（《前》八八，七二），作（《後上》一四八），省其上筆。復作（《前》二，二三，一），作（《後上》一八，一一），作（《後上》一四，五），首上別加一横爲笄。""復作（《拾》三，五），作（《藏》二二，一三），則并毛羽亦省矣。"

"以毛羽飾加于女首爲'每'，加于男首則爲'美'。卜辭美作（《前》七，二八，二），作（《後下》一四，九），金文美爵作。下從大、爲人。上亦毛羽飾也。女飾爲單，故、諸形，氏象一首偃仰。男飾爲雙，故、諸形，象兩首分披、判然有别。卜辭字亦省作（《甲》二，一三，九），或加作（《前》二，一八，二）。""《説文》：'美，甘也。從羊、從大，羊在六畜主給膳也。'小篆作。上從羊，乃由體訛變。晚周欽文作已然。契、金固不爾也。所云'犬'義，段、王皆謂羊大則肥美。其實羔、羊尤美。《周禮・膳夫》膳用六牲，亦無羊爲主膳之説。蓋據訛體解説，致生窒礙。商錫永謂美字象羊角岐敧之形（《殷墟書契文字類編》）。岐敧誠有之，但未見羊生四角、上下排列如此狀也。""每美二字，古音均棣之部，聲讀相同[①]，乃美惡之指事

① 美，《廣韵》無鄙切，則爲"明紐之部"字。如按"上旨明"，則爲"明紐脂部"字。故王説美、每古音均棣之部，聲讀相同。則取前説，美、每皆爲明紐之部字，古實一音也。

字。”“女飾作每，男飾作美，制有單雙，而音義俱同。故每即美，而每亦即美，實一字異體。”

按：王先生之説，其真知灼見是主要的。不足之處，尚待商確之處也是有的。下面分述我的意見。

（一）王先生認爲“”象男子飾一雙羽毛，是非常正確的。

《録遺》三四九《父辛觚》有族氏文字作，正“”字之更詳實的初形。可爲王説之證。（字在卜辭作爲地名。又“子美”爲人名，是“美”是“子”之領地。此“”當爲以“美”地爲氏之族氏文字。）

頭載雙羽之男子，是矯健的獵人和勇敢的戰士的標志。舊戲中男猛將帥，頭戴雉尾，即此古俗之遺迹。先秦“虎夫戴鶡”（張衡《東京賦》）亦是此俗之表現也。

所以，“”（頭戴羽毛之男子）是獵人、戰士之裝束。以此爲“美”，是矯健、勇武爲内容之男子美矣。

在《詩·鄭風·叔于田》以青年武士之“叔”爲“洵美且仁”。《邶風·簡兮》以領舞“萬舞”之壯士爲“彼美人兮”。即先秦以“矯健、勇武”爲男子“美”之明證。

（二）王先生認爲“每”字作、者爲“以毛羽飾加于女首”，則是錯誤的。因爲“”爲“草辰上出”，爲“華葉相扶”之形，在甲、金文中，證據不少。所以“每”字的解説，當從高鴻縉之説。

高氏云：“（每）字，商周作，從省、母聲。篆文變爲從‘中’。從華省與從中，均得有花草盛出之意。”（《中國字例》第六篇）

換句話説，、字是女（母）頭上戴花，草爲飾之形。

頭戴花草爲飾之母親，是“美”的。是好“美”的表現。

每是母親。有生育、養育的能力和恩情。所以晦即畝是肥沃田地之名。

每是生命力活躍的母親。所以其行動是“敏捷”有力的。

每是美麗的母親。所以脢爲“肉品”中的上品，以其爲肥嫩之肉。

每是智慧、善良的母親。所以誨是“謀略”之“謀”，又是“教誨”之“誨”。

總之，“每”是婦女美。以一位裝飾華麗、性格温柔、形容富態、能力便捷、活力旺盛的婦女表示婦女之“美”。

《詩·衛風·碩人》所載“今是當時心目口之‘絶色美女’莊姜，正以富態、健壯爲女性美。如云‘碩人其頎’，以‘高大修長’爲美。”“手如柔荑，膚如凝脂，領如蝤蠐。”正女性健康、手肥之美。其稱美女爲“碩人”，與稱美男爲“碩人”同。

（三）王先生認爲“女飾作每，男飾作美”，“音義俱同”，故“每即美，而每亦即美，實一字異體”。卓見也。這個問題的解决，不僅是古文字學的成果，而且從源頭上研究中國先秦古人“審美”觀念的内容，“美”在中國的初義等有關“美學”問題，提供了新材料，開拓新領域。

2010年8月15日上午于幹療院

附一：美是“男子”壯健之“美”

1.《詩·鄭風·叔于田》“洵美且仁”，朱熹《集傳》：“美，好也。”

（此和言贊青年武士爲“美”。健武爲美也。）

2.《太玄·養》“美厥靈根”，范望注：“美，茂也。”

（美爲“茂盛”，健壯而生機勃勃之謂矣。）

3.《孟子·盡心下》“充實之謂美”，《正義》：“滿盈是爲充實。”《詩·邶風·簡兮》云“彼美人兮”，箋云：“彼美人謂碩人也。”首章“碩人俣俣”，傳云：“碩人，大德也。俣俣，容貌大也。充滿其所有，以茂好于外，故容貌碩大，而爲美。美指其容也。”

（是體質健全、體貌健壯爲“美”。此男性美也。）

4.《吕氏春秋·至忠》“今有樹于此，而欲其美也”，高誘注：“美，成也。”

（《漢語大字典》訓此“成”爲“成長”“成熟”。）

5.《唐風·葛生》“予美亡此”，陳奐《傳疏》：“婦人稱夫謂‘美’，猶稱夫謂‘良’。”

6.《漢語大字典》：“美，豐收。”《管子·國蓄》：“歲適美，則市糶無予，而狗彘食人食。”

（美爲健壯、充實，故引出“豐收”之義。）

7.《漢語大字典》：“美，肥沃。”《韓非子·難二》：“必壤地美，然後草木碩大。”

（美爲健壯、充實、茂盛、成熟、豐收，從而引出“肥沃”爲美之義。）

附二：每是“頭上戴花加笄之母”，是女性“美”，亦寓“健美”之義

1.《説文·屮部》：“每，草盛上出也。”段注：“每是草盛。”引申爲“凡盛”之稱。

2.“美美”爲“肥美”之義。《廣雅·釋訓》：“腜腜，肥也。”王念孫《疏證》：“膴與腜古字通。又通作‘[illegible]’。”“《左傳·僖公二十八年》：‘原田每每。’亦謂原田之肥美也。”洪亮吉《左傳詁》説同。

（腜字又作脢，舊訓“夾脊肉”。肥嫩之肉也。從每得聲，是每有“肥嫩”義之一證。）

朱駿聲《通訓定聲》：“（每每）重言形況字，猶《韓詩》之‘周原腜腜’。《毛詩》之‘周原膴膴’也，肥美貌。”

△《文子·九守》：“（以道莅天下）見小故能成其大，見少故能成其美。”以“美”與“少”對，則“美”正爲“豐滿”“盛多”之義矣。

甲金文“”（盤之初文）、“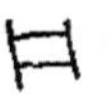”（棚、帆之初文，凡字）、“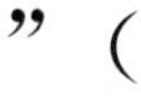”（用之省文）有别説

一、徐中舒《甲骨文字典》卷八，般字下云：

字作、、、。解字曰：“從（凡）、從（支）。象高圈足盤，上象其盤，下象其圈足。製盤時需旋轉陶坯成形，故般有般旋之義。”《説文》：“般，闢也。象舟之旋，從舟從殳……殳，令舟旋者也。”甲骨文從（凡）從（舟）每易相混，故《説文》誤從凡爲從舟而有“象舟之旋”之説。

李孝定《甲骨文字集釋》謂：“般字本從凡、從支，象凡（盤）之旋，訛而從舟。遂有‘象舟之旋’之義。且契文即有從舟作者，知凡舟二字混用，殷世已然矣。”

馬叙倫《説文解字六書疏證》（卷十六）：“（般）字實從殳，舟聲。舟非舟車之舟，乃初文盤字作、者之訛。”

按：字所從之當横看，則作。徐中舒謂：“象高圈足盤，上象其盤，下象其圈足。”于字形所象是説對了的。

但徐、李等人説“”即“凡”字，則是錯誤的。而馬叙倫説“”爲“盤”之初文，則是正確的解釋。

何以“”與“”不是一字？理由是：

1. 字形有别。“”字字形一邊彎曲，一邊竪直。彎曲一邊，象盤面。竪直的一邊，象盤底。横看其形爲，正盤形也。故爲盤之初文。

而“”“”，則并立二竪“｜｜”象立柱之形，其間之“二”，則象張挂其間的障蔽之物之形。合云“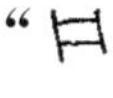”爲“蔀”之初文，即“席棚”。《易·豐》“豐其蔀，日中見斗”，王弼注：“覆曖障光明之物也。”陸德明《釋文》：“鄭、薛作菩，云小席。”（《漢語大字典》）古人挂席爲帆，故凡爲蔀之初文，

又爲帆之初文也。（凡與蓜，并紐雙聲，侵之通轉，正一聲之轉。）

2. 就字音論“□”（盤）與“□”（凡）不能相通。因盤、凡二字雖然并紐雙聲，但“元”（乙類）與“侵”（丙類）不能相通。

總之，“□”（盤）、“□”（凡）二字，字形各别。字音又不能相通，其各爲一字，互不相涉，斷斷然可知矣。

□（般）之初義是“般旋”。字從攴，“□”（盤）聲。盤在先秦，多爲圓形。（馬承源《中國青銅器》介紹商盤四器，西周盤九器，春秋、戰國盤十二器。除西周晚期虢季子白盤和春秋晚期（或戰國早期）一器，盤體呈長方橢形外，其餘各器皆作圓形。）故盤有“圓”意。攴則表示打擊，引出“行爲”之意。是□（般）爲“作圓形之行動”，出“般旋”之義矣。

在卜辭，殷先王盤庚，或作“□”（《林》二，八，一四），或作“□”（合文）。此“□”爲“盤”之初文，又爲□之聲符之確證也。

二、許慎《説文解字》：“□，最括也。從二，二偶也。從乛，乛古文及。”

按：甲、金文凡字作“□”“□”，無作“□”者。故容庚《金文編》謂：《説文》從二、從乛，乛古文及。説解與篆體不合，殆有訛奪①。换言，小篆字形訛變。而許之説解牽强，以“最括”釋“凡”，亦非“凡”之本義。

許説既然兩誤。學者遂創新説以釋之，其最流行之説爲“□（凡）乃古盤字”。羅振玉、王襄、郭沫若、吴其昌、徐中舒、李孝定、陳夢家等皆主是説。然“□”（盤）、“□”（凡）字形有别，讀音亦異，各爲一字，已見前説。是“□（凡）乃古盤字”之説不能成立矣。

馬叙倫《説文解字六書疏證》卷二十六謂：“楊桓以爲‘凡’者，船上幔也，象受風之形。蓋謂即帆字，是也。此帆之本字或初文。最括也者，最字義，蓋非本訓。”

按：楊桓、馬叙倫以“□”（凡）爲帆之初。得之。但立説尚欠完備。“□”字字形，乃象二竪立之柱間張挂席、布之類織物，以爲障蔽之形。當爲“蓜”（席棚）之初文。古人挂席爲帆以行舟，故又爲“帆”之初文。

今以“凡”字作爲兼義聲符之後起轉注字字義來檢驗此説。

“凡”爲受風之“帆”的初文。古語被動、主動不分，受風者名“凡”，則

---

① 嚴可均《説文校議》云：“鼎彝銘凡作□‘故云從二’。篆文變爲□，取其茂美也。乛古文及蓋校語。凡字恐非從及。林罕以從乃，亦未當也。”

吹帆之風，亦得以“凡”名。古代鳳、凰一字，認爲鳳是神鳥，飛動時成風，後分爲二字。鳳字表鳥，凰字表風。而二字皆從“凡”得聲，皆以其爲送帆之風也。“泛”字從水，凡聲。凡即帆之初文。帆船行于水上，故“泛”有“浮貌”之義（《説文》）。軓，“車軾前也。從車，凡聲。車前掩輿之板”（《説文通訓定聲》）。“凡”爲“䈀”之初文，即“竪立之席棚”與“車前掩輿之板”，其形似，其用同。故軓以“凡”爲兼義聲符而出此義焉。“芃”訓“草盛也”（《説文》），當説爲從草，鳳省聲。《廣雅釋詁》：“風，衆也。”草而衆多，是“草盛”之義出矣。

總之，以上“凡”字轉注形聲字系分析，可以爲“凡”爲“䈀”之初文，亦爲“帆”之初文的旁證。

三、許慎《説文解字》：“□，可施行也。從卜、中。衛宏説。”關于“用”字的本義，説者多家。楊樹達謂“用蓋桶之初文”。（《積微居小學述林·用桶》卷五）于省吾承其説，而闡述之謂：“用字初文作□，象甬（今作桶）形。左象甬體，右象其把手。雲夢秦簡學界以‘用’爲‘桶’，進一步證明了這一點。”（《文物》1976第7期）《説文》：“用，可掩行也。從卜、中。衛宏説。”衛宏的説法是望文生義。戴侗《六書故》以爲“用”象“鐘形”。林義光《文源》謂“用”爲古“寧”字，均不可據。“用”字初文，本象日常用器的桶形，因而引申爲施用的用。用、甬本是一字，故甲骨文以“用”爲“甬”。周代金文“用”字或作“甬”（□）上端加半圓形以區别于“用”，是後起的分别字。但《江小仲鼎》的“自作甬器”、《曾姬無卹壺》的“後嗣甬之”仍以“用”的“甬”。“總之，用字的初文作□，本象有柄之甬。其演化的規律是：由□而□，而□，而□。周代金文由用字分化出甬字作□，或□。秦漢以來，用、甬并行。後世遂不知用與甬之初文，本是一字。”（《甲骨文釋林·釋用》卷下）

按：關于“用”字的本義及其字形變化，于先生之説是也。需要補充一點的是：“用”字（□）在作爲偏旁或單字時，還有省形作“□”形者，學者多誤以爲“凡”字了。如：

徐中舒《甲骨文字典》（1559頁）云：

□（一期，《掇》二，五），□（二期，《甲》六四一）。

《解字》：“從庚，從□（用）或省作□（凡）。”裘錫圭釋庸即鏞。郝疏：“《詩》云：‘庸鼓有斁。’《逸周書·世俘篇》：‘王奏庸庸。’皆鏞之省借也。”

孫炎曰："鏞，深長之聲。"

今按：裘釋此字爲庸，正確。但此字之"用"字偏旁一作□另一作□，顯然後者□是前者□之省形，不是"凡"字。《字典》以此"□"爲"凡"，顯然錯誤了。

此"□"爲"用"之省形之一證。

《説文》："茍（□），具也。從用，句聲。"此字在甲文中作□、□（《甲骨文編》），在金文作□、□（《金文編》）。楊樹達謂："□象矢在用中之形。吴大澂、王静安皆謂即《説文》訓'弩矢箙'之'箙'，變而爲今之□字。其説確不可易。"（《積微居小學術林·用桶》卷五）可見"□"字初文爲□字。其下部之□，即□之簡體。此"□"爲"用"之省形之又一證矣。

《天亡毁》爲西周初年器，其銘文有"不（丕）□（肆）王乍（作）□"。唐蘭謂："庸即庸字，所從之□（凡）與從□（用）同。"（《西周青銅器銘文分代史徵》，14頁）唐先生釋此字爲庸，是正確的。但以此字庚下之"□"爲"凡"，則是錯誤的。因爲此"□"正"□"字的省形，不是"凡"。此"□"爲"用"之省形之又證也。

四、"同"字當爲"從口，用省聲"説

《説文》："□，合會也。從冂、口。"但甲文"同"字作□、□等形（《甲骨文編》），金文"同"字作□、□等形（《金文編》），與篆文不同。劉心源據此謂："《金文同字諸形》亦不從冂，惟會稽秦刻石，'我樂同則'之'同'作'□'。知小篆改從冂。許氏據以爲説，究非十也。蓋'同'從凡、口會意，凡亦聲。"（《奇觚室吉金文述》卷一）此説從者多家（如林義光、高田忠周、楊樹達等）。

對"凡口爲同"之説，李孝定持保留態度。李謂："同字，甲骨金文皆從'□'，不從'冂'。篆始訛'□'爲'冂'。'□'爲'盤'之初文。用爲最括之詞乃假借。説者以同、咸并舉，以説'同'字會意之指，是取'□'之假借義。恐未必然。同字何以取（□）口爲義，蓋未易言也。"（《金文詁林讀後記》卷七）

按：□字上部之"□"不是"凡"，也不是"盤"，而是省形的"用"字。"凡"不可能是"同"字的聲符。（同音定、東，凡音并、侵，二字聲韵皆不能通。）

而□爲從口，□（用省）聲，則聲韵皆通。同與用，定喻準旁紐，東部叠韵，正一聲之轉。故“用”可得爲“同”之兼義聲符。《周易·乾》《坤》之“用九”“用六”，漢帛書本作“迵九”“迵六”，正爲同從用聲之一證也。

“用”之本義爲“甬”（桶），有“相通”之義。“通”字甲文即作“迵”字。可證“用”有“通”。“同”字從口、從用，用亦聲。即“口通”爲“同”。（今曰：通過交流，達成共識。）是“同”之初義爲“意見一致”，有引出“共同”“合會”諸義也。

五、《天亡𣪘》“王口三方”之“口”，爲何可釋爲“同”字？

此“王”下一字“口”，各家釋讀各異。孫稚雛《天亡𣪘銘文匯釋》所列，主要爲：

1. 徐同柏、陳介祺、方濬益釋爲“域”。與字形不合（域之初文爲或，在甲文作或）。此釋斷然不能成立。

2. 吴式芬、孫詒讓釋作“同”。吴闓生曰：“同，會同也。同字去口，與周作田同例。”（《吉金文録》）孫常叙綜合前人之説，力辯“口”不同于“冃”（凡）。他（《天亡𣪘問字疑年》）説：“‘口’和‘同’（從口，口聲）同音。‘王口三方’，就是‘王同三方’。從吴闓生之説，‘同’用作會同之‘同’。”（孫氏謂“口”與“冃”有别，“口”與“同”同音，都是正確的。但“口”爲何字，爲何與“同”同意，則無説。從而不能服人。）

孫稚雛反駁此説，謂：“從字形看，‘口’釋作‘凡’是正確的。”“金文同字從凡從口會意。省口我意可會，且不爲‘同’字。古音凡（常母侵聞）、同（定母、本部）通假的可能性也很小，所以字仍以釋‘凡’爲是。”

劉心源釋“凡”，從者多家。但對“凡”的解釋又各有不同。

①“凡”爲“諷”。郭沫若（《大系考釋》）曰：“凡叚爲風，諷也，告也。三方，東、南、北也。周人在西，故此僅言三方。”

②“凡”讀“泛”。聞一多謂：“凡疑讀爲泛。傳王在壁雍中汎（泛）舟也。”但“天子璧雍”是“水旋丘如璧曰闢雍”，不是如聞説的諸侯“泮宫”（水形半圓），從而“凡（汎）于三方”之詞，于義難通。崇中勉改釋“凡三方即泛了三張𦂶”，于事理亦難通。

③“凡”爲祭名。于省吾説：“以卜辭‘凡于且丁’（北大藏契）和‘于父丁凡’（《後上》七，五）證之，則‘凡’當爲祭名。”（《關于天亡𣪘銘文的幾點論證》）李平心以“三方”爲“三枋”，即卜辭中常見的三匚，譯此句爲“天子首先獻祭于太王、王季、文王的廟”。（“三匚”乃殷人對其先王之特定稱謂，

武王何以祭之？更何得以此稱周之先王邪？）

孫稚雛亦謂："凡"當爲一種祭名。

按："王三方"之""不是""（卂）而是""（用）的簡省之形。甲、金文""（同）字，是從口、用省聲的"會意兼聲"字（説見前文）。此"王（用）三方"之""（用）當讀爲"同"。《周易・乾》《坤》之"用九""用六"，漢帛書本作"迵九""迵六"，即用、同相通之證。此辭之"同"，當從吴闓生説"同，會同也"，即"殷見曰同"之"同"。武王"有大豐（禮）"爲何只"同三方"而非"同四方"？當可從郭説。此銘所記最可能的是武王滅殷返周途中，次于洛陽"行大禮，同三方，祀天（太）室，祀文王"之事。于此地會同東、南、北三方諸侯，其實即會見新征服區之諸侯也。故爲"同三方"矣。

2010年6月24日上午在幹療院

是日天陰、凉爽

“且”（□）爲“俎”（□）之省文，假爲“祖宗”之義説

一、釋“且”有關材料

在卜辭和西周金文皆借“且”字爲“祖”字[①]，其字形如：

□（一期，《粹》二四一），□（二期，《粹》二四五），□（四期，《粹》二），□（五期，《粹》三四四）。

□（周早，《盂鼎》），□（周中，《舀鼎》），□（周晚，《昔殳盤》）。

在卜辭和金文中有加“示”旁作“祖”者。如：

□（二期，《鐵》四八，四），□（春秋，《齊鎛》）。

在金文中，有以“且又”爲“祖”者，後又加“示”旁成“祖又”。如：

□（《師虎殷》），□（《伯家父殷》），□（春秋，《陳逆殷》）。

在戰國中山器銘中則在“且”下加“又”，成“□”，再加“示”旁，作“□”。如：

在金文中，有以“□”（俎）爲“祖”者。如春秋時期《鄭太子之孫壺》。

“用享用孝于我皇□（祖）文考……參□□首于皇考刺□（祖）。”（轉引自《古文字詁林》第十册，638 頁）

□（《中山王□鼎》），□（《中山王□壺》）。

“且”字初義爲何？主要有以下諸説：

（一）“且”爲“俎”之初文。

《説文》：“且，所以薦也。從幾，足有二横，一其下地也。”（從段校。）段

① 《禮記·檀弓》：“夫祖者，且也。”

注：“所以承藉進物者。”清代學者多以“且”即古“俎”字。王筠（《説文釋例》）解釋説：“且字全體象形。許君説誤。謂一爲地，大誤。上平者，其面也。兩直，其足也。兩横，其桄也。幾之桄一而兩之者，畫幾者，直其前面，兼露其旁面，此亦當然。《玉篇》古文作，則只一桄。或小篆取字形茂美，因而重之也。下一則柎也。柎，闌足也。植者爲足，横于中下者爲柎。别用長板，合爲正方以承足也。”林義光（《文源》）則以“”① 字“從二肉在俎上，肉不當在足間。則二横者，俎上之横，非足間之横也”。從許説則“”字肉俎之側寫象形。從林説則“”字是肉俎之平面俯視象形。林説正確。（説見後。）徐中舒謂：“”，“象俎形”。“古置由于俎上祭祀先祖，故稱先祖爲且。”（《甲骨文字典》鄭十四，1490 頁）

（二）“且”爲“木主”之形。

强運開謂：“（祖癸角），此祖字之最古者蓋象木主形。”（《説文古籀三補》卷一）孫海波則謂：“且”是“尊也”（《説文》）。“神主之形，因且之形爲之，故孳乳爲祖始，父之父以上皆得稱焉。”（《甲骨金文研究》）李孝定謂：“甲骨金文祖宗字作者，則神主之象形。且即主也。今吾湘民間所祀祖宗神主猶作此形。至俎豆字從且者，以其形近音同故也。”（《甲骨文字集釋》第一輯）

（三）“且”爲“廟”（最古屋宇）之形。

高田忠周謂：“《説文解字》：‘祖，始廟也。從示，且聲。’始廟也者，實字之義也。從一，一者地也。以象廟，最古屋宇之形如此耳。”又謂：“《説文》‘且，薦也’之‘且’，此俎字義也。所謂尊俎字。”②（《古籀篇》一）高鴻縉亦謂：“字本意是祖廟。上象廟宇，左右兩墻，中二横爲楣限。下則地基也。廟爲祖宗之鬼所居，故與人居之無不同。商周皆借爲祖宗之祖。謂廟中所供之鬼也。”“至于説解：‘薦也’乃所以釋鼎俎之俎爲假借字。”（《中國字例》二篇）

（四）“且”象“墳冢”之形。

明義士謂：“又作象墳冢之形。一，地平。中之一畫或二畫，象墳冢

---

① 唐蘭謂：“且字本當作，象俎形。其作或者，蓋象房俎，于俎上施横格也。”（《殷墟文字二記》）其説與林同。

② 馬叙倫謂：“祖訓廟者，安當作、。此于牧時代之屋。從一，象形。即帳之初文也。自是牡器之名，今、字皆僅存，而其用自古已棍。”（《説文解字六書疏證》）

側部直立木欄以繩束縛之形。墳冢爲子孫追薦之所。故訓藏。爲先人之陰宅，故訓始廟。後增'示'。蓋象冢前登臺之形。且，祖固一字也。"（《柏根氏舊藏甲骨文字考釋》）

按：王鳳陽《古辭辨》（143 頁）謂："《禮記·檀》引'古也，墓而不墳'。意思是古代只掘墓穴將人掩埋，不堆起高出地面的墳堆。這是反映了古代的埋葬情况的。據現代考古發掘報告，在殷代和西周時代，'墓'還是没有墳堆的。"據此，明義士之説爲無據臆説矣。

（五）"且"爲"牡器"之象形。

郭沫若謂："祖妣實爲牡牝之初字也。""卜辭牡、牝之偏旁'''' 即祖妣之省也。""、即且，實牡器之象形。"（《周彝中之傳統思想考》，《金文叢考》）

按：唐蘭謂："郭説且、匕二字爲兩性器官之表徵。然牝器之重要，實遠過于牡器，何以無直相牝器形之字，而反假匕、柶之形。（匕作、等形，與牝絶不相似。）非牝器之象形，則且亦非牡器之象形。"（《古文字研究》第一輯，55—62 頁）

且宜作象俎上置肉之形。此安得爲牡器耶？此"且"爲"牡器"説不足信之證矣。

又：且爲"木主"之説，主要以後"祖宗牌位"之形説且。但"且"與"主"通，無證一也。且如爲主、俎又何從詞義耶？李孝定以"且""俎"形近音同爲説。那麼且、俎既形近音同，何以又不是一字耶？作者所以致誤，是不知"且"爲"祖考"乃"聲音假錯"之例。故以爲"且"只有象神主，才能有"祖考"之義。

又：説"且"爲"祖廟"之形。其致誤之因，與"木主"説同。"祖廟"爲"廟，以祖名"非"祖爲廟"也。"且"無廟義。其形既不類，而文獻亦無證也。"且"如爲"廟"，"俎"字何出耶？故説者只得以（廟）、（牡器）、（俎）早混爲言，是面臨圍難之遁詞矣。

又説：説"且"象墳冢之形。與"古也，墓而不墳"之制度不合，是無據臆説矣。

總之，爲之簡體，即"俎"字。其用爲"祖考"字，乃"本無其事，依聲托事"之假借義也（詳説見後）。

二、“[⿰⺊且]”爲俎這全體象形字，“[⿱⺊且]”爲“俎”（[⿰⺊且]）省體字

金文中有“[⿰⺊且]”字，即“俎”之全體象形字。

于豪亮（《説俎字》，《于豪亮學術文存》）謂：陝西扶風縣莊白一號西周古銅窖藏中，有《三年𤼈壺》。其銘文是：“隹（惟）三年九月丁巳，王才（在）奠（鄭）、鄉醴。乎（呼）虢叔召𤼈。易（錫）[⿱化土][⿰⺊且]。巳丑，王才（在）句陵、鄉逆酉（酒）。乎（呼）師壽召𤼈。易（錫）彘[⿰⺊且]，敢拜稽首，敢對揚天子休，用乍（作）皇且（祖）文考尊壺。𤼈其萬年永寶。”

銘文中的“[⿰⺊且]”字，就是“俎”字。“[⿱化土]”字書所無。從化得聲，當以音近讀爲鵝。古鳥類的肉也登于俎。（見《左傳·隱公五年》：“鳥獸之肉不登于俎……則君不射。”）所以釋[⿱化土]俎爲鵝俎，妥當。“彘俎”即“豕俎”，在《儀禮》《禮記》中常見。

從本銘文看，釋[⿰⺊且]爲俎是正確的。

王人聰（《釋西周金文的“俎”字》，轉引自《古文字詁林》第十册，637－639頁）謂：于豪亮據禮文“豕俎”而推論𤼈壺銘“彘俎”之“[⿰⺊且]”即是“俎”字。現可以一篇新發的銘文，證成此説。

香港徐氏藝術館藏春秋時期的鄭太子之孫與兵壺。其壺銘爲：

“隹正五月初吉壬申，余鄭太子之孫□兵。睪余吉金。自乍宗彝。其用享用孝，于我皇[⿰⺊且]文考，不[⿰𡈼攵]春秋，[⿱山示]餘嚴□[⿰幺幺]禋穆穆[⿺走延][⿺走延]至于子子孫孫。參[⿰木奉]頟于皇考剌[⿰⺊且]，卑萬枼無諆𤼈，亟後民，永寶教之。”

壺銘“皇[⿰⺊且]”“剌[⿰⺊且]”之“[⿰⺊且]”，“其字形結構與三年壺銘的[⿰⺊且]字相同。可知即係一字。”“又可知[⿰⺊且]字在此假借爲‘且’即‘祖’字。”“聯繫𤼈壺‘彘[⿰⺊且]’之詞義，即可證知[⿰⺊且]，當即與‘且’（祖）同單的‘俎’字。”

“[⿰⺊且]”字，由其字形考察，亦可知此字實爲俎之象形。伍仕謙云：“按《殷周青銅器通論》圖版四殷饕餮蟬紋俎，象兩足之幾，俎面爲矩形。側視之，正爲[ㄐ]或[ㅠ]形。俎字之仌，當即[⿰⺊且]之[⺊]之訛變。此象形字也。1959年武威出土漢簡《儀禮》特牲（豆俎）之俎作[⿰丬且]，其訛變之痕迹可見。”伍氏的意見是很正確的。金文[⿰⺊且]字，左旁象俎足，右旁則象俎面。全字構形爲一側視之俎形。[⿰⺊且]字在字形演變過程中，將左旁表示俎足的[⺊]與右旁表示俎面的[且]（當爲

即俎面，乃 之加有横欄以分置切肉者），即訛變爲小篆之俎或漢簡的 。由此可知：小篆俎字左旁的 ，是金文 字表示俎足的 之訛變。而不是如孫詒讓及唐蘭先生所説的是金文 字中肉形的移寫。（也不是許慎説文所説的"半肉"。）

金文又有 （《盛方鼎》）或 （《傳卣》），爲"説文所無"（《金文編》）。今按："此二字亦當係俎字，爲俎之繁體。俎原爲切肉之器。此二字構形，從俎、從刀。表示刀俎之意。正説明俎爲切肉之器。 與 之關係，當如金文之 爲鼓之象形。 則象手執桴擊鼓之意。二字簡爲鼓字。 爲鼓字繁體。"

按：" "爲俎之全形象形初文。當前文中用爲"樽俎"字（《 壺》）。又用爲"祖考"字與"且"同（《鄭太子之孫與兵壺》）。

這樣，可知： 爲 之省形，其初義同 ，即"俎"。作爲"祖先"義，乃其假借義也。（由 、 同爲"祖考"字，亦可知且即俎之省文矣。）

附一："且"字爲何用爲"祖宗"？

1. 且即俎字，象俎形。古置肉于俎上祭祀先祖，故稱先祖爲且。（徐中舒《甲骨文字典》）

2. 且即神主之象形。以其爲祖宗神主，故有"祖宗"義。（李孝定《甲骨文字集釋》）

3. 且字象祖廟。廟中供祖宗之鬼，故用爲"祖宗"字。（高鴻縉《中國字例》）

4. 且象墳冢形，爲先人之陰宅。故用爲"祖宗"字。（明義士《伯根氏舊藏甲骨文字考釋》）

5. "且既俎之本字，則何以用爲祖妣之義邪？余謂此當求聲音假借，而不當于形意求之。""以形義言之，且、父皆各有其本義，兹第借其聲爾。"（唐蘭《殷墟文字二記》）

按："且"用爲"祖宗"字，是"聲音假借"。此説最明通。"且"爲俎而假借爲"祖宗"字，正猶"父"是斧，而假借爲"父母"字也。

徐中舒謂且象俎形，是矣。而謂"古置肉于俎上祭祀先祖，故稱先祖爲且"則失之迂。

至于"且"爲"神主"之形，或爲"祖廟"之形，或"墳冢"之形，從而有“祖先”之義，則失之妄。因爲“且”絶非“神主”，或“祖廟”，或“墳冢”之形。前提既妄，推論當然謬誤也。

附二：“且”“俎”與“宜”是否一字？

1. 主張□即“俎”字，不是“宜”字。

孫詒讓（《契文舉例》（下），1 頁下）云：“□……皆且之異文。幾中從一横而上下別爲‘Λ’形，疑即‘俎’字。”《説文》：“俎，禮俎也。從半肉在俎上。”此似即以半肉着横間。金文且字鼎作□，貉子卣作□，與此字略同（舊并釋爲“宜”誤）。羅振玉（《殷釋》（中），38 頁上）謂：（《説文》之俎），半肉謂仌也，然在“且”旁。此□正象置肉于且上之形。前人皆釋爲宜，誤矣。王國維説同。葉玉森、王襄同。屈萬里同。李孝定（《集釋》4088 頁）謂：“（□），卜辭俎字。牲體爲祭。至用爲‘宜’字者，或以形近而訛。”金祥恒（《釋俎》，轉引自《甲骨文字詁林》3332 頁）謂：□，爲俎字。俎爲祭名，乃“祭祀薦牲，載之于俎”。文獻所云“祭禮謂之宜”，即《説文》“宜”之古文作□，與甲、金同形而誤釋。當爲俎也。王國維引容庚《金文編》謂：“俎、宜不能合爲一字。以聲，絶不同也。”高知桑（《焉根》第四册，158－159 頁）謂：卜辭金文的□字，仍以釋俎爲當。可舉出兩條證據：殷器《戎餘令》：“□□于□。”（《宣和博古圖録》卷一，15 頁）周初《矢令毁》：“□□于王姜。”（《兩周金文辭大系圖録》75 圖）其“□□”即《禮記·樂記》中的“尊俎”，《莊子·逍遥游》《史記·樂書》的“樽俎”。此其一。周器《嫭妊壺》銘文則作嫭。可見□、且相同，即俎加肉與不加肉相同。此其二。

2. 主張“□”爲“宜”字，并且與“且”（俎）爲一字。主張“且”“俎”即□（宜）爲一字的學者甚多，主要有：

容庚（《金文編》七卷，25 頁下）謂：“□，象置肉于且上之形，疑與俎爲一字。”《儀禮·酒禮》“賓辭以俎”，注：“俎者，肴之貴者。”《詩·女曰鷄鳴》“與子宜之”，傳：“宜，肴也。”又《爾雅·釋言》李注：“宜，飲酒之肴也。”俎、宜同訓肴，可證。又《廣雅·釋器》：“俎，幾也。”《一切經音義》引《字書》：“俎，肉幾也。”置肉于幾，有安之義。故引申而爲訓安之“宜”。古□：“宜民和衆”作□，漢封泥“宜春左園”作□，尚存俎形之義。與許氏《説文》異。

陳夢家：“卜辭之‘宜’作，亦即俎字。”（《綜述》266－267 頁）

唐蘭（《古文字研究》第一輯，55－62 頁）謂：“即俎，亦即字。”《説文》：“且，薦也。從幾……”又：“俎，禮俎也。從半肉在且上。”是許意且、俎爲一字也。卜辭、金文俎字作，可爲且即盛肉之俎之確證。“後世則誤析爲俎、二字。”“其爲肉俎義者，後人改其形爲俎。而爲宜適義者，又小誤爲從、從一。遂若截然爲二字耳。”何以俎、宜爲一字？從聲音説：“”古音本舌頭，與“多”相近。其後變而爲齒頭、正齒之音。獨用爲宜適者，仍保存在舌頭音，後人遂誤以爲從“多齒”矣。讀爲多而又轉入疑紐，是後世字宜字之音所從出也。然則即以聲音言，俎、宜爲一字，亦無疑也。又“金文有嬗字，其偏旁或從，或從（見《穌甫人匜》《嬗妊壺》）。可爲且，俎與宜爲一字之確證。”（《古文字研究》第一輯，55－62 頁）

于省吾謂：宜、俎爲一字。“許誤其爲二字。宜訓安乃俎之引申義。”（《論俗書每合于古文》，《中國語文研究》第 5 期，16 頁）《甲骨文詁林》（3337 頁）之按語：“古‘俎’‘宜’同字。以‘宜’爲後起之孳乳字。”

商承祚謂：“案：宜與俎爲一字，而宜乃俎之孳乳。”“俎，所以薦肉，今篆作俎，是肉在幾旁。甲文、金文作、，皆象肉在俎上之形。是篆作俎者，乃因别于宜而移寫之也。俎既有别，遂對折宜字之筆劃，而爲篆又省從一肉而爲形，乃越去越遠。”（《古考》，70－71 頁）又謂：“且，亦是一字，一無肉，一置肉也。”（《甲骨文字研究》下編）

日本中島竦謂：故俎、宜不甚相分，用之禮器則爲俎；用之祀事則爲宜。（《書契淵源》第五帙第二册，93 頁）

3. 主張“”爲“宜”字。

饒宗頤（《通考》84185 頁）謂：“”，古文宜，祭名。《泰誓》：“宜于冢土。”《周禮·大祝》：“大師宜于社。”《爾雅·釋天》郭注：“宜，有事祭也。”字變作，如“王武丁”（《帶刻辭牛距骨》）或稱“大宜”。《大豐毁》：“王鄉（饗）大。”《貉子卣》云：“王牢于，咸。”讀爲祭名之“宜”，均可通。

郭沫若（《兩考》1 頁，大豐毁）謂：“字金文曾見，卜辭亦多有。舊釋‘宜’。余曩以爲房俎之房，今按仍以釋‘宜’爲是。”（郭初釋爲“房”，後改釋“宜”。）

孫稚雛謂：“字以釋宜爲是。金文中另有俎字。三年壺俎字作，是

爲俎幾之俎。俎是切肉之器。而宜則象陳肉于俎上之形。大宜，當爲一各祭儀。”（《天亡𣪘銘文匯釋》,《古文字研究》第三輯）

今按：説“且”“宜”一字之理由，論據皆難以成立。以“俎”“宜”皆有“肴”義，故爲一字。但二字各别，又同有某義者，多有。不能以二字同爲某義，即以爲二字同字也。此其一。説金文𡣍字下部偏旁，一作“宜”，一作“且”，故宜、且一字。但形聲字有形符互换（只要大類同）之例。土、田互换，金、木互换，犬、豸互换。是“宜”與“且”偏旁互换，不得爲二字爲一字之證矣。此其二。爲俎面、爲俎面置肉。雖同有，然一有肉，一無肉，字形不同矣。字形不同，而用意又不同，何得謂二字爲一字耶？此其三。且與宜，雖然魚歌通轉，但清（齒頭）與疑（牙）不能通。唐蘭謂古實一音，後來各變，無據。此其四。

説：“且”（俎）、“宜”各爲一字者，其理由主要有：

①且（俎）與宜，字形各别。或，象俎形。爲宜，象俎上置肉形。一無肉，一有肉。字形不同。

②“且”音，清紐、魚部。“宜”音，疑紐、歌部。清爲齒音，疑爲牙音。隔不能通。是字音不能通轉也。

③字義使用各有範圍。“且”在甲、金文多借爲“祖考”字[①]。而“宜”從未用爲祖考字者。在卜辭：“宜”爲“用牲之法”“祭名”或“地名”（見《甲骨文字典》），而“且”字未有如此用法者。金文之“宜”用法同于卜辭，亦未有用爲“祖考”字者。此“且”“宜”各爲一字之明證也矣。

2009年8月11日上午，天陰涼意有
積數日之力，録此筆記于幹療院

---

① （俎）字在《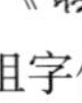壺》用爲“俎”字。在《鄭太子孫壺》用爲“祖考”字。在戰國《中山鼎》及《壺》，用爲祖字作者之偏旁。與字作之偏旁相類。可知即字矣。

說“單”

單字甲文作(《前》六，三，一)，(《粹》七三)，(《存》二，九一七)。(見《甲骨文字典》)

金文作：(《小臣單觶》)，(《單伯鬲》)，(《尊》)。(見《金文編》)

《說文》小篆作。

一、“單”字初義爲何？

諸家之説解紛紛，但均未能得其真解。舊説主要有：

1. 單爲“大”“大言”。《説文》：“單，大也。從吅𤰞，吅亦聲。闕。”徐鍇《説文繫傳》：“言大則吅，吅即諠也。許慎闕義，至今未有能知之者。”段注：“當爲大言也。淺人删言字。……大言故從吅。當云𤰞闕，謂𤰞形未聞也。”朱駿聲《通訓定聲》謂：“案：大言也。從吅，華省聲。”

此説單從吅，與甲、金文之形皆不合。據小篆已訛之了形爲説，故無當于字之初義。

2. 單爲“車”。王筠《釋例》：“單字……蓋兵車也。”“《穆天子傳》：‘以圜喪車，是曰囧單。’……囧者明也。指水而言，單者車也，指喪車。”馬叙倫《六書疏證》謂：“單”之形由而省變。字下端之十乃轅、衡之形，中段之乃輿形，者兩輪。由字形以證王筠之説。

此説“單”字乃“車”字省變而來。太過牽强，試問字與車形何關耶？難以成立。且𨏈訓“輞”，亦可證“單”絶非車也。

3. “單”爲“觶”之初文。孔廣居《説文疑疑》：“愚疑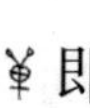即觶之古文，觶乃爵之大者，故單訓大也。象兩柱。象腹與足。”

按：觶之形制。《漢語大字典》云：“觶，古代酒器。”“形狀最多，通行者多爲圓腹侈口，圈足有蓋。”附圖作形。與丫、Ÿ、¥之形，亦迴然有别。是“單”不得爲“觶”之初文矣。

馬承源主編《中國青銅器》觶下云：青銅器中習稱的觶有兩類：一類是扁體的（有蓋銘其器爲“鑵”）；一類是圓體的。扁體的一類是否即文獻中之觶，尚存問題。至于圓體觶之形制，所述與《字典》同。

4. “單”爲“簞”之初文。徐灝《説文解字注箋》：“疑此古簞字，象形。借爲單獨之單，因爲借義所專，又加竹作簞耳。”

按：簞爲“盛飯食有蓋的圓形竹器”（《漢語大字典》）。《説文》：“簞，笥也。……《傳》曰：簞食壺漿。”段注：“簞笥有蓋，如今之箱盒。”《禮記·曲記上》鄭注：“簞笥，盛飯食者。圜曰簞，方曰笥。”是簞爲竹制圓形飯盒。與丫、Ÿ、¥之形不合。此説亦難以成立矣。

5. “單”是“鼉（鱓）”之初文。謝彦華《聞載》：“單即鼉古文。”梁東漢謂：“‘單’象鼉龍（揚子鰐）之形”，“吅是它的兩隻大眼睛，Ŧ是它的身子和大肚子”。（轉引自《古文字詁林》第二册，18頁）

按：説“單”爲“鼉”之象形，試問丫字爲何象“鼉”之“兩隻大眼睛及它的身子和大肚子”？鼉即𤕤、鱓字，或作䱇。是此字之“單”“亶”等偏旁，皆爲標單聲符。與鼉之形象無關也。

又一説則謂：鼉當云從黽、彈省聲。彈有“彈擊”“彈奏”之義。謂發聲如彈擊樂器（鼓）之黽也（鼉聲如鼓、如更，故名爲鼉鼓、鼉更）。此則聲符“單”爲“帶義”之“聲符”。而非“鼉”之象形也。

6. “單”爲“蟬”之初文。林義光《文源》：（單）“當爲蟬之古文。象形。○○象雙目，下象腹尾也”。

按：“單”之初文作丫，無蟬之“腹尾”之象。且蟬或作蟺，知偏旁之“單”或“亶”皆爲標音聲符，與其象形無涉。

又蟬聲清遠，有如彈奏樂器之音。故蟬字可云從蟲，彈省聲。謂其爲發音如彈奏樂器之蟲也。亦通。則蟬爲聲符兼義之轉注字，與象形無涉。

7. “單”爲指事字。表“相襲”之義。章炳麟《文始》：“《毛詩》云：‘三單，相襲也。’襲爲丫字本義。”“其字象蟬聯相續，故作丫，于六書爲指事。”“謂更番徵調，前者退伍，後者承襲之也。”

按：章氏此説，問題有二：一爲《詩》之“三單”，毛傳訓“相襲”，乃以後世"更調"制度，説公劉之世"其軍三單"。公劉據豳，創建國家。乃古初時代。全民皆兵，何來"更調"之制？是"其軍三單"，另有確解。章氏據毛傳以説"單"之初義，已失可靠之憑據。二爲單有"相繼"之義，當從朱駿聲《通訓定聲》之説，乃借"單"爲"傳"，而"傳"有"繼"義。

如從章説"單"之初義爲"蟬聯相續"，則"單"爲何有"彈丸"之義？爲何有"周繞"之義？爲何有"戰鬥"之義？而從單得聲兼義之後起轉注字皆不能通。故章説不能成立。

8. "單"爲"星名"。高田忠周《古籀篇》："丫爲星名，《爾雅·釋天》'太歲在卯曰單閼'，是也。丫以象木星，○○以象從星。"

按：此説完全不能成立。太歲還是歲星。"太歲在地，與天上歲星相應而行。歲星爲陽，右行于天，一歲移一辰。十二歲一小周。歲星爲陽，人之所見。太歲左行于地，一與歲星跳辰年歲同。太歲爲陰，人所不睹者。"（《周禮·春官·馮相氏》"掌十又二歲"，注："歲謂太歲。"孔疏。）此其一。故"單"爲星名，純出臆想。更與木星無關了。此其二。太歲之名甚多。如"太歲在申曰閼逢"等十個，又"太歲在寅曰攝提格"等十二個（均見《爾雅·釋天》）。是"大風在卯曰單閼"僅爲太歲在不同方位諸名之一。何以"單閼"一名即太歲之名耶？此其三。又"單閼"一名，乃聯綿對音詞。"單閼"不等于"單"。正如"閼逢"之不等于"閼"也。此其四。

所以，謂"單"爲星名，是完全没有根據的。至于以"單"爲木星一名，更完全是附會的了。

9. "單"爲"旗幟"或"旗具"。其説法又分幾種：

(1)"單"爲"斿"字古文。王延鼎謂："單從∵，𢆉聲，爲古旗字。""古畫三辰于旗，從∵者，日月生也。從𢆉，斿之笑也。"

按：單與旗，省無文旁轉，但禪（舌）群（牙）不能通。是二字之音不能相通。此其一。旗爲"旗有衆鈴，以令衆也"（《説文》）。即使丫把ㄖ之説是"衆鈴"，但全字毫無"旗"狀。此其二也。

所以高田忠周謂："𢆉字形與旌旗義不直相涉。王氏謂單、旗同字，斷非。”（《古籀篇》二十四）其説得之①。

（2）“單”字從“□”得誼，皆“蘄”之省變。陳邦福《瑣言》：“單從吅、從車，或從中。疑初從得□誼。□爲㫃象，□爲㫃飾。單亦爲㫃象，皆蘄之省變。”

按：就字形來説，□、□、□、□皆不見“從□”之痕迹。而□、□亦不見“㫃”象。是此説以無據之“□”來説“□”，不能成立。

（3）“單”乃“旃”之初文。晏炎吾《釋器》：“愚謂單即旃之初文。旃從丹聲，丹、單同音……考之契文其制初蓋只作□、□，中、甲爲旃之射柄，□則旃飾也。或作□者，是其省文。其後益之以旌旗之游，制乃彌繁。”

按：此説于聲韵可通。單與旃，照禪旁紐，元部叠韵。然單字之形，（無論□、□、□）要説是“旃旗”之象，是十分勉强的。《説文》：“旃，旗曲柄也。”既“旗而曲柄”，□、□、□之形，有此乎？《爾雅·釋天》“因章曰旃”，郭璞注：“以帛練爲旒，因其文章，不復畫之。”旒即游，“旃”旗有游。而□、□、□之形有“帛練爲旒”之形制乎？作者又把甲、金文之□字，作爲“其後益之以旌旗之游”的依據，但□字爲祈、旗之初文。與“旃”字又不相涉。所以此説，不可從。

（4）“單”爲“干”，即“盾”（□）。丁山（《説文闕義箋》）謂：“干與盾同實而異名。盾、單雙聲，而單、干叠韵。”“竊謂古謂之單，後世謂之干。單、干蓋古今字也。如契文□或省爲□，是其證。”

按：單與干各爲一字。單作□，干作□，字形各别，一也。單與干，雖然元部叠韵，但禪（舌）見（牙）不能通。是聲韵不能全通，二也。“獸”字（狩）契文或作□（□）或作□（□），此乃偏旁互换之例。有如“犬”旁與“豕”旁互换，“土”旁與“田”旁互换。豈可以之作爲“單”即“干”之證耶？三也。加之“干”之本義爲“幹”（與枝相對），作爲武器是“梃”。所以“干”才有“犯也”（《説文》）之義。干之所以有“盾”義者，以“干”借爲“□”（申）也。干與□，見紐雙聲，元部叠韵。所以“干”有“盾”義者，

---

① 卜辭有□（《戩》四七，九），王國維認爲此字從□，即祈之本字（轉引自《甲骨文編》祈字下説）。按王説不可靠。此字初形作□、□，即□。（當説爲從戰省，斤聲。斤與言通。謂以訛戰禱也。爲祈之初文。）其後加形符“□”（㫃），□聲，成□，爲□之繁體（謂其于軍旗下進行戰禱也）。故知單與旗各爲一字，王國維混爲一字。誤矣。楊向奎據王國維以上説法，在《釋單》中説：“單實爲旗幟之間架。有椁則爲旗。”其誤與王國維同。是由于不知□字以□字爲初形，後加“㫃”以表“□”，乃禱于軍旗之下之事，非謂“□”爲旗。更不能因“□”爲禱于旗下，而謂“單”即旗幟也。

通借爲“毌”，與“干”之本義無涉。既明以上諸義，當知丁說之誤矣。

(5)“單”即“干”，乃分叉木棍，縛以石塊之兵器。徐中舒謂：“單、干一字。”(《漢語古文字字形表·序》)“所以Y形象前端分叉的木棍，口或⊖形象捆在木棍上的重石塊，○○象木棍前綁扎的兩塊尖鋭石塊。”(《甲骨文字典》)

按：單、干各爲一字。説“單、干爲一字”已是大錯。而“干”字作¥，乃以Y象有分枝之莖幹而加指符號“一”或“●”于莖幹上，表示此字之義，所指在“莖幹”。故干爲“幹”之初文，而無“前端面分叉”之“木叉”義。有如木爲株之初文。而朱(株)絶無“樹根”或“樹梢分枝”義也。

并且程德祺(《原始社會初探·説單》246頁)對徐中舒據“♆”字所擬的兵器加以批評説：“可是上古存在過這類杆上縛石、縛叉，叉上雙縛尖石刀的物體嗎？歷史學、考古學、民族學和民俗學至今都没能提供證據。顯然，古人未曾製造和使用過這類結構的武器。”這個批評是中肯的，徐説不能成立。

(6)“單”爲“罕”。郭沫若(《金文叢考·壴卣釋文》)謂：“單乃捕鳥之器。”“今更以聲類求之，則單乃罕之初文也。……按罕之制似畢(畢罼)，小網長柄……罕復名罕車者，蓋罕之柄上有輪，以縮網綱之收縱。♆字中腰之⊕形，即輪象也。故單爲罕之初文，毫無可疑。”

按：單與罕，雖然元部叠韵，但“禪”(舌)與“曉”(牙)不能通。當非一字。一也。又罕爲“鳥網”。(《吴都賦》注：“罼、罕皆鳥網也。”)其制“小網長柄”(段注)，張舜徽謂：“湖湘間，捕魚于水濱者，恒持長柄小網以取之，可得魚蝦也。”(《説文解字約注》罕字下)是“罕”又爲“捕魚”工具。以其“長柄小網”故引出“罕少”之義。

這樣罕是“長柄小網”的獵具。作爲“兵器”，則不行了。那麽“單”字有“戰”義，(戰字從戈，單爲兼義聲符)就得不到解釋了。二也。因此，郭説不可從。

(7)“單”爲“罬”初文。朱芳圃(《殷周古文字釋叢》卷上)謂：“余謂‘單’實罬之初文，試分形音義證之。”《爾雅·釋器》：“繴謂之罿(罿)，罿，罬也。罬謂之罦。罦，覆車也。”孫注：“覆車是兩轅網。”(《禮記·月令》孔疏引)又“覆車網可以掩兔者也”。(《詩·王風·兔爰》孔疏引)郭注：“今之翻車也。有兩轅，中施罥以捕鳥。展轉相解，廣異語。”按Y象兩轅，⊕爲罥網，丨象長柄。此形之相合也。古音單讀端面聲之韵，罬讀成定聲術韵。旁紐雙聲，陽入對轉，此音之相合也。卜辭云：“其單：亡戋。”(《遺》六，三)蓋卜問用覆車以掩捕鳥兔。此義之相合也。形音義三者皆合。單爲罿之初文，昭然若揭矣。

按：朱先生説“單”“罿”二字，聲韵可通。這是可以成立的。（單與罿，禪端准旁紐，元月對轉。聲韵皆可通。）但“單”與“罿”之形制，則不合。

“罿”之形制，郭注云：“今之翻車也。有兩轅，中施罥以捕鳥。”“翻車”何義？“兩轅”何指？

《説文》：“罿，捕鳥覆車也。”王均（《説文釋例》）謂：“叕聲，聲中有義覆車，吾鄉謂之翻車。不用繫網目。以雙繩貫柔條，張之如弓。繩之中央縛兩竹，竹之末箕張，亦以繩貫之。而張之以機。機上繫蛾。鳥食蛾，則機發，竹覆于弓而繯其項矣。以其弓似半輪，故得車名。此真所謂一狀。這種捕魚的方法如今在江河湖海水邊依然看得目羅者也。若捕小鳥，則用罨，其形相似，但弓上結網爲異。罿特以繩連綴之，故從叕也。”

張舜徽《説文約注》罿下云：“罿之言叕也。謂綴聯繩索爲之。中施機巧，俟鳥經行其處而縛擊之也。”又“罿，罿也”下云：“《韓詩》：‘施羅于車上曰罿。’案：所謂‘車上’乃翻車之上也。以其上施機巧，有如車輪之能轉動，故得車名。罿爲罿之異稱。罿之爲言橦也。凡張罿必有二小柱，植立其旁，以爲之幹，然後綴繩其上，與帳柱相似也。”

從以上叙述可知：罿的形制是上有罥網，或繩套（即翻車）。兩旁有二木柱，植立其旁，以承載可以下覆之“網”或“繩套”（即兩轅）。其下有繩結成品牌套以拘鳥（即綴）。

因此“單”（初形爲）之“”與植立兩轅不類。而Y亦不見“罥網”之形。故從字形言“單”字字形與“罿”制不類。而且“罿”只是“鳥網”，不是攻戰的兵器，于單有“戰”義、“彈丸”義等，皆不能解釋。所以朱説不能成立。

二、“單”字是“飛石索”（或稱流星索）的象形

程德祺在《釋單》① 中提出此説。其言曰：

“單字所從之吅，應是石塊或加工而成的石球。單字本作，象石球。

① 程德祺：《原始社會初探》，中央民族學院出版社，1988年，第247－248頁。

象縛連雙石的繩索。單確原是一種狩獵武器，但不是干、畢、罕、罿或其他什麼特別的狩獵武器，而是飛石索（或稱流星索）。”

飛石索是繫有繩索的石球，狩獵時掄甩繩索將石球抛飛出去，以擊中或纏住野獸①。世界上許多狩獵民族都製造和使用這種武器。我國從舊石器時代、新石器時代以至商周時代，都製造和使用石球。這由大量考古發現，可以證明。如在山西陽高許家窑的舊石器時代遺址中，發現石球 1073 枚。同時還出土 300 多匹野馬的遺骨。在新石器時代的西安半坡遺址中，發現石球 240 件、陶球 327 件。商代鄭州二里岡等遺址中也有石球、陶球發現。戰國時代《水陸攻戰圖》上還有雙手旋放石索以襲擊敵人的形象。在我國一些少數民族中，更晚時期還使用這種武器。在中國歷史博物館裏有一件佘族《獵神圖》，其中就有一人手持二球飛石索。納西族、普米族、藏族等，不久以前還使用飛石索狩獵。在納西族的象形文字裏，把飛石索寫成一根繩子，兩頭分繫兩個石球。（關于飛石索有關資料，見賈蘭坡《中國大陸上的遠古居民》98－100 頁；杜耀西、宋兆麟《石球——古老的狩獵工具》，《化石》1977 年第 3 期；宋兆麟《投石器與流星索》，《史前研究》1984 年第 2 期）

漢字“單”之初文結構，當與納西族飛石索象形文字的結構相仿。形爲一繩繫二石，繩彎折處是旋擲時手握的地方。爲一繩系二繩後再繫二石。一繩供手握之用。飛石索有一石、二石、三石，還有更多石塊的。單字初文作二石，一方面大概是該種飛石索在我國上古時代最爲流行。就如後來我國雜技中的流星索種類雖多，但均屬兩球流星索性質。另一方面，大概是作二石，易能象形顯意“o”，但作、作，最可能就是象繩繫三個石球，後來字形演變成、、等形。

按：程說是也。、、、乃飛索之象形。其說與字形重合。那麼其說是否與“單”字之字義合呢？能否解釋以“單”爲兼義聲符之後起轉注字呢？如果這兩點都做到了，那麼“單”字爲“飛石索”之形之說，則得到證明了。

---

① “我國山西省芮城縣匼河遺址，展現有大約 50 萬年前的石球。共三件。”“其中一件打制得相當圓，直徑爲 8.5－9.5 厘米不等，重 1035 克。”（賈蘭坡：《中國大陸上的遠古居民》，天津出版社，1978 年，第 50 頁）這種石球在時代更晚的山西襄汾縣丁村遺址和陽高縣許家窑遺址還有大量發現。而且更顯進步。由民族學資料，我們知道：把石球用獸皮包裹起來，再用皮條將兩個或三個石球連接在一起。手握一個石球在頭上掄旋，對準野獸抛出去，一旦遇上野獸的腿脚，就可以緊緊纏住使其不能走動。因此，石球是一種新發明的、高級的狩獵工具。它標志着狩獵工具的進步。（蔡俊生：《人類社會的形成和原始社會形態》，中國社會科學出版社，1988 年，第 163 頁。）

三、“單”爲“飛石索”（流星索），對“單”字義的詳解

“單”爲“飛石索”，即帶有繩索之“石球”用以射擊獵物之武器。

“單”爲投射之帶索石球。當爲“彈”之初文，即“彈丸”。彈字在甲文作，象以弓發射“〇”（石球、彈丸）之形。後變從弓，單爲兼義聲符之轉注字。從單之“借發射石球”即“彈丸”得義。謂其爲以弓發射之彈丸。是“單”爲以手投射之帶索彈丸，而彈爲以弓發射之“石球（丸）”。

“單”爲帶索之石球，爲最初之彈丸。其形圓，故有“圓”義。再引出“環繞”之義。《漢書·揚雄傳上》：“崇崇圜丘，隆隱天兮，登降岧嶢，單埢垣兮。”顏師古注：“單，周也。”

“單”爲投射之帶索石球，乃狩獵和作戰之武器，故“單”有“戰”之義（即戰鬥）。馬王堆漢墓帛書乙本《老子·德經》：“夫兹，以單則朕（勝），以守則固。”今本《老子》作“以戰則勝”。馬王堆漢墓帛書《十六經·雌雄節》：“以求則得，以單（戰）則克。”後世加形符“戈”作“戰”，以表此義。

“單”有“戰”義，引出“畏懼”。所謂“臨戰而懼”是也。《荀子·宥坐》：“若不可，廢不能以單之。”王先謙《集解》引盧文弨曰：《家語·始誅》篇作“又不可，而後以威憚之。……元刻作‘或爲憚’，與家語同”。後世加“心”旁形符作“憚”，以表此義。

“單”以“飛石索”作“戰”之事，故出“擊斃”“打倒”之義。《左傳·襄公二十七年》：“匹夫一爲不信，猶不可，單斃其死。”舊訓“單”爲“盡”。未當。此處“單斃”連文，則“單”亦斃。後世加“歹”旁形符作“殫”，以表此義。（《字林》：“殫，斃也。”）

以上爲“單”爲“飛石索”所含之本義及引申義。

以下再説“單”之“通假”義。

“單”有“一也，只也”（《玉篇·吅部》）。“孤也”（《正字通·口部》），“複之對也”（《正字通·口部》）。即“單一”“單獨”義。“單”何以有此義？以其與“專”相通借之故也①。（單與專，禪照旁紐，元部叠韵，正一聲之轉。故可互相通借。）而“專，專一也”（《易·繫辭上》“其静也專”王弼注），

① 《文雅·釋鳥》：“鸐鶨，鶮鶔。”《廣韵》作“鸐鷤”。此“專”“單”互通之文證。

“專，獨也”（《國語・晉語》“非（韓）起也敢專承之”韋注）。

“單”爲“一”，爲“獨”，故引出“大也”（《説文》）與“盡也”（《書・洛誥》“乃單文祖德”傳）義。

“單”訓“厚”，訓“誠”，乃“通借”爲“亶”所致。《集韵》：“亶，或作單。”

四、“單”爲“飛石索”，對後起轉注字系之説解

“單”爲帶索之石球。其形圓，故“單”有“圓”義。因此：

1. 簞。《説文》：“笥也。從竹，單聲。”段注：“簞笥有蓋，如今之箱盒。”《禮記・曲禮》“苞苴簞笥”，注：“簞笥，盛飯食者。圓曰簞，方曰笥。”此字之“單”爲兼義聲符。“單”有“圓”義，故“簞”爲盛飯食之圓形小筐。

2. 觶。《説文・角部》：“觶，鄉飲酒角也。……從角，單聲。”其形制爲“古代酒器”，“形狀最多，通行者多爲圓腹侈口，圈足有蓋”（《漢語大字典》）。此字之“單”爲兼義聲符，從“單”之“圓”義受義。故觶爲圓形似用之酒器也。

“單”爲帶索投射之“石球”，即手擲之“彈丸”。故：

3. 彈。《説文》：“彈，行丸也。從弓，單聲。”“單”爲“彈丸”，今以弓發射之。故“彈”訓“行丸”之弓，即“彈弓”。亦訓發射之“彈丸”。再引出“彈射也”義（《廣韵・寒韵》）；“彈，糾也”義（《廣韵・寒韵》），即“彈劾”。又引出“彈擊也”（《字彙・弓部》），即“鼓爪曰彈”（《古今韵會舉要・寒韵》），從而“撥弄或敲打樂器”曰“彈”（《漢語大字典》）。

“單”爲投擲“飛石索”以擊獵物或敵人，故爲“戰”之初文。

4. 戰。《説文》：“戰，斬也。從伐，單聲。”“單”爲作戰兵器，故有“戰，兵鬥也”。由“戰鬥”義，引出“戰争”義。兵凶戰危，引出“戰，懼也”（《爾雅・釋詁下》），“戰，憚也”（《廣雅・釋言》）。

5. 殫。《説文》：“殫，殛盡也。從歺，單聲。”由于徐鍇本作“極盡也”。多數説文學者盡從之，改“殛”爲“極”。未是。唯馬叙倫謂：“從𣦵當以‘殛也’爲本訓”，“殛盡也，當作殛也、盡也”（《説文解字六書疏證》）。“𣦵”爲“殘骨”，“單”爲兼義聲符。“單”有“戰鬥”之義。因戰鬥而使其成爲殘骨。正是“殛也”之義矣。（《説文》：“殛，殊也。”即“殛，誅也”（《爾雅・釋

言》)，正是誅、殺之義。故《字林》曰“殫，斃也”。(《爾雅·釋木》：“魄，榽橀。”郭注：“齊人諺曰：上山斫檀、榽橀先殫。”陸德明《釋文》引。)其以“殫”訓“盡”者，以“殫”爲“單”，而有“盡”義之古文也。

6. 癉。《説文》：“癉，勞病也。從疒，單聲。”《爾雅·釋詁下》：“癉，勞也。”《廣雅·釋詁四》：“癉，苦也。”字從疒，單爲兼義聲符。“單”有“戰鬥”之義。因戰鬥所致之疒，非死亡，即傷病是已。故出“勞病”“勞苦”諸義。勞病、勞苦，人所憎惡者也。故引出“癉，怒也”義(《集韵·帤韵》)。即“憎惡”。《書·畢命》“彰善癉惡”，孔傳：“明其爲善，病其爲惡。”即用此義。

7. 幝。《説文》：“幝，巾敝貌。從巾，單聲。”(《説文通訓定聲》改“車敝貌”爲“巾敝貌”，當從。)字從巾，殫省聲。殫有“斃”義。故幝有“巾敝貌”之義矣。引申之，則爲“幝，敝貌”(《集韵·塞韵》)。即表“破舊貌”之義耳。

8. 僤。《説文》：“僤，疾也。從人，單聲。”《集韵·緩韵》：“僤，迅也。”又：“僤，動也。”從人，單爲兼義聲符。“單”爲手擲之“飛石索”，故出“動也”與“疾速”義。

9. 憚。《説文》：“憚，忌難也。從心，單聲。一曰難也。”段注：“凡畏難曰憚。以難相恐嚇亦曰憚。”字從心，單爲兼義聲符。“單”有“戰”義，臨戰面懼，出“畏懼”義。臨戰没有昂揚志氣，又出“憚，怒也”義(《方言》卷六，《廣雅·釋詁一》)。王念孫《疏證》：“憚亦威之甚。”由“忌難”(畏懼)義引出“憚，惡也”義(《方言》卷十三)，即憎惡、忌恨。由“怒”義引出“驚也”義(《廣雅·釋詁一》)，即“使驚恐”。

10. 鼉。《説文》：“鼉，水蟲。似蜥易長、大。(《御覽》引《説文》：“長，其所。”是也。)從黽，單聲。”此即揚子鰐。亦稱鼉龍、猪婆龍。字當云：從黽同，憚省聲。“憚”爲兼義聲符。“憚”有“驚畏”之義。謂其爲形狀凶惡，使心“驚畏”之爬蟲也。(此與“鰐”字從噩得聲受義相同。噩有“驚噩”之義。鰐凶惡殘忍，使人“驚恐、畏愕”，故以“噩”得名。)

11. 墠。《説文》：“墠，野土也。從土，單聲。”段注：“野，郊外也。野土者，于野治地除草。”即“經過除草整治的野外土地”(《漢語大字典》)。字當云：從土，殫省聲。“殫”爲兼義聲符。“殫”有“殛”義(《説文》)，“殛，誅也”(《爾雅·釋言》)。而“誅”有“剪除”之義。(《國語·晉語》：“惠誅怨，以忍去過。”韋注：“誅，除也。”《楚辭・卜居》“寧誅鋤草茅，以力耕乎”，王逸注：“誅，刈蒿菅也。”故《康熙字典》謂“誅剪除也”。）所以“墠”爲經過剪除草薉平整之土地。《詩・鄭風・東門之墠》毛傳“除田町町者”，引申而出“祭祀場地”之名。《禮記・祭法》“是故王立七廟，一壇一墠”，鄭玄注：“封土曰壇，除地曰墠。”

12. 禪。《玉篇・示部》：“禪，祭名。”禪爲何祭？《説文》：“禪，祭天也。”許説有問題。朱駿聲《説文通訓定聲》謂：“按《禮記・禮器》疏引《書説》：‘禪者除地爲墠。’《大戴・保傅》：‘封泰山而禪梁父。’注：‘除地于梁甫之陰爲墠，以祭地也。’變墠爲禪，神之也。”“是墠爲祭地，壇爲祭天。禮從壇省、禪從墠省。”“許書收禪不收禮，故云祭天耳。其實爲壇無不先墠者。祭天之義，禪處得兼。”朱説是也。

“禪”爲何又有“禪，代也”（《正字通・示部》）、“禪，禪讓傳受”之義？朱駿聲謂：“假借爲嬗，實爲傳。”而有“禪傳”“禪代”之義。當從之。

13. 鱓。朱駿聲《通訓定聲》：“鱔，魚也。從魚，單聲。字亦作䱇、作鱔。其質黑文，俗謂之黄鱔。”《揚雄・訓餐》：“鱔，赤背。”郭璞注：“鱔，魚，似蛇。”按：字當云從魚，憚省聲。“憚”爲兼義聲符。有“畏忌”之義。鱔魚似蛇，使人“畏忌”，故從“憚”得聲受義矣。

《説文》：“鱔，魚名，皮可爲鼓。”則以“鱔”爲“鼉”矣，非“鱔”之本義也。故《集韵・戈部》曰“鼉，或作鱓”。

14. 驒。《説文》：“驒，驒騱野馬也。從馬，單聲。一曰青驪白鱗，文如鼉魚。”段注：“青黑色之馬，起白片如鱗龍。”據此，當云：從馬，鼉省聲。謂其爲有文如鼉魚之馬也。

15. 樿。《説文》：“樿，木也。可以爲櫛。從木，單聲。”《漢語大字典》謂：“樿，木名。又名白理木，木質堅硬，文白，可制梳、杓等物。”按：“單”爲“彈丸”之初文，乃帶索石球。石球堅硬密緻，故出“堅緻”之義。樿從木，單聲，此“單”爲兼義聲符。故樿爲本質堅緻之木名也。

16. 貚。《説文》：“貚，貙屬也。從豸，單聲。”按：貙爲“虎屬猛獸，似狸而大”（《漢語大字典》）。又爲“貙，虎之大者”（《集韵・魚韵》）。貚爲“貙屬”之獸。其爲猛獸無疑矣。故字當云：從豸，憚省聲。謂其爲使人“憚畏”之貙屬猛獸也。

17. 蟬。《説文》：“蟬，以旁鳴者。從蟲，單聲。”按：字當云：從蟲，彈省聲。“彈”有“鼓琴曰彈”（《字彙》彈下説）。“彈，鼓弦也”（《正韵·撣下説》）。（《禮記·檀弓上》：“和之而不和，彈之而不成聲。”即用此義。）雄蟬以腹部發出連續不斷的鳴聲，有似“鼓弦、彈琴”。故從“彈省聲”得聲與義也。

18. 撣。《説文》：“撣，提持也。從手，單聲。”段注：“提持猶懸持也。”此“單”爲兼義聲符。“單”爲“飛石索”，以手持之，將有所投擲。故出“提持”即“懸持”之義矣。然“懸持”此“單”乃將投擲之前的動作，并非“久持不放”。故又出“撣，持不堅也”義（《集韵·寒韵》）。至于“撣，觸也”（《集韵·寒韵》）。“撣，拂”（《漢語大字典》），乃以“撣”通“殫”之結果。又通“纏”，故有“撣，相纏不去也”（《集韵·遷韵》）。《太玄盛》：“何福滿肩，提過撣撣。”司馬光《集注》：“王曰撣音纏，義亦取相纏不去之象。”

19. 闡。《説文》：“闡，開也。從門，單聲。”按：當云：從門，彈省聲。“彈”有“叩擊”之義。（《韵會》：“鼓爪曰彈。”《字彙》：“彈，擊也。”）“彈”爲聲符兼義。謂叩擊其門而使之打開也。由“門開”義引出“闡，明也”義（《集韵》）。其訓“闡，大也”（《廣韵·獮韵》），乃讀爲“單”字義。其訓“闡，緩也”（《廣雅·釋詁二》），乃讀“闡”爲“繟”之義也。

20. 匰。《説文》：“宗廟盛主器也。《周禮》曰：‘祭祀共匰主。’從匚，單聲。”古代藏木主的石函，叫“祏”。《左傳·莊公十四年》“先君桓公命我先人典司宗祏”，杜預注：“宗祏，宗廟中藏主石室。”孔穎達疏：“宗祏者，慮有非常火灾，于廟之北壁内爲石室，以藏木主，有事則出而祭之，既祭，納于石室。”這表明當時凡毁廟之主都集中藏于太神廟或二祧廟的石函中。有廟的神主平時藏于本廟石函中，逢祭才取出。

這樣，祏是許多木主集中藏于一處的石函，有事“出而祭之”，則各主分列，各以匰爲盛主器，而分别受祭。所以匰字從匚，單聲。單爲兼義聲符，“單”有“單一”之義。謂其爲單獨盛置木主之器也。（《説文》：“匚，受物器也。”）故又引申出“匰，笥也”（《廣雅·釋器》），即“方形小筐”。

21. 燀。“燀，焱起貌也”（《國語·周語下》“火無灾燀”韋注）。即“大火上騰之貌”義。字從火，單爲兼義聲符。“單”有“大”義。大火，故出“焱起貌”義。引出“熾也”義（《漢書·叙傳下》“燀耀盛靈”顔師古注），即“熾盛”。又黄驃馬“燀，厚燠也”（《集韵·緩韵》），即“過熱如焚”（《六書古文·天文下》）。“燀”爲“大火”，故又有“炊也”（《説文》）。即“以火煮食”和“燀然也”（《廣韵·彌韵》）。即“燃燒”等義。

22. 奲。《説文》：“奲，富奲奲貌。從奢，單聲。”段注：“當作‘奲奲富貌’。”《字彙·大部》：“奲，富奲奲貌。厚也。”字從奢，“單”爲兼義聲符。“單”有“大”義，奢爲“奢侈”，引出“富饒”義（《漢語大字典》）。奢大，出“富厚”義矣。

23. 嘽。《説文》：“嘽，喘息也。一曰喜也。從口，單聲。”朱駿聲《通訓定聲》謂：“案：喜而甚，亦喘息。”字從口，單爲兼義聲符。單有“大”義。口而大張，出“喘息”義。字又有“聲緩貌”之義。以引出“寬綽貌”之義（《禮記·樂記》“其聲嘽以緩”鄭玄注）。

24. 繟。《説文》：“繟，帶緩也。從糸，單聲。”《玉篇·糸部》：“繟，寬緩也。”即“寬鬆的絲帶”。字從糸（表絲帶），單爲兼義聲符。“單”有“大”義。絲帶大，出“帶緩”義。再引出“繟，緩也”義（《廣雅·釋詁二》），即“舒緩”。

25. 禪。《説文》：“禪，衣不重。從衣，單聲。”即“有衣裳而無裏”之“單衣”。字從衣，單爲兼義聲符。“單”有“單一”之義。故襌爲“單衣”也。引出“襌，襣也”義（《廣雅·釋詁一》），即“單薄”之義也。

26. 蟬。《玉篇·車部》：“蟬，車輞。”《正字通·車部》：“輞，車輪外周。”字從專，單爲兼義聲符。“單”爲帶索之石球，有“圓、周”之義。古文蟬從單聲而爲“車輞”之義也。

以下諸字，“單”爲標音，不兼義。

27. 蕇。《説文》：“蕇，亭曆也。從草，單聲。”今作“葶藶”。

28. 磾。《説文通訓定聲》：“磾，染繒黑右也，出琅琊山。從右，單聲。”《廣韵》引《説文》有此字。

29. 鄲。《集韵·戈韵》：“鄲，漢侯國名。一曰縣名，在沛。”又《説文》：“鄲，邯鄲縣。從邑，單聲。”朱駿聲《通訓定聲》謂：“《水經·濁漳水注》：‘單，盡也。城郭從邑，故加邑。’蓋以殫爲訓。”

30. 嬋。《説文新附》：“嬋，嬋娟，態也。從女，單聲。”《廣韵·仙韵》：“嬋，嬋娟，好貌。”《集韵·選韵》：“嬋，嬋娟，美容。”此字從女，單聲。爲連綿詞對音字。“單”爲標音聲符。

31. 潬。《爾雅·釋水》：“潬，沙出。”郭璞注：“今江東呼水中沙堆爲潬”。《集韵·寒韵》：“潬，水中沙出，通作灘。”李冰《湔堋堰官碑》：“深淘潬，淺包隯。”楊慎注：“潬，古灘字；隯即堰也。”按：竊以爲潬從水，單爲兼義聲符。“單”有“盡”義。“水盡”則“沙出”矣。此解如何？如此則潬爲初文，而“灘”乃聲變之借字矣。

32. 瀾。《爾雅·釋水》：“水自河出爲灉。濟爲濋，汶爲瀾。”郭璞注：“皆大水溢出，别爲小水之名也。”字從水，闌爲標音聲符。

“單”爲“飛石索”。二十多年前，讀有關“飛石索”材料，即有此解。未及時成文。後見程文，實得我心。唯程文于説字解義上尚有缺失。今年地震時期，重讀程書。乃爲之補證之，成此材料。費時約二旬。

2008 年 6 月 20 日上午成此札記于天迴山幹療院

“告”字爲“牿”之初形及其對“告”之字義系統和轉注字系的解釋

一、字形。“告”字在甲文多作“”，或作“”爲“”，作“”。字在金文通作，或作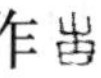(《告田鼎》)、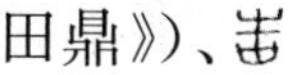(《亞中告毁》)。值得注意的是：所有“”字，“”與“”，皆相連，不間隔。而《告田鼎》《亞中告毁》之“告”，則“”（牛首）或“”皆入于“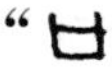”中。

二、“告”字字義系統主要有三方面義項。

1. “牛觸人，角著横木，所以告人也，從口、從牛。”（《説文》）

按：從字形來看，許説得不到解釋。段注謂：“許説告即楅衡也……牛與人口非一體。牛口爲文未見‘告’義，且字形中無木……曲爲之説，非字意。”劉心源亦謂：口，何云“角著術哉”（《奇觚室吉金文述·告田畝》）。那麽“告”字此一義項，怎麽來的呢?

2. “上敕下曰告。”(《釋名釋書契》）即“告喻”“告示”“告命”。又：“告上曰告。”(《廣韵》）即“報告”“告白”。“告，語也”(《廣雅·釋詁一》)。這些義項，在文獻中是常用的。但從“告”的字形，得不到解釋。于是學者遂提若干假説來解决這一問題。如：

段注：“此字當入口部，從口，牛聲。”(告與牛，見疑旁紐，覺之旁對轉。可通。）但“從口，牛聲”，怎麽就有“告語”“告白”“告示”等義呢？李孝定也説：“（諸家説者紛紛)，竊意仍以段説爲較長，就何以獨取牛聲”，“終覺莫能明也”。(《甲骨文字集釋》第二)

既然“牛口爲文，未見告義”①，那麽，有些學者就説“ㄓ”不是“牛”，是其他事物。

朱駿聲（《通訓定聲》）、林義光（《文源》）都説“ㄓ”（牛）是“𡳿”（之）之訛。“當從口，當之，會意”，“口之所之爲告也”。但是在甲金文“ㄓ”絶非“𡳿”“𡳿”（之）。此説據矣。

吴其昌則謂：“‘𠳋’爲斧形。引申之爲‘刑具’，然後引出‘告’之其他義項。”（《金文名象疏證》）但“𠳋”與“斧”形不類，一也。即使是“斧”類兵器，與“告示”何關？二也。且“告”義項中從無與“斧”有關之内容，方何云“告”爲“斧”耶？三也。是此説無據，不能成立矣。

徐中舒則謂：“‘𠳋’象張口伸舌之初形。”（《自述釋古文字》）或“告”象“仰置之鈴，下象鈴身，下象鈴舌”（《甲骨文字典》卷二）。按：舌字甲金文作舌，與𠳋字形迥異。且如二字皆象“伸舌之形”，則爲“舌”矣。何得又爲“告”字耶？至于“告”之“凵”象“仰置之鈴”，更無據。因爲古之鐸鈴，其外殼皆有柄。當爲口、口等形，何得以“凵”即“鈴”之形耶？是徐先生之説，難以成立矣。

戴侗《六書古文》謂：“告，籠牛口勿使犯稼。”徐灝《段注箋》從之。則“𠳋”爲“牛口籠”。此説于字形，可通。但于“告”字者義項，皆不能做出合理的解釋。從而，也就很難成立了。

3.“告”爲“牿”之初文即“牛馬牢”。朱駿聲《通訓定聲》謂：“或曰從口，窂省聲，亦通。”“牛馬檻之訓，借牿爲窂也。”

按：“告”爲“牿”之初文可以成立。但謂“告”爲“從口，窂省聲”則不可。因爲“告”與“窂”雖然幽覺對轉，但見（牙）來（舌）不能通，一也。且“從口，窂省聲”，“以口爲窂”有何意乎？二也。

劉心源謂：“告實牿之最初字。（告已從牛，牿又從牛爲贅。）凵象檻阱形。牛陷入凵爲告。與牛在宀中爲牢同意。”（《奇觚室吉金文述・告田鼎》）

按：劉説“告”乃“牿”之初文。“告”爲牛在凵中，與牢爲牛在宀中同義，皆是也。唯謂“凵象檻阱形”。失之。古人不以機檻、陷阱爲“牛馬牢”也。此“凵”當象檻圈之形。以“凵”與“牛”相聯成“𠳋”字。正謂此

① ［日］高田忠周（《古籀篇》五十一）謂：“‘告’字本義，當爲祭告，祭必獻牛羊，又牛必具册詞。”“告字從牛從口，會意之恉，甚至顯然矣。”碩把從牛從口見“告語”之義找出理由，迂曲爲説，具見苦心。

乃圈養牛馬之牢也。

三、以"告"爲"牿"之初文、初義解釋"告"字之者義項，及其轉注字系的嘗試。

《説文》："牿，牛馬牢也。從牛，告聲。"《周書》曰："今惟牿牛馬。"牿爲告之後起加"牛"（形旁）旁字。告爲牿之初文（説已見前）。

在文獻中，有以"告"爲"牿"之例否？曰有：此即《説文》告下所引"《易》曰：'僮牛之告'是已"。

此《易·大畜·六四》文。今本作"童牛之牿"。《釋文》："九家易作告。《説文·告部》引同。"

"童牛之告"即"童牛之牿"，是"告"爲"牿"之初文的一證。

"童牛之告"何義？《周義集解》引虞翻曰："繩縛小木，横著牛角，故曰'童牛之告'。"

這一解釋，後世學者多從之。但大誤。因爲，"童牛"《釋文》云："無角牛也。《廣蒼》作牛童。"《説文新附》："牛童，無角牛也。從牛，童聲。"《爾雅·釋畜》"犝牛"，郭璞注："今無角牛。"《正字通·牛部》："牛童舊注音同。牛無角。按：小牛無角曰童牛。小羊無角曰童羖。皆取童稚義，通作童。"

"童牛"既然"無角"，何來"繩縛小木，横著牛角"之事？是虞注于事理不合矣。

此"童牛之告"的"告"字，即"牿"，當從《説文》"牿，牛馬牢"之訓。

“□”爲“憂”即“優”之初文説

一、憂字形及其變化（見《金文編》及《金文常用字典》）

□《無憂卣》、□《伯憂卣》（□變□，脱體）、□《毛公鼎》（欲我弗作先王憂）（字形省□（□））、□《中山玉□鼎》（以悳□（憂勞）邦家）（不用□，變□爲□）、□《胤□□壺》（以□（憂）氒（厥）民之隹（罹）不古死）（不用□，變□爲□）。

二、此字釋讀之幾説

（1）王國維初釋夋（《觀堂集林》）□疑爲古“羞”字，象以手掩面之形。繼改釋夒（《古史新證》）。

按：“夋”字字形與“□”不類。“以手掩面”何以即“羞”？此王氏二説難以成立之故也。王氏以卜辭之□爲“夒”字，近之。因□爲猴形。（其實當釋禺字，説另見。）但以□爲□字則大誤。因□有尾，而□則無尾非猴形，乃人形爲也。

（2）朱芳圃《釋叢》釋□爲夒。（《説文》：“夒，神鬼虛也。”）但“夒”字“有角”，其字作□（《舟餘尊》），而□字無角。豈能視爲一字。朱説誤，亦不可從。

（3）林義光釋□爲憂。吴榮光、孫詒讓釋□爲□。容庚《金文編》從之。以□爲憂字，□、□、□爲憂之省變。其説是也，應當從。

三、“□”字何以釋爲“憂”字

容庚謂：“象以手掩面形。”陳初生《金文常用字典》則謂：“字象憂懣見于顔面之形。”二家蓋皆以此字爲“憂愁”字。故有此説。但字之“□”，乃“向前伸手向上”之形，説爲“以手掩面”已屬牽强。“憂悶見于顔面”更無從説起矣。

按：《説文》有三個與“憂”有直接關係的字。

《説文·心部》：“㥑，愁也。從心，從頁。”

《説文·人部》：“憂，和之行也。從夊，㥑聲。”

《説文·心部》：“優，饒也。從人，憂聲。一曰倡也。”（段注：倡者，樂也，謂作妓者，即所謂俳優也。）

竊謂此“□”字，即“憂”字，正是“優”之初文。初義是“倡優”。字象優人，頭披長髮，伸手踏足以應樂聲而作表演之形。

何以知此字之形表示“伸手踏足以應樂聲而作表演”呢？因爲《説文》訓“憂”爲“和之行也”。這表明“憂”是以足在“行走”的。而且“行走”的特點是“和”。段注：“行之狀多，而憂憂爲和之行。”徐灝《段注箋》：“凡言憂游者此字之其義。”

前輩學者解“和之行”，多以“從容不迫”爲説（如《説文引經考異》）。未爲確解。

《説文》：“和，相膺也。”此謂聲音相應和。引申在行動上，則爲“發而皆中節謂之和”（《禮記·中庸》）。即行步節奏與樂聲相應。行步中節爲“和之行”。故“憂”爲“優”之初文。《詩·大雅·板》：“匪我言耄，爾用憂謔。”俞越《古書疑義舉例》：“憂、謔同義。憂讀爲優。襄六年《左傳》注：‘優，調戲也。’是優即謔也。”

“憂”爲“優”，爲何又出“憂愁”義和“優裕”義呢？這是因爲“憂”爲“倡優”，表演節目，有悲（後世曰悲劇）有喜（後世曰喜劇）。故由“倡優”義引出“㥑，愁也”義和“優，饒也”義。（饒有寬恕義，引出“饒，逸也”義（《淮南子·修務》高誘注）。即“安逸”。）

四、對後起轉注字孳乳字的解説

嚘。《説文》：“嚘，語未定貌。從口，憂聲。”此憂爲兼義聲符。“憂”和“和之行”，有“行走”義。口出言，還在“行走”，是“語未定”矣。字又訓“嚘，氣逆也”，氣逆出口，是氣“行走”之狀也。憂聲亦爲兼義聲符。

瀀。《説文》：“瀀，澤多也。從水，憂聲。”此“憂”爲兼義聲符。“憂”有“饒裕”之義。水而“饒裕”，是“澤多”也。故爲“瀀，渥也”（《玉篇》），“瀀，漬也”（《廣雅·釋詁二》）和“蘊積之意”。（《王會孫·廣雅疏證》：“瀀，洿、栫也。”）

櫌。《説文》：“櫌，摩田器。從木，憂聲。”朱駿聲《通訓定聲》今字作

“櫌”。即“打塊椎也”（《韵會》）。字之聲符兼義。因“憂”爲“和之行”。踏足頓地，應樂而行。引出“頓地捶土”之義。謂其爲“頓地捶土之木椎也”。朱駿聲謂櫌有二義。耕地後以椎破土使均。同時漫擲穀種，即《齊語》所謂：“深耕而疾擾之，以待時雨也。擲黍稷（種子）後，又再編耙之。即鄭注《論語》所云‘覆種也’。”（《通訓定聲》）

按：原始農業，刀耕火種，放火燒地後并不耕地。只用點種棒挖窩成穴，點種子于窩内。然後用足踏窩邊泥土以覆種子。“憂”爲和樂之行步，有踏足頓土之義，故櫌字從憂得聲，義而有“覆種”之訓矣。

2008年7月22日上午寫此于幹療院
正爲大暑節，天尚涼快

《説文》"夨"爲"夭"之變形説

《説文》："夨，傾頭也。從大，象形。"阻力切。（古音爲莊、職。與仄、昃、側同爲一聲。）此字隸寫作"夨"。

《説文》："夭，屈也，從大、象形。"于兆切。（古音爲影、宵。）隸寫作"夭"。

比較"夨""夭"二篆之形，二者之别在人傾頭之方向。所以朱駿聲謂："夨，指事，與夭同誼。夭折于右，夨傾于左。"學者多從之。

這樣，古文字學者多將甲、金文字之"夭"字釋作"夨"（見容庚《金文編》、高明《廠方字類編》、徐中舒《甲骨文字典》）。

那麼甲金之"夭"是否應釋爲篆文之"夭"（即"夭"）字呢？

"在甲文，夭、夨同見于一版。故知傾頭于左或右，無别確爲一字。""金文之夨，其傾頭亦左右皆有與甲骨文同。"（嚴一萍：《釋夨》，《中國文字》，1961年）既然甲金文中夨、夭傾頭方向不同而同爲一字。所以許多學者都把甲金文中之"夭"也釋爲"夨"字（見《金文編》《古文字類編》和《甲骨文字典》）。

既然甲金文之夨、夭都釋"夨"字。那麼《説文》的"夭"字，在甲金文中又是何字呢？

容庚（《金文編》）説："金甲文之'夭'或'夭'就是《説文》的'夭'字。"其言曰："《説文》夨傾頭也，夭屈也。一左傾，一右傾。金文從走之字所從之夭（《説文》走字作走），皆作夭或夭。蓋夨象頭之動作，夭象手之動作。故定此字'夭'爲夨字。"

于《甲骨文編》《金文編》《古文字類編》《甲骨文字典》皆以夭、夭、夭爲《説文》"夭"字。

對此《甲骨文字典》（1165 頁）解釋説：“□，象人行走時兩臂擺動之形。或省頭形而作□，同。金文走字作□（《盂鼎》）、□（《周公毁》），奔字作□（《盂鼎》）、□（《克鼎》）。并從□，與甲骨文□同。《説文》篆文作□，已失兩臂摇動之形。《説文》：‘夭，屈也。從大，象形。’已非初義。”

按：□、□與□字形有别，是很顯然的。《説文》走字作□，説：“□，趨也。從夭止。夭止者曲也。”又，奔字作□，説：“□，走也。從夭，賁省聲。與走同意。俱從夭。”

《説文》走、奔字從“□”（夭）是金文“□”的訛變。馬叙倫《説文解字六書疏證》卷三謂：“羅振玉曰：‘古金文從走諸字，皆從□，不作□。’倫案：《盂鼎》‘走’作□，《師克毁》作□，《令鼎》作□，其從走之字亦然，從無從□者，明‘夭’是訛文也。”又謂：“倫謂□、□異字。□爲夭折字，芺字從之得聲。□爲走之初文。”（《説文解字六書疏證》卷二十“夭”字下）姚孝遂亦謂：“□當釋走，諸家釋夭皆非。《甲》2810 辭云：‘其令亞□（走）馬’。‘走’乃趣馳之義。與《詩·綿》‘來朝走馬’之用法同。”（《甲骨文字詁林》）更有了“□”爲“走”字初文的堅證。

這就是説，“□”是“走”的初文。而“□”是偏頭之形，引出“曲也”之義。

許慎把“夭”與“走”之初文“□”混爲一形，是以訛形爲説，犯了錯誤。而以上諸家迷信許説，釋甲、金文之“□”字爲“□”，也是跟着犯了錯誤。

既然甲金文之“□”不是“□”（走動初文），其形又與《説文》“□”（夭）合，那麽將之釋爲“夭”字，應當是可以成立的。（清吴式知引許印林説：“案銘作□，當是‘夭’。”方濬益説：“此文作□，自是夭字。”沈長雲謂：“吴、方二人將此字釋爲‘夭’是正確的。由在甲金文中，□、□無别，只是一字，所以銘文□（□）應定爲夭字。”（《談銅器銘文中的“夭王”及相關歷史問題》，《考古與文物》1989 年第 6 期）

金甲文“□”“□”一字。本來都是“夭”字。《説文》將同一字形的“□”與“□”分爲兩個字。它把“□”釋“夭”，是正確的。但它把“□”之異體“□”（本亦夭字）釋爲“夨”字，就錯了。

夭與夨，在音讀上夭爲影紐（喉）、夨爲莊紐（齒），不能通。夭爲宵部，夨爲職部，同爲甲類，屬旁對轉，是聲紐不能相通。

這樣，在甲金文“ ”“ ”爲一字，而在《説文》夭、夨各爲一字。因此，學者們以與“ ”同類字之“ ”釋爲《説文》之“夨”就有問題了。

《説文》“ ”是何意義？由何而來？嚴一萍（《部首訂》）有一分析。他説：“《玉篇》曰：‘夨，今并作側。’饒炯曰：‘夨與廠部仄字，本一字重文。籀文 ，亦 篆文之訛。’知者。《汗簡》作夨。李氏《摭古遺文》作 。又如昃，從日仄聲。古文作 ，《六書精蘊》作 。從日夨聲，皆可爲夨，仄同字之證。”（《金文詁林》卷三十一）案：“昃字所從之仄，其初文作 ，乃象人影之 所訛變。與傾頭之‘ ’并非一字。”

按：饒炯指出昃字古文作 、 ，皆從日夨聲，是非常精當的見解。因爲甲金文昃字正作 字之形。

高明《古文字類編》昃字下列古文字字形爲

 （一期，《青》四一）， （一期，《京津》四一，六）， （三期，《佚》二九二）， （二期，《前》四八，九）

（以上爲甲骨文）

 （戰國，《滕厌 廟 戟》）， （戰國，《陶香録》七、一）， （戰國印，待時）， （戰國，《印舉》）， （戰國，《萬印》）

從昃字以上字形演一次可知，昃之初形爲“ ”，《甲骨文字典》（723頁）對此字形之解説爲：

“從日，從 。 象側斜之日影，日偏斜之時，人影亦隨之側斜，故側斜之人影，表示日之傾昃。《説文》：‘ （廟，昃）日在西方時側也。從日，仄聲。’《説文》篆文爲後起形聲字。”

《字典》的解説基本正確。但“昃”（ ）當云：從日， 聲。 字逐變爲“ ”形（戰國金文、陶文可證）。《説文》小篆遂以“ ”爲“ ”而作夨字，音同仄、側了。

知道了《説文》之“夨”爲仄之初文。其初形爲“ ”表側斜之人形，與甲金“ ”之異體“ ”字完全有别。于是我們完全有根據地説：“ ”“ ”一字。當釋爲“夭”。過去學者釋“ ”（走之初文）錯了。釋“ ”爲“夨”又是錯了。

“ ”“ ”同，皆當釋“夭”。其字象一人張手、跨足，左右傾折其頭而舞。當是妖之初文。舞蹈之女出“妖，妍也”（《一切經音義》卷一引《三蒼》)，“妖，媚也”（《玉篇·女部》)。所以“夭夭”爲“少好貌，色愉貌”(《中文大辭典》)。《詩·周南·桃夭》“桃之夭夭，灼灼其華”，《集傳》：“夭夭，少好之貌。”[1]《禮記·大學》“桃之夭夭，其葉蓁蓁”，注：“夭夭，蓁蓁，美盛貌。”《廣訓·釋訓》：“夭夭，容也。”《集韵》：“夭，夭夭和舒貌。”《論語·述而》“夭夭如也”，注：“馬曰：申申、夭夭，和舒之貌。”

“夭”（、）爲傾折其頭頸之形，即“夭，矯其頭頸也”。故出“夭，屈也”義（《説文》)。段注：“象首夭屈之形。”

首不直而傾折，引出“夭，折也”義（《廣雅·釋詁》)。再引出“少壯而死曰夭”(《釋名·釋喪制》)。再引出“不吉”“灾也”義。《周禮·秋官·硩簇氏》注：“夭鳥，惡鳴之鳥。”《詩·小雅·正月》“夭夭是椓”，《釋文》：“夭夭，灾也。”

跳摇頭舞之女多爲少女。故出“夭，少也”義（《詩·檜風·隰有萇楚》“夭之沃沃”毛傳)。再引出“物稚曰夭”(《篇海類編·通用類·夭部》)。

金文“”“”既同爲一字，釋“夭”。那麽金文中之“國”“王”，可否釋爲吴國、吴王呢？

容庚于《王尊》(《金文編》）之“”下云：“國名，疑吴字。省口、猶周之省口作也。”

按：“”“”釋“夭”可通借爲吴，不是“吴”字省口。因爲吴字((《吴盤》)、(《吴方彝》))可説爲“從口，夭聲”。夭與吴：影、疑鄰紐，宵、魚旁轉，正一聲之轉。所以夭爲吴之聲符，是可以説得通的。

此“吴”從口，夭聲。夭爲兼義聲符。夭爲傾首摇頭之舞女。則吴爲側首摇頭舞蹈時伴唱之歌聲矣。當爲歡娱之娱之初文。

《説文》何以有“吴，大言也”之訓。當是夭嬌舞蹈時伴唱之歌，附有和聲。其音洪大，引出“大言”之義。《詩·周頌·絲衣》“不吴不敖”，毛傳：“吴，嘩也。”由“大言”義引出“跨誕之言”義。故言吴從吴得聲兼義而訓“謬也”(《説文》)。

因之，結論是：甲金文之“”“”爲一字，當即“夭”字。金文“夭王”“夭國”，可通借讀爲“吴國”“吴王”。因夭爲“吴”字兼義聲符。此其一。甲金文之“”爲“走”之初文。《説文》訛變爲“”，是大誤。

① 《漢書·地理志》“中夭木喬”，顔師古注：“夭，盛貌也。”

此其二。《説文》之"夨"，乃"仄"之初文。其初形在甲金文爲"「古文字」"象人側斜之形。戰國以後訛變爲"夨"。與甲金文"夭"字之作"夭"者，完全是兩個字。學者們以甲金文之"夭"（夭）釋爲《説文》之"夨"，大誤，不可從。

2008年8月8日下午完成此文在幹療院

關于《夏商周時期戈戟之柲研究》及“必”字初義

井中偉《夏商周時期戈戟之柲研究》（《考古》2009 年 2 期，55—69 頁），其結語謂：

“本文通過其夏、商、西周、東周時期戈、戟的綜合考察，發現其形制演變軌迹比較清晰的。主要表現爲：

柲的質材由單一的木制，發展爲複合型的積竹木；

柲的上端由劈縫式，發展爲榫孔式；

柲的截面由前後等寬的扁橢圓形，發展爲前窄後寬（或前扁後圓）的所謂‘梨形’，與之大約同時還出現了圓形柲；

柲的表面，由簡單地分段塗彩，發展爲先纏繞絲繩，後分段髹漆，或再飾彩繪圖案；

柲的長度，由不大于 1 米到延長至 1.5 米左右，甚至長達 3 米以上。”

柲的表面處理，有以下考古材料例證：

1. 安陽殷墟侯家莊 M1004 出土 70 件柲有銎銅戈，木柲上段 58 厘米的長度塗紅色。下段 38 厘米的長度塗白色，“鐏”塗紅色。

2. 靈台白草坡西周時期墓葬 M2 所出 34 號直内翼耳胡戈的内上尚殘存長約 18 厘米的木柲，“外表髹黑漆”。

3. 長安張家坡西周時期墓葬 M170 出土 2 件帶柲銅戈（M170：129），木柲長 82.5 厘米。自頂端以下長 55.5 厘米的一段纏繞細繩，并髹黑漆；其長 27 厘米的最下一段，則不纏繩，但髹紅漆。漆皮下有細砂狀膩子。（上段纏繞細繩，是爲了增强戈柲的韌性，避免格鬥時因用力過猛而發生折柲的危險。下段塗抹細沙狀膩子，可以增大操持者與柲接觸面的摩擦力，防止柲從手中脱出。柲的上下髹黑紅漆，不僅起裝飾作用，還可以提醒操持者所應把握的位置。)(比起商代僅塗紅、白兩彩，西周戈柲表面纏細繩、塗膩子且分段髹漆的制法，顯然有了較大的進步。)

4. 隨縣曾侯乙墓出土戰國早期銅戈 66 件，完整的木柲有 52 件。柲“表面先用藤皮或革帶纏繞，再髹以黑漆”。“柲全長一般爲 127—133 厘米”。

該墓還出土 30 件多戈戟。“有積竹木柲，木心截面呈前扇後圓的梨形，外貼竹子，再以絲綫纏成寬帶狀。”“絲綫之外髹紅、黑漆。”“戟柲全長 320～340 厘米，柲徑 2.4～2.8 厘米。”

5. 荆州包山戰國中期墓葬 M2 出土 8 件銅戈和 3 件銅戟，均有柲。戈柲中 2 件積竹、6 件木柲。柲表面髹紅、黑漆者 3 件，髹黑漆者 4 件，素面無漆者 1 件。戈柲長 89.2～137.2 厘米，連鐏全長 95.2～149.6 厘米。

戟柲均積竹。截面前扁、後圓，髹紅、黑相間兩色漆。

6. 年代戰國中期，荆州紀城 95M1 出土 1 件銅戈（95M1：25），戈柲木制，“柲面雕刻成竹節狀的凹弦紋以防滑，髹黑、紅相間兩色漆。底端剛出鐏部，全長 83 厘米，直徑 2～3 厘米”。

7. 年代戰國中期，江陵望山 M1 出土銅戈 6 件。柲“2 件作竹節狀。全長 153 厘米”。“4 件積竹木柲木心外側包裹一層細竹片（如 B143 號貼細竹片 38 根），然後用絲綫纏縛固定，再髹黑漆或紅、黑相間兩色漆。”

根據陝縣後川 M2040 出土銅戟的刺骹内壁附有竹蔑殘體，推斷：至少在戰國早期，中原銅戟開始使用積竹木柲。而南方在戰國早期之後戈、戟之柲，使用積竹者逐漸增多。

東周時期戈、戟之柲，在“柲胎”製成後，可能在其表面塗漆并打磨光滑，然後開始纏繞絲繩，自上而下當密密纏繞一定綫圈寬度後，即跳開一定距離，接着再纏。這樣做不僅可以增加木柲的韌性，使之不易折斷。而且可以增加手握戈柲時的摩擦力，使其不易發生轉動或脱手。不纏絲繩的木柲，一般會雕成竹節狀，其作用與繩纏者是一致的。下一步工序是髹漆。通體一般髹黑或黑、紅相間兩色漆。從漆膜厚度看，多不只髹漆一次。髹漆完成後，有的還要彩繪花紋。

積竹木柲的制法，“柲制好後，先在其表面包貼數目不等的細薄竹片，然後再進行纏繩、髹漆”。由于包以竹片，它的硬度和柔韌性大大優于普通木柲。

以上爲先秦戈戟之柲的形制之考古材料。

《説文·木部》：“柲，欑也。”又：“欑，積竹杖也。”

《説文·系部》:“積竹木，謂合竹木爲之也。”

《周禮·考工記》“秦無廬”鄭玄注:“廬讀爲纑，謂矛戟柄，竹欑柲。”

《説文·竹部》:“籚，積竹戈矛矜也。”

《説文》以“欑”訓“柲”謂，爲“積竹木杖”，是以戰國時期之“積竹木杖”已成爲兵器柄之常規爲訓。“柲”之初義當爲“矛戟柄”。

“必”字金文作、、等形（見《金文編》)。《説文》小篆文作。“必”字本義爲何?

1. 林義光謂:“按:垢裂也。弋古杙字，杙易分裂。故從弋八。八，分也。”(《文源》)

按:此引申“分極”之説，不可信。

高田忠周則謂:“弋者，橜木也，可以以神杗識。八者，分也，分别境界也。然分極者，境界之最終，而外廓之極端也。比如今府縣分界、立標以識之，實是‘必’字造意也。”(《古籀篇》十八)

按:此公界牌釋“必”字，以合許書“分極”之義。其牽强附會，與林説同。

2.“必”爲“柲”之省文或初文説

劉心源謂:“必，柲省。《説文》:‘柲，欑也。’‘欑，積竹杖也。’……積竹者，如今軍中予杆聚竹爲之。縛以繩，韜以帛，而油漆之。既堅且韌，勝于木柄易折也。”(《奇觚室吉金文述》)

按:井中偉據夏、商、西周、東周戈、戟之柲的綜合考察，柲之質材，由單一的木制，發展爲複合型的積竹木。即《説文》“柲，欑也”“欑，積竹杖也”。

又:“柲的表面，由簡單地分段塗彩，發生爲先纏繞絲繩，後分段髹漆，或再彩繪圖案。”劉心源所述“縛以繩，韜以帛，而油漆之”正與之合。

郭沫若謂:“余謂‘必’乃‘柲’之本字。字乃象形、八聲。即戈柲之象形。許以爲從八、弋者，非也。其訓‘必’爲‘分極’乃後起義。從木作之‘柲’字，則後起之字也。”(《戈琱㦰㲃必彤沙説》，《殷周青銅器銘文研究》卷二)

按:“”(必)爲“柲”之初文。其初義爲“戈戟”等長兵器之“柄”，這是正確的。但“”不是“從弋、八聲”的形聲字①。因爲“柲”是一根完整的兵器之柄。毫無分裂、相背等義，與“”（分、别之義）無涉。故“”當爲整體象形字。

“”爲整體象形，其“”即“弋”（杙）象“柲”之“木杆”爲長而直之木槩。“”兩旁之“”所象爲何？其象即于柄杆之表面“縛以繩，韜以帛，而油漆之”也。

所以“”爲木槩所製，表面縛繩、韜帛、油漆之兵器柄之整體象形字。

此解不僅合于字形，而且對“必”之後起轉注形聲字義來源，皆能解釋。如：

一、“必”爲油漆、纏繩，或韜帛之柲。其柲包裹嚴密。故“秘”從“必”聲而有“神秘”之義。閟從“必”聲而出“閉門”（《説文》）之義。宓從“必”聲而有“安也”（《説文》）之義。密從宓聲而有“山如堂考”之訓，等等。

二、“必”爲繩纏之柲。故“必”有“約束”之義而與“縪”通。（《考工記・玉人》“天子圭中必”，注：“組約其中也，讀如鹿車縪之縪。”）珌從“必”聲而有“車束也”（《説文》）之義。珌從“必”聲而有“佩刀鞞末飾也”（《説文》）（此玉飾環繞刀鞞之末）。毖從“必”聲而有“慎也”（《説文》）（必有約束義也）。

三、“必”爲外有油漆裝飾之“柲”，“必”聲而有“威儀也”（《説文》）之義。此“柲”形直。故“眍”字從“必”聲而有“直視也”（《説文》）之義。

從以上論證，可以説“”爲“柲”之初文，乃整體象形字。字象（弋，杙）之表面，約繩、韜帛，又油漆之象（）。

2010年9月2日上午

① 鍇本作：“从八、弋聲。”必爲幫紐、質部字。弋爲喻紐、照部字，聲韵皆不能通。必與八則常紐雙聲、質部叠韵，古實一聲。但“必”（柲）與“分别、分背”無涉。从“八”得聲，無義可言。而弋考必（柲）又有别，故“”爲整體象形。

說“□”（□）

“勿”字，甲文作□、□、□、□等形（見《甲文編》），金文作□、□、□、□（見《金文編》），小篆作□。

一、“□”（勿）之本義的各種説法

主要有以下四種：

1. 許慎《説文》云：“□，州里所建旗，象其柄，有三游，雜帛，幅半異，所以趣民，故遽，稱勿勿。”

高田忠周謂：“今按□即柄形，□以象游。”（《古籀篇》二十七）

2. 郭沫若曰：“□、□實𥝤（犁）之初文。𥝤，耕也。此字從刀，其點乃象起土之形。”（《釋□勿》，《古代銘刻匯考續編》）

胡厚宣曰：“□字作□、□、□、□，正象以𥝤起土之形。”（《商史論叢（二）》，78 頁）董作賓：“□與□同爲黎之初文。”（《佚存》，2 頁正）

3. 徐中舒謂：“（□、□）□象耒形，□象耒端刺田起土。一舉耒起土爲一墢，墢與□（勿，卜辭用爲否定詞）古音同。且□、□形近，故□字後世亦隸定爲‘勿’。”（《甲骨文字典》卷二）陳夢家：“（□）其字象帶了土塊的耒。”（《殷虚卜辭綜述》285－287 頁）孫海波謂：“□，象以耒翻土，土粒着于刃上。土色黧黑。故勿訓雜色。”（《甲骨文編》三卷，8 頁）李孝定謂：“□之與耒，古音同屬來母，古韵同在十五部。當是一物之異名，或方言殊異，遂別制一字。”（《集釋》323 頁）《甲骨文詁林》（2470－2471 頁）編者按：“當從郭沫若説，隸下作□。徐中舒以爲即古文‘利’字從之偏旁。爲下端歧出之農具。其説可信。”姜亮夫謂：“‘勿’即家雀兒耒耜，即甲文耒字所從之□的省寫，也就是耒的繁文。”（《漢字結構的基本精神》，《古文字詁林》第四册，526 頁）沈之瑜《詁林》（2464 頁）謂：“新穫甲骨……的合後骨版有十條完整卜辭，其中有‘幽□牛’

‘貴□牛’對舉。可見‘□牛’不應釋爲‘物’，也非‘雜包牛’，應是‘犁’字。”

4. 朱芳圃曰：“（□、□）字從刀、從彡，會意。《説文·彡部》：‘彡，毛飾畫文也。象形。’毛飾畫文，謂以毛爲飾，畫之成文也。《易·繫辭》：‘物相雜，故曰文。’故引申有雜色之義。”（《殷周文字釋叢》卷下）王襄曰：“勿即物色本字。從刀，刮取毛色，彡象毛也。”

5. 林義光謂：“（□、□）皆象鳥飛之翅，當爲‘非’之或體。‘非’‘勿’古音近。”（《文源》）誠如其説“□”只一翅，如何飛起來爲“飛”之或體耶？勿與翅（審、支）、翼（喻、職）亦聲韵難通。

商承祚曰：“《説文》㫚，古文利。案：甲骨文作□、□。象以刀割禾。彡者禾之皮屑，示刀利意也。”（《説文中之古文考》）

裘錫圭謂：“‘□’是一個從‘刀’的字。它所從的‘□’，與甲骨文中常見的‘刀’字和‘刀’旁，毫無區别。有些信從郭説的學者，把它説成象耒形或犁形，是没有根據的。刀不是起土工具，‘□’字刀刃的小點不可能‘象起土之形’。而應該與□（分）字刀形兩側的筆劃相類，是代表刀所切割的東西的。所以從字形上看，‘□’字的本義應該是‘分割’‘切割’。在古書中，從刀‘勿’聲的‘刎’字，正好具有這種意義。”（《釋勿、發》，《中國語文研究》第二期，35—38 頁）

衛斯認爲：“（□字之‘□’）刀旁加碎點以示屠牛時，牛血迹沾刀之意。”（《從甲骨文材料中看商代的養牛業》，《中原文物》1985 年第 1 期，58 頁）

總結，關于“□”（勿）之本義主要有四説：

（1）謂“□”（勿）是“雜色旗”的象形，即“□”字初形。（許慎説）

（2）謂“□”象“鳥翅”，爲“非”（□）之異文。（林義光説）

（3）謂“□”爲“起土農具”之形。郭沫若謂其爲“□”（耕□）之初文。徐中舒謂其爲“耒”之省文。李孝定又以爲“力”之異文。

（4）謂“□”（勿）爲“刀”。朱芳圃謂其爲“從刀從彡”（毛飾畫文）之會意字。商承祚謂其爲從刀，彡爲刀割禾之皮屑。裘錫圭謂其爲從刀，而“彡”代表刀所切割的東西。

二、“□”（勿）爲“旗”説不能成立的理由

許慎説小篆之“□”爲“州里新建旗”。其所以不能成立，主要原因是“字形不類”。就小篆“□”字字形説，“□”象三游，還説得過去，而“□”

象旗柄，就十分勉强了。(旗柄即旗杆，皆爲直形，焉有作□形者乎?)

而“□”之原形，在甲金文皆作“□”“□”，更與旗形不合。所以“勿”之本義絶非“州里”新建之“旗”。

那麽，□爲何有“雜色旗”之義? 此因“勿”與“利”通，而“利”爲“收割之禾”，其色黄中帶黑爲“不純色”，即“雜色”，故從㫃從勿聲之□有“雜色旗”之義。

三、“勿”(□)爲“非”(□)之或體説，不能成立

其理由是:

1. “□”與“象飛鳥之翅”字形不合。甲文有“羽”字作□、□之形，其“□”或“□”象鳥翅之形，與“勿”字之“□”迥然有別。甲文翼字又作“□”或加聲符“立”作□，用爲“昱”之通借字。更與“勿”(□)字字形不同。

2. “勿”與翅翼從聲韵來説也不能通。(勿與翅，明(唇)審(舌)不能通，物(乙類)與(甲類)亦能否通。勿與翼，雖然物職通轉，但明(唇)與喻(舌)亦不能通。)因此“勿”(□)絶非鳥翅翼之象形。

3. “非”(□)爲雙翅并展之形，爲“飛”之初文。而“勿”(□)即使像鳥翅，也只有一只，如何“非”(飛)得起來。所以“非”與“勿”除聲韵可通之外，形義各不相涉，絶非“一字異形”也。

四、“□”爲“□”(力)、“□”(耒)、“犂”之初文説，不能成立

其理由是:

1. 字形不合。“勿”字作“□”，“力”字作“□”“□”二者字形相去甚遠，其非字，十分明顯。

“耒”字獨體在金文作□，或作□，與“勿”字作“□”或“□”者字體迥然有別。其在甲文耤字偏旁中，“耒”字偏旁有作如下之形者:

□(《前》六，一七六)，□(《後上》二八，一六)，□(《前》七，一五，三)(《古文字類編》)。是“耒”作爲偏旁，其作“□”者，正字。省作“□”，再省作“□”。知此“□”不是“刀”字。因在其他耤字中作“□”“□”，而在此耤中作“□”與前二形相當，故知其爲“□”“□”之省文也。

而“□”字字形或作“□”，或作“□”，或作“□”，或作“□”。諸字中作爲主體之“□”無一變形(即無一有作□、□、□者)。因此要説此“□”是“耒”(即□、□)的省形，當爲無一實證的臆斷，難于信據也。

至于説“□”是“犂”(耕犂)之初文，更難以成立。犂耕的出現，是農業生

產技術的重大發展。耒、耜是以推壓之力，插地發土的農具。而犁是通過拉作用進行翻土的農具。力一般都要剌刀之鏵，有犁把以便耕者掌控，更要有犁轅，以便人或牛、馬牽引。準此標準，要説“□”爲耓之初形，那就相去太遠也。

甲文卜辭有“□”字，黄綺釋爲“人拉犁之形”（《説文部首講解》），可依據“人耕曰耕，牛耕曰犁”之原則，釋爲“耕”的初文（見《殷墟卜辭研究——科學技術篇》192—193 頁）。

此字所象人拉之犁作“□”，有破土之鏵（即□上之□），有控犁之柄（即□上之□），又供牽引之“轅”（即□上之□）。後世犁之形制大體由此發源。以此與“□”字相較，還能説“□”是“犁”之初形嗎？

2.“勿”在卜辭，其義訓有三。

考古所謂：“□在卜辭中有兩種用法：第一是‘□牛’，形容牛的顔色，即‘雜色之牛’；第二作動詞爲用牲之法。”（《小屯南地甲骨》842 頁）

而裘錫圭則提供卜辭用“□”（勿）爲“否定詞”之若干例子。證明“勿”字在卜辭第三用法是作爲“否定副詞”，表示“不，毋”之義。并認爲作爲動詞，“勿”爲用牲之法，當爲“刎”牛之事。而“勿牛”于某地之“勿”，當讀爲“物色”之“物”。其説有據。

是“□”之用法意義，在卜辭有三項。一當用爲狀詞，“勿牛”之“勿”讀爲“物”或“犁”訓“雜色”或“不純色”。二用爲動詞，其用爲“祭祀用物牲之法”者，讀“勿”爲“刎”，表示“割殺”。其用爲“視察”之義者，當讀爲“物色”之“物”，表示“區别毛色”之事。三用爲“否定副詞”，表示不、毋之正。

這就是説。卜辭之“□”字，無一詞用爲發土、耕種之義者。這應是説“□”爲“□”（力）爲“耒”（□）爲耓（耕器）之初文諸説之最大障礙。

3.“□”作爲偏旁，在“利”字、“制”字中，只能是“刀”類工具。不能是“□”“□”“耓”類耕具。

“利”字甲文作□、□、□、□（《明》一六八七）、□（《合集》24506）、□（《珠》三一八）（見李孝定《甲骨文字集釋》卷四一五，15 頁）。小篆作“□”，古文作“□”。甲文作□、□者與篆文合，作□、□者與古文合。

本來利字從禾從刂(或從勿)[①] 會以“乃”（勿）割禾之形，勿亦聲（刂在此乃“勿”之省形）是十分明顯，其意義又是十分通暢的。

俞樾謂：“以刀刈禾，利無大于此者矣。”“利之爲字，與制同意。”以刀刈禾爲利，以刀斷未（從未，即從木）爲制。是故制爲裁。（《説文》：“制，裁也。”）而利亦爲裁。《周易·文言傳》曰“利物足以和義”，何注曰：“利者，裁成也。”（《兒笘録》）

是“利”爲“刀所刈割之禾”，亦即收穫之熟禾。故出“利益”義。（“利，所得而喜也。”（《墨子·經上》）亦即“利，害之反”（《正字通·刀部》））。引出“有利”“富饒”“貪利”“和善”“美好”（《玉篇·刀部》：“利，善也”）等義。

“利”又爲“刈割禾稼之刀”，故出“鋒利”義。（《説文·刀部》：“利，銛也。”《玉篇·刀部》：“利，剡也。”）刀利，故刈割行動迅速，而出“利，疾也”義。（《淮南子·墬形》“輕土多利，重土多遲”韋注）再引出“方便、靈活”義。（《蘇子·王制》“辯功苦，尚完利”，楊倞注：“利，謂便于用。”）再引出“順利”“吉利”“和順”之義。（《廣韵·至韵》：“利，吉也。”《廣雅·釋詁三》：“利，和也。”）

“利”爲“刈割之禾”。“禾”之所以刈割之，爲其成熟而加以收穫也。成熟借刈割之禾，其色，黄中帶有不成形狀之黑斑，即黄底異斑，即“不純”之“雜色”。

故“犁”從牛利聲，而訓“雜色牛”。（《論語·雍也》“犁牛之子騂且角”，何晏《集解》：“犁，雜文。”《淮南·説山》“髡屯犁牛”，高誘注：“犁牛，不純色。”）

“梨”之果實之色黄，而帶黑斑，故從木利聲。此“利”爲兼義聲符有“黄中帶黑”之義。《戰國策·楚策》：“黧牛之黄也，似虎。”即其證矣。

“黧”字從黑，利聲。《廣韵·齊韵》：“黧，黑而黄也。”是“利”作爲顔色是“黄中帶黑”之證矣。

可知，以“勿”（勿）爲耕器（力（力）、耒（耒）、犁）來説“利”（利）字，則遇到不可克服之困難。這個困難問題是“以耕器對禾”之“利”是什麼意思？

---

① 利字自甲文起即“從勿”或“從刀”。二形皆有，故可説此“刀”（刀）乃“勿”之省文也。又物字是從勿得聲。因“勿牛”之“勿”需讀“利”始有“雜色”之義，而“刀”不能爲“利”之聲也。

徐中舒先生回答説：“利”字“象刺地藝禾，故得利義”（《耒耜考》）或“象以耒刺地種禾之形”。依徐説，“利”字是“耕地種植”之事，不是“刈割收穫”之事。

耕地種植在古代用耒耜，勞動艱苦，進展遲緩，爲何“利”有“迅疾”“方便”之義呢？禾耒刺土，所以發土。何以“利”有“裁斷”之呢？

在甲文，“利”字有作“利”形者，楊升南謂：“表示一手持禾，一手持刀，以割禾之狀。以刀收割禾之義更爲明顯。”（《商代經濟史》，154 頁）又有“利”字作“利”者，商承祚謂：“（此字）人以手拔禾于地而刀割之。”（《甲骨文字研究》下編）這就證明，“利”之“禾”不是有待“種植”于耒發之土的種子，而是已經生長于地上，可以手持再加以刀割之成熟禾稼了。這是“勿”（勿）非“耕器”又一堅證。

總之，“勿”（勿）爲“力”（力）、“耒”（耒）、“犁”之省文或初文之説，難以成立。

五、“勿”（勿）爲“刀”之補證及“勿”（勿）爲“刈鐮”之理由

在《説文》小篆“刀”作爲偏旁，在古文常作爲“勿”字旁。如：

利字，篆文作利，古文作利。

制字，篆文作制，古文作制。

據此，當説篆文之“刀”（刀）乃古文“勿”“勿”之省文。

而古文之“勿”“勿”正與甲金文之“勿”“勿”字合。

此種情況，亦出現于金文。如：

制字，金文作制（《王子午鼎》，見《金文編》）。

則字，金文一般作則，但又有作則（《曾侯乙鐘》，見《金文編》）。

此亦可知這些字的“刀”，當爲“勿”之省形。

這表明“勿”是“刀”之一種，所以作偏旁，可以互换。但“刀”爲大名，所屬各類不少。那麼“勿”“勿”是哪一個類的“刀”呢？

竊以爲，此“勿”是“鐮刀”，即“刈”字之初文。作爲農具，“刈，鐮也”。（《國語·齊語》“時雨既至，挾其槍、刈、耨、鎛，以旦暮從事于田野”韋昭注）作爲動作，“乂（刈），芟草也”（《説文·丿部》）。《玉篇·刀部》：

“刈，穫也，取也。”①

何以知“”（勿）爲“刈”之初文，主要理由爲：

1. 在“利”字中，“”（勿）爲割禾之工具。用什麽“刀”類工具收割禾穀？從古到今，都是用“鐮刀”。故割禾之“”（勿）必爲鐮刀。此可以事理推知也。

2. 從聲韵來説，勿與刈，明疑鄰紐，物質旁轉，正爲一聲之轉。所以説“勿”爲“刈”之初文。但二字音韵關係來説，是可以成立的。

3. 從“”字字形來説，所象爲何類之“力”？

按：“勿”字在甲文作、、、等形。其主體是“刀”即“”，而刀之刃部附近則作“”“”“”形。此“”“”爲何物？有人認爲是“刀”體字，在它未在“割禾”或“屠牛”時就作“”形。這表示，此字的“”或“”是“”本身固有的某種形態，不是在“”之外部的附加物。

裘錫圭則謂：“‘字’應與（分）字刀形兩側的筆劃相類，是代表刀所切割的東西。”但“”當是從刀、從八，八亦聲的含意兼聲。（《説文·八部》：“八，别也。象分别相背之形。”而“八”與“分”帶紐雙聲，文質旁對轉，正一聲之轉。所以“刀”會“以刀别之”之義而以“八”爲兼義聲符。）裘説未的。

竊以爲“”“”字之“”“”之所以始終位于“”之刃部附近，是一種表示此種“刀”之刃部，有一種特殊形狀，即“相續點狀”的形態。這種形態，只有以“鋸齒”相間增作解釋才是合理的。因此“”“”字當爲有齒鈎鐮的象形，爲“刈”字初文。

在甲骨文中有、、、字，字象以有鋸齒之刀去刖人之一足。多數學者釋“刖”字。合理，可從。此字“刖足之刀”，作、，省作。正可與“勿”字之“”“”字形相較，則“”字刃旁之“”表示“鋸齒”之形，當可成立了。

① 乂，《説文》篆作，或體作即“刈”。丁山以爲“”象“剪刀形”。（《殷商氏族方國志》）唐蘭（《古文字詁林》第九册，922頁）則謂：“照《説文》寫作，倒有些象漢代以後的剪刀。但從文字發展來説，當作芟草或治理等意義只是假借它的聲音罷了。”按：唐説是也。乂（刈）與乂（五），疑紐雙聲，月魚通轉，正一聲之轉。是“乂”本爲“五”字（表交乂之指子字）。又以音近，假爲“刈鐮”字即“刈”字。

因此，“勿”爲“刈”之初文，其本義是“有齒鈎鐮”。

2010年9月9日

寫畢此稿于天迴山幹療院

附一、“黎”字説

《説文・黍部》：“黎，履黏也。從黍，㓞省聲。㓞，古文利。作履黏以黍米。”此説解有可供商榷之處。

王筠曰：“作履句蓋不知許意者所訛也。”馬叙倫謂：“從黍、從犂之初文作者得聲，不必利省也。”（均見《六書疏證》卷十三）王、馬二説，有理，可從。

黎字甲文作（《寧滬》三，七六），秦簡作（《睡虎地簡》二四、二七）。

竊以爲《説文》之“履黏也”，當爲：“履也”，“黏也”，“履”下脱“也”字。因爲“豈爲作履之黏而造字邪”（馬叙倫）。

故“黎”字當説爲：從黍從，勿亦聲之會意兼聲字。（黎與勿，來明鄰紐，脂物旁對轉，爲一聲之轉。故“勿”可爲“黎”字聲符。）

“黍”爲“禾屬而黏者也”（《説文》），今曰“黍子”。“勿”爲“刈鐮”。故“黎”字從黍從勿，會以勿（刈鐮）割黍之意。

“黎”爲以“勿”（刈鐮）收割成熟黍，故有“割裂”之義。故“鏫”從金黎聲而訓“剥也”（《説文》）。段注：“剥者，裂也。”

“黎”爲何有“履也”義？履爲踐行。此因“黎”爲刈割成熟之黍，必須逐生長黍之壟畝而次第收割之，故“黎”因而有“履也”，即“踐行”之義。割黍之事，邊割邊行，不得快疾，故“邌”從辵黎聲而訓“徐也”（《説文》），即慢慢行走，也即“邌，遲也”之義（《廣雅・釋詁》四）。

“黎”爲何出“衆”義？《爾雅・釋詁下》：“黎，衆也。”故衆人古稱“黎民”。今知“黎”爲以刈鐮收割黍子之事，則“黎民”即“務農之民”是矣。在古代農業是社會生産的基礎産業，農民是最多的生産勞動者。故“黎”爲“農事收割”而引出“黎，衆也”義矣。

“黎”爲刈鐮收割之黍。黍爲“禾屬，而黏”（《説文》）。故“黎”又有“粘也”義（《説文》）。宋羅愿《爾雅翼》：“古人作履，粘以黍米，謂之黎。”

“黎”爲刈鐮收割的成熟之黍。這些成熟之黍，色全黄色，雜以黑斑。即

“黄中帶黑”，爲“不純”之“雜色”。故“[illegible]”從隹黎聲而有“離，黄也。從隹，黎聲。一名楚雀”（《説文》）之訓。其色黧黑而黄。字亦作“鵹”，“從鸝”（《通訓定聲》）。犛從牛黎聲而有“牛馬交文”之義。（《集韵·脂韵》：“犁，牛馬交文。一曰耕也，或作牛黎。”）[illegible]字從黑黎聲而有“黑黄也”之義。（《集韵·齊韵》：“黧，黑黄也，或作[illegible]。”藜爲“草也”，“從草，黎聲”（《説文》）。當云：“從草，[illegible]省聲”，爲其草之本色“青黑”如[illegible]也。《釋名·釋地》：“土青曰黎，似藜艸色也。”）

從以上分析，可以看出“黎”與“𥝢”，當是“一字二形”之一例。其根據是：

1. 黎與𥝢二字，皆爲以“勿”（刈鐮）割成熟的禾穀（黍爲“禾之粘者”亦即禾之一種）之會意兼聲字。所以二字义訓大同。

2. 黎與𥝢皆以“勿”爲聲。古爲一聲。故許多從黎得聲之字，或作從𥝢得聲（例見上文）。

换句話説，“黎”與“𥝢”是形符互换（以黍代禾）之從“勿”聲之會意兼聲字。可云：“黎”爲“𥝢”之異文，或“𥝢”爲“黎”之異文。

“黎”或“犂”爲何有“耕也”“耕具也”之義？

“黎”或作“犂”在古文爲“雜色牛”。《論語·雍也》“犁牛之子騂且角”，何晏《集解》：“犁，雜文。”《淮南子·説山》“髡屯犁牛”，高誘注：“犁牛，不純色。”其所以從“黎”“𥝢”得聲而有“雜文”“不純色”之古文，説已見前。

但“犁”或作“犂”又有“耕也”之訓。（《集韵·齊韵》：“犂，《説文》‘耕也’，或作犁。”）再引出“犁，耕具也”（《玉篇·牛部》），“犁，墾田器”（《廣韵·齊韵》）。這是什麽緣故呢？

過去，許多學者多從郭老之説，認爲“勿”爲“犁”之初形，“犁”字就成爲拉犁之牛的“耕牛”了。但是“勿”不是“耕田之具”的犁，而是收割的刈鐮（見上文《説“勿”》），所以認爲“犁”字的形爲耕牛拉耕具（犁）以犁田之象，就難以成立了。

那麽爲何“犁”或“犂”會有“耕也”“耕具”之義呢？竊以爲當于古人最初牛耕之方式求之。黄展岳《考古紀原》（42—43頁）謂：“考古發現的鐵犁牛耕資料始見于戰國，在此之前尚有一段漫長的人挽犁耕歷史。”“目前已發現漢代牛耕模型和圖像十多幅。”“從這些圖像和模型看，漢代北方牛耕的基本形式，都是‘二牛抬杠’式的犁耕。即兩頭牛杠着犁衡，挽拉一張長轅犁，一人扶犁并驅趕耕牛。”

這種二牛拉一犁的耕田方式，見于文獻者則爲《周禮·地宫·里宰》的鄭玄注文。《地宫·里宰》云："以歲時合耦于鋤，以治稼穡。趨其耕耨，行其秩叙。"鄭玄注云："鋤者，里宰治處也，若今街彈之室。合耦，使相佐助。因放而爲名季冬之《月令》：'命農師計耦耕事修耒耜，具田器。'是其歲時與。合人耦則牛耦亦可知也。"由此可知，漢時進行農業生産不僅要"合人偶"，而且要"合牛偶"。而鄭玄認爲《周官》時代，已有"合牛耦"之事。爲何耕地要"合牛耦"？正當以其時牛耕爲"二牛共掌一犁"之"二牛抬杠"方式解之。

因此，"犁"或"犂"當讀爲"麗"。（犁（黎）與麗，來紐雙聲，脂支通轉，乃一聲之轉，可以互相通假。黎與麗通之文證，如《左傳·成公十七年》"公游于匠麗氏"，《大戴禮·保傳》麗作黎。）

"麗"有"成對的"之義。《小爾雅·廣言》"麗，兩也"引出"并排駕兩牲口"之義。《詩·鄘風·干旌》孔疏引王肅云："夏后氏駕兩謂之麗。""麗，并駕也。"（《漢書·揚雄傳上》"麗鈎芒與驂蓐收兮"顔師古注）

這樣，"犁"或"犂"就可以訓爲"并駕之兩牛"，或"兩牛并駕"矣。

犁或犂爲"兩牛并駕"所爲何事？曰：兩牛并駕以拖引犁具耕田也。故"犁"或"犂"爲"兩牛并駕"而引出"犁，耕也"之義矣（《説文》）。再引出"犁，耕具也"之義（《玉篇》）。

"犁"（犂）爲"兩牛并駕"，而引出"耕地"和"耕具"義。這和"駟"爲"四馬并駕"而引出"駕、乘"義和"車"義是同一規律。

古人以四車拉一車，故"駟"爲"四馬并駕"之義。"四馬并駕"何爲乎？曰拉車也，故引出"駕、乘"之義（《漢語大字典》）。（《楚辭·離騷》"駟玉虬乘鷖兮，溘埃風余上征"，洪興禮《補注》："鷖爲車而駕以玉虬也。"）"四馬并駕"所拉者何？曰車也。故又引出"駟，一乘也。從馬，四聲"。即以此"四馬并駕"之名，以名此"四馬所拉之車"矣。

所以"犁"或"犂"讀爲"麗"，表"兩牛并駕"以拖犁耕地。故犁耕之事謂之"犁"（犁，耕也），犁耕之器亦謂之"犁"也。

2010年9月9日寫此

多年蓄疑，先得解"𠣾"（勿）爲"刈鏞"而非"犂"之初文

再得解"駕"引出"犁耕""犁器"之義，大快。大快

“□”字説

——“□”爲“弜”之初文，在卜辭通假爲“莫”，用爲否定副詞

甲骨文有“□”“□”字，在卜辭用爲否定詞，如：

“庚申卜，□貞：王□正□方下上弗若不我其受又。”（《前》五，二二，二）

“□于且丁禦。”（《乙》二三二九）

此何字耶？多數學者，以爲即“勿”字。其説有：

1. 王襄謂：“□”古物字。（《簠室殷契類纂》）

2. 胡光煒謂：“□或作□。余緣文義，釋爲‘勿剪勿伐’之。在卜辭，與□異字。”（《甲骨文例》下卷）

3. 高鴻縉謂：“□象旗之三游從風之形，未著其柄。著之則必爲□形矣。後世勿字借爲禁止之助動詞。久而成習乃另加□（古旗字）旁爲意符作□。”（《中國字例》二篇）

4. 徐中舒則謂：“（□）字從□、從□。□乃弓形，其旁之□，乃所以表示弓弦之震動。引矢而發矢則弓弦撥動，故發弓撥弦乃‘勿’之本義。卜辭借爲其聲而爲否定詞。至《説文》篆文，則訛爲與物字所從之勿爲一形。二者初非一字。”（《甲骨文字典》卷九）

又謂：“□象耒端面起土。一舉耒起土爲□。□與□（勿，卜辭中用爲否定詞）古音同。且□、□形近，故□字後世亦隸定爲勿。”“甲骨文物作□，或從牛作□，皆謂雜色牛，無作否定詞用者，西周金文則全用作否定詞。如盂鼎之‘□廢朕命’，召伯虎毁之‘□敢對’，皆是。”（同上，卷二）

5. 郭沫若謂：“卜辭‘勿’字作□，勿字作□，判然有别。勿（□）乃笏之初文，象笏形而上有題識。勿乃犁之初文，象以犁啓土之狀。”

又云：“□、□本黎之初文，而周金文所以用爲‘勿’者，乃周人之寫别字也。”（《釋□、勿》，《甲骨文字研究》）

6. 馬叙倫謂：“（勿）甲文亦有作□、□者，似從弓從□。或謂即‘弱’字之所從者。”（《説文解字六書疏證》卷十八）

7. 董作賓謂：“□與□同爲黎之初文。卜辭利即從□。舊釋勿、物、非。‘□’乃‘勿’字，與弗、不、亡、毋皆作否定詞用。”（《佚存》，32 頁正面）

8. 李孝定謂：“契文‘勿’字作□、□、□、□諸形。”“與□字作□、□、□，判然有别。”“‘勿’之本義當以許書説解爲正，蓋象旗柄三游之形。”（《集釋》，323 頁）

9.《甲骨文字詁林》編者謂：“（卜辭之□，爲下端歧出之農具）與□判然有别。西周早期金文即與‘□’相混，用‘□’爲否定詞。”

今按：“□”絶非“勿”字。其根據在于：

（1）在卜辭“□”與“□”有别，各爲一字。

（2）而“□”字即“勿”字。在金文“□”字用爲“否定詞”。在卜辭，由于有學者認爲：“□”無否定詞者，從而把在卜辭中作爲“否定詞”之“□”釋爲“勿”，而釋“□”（爲“物”之省文）或“犁之初文”。這種看法，是錯誤的。

因爲解説古文字，只能從字形出發。甲金文皆有“□”字，其形同。金文用“□”爲否定詞，例證甚多。卜辭亦有用“□”爲否定詞之例。（裘錫圭曾舉證若干例，以證明：在卜辭中，用“□”爲“否定詞”（見《詁林》2465 頁）。）故“□”字即“勿”之初形。要説“□”不是“勿”，或是“物”之省，皆爲無據之言。

（3）在甲金文“□”爲“勿”字初文。“□”與“□”有别，當各爲一字。不能因“□”用爲“否定詞”，便説它是“勿”字。（在卜辭中，否定副詞有：“勿”（□）、“□”、“弜”、“不”、“弗”、“毋”（□、□）、“非”等，豈可因其爲“否定詞”便説它們是“勿”字[①]？）

那麽，“□”爲何字？竊以爲：馬叙倫引或説“□者，似從弓從□，或謂即‘弱’字之所從者”。卓見，當從。此“□”乃“弱”之初文，作“□”。

① “□”非“□”（勿）字。是則“□”爲“笏”之初文（郭沫若），“□”爲“旗之三游從風之形”等説皆失依據，不能成立矣。

(⿰弓彡）而“弱”乃爲其繁體（即複體字）。其理由如下：

先從“弱”字小篆字形，及其解説説起。

《説文·彡部》：“弱，橈也。上象橈曲，（段注：謂弓也。）彡象毛氂橈弱也。（段注：曲似弓，故以弓像之。弱似毛氂，故以彡象之。）弱物并，（段注：不能獨立。）故從二弓。”

許説“弱”之“弓”爲“上象橈曲”。段注則指出“曲似弓，故以弓像之”已開始與字形相合。

王筠則謂：“（對許、段之説）疑其不妥”，“疑當是從弜。弜者彊也，蓋謂弓之有力者也。迨其蔽也，膠解筋散，狀如毛氂，故以兩彡象之。”王説則直謂此字之“弜”，即“弜”，是二“弓”并列之形。

因此説“弱”字之“弜”是二弓并列之“弜”，是與字形密合的。那麽“弱”字之“彡”是何意思呢？許説“彡”象“毛氂橈弱也”，段、王皆因其説。弓（弓）與“毛氂”何關呢？王筠只好解釋爲：“迨其蔽也，膠解筋散，狀如毛氂。”

“⿰弓彡”之“彡”是何意思？如果將之與“弓”之全體象形字“弓”（《前》五，七，二）、弓（《弓父庚卣》）相比較，則正常的“弓”象弓張弦之形。而“⿰弓彡”則當是“象弓斷弦之形”了。此“弓”側之“彡”乃表示“弓弦寸斷”之形了。“⿰弓彡”爲“弦斷之弓”，是“敗毀之弓”。弓張弦則發矢有力，弓斷弦，則無發矢之力矣。故“弱”從“⿰弓彡”（即斷弦之弓）而爲“弱，尪劣也”（《玉篇》），即“力量弱不，差勁”，以及“衰弱”“削弱”“失敗”“喪失”諸義了。

何以知“⿰弓彡”爲“弱”之初文，“弱”爲“⿰弓彡”之繁體（複體字）？在《説文》中，這種字例不少①。下面舉一個“⿰弓彡”爲單字出現之例。

《説文·角部》：“觮，調弓也。從角，弱省聲。”此字所從之“⿰弓彡”作爲聲符，與“弱”同。這證明：“⿰弓彡”作爲單字，與“弱”音同。説“⿰弓彡”是“弱”的初文，而“弱”爲“⿰弓彡”之繁體，應當可以成立的了。“觮”從“⿰弓彡”聲而有“調弓”之義。則“⿰弓彡”是“弓”的一種狀態，明矣。（“⿰弓彡”是弓的

---

① 徐中舒謂：“⿰弓彡”之弓乃矢形，其旁之彡，表示弓弦之震動。知“弓”爲“弓”，知“彡”與弦有關。有見也。故不知“彡”或“彡”表示“弓弦寸斷”，爲“弱”之初文，惜哉了。感言字有“單體與複體無别”之例。如：王（玉）與玨（珏）、辛與辡、糸與絲、魚與鱻、火與炎、至與臸。意義相似，聲韵相通。

弦斷狀態。）“角”有“平，使平”之義。（《禮記·月令》：“日夜分，則同度量，鈞衡石，角鬥甬，正權概。”鄭注：“同、角、正，皆謂平之也。”）弓弦斷絶而“角”使平，出“調弓”義矣。

今知小篆“𢎗”爲“弱”之初文，則甲文之“𢎗”“𢎗”正與之合，是甲文之“𢎗”“𢎗”，即小篆之“𢎗”，爲“弱”（弱）之初文，當可成立矣。

現在要問：甲文“𢎗”爲小篆“弱”之初文，爲何在卜辭，又用“𢎗”爲“否定詞”呢？

回答是：“𢎗”爲“弱”字，其用爲“否定語”乃讀“𢎗”（弱）爲“莫”之古文也。（弱與莫，日明鄰紐，葉鐸旁轉，乃一聲之轉。故互相通假也。）

《漢語大字典》“莫”字下云：“副詞。①表示否定，相當于‘不’。②表示禁止。a. 相當于‘别’‘不要’。b. 相當于‘不能’。”以此義來讀卜辭以“𢎗”爲“否定詞”之有關詞例，無不通暢。（裴學海《古書虛字集釋》云：“莫，不也。”“莫，勿也。”與《漢語大字典》莫作爲“否定副詞”之分析合。）

2010年9月4日上午于天迴山幹療院

《釋由》新説

上：甾（甾、𠙹）、由（由）各爲一字辯

一、“甾”（甾）與“由”（由）非一字之段玉裁説

王國維、丁福保提出一些證據，認爲“𠙹”即“由”字。其説今之學者多從之。但其説最大困難是“𠙹”與“由”讀音不同。王國維遂謂今本《説文》唐人所校之“𠙹”音是誤以“菑”音爲“甾”音[①]。這是一個假設。没有證據。

段玉裁是認爲“甾”（𠙹）與“由”非一字的。在《説文解字注》中，一再言及此點。其説如下：

1.《説文·甾部》：“甾，東楚名缶曰𠙹。凡𠙹之屬，皆從𠙹。𠙹，古文𠙹。”段注：“缶下曰：‘瓦器，所以盛酒漿，秦人鼓之以節歌。象形。’然則缶既象形矣甾復象形，實一物而語言不同，且實一字而書法少異耳。《玉篇》作甾近之，若《廣韻》謂即艸部之菑字，風馬牛不相及也。菑上從一雝川，此象缶之頸，少殺，安得云同字？今隸當作甾。”又：“口大頸少殺。側詞切。一部。”

2.《説文·廾部》：“𢍏（原作𢍏），舉也。從廾，甾聲。”（段注：各本作由聲。誤。或從鬼頭之由，亦非也。此從‘東楚名缶’之‘𠙹’。故《左傳》作𢍏，今《左》作惎。糸部，綥從𢍏聲，或字作綦。𠙹聲、其聲，皆在一部也[②]。）

---

① 《繫傳》：𠙹音菑，渠記切。按：菑古音莊、元。

② 其、綦古音群、之。甾，其爲“之部”叠韵字。即段之“皆在一部”。

《春秋傳》曰："晉人或以廣墜，楚人卑之。"（段注：《左傳》宣十二年文，今《傳》卑作惎。）黄顥說，廣車陷，楚人爲舉之。（段注：此許稱古本古說。杜本作惎。云："惎，教也。"）杜林以爲麒麟字。（段注：謂杜伯山謂卑爲麒字也。）《廣韵》七志曰：卑《說文》音其是也。蓋《蒼頡訓纂》《蒼頡故》二篇中語。綥可作綦，則麒可作卑，其理一也。麟當作麐。

《說文·糸部》："䋣，帛蒼艾色也。從糸，𢌿聲。"段注："𢌿，各本作畀，并篆體作綥，今正。此用廾部之𢌿爲聲，非用丌部之畀爲聲也。𢌿聲之𢌿，從甴缶之甴爲聲。非由，非鬼頭之甶也。甴在古音第一部，由在古音第十五部，此不可或紊者也。其亦古音第一部也。故䋣字亦作綦，經典用之。徐鉉以補說文或體，許本書無之，渠之切，一部，《玉篇》作綨。"

按：《說文·糸部》有從由聲之"紬"，"大絲繒也，從糸，由聲"。（段注：直由切，三部。）有從甾得聲之"緇"，"帛黑色也，從糸，甾聲"。（段注：側持切，一部。）

依段意：𢌿之孳乳字䋣、甴，皆從甴得聲，而與其聲相通。甴與其，雖然莊（齒）群（牙）不能通，但爲"之"部叠韵，故得相通，即"叠韵通借"。

如甴與由同。由與其，喻（舌）群（牙）不能通。而"之"與"幽"，雖能旁轉，但不是叠韵。换言之，由、其難通。

這是從聲韵關係論證從甴得聲之字，其聲、韵與"由"不能通。從而證明"甴"與"由"非一字。

二、"甴"即"甾"（不是"由"）之于省吾說

于省吾《釋甾》謂："甲骨文甴字習見，亦作甴(?)、甴、甴、甴、甴等形。孫詒讓'疑爲由字'。"（《契文舉例》下，34頁）"其實，甴即古甾字。甲骨文𢦏即《嬴靁悳毁》之𢦏字。甲骨文聘字從甾作甴，猷字從甾作甴。《番生毁》𩰪字從甾作甴。《毛公鼎》𩰪字從甾作甴。《子陕行甾》之甾作甴。《弓鎛》'淄涾'之淄作𣶒。從水，從一甾，一例一正。甲骨文有𣳾字（《前》四，一三，五），舊不識，《甲骨文編》誤釋爲'油'，實則淄之初文。""《說文》之盧與盧，并從甾作甴，猶存初文。"

又《釋甾》云："古從甾從才之字，音近通用。例如：周器之《子陕行甾》之甾作甴。假甾爲從才聲之鼒。《金文編》誤認爲'行甾爲鼎之别名'。又

《詩・豐》鄭箋之‘紨衣緟袡’，《釋文》：‘紨，本作緇。’《禮記・檀弓》之‘紨衣’，《釋文》：‘紨，本作緇。’是其證。”（以上二文，均見《甲骨文字詁林》）

按：于省吾指出：《子陕鼎》之“子陕行甶”之“甶”是“甾”字，借爲從才得聲之鼒。（《説文》：“鼒，鼎之圜掩上者。從鼎，才聲。”《爾雅・釋器》：“鼎絶大謂之鼐，圜弇上謂之鼒。”郭璞注：“鼎斂上而小口。”）正與此鼎形制合。

如按王國維之説，此“行甶”之“甶”爲“由”，可與“卣”通。則“行甶”爲“行卣”。（《説文》無卣字。王國維《釋由》以爲古文字卣，象盛鬯之器。《爾雅・釋器》：“卣，器也。”郭璞注“盛酒尊。”）但《子陕鼎》是“鼎”，不是“卣”。

此當爲“甶”爲“甾”字，絶非“由”字之堅證。

又：甲文之[illegible]，于先生釋猷，王襄《簠室》（《續甲骨文篇》）釋猷。蓋認甶爲“由”，又讀“由”爲“酋”之古文也①。但甲文有猷，作[illegible]（《存》二，七三一）（見《甲骨文字典》1102 頁）。可見以[illegible]爲猷之不可信也。“甾”與“才”通。古文[illegible]爲猷，可釋爲“犲”也，今通用豺矣。

三、“由”非“留”之我説

以“由”爲兼義聲符之後起轉字。如以“由”即“甾”，即應以説通。甾是“缶”一燈盛酒漿之器。如“由”爲“甾”，則：

①㽕，從马、由聲，何以有“木生條”之義？

②胄，從肉、由聲，何以有“肩也”之義？

③宙，從宀、由聲，何以有“棟梁也”（《淮南・覽冥》注）之義？

④軸，從車、由聲，何以有“持輪也”之義？

⑤迪，從辵、由聲，何以有“進也”（《爾雅・釋詁》）之義？

等等。

計將字的方法：一要注意字形。初義或本義必須與字形密合。二要注意字音。漢字古文字中有“一形二字”之例。字形全同，字義各別。何以知其爲

---

① 商承祚：[illegible]，從由作口犬，終成亦猶字之省（《殷虚文字類編》第十）。

“一形二字”，則以字雖同形，而讀音各異。三要注意以此字爲兼義聲符之後起轉注字。這些字的聲音，必須與聲符之聲相通。這些字的字義，必須從聲符之義引出。因此，這成爲檢查説字假説的一種方法。换句話説，説古字 X 即 X，不僅要在字形、字義上“二字”要具有“相同”的理由，而且以此“本義”之解説此字之後起轉注字系，既能通其聲，又能引出其義。否則此説字爲假説，難以成立也。

甾（𠙹）與由（由），在小篆是字形各異的。此字形有别一也。甾與由在唐人指定音是各别不同的。此其二。（從甴之事，聲之䌛、繇與其通。只能用𠙹聲來解釋。此甾與由聲不同之古證。𠙹通“才”故爲“菑”，絶非“由”字等。）從由得聲之轉注字字義，無法從“甾”字義引出，而可以由“由”字義引出。此“由”絶非“甾”之堅證。王國維絶未想到此點，可嘆也哉！

四、王國維、丁福保以“甾”即“由”之證據的檢討

王國維《釋由》上、下謂“《説文》𠙹字即由字”。舉證爲：

①丁福保于《詁林》甾字下亦作此説。《急就篇》第四章“由廣國”。漢簡“由”作“𠙹”。（王）

②《正始石經》《尚書》：“非克有正，迪惟前人光施于我冲子。天不可信，我迪惟寧‘王德延’。”篆文凡迪字中之由皆作𠙹。（丁、王）

按：以上①證，只是表示，在“由”（由）字隸變時，有寫作甴者。致使𠙹之隸寫作𠙹者相混或相近。不是“𠙹”即“𠙹”之堅證。②例之分析見後。

③漢鉨印有“𠙹罷軍印”。古有由姓，無甾姓。是“𠙹罷軍”即“由罷軍”。

④漢無始四年銅鈁，主吏姓名有宋令史𠙹，當即“史由”。（以上二證，王）

按：即如王説，𠙹作爲姓只能是“由”。作爲名也只能是“由”。（此點，邏輯并不嚴密，因事實未必如此。）也只能證，漢代隸寫字體“由”字，有作“𠙹”者。其理與上二例同也。

⑤《詩・齊風》“衡從其畝”，《釋文》引《韓詩》：“從作由云：‘南北耕曰由。’今本《釋文》并爲由字。然宋本附釋音毛詩注疏所載《釋文》并爲甴字。甴者，𠙹之訛也。”（王）

按：“由”字宋本有誤作“甴”者，是筆誤，非“由”即“甴”字。那麽

即使此“𠙹”又是“𠙹”之誤，則只能説《變文》某本“四”字作“𠙹”，即其形與“由”混淆，不是“由”即“𠙹”之證矣。

⑥李陽冰云：由即缶字。夢瑛書説文部首，亦釋甾爲由。當本六朝舊説。（王、丁）

按：孫詒讓批評李陽冰之説云：“如李氏説，則古籍絶無由、缶通用之迹，若徒以形近者而合之，則與由形相近之字衆矣，豈獨一缶字乎？”（《釋由申玉篇義》，轉引自《説文詁林》5743頁）孫氏之批評正確。

夢瑛以𠙹爲由的分析，見下。

⑦《説文》粤字注云：從丂從由。而金文作粤（《番生𣪘》等）。是篆文從“由”作者，古文從“由”作。

又盧字《説文》從盧、盧，又從𠙹，“而盧氏涅金”之盧作盧，“盧氏幣”作盧。是篆文從“𠙹”之字。晚周古文亦從“由”作。

再加上，《正始石經》迪字篆文作：迪（《君吏》）。

夢瑛《説文部首》釋“𠙹”爲“由”。（王）夢瑛《千字文》“由”作“由”。

按：這是否即證明了“由”即“由”字呢？不能。爲何？

因爲粤、粤是西周（和甲文）文字，粤是秦的小篆。金文“由”變爲篆文“由”，是“形近互訛”所致。

戰國貨幣文盧字從由，而小篆從由。亦當以“形近互訛”爲解。此其一。

“由”與“由”二字，爲何粤字又作粤，盧字作盧？此可以“偏旁互换”解之。由與由，各爲一字。但又具有某種共同屬性，故作爲“偏旁”，可以互换也。（如犬旁與豸旁，木旁與金旁，土旁與田旁之互换等例。）

《正始石經》以𠙹之偏旁代“由”。夢瑛以𠙹爲“由”。即由于“𠙹”“由”形近互訛，自戰國已然習非成是之古文也。

西周金文之由，訛爲小篆之“由”，小篆之“由”，訛爲貨幣文之“由”，是“形近互訛”。

秦漢隸變。“由”與“𠙹”亦以“形近互訛”。所以《急就篇》“由”字，漢簡作𠙹。漢璽文以“𠙹”爲“由”也。

⑧《玉篇》原本“用部”未有𠙹字，作𠙹。注云：“余同反。”（王注：乃余周反之訛。）又云：“《説文》以由從爲䌛字，在言部，今爲由字。”（王注：當云《説文》以由從爲䌛字，在系部。䌛訛爲䚻，又訛爲察。寫書者因改系部爲言部耳。）《説文》以𠙹，東楚謂缶也。音側字反，在由部。（王注：并作𠙹。）

以上是《玉篇》原本（即唐寫本）的有關原文。這可以得出什麼結論呢？

王國維説：“案：顧氏此注，則由、𠙹二字，形本無别。不過因《説文》𠙹字之訓及其舊音與由字迥異。又由與繇分置二部，故著其事。然其所以收𠙹字于用部末者，正以其字作𠙹，爲今隸用字之倒書。如《説文》附下字于上部末，附𣥂字于止部末。五字于正部末之例。《玉篇》全書皆用此例也。然則顧書由字本當作𠙹，今傳世古寫本作𠙹，尚存由字遺意。”

王氏又謂：（由此）知六朝以前“音《説文》者雖音由爲甾，然由之字形尚未全失”，足以定“《説文》𠙹字即由字”之説。丁福保之説與王同。

按：王、丁舉證爲：

1. 在先秦文字中，作爲偏旁，甾（西周）曾以甶（小篆）代之。

這不是甶＝由，而是各爲一字，或由于“形近互訛”或由于“偏旁互换”所歧也，有甾、有甶。戰國文字有由，有由（偏旁），其形各别。

2. 在漢隸，《魏石經》古文中，“由”字寫作“𠙹”字，或甶字。在《玉篇》唐寫本用“由”字寫作“𠙹”爲“用”之倒形。

這不是“由”即“𠙹”字。而是“𠙹”與“由”二字，在書寫中“形近訛變”而“相混”。雖然形同，但音義各别，各爲一字。

《玉篇》原本于一𠙹，注：“余同（周）反。”又注云：“《説文》以由從爲繇字，在系部。”此謂𠙹即“由”字也。

《玉篇》原本又云：“《説文》以𠙹，東楚謂缶也。音側字反。”此謂“𠙹”即“甾”（甾）字也。

可見：儘管在漢魏六朝，由于隸寫變形“𠙹”與“由”，皆曾以“𠙹”形相混。但它們音義各别。在《玉篇》原本中還是保留下來了。此正是“𠙹”（甾）、“由”各爲一字之堅證。

而在王國維看來則是：“在六朝以前音《説文》者雖音由爲甾，然由字形，尚未全失。”丁福保則謂：“今大、小徐本誤以由作甾，且自六朝以來，即音側詞切，與菑同音。”“隸變與切音之謬，無有過于此字矣。”

這是未能冷静全面分析相關材料，急于證成新説，以致對相反證據視而不見，曲爲之説豈不可嘆也哉！

2008年9月8日上午完成此稿

下：釋“由”

一、“由”字本義諸家解説之評議

《説文》正文無“由”字。而有苖、迪、䌷、胄、笛、柚、邮、甹、宙、冑、睾、舳、岫、[illegible]（金文）、[illegible]、怞、油、妯、紬、軸（甹）、袖（褎金文）、抽（㩅金文）、徸、䠆、榻、㑥、騁、娉等三十一名“由”爲形聲字偏旁之“由”字。

那麽“由”字是何字？其本義爲何“唐宋以來，異説蠭起”？下面略述各説之説，且予以評論。

1. 李陽冰以爲“即缶字同”（見《説文繫傳疑義》）。

孫詒讓謂：如李氏之説，則古籍絶無由、缶通用之迹，若徒以形近者而合之，則與“由”形近之字衆矣，豈獨一缶字乎（《釋由申玉篇義》，轉引自《説文詁林》5742－5743頁，下同）。按：孫評是也。李説不能成立。

2. 徐鍇則以爲《説文》甹字。注云：“《商書》若顛木之有甹㽕。”故言“由㽕”，蓋古文省丂而後人因省之通用爲因由等字。（《繫傳》無此説，見徐鉉《説文》注。）

孫評曰：徐説以爲甹之古文，于理最近。故戴氏仲達（《六書故》）、嚴氏鐵橋（《説文聲類》《説文校議》）、姚氏秋農（《説文聲系》）、桂氏末谷（《説文義證》）、苗氏仙麓（《説文聲讀表》）、王氏貫山（《説文句讀》）、朱氏豐芑（《説文通訓定聲》）并襲其説。然《玉篇》部分多尊説文《字林》亦以“由”隸“用”部。而丂部甹下，不言古文作“由”，足證六朝以前本《説文》甹下本無由篆。且徐以“由”象枝條華圅之形，則于形不相似。嚴氏又謂金文之見于説解者，則許書録金文衆矣。由爲聲母之字，反不録其文，而附見于説解乎？朱氏則謂從果省，木萌芽于果實中人也，上出者芽蘖初抽之象。《説文》甹下奪古文。則殊不知甹爲木生條，不必出于果實中仁也。按：孫評是。由可以解釋甹，而甹不能解釋由。故徐説不能成立。

3. 段玉裁則以爲䌛之古文，云：“或當從田，有路可入。”引《韓詩》“横由其畝”，傳“東西曰横，南北曰由”證之。（《説文注》）

孫評曰：如段氏説，則《釋文》引《韓詩》作“東西耕曰横，南北耕曰

由”，本訓伐土，非田上路，段誤據玄應從經音義所引奪兩耕字。遂爲田有路可入之説，實非古訓也。（説本鄭子尹）

按：孫評是也。由與繇除聲韵可通外，更無關係。段説誤，段氏亦不自信。

4. 江氏子屏則以爲許書奪由字。由爲甲之例文。同例子爲古之例。《易・象》傳：“百果草木皆甲坼。”《三統曆》：“出甲、于甲。”甲皆之誤。（《隸經文》）

孫氏評曰：如江説，則例甲之字，古所未見。且改經傳“甲坼”“出甲”之字以爲由。尤爲臆説。按：孫評是也。甲字甲骨文作田，如何能“例甲爲由”耶？

5. 鈕氏非石，則以爲訓鬼頭之甶，形最相近。（《説文注訂》）

孫氏評曰：如鈕説。則不惟由、甶二字音讀懸殊。而甶爲鬼頭，于由義大遠。按：孫評是也。形略近似，而音、義不合。如何得爲一字耶？

6. 鄭氏子尹則以爲《説文》從大從十之“本”即“由”本字。以十合書于内即成由。且云：本讀如滔，滔從舀聲。古舀正同由。《論語》“滔滔”，鄭本作“悠悠”。《詩》“滔滔”，葉由，求；“左旋右抽”，《説文》引作“搯”。皆一聲之轉。（《説文逸字》）

孫氏評曰：如鄭説則以“十”合書于“大”内。説本迂曲，且古從本、從皋諧聲之字，皆無寫作“由”者。按：孫評是也。

7. 孫詒讓謂：“由即用之異文。”

按：“用”篆文作“用”，與甲金文同，乃桶之初文。“由”字篆文作“由”，乃軸之初文（説見後“釋由申文廷式義”）。二者形既有異，義各有主，各爲一字，是十分清楚的。古本《玉篇》爲何録“由”于用部之末？這是由于隸變，漢以來有寫“由”字作“甴”者，顧氏遂以“由”爲“用”之例文，故録“由”于“用”部之末仿《説文》例也。（前引王國維説，已發此義。）既然“由”字因隸變作“甴”，“甴”之形，非其初文。則孫氏以“由”爲“用”之例文、異文，乃據隸變之訛形爲説，不能成立者，明矣。

8. 薛壽《由甲二文考》（見《説文解字詁林》卷十二下，5741－5742 頁）謂：“由與生義相近，蓋由爲萬物從生之義，引申爲道路出入之偁。其字從田上出，與屮象草木初生同一取義。故《韓詩》‘横由其畝’，《釋文》引‘東西耕曰横，南北耕曰由’，以本義考之，與田部相近。于六書爲象形字。”

按：薛氏此説，謂許書《説文》奪由字，是也。又謂“由”爲象形字，“從田上出，與中象草木初生同一取義”，可以部分解釋以“由”爲兼義聲符之轉注字。（如甹從由聲，爲“木生條也”，抽訓“引也”“拔也”，迪、岫訓“行也”“進也”等。但無解于軸、舳、宙、油、岫等字從田得聲兼義之字義。）故此説難于成立也。

二、釋“由”申文廷式義

文廷式《純常子枝語》謂：由乃軸之初文。其説可從。今試證成其義以申之。

以字形論，“由”篆作“”，何以是軸？按：車軸之形爲“”，但與“一”（）混。遂加背影作，以示其爲貫兩輪之軸。但與“車”之作“”（《乙》八〇八一）者相混。乃用“省體象形”之法，省爲，以表其貫輪之軸。再竪寫之，則成“”矣。

以聲音論。由與軸，喻定準旁紐，幽覺對轉，正一聲之轉。故《説文》謂“軸，從車，由聲”是正確的。“由”爲初文，軸爲“由”之後起形符加旁字。

以字義來説：“”爲貫輪之軸，亦爲帶軸之輪。《説文》：“軸，持輪也。”軸以持輪，即依于輪。帶軸之輪，必依于地。故出“由，因也”義（《集韵・大韵》）。引出“由，輔也”（《方言》六），“由，助也”（《廣雅・釋詁二》）等義。

“由”爲帶軸之輪，乃所以運行車輿之具，故出“由，行也”義（《廣雅・釋詁一》）。後加“彳”旁作岫[①]，以表此義。再引出“由，經也”（《廣韵・大韵》），“由，從也”（《論語・泰伯》“民可使由之”鄭玄注）。由經行義引出“道也”義（《説文通訓定聲》）。《詩・賓之初筵》“非由勿語”，《禮運》“故飲食有由也”。按：皆道也。後加“辵”旁作迪，以表此義。由“道”義引出“由，式也”義（《方言》卷十三，《廣雅・釋詁》）。由“行”義，引出“由，周也”義（《小爾雅・廣詁》）。

“由”爲貫輪之軸，故出“貫穿”之義。故岫“從山，由聲”而訓“山穴也”（《説文》），即謂山被貫穿所成之穴矣。鼬爲黄鼠狼，從鼠，岫省聲，謂其

① 妯訓“動也”（《説文》），當説爲從女，岫省聲。岫有“行”義。行動之女，是“動也”矣。

爲穴居之鼠也。忚爲“朗（恨）也”，從心，由聲，此由有“貫穿”之義。心被貫穿，非“憂恨”而何？訕訓“誗也”，《説文》即“咒”字初文。以言傷人猶以言貫穿人矣，故由爲兼義聲符。“由”爲軸。《釋名·釋車》：“軸，抽也。入轂中可抽出也。”故出“抽引”之義。後加“手”傍作“抽”，以表之。“甹，木生條也。從丂，由聲。”（《説文》）丂爲含苞待放之蓓蕾，由有“抽引”之義，謂其爲由樹木抽引出之丂也，正是“木生條”之義矣。

胄何以“從肉，由聲”而有“肖也”義（《説文》）。當説爲：從肉，甹省聲。甹爲“木生條”，即樹木萌生之蘖，正與“肖”由所生相類也。

由有“抽引”義，故《釋名·釋采帛》“紬，抽也，抽引絲端出細緒也”，朱駿聲案：細緒當作粗緒。故《説文》以訓“紬，其絲繒也”，即粗絲所成之繒帛。

舳。《方言》九：“船後曰舳。舳，制水也。”注：“今江東呼柁爲舳。”舳，從舟，由聲。由爲軸之初文，故舳爲舟柁之稱。因舟柁穿舟後端，而旋轉以使船，其形制有似軸也。嘆《小爾雅·廣器》“船頭謂之舳”從何得義？按船前穿孔可以插竿以泊船，與軸之持輪相似。故舟由又得“船前”之名矣。

油。《説文》：“油，水。出武陵孱陵西，東南（北）入江。從水，由聲。”段注：“俗用爲油膏字。”《玉篇·水部》：“油，麻子汁也。”《廣韵·尤部》：“油，油脂。”爲何“油”出“油脂”義？因“由”爲“軸”之初文，故油從水由聲，謂其爲塗于軸上之液體也。古文于軸與轂之交接處，塗以油膏，以滋潤滑。故“油”有“油膏”之義。脂車或謂之“脂轄”。《左傳·哀公三年》：“校人乘馬，巾車脂轄。”楊伯峻注：“轄爲車軸兩頭之鍵，塗之以脂。古無機油，以動物脂肪代之，使車行滑利也。”

宙。此爲“棟梁也”。（《淮南子·覽冥》：“以爲不能與之争于宇宙之間。”）宙從宀，由聲。由爲軸之初文，古人以堅木爲之，乃一木柱也。故宙字從宀從由，謂其爲支持宀之似軸木柱也，是爲“棟梁”也矣。引出“尻也”義（《廣雅·釋詁二》）。再引出“舟輿所極覆也”義（《説文》）。至于“往古今來謂之宙”（《淮南·齊俗》）乃假“宙”爲“久”。

從以上論證，可知：由爲軸之初文説，于字形有據，于字音諧和，于字義則解釋力强大，適應範圍最寬，所釋得義之由最合理。于現有釋“由”諸説中，最有價值。當從之也。

2008年9月2日—10日寫成于天迴山幹療院

附録一："甾""由"訛變之字証

作爲偏旁，盧字之"甾"與"卣""卣"互换，又訛變爲"由"。

《古文字詁林》五册（182 頁）載盧字不同字形，其中《嬰次盧》作盧、《伯公父盧》作盧。

是金文盧皆以卣、卣即卣爲其偏旁。

《古陶文字徵》載盧字不同字形有：

盧(3.680)，盧(3.764)。(以上二字，從卣、卣，即卣。)

盧鐵雲：17：3。此字從由字。

《先秦貨幣文編》載盧字不同字形有：

盧（四）從"由"者爲多數，或省由作、、、。

如：盧(1)，盧(20)，盧(23)，盧(45)。

又：盧(77)，此則從卣，即卣。

而《説文》篆文作盧，從甾。

盧，從皿，盧聲。盧爲葫蘆之形聲字。盧爲火爐字。盧字，金文從卣，卣（卣）虍聲。卣爲盛酒漿之器。葫蘆盛酒水，與之相類。故從卣，有義。

《説文》小篆盧字從甾，甾爲缶之異名，亦盛酒水之器。故"甾"（甾）作爲偏旁可以與"卣"（卣）互换。

至于貨幣變爲從"由"（由），由爲軸之初文，與葫蘆之類迥異。故可斷言：盧、盧偏旁作"由"者，爲訛變。

附録二：甲骨文𠙹、甾、甾爲甾字及其音、義的分析

趙誠《甲骨文簡明詞典》謂：

"甾，或寫作𠙹、甾、甾。""甾用在句首無義，爲助詞。如：'甲子卜，𠙹（燎）于。'（《續》一，一，二）"按：此𠙹（甾）可讀爲兹。

古代從才、從甾之字，因爲音近，常常通用。如""字通""，"紂"通"緇"。卜辭的甾（甾）字亦通作。如："甾（甾）朕史（事）"（《佚》一五）亦作"才朕史（事）"（《幸存》下三三六）。而甾字典籍通作"載"字。(299 頁)

又：甲骨文用作指示代詞。如：“丁未卜，王貞：用不隹（唯）喪羊，□(甾）若”(《前》八，一一，四)，“甾”用作“之”。“□(甾）若”(《庫》一五五三）作“之若”。從文例證明“甾”與“之”同。(309頁)

又：作爲動詞。一爲“駕着拉車的馬前進”，如：“甲午，王□逐□，小臣□(甾）車馬，石我□王車，子史亦□(□)。”(《菁》1）二爲處理商王安辦之事，如：“貞：行□王史（事)。”(《佚》1)(343頁)

按：以上材料證明□、□、□、□(甾）之讀音，與“才”音相通，與“之”音相通，與“□”或“載”相通，與“由”字的音有别。是“甾”與“由”各爲一字之又一證據。

甾古音：莊、之；之古音：照、元；兹古音：精、之；才古音：從、之；□、載古音：精、之。聲紐相通，又同爲之部叠韵字，故可互相通假。

故“甾若”，即“之若”或“兹諾”。

“甾朕吏（事)”，即“載王事”。“載，行也。”(《小爾雅・廣詁》)“載，承也。”(《正字通》)是“甾朕事”“由王事”即受命而奉行王之事矣。

又“載，來也”(《説文》)而“乘，駕也”(《廣韵》)，是“小臣□(甾)車馬”即“小臣載車馬”，亦即“小臣駕乘車馬”矣。

2013年8月15日下午

天悶熱，于幹療院

“余”（个、[illegible]）爲“畬刀”（即木杆鋭首之點種棒）中聞説

聞一多《釋余》謂“个，狀上爲鋭角形，下有柄”，一變爲[illegible]，再變爲[illegible]。農具之“筡”、禮器之荼（琭）、植物之荼（𣘻），其狀皆鋭首與个之形密合。又謂：余之本義之當畬刀。元稹《酬樂天得微之詩知通州事因成四首》詩曰：“田仰畬刀少用牛。”古未有犁時，以刀耕，以“余”耕田謂之畬，故畬之刀謂之畬刀。

《周頌·臣工》：“如何新畬。”（《傳》：“（田）二歲曰新田，三歲曰畬。”）《説文》：“新，取木也。”《小雅·大東》：“薪是穫薪。”新、薪同。新畬之新謂殺草也。則畬義可知。

《易·無妄》“不菑，畬”，董遇注：“悉耨曰畬。”《説文》：“畬，三歲治田也。”治田之義最古。

知“畬”本訓“殺草”，則余之本義亦可知。古以刀耕，而其刀即余，然則余殆即犁之前身歟？元詩“用牛”謂以牛犁之，畬刀與牛對舉，可證畬刀之用同于犁。

按：乃知畬刀之用同于牛犁，則畬刀不是“本訓除草”之物矣。古未以牛犁田時，曾經歷“刀耕火種”階段，此種“刀耕火種”古人名曰“畬田”。

《中文大辭典》“畬田”下云：《舊唐書·南蠻傳》：“五穀不以牛耕，但爲畬田，每歲易。”《天禄識餘》：“上洛郡南六百里，屬邑有豐陽、上津，皆深山窮谷，不通轍迹。其民刀耕、火種。大抵先斫山田，雖懸崖絶嶺，樹木盡僕。俟其乾且燥，乃行人焉。火尚熾，即以種播之。……先約曰某家某日有事于畬田。……如期而至，鋤斧隨焉。……鼓噪而作，蓋斸而掩其土也。掩畢則生，不復耘矣，援桴者，有勉勵督課之語，若歌曲然。”

又"畬蠻"下云：廣東舊潮州府屬有畬蠻，號百象畬。可見"畬田"，即"刀耕火種"之田。不用牛耕，粗放經營。以致其田"每歲易"。

何爲"刀耕火種"？《中文大辭典》此條下引《東齋記事》："沅湘多山，布種時，先伐林木焚之，俟成灰布種。謂之刀耕火種。此火耕之遺也。"

然則"以刀伐木"，俟其乾燥而燒之，爲"刀耕"。以"刀耕"所燒之木成灰後，挖土成洞，播放種子于其中，即"火種"。亽（亽）爲直柄（或曲柄），其首尖鋭之形。不是"刀"。與"刀耕"無關。而是于火燒成灰之土上，挖洞布種之"尖頭棒"，即民族學"刀耕火種"中之"點種棒"是已。（西藏珞巴族，即用此種棒布種。）是"畬田"之"余"不是鋤草工具而是"挖穴起土"之農具矣。

竊以爲"亽"（亽、亽、亽）爲長柄鋭首之"點種棒"，"筡"爲首端尖鋭的竹杖，乃穿土成穴，用以播種之農具。其證見《淮南子·兵略訓》"剡撕筡，奮儋钁，以當修戟强弩"。高注："撕筡，鋭也。"《校釋》云："依文義，當作'撕剡筡'，撕與奮對文。"《文選·長楊賦》注云："撕，舉手擬也。"劉績云："筡，竹中空也。"（此《玉篇》義）據此則"撕剡筡"爲舉起鋭之空心竹杖矣。此"杖"與"钁"相對，同爲農具，钁爲發土、除草之鋤類農具。則此其首尖鋭之竹杖，正爲穿土成穴，以供布種之農具矣。

"余"即"筡"爲其首尖鋭的竹杖，"上小下大故曰鋭"（《漢書·天文志》注）。故農具之筡（梌、捈）、禮器之荼（琮）、植物之荼（斜），"其狀皆鋭首，與亽之形密合"（聞一多《釋余》），故皆從余得聲。

稌爲稻。其穗形狀與荼類似。故從余聲。（《廣雅·釋草》："斜，茅穗也。"《周禮》注暨韋昭注《吴語》并云："荼，茅秀也。"《漢書·禮樂志》："顔如荼"訓"荼者今俗所謂兼錐也"，知"余爲穿穴布種之農具。故'叙'從余聲而有'次序'之義。因穿土作穴以布種，必有行距、株距之要求也。""徐"從余聲而有"遲行"之義。因以余作穴布種，用力費時，不得直捷迅速也。）

而"除"訓"殿陛"即"階級"。從云、從阜，叙省聲。叙有比次之義，有比次之阜，正爲"階級"矣。

舊有釋"余"爲"矢重族"，或"茅舍"之説。或與形不類（亽，或作亽，如"曲柄"矢重族、芓舍皆不會有此形也）。且無法釋筡、琮、荼、徐、叙諸字字義之來由。故以"余"爲"其首尖鋭"之有柄農具之説爲長。

又：在甲金文及先秦古籍中"余"多用爲"第一人稱"（即"我"之自稱），其作爲"穿土成穴，以供布種"之農具名，則以"銚"字代之。（"余"

與“銚”，喻紐雙聲，魚宵旁轉，正一聲之轉。）

、、（余）聲轉爲“銚”。故“銚”義有穿土農具之義。“銚，削也。能有所穿削也。”（《莊子·外物》）“銚鎒于是乎始修。”（《釋文》）《説文通訓定聲》：“銛，假借爲抽或銚。”《釋名·釋用器》：“銛，插也，插地起土也。”由穿土農具又引申爲“銚，耘苗器也”（《戰國策·秦策》注），“大鋤謂之銚”（《管子·輕重乙》注）。再引出“銚，刈物之器也”義（《詩·周頌》引《世本》宋仲子注）。

“余”爲有直柄首鋭之器，故“銚”又有“銚，長矛也”之義（《集韵》）。《吕氏春秋·簡選》“可以勝人之長銚利兵”，注：“長銚，長矛也。”

又，、（史），爲上加壓重石塊之點種棒，而、爲未加壓重石塊之點種棒，同爲刺土成穴以供布種之農具。故爲同一語源，余與史：涉山鄰紐，魚之旁轉，正爲一聲之轉。

2013年3月12日上午記于幹療院

“□”爲“鈦”之初文，假讀爲“蔡”爲國、氏之名説

“□”字，見甲骨文（《戩》三三，九）（《甲骨文編》）。在金文則作□，或□，亦有作□（《蔡公子同戈》）、□（《蔡□戈》）等形（見《金文編》）。

此爲何字？釋者不一。

方浚益、吴大澄釋“龙”。但與“□”“□”之字形不合，不能成立。

胡吉宣、高鴻縉釋“豐”，謂“‘□’字象草散亂之形”，小篆體取整齊，因變爲丰。《丰部》曰：丰，草蔡也，象草出散亂之形。但“丰”爲“㓞”之初文，因其音同介，許説“丰，草蔡也”乃依“芥”字爲説，非“丰”之本義。而“□”與“丰”字形迥别，顯非一字。故此説不能成立。

許多學者則釋此字爲“蔡”，如强運開謂：“□，《蔡大師鼎》。《魏三字石經》古文蔡字作□。《説文》古文殺作□正相同。古蔡、殺蓋同字。……實則同音假借也。”《金文編》謂：“□，蔡。《魏三字石經》古文作□故得定爲蔡字。”《甲骨文編》則謂：“□。金文蔡字作□、□。此與之同，今定爲蔡字，古蔡、殺字通用。重見殺下。”

“蔡”是艸，或艸的一種狀態。（《説文·艸部》：“蔡，艸也。從艸，祭聲。”《玉篇》：“蔡，艸芥也。”）與“□”“□”字形迥不相涉，故如果“□”用爲“蔡”字，當是同音或音近的通假所致。

那麽，“□”字本義是什麽呢？裴錫圭認爲是“殺”字初文。其言曰：“《石經》‘蔡’字古文的寫法，跟《説文》‘殺’字古文全同。‘蔡’‘殺’古音相近。近人大都認爲金文和三體石經假借‘殺’字爲蔡國之‘蔡’。這應該是正確的。所以殺字古文的原始寫法是‘□’。《説文》和《石經》的古文形態，已有訛變。”（《釋求》，《古文字研究》第十五輯）

按：“殺”字是“從殳，杀聲”。“杀”字是“從乂，朮聲。”初義爲“刈

秫”，即“收割”之事。即“殺艸”之殺。《侯馬盟書》殺字多作，長沙帛書作，皆表示“殺”字與刈禾穀之事有關。《説文》殺字有作“”形者。朱駿聲説爲從殳、從刀、從出。（當説爲㓞爲殺之初文，從刀、從出，出亦聲。刀、出爲殺，即“殺戮”字，後加殳作。）而“殺”之又一古文作“”者（章太炎説即“𢼸”字）與《石經》“蔡”之古文“”全同。此“”字有頭（“”之上部），有身與足（之中部），有尾（之下部）乃一野獸之形，即“”（𢼸）之省體，以聲近假爲“殺”，與“”“”“”字形迥别。殺有“斬伐”之意，而“”“”“”乃表示正立之人，其足部有某處變化，與“殺”義亦不相同。故裴説難以成立。

唐蘭在《殷墟文字記》中，認爲甲金文之“”字，本從“犬”，跟“殺”字古文（）不可能是一個字。這是十分正確的。當時他據此，反對把金文裏用作國名的“”“”讀爲“蔡”，却是錯了。到了 1950 年代在壽縣和淮南子蔡家坡先後發現蔡侯墓之後，這個“”字應讀爲“蔡”，已經得到證實，不容懷疑。唐先生自己也承認了這一點。

“”“”“”可讀爲“蔡”，又不是“殺”“𢼸”字。那麽此字本字是什麽字呢？馬叙倫提出一種解釋。他説：

金文之“”。倫謂：“此‘械’之初文。從，械其足也。《書》借‘蔡’爲‘’耳。”（《説文解字六書疏證》卷二）又謂：“金文之，昔人釋蔡，是也。然非即‘蔡’字也。其字從大而械其足。”玄應《一切經音義》引通俗文：“穿木加足曰械。”（《讀金器刻辭・父癸彝》）

馬叙倫提出“”字“從大，械其足”是非常正確的觀察。于字形甚合，于事理亦通。這是他的貢獻。但他認爲“”爲“械”之初文，就與字形不合，于字音也難通，難以信從。

《説文・木部》：“械，桎梏也。從木，戒聲。”是“械”囚縛犯手、足形具的總稱。而“”“”“”都是只加械于足，與手無與。這與“械”爲“桎梏”總名之義不合。此其一。“”讀爲“蔡”其聲當同“蔡”，古音清月。而“械”，古音匣職。從聲紐説，“清”（齒）“匣”（牙）不能通。從韵部説，月（乙類）職（甲類）皆不能通。此其二。

“”爲“大械其足”。械足之弄具有“桎”字。“”是否可釋爲“桎”之初文呢？從聲韵説，蔡（）與桎，清照鄰紐，月質旁轉，正一聲之轉，可以互相通假。

從字義説，《説文·木部》“桎，足械也”亦與“□”字加械于足之字形相合。但從漢朝《風俗通》謂：“桎，實也。言其下垂至地，然後吐情首實。”則古之械足之“桎”，械于足上，而其具還“下垂至地”。與“□”字之刑具“□”，只着于足下，并無“下垂至地”之形。是釋“□”爲“桎”之初文，雖于聲韵可通，加械于足亦合，然“桎”有“下垂至地”之形與“□”字字形不合。所以釋“□”爲“桎”其理由不充分，取得信從，還有困難。

竊以爲“□”爲“大加械于足”，當爲“鈦”之初文。

什麽是“鈦”?《説文·金部》：“鈦，鐵鉗也。”《太平御覽》引作“脛鉗也”，當是原文。故王筠《説文解字句讀》依此而校改今本“鐵鉗”用“脛鉗”，即套在足脛上的金屬刑具。

桂馥《説文解字義證》詳引文獻資料以説明“鈦”的性質、形狀，其言謂：《字書》：“在足曰鈦。”顔注《急就篇》：“以鐵錔[①]頭曰鉗，錔足曰鈦。”《蒼頡篇》：“鉗，鈦也。”《管子·幼官》“刑則交寒害鈦”，劉績注云：“鈦，鉗械人足也。”《史記·平準書》“敢私鑄鐵器煮鹽者，鈦左趾”，《集解》云：“韋昭曰：鈦以鐵爲之，著左趾以代刖也。”《索隱》云：“《三蒼》云：鈦錔脚鉗也。”張裴《漢晉律序》云：“狀如跟衣，著足足下，重六斤，以代足，至魏武改以械代鈦也。”《晉書·刑法志》：“（魏武帝）定甲子科犯鈦左右趾[②]者，易以木械，是時乏鐵，故易以木焉。”《漢書·陳萬年傳》“或私解脱鉗鈦”，顔注：“鉗在頸，鈦在足，皆以鐵爲之。”《後漢書·朱穆傳》“臣願黥首繫趾”，注云：“繫趾，謂鈦其足也。以鐵著足曰鈦也。”

又：《漢書·刑法志》：“《完爲城旦舂》注引臣瓚曰：‘文帝除肉刑，皆有以易之。故以完易髡，以笞易劓，以鈦左右趾易刖。’”

明方以智《通雅·刑法》：“古之鈦，今以鐐代之。”

甲金文之“□”“□”“□”皆象人足脛着械之形，着何械？當即“鈦”矣。鈦爲“錔足鉗”，正與字形相合。字作“□”者，即“鈦左趾”之形也；作“□”者，即“鈦右趾”之形也；作“□”者，則“鈦左右趾”之形也。因此，釋“□”“□”“□”爲“鈦”之初文，與字形密合。

---

① 《説文·金部》：“錔，以金有所冒也。”即“金屬套”（《漢語大字典》）。

② 《漢語大字典》：“趾，脚。”《爾雅·釋言》：“趾，足也。”（即泛指“足”的全部。）又：“趾，脚指。”《洪武正韵·紙韵》：“趾，足指。”（即特指足之指。）此“鈦左右趾”之“趾”乃“足也”之義。因爲“鈦”爲錔足鉗，是套在足脛上的刑具，故所鉗之“趾”必當是“足”。

那麽，從聲韵來説，結果爲何呢？在金文“”借爲“蔡”，當有“蔡”音。蔡，古音清月，而鈦，古音定月。所以蔡、鈦二字，清定鄰紐，月部叠韵，正一聲之轉，可以互相通假。

因此，“”字釋爲“鈦”之初文，于字形既合，于聲韵又通。應當可以成立了。

2011 年 3 月 25 日寫于幹療院。春陰，花放時也